LA PIERRE EN GAULE NARBONNAISE
ET LES CARRIÈRES DU BOIS DES LENS (NÎMES)

JOURNAL OF ROMAN ARCHAEOLOGY

SUPPLEMENTARY SERIES NUMBER 16

GENERAL EDITOR: J. H. HUMPHREY

AN INTERNATIONAL JOURNAL

LA PIERRE EN GAULE NARBONNAISE ET LES CARRIÈRES DU BOIS DES LENS (NÎMES):

HISTOIRE, ARCHÉOLOGIE, ETHNOGRAPHIE ET TECHNIQUES

Jean-Claude Bessac

avec la collaboration de

M.-R. Aucher, A. Blanc, P. Blanc, J. Chevalier, R. Bonnaud, J. Desse, J.-L. Fiches, P. Rocheteau, L. Schneider et F. Souq

ANN ARBOR, MI

1996

Ouvrage réalisé avec la collaboration de :

Marie-Reine Aucher, 61, route de la Torchaise, Vouneil-sous-Biard, 86 000 Poitiers.

Annie Blanc, géologue, Centre de Recherche sur les Monuments Historiques, Palais de Chaillot, 1, Place du Trocadéro, 75116 Paris.

Philippe Blanc, géologue, Université de Paris 6, URA 1315, Département de Géologie Sédimentaire, 4, Place Jussieu, 75252 Paris.

Jean Chevalier, dessinateur, Centre de Recherches Archéologiques, 250 rue Albert Enstein, Sophia-Antipolis, 06560 Valbonne.

Roland Bonnaud, Rue du Plan de Long, 30250 Combas.

Jean Desse, Laboratoire d'archéozoologie, Centre de Recherches Archéologiques, 250 rue Albert Einstein, Sophia-Antipolis, 06560 Valbonne.

Jean-Luc Fiches, CNRS, Centre de Recherches Archéologiques, 250 rue Albert Einstein, Sophia-Antipolis, 06565 Valbonne.

Philippe Rocheteau, Laboratoire d'archéozoologie, Centre de Recherches Archéologiques, 250 rue Albert Einstein, Sophia-Antipolis, 06560 Valbonne.

Laurent Schneider, Laboratoire d'Archéologie Médiévale Méditerranéenne, 13100 Aix-en-Provence.

François Souq, Association pour les Fouilles Archéologiques Nationales, Antenne Méditerranée, 12 rue Régale, 30 000 Nîmes.

ISBN 1-887829-16-4

ISSN 1063-4304 (for the supplementary series)

This volume is published with the support of
THE BETTY MORGAN MAY MEMORIAL FUND.

Printed by Cushing-Malloy Inc., 1350 N. Main, Ann Arbor, Michigan.

This and other supplements to the *Journal of Roman Archaeology* may be ordered from:

JRA, 1216 Bending Road, Ann Arbor, MI 48103, U.S.A.
telephone (USA) 313 662 7132, telefax (USA) 313 662 3240,
or from
Oxbow Books, Park End Place, Oxford, OX1 1HN, England
telephone (U.K.) 1865-241 249, Telefax (U.K.) 1865-794 449.

CONTENTS

1
Introduction

L'importance des carrières de pierre de taille dans l'économie antique et dans l'histoire de l'art et des techniques n'est plus à démontrer. De nombreux chercheurs l'ont déjà fait depuis longtemps.[1] Toutefois, c'est surtout ces deux dernières décennies que se sont développées sur ce thème des recherches de terrain et surtout des publications diverses depuis les monographies[2] jusqu'aux synthèses les plus larges.[3] Jusqu'ici, les études consacrées aux carrières de marbres ont été largement privilégiées par rapport à celles qui concernent les pierres de taille, pourtant beaucoup plus nombreuses. Un équilibre des connaissances reste à rétablir entre ces deux catégories d'exploitations. C'est l'un des objectifs essentiels de notre étude.

Il me paraît très difficile d'analyser correctement les œuvres monumentales et sculpturales sans renseignements précis sur les affleurements d'où proviennent leurs pierres et sans informations sur leur exploitation. Dans les modes de production antiques, il existe de trop nombreuses interactions entre le chantier de taille ou de sculpture et le chantier d'extraction pour que l'on ignore la carrière. Si tel ou tel parti est choisi pour un monument, c'est parce que l'on dispose d'un affleurement adéquat et qu'une certaine maîtrise des techniques d'extraction l'autorise. Les qualités intrinsèques de la roche influencent forcément les choix stylistiques et techniques des artistes et des artisans. Par ailleurs, un commanditaire désirant des ornements nets et bien détachés de la masse exigera un matériau adéquat, quitte à le chercher très loin. On aborde ainsi l'économie des chantiers de construction; dans le système antique, la carrière de pierre de taille lui est toujours étroitement liée.

C'est dans cette optique qu'a été abordée la présente publication consacrée aux exploitations du Bois des Lens et, en particulier, à l'étude de la carrière de Mathieu. Parmi la quinzaine de sites d'extraction concernés, certains ont connu jusqu'à cinq chantiers d'époques et de techniques différentes. Les exemples romains prédominent sensiblement, mais une étude diachronique s'impose, d'autant plus que l'un des buts visés par ce travail est la pose des premiers jalons d'une typologie chronologique des techniques d'extraction. Aussi les chantiers romains occuperont-ils le devant de la scène.

La spécificité des carrières des Lens et surtout le regard conjugué du professionnel de la pierre et de l'archéologue m'ont invité à adopter un plan de présentation en rupture assez franche avec les habitudes prises dans ce domaine. Souhaitant que cette étude puisse être lue aussi bien par

---

1 Citons notamment L. Bruzza (1870: 106-205) et C. Dubois (1908).

2 Dans les monographies les plus récentes il faut nommer J. C. Fant (1989) et A. Peschlow-Bindokat (1990).

3 Des ouvrages plus généraux ont vu également le jour ces dernières années, notamment à partir des recherches de A. Dworakowska (1974 et 1975), R. Bedon (1984) et J. B. Ward-Perkins (1992). Notons aussi quelques ouvrages collectifs ou actes de colloques que l'on retrouvera ensuite fréquemment dans les références individuelles des auteurs qui y ont participé; ils ont été publiés ou édités sous la direction des spécialistes suivants:
N. Herz et M. Waelkens, *Classical marble: geochemistry, technology, trade* (Dordrecht-Boston-London 1988),
J. C. Fant, Ancient marble quarrying and trade (Oxford 1988),
D. Vanhove, *Marbres helléniques de la carrière au chef-d'œuvre* (Gand 1988),
M. Waelkens, *Pierre éternelle du Nil au Rhin: carrières et préfabrication* (Bruxelles 1990),
M. Waelkens, N. Herz et L. Moens, *Ancient stones: quarrying, trade and provenance* (Acta Archaeologica Lovaniensa, monographie 4, Louvain 1992),
Y. Lintz, D. Decrouez, S. J. Chamay, *Les marbres blancs dans l'antiquité* (Genève 1991).
Voir aussi les actes du symposium organisé par le J. Paul Getty Museum, *Marble, art, historical and scientific perspectives on ancient sculpture* (Malibu 1990).

les hommes de la pierre que par les archéologues, j'ai dû développer certains aspects techniques ou bien archéologiques que d'aucuns pourront juger superflus. Afin de faciliter la lecture de l'ouvrage en fonction de l'intérêt de chacun, il a été décidé de le diviser en quatre grandes parties. La première, intitulée *de l'affleurement aux monuments,* constitue à la fois une présentation et une introduction à l'étude du bassin carrier, du matériau et de leurs interactions avec les commandes. *L'archéologie des carrières* est traitée dans la seconde partie. La suivante est entièrement consacrée aux *techniques d'extraction,* et la quatrième et dernière partie concerne surtout *la production et l'organisation* des exploitations.

Au-delà de la présente introduction formant le 1er chapitre, le 2e situe l'affleurement des Lens dans son contexte géographique, économique et géologique et fait le point sur les études antérieures. Ainsi est introduit l'inventaire sommaire des carrières de l'affleurement qui servira ensuite à les situer. Les conditions géologiques particulières de cet ensemble étant à l'origine de son exploitation, il m'a paru essentiel de les aborder au plus tôt. Leur étude a été confiée à Annie et Philippe Blanc, tous deux géologues. Plus insolite peut sembler la position, dans le 3e chapitre, du thème: "le calcaire des Lens face au marché antique de la pierre". Tout l'intérêt de ces carrières vient de leurs spécificités techniques et esthétiques vis-à-vis des autres roches de la région. Il serait difficile de comprendre leur impact architectural et leurs modes d'exploitation sans avoir pris connaissance de ces aspects. Une présentation des pierres utilisées par les Romains sur la côte méditerranéenne constitue donc un préalable indispensable. Les caractères techniques de la pierre des Lens sont ensuite détaillés.

Ces côtés techniques et comparatifs traités, il est plus commode d'aborder le contexte archéologique et monumental de la région et ses interactions avec l'exploitation. La diffusion et l'emploi de la pierre des Lens occupent naturellement le 4e chapitre. La présentation du contexte archéologique est conduite en associant deux points de vue: le premier situe les carrières vis-à-vis de l'occupation du sol et du peuplement local, le second touche à l'utilisation et au travail de la pierre dans la région. Dans le 5e chapitre sont analysés la diffusion, sa nature et ses corollaires techniques. Connaissant le mode de fonctionnement particulier de cette catégorie de carrières antiques, j'ai estimé essentiel de placer la diffusion et le transport en amont de l'extraction car c'est à partir et en fonction du chantier de taille et de construction que tout le reste est organisé, et non l'inverse. La stratégie de l'exploitation ne peut être bien comprise que si l'on a d'abord entrevu l'éventail des destinations et les objets de la production.

La méthodologie est abordée dans le 6e chapitre qui introduit la deuxième partie de l'ouvrage plus spécifiquement archéologique. Après un bref rappel de l'historique des recherches, les questions méthodologiques touchant aux structures des carrières sont exposées en détail. Le caractère à la fois inédit et expérimental de la méthode m'a contraint à l'exhaustivité. Le traitement informatique des données est en cours d'élaboration en collaboration avec François Souq. Seuls des résultats généraux pourront donc être proposés ici. Les 7e et 8e chapitres sont consacrés à la présentation archéologique habituelle des fouilles, d'abord pour la carrière de Mathieu et ensuite pour les vestiges, plus modestes, de quatre autres exploitations. Pour chacune d'elles sont présentés les structures d'extraction, les éléments abandonnés de la production et, éventuellement, les structures d'habitat et le mobilier archéologique courant. L'analyse de la disposition réciproque des fronts et des sols de carrière associée aux observations stratigraphiques permettent de situer en chronologie relative les diverses phases d'exploitation. Mais, comme partout, la céramique occupe le premier rang pour la datation absolue de l'occupation de ces sites. Son étude est proposée en collaboration avec Jean-Luc Fiches, spécialiste de la période romaine en Languedoc oriental, avec la participation de Jean Chevalier pour les dessins. L'étude des ossements animaux est due à Jean Desse avec la collaboration de Michel Rocheteau. L'étude de la céramique médiévale des carrières du Roquet et des Pielles a été confiée à Laurent Schneider, médiéviste chargé de plusieurs fouilles de cette période dans la région.

Le 9e chapitre aborde l'étude des techniques d'extraction proprement dite qui occupe toute la troisième grande partie de l'ouvrage. La voie ethno-archéologique est privilégiée: c'est donc à partir des vestiges et surtout des témoignages sur l'extraction traditionnelle que s'amorce l'approche des techniques anciennes. Mais ce choix ne correspond pas uniquement à une stratégie de recherche, c'est aussi une manière d'être aussi exhaustif que possible dans un domaine où aucune typologie chronologique n'a encore été établie. Le 10e chapitre permet de disséquer méthodiquement l'extraction antique en commençant par les chantiers du Haut Empire qui sont les mieux connus après ceux de l'époque moderne. Les résultats obtenus dans la carrière de Mathieu offrent les principales références; les recherches dans les autres exploitations contemporaines du massif complètent cette information de base. Les deux opérations principales de l'extraction sont analysées tour à tour et l'outillage mis au jour est présenté en détail à cette occasion. Les techniques d'extraction préromaines, moins bien connues, ne sont analysées qu'ensuite. Il en est de même pour les techniques médiévales auquel est consacré le 11e chapitre. Mieux connus, la production et le façonnage en carrière sont traités en progression chronologique, depuis la Protohistoire jusqu'à la fin du Moyen Age dans le 12e chapitre. La nature de la production est un peu détaillée à cette occasion ainsi que les rares outils de taille issus des fouilles.

Les questions de production et d'organisation générale forment le dernier volet de l'ouvrage. L'organisation des exploitations constitue l'un des points clés de la réflexion archéologique. Son étude est divisée en deux parties chronologiques, l'Antiquité traitée dans le 13e chapitre, et le Moyen Age, moins documenté, qui fait l'objet du 14e chapitre. L'étude de l'organisation des chantiers s'appuie sur tous les thèmes précédents mais aussi sur des observations spécifiques réalisées en marge des tâches d'extraction. En partant de la commande initiale, toutes les opérations de prospection, d'ouverture des carrières, de progression, d'évacuation des produits et des déchets sont passées en revue. L'étude des marques de carrière, les propositions de dénombrement des carriers, quelques essais métrologiques dépassent parfois la seule organisation pour amener des questions plus délicates sur l'origine et le statut des exploitants, ouvriers, cadres, entrepreneurs. Un 15e et dernier chapitre, avant la conclusion, aborde les problèmes de productivité et de rendement comparatifs entre les divers modes d'exploitation attestés dans les carrières des Lens. Ce sont là quelques estimations qui devraient inviter à des calculs plus réalistes dans le domaine de la construction romaine.

Ces recherches inédites n'auraient pu être réalisées sans l'aide du Service Régional de l'Archéologie et sans la compréhension des nombreux propriétaires des terrains, qu'ils en soient tous remerciés ici. Je tiens aussi à témoigner ma reconnaissance à toutes les personnes qui ont soutenu ces travaux, notamment le regretté André Nickels, Directeur des Antiquités Languedoc-Roussillon, son successeur Jean-Luc Massy, Guy Barruol, Directeur de l'UPR 290 du CNRS, et John Humphrey qui a accepté de publier ces recherches dans les suppléments du *JRA*.

Mes remerciements vont également à Roland Bonnaud qui m'a toujours assisté, à Marie-Reine Aucher pour ses reconstitutions graphiques, à Béatrice Bessac-Pynaert qui a assuré toutes les saisies informatiques, à Edwige Bonaque, Jean-Luc Fiches, Jacques Pécourt qui ont bien voulu me relire et me faire part de leurs remarques, à George Marchand qui a réalisé les relevés topographiques, à Loïc Damelet et Jean Pey qui ont assuré les prises de vue les plus délicates, et à François Souq qui a bien voulu se charger du traitement informatique des données. Je pense également à mes collaborateurs sur le terrain, Julien et Odette Maebe, Alain et Michel Aucher, et tous ceux qui ont participé, de façon plus ponctuelle, aux nombreuses campagnes de fouille.[4]

---

4 Je pense en particulier à tous ceux qui ont participé aux fouilles: A. Allara, A. et E. Antonorsi, R.-M. et G. Bavay, F. Bos, M. Charpentier, T. Gaugne, L. Gré, M. Lauffray, A. Legrand, C. Mercier, O. Nocca, M.-N. Ottino-De Bergh, P. Ottino, M. et F. Py, S. Pynaert, M. Randriavanivahdaka, J.-P. Thouzellier, M. Vacca-Goutoulli, Z. Valat.

PREMIÈRE PARTIE

De l'affleurement aux monuments

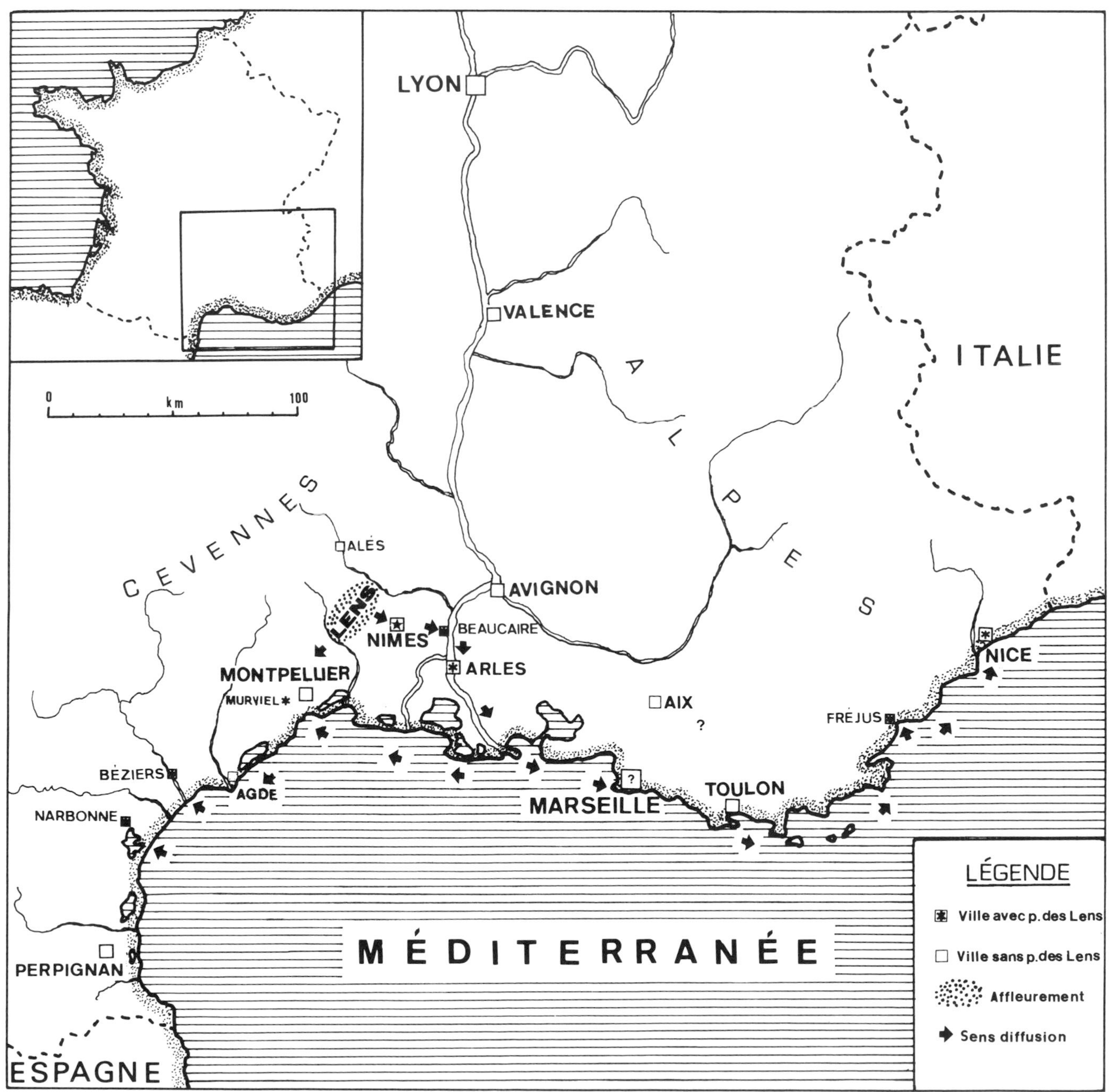

Fig. 1 Situation générale de l'affleurement dans la zone de diffusion antique de la pierre des Lens.

2
L'affleurement et son contexte

POSITION ET ENVIRONNEMENT GÉOGRAPHIQUE

L'affleurement de calcaire des Lens est situé dans le département du Gard, 20 à 25 km au nord-ouest de Nîmes (fig.**1**). Quelques kilomètres de plus séparent son extrémité nord de la ville d'Alès. A l'opposé, côté sud à 50/55 km, se trouve Montpellier. Les carrières sont ouvertes au centre d'un vaste bois du même nom qui couvre une petite chaîne de collines culminant vers 280 m d'altitude et s'étend sur une surface de 20 km de long par 5 km de large (fig. **2**). Ce relief assure une transition entre le plateau des garrigues nîmoises au levant et les premières hauteurs sub-cévenoles à l'ouest. De même que ces dernières, le massif des Lens est disposé selon un axe nord-sud reliant la vallée du Gardon, affluent du Rhône, à celle du Vidourle, petit fleuve côtier (fig.1 et **3**). Les exploitations de pierre sont réparties seulement dans le secteur méridional du bois circonscrit par quatre routes: au nord, la D. 907 de Nîmes à Anduze, à l'est, la D. 22 de Sommières à Uzès, au sud, la D. 999 de Nîmes au Vigan, et à l'ouest, la N. 110 de Montpellier à Alès. Les seules voies de diffusion actuelles et traditionnelles du matériau sont terrestres, du moins dans les environs du massif: aucun des deux cours d'eau proches au contact des collines des Lens n'est navigable.

Le relief de la moitié méridionale du Bois des Lens domine de 150 à 200 m les petites plaines agricoles qui l'entourent. Dans ces terres basses sont installés la plupart des villages formant le canton de Saint-Mamert (fig. 3). En commençant au nord et en tournant d'est en ouest, on trouve ainsi: Montagnac, Fons-outre-Gardon, Saint-Mamert, Montpezat, Combas, Crespian, Montmirat et Moulézan. Ce dernier regroupe sur son territoire douze carrières. La plupart des autres villages n'en possèdent qu'une, c'est le cas de Montagnac, Fons, Saint-Mamert et Crespian; Combas en compte deux et Montmirat quatre, seul Montpezat en est dépourvu. Avant le milieu du XXe s., la population de ces villages oscillait entre 100 et 500 habitants qui vivaient principalement de l'agriculture. L'impact économique de l'exploitation de la pierre des Lens était limité aux villages de Moulézan, Montagnac et Fons. A part l'exploitation du calcaire sous la forme de pierre de taille mais aussi de chaux et, plus récemment, d'agrégats concassés, le Bois des Lens n'a jamais présenté d'autres débouchés de nature industrielle.

La partie du Bois des Lens étudiée ici forme un trapèze de 7 km de long et de 4 à 5 km de large, réduit à 1 ou 2 km, si l'on s'en tient uniquement au calcaire urgonien (fig. 3 et **4**). Cette formation occupe l'essentiel du versant oriental du massif depuis la ligne des sommets jusqu'au contact des terres cultivables. Sur ses marges méridionale et orientale, le calcaire devient plus dur et fossilifère. Il en est de même côté nord, au-delà de la route de Nîmes à Anduze. En outre, de ce côté, la masse rocheuse est très fracturée en tous sens et, par conséquent, offre un intérêt moindre pour les carriers. Au-delà de la ligne des sommets, vers l'ouest, le massif forme un plateau long et étroit aux rebords découpés de profonds vallons où filtrent plusieurs sources de très faible débit mais pérennes pour la plupart. Ce long méplat a facilité le tracé d'une voie nord-sud, probablement d'origine protohistorique: le chemin de Boucoiran. Celui-ci joint la vallée du Gardon à celle du Vidourle sur un terrain solide propice aux transports pondéreux. Le plateau qu'il emprunte est formé d'une roche de l'Hauterivien supérieur, disposée en bancs peu inclinés. Ce calcaire, facilement exploitable, a été employé pour les constructions locales comme pierre à bâtir. C'est une mauvaise roche, difficile à tailler et gélive, qui n'a entraîné que de petites extractions superficielles et diffuses.

Le secteur donnant de la bonne pierre de taille est entaillé d'est en ouest par cinq vallons principaux, occupés par de petits ruisseaux temporaires. Ces voies naturelles ont été anciennement aménagées en chemins charretiers dont il subsiste encore quelques vestiges par endroit.

Fig. 2 Vue panoramique du versant oriental du Bois des Lens.

Cette découpe du relief isole au sud trois collines rondes dépourvues de carrières et mal desservies en chemins traditionnels. En progressant vers le nord, on aborde le cœur du massif de calcaire urgonien. Les collines s'agrandissent en s'allongeant selon un axe nord-sud. Cette topographie moins tourmentée a permis d'ouvrir des chemins complémentaires, en particulier sur la ligne sommitale.

Trois grands ensembles totalisant une quinzaine de carrières antiques

Un inventaire détaillé de toutes les carrières des Lens ayant déjà été publié (Bessac 1986a: 159-182), il n'est présenté ici qu'une remise à jour très sommaire de cette liste et quelques repères chronologiques. Ces carrières peuvent être divisées en trois grands ensembles: A, le groupe septentrional; B, le groupe médian; C, le groupe méridional (fig. 4). Ce découpage géographique, mis en place lors de nos prospections, sera également employé ici.

Le premier groupe, plus connu sous l'appellation locale "les Grandes Carrières", rassemble les chantiers d'extraction les plus vastes de l'affleurement. Mise à part la très petite exploitation de La Figuière A4, totalement excentrée au levant, il forme un ensemble assez dense et homogène. Ces carrières sont réparties sur une bande de 1 km de large et de 0,5 km de long qui s'étend depuis le point culminant, Mounier (282 m) au nord, jusqu'à la colline voisine du Vissaou du Courpatas, côté sud. Les chemins desservent bien cet ensemble, surtout côté est vers Nîmes. Ces carrières sont les seules à avoir connu une activité industrielle récente, responsable de la destruction de nombreux fronts antiques. Parmi les sept exploitations de ce groupe, six ont fourni des preuves de leur origine romaine:

A1, la carrière de Mathieu, la plus septentrionale, est ouverte en fosse et en palier sur le flanc sud de la colline de Mounier. Le chantier du début du Haut Empire constitue l'essentiel de la présente étude.

A2, la carrière de Bone, séparée de la première par un étroit vallon, est ouverte un peu en contrebas, à 300 m de là, sur un flanc nord. C'est la seule exploitation à conserver encore aujourd'hui un chantier souterrain datant du début du XXe s. (Bessac 1986a: 167, fig. 5). Plusieurs découvertes fortuites prouvent qu'elle est antique, mais il est impossible de la dater plus précisément pour l'instant.

A3, la carrière de Ritter est creusée du même côté du vallon que la précédente mais près du sommet de la colline, 300 m au sud-ouest de la carrière de Mathieu. Son activité antique du Haut Empire est attestée par de la céramique et un tambour de colonne visibles dans ses remblais primitifs.

A4, la carrière de La Figuière est située 1 km à l'est de la carrière de Bone. Elle a été ouverte quelques mètres au-dessus de l'actuel chemin de service dominant le ruisseau du Teulon sur sa rive droite. En 1993, des fouilles archéologiques y ont été engagées. Encore en cours d'étude, ses trois petits chantiers antiques feront néanmoins l'objet d'une description plus détaillée.

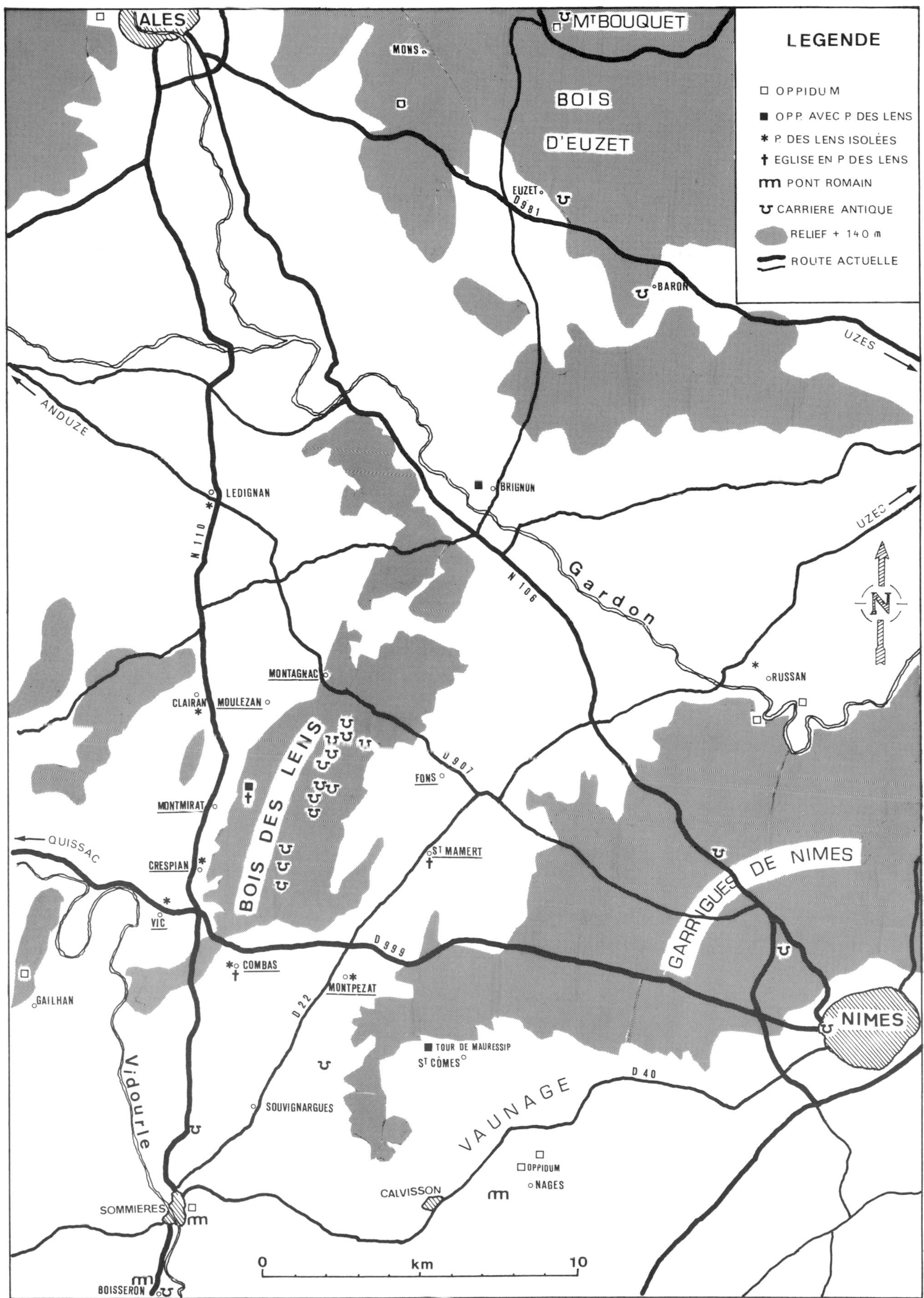

Fig. 3 Situation de l'affleurement par rapport aux carrières et aux sites antiques de la région.

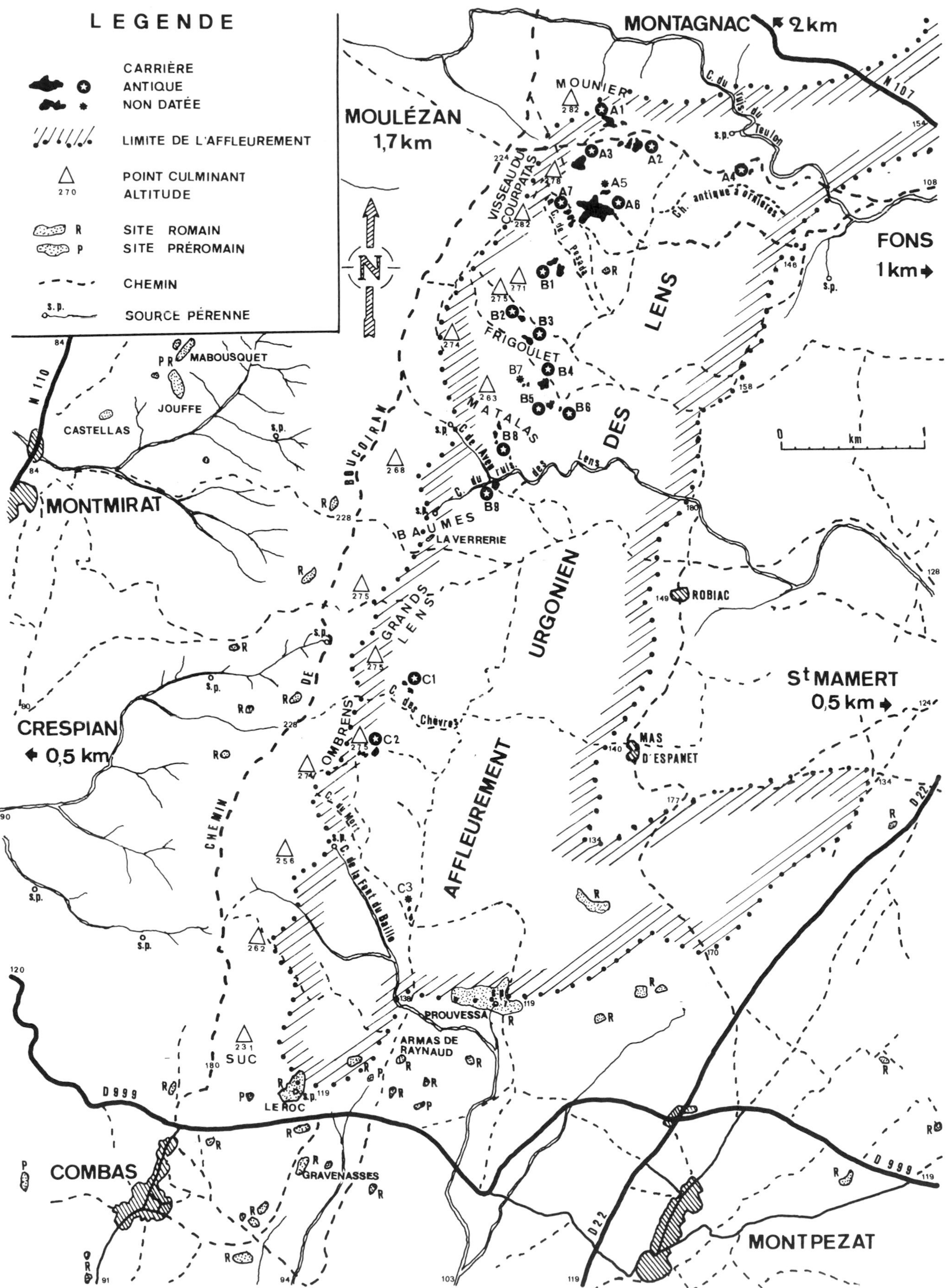

Fig. 4 Les carrières des Lens et l'affleurement de calcaire urgonien dans le contexte local.

Fig. 5 Carrière Héral-Nègre A6, les vestiges du front romain méridional (ph. L. Damelet).

A5, les anciennes carrières de Fons n'offrent aucune preuve d'ancienneté sur leurs fronts visibles.

A6, la carrière Héral-Nègre (fig. **5**) occupe tout le versant oriental de la colline du Visseau du Courpatas. C'est la plus grande exploitation de pierre de taille et la seule à fonctionner actuellement. Des fronts romains, des découvertes fortuites et une petite opération de sauvetage datent l'essentiel de son exploitation du début du Haut Empire, mais elle a pu se poursuivre au-delà. Elle fera l'objet d'une analyse détaillée.

A7, les carrières du Visseau du Courpatas (fig. **6**) sont éclatées en plusieurs excavations creusées en fosse au sommet de la colline du même nom; elles sont contiguës au côté ouest de la précédente. Ces exploitations ont fourni quelques témoins romains difficiles à dater plus précisément.

Un peu plus au sud, le groupe médian forme un ensemble de carrières implantées entre le versant septentrional de la Combe de la Pesada et la rive droite du ruisseau des Lens (fig. 4). Il inclut les collines de Frigoulet, Matalas et la base nord de celle des Baumes. La plupart de ces chantiers ont cessé leur activité fin du XIXe/début XXe s. De nombreux chemins charretiers les desservaient. Sur un total de neuf carrières, huit ont fourni des preuves de leur antiquité. Il s'agit des exploitations suivantes:

B1, les carrières de la Combe de la Pesada, établies 300 m au sud de l'exploitation Héral-Nègre sur le versant nord de la colline de Frigoulet, comprennent deux chantiers principaux; le plus grand, à l'est, est creusé en fosse. Les vestiges recueillis dans l'excavation orientale prouvent qu'elle est romaine.

B2, la carrière haute du Serre de Frigoulet est creusée en fosse, 400 m au sud-ouest de la Combe de la Pesada, près du sommet de la colline de Frigoulet. Malgré les destructions de ses fronts

Fig. 6 Carrières du Vissaou du Courpatas A7, avec séparation rocheuse entre deux excavations.

anciens dues à l'usage d'explosifs, la céramique issue de ses déblais révèle son origine romaine.

B3, la carrière basse du Serre de Frigoulet est située une centaine de mètres à l'est de la précédente, légèrement en contrebas. C'est une très vaste et profonde carrière exploitée en fosse à la faveur d'un effondrement karstique. Les prospections ont démontré que son activité au milieu du Haut Empire est sûre; elle a pu se prolonger au-delà, et son origine peut être plus ancienne.

B4, la carrière nord de la Commune ou carrière du Capellut est une vaste fosse creusée au pied du versant méridional de la colline de Frigoulet, 300 m au sud-est de la précédente. Les explosifs ont détruit ses fronts antiques, mais le matériel trouvé sur place prouve son activité du Haut Empire.

B5, la carrière centrale de la Commune est ouverte en fosse et partiellement en palier, 100 m au sud de la précédente, dans un vallon séparant les collines de Frigoulet et de Matalas. Là aussi, l'explosif a totalement modifié l'aspect originel des lieux. Son fonctionnement est contemporain de la précédente.

B6, la carrière orientale de la Commune est presque contiguë à la précédente. C'est un petit chantier ouvert en tranchée (partie moderne) à la base sud-est de la colline de Frigoulet. Quelques témoins découverts au-dessus de ses fronts semblent attester une activité durant le Haut Empire.

B7, la carrière occidentale de la Commune ou carrière de la Capitelle carrée est moderne.

B8, les carrières du Serre de Matalas comprennent trois chantiers, deux exploités en fosse au sommet de la colline du même nom, 350 m au sud-ouest de la précédente; la troisième, très réduite, est creusée en palier, 150 m au sud-est des premières. Le chantier le plus à l'ouest est du Ier s. de n. è.

B9, la carrière du Roquet, parfois nommée la Pierre Tendre ou La Peyrièrette, est ouverte en palier, 300 m au sud des précédentes, au confluent du ruisseau des Lens avec celui de l'Aven de Matalas. Deux campagnes de fouilles programmées ont permis d'identifier quatre phases d'activités antiques: deux préromaines, une du Haut Empire et une d'époque mérovingienne qui seront détaillées dans la partie archéologique. Bien que de surface réduite, c'est l'un des sites les plus intéressants.

Le groupe méridional ne comporte que trois carrières beaucoup plus espacées que les précédentes. Elles sont dispersées entre le versant méridional de la colline des Grands Lens et l'extrémité basse de la Combe du Mort (fig. 4). La roche de cette extrémité sud du massif s'avère un peu plus dure qu'au nord. Bien que le relief y soit un peu plus marqué, il existe des chemins charretiers anciens. Toutes les carrières étudiées ici sont d'origine antique ou du haut Moyen Age pour le moins; voici leur liste:

C1, la carrière de Roquamaillet ne représente qu'une amorce d'exploitation située 1,8 km au sud de la carrière du Roquet sur une barre rocheuse, côté sud-est de la colline des Grands Lens. Malgré des témoins romains découverts sur le site, l'extraction révèle surtout une activité tardive, voire médiévale.

C2, les carrières des Pielles forment un petit ensemble de trois excavations en fosse, creusées 0,5 km au sud-ouest du site de Roquamaillet, pratiquement sur le point culminant des Ombrens. C'est une des exploitations parmi les plus intéressantes de l'affleurement. Des fouilles récentes ont montré une chronologie proche de celle de la carrière du Roquet comportant plusieurs phases d'activités: début du Haut Empire, tradition hellénistique, milieu du Haut Empire, Bas Empire, haut Moyen Age, XIVe/XVe s. Sa présentation archéologique détaillée s'impose.

C3, la Peyrière de Martin comprend deux petites excavations creusées en fosse au fond de la Combe du Mort, 1 km à l'est des chantiers des Pielles. Elle a fait l'objet d'une fouille incluant également un four à chaux médiéval adjacent. Elle est antérieure ou contemporaine de ce dernier et elle a certainement connu deux petites reprises de son activité, au milieu du XVIe s. et à la fin du XIXe s.

Ce dernier site ne pouvant être considéré avec certitude comme antique, ce sont donc quinze exploitations de fondation préromaine ou romaine qui vont constituer l'essentiel de la présente étude. Toutefois, la carrière de Mathieu et, d'une façon plus secondaire, celles de La Figuière, d'Héral-Nègre, du Roquet et des Pielles seront au centre de l'analyse proposée.

LA GÉOLOGIE DE L'AFFLEUREMENT DE CALCAIRE DES LENS,
par Annie Blanc et Philippe Blanc

Cadre géologique régional et études antérieures

Le Bois des Lens est constitué de terrains crétacés formant les hauteurs situées entre le massif des Cévennes et la côte méditerranéenne. Les cartes géologiques au 1/50 000 de Sommières et de Nîmes résument l'histoire géologique de la région (fig. 7): sur le socle paléozoïque (ou primaire), plissé et faillé, se sont déposés les terrains secondaires — triasiques, jurassiques et crétacés. Le Crétacé débute par des sédiments fins, marnes et calcaires (dépôts proches des côtes), surmontés de calcaires bioclastiques (constitués de débris de coquilles roulées) qui alternent avec des dépôts glauconieux (contenant des grains de glauconie, minéral vert, mica potassique et ferreux). Au Barrémien inférieur, des calcaires à silex et des marnes se déposent à l'est, près de Nîmes, dans une mer peu profonde. Au Barrémien supérieur, les dépôts urgoniens

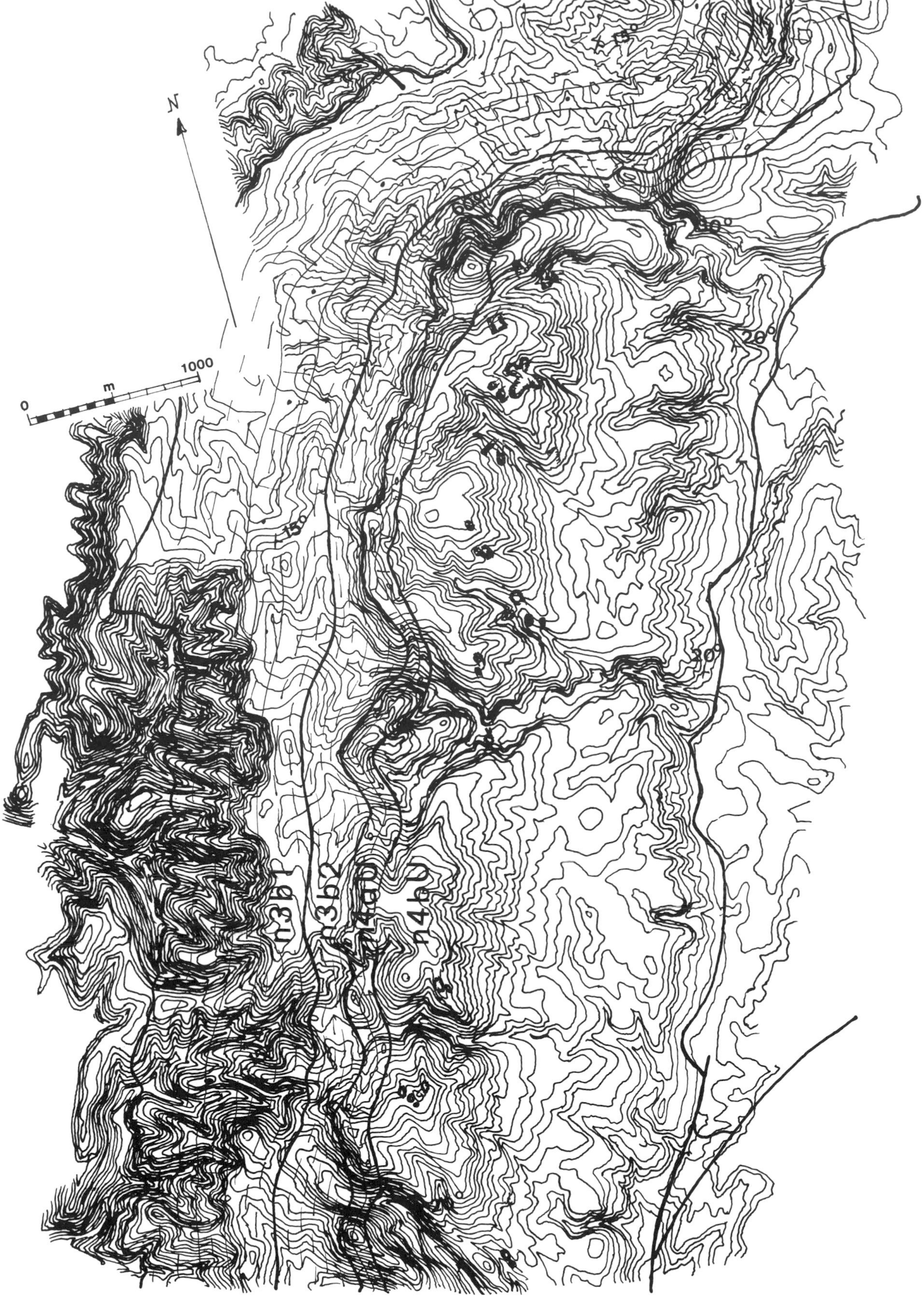

Fig. 7 Schéma topographique et géologique du gisement du Bois des Lens (A. et Ph. Blanc).
n3a1 Hauterivien inf. Marnes feuilletées grises et calcaires bicolores progressivement dominants. 150-180 m.
n3a2 Hauterivien inf. Calcaire gris argilo-gréseux en boules dans de minces lits de marnes grises. 80-100 m.
n3b1 Hauterivien sup. Alternance de gros bancs de calcaires argilo-gréseux gris foncé et de marnes grises. 200-250 m.
n3b2 Hauterivien sup. Marnes gris clair et calcaires très argileux à patine blanchâtre. 20-50 m.
n4aU Barrémien inf. Faciès Urgonien: Calcaires faiblement argileux devenant massifs et renfermant de nombreux silex clairs. 30-40 m.
n4bU Barrémien sup. Faciès Urgonien: Calcaire récifal blanc ou beige, pur et massif, d'aspect crayeux et de structure oolithique. 30 à 200 m.

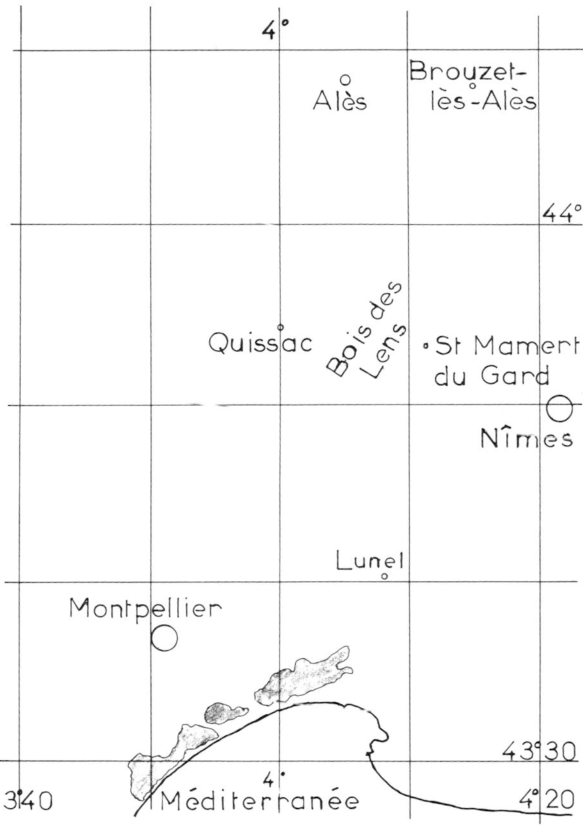

Fig. 8 Carte schématique des emplacements des principaux lieux cités (A. et Ph. Blanc).

sont limités, ils indiquent que la mer ne s'étendait pas à l'ouest de Quissac, ni au sud de Lunel (fig. 8). C'est dans ce golfe, au large, que se sont déposés les calcaires du Bois des Lens représentés principalement par un calcaire dur cristallin et un calcaire oolithique. C'est ce dernier qui a été entaillé par de nombreuses carrières de pierre de taille.

Dès la fin du Barrémien, la mer se retire progressivement vers le nord-est. Le soulèvement de la chaîne pyrénéenne au début du Tertiaire, puis la formation des Alpes entraînent le rejeu des grandes failles de la région qui séparent les Cévennes de la zone côtière. Les terrains se sont disloqués en zones alternativement surélevées et effondrées selon les directions sud-sud-ouest/nord-nord-est qui sont celles des failles du socle paléozoïque. Dans les dépressions engendrées, comme autour de St.-Mamert, de petits bassins sédimentaires se sont formés. Les dépôts d'abord lacustres, puis marins, à l'Oligocène et au Miocène se sont accumulés là où la mer a pénétré.

L'Urgonien

Au cours d'un colloque sur l'Urgonien, en 1979, à Grenoble, un travail important a été rassemblé et publié (Arnaud 1979: 103-119; Arnaud-Vaneau 1979: 255-275; Arnaud-Vaneau *et al.* 1979 363-383; Cotillon *et al.* 1979: 121-139) intéressant la fosse vocontienne (qui s'étendait à l'avant de l'emplacement des Alpes) et ses alentours, le pays catalan et l'Espagne. Les études les plus proches du Bois des Lens portent sur Brouzet-lès-Alès, Pont St.-Esprit, Bourg St.-Andéol et Donzère (Cotillon *et al.* 1979). Le chaînon du Bois des Lens n'a pas retenu l'attention de nos contemporains autant que celle des tailleurs de pierre de l'époque romaine. Du colloque de Grenoble, nous retiendrons la notion de faciès urgonien: ce n'est pas un étage mais un faciès qui peut s'étendre dans le temps. Il peut débuter dès le Barrémien inférieur et se prolonger jusqu'à l'Aptien. Défini dans la région d'Orgon, village dominant la Durance, ce faciès est constitué de calcaires blancs et massifs formant de grandes barres dans le paysage. Il s'agit de calcaires zoogènes à polypiers et rudistes (calcaires construits comme les récifs et lagons actuels, peuplés de lamellibranches à coquille épaisse) qui se sont formés à faible profondeur. Ils peuvent être opposés aux marno-calcaires à ammonites (faciès de plus grande profondeur) de la Provence calcaire.

Le site géologique du Bois des Lens

De part et d'autre de St.-Mamert-du-Gard affleurent deux séries de calcaire barrémien: celle de l'ouest se présente sous un faciès franchement urgonien, celle de l'est ne l'est que partiellement.

De grandes failles de direction sud-sud-ouest/nord-nord-est séparent les deux secteurs où affleurent les calcaires barrémiens à l'est et à l'ouest du bassin tertiaire de St.-Mamert. Ces terrains tertiaires, comme il a été dit ci-dessus, se sont accumulés dans les zones effondrées. Le petit bassin de St.-Mamert correspond à une de ces zones et son orientation est la même que celle

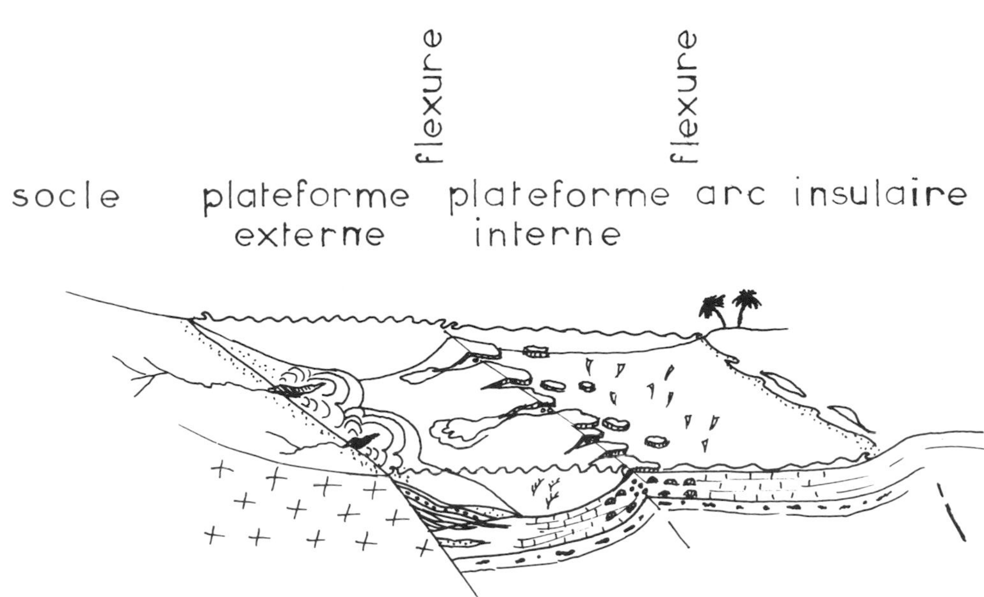

Fig. 9 Bloc diagramme présentant l'hypothèse de la formation du calcaire oolithique du Bois des Lens au Barrémien (Ph. Blanc).

Fig. 10 Carrière Héral-Nègre, état en 1989, avant la reprise de l'exploitation (photo et croquis de A. et Ph. Blanc). L'extraction a été conduite par tranches verticales et débitages horizontaux. La stratification est visible sur les anciens fronts exposés aux intempéries. Le pendage est parallèle à la stratification.

des failles d'Alès et de Nîmes, accidents tectoniques majeurs de la région. Dans le secteur à l'ouest de St.-Mamert, l'Urgonien renferme des calcaires oolithiques qui ont été exploités dans les carrières du Bois des Lens, tandis que dans le secteur oriental il n'existe que des calcaires micritiques (à grains extrêmement fins) tels que ceux des exploitations autour de Barutel.

Position du gisement du Bois des Lens et explication sédimentologique

La coupe de l'Urgonien du Bois des Lens montre 30 à 40 m de calcaire barrémien inférieur à silex recouvert par 150 à 200 m de calcaire barrémien supérieur, cristallin, à polypiers, en certains points blancs crayeux ou à oolithes millaires. Cette succession représente des dépôts de la plate-forme externe et de sa zone de destruction (fig. **9**). Cependant, au Barrémien supérieur, la mer n'atteint pas Quissac à l'ouest ni Lunel au sud (Berger 1974), le rivage était donc à une dizaine de kilomètres. Dans ce golfe peu profond s'édifient les calcaires compacts et cristallins de l'Urgonien, dépôts de plate-forme interne, et les calcaires oolithiques, dépôts de plate-forme externe. Cette disposition peut se comparer à celle du Golfe persique actuel, c'est-à-dire à une mer immense et de très faible profondeur. La plate-forme interne ne reçoit pas l'énergie de la houle car elle est trop éloignée de la mer profonde; la plate-forme externe, au contraire, est l'endroit où les vagues se brisent, permettant l'élaboration de sables calcaires et d'oolithes. Au Bois des Lens, cette disposition n'est pas aussi simple. A une telle distance du rivage (11 km), l'effet de la houle, en partie responsable de la formation et de l'accumulation des oolithes, ne devait pas se faire sentir. Pour expliquer la présence des oolithes, on peut supposer l'existence de reliefs, très proches de la surface marine, formant des barrières (Arnaud 1979). Sur une de ces barrières, assez haute et soumise au dynamisme des vagues, des oolithes ont pu se former et ont été stockées sur place au sein des vases calcaires à polypiers (dont on note de rares traces). Ces conditions favorables n'ont pas existé longtemps, les dépôts oolithiques restent de peu d'ampleur spatiale et verticale (fig. **10**). L'orientation des dépôts oolithiques nord-nord-est/sud-sud-ouest rappelle celle des accidents structuraux et on peut supposer que cette barrière de reliefs sous-marins correspond à des blocs basculés, dûs au jeu des failles du substratum.

Les caractéristiques du gisement relevées sur le terrain

La plupart des observations effectuées soit dans les carrières soit sur les affleurements concernent le pendage, la stratification et la fissuration.

Pendage et stratification

L'ensemble des couches de calcaire urgonien est incliné vers l'est; la carte géologique au 1/50 000 indique un pendage de 15 à 20°. Une série d'observations sur le terrain confirme ces données en indiquant un pendage assez variable de 14 à 25° vers l'est-sud-est (fig. 10 et **11**). La

Fig. 11 Carrière antique de Mathieu: sur la paroi verticale d'un bloc en place apparaissent les canaux de circulation karstiques, subhorizontaux, suivant la stratification (ph. Ph. Blanc).

Fig. 12 Carrière antique de Mathieu: fissures verticales karstifiées (ph. Ph. Blanc).

stratification du calcaire oolithique est difficile à mettre en évidence; seules les parois verticales de carrière exposées au intempéries permettent de l'observer aisément. Dans la majorité des cas, la stratification est parallèle au pendage, ce qui suggère une sédimentation horizontale sans progradation (accumulation de sédiments de type dunaire).

La fissuration du massif n'est pas importante; les diaclases verticales ont été utilisées par les carriers pour l'extraction. Il apparaît qu'ils ont attaqué le massif en tranches verticales, sans se soucier de la stratification qui est invisible sur la roche fraîche. En poursuivant leurs travaux, il est arrivé que le bloc se fende suivant la stratification et non suivant le plan horizontal qui était prévu. La karstification s'est développée à partir des fissures. Les diaclases verticales ont été élargies par les circulations d'eau. Un réseau de fissures à peu près parallèles au pendage et à la stratification découpe le massif. Certains canaux ont une dimension décimétrique; ils ne sont pas complètement vides mais obstrués de calcaire oolithique (fig. 11 et **12**).

Etude pétrographique du calcaire du Bois des Lens

Description pétrographique du calcaire des différentes carrières

Parmi les nombreuses carrières du Bois des Lens, dix ont été échantillonnées régulièrement — environ tous les 2 mètres quand la disposition des fronts le permettait. Les calcaires ont été observés à la loupe binoculaire et des lames minces ont été taillées. Au microscope polarisant, il apparaît que la structure de ces roches révèle de petites variations d'une carrière à l'autre. Un complément de données est apporté par l'observation en cathodoluminescence.

Description à la loupe binoculaire

Ces calcaires blancs présentent une structure oolithique où les éléments sont reliés entre eux par un ciment plus ou moins abondant dont la qualité et la couleur diffèrent légèrement d'un échantillon à l'autre.

Description au microscope en lames minces (planche photographique fig.13)

Au microscope apparaît la composition des oolithes et des éléments plus ou moins roulés qui les accompagnent. Les dimensions des oolithes s'étagent de 0,2 à 0,6 mm et leur composition varie d'un échantillon à l'autre. Il existe peu d'oolithes vraies, avec noyau et cortex. A l'intérieur d'une même lame mince coexistent des oolithes entièrement micritiques (constituées de fins cristaux de calcite) aux contours parfois vaguement polygonaux (dus à la compaction). Certaines possèdent un noyau où se reconnaît la forme d'un Foraminifère ou d'un débris d'échinoderme, d'autres encore sont de vraies oolithes en voie de micritisation. Un des aspects les plus remarquables de ces oolithes est dû à un décollement du cortex, un espace se créant entre le noyau et le cortex par dissolution. Dans certains échantillons, les éléments bioclastiques étant plus nombreux que les oolithes, on peut admettre que la structure est biodétritique. Chaque carrière présente des associations de caractères qui lui sont propres et qui peuvent être résumées par le schéma suivant, en allant du nord au sud (tabl. **1**). La carrière antique de Mathieu a exploité un calcaire oolithique contenant des débris de lamellibranches. Dans les carrières Heral Nègre et du Visseau du Courpatas, les oolithes ont la particularité de posséder un cortex décollé du noyau micritique. Dans les deux carrières de la Pesada, la structure oolithique est plus nette. Plus au sud, les carrières du Roquet et des Pielles sont plutôt biodétritiques qu'oolithiques, avec, dans la dernière, la présence de nombreux restes de Bryozoaires. Enfin, dans la Peyrière de Martin, les oolithes sont petites, la quantité de ciment faible et la part biodétritique relativement plus importante.

Description en cathodoluminescence

Rappel technologique: sous vide, une cible soumise au bombardement électronique peut devenir luminescente. Les cristaux naturels sont autant de cibles potentielles excitables si leurs réseaux cristallins ont atteint un degré de perfection suffisant, en contenant des traces d'excitateurs mais pas trop d'éléments inhibiteurs. Les lames minces polies non couvertes, mais métallisées au carbone, sont placées dans une chambre à vide sous un microscope dont l'optique possède un fort tirage pour pallier l'épaisseur mécanique de la chambre. Un canon haute tension crée un faisceau qui excite la surface de l'échantillon sous l'objectif. La structure de la roche apparaît alors sous forme de zones colorées surimposées à la vision en lumière transmise. Une autre forme d'excitation peut se pratiquer dans la chambre échantillon d'un MEB ou d'une Micro-

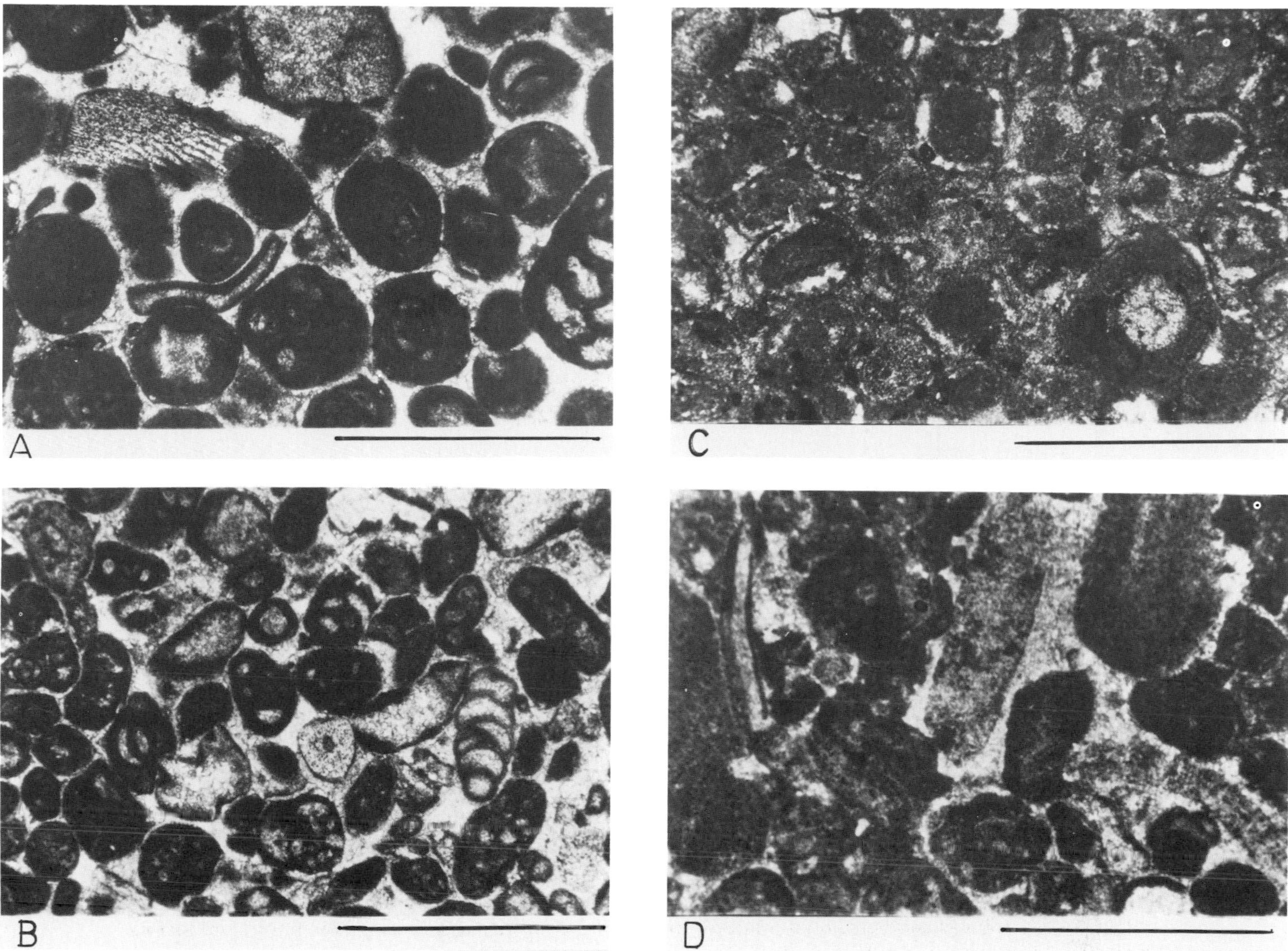

Fig. 13 Microphotographies des oolithes (la barre représente 1 mm) (ph. Ph. Blanc).

- A: Lens 1, carrière haute de la Combe de la Pesada. Oolithes à noyaux formés à partir de débris organiques (débris d'Echinodermes ou de Foraminifères) à cortex très réduit ou inexistant. Certains éléments de Foraminifères roulés sont bien discernables. La microsparite entre les éléments est abondante.
- B: Lens 10, carrière Héral Nègre. Oolithes et éléments roulés de foramifères de tailles variées, ayant subi une légère compaction, en particulier sur le côté gauche de la photographie.
- C: Lens 24, carrière du Roquet. Oolithes compactés, à cortex décollé du noyau, avec très peu de microsparite entre les éléments.
- D: Lens 32, carrière des Pielles. Les oolithes sont compactés et micritisés. Des éléments biodétritiques y sont mélés.

sonde Analytique. On pourra y réaliser des grossissements plus considérables, la résolution n'étant alors limitée que par la profondeur d'excitation.

Tous les minéraux *peuvent* être cathodoluminescents. Ce phénomène général n'est pas obligatoire, il est donc une signature locale, en amplitude et longueur d'onde. Le champ d'action de la cathodoluminescence ne peut être limité; c'est une méthode simple, peu coûteuse, facile et aux retombées innombrables.

Nous avons appliqué cette méthode d'approche au matériel provenant du Bois des Lens. Malgré la faible probabilité que ce calcaire oolithique puisse montrer des différences significatives (Robelin, Giot: 1023-1032), une légère luminescence différencie les oolithes du ciment, et dans celui-ci un stade tardif de recristallisation peut être mis en évidence (fig. **13**). L'intérêt augmente encore puisque cette phase finale n'a pas le même développement dans tous les gisements étudiés.

Carrières	Zone	Numéro échantillon	Remarques	COULEUR				LUMINESCENCE					Liaison	Cathodo-luminescence	Ciment	Grosses oolites	Petites oolites	Oolites sombres	Poly-gona-tions	Bio-détri-tique	Bryo-zoai-res
				des oolites	du cortex	du noyau	du ciment	ta-ches	cloi-sons	dans ciment	dans noyau	micri tique	coeur-cortex								
Mathieu	A1	20					noir				*			faible	peu	*					
		21	compaction		bleu	violet				*				faible	bcp	*	*				
		22					noir			*		*		faible	bcp						
Bone	A2	19	gros élément	violet	noir	noir			*						mince	*	*				*
Romaine	A3	23	stratification	violet	sombre	sombre		*							peu	*		*	*	*	
Herald-Nègre	A6	13		bleu	saumon	saumon	noir			*			vide			*			*		
		12		bleu	violet	violet	noir			*			vide		peu	**	*		*		
		10		bleu	bleu										peu			*	*		
		11		bleu	violet	violet	noir			*					bcp			*			
Visseau de Courpatas	A7	18		bleu	bleu	bleu	noir			*	*		vide		peu	*	*	*			
		17		bleu			noir								peu		*	*			
		16		bleu			noir								peu	*	*	*			
		15		bleu	noir	noir	noir								bcp	*	*				
		14		bleu	violet	violet	noir			*					peu	*		*			*
Fesada Hte	B1	1		rose	rose		noir		*						peu	*		*			
		2		rose		sombre	sombre	*	*	*					plage	*		*	*		
		3	Gd-plage	bleu		violet	noir	*			*					*		*			
		4		violet	violet	sombre	noir	*			*				peu	**			*		
Pesada Bse	B1	5	très fin	violet	violet		noir			*	*										
		6	non-oolitique	violet			noir	*	*												*
		7		bleu			bleu	*		*						*		*	*	*	
Matalas	B8	28					noir		*	*		*		fugace					*		
		27					noir		*			*		fugace	plage						
		26	compaction	rouge	rouge		noir		*			*		forte	mince				*		
Le Roquet	B9	24		violet			noir		*			*	vide			*			*	*	
		25		bleu			noir		*			*			peu	*				*	
Pielles	C2	30					bleu			*		*		faible	bcp		*			*	
		31	orientation											faible					*	*	*
		32		rose			noir	*							peu	*				*	*
Martin	C3	33	compaction	rose	rose		rose	*	*	*		*		forte			*		*	*	

Tableau I.

Caractères comparés des pierres exploitées au Bois des Lens, au microscope polarisant et en cathodoluminescence.

En règle générale, le gisement se caractérise par une luminescence des oolithes très faible et de teinte variable de bleue à violacée ou rose. Le cortex de ces éléments peut se distinguer du noyau par sa couleur. Le ciment, le plus souvent sparitique, ne possède pas de luminescence à l'exception de taches ou de faces de croissance ou de petits points très lumineux rouge-orangé. Ces trois manifestations sont tardives dans le ciment; elles peuvent affecter les oolithes soit dans leur noyau soit dans leur cortex soit encore entre les deux.

Les différences d'une carrière à l'autre: tableau 1

La cathodoluminescence apporte des arguments supplémentaires pour distinguer les exploitations: au nord, les deux carrières voisines A6 et A7, Heral Nègre et Visseau du Courpatas, possèdent des oolithes à cortex bleu. Ceci peut être corrélé avec leur évidement ou décollement. Ce caractère est d'ailleurs plus facile à repérer en cathodoluminescence qu'au microscope polarisant. Au centre, en B8, dans la carrière de Matalas, la luminescence des oolithes est fugace, sauf dans l'échantillon de la base où une forte luminescence rose caractérise les éléments dans un ciment noir. En C3, à la carrière de Martin, une forte luminescence rose générale touche aussi le ciment à la différence de la précédente.

Dans la carrière des Pielles C2, un échantillon du sommet, et dans la Pesada Basse B1, l'échantillon de la base se différencie du reste par une émission bleue du ciment.

Ces observations sont subtiles car en dessous du niveau habituel des luminescences. Elles permettront cependant de distinguer les différentes provenances surtout si on systématise la quantification du phénomène de cathodoluminescence. Une différenciation peut être faite par cette méthode entre les calcaires de Brouzet et ceux du Bois des Lens.

Comparaison avec les autres calcaires oolithiques exploités en France

Le calcaire du Bois des Lens est formé d'oolithes compactées liées entre elles par un ciment cristallin (sparitique) qui en fait un calcaire dense, peu poreux. Ces critères permettent, dans la plupart des cas, de le distinguer, à l'œil nu, des autres calcaires oolithiques blancs exploités en France. Peu de calcaires comparables sont extraits dans les carrières du Midi de la France. Le Roussillon et la Provence calcaire possèdent des calcaires compacts du Jurassique, des calcaires durs d'origine lacustre du Tertiaire, ou encore la fameuse pierre du Midi, calcaire coquillier miocène. Pourtant quelques carrières fournissent des calcaires urgoniens près d'Orgon (Vaucluse), à Brouzet-les-Alès (Gard) et près de Fare-les-Oliviers (Bouches-du-Rhône).

— Brouzet-les-Alès: plusieurs carrières en activité exploitent le calcaire urgonien non oolithique; certaines produisent un calcaire fin d'aspect crayeux, d'autres un calcaire plus grossier.
— La pierre de Calissane, à Fare-les-Oliviers, est un calcaire oolithique grossier qui a été surtout utilisé pour la ville de Marseille. La carrière est actuellement abandonnée.
— La pierre d'Orgon est un calcaire fin et résistant qui a été employé au Palais des Papes d'Avignon (Gagnière 1966: 15-16) pour certains éléments (gargouilles, encadrements d'ouverture). Il n'est plus exploité pour la pierre de taille.

Dans le Poitou et les Charentes

— A Lavoux est exploité un calcaire bathonien, moins dense (2,09) que celui du Bois des Lens, à patine grise dont le grain oolithique apparaît après quelques années de mise en œuvre sur les parties exposées. Le calcaire de Lavoux est souvent recherché par les sculpteurs pour les restaurations des monuments du Nord et du centre de la France.
— A Chauvigny, le calcaire oolithique, bathonien, se reconnaît facilement grâce à son grain grossier.
— A Vilhonneur, le calcaire blanc et dur, jurassique supérieur, est à grain grossier non oolithique avec des pores visibles entre les éléments (Noël 1970).

En Bourgogne, divers calcaires blancs à structure oolithique plus ou moins nette ont été extraits des formations du Jurassique .

— Autour de Bulcy et La Charité (Nièvre), des calcaires blancs oolithiques à oolithes moins régulières et moins cimentées entre elles que celles du Bois des Lens ont été exploités jusqu'au début du XXe s.
— Près de Garchy (Nièvre), la carrière de Malvaux fournit un calcaire oolithique fin à patine grise.
— La pierre d'Asnières, au nord de Dijon, est un calcaire oolithique très fin, d'un blanc un peu crayeux, moins dense que celle du Bois des Lens. Elle a été très appréciée des sculpteurs bourguignons; par exemple, le célèbre Puits de Moïse a été taillé dans ce matériau. Les carrières sont abandonnées depuis de nom-

nombreuses années.

— A Farges-les-Macon, un calcaire oolithique jaune beige clair, à passées riches en coquilles, est exploité. Il prend une patine blanche et peut remplacer la pierre de Lucenay ou Anse (calcaire oolithique dont les carrières sont abandonnées) pour les restaurations.

— Les monuments antiques de la ville d'Autun, en particulier les portes, sont recouverts d'un calcaire blanc oolithique extrait d'une carrière de la Côte chalonaise (à 45 km d'Autun). Ce calcaire résistant contient en plus des oolithes de nombreux débris de coquilles repérables par l'observateur.

Dans l'est de la France, en particulier dans la Marne, des calcaires oolithiques à oncolithes ont été employés pour la construction de l'abbaye de Clairvaux et à Bar-sur-Aube mais ne sont plus exploités. Ils sont remplacés par un calcaire à oolithes vacuolaires, la pierre de Savonnières (Meuse) qui peut prendre une patine blanche en zone rurale. En plus de ses oolithes creuses, ce calcaire se distingue par la présence de lits riches en coquilles de bivalves.

Dans la plupart des cas, il est possible de distinguer la pierre du Bois des Lens des autres calcaires oolithiques blancs exploités en France pour la construction et la restauration des monuments.

ETUDES ET ÉCRITS ANTÉRIEURS SUR LA PIERRE DES LENS

avec la collaboration de Roland Bonnaud

Le silence des archives

Aucune mention ancienne des carrières des Lens n'a été relevée dans les archives notariales et les compoix régionaux. Le cadastre napoléonien et les divers registres municipaux des communes environnantes considèrent cette zone comme du bois ordinaire. Cette situation lacunaire paraît assez commune à l'ensemble des industries extractives, y compris dans d'autres régions de France (Lausanne 1985: 17-18).

Commentaires des historiens et des auteurs de "statistiques"

Vers le milieu du XVIIIe s., l'un des historiens de Nîmes, Léon Ménard, est le premier à apporter des précisions sur les exploitations des Lens. Après avoir noté son emploi antique pour la Maison Carrée (1750: 56), cet auteur en reparle dans un paragraphe propre aux carrières (1750: 583-584): "Enfin la quatrième carrière est dans le bois des Lens dont elle a pris le nom, situé à cinq lieues de Nîmes. La pierre de celle-ci est très belle et propre aux ouvrages les plus délicats. Le grain en est très fin et très uni. Elle est tendre au sortir de la carrière, et se taille aisément, mais ensuite elle se durcit. La couleur en est blanche. Elle jaunit pourtant et devient luisante, après qu'elle a été exposée quelque temps à l'air. Elle approche du marbre blanc et prend aisément le poli, lorsqu'elle est tirée de la carrière à une certaine profondeur. Comme elle n'a point de lit on peut en tirer des blocs aussi gros qu'on le désire."

Bien que L. Ménard n'ait pas écrit de façon explicite que la ou les carrières fonctionnent à son époque, les précisions techniques qu'il donne sur la pierre fraîchement extraite impliquent une activité minimale. Un contemporain, Valette de Travessac (1760: 68), signale que de la pierre de "Lins" est employée dans les structures supérieures des Jardins de la Fontaine, alors en construction. Cet emploi moderne dans le parc de Nîmes incluant le temple dit "de Diane" a dû influencer une identification erronée de L. Ménard (1750: 70) qui présente ce monument comme étant aussi en pierre des Lens. Cette affirmation sera parfois reprise, notamment par "l'antiquaire" nîmois J. F. A. Perrot (1846: 147).

La production et la diffusion locale de la pierre ont dû se poursuivre au siècle suivant comme le confirme Hector Rivoire (1842: 164) dans ses statistiques sur le Gard: "Au midi de la commune de Moulézan et Montagnac il existe, au quartier dit de *Lins,* des carrières de pierre autrefois exploitées par les Romains, et qui n'avaient servi qu'aux besoins des populations agricoles du voisinage, mais qui ont acquis de la faveur depuis quelques années. La Maison Carrée a été bâtie avec la pierre extraite de la plus belle des carrières de *Lins* qu'on nommait carrière du *Grand-Lins.*" L'auteur ne mentionne pas ses sources sur l'origine de la pierre employée pour la Maison Carrée (fig. **14**). Malgré l'impossibilité d'identifier aujourd'hui la carrière dite alors "du *Grand-Lins*", on peut penser qu'il s'agit de l'une des grandes exploitations du groupe septentrional. On sait que les découvertes anciennes de vestiges romains concernent ces exploitations.

A la suite d'une description de la Maison Carrée, l'historien Emilien Frossard (1846: 48), écrit: "les colonnes elles–mêmes et les pierres de l'entablement, dont le travail est si riche et si bien conservé, ont été ex-

Fig. 14 Chapiteau d'angle de la Maison Carrée à Nîmes (ph. J. Pey - Musée de Nîmes).

traites du bois de *Lens,* au-delà du village de Fons-outre-Gardon." Plus loin, il ajoute (1846: 338): "non loin de Montagnac se trouvent les carrières de Lens d'où l'on extrait la pierre la plus fine du pays; [...] Dans plusieurs points ce calcaire prend une texture oolithique. C'est avec cette roche que l'on fabrique des petits moulins à sel de la forme antique [...suit le mode d'emploi]." Au milieu du XIXe s., S. Durant, C. Durand et E. Laval notent dans leur description des monuments historiques du Gard (Durant *et al.* 1853: 35): "La Maison Carrée est construite en pierre de Lens, dont le grain égale le plus beau marbre pour la finesse et le poli." Il s'agit là d'une appréciation très exagérée. Quinze ans après, M. E. Germer-Durand (1868: 114) ne fait que citer brièvement ces carrières.

Le rapport détaillé d'un paléontologue du XIXe siècle

Le maximum de renseignements sur ces carrières est offert par un éminent paléontologue de Nîmes Émilien Dumas (1877: 234-235):

> "Le magnifique calcaire néocomien exploité dans le bois des Lens, entre Fons et Moulézan, sur la gauche de la route de Nimes à Anduze, prend accidentellement dans cette localité une structure oolitique à grains fins et serrés; il est d'un blanc éblouissant et l'on peut affirmer qu'il produit une des plus belles pierres de taille connues."

A cet endroit, il ajoute une note toponymique particulièrement intéressante:

> "C'est probablement la texture oolitique à petits grains de calcaire de cette localité qui lui a valu la dénomination de *Lens,* du latin *lens,* œuf de vermine, nom conservé dans le patois languedocien sous celui de *lendé.*"

Cette particularité (fig. 13) doit probablement expliquer l'orthographe *Lins* utilisé par H. Rivoire (1842: 164), ou *leins,* encore employé à Saint-Mamert sur un panneau routier. Prononcé en occitan, Lens se dit lins ou leins en phonétique française et tous les anciens utilisateurs de la pierre, de toutes régions, le prononçaient ainsi.[1]

E. Dumas poursuit sa description par de nombreuses précisions techniques, archéologiques et économiques:

> "La pierre des Lens a été employée par les Romains comme pierre statuaire et pour l'embellissement des plus beaux édifices de la colonie de Nimes. La plus grande partie du charmant édifice, connu sous le nom de *Maison-Carrée,* les colonnes, bases et chapiteaux, l'entablement et tout ce qui porte des moulures et des sculptures au-dessus du stilobate, sont exécutés en pierre des Lens. Il en est de même des décorations intérieures du temple de Diane. Cette pierre, d'un grain très fin, tient admirablement l'arête et se fouille au ciseau avec facilité. Quoique d'un très beau blanc au sortir de la carrière, elle se colore à la longue d'une teinte brune et jaunâtre d'un ton très chaud qui donne aux constructions romaines et surtout à la Maison-Carrée ce beau facies antique."

Après cette présentation du matériau, l'auteur aborde la description des sites antiques:

> "Dans les bois des Lens on retrouve encore aujourd'hui les anciennes carrières jadis exploitées par les Romains: on y découvre journellement des débris antiques, des fragments de meules en lave et des médailles romaines, surtout de celles frappées par la colonie de Nimes. Ces anciennes exploitations sont désignées par les habitants du pays sous le nom de *Vissaou;* les plus remarquables sont le *Vissaou de Ribot*, celui du *Corbeau* et celui de la *Combe du Ramier*. On y voit encore des blocs de 3 à 4 mètres de longueur, en partie séparés de la masse par des entailles verticales d'environ 0 m10 seulement de largeur, sur plus d'un mètre de profondeur. Il est assez difficile de se rendre compte du procédé qui permettait de pratiquer des entailles aussi étroites et aussi profondes."

Une seule de ces exploitations peut être aujourd'hui encore identifiée avec certitude, c'est le Vissaou du Corbeau A7 connu aussi sous son nom occitan intégral *Vissaou du Courpatas* (Bessac 1986a: 170). Dans le paragraphe cité ci-dessus, il est intéressant de noter la surprise de E. Dumas au sujet de l'étroitesse associée à la profondeur des tranchées verticales creusées par les Romains. Cela l'amène à se poser la question de la technique du creusement employée alors. Il connaît parfaitement la méthode traditionnelle d'extraction à l'escoude utilisée de son temps, mais ce qui l'intrigue c'est qu'elle ne permet pas d'obtenir des tranchées aussi étroites.

Abandonnant la description des vestiges antiques, l'auteur poursuit:

> "Le calcaire des Lens a été aussi employé pendant le moyen âge comme pierre statuaire: malgré leur couleur brunâtre, qui pourrait faire soupçonner une autre origine, les statues des douze apôtres qui décorent le magnifique portail de l'église de Saint-Gilles ont été exécutés avec ce calcaire [voir fig. **15**]. Les carrières des Lens, toutes situées sur la commune de Moulezan, sont encore aujourd'hui en pleine exploitation: les cinq principales y occupent chacune trois ou quatre ouvriers."

Cet emploi médiéval a été récemment confirmé grâce à des analyses pétrographiques (Blanc 1988: 6-8). Le nombre d'ouvriers employés dans chaque carrière donne un ordre de grandeur en ce qui concerne du personnel nécessaire au bon fonctionnement des chantiers antiques de semblable envergure.

Ensuite, E. Dumas passe à la description des techniques alors en usage:

> L'exploitation a lieu par les parties supérieures du rocher au moyen de pétards, et l'on façonne ensuite les parties détachées pour pierres de taille. L'extraction des gros blocs se pratique avec une espèce de pic nommé *escoude,* avec lequel on ouvre une tranchée assez large pour qu'un homme puisse y travailler, et l'on détache ensuite le bloc au moyen de gros coins de fer placés entre deux lames de tôle, que l'on enfonce à coups de masse. Cette opération est assez longue, parce que le calcaire est massif et n'a pas de lit de carrière proprement dit. La pierre des Lens, assez tendre au sortir de la carrière, se façonne avec le *tailland* ou la boucharde; les angles se font au ciseau."

Ces techniques et l'outillage cités ci-dessus seront analysés plus loin (voir p.205). Pour terminer, l'auteur complète la description d'une production spécifiquement locale de petits moulins pour moudre le sel, déjà signalée par E. Frossard (fig. **16**). Beaucoup des ses successeurs ne feront que reprendre ses informations en y apportant uniquement de modestes précisions.

---

1 Le toponyme Lens fut à l'origine d'une confusion notoire avec le calcaire de la ville de Lens dans le Nord, à qui fut attribué une diffusion antique jusqu'à Nîmes. Cette erreur fut rapidement corrigée par un archéologue mieux documenté (Burnand 1962: 409-412).

Fig. 15 Abbatiale de Saint-Gilles du Gard. Statues romanes du portail sculptées dans la pierre des Lens.

Fig. 16 Une production artisanale locale du XIXe s.: les moulins à sel en pierre des Lens.

Le témoignage d'un spécialiste des mines et carrières

Quelques années plus tard, un ingénieur des mines, Théodore Picard, s'intéresse également à ces carrières (1882: 171-176), dans un long article ayant comme objectif l'étude technologique des matériaux de construction du département du Gard. Il y signale brièvement ses emplois antiques à Nîmes et précise que l'on peut écrire: "les carrières *de Lens*, des Lens, ou lins." Alors que E. Dumas avait présenté cinq carrières, il n'en dénombre plus que deux en activité:

> "celle de M. Héral, la plus rapprochée de la route nationale 107 qui comprend deux chantiers, et celle de M. Bournier, au Sud de la précédente, d'une importance à peu près égale. Nous pensons que les autres gîtes indiqués par E. Dumas doivent se rapporter aux anciennes exploitations romaines, désignées dans la localité sous le nom patois de *Vissaou*, et dont les débris accumulés attestent encore leur importance d'autrefois."

Cette dernière remarque n'est pas tout à fait juste: *vissaou* se traduit en français par point de vue, poste d'observation ou de surveillance. Les cavaliers de carrière, composés des déchets d'extraction, forment des promontoires qui constituent des points d'observation. Certains sont d'origine antique, d'autres sont plus récents. T. Picard poursuit:

> "La carrière Héral, que nous avons visitée, est ouverte à côté d'une de ces anciennes exploitations dans laquelle on nous a dit avoir trouvé une monnaie romaine et une espèce de pic appelé *escoude*. Cette ancienne carrière présente des parements verticaux qui accusent une puissance de 8 mètres environ au moins."

Cet auteur semble ignorer l'existence des trois exploitations les plus septentrionales alors inactives mais fonctionnant au moment du passage de E. Dumas. La description de ce chantier antique paraît correspondre à la carrière Héral-Nègre A6.[2] Quant à la carrière de Bournier, elle correspond à la Carrière nord de la Commune B4.

Ensuite, cet ingénieur fournit quelques informations techniques:

> "Les carrières de Lens sont exploitées à ciel ouvert et par excavation jusqu'à 10 mètres environ de profondeur; au-dessous de ce niveau, la roche est pourrie par le contact des eaux."

C'est peut-être là une opinion valable pour un chantier particulier et non pour l'ensemble des exploitations. Il faut certainement interpréter "excavation" comme des extractions verticales en fosse, "à ciel ouvert" devant être alors assimilé à des paliers à flanc de coteau. Il poursuit:

> "L'extraction a lieu au coin et à la tranche; les blocs, dont la hauteur peut atteindre jusqu'à 1 m50, sont montés à la chèvre ou bien conduit sur rouleaux le long d'un plan incliné."

1,50 m, ou précisément 1,45 m, correspond à la profondeur maximale atteinte très exceptionnellement par les meilleurs carriers d'alors à l'aide d'une escoude traditionnelle.

Après avoir donné quelques indications géologiques et toponymiques, déjà connues, T. Picard aborde un aspect plus intéressant:

> "La partie supérieure ou découverte est formée d'un calcaire fendillé et craquelé où l'on rencontre souvent des débris de *Chama-ammonia*, fossile caractéristique de l'étage urgonien. Le déblai de cette première partie se fait à la mine sur une profondeur de 2 m00 environ; au-dessous on trouve un calcaire blanc, massif, demi-dur, que l'on enlève par blocs suivant les commandes et que l'on façonne avec le tailland et la boucharde, en relevant les arêtes au ciseau; on peut le débiter facilement à la scie. Le plongement observé sur un point de la carrière était de 0m20 environ S-E."

La découverte de 2 m indiquée ci-dessus est souvent plus importante dans beaucoup d'exploitations (fig. **17**). Le qualificatif demi-dur est exagéré, il faut lui préférer le vocable ferme. Il en est de même pour la soi-disant facilité de débit de cette roche à la scie à main, la pierre des Lens se débite très laborieusement avec ce procédé sauf dans les microfaciès les plus tendres. T. Picard écrit aussi sur les conditions de transport de la pierre:

> "Le transport des carrières à la gare de Fons s'exécute au moyen de fortes voitures, d'abord par un chemin rural sinueux et en assez mauvais état sur une longueur de 4 kilomètres jusqu'aux baraques de Fons; ensuite par la route nationale 107, de Nîmes à St.-Flour, jusqu'au chemin de service de la station."

Il ne s'agit donc pas ici du chemin à ornières supposé antique (Bessac 1981a: 61) qui joint en droite ligne la zone des carrières à la plaine de Fons (voir p.70).

L'auteur propose aussi des références d'utilisation inédites:

> "C'est dans la carrière Héral qu'on a extrait le bloc de 11 mètres cubes destiné à la sculpture du Christ qui orne la façade de l'église Sainte-Perpétue à Nîmes; les deux pyramidions des flèches de l'église Saint-Baudile et les deux angles du portail proviennent aussi de cette carrière. La pierre de Lens a servi encore à la construction et à la décoration des cathédrales de Perpignan et d'Albi: elle a été employée dans la restauration du palais de justice à Nîmes, et dans la réparation des monuments romains. La facilité avec laquelle on la fouille au ciseau la fait rechercher pour la sculpture; on l'utilise aussi comme pierre funéraire."

La présence d'églises et de cathédrales dans cette énumération ne doit pas faire illusion ni sur la date ni sur le volume de l'extraction; ce sont des travaux de petite envergure exécutés, pour la plupart, au cours des deux premiers tiers du XIXe s. Vingt ans après, T. Picard fait paraître une nouvelle étude à caractère plus archéologique intitulée *Nos anciennes carrières romaines*, visant essentiellement des sites gardois. Les informations sur les carrières des Lens (1903: 304-306) sont alors simplement rappelées.

---

2 Sur la foi de témoignages oraux le nom Héral fut faussement orthographié avec un d à la fin, dans nos études précédentes (Bessac 1986a: 169; Bessac *et al.* 1991: 402).

Fig. 17 Front oriental de la carrière de Mathieu A1 surmonté d'une découverte de 4 à 5 m d'épaisseur (ph. L. Damelet).

Entre les deux publications de T. Picard paraît le Répertoire des carrières de pierre de taille exploitées en 1889 qui consacre quelques lignes à ces exploitations (Ministère des Travaux Publics 1890: 102-103). Seule la rubrique références, remise à jour, cite des emplois inédits dans les cathédrales de Carcassonne et de Montpellier, ainsi que le tombeau du duc de Castries dans cette même ville. A la même époque, Hippolyte Bazin (1891: 79) note l'usage de cette pierre pour la Maison Carrée.

Le laconisme des archéologues du XXe siècle

Suite à la seconde publication de T. Picard, de nombreux archéologues font référence à ces carrières mais ils n'apportent souvent rien de nouveau à l'exception de Félix Mazauric. Celui-ci cite tout d'abord rapidement l'existence de ces exploitations dans un ouvrage très général traitant de Nîmes et du Gard (1912: 303). Ensuite, dans sa Chronique des musées archéologiques de Nîmes, il relate le don d'une statuette de Télesphore (1917: 18-20) et commente ainsi:

> "Elle fut découverte vers 1884, au lieu de Moulézan, à proximité des fameuses carrières de la montagne des Lens où les Romains allaient extraire la belle pierre dont ils se servaient pour tous leurs travaux de sculpture monumentale [... rappel des références antiques]. Le nombre des ouvriers employés au travaux d'exploitation et de sculpture dut être considérable si nous en jugeons par l'importance des débris recueillis à Nîmes et dans la région. Tout fait même présumer que beaucoup d'entre eux étaient d'origine orientale, notamment les lapidaires qui du temps d'Hadrien travaillaient sous la direction de Titus Flavius Hermès, à la construction de la fameuse *Basilique de Plotine* et du nouveau *Nymphée.* A côté d'œuvres décoratives d'une valeur artistique incontestable, on retrouve dans le même milieu les traces d'un art tout à fait populaire qui avait pour but la reproduction à bon

marché de ces mille petits autels ou ex-voto de facture plutôt naïve, que nous trouvons parmi les débris de nos petits laraires. C'est dans cette classe d'objets religieux taillés dans la pierre des Lens que rentre notre petit Télesphore. Sa hauteur est de 0m29, soit exactement un *pied romain.*"

Il disserte ensuite sur la chronologie et l'origine du culte de Télesphore en insistant sur l'hypothèse selon laquelle il serait venu d'Asie Mineure (Reinach 1901: 343), puis il poursuit:

"En admettant l'hypothèse courante d'une origine orientale, il y aurait lieu de se demander si l'introduction de ce culte ne serait pas due précisément à des ouvriers lapidaires venus d'Asie pour travailler aux sculptures de certains monuments du second siècle qui, comme notre prétendu Temple de Diane, sont d'un caractère oriental asiatique nettement accusé?"

Fig. 18 Statuette du dieu Télesphore découverte près des carrières, (ph. J. Pey, Musée de Nîmes).

L'identification du personnage au dieu Télesphore (fig. **18**) ne semble pas partagée par tous les archéologues, Emile Espérandieu (1934: 31) y voit le dieu Harpocrate.

E. Espérandieu, en annexe de sa première notice sur la Maison Carrée (1922: 43-44), consacre aux carrières des Lens un court chapitre essentiellement fondé sur la citation abrégée du texte de T. Picard qu'il double d'une traduction en anglais (1922: 53-54) accompagnée de quatre clichés des carrières alors en activité. Sept ans plus tard, dans un second petit ouvrage, également consacré à la Maison Carrée (1929: 6), il signale les carrières très succinctement. Pourtant, vers la même époque, cet éminent archéologue a certainement eu connaissance d'une découverte archéologique intéressante dans ces carrières si l'on en croît le *Petit Méridional,* quotidien de l'époque, qui relate les faits suivants:

"Les graffiti des Carrières de Lens – Nous indiquions dans un précédent numéro que le Ct Espérandieu à qui des "graffiti" d'apparence ancienne avaient été signalés aux carrières de Lens s'était rendu sur les lieux pour les examiner. Le Ct. Espérandieu a fait cette étude accompagné par un des membres de notre commission d'Archéologie M. Nier. Les "graffiti" en question sont encore très visibles, ayant été protégés par une sorte d'auvent naturel empêchant la pluie de les atteindre. Ce sont des dessins et non de l'écriture, et l'on peut bien voir la figure d'un phallus, celle d'un paon, et des vestiges de diverses représentations d'animaux, notamment celle d'un taureau. Quelques chiffres romains accompagnent ces dessins. L'origine de ces "graffiti" peut être contemporaine de l'exploitation de cette partie des carrières par les Romains, mais sans que l'on puisse, néanmoins, avoir de certitude sur ce point. Le Ct Espérandieu se propose, à toutes fins utiles, d'en prendre une photographie pour compléter le relevé exécuté au cours de cette première étude."[3]

Les archives de E. Espérandieu n'ont fourni aucune note ou cliché sur ces vestiges. En contrepartie, une enquête menée auprès des habitants du village de Fons a abouti à l'identification de la date de découverte — 1928 — et de la carrière en question — celle d'Héral-Nègre, B6. Il ne reste plus de ce front orné que ses deux extrémités. Sur chacune d'elles des chiffres romains sont encore identifiables (fig. **19** et **20**). La plupart des autres archéologues qui mentionnent durant le XXe s. les carrières romaines des Lens n'ont rien laissé transparaître d'une éventuelle observation des chantiers antiques, et leurs notes sont extrêmement laconiques.[4]

---

3 D'après une copie dactylographiée de l'article aimablement communiquée par C. Hugues.

4 Dans l'ordre chronologique de leur publication, voici la liste de ces auteurs: C. Jullian (1920: 214 et n. 3), F. Durant (1925: 134), A. Grenier (1934-II: 948-949), E. Linckenheld (1935: 2309), M. Louis (1941: 152 n. 150), J.-C. Balty (1960: 143). Notons aussi les synthèses de A. Dworakowska (1983: 16 et 82) et de R. Bedon (1984). J'ai moi-même écrit ou collaboré à plusieurs articles traitant de quelques aspects de ces chantiers antiques, citons ici les principaux: le premier réalisé en collaboration avec R. Bonnaud et M. Py (Bessac *et al.* 1979: 41-83) aborde surtout l'environnement archéologique du Bois des Lens et, de façon plus marginale, quelques exploitations identifiées superficiellement au sud de l'affleurement; le second concerne la méthodologie mise en œuvre pour la prospection de ces carrières (Bessac 1986b: 151-171). Le troisième présente les résultats des campagnes de prospection conduites sur l'affleurement au début des années 1980 (*id.* 1986a: 159-182); notons aussi une étude réalisée en collaboration avec P. et A. Blanc, traitant d'essais de différenciation de la roche de ces diverses carrières (Bessac *et al.* 1991:

Fig. 19 Carrière Héral-Nègre A6. Détail du front romain septentrional comportant la marque IX.

Fig. 20 Carrière Héral-Nègre A6. Front romain oriental présentent la marque X.

Des mentions diverses aux études techniques récentes

Plusieurs chercheurs mentionnent également la pierre des Lens, souvent à l'occasion d'études sur la diffusion des matériaux de construction ou de décoration.[5] Enfin, quelques études et nomenclatures strictement techniques ou géologiques réalisées entre le début du XXe s. et maintenant traitent aussi de cet affleurement ou de ses productions.[6] Pour terminer cette revue, il est utile de citer, en marge des articles et ouvrages, un passage d'un rapport technique sur la carrière de la Société "Lens-Industrie" (carrières de Bone ou de Ritter, A2 ou A3) établi le 22 décembre 1928 par M. Daval, ingénieur en chef des Mines, à la suite d'un accident mortel survenu dans cette exploitation:[7]

> "L'abattage a lieu à l'aide de machines-outils (haveuses et fil hélicoïdal en acier) mus par l'air comprimé ou l'électricité; on l'attaque aussi à la main, à l'aide d'un pic tranchant désigné sous le nom de "escoude". Enfin, une fois découpée sur le plus grand nombre de faces possibles, par l'un ou l'autre des procédés ci-dessus mentionnés, on finit de la détacher du massif à l'aide de l'aiguille et de la masse. On tend à développer de plus en plus l'abattage mécanique; en aucun cas on ne fait usage des explosifs. Cette carrière avait été exploitée à ciel ouvert jusqu'à la fin 1922, époque à laquelle, comme le fit d'ailleurs connaître l'exploitant dans sa déclaration du 18 novembre 1922, on commença d'y ouvrir quelques chantiers souterrains en particulier pour permettre aux ouvriers de travailler les jours de mauvais temps."

Ainsi, est donnée la preuve de l'absence totale de chantier souterrain avant une date récente dans ce groupe d'exploitations septentrionales, les seules à présenter ce type de vestiges.

399-410). Enfin, l'ouvrage collectif: "Terroirs et monuments" (Pomerol 1992), mentionne la pierre des Lens sur divers monuments avec une référence, inédite, au sujet des sculptures de la cathédrale Saint-Jean à Perpignan, mais il n'est pas précisé s'il s'agit d'œuvres médiévales ou de rajouts ou restaurations modernes (Mouline, Vinas 1992: 336).

5 Entre autres: G. Astre (1951: 72), Y. Burnand (1962: 410-441), J. Guey et A. Audin (1964: 38-61), S. Gagnière (1966: 19), H. Savay-Guerraz (1985: 160-161), F. Braemer (1986: 308-309 et 314), A. Blanc (1988: 6-8).

6 B. Sancholle-Henraux (1928: 55) cite ce calcaire dans un inventaire national; D. Xavier (1938) le mentionne dans une présentation des pierres de Provence; M. Calvi (1969: s.p.) cite la référence (controversée) de son emploi dans le socle de la Statue de la Liberté à New-York; P. Noël en parle dans deux ouvrages (1968: 136; *id.* 1970: 120-121); dans le second, consacré aux carrières françaises de pierre de taille, il donne une description technique des exploitations en service au moment de son passage. Par ailleurs, la revue *"le Mausolée"* dans son *"Essai de nomenclature des carrières françaises de roches de construction et de décoration"* (1976a: 51) propose une synthèse technique sur cette pierre; V. Aladenise (1982: 156) la signale succinctement.

7 Archives départementales du Gard, 8S 180, recherches inédites de R. Bonnaud.

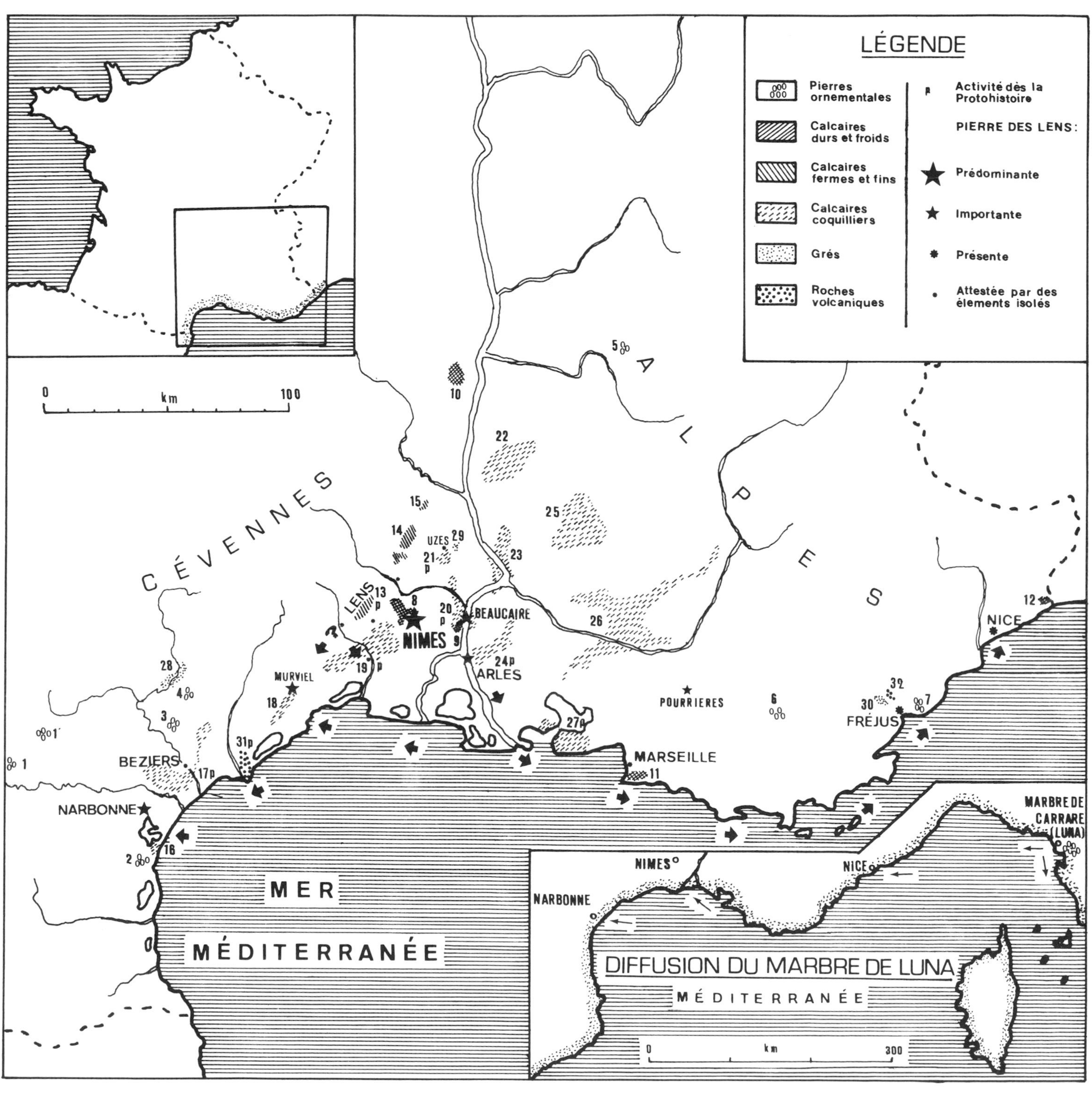
LÉGENDE
Pierres ornementales
Calcaires durs et froids
Calcaires fermes et fins
Calcaires coquilliers
Grés
Roches volcaniques
p Activité dès la Protohistoire
PIERRE DES LENS:
Prédominante
Importante
Présente
Attestée par des élements isolés
0 km 100
CÉVENNES
ALPES
LENS
NIMES
BEAUCAIRE
UZES
ARLES
MURVIEL
BEZIERS
NARBONNE
POURRIERES
MARSEILLE
FRÉJUS
NICE
MER MÉDITERRANÉE
MARBRE DE CARRARE (LUNA)
NIMES
NARBONNE
NICE
DIFFUSION DU MARBRE DE LUNA
MÉDITERRANÉE
0 km 300

3

Le calcaire des Lens face au marché antique de la pierre

CONCURRENCE OU COMPLÉMENTARITÉ? LES AUTRES EXPLOITATIONS ANTIQUES

Des pierres ornementales variées mais peu diffusées et difficiles à tailler

La Gaule méditerranéenne recèle divers affleurements de marbres et de pierres ornementales exploités plus ou moins intensément par les Romains. Pour la plupart, leur diffusion est assez restreinte (Braemer 1986: 308-309, fig. 4) et peu précoce. Dans son ouvrage de synthèse consacré aux carrières de la Gaule romaine, R. Bedon (1984: 55-60) ne cite aucun exemple antérieur aux dernières décennies du Ier s. de n.è.

C'est surtout sur le côté occidental de cette zone, à l'extrémité des Pyrénées et du Massif Central, qu'apparaissent les principaux affleurements de marbres et de pierres marbrières utilisés par les Romains, surtout en revêtements. Le marbre bréché bistre, exploité près de Lapalme dans l'Aude (CATED 1980: fiche GUI-600-01), était probablement connu dans l'Antiquité et extrait dans un faciès géologique voisin, aujourd'hui abandonné (Abet 1969: 61-62) (fig. **21**, n° 2). Concurrents plus sérieux, les marbres dévoniens du sud de la Montagne Noire et des Cévennes offrent une palette de coloris assez riche. Le plus coloré, celui de Saint-Pons-de-Thomières dans l'Hérault (fig. 22, n° 1'), est connu sous les appellations Fleur de pêcher, Kuros doré, Kuros violet (Mausolée 1976a: 120) dues à ses nuances violettes et beiges avec parfois des veines dorées. Exploité précocement, dès le début de n.è. (Clavel 1970: 340), sa diffusion se cantonne aux territoires antiques de Béziers et Narbonne. Sa dureté a limité ses emplois surtout aux placages.

En face: Fig. 21 Carte des affleurements de pierres et marbres de la Gaule méditerranéenne.

A. Pierres ornementales:

1: Marbre rouge de Caunes Minervois, 1´: Marbre polychrome de Saint-Pons-de-Thomières, 2: Brèche polychrome de Lapalme, 3: Marbre rouge de Saint-Nazaire-de-Ladarez, 4: Marbre noir de Faugères, 5: Brèche de la Queyrie, 6: Marbre polychrome de Brignoles, 7: Porphyre bleu de l'Estérel.

B. Calcaires durs et froids:

8: Affleurement hauterivien nîmois (car. rom. de Canteduc, Roquemaillère et Barutel), 9: Hauterivien de Beaucaire, 10: Affleurement portlandien des environs de Chomérac, 11: Calcaires néocomiens des environs de Cassis, 12: Calcaires dolomitiques bathoniens de la Turbie.

C. Calcaires fermes et fins:

13: Exploitations antiques du Bois des Lens, 14: Affleurements urgoniens blancs et rosés du Mont Bouquet et d'Euzet (car. rom. de Brouzet, Bagard et Euzet), 15: Urgonien blanc de Barjac (car. rom. de la route d'Orgnac).

D. Calcaires coquilliers miocènes:

16: Pierre de Sainte Lucie, 17: Affleurement bitterois (car. ant. de Nissan, de Lespignan, de Servian et de Brégines, 18: Affleurement sud-montpelliérain (car. ant. de Pignan), 19: Affleurement du Vidourle (car. ant. du bassin de Castries, de Saint-Géniès, de Pondres, de Boisseron, de Souvignargues et d'Aubais), 20: Affleurement du Gardon (car. ant. de Vers, de Marduel, des Escaunes et de Beaucaire), 21: Affleurement de l'Uzège, 22: Affleurement du Tricastin (Saint-Paul-Trois-Châteaux), 23: Affleurement Avignonnais, 24: Affleurement des Alpilles (car. ant. des Baux, de Fontvieille et de Glanum), 25: Affleurement du Ventoux, 26: Affleurement de la Durance, 27: Affleurement de l'Etang de Berre (car. ant. de Saint-Blaise, de Carro, de Cap Couronne et de Saint-Chamas).

E. Grès:

28: de l'Orb (car. rom. de Poujol et de Bédarieux), 29: du nord d'Uzès (car. ant. de Gaujac), 30:Affleurement de l'Estérel (grès de Fréjus).

F. Roches volcaniques:

31: Basalte d'Agde, 32: Ryolithe de Fréjus.

Plus à l'ouest, dans l'Aude, se trouvent les marbres de Caune-en-Minervois (fig. 21 n° 1). Ils présentent un fond rose foncé, parfois rouge écarlate, parsemé de grandes taches blanches souvent cernées de gris. Connus surtout sous les dénominations Cervelas (Mausolée 1976a: 121) et Incarnat du Languedoc (CATED 1980: fiche ROC-321/01), ils portent aussi d'autres noms selon les variétés, déterminées par la disposition et la prédominance des couleurs telle la Griotte de Caunes. Leur usage antique a été reconnu à Narbonne sur des placages (Bessac 1991c: 32). Près de là, à l'est, dans la vallée de l'Orb, à Saint-Nazaire-du-Ladarez dans l'Hérault (fig. 21 n° 3), sont produits des marbres proches des précédents quant aux couleurs, mais différents dans la répartition des taches blanches et surtout grises sur fond rouge. Employés en revêtement, surtout sous le nom Rouge Incarnat (Mausolée 1976a: 125-126), ils sont aussi dénommés Incarnat Turquin si le rouge et le gris s'équilibrent, et Cévenol, si le gris est dominant (CATED 1980: fiche GUI-600-07). Les Romains ont diffusé la variété Rouge Incarnat entre Béziers et Narbonne (Braemer 1986: 314; Bessac 1991c: 32). Près de ces derniers, j'ai identifié à Faugères un petit chantier du Ier s. de n.è. (fig. 21 n° 4) produisant le marbre Noir de Faugères (Pieri 1966: 402); sa diffusion antique reste à déterminer.

Au-delà du Rhône, en bordure des Alpes, à partir de la fin du Ier s. de n.è., les Romains ont exploité une brèche marbrière, jaune et grise veinée de rouge, à La Queyrie, dans le sud de l'Isère (fig. 21 n° 5). Sa production inférieure à 500 m^2 s'accorde avec une faible diffusion antique limitée à la ville de Die distante de 18 km (Blanc 1986: 336; Dallaire 1983: 1540-1546). Elle a surtout fourni des blocs et des colonnes (Desaye 1971: 8-12; Blanc, Desaye 1964: 271; Blanc 1986:336).

Au sud des Alpes, près de Brignoles (Var), la carrière du Candelon (fig. 21 n° 6) produit un calcaire marbrier à fond jaune pâle strié de veines rouges ou jaune jaspé et parsemé de taches mauves (Mausolée 1976a: 119). Son emploi antique est attesté à Fréjus dès l'époque augustéenne, notamment sous forme d'éléments massifs (observations personnelles). Au sud du massif de l'Estérel, à Boulouris près de Saint-Raphaël (Var) se trouve un affleurement de porphyre gris bleuté (fig. 21 n° 7). Selon C. Texier (1849: 262-272) et R. Pottier (1885: 4-12), il aurait été utilisé à Fréjus et aussi exporté à Rome. R. Gnoli (1971: 114 et fig. 100-101) précise qu'il a été employé dans la capitale sous les Sévères pour tailler de grandes colonnes.

Il faut citer les productions carraraises, malgré leur situation éloignée dans les Alpes Apuanes, sur le territoire de l'antique *Luna* (Dolci 1980: 28-38), hors de l'aire de diffusion de la pierre des Lens (fig. 22, en bas à droite). C'est essentiellement un marbre blanc uni et à cristaux très fins connu sous la dénomination générale "Bianco chiaro Apuano" (Pieri 1966: 55) ou plus simplement "Carrara Bianco" (Mannoni 1978: 231) et sous les appellations spécifiques de Blanc uni B, uni C, uni D, blanc P, statuaire veiné Carrare (Consiglio 1972: fiches 1, 3, 5 et 10). Contrairement aux marbres dévoniens du Languedoc, les blancs de Carrare sont faiblement fracturés et il est possible d'en tirer de grands blocs. Assez résistants, ils sont pourtant moins durs et se laissent sculpter profondément en tous sens. Ce célèbre marbre, extrait entre 10 et 15 km de la mer, a eu une diffusion très large intéressant l'ensemble de la Méditerranée occidentale, en particulier Narbonne (Gayraud 1981: 258-272). Son commerce fut même prépondérant par rapport aux autres roches ornementales dans ce secteur à partir de l'époque d'Auguste selon F. Braemer (1986: 297). Toutefois, celui-ci précise que cette prédominance précoce souffre quelques exceptions, notamment le littoral de Narbonnaise entre Arles et Béziers. Ne serait-ce pas là un indice en faveur d'une forte implantation, vers la fin du Ier s. av. n.è., de la pierre des Lens sur cette même portion de côte? La question mérite d'être posée.

Des calcaires durs et froids difficiles à orner et à sculpter

Il existe plusieurs affleurements de calcaires durs et froids (voir p.44) dans la zone examinée ici (tabl. **2**). Beaucoup de ces roches ont été mises à contribution pour fournir des éléments de tout-venant et des moellons ordinaires; peu ont alimenté le marché de la pierre de taille et de l'ornementation architectonique. Leur structure trop cassante les rend impropres à la taille fine de moulures, d'ornements et de sculptures.

DURETES TYPES	N° INDICE DE TAILLE	MASSE VOLUMIQUE kg/m3	LIMITE DE RUPTURE kgf/cm2	POROSITE % DES VIDES
TRES TENDRE	1	jusqu'à 1470	jusqu'à 50	de 46 % et plus
TENDRE	2	de 1471 à 1650	de 51 à 75	40 à 46 %
	3	1651 à 1840	76 à 120	32 à 40 %
DEMI-FERME	4	1841 à 2000	121 à 180	26 à 32 %
	5	2001 à 2150	181 à 275	21 à 26 %
FERME	6	2151 à 2270	276 à 390	17 à 21 %
	7	2271 à 2355	391 à 520	14 à 17 %
DURE	8	2356 à 2440	521 à 660	11 à 14 %
	9	2441 à 2505	661 à 830	8 à 11 %
	10	2506 à 2580	831 à 1080	5 à 8 %
FROIDE	11	2581 à 2640	1081 à 1290	3 à 5 %
	12	2641 à 2690	1291 à 1570	1, 5 à 3 %
	13	2691 à 2730	1571 à 1820	0 à 1,5 %
	14	2731 et plus	1821 et plus	moins de 0 %

Tableau 2. Coefficients de taille Afnor de la Norme B. 10.001 et des correspondances des duretés types, des densités, des porosités et des indices de résistance à la compression des pierres calcaires.

Fig. 22 Carrière romaine de Barutel à 9 km de Nîmes. Front nord-ouest avec emboîtures verticales (1er plan).

Seules quelques carrières romaines de calcaires durs et froids sont connues.[1] La cité nîmoise a utilisé surtout deux affleurements de l'Hauterivien: le calcaire dur de Barutel (Drouot 1974: 106-119; Bessac 1981a: 58-67), situé à 10 km au nord-ouest de la ville (fig. **22**) et, à ses portes, les calcaires froids de Roquemaillère (fig. 21 n° 8), y compris l'exploitation de Canteduc (Picard 1903: 296-301; Bessac 1987a: 28-30). Tous deux ont servi pour divers monuments de Nîmes dont l'enceinte augustéenne (Bessac 1987a: 30-31) et l'amphithéâtre (Bessac *et al.* 1984b: 229 et 233). Le premier affleurement fournit une roche assez facile à travailler mais ne supportant guère la taille de moulures ou de décors très fins. Il faut aussi éviter de l'employer à l'extérieur en délit. Le second produit un calcaire davantage résistant à l'outil, qui autorise la réalisation de modénatures plus fines et des ornements mais sans contre-dépouille, c'est-à-dire en évitant de dégager les motifs à l'arrière. La sculpture d'œuvres en ronde-bosse ou en haut-relief est donc impossible. Toujours dans l'Hauterivien, au bord du Rhône à Beaucaire (fig. 21 n° 9), outre la pierre tendre locale, un calcaire froid a été exploité et diffusé 10 à 12 km autour de la ville (Bessac *et al.* 1987: 23-26). Cette pierre est identique aux variétés les plus dures de l'affleurement de Roquemaillère. Les vestiges antiques de ces carrières sont inconnus.

Un vaste affleurement de roche froide, situé en Ardèche dans les environs de Chomérac et Ruoms (fig. 22, n° 10), a connu une utilisation romaine comme pierre de taille sutout à Alba (Mausolée 1976a: 35; Balazuc 1985: 51-56; Cossalter 1991: 44). Ce calcaire gris, parmi les plus durs, a été employé par les Romains pour tailler des éléments architectoniques comportant de grosses moulures (Cossalter 1991: 70); il aurait été impossible d'y tailler des décors. Sa diffusion antique est cantonnée dans un rayon de 20 km.

Sur la côte, à Cassis dans les Bouches-du-Rhône (fig. 21 n° 11), le calcaire froid local extrait dans l'Urgonien et le Néocomien donne une pierre de taille gris blanc ou beige très résistante. Il a été utilisé par les Romains comme dallage de voie et pour des sarcophages (Bedon 1984: 77). Sa diffusion est limitée aux abords de Marseille. Beaucoup plus loin à l'est (fig. 21 n° 12), signalons, pour mémoire, le calcaire froid, brun clair, de l'étage bathonien, extrait à la Turbie à la fin du Ier s. av. n.è. afin de construire le Trophée des Alpes (Formigé 1949: 76-80). Cette pierre a été peu diffusée et seulement sur la côte des Alpes-Maritimes (Mazeran 1993: 290-291).

Quelques calcaires fermes et fins groupés au nord du Gard

C'est la catégorie de roche la plus intéressante car le calcaire des Lens en fait partie (voir p.44). Seront prises en compte ici uniquement les pierres à la fois fermes et fines; certaines variétés demi-fermes mais vacuolaires seront présentées plus loin dans le groupe des calcaires coquilliers.

Hors du massif des Lens, deux grands ensembles sont connus dans le Gard pour un usage romain: les affleurements urgoniens d'Euzet/le Bouquet (fig. 21 n° 14) et celui de Barjac (fig. 21 n° 15), tous deux situés dans le prolongement de celui des Bois des Lens, formation de même faciès géologique. Le premier produit un calcaire blanc ou rosé qui se laisse presque aussi bien orner et sculpter finement que celui des Lens (Mausolée 1976a: 29). Les massifs de Brouzet et d'Euzet sont encore mal prospectés; seules deux exploitations romaines y ont été identifiées anciennement par U. Dumas (1907: 171-172), l'une à Bagard près du village de Baron, l'autre sur la commune d'Euzet-les-Bains (fig. 3). Leur production et leur diffusion sont inconnues. Le second affleurement, situé au nord du village de Barjac (fig. 21 n° 15), donne un calcaire un peu moins fin, rappellant parfois certains microfaciès du versant oriental du Bois des Lens, délaissés par les Romains. La carrière de Barjac produisait surtout des fûts et des tambours de colonnes, parfois de fort diamètre, jusqu'à 1,20 m selon U. Dumas (1907: 171). Leur destination est inconnue. On peut supposer l'activité antique d'un troisième affleurement similaire, 15 km au

1 D'autres pierres dures ou froides que celles proposées ici ont été identifiées sur les monuments mais leur lieu d'extraction reste encore à localiser (Mazeran 1993: 291-293).

nord-est d'Uzès, près des villages de Pougnadoresse et du Pin.[2] Celui-ci semble avoir fourni des pierres de grand appareil pour les bâtiments publics de l'*oppidum* de Gaujac proche de là. Il présente beaucoup de ressemblances avec les affleurements voisins d'Euzet et du Bouquet et peut être classé dans le même lot qu'eux. Aucun de ces calcaires n'offre de faciès oolithique franc et homogène. Cette carence permet de les différencier avec certitude de celui des Lens.

L'abondance des calcaires coquilliers

Dans toute l'aire de diffusion de la pierre des Lens et même bien au-delà, vers le nord-est, se trouvent de vastes ensembles d'affleurements miocènes de différents calcaires coquilliers regroupés sous l'appellation commune de "Pierre du Midi" (Philippe 1985: 17-38; Philippe, Savay-Guerraz 1989: 141-172). Par souci de simplification, ces affleurements seront présentés ici par groupes géographiques et de manière succincte. Tous comportent des carrières romaines et certains, parmi les plus proches de la côte, comme l'exploitation de la Couronne (fig. 21 n° 27), ont leur activité attestée dès l'époque préromaine (fig. 21 n° 17, 18, 19, 20, 21, 24 et 27). Seuls les plus fins feront l'objet de commentaires; ils ont pu modifier un peu la carte de diffusion de la pierre des Lens d'autant plus que les possibilités dimensionnelles d'extraction de blocs sont rarement limitées dans le calcaire miocène.

Côté sud, près de Narbonne sur l'île Sainte-Lucie (fig. 21 n° 16), se trouve un petit affleurement de calcaire coquillier grossier utilisé dès le début du Haut Empire selon M. Guy (1955: 221). Il ne peut aucunement rivaliser avec des pierres fines. Plus au nord, entre Narbonne et Béziers et aux abords immédiats de cette dernière cité, un ensemble d'affleurements de variétés diverses de calcaires coquilliers présentent parfois des niveaux à grain assez fin, près de Lespignan dans l'Hérault (fig. 21 n° 17). Certaines de ces carrières, comme celle de l'*oppidum* d'Ensérune, ont commencé leur activité dès la Protohistoire. Ces pierres n'atteignent pas un degré de finesse et de solidité tel qu'elles puissent supporter de la sculpture ou de la taille ornementale fouillée et résistante à l'extérieur (Bedon 1984: 33).

L'affleurement sud montpelliérain (fig. 21 n° 18) avec la carrière de Pignan, a fourni des éléments pour les oppidums de Fabrègues (Larderet 1957: 6) et de Murviel-les-Montpellier. Mais il est bien trop grossier et vacuolaire pour que l'on puisse y réaliser des œuvres ornées ou sculptées et de la modénature fine. Un peu plus au nord, le groupe d'affleurements du Vidourle incluant une assez grande diversité de calcaires coquilliers, s'avère le plus proche du Bois des Lens (fig. 21 n° 19). Quelques unes de ces carrières, comme celles des environs d'Aubais (Gard) ou du bassin de Castries/Saint-Géniès-des-Mourgues (Hérault), ont alimenté, dès le début du Haut Empire et quelquefois avant, l'*oppidum* d'*Ambrussum* à Villetelle (Bessac, Fiches 1979: 134-137). Les moulures fines et les rares décors architectoniques locaux sont dépourvus de relief en contre-dépouille et n'apparaissent sur ce site que vers la fin du Ier s. de n.è. La plupart sont taillés dans un calcaire lacustre dur proche dont les carrières n'ont pu être très précisément localisées. A l'exception de cette dernière roche, difficile à travailler, aucun des calcaires tendres de ce groupe n'est comparable en résistance et en finesse à la pierre des Lens. Cette supériorité est illustrée, dès la Protohistoire, par l'exemple de la tour hellénistique de Mauressip à Saint-Côme dans le Gard (Py 1971: 40, fig. 78; *id.* 1990: 730-733). L'essentiel de sa construction a fait appel surtout à du calcaire coquillier de ce groupe du Vidourle, plus précisément à celui de la carrière de Saint-Etienne à Souvignargues (fig. 3), tandis que, pour beaucoup de blocs d'angle, des pierres des Lens ont été choisies (fig. 23).[3]

---

2 Aimables communications de Hervé Petitot, Régine Platon et Jean Charmasson.

3 Plusieurs campagnes de consolidations (1974-1976) m'ont permis de reconnaître dans sa construction, outre la pierre du hameau de Saint-Etienne, un autre calcaire coquillier du Burdigalien et trois variétés de calcaire urgonien. Ces trois dernières sont attestées dans les microfaciès du Bois des Lens, notamment pour les catégories non oolithiques dans les carrières de La Figuière A4 et du Roquet B9. Comme l'ont

Plus à l'ouest, côté Gardon et Rhône, les mêmes types d'affleurements réapparaissent, d'abord au sud à Beaucaire (fig. 21 n° 20). Ces carrières aujourd'hui presque disparues ont fonctionné dès l'époque préromaine (Bessac *et al.* 1986: 55-64). Elles ont poursuivi leur activité durant l'Empire en exportant parfois leur production jusqu'à Nîmes. Un net fléchissement de leur usage apparaît entre le milieu du Ier s. et le Bas Empire au profit de roches plus résistantes et fines parmi lesquelles la pierre des Lens occupe une bonne place (Bessac *et al.* 1987: 23-26). Dans ce même groupe de calcaires tendres, près du confluent du Gardon et du Rhône, il faut noter les carrières des Escaunes à Sernhac (Bessac 1991b: 293-294) et, un peu plus en amont, celles de Vers près du Pont du Gard (Bessac 1992b: 397-430). Bien que la production de la première ait été en partie écoulée vers Nîmes,[4] il s'agit là de pierres beaucoup trop gréseuses et à grain grossier (surtout la seconde) pour pouvoir exercer la moindre concurrence face à des matériaux fermes et fins. C'est vrai aussi pour la molasse calcaro-gréseuse de l'affleurement d'Uzès (fig. 21 n° 21) utilisée dans cette ville, en particulier pour du grand appareil de tradition hellénistique (Bessac 1993: 223 et note 44).

A l'est du Rhône, plusieurs grands affleurements de calcaire coquillier produisent parfois des variétés assez compactes à grain serré. En dépit de leur moindre résistance et finesse vis-à-vis de la pierre des Lens, ils supportent des tailles ornementales très fouillées et même de la sculpture en haut-relief. L'exemple le plus évocateur des possibilités de certains de ces calcaires est donné par l'extrême découpe (véritable dentelle de pierre) des acrotères des temples géminés édifiés à la fin du Ier s. av. n.è. sur le site de *Glanum* à Saint-Rémy-de-Provence (B.-du-Rh.) (Bessac, Congès 1987: 88). Ce calcaire et probablement d'autres appartenant à ces vastes ensembles rhodaniens, comme ceux des Alpilles (fig. 21 n° 24), du Tricastin (n° 22) et de l'Avignonnais (n° 23), ont précocement bénéficié d'une large diffusion fluviale par le Rhône, jusqu'à Lyon pour certains (Philippe, Savay-Guerraz 1989: 169-170). Cette abondance régionale quantitative, mais aussi parfois qualitative, et la grande proximité du fleuve expliquent pourquoi la pierre des Lens n'a pratiquement pas de débouché sur la rive gauche du Rhône. Une importante exception doit être soulignée: Arles,[5] sur le Rhône qu'empruntaient les cargaisons de pierre des Lens expédiées sur la côte (voir p.73).

Quelques grès réservés à la taille de pierre commune

Comparés aux calcaires, rares sont les affleurements de grès exploités par les Romains dans la région. La grande abondance des calcaires de toutes sortes et les difficultés du façonnage du grès (Bessac 1987c: 72) motivent partiellement cette mise à l'écart. Par ailleurs, il est pratiquement impossible d'obtenir des arêtes vives dans cette roche; les altérations naturelles de la pierre la dégradent plus rapidement et plus profondément que beaucoup d'autres matériaux naturels, surtout s'il s'agit de grès à ciment calcaire (Jeanette 1992: 55-62).

Selon M. Clavel (1970: 338), un affleurement de grès situé dans la vallée de l'Orb à Bédarieux et au Poujol-sur-Orb dans l'Hérault (fig. 21 n° 28) aurait été exploité par les Romains

---

prouvé les observations techniques que j'ai effectuées alors sur cette tour hellénistique (Py 1990: 729, note 317), les variétés minoritaires proviennent de remplois.

4 E. Dumas (1877: 386) et T. Picard (1882: 174-175; *id.* 1903: 305-307) signalent cet emploi mais n'ont pas vraiment quantifié son importance réelle.

5 Curieusement Marseille n'offre que quelques rares exemples d'emplois de pierre des Lens, douteux quant à la date et la provenance. Cette situation est d'autant plus surprenante que la région de Marseille se sert surtout du calcaire coquillier de l'affleurement de Berre (fig. 21 n° 27) incluant les carrières de la Couronne; ces matériaux sont plus grossiers dans l'ensemble que ceux des affleurements plus septentrionaux. Malgré la grande ancienneté des carrières côtières, qui semble remonter à l'arrivée des Grecs (Lagrand 1959: 196-201; Guéry *et al.* 1985: 25-29), elles ont pu être concurrencées par d'autres matériaux, notamment dans le cadre de réalisations d'œuvres luxueuses exigeant une finition ou une ornementation plus élaborée qu'à l'ordinaire.

pour les besoins locaux. Il en est de même sur l'*oppidum* romain de Gaujac (Gard) où le petit appareil commun est en grès local (fig. 21 n° 29). A l'est, à Fréjus, l'usage des grès locaux rouges, ocres ou verts (fig. 21 n° 30), l'emporte très nettement en volume sur toutes les autres catégories de pierre (Février 1956: 153-184). Mais rares sont les gros blocs taillés dans ce matériau. Les pierres de taille destinées au décor ou à la sculpture sont toutes importées, c'est pourquoi la pierre des Lens trouve là un débouché commercial.

Quelques cas isolés d'exploitation de roches volcaniques

Dans la région, deux catégories de roche volcanique sont utilisées durant l'Antiquité comme pierre de taille: le basalte d'Agde (fig. 21 n° 31) et la pyroméride ou verre rhyolithique rosé à grandes sphérolites de Fréjus (fig. 21 n° 32). Le basalte a servi à la production très précoce des meules à grain et des ancres à Agde (Aris, Claustre 1939: 90; Fonquerle 1971: 207-215; Aris 1974: 6-11). Il est employé aussi en blocs sommairement équarris pour la construction de la base du rempart grec de cette ville dont l'élévation hellénistique est réalisée en pierre de taille bien appareillée dans ce matériau (Nickels, Marchand 1976: 49-50). La structure alvéolaire et la grande dureté de cette roche font qu'elle n'a jamais été utilisée pour la taille de pierre ornée classique ou pour la sculpture. La pyroméride de Fréjus se prête mieux au façonnage de blocs de pierre de taille d'appareil. Contrairement au basalte, dès le stade de l'extraction celle-ci peut être extraite directement sous forme de parallélépipède, comme le montrent les empreintes d'extraction à proximité des arcs Bouteillière de l'aqueduc romain de cette ville (Février 1956: 176). Mais son caractère alvéolaire l'a écartée des réalisations finement ornées et a réduit sa diffusion à une aire strictement locale. Il en est de même pour la rhyolithe et le basalte utilisés à Ollioules et à Bagnols-en-Forêt (Lioult 1977: 231-233; Désirat 1981: 20).

CARACTÈRES TECHNIQUES DU CALCAIRE DES LENS: UN MATÉRIAU EXCELLENT

Pour la pierre des Lens, comme pour les autres roches citées dans le tableau comparatif (tabl. 3), on a la chance de disposer des mesures effectuées par le Laboratoire du Bâtiment et des Travaux Publics (Noël 1970; Mausolée 1976a; CATED 1980). Ces essais ont été pratiqués sur 24 éprouvettes prélevées en 1962 dans le seul chantier de l'affleurement produisant alors de la pierre de taille (Noël 1970: 120-121), la carrière Héral-Nègre A6. L'idéal aurait été de disposer des mêmes mesures pour chacun des 19 sites d'extraction étudiés ici, mais le coût de l'opération aurait été tout à fait disproportionné par rapport aux résultats escomptés. Tous les spécialistes consultés à ce sujet affirment que l'homogénéité de la pierre des Lens est telle dans les grandes carrières à structure oolithique dominante qu'aucune différenciation n'aurait été perceptible par le biais de ces mesures. Toutefois, il existe deux exploitations produisant chacune une pierre franchement distincte de la moyenne courante de l'affleurement: les carrières de La Figière et du Roquet A4 et B9. Chaque fois que cela s'avérera nécessaire, leurs caractères respectifs seront précisés. Il en sera de même pour les trois carrières méridionales, groupe C, qui présentent des petites nuances techniques qui doivent être signalées.

Un calcaire pur de couleur blanche et de forte densité

La pierre des Lens est un calcaire pratiquement pur composé de 99,75% de carbonate de chaux (Calvi 1967: s.p.); ceci explique sa couleur blanche et surtout son excellente homogénéité. Il contient aussi des quantités minimes d'oxyde de fer auquel il faut ajouter quelques traces de manganèse, uniquement dans les parties centrale et sud du gisement. Lorsque les blocs sont soumis durant quelques décennies aux alternances pluie et ensoleillement, l'oxyde de fer migre peu à peu en surface et donne à l'épiderme de la pierre une légère patine ocre bien appréciée (Calvi 1967: s.p.). Exposée dans les mêmes conditions, la pierre forme aussi un épais et dur calcin protecteur grâce à sa forte teneur en carbonate de chaux. Quant aux traces de manganèse, elles ne sont perceptibles à l'œil nu que sous la forme de très petits points dispersés, de loin en loin, dans la masse de la pierre plutôt qu'en surface.[6] Parmi les roches de la région, cette pierre est celle qui se rapproche le plus, à l'état neuf, de l'aspect des marbres blancs non polis, comme le sont habituellement les blocs d'architecture. Cette particularité a pu jouer également un rôle incitatif dans le choix des Romains.

---

6 Aimable communication de Philippe Blanc, géologue, qui a bien voulu examiner quelques échantillons.

N°	Dép.	Km	AFFLEUREMENT	Nature	Couleurs	Structure	D.: kg/m3	Comp:kg/cm	Vit. son: m/s	N° Af.	Dureté: mm	Porosité:%	Gélévité
1	11	170	**Caunes-Minervois**	marbre	rouge/gris/blanc	saccharoïde	2700	?	?	?	?	?	néant
1'	34	170	**St-Pons-de-Thomières**	marbre	viol./beige/jaune	saccharoïde	2670	?	?	?	?	?	néant
2	11	170	**La Palme**	brèche	mar./orange/gris	saccharoïde	2700	980/1310	?	?	?	?	néant
3	34	160	**St-Nazaire-du-Ladarez**	marbre	rouge/gris/blanc	saccharoïde	2700	1540	?	?	?	0,08/0,09	néant
4	34	150	**Faugère**	marbre	noir	saccharoïde	2706	1146/1384	?	?	?	?	néant
5	36	175	**La Queyrie**	brèche	jaune/gris/rouge	saccharoïde	?	?	?	?	?	?	néant
6	83	170	**Brignoles**	marbre	violet/rose/jaune	micogrenue	2730	?	?	?	?	?	néant
7	83	240	**Boulouris**	porphyre	bleu/vert/gris	grenue	?	?	?	?	?	?	néant
0	Ital.	590	**Carrare**	marbre	blanc	saccharoïde	2710	1202/1334	?	?	?	0,11/0,12	néant
8	30	15	**Nîmois (Barutel)**	calc. dur	beige/gris	grain fin	2235	525/627	?	8	?	?	très faible
8	30	20	**Nîmois(Roquemaillère)**	calc.froid	gris/ivoire/rosé	compacte	2385/2486	716/775	4315/5150	9/13	0,550/0,750	7,70/11,8	néant
9	30	50	**Beaucaire**	calc. froid	ivoire/rosé	compacte	2370/2480	?	?	10/13	?	?	néant
10	7	130	**Chomérac**	calc. froid	gris/beige	très compacte	2681/2694	1768/2590	5790/5949	14	0,500/0,650	0,20/0,40	néant
11	13	155	**Cassis**	calc. froid	blanc/gris/beige	très compacte	2654/2689	1074/2101	5838/6265	12	0,500/0,600	0,40/1,90	néant
12	6	380	**La Turbie**	calc. froid	brun/rosé	grain très fin	2650/2700	1300/2000	?	12	?	?	néant
13	**30**	**0**	**Bois des Lens**	**calc. ferme**	**blanc**	**gr. fin oolith.**	**2230/2354**	**441/632**	**3345/3933**	**6**	**0,825/1,050**	**13,4/17,6**	**néant**
14	30	30	**Le Bouquet (Brouzet)**	calc. ferme	ivoire/rosé	gr. fin calcité	2146/2283	240/694	3025/4535	7	0,900/1,200	15,1/20,7	néant
15	30	50	**Barjac**	calc. ferme	blanc	gr. fin cacité	?	?	?	?	?	?	néant
16	11	160	**Ste-Lucie**	c. coq. tendre	beige	grain grossier	?	?	?	?	?	?	faible
17	34	120	**Biterrois**	c. coq. tendre	crème	g. gros/moy/fin	?	?	?	?	?	?	moy./faib.
18	34	60	**S. Montpellier (Pignan)**	c. coq. tendre	crème	grain grossier	1775	43/74	?	?	?	?	faible
19	34	35	**Vidourle (Castrie)**	c. coq. tendre	blanc/ ivoire	grain fin	1825/1850	120/127	?	4	?	31,2/31,5	faible
19	30	15	**Vidourle (Pondres)**	c. coq. tendre	beige/verdâtre	gr. moyen/fin	2120	86/94	?	4	?	?	faible
20	30	50	**Gardon (Beaucaire)**	c. coq. tendre	blanc/grisâtre	gr. moyen/fin	1780/2047	102/251	2600/3680	3/4	1,200/1,725	23,9/34,2	faible
20	30	60	**Gardon (Vers)**	c. coq. tendre	roux	gr. moy./gros.	1775/1932	36/91	1832/2719	?	1,400/2,175	28,7/34/7	faible
21	30	25	**Uzège**	c. coq. tendre	ocre jaune	grain moyen	?	?	?	?	?	?	faible
22	26	80	**Tricastin**	c. coq. tendre	blanc/ivoire	grain fin	1623/1699	45/115	?	3	?	?	faible
23	84	70	**Avignonnais(Sérignan)**	c. coq. tendre	ocre jaune	grain grossier	1864	57/61	?	?	?	?	faible
24	13	70	**Alpilles (Les Baux)**	c. coq. tendre	blanc/ivoire	grain fin	1662/1826	72/128	2452/2789	3	1,700/2,250	32,1/38,8	faible
24	13	65	**Alpilles (Fontvieille)**	c. coq. tendre	blanc/ivoire	gr. moyen/fin	1600/1804	62/186	2109/2762	1/3	0,700/1,300	31,2/37,9	faible
27	13	95	**Berre (St-Chamas)**	c. coq. tendre	ivoire	grain fin/gros.	1809	70/75	?	?	?	?	faible

TABLEAU COMPARATIF DES ROCHES UTILISÉES POUR LA TAILLE DE PIERRE ET L'ORNEMENTATION DANS L'ANTIQUITÉ SUR LA FAÇADE DE LA GAULE MÉDITERRANÉENNE. La première colonne mentionne le numéro d'ordre sur la carte de situation (*cf.* fig. 29), la seconde donne le numéro minéralogique des départements concernés, et la troisième indique la distance en km entre l'affleurement du Bois des Lens et les exploitations romaines correspondantes. Tous les caractères techniques présentés dans le tableau sont expliqués dans le texte du présent chapitre. Les données chiffrées sont tirées des ouvrages suivants: Noël 1970, Consiglio 1972, Mausolée 1976, CATED 1980.

La densité de la pierre des Lens varie de 2 230 à 2 354 kg/m^3 (Noël 1970: 121; Mausolée 1976a: 15). Elle peut accuser une très légère augmentation dans les carrières méridionales, groupe C. Nos propres mesures donnent approximativement 2 280 à 2360 kg/m^3 pour la carrière des Pielles. Au contraire, dans les deux petites carrières les plus basses des groupes nord et médian, la Figuière A4 et le Roquet B9: elle peut diminuer très sensiblement et atteindre une densité comprise entre 1 850 et 1 975 kg/m^3 pour la première et 1 444 et 1 686 kg/m^3 pour la seconde. Dans ces petites exploitations marginales, cette légèreté a pu être mise à profit pour certaines productions domestiques (auges et jarres) et peut-être aussi architecturales (claveaux). A l'exception des pierres marbrières et des marbres de la région, le calcaire des Lens, considéré dans son ensemble, figure parmi les plus denses. Seules les pierres froides de Roquemaillère près de Nîmes et de Beaucaire la dépassent dans ce domaine, mais ce sont des calcaires très difficiles à tailler, leur coefficient de taille (voir p.44) variant de 9 à 13 contre 6 pour la pierre des Lens.

Une structure oolithique très résistante

La structure des pierres de taille a une importance primordiale sur leur comportement au cours de leur façonnage. La pierre des Lens est la seule de la région à offrir une structure oolithique franche (fig. 13). Ces oolithes, très serrés, sont de type miliaire, c'est-à-dire en forme de grain de millet; leur diamètre varie de 0,5 à 1 mm. Leur forme sphérique offre à la fois les avantages d'une résistance physique maximale, propre à la géométrie de ce solide, et des grandes facilités de creusement et de découpe sans rupture du matériau, grâce à l'autonomie structurelle de chaque grain. Ce sont là les atouts majeurs de cette pierre sur ses concurrentes. Ce caractère oolithique diminue de façon appréciable dans les carrières méridionales du groupe C, au profit d'une plus forte cristallisation calcitique, mais dans l'ensemble il s'avère très fortement prédominant (voir p.24). Dans la carrière du Roquet B9, la dureté des oolithes et leur cohésion faiblissent sensiblement. La petite exploitation de La Figuière A4 offre une structure biodétritique avec des fossiles calcités, le tout étant lié par un ciment crayeux assez tendre.

La résistance à la compression correspond à la pression nécessaire par m^2 pour obtenir la rupture d'un échantillon de pierre prédéterminé. Les conditions techniques de cette mesure sont données dans la norme B. 10.509 de l'Afnor.[7] Sur la pierre des Lens commune, les résultats des mesures de résistance à l'écrasement varient de 441 à 632 kg/m^2 . Dans le tableau comparatif on voit qu'elle est équivalente, voire parfois très légèrement supérieure aux pierres de Barutel et Brouzet, classées toutes deux dans des catégories plus difficiles à tailler. Quant à l'écart de résistance avec les calcaires coquilliers du Miocène, il est au minimum du double.

Le résultat du couplage des mesures de résistance à la compression et des difficultés de taille apparaît comme éminemment favorable à la pierre des Lens. Bien entendu, au sein du tableau 3 il existe autant d'écart entre la résistance des marbres et celle de la pierre des Lens, qu'entre cette dernière et les calcaires coquilliers. Cependant, cette catégorie de marbres de Gaule méditerranéenne ne supporte pas la taille de décors sculptés, tant elle est dure. Les seuls marbres, parmi les moins éloignés, pouvant être comparés à la pierre des Lens sont les catégories statuaires de Carrare: leur résistance à la compression varie de 1 202 à 1 334 kg/cm^2 (Consiglio 1972: fiches 1 à 7) — ce sont des matériaux incontestablement supérieurs. Pourtant, il ne faut pas généraliser l'ampleur de leur supériorité à l'ensemble des marbres: la résistance de certaines variétés blanches et demi-blanches de Grèce, par exemple, est limitée entre 733 et 1 091 kg/cm^2 (Perrier 1990: 84).

Une excellente homogénéité autorisant les emplois en délit

Traditionnellement, l'homogénéité et l'isotropie de la pierre sont estimées en la faisant sonner à l'aide d'un objet dur en la frappant doucement sur des faces différentes (Bessac *et al.* 1995: s.p.). Plus le son est clair, plus la pierre est saine, c'est-à-dire homogène et dépourvue de défauts internes (Launoy 1911: 45; Aladenise 1982:36). Ainsi frappée, la pierre des Lens commune émet une note très claire, presque métallique. En contrepartie, les roches des carrières de La Figuière et du Roquet sonnent dans un registre grave; ce sont la mollesse et l'hétérogénéité du matériau qui sont révélées plutôt que des faiblesses majeures. Les défauts les plus aisément identifiables à l'oreille sont les petites fissures pratiquement invisibles qui perturbent les ondes sonores dans la pierre et produisent une note franchement grave.

---

7 Voir M. Mamillan (1973: 54), Le Mausolée (1976a: 15) et J. Philippon (1992: 105). Ce procédé scientifique offre l'avantage de pouvoir chiffrer ce contrôle. Au-delà de l'homogénéité et de l'isotropie du matériau, la bonne ou la mauvaise cohésion des grains de la pierre se traduit dans cette mesure.

Aujourd'hui ces caractères sont souvent évalués en mesurant la vitesse du son en mètres/seconde dans la masse de la pierre selon des prescriptions précises et avec un appareillage spécifique. La vitesse du son dans la pierre des Lens varie de 3 345 à 3 933 m/s (Noël 1970: 121; Mausolée 1976a: 51; CATED 1980: 28-29). Elle est légèrement inférieure à celle relevée sur l'ensemble du calcaire de Brouzet (Gard) à l'exception de celle obtenue sur du Brouzet fin, davantage comparable au Lens mais plus résistant à l'outil. Cette mesure sur la pierre des Lens est nettement au-dessus de celle obtenue sur tous les calcaires coquilliers de la région. Seules des roches nettement plus difficiles à tailler donnent des chiffres supérieurs. La pierre des Lens présente, dans son ensemble, une homogénéité et une isotropie excellentes par rapport à sa dureté relative et à ses possibilités de taille. Il est donc permis de la tailler et de la mettre en œuvre en tous sens, sans se préoccuper de l'orientation de ses lits naturels, d'ailleurs difficilement décelable, une fois le bloc extrait. Cette possibilité d'emploi en délit existe aussi pour la pierre de Brouzet mais avec des restrictions.

Une dureté modérée n'augmentant pas le coefficient de taille

Pour qualifier sommairement sa dureté, les professionnels du bâtiment classent la pierre des Lens dans la catégorie ferme. Cette dénomination synthétise la résultante approximative de plusieurs paramètres (Noël 1968: 136). Il est donc préférable de détailler ses caractéristiques plutôt que de s'en tenir au seul sens du mot ferme, trop relatif, voire parfois subjectif. L'usage étant établi, en dépit de ces défauts, il sera parfois employé ici afin de proposer des comparaisons rapides (tabl. 2).

La technique permettant, d'une certaine façon, de mesurer la dureté, consiste à étudier la largeur de la rayure provoquée sur la pierre par le scléromètre de Martens.[8] La pierre des Lens donne des résultats s'échelonnant de 0,829 à 1,050 mm. La pierre de Brouzet, aussi de catégorie ferme, donne 0,725 à 1,200 mm, et la pierre de Roquemaillère, près de Nîmes, classée dure ou froide avec un coefficient de taille de 9 à 13, donne 0,550 à 0,750 mm. Ces quelques comparaisons démontrent que la pierre des Lens s'oppose très modérément à l'action des outils malgré ses bonnes qualités de résistance à l'écrasement et sa grande homogénéité. C'est là un avantage certain pour la taille. De cette appréciation générale de dureté il faut toujours écarter les sites du Roquet et de La Figuière, classés parmi les calcaires tendres équivalents aux coefficients de taille n° 2 et 4.

Le coefficient de taille est l'un des caractères techniques les plus importants pour l'archéologue et l'historien de l'art: il leur offre un repère sur la difficulté relative de la taille manuelle d'une variété déterminée par rapport à l'ensemble des calcaires. Ce critère intervient donc dans trois domaines: la chronologie relative, lors des estimations des temps d'exécution d'une œuvre; l'économie, lors de l'évaluation des coûts de production; l'esthétique et la stylistique. Les coefficients de taille ont été déterminés, notamment en faisant exécuter manuellement la même pièce à plusieurs ouvriers avec des pierres différentes et en mesurant les temps moyens.[9] La pierre des Lens est classée à l'indice 6 de cette échelle. Comparée aux pierres locales et régionales, elle est à peu près équivalente ou à peine plus résistante à l'écrasement que celles de Brouzet (indice 7) ou de Barutel (indice 8) mais elle se travaille plus facilement. L'examen du tableau comparatif (tabl. 3) montre aussi qu'elle n'a pas d'équivalent dans ce domaine dans les carrières utilisées durant l'Antiquité sur la bordure méditerranéenne.

Une porosité faible assurant l'étanchéité et la résistance au gel

La porosité d'une pierre influence plus ou moins indirectement sa gélivité, sa densité, son étanchéité et parfois sa dureté; c'est donc un élément important. Elle intervient aussi dans le développement des maladies de la pierre. La porosité est exprimée en pourcentage par le rapport du volume des vides au volume total de l'échantillon. La pierre des Lens commune a une porosité de 13,4 à 15,7%; elle se situe donc dans une moyenne bien inférieure à celle de Brouzet, laquelle oscille entre 15,6 et 18,7%, en dépit d'une dureté à peu près égale ou supérieure et d'un coefficient de taille plus élevé. Il n'existe que des calcaires ou des marbres sensiblement

---

8 Voir Le Mausolée (1976a: 16), La CATED (1980: 29) et J. Philippon (1992: 106). Cette mesure est relevée en mm: plus la largeur de la rayure est importante, plus la pierre est considérée comme tendre et inversement.

9 Voir Le Mausolée (1976a: 16). L'évaluation régie par la norme Afnor B. 10. 001 se fait au sein d'une échelle étalonnée de 1 à 14, le plus petit indice correspondant au temps le plus court et le plus grand, au temps le plus long, donc à la difficulté de taille la plus élevée (tabl. 2). Dans l'industrie actuelle de la pierre, ce système de référence a été abandonné: la nouvelle norme Afnor, B. 10. 101 s'adresse davantage à la taille mécanisée (Mausolée 1976: 16), mais l'ancienne échelle reste encore le meilleur système de référence pour la taille manuelle (Noël 1968: 287; Mausolée 1976a: 16).

plus durs pour offrir une porosité moindre. La porosité de la pierre des Lens diminue en surface avec le temps en raison de ses bonnes capacités à former un calcin protecteur (Noël 1968: 75). Elle est donc particulièrement étanche et résistante aux maladies de la pierre, sauf dans les carrières de La Figuière et du Roquet.

La pierre des Lens offre aussi une excellente résistance aux effets du gel (Calvi 1967: s.p.). C'est là un avantage incontestable pour ses débouchés actuels; dans l'Antiquité cela n'entrait guère en compte car sa diffusion d'alors visait exclusivement la zone méditerranéenne à climat tempéré ou doux. Rares sont les pierres de la région, mêmes les plus tendres, vraiment sensibles aux effets des gelées locales.

Le point de vue des artisans de la pierre

Outre les caractères chimiques et surtout physiques présentées ci-dessus, il existe d'autres spécificités techniques généralement impossibles à mesurer. Seul l'artisan appelé à travailler fréquemment le matériau peut les apprécier. Dans ce registre, la propriété la plus appréciée de la pierre des Lens est certainement sa faculté à se laisser fouiller profondément par l'outil sans se casser (Picard 1903: 304; Calvi 1967: s.p.). Avec cette pierre, par ailleurs assez résistante, l'artiste peut très bien, toujours sans risques, décoller franchement la partie supérieure des feuilles d'acanthe d'un chapiteau ou d'une frise (fig. 14), tout en réduisant son épaisseur au minimum, ou bien nettement dégager du corps le bras d'une statue, par exemple. Cet avantage technique ne se rencontre communément que sur quelques marbres de qualité statuaire à structure finement saccharoïde et dépourvus de veines, comme certaines variétés carraraises ou grecques. Le calcaire des Lens est également connu des artisans pour son excellente tenue des arêtes sous le ciseau pendant la taille et aussi, une fois en œuvre, au cours des siècles (Picard 1903: 304; Calvi 1967: s.p.). Même les motifs ornementaux les plus exposés aux agressions de la vie moderne, comme ceux de la Maison Carrée, ont gardé une certaine fraîcheur dans leurs contours généraux aussi bien que dans leurs détails (fig. 14).

Un autre atout important de ce calcaire découle plutôt de ses particularités lithostratigraphiques et tectoniques qui en font une masse homogène dans laquelle des blocs de toutes dimensions peuvent être obtenus à partir d'une certaine profondeur. Cette possibilité existe dans la région pour une grande partie des calcaires coquilliers et aussi pour la pierre de Brouzet, elle est plus rare pour les calcaires durs et froids des abords immédiats de Nîmes. Contrairement aux marbres, le polissage de la pierre des Lens ne peut être poussé très loin; il se limite habituellement au stade de l'adouci.[10] Sur le versant inexploité au sud-est de l'affleurement se trouvent des microfaciès plus cristallisés susceptibles de prendre un poli mat, voire brillant.

Conséquences sur la diffusion et sur l'emploi du calcaire des Lens

Le tableau comparatif des caractères techniques des pierres de la région montre bien que, dans beaucoup de rubriques, la pierre des Lens se situe à mi-chemin entre les *minima* et les *maxima* relevés sur les autres calcaires (tabl. 3). Cette position médiane fait qu'elle admet, pour son façonnage, à peu près tous les types d'outils, aussi bien ceux destinés à la pierre tendre que les autres. Sa taille peut donc être confiée aussi bien aux artisans formés pour le marbre qu'à des ouvriers habitués plutôt au travail des pierres tendres. Ceci est valable pour la plupart des grandes exploitations des Lens. Il faut cependant noter toujours les deux mêmes exceptions: la carrière de La Figuière A4 et celle du Roquet B9, dont la production doit être traitée en tant que pierre tendre avec un outillage adapté. Pour le groupe méridional comprenant les carrières de Roquamaillet C1, des Pielles C2 et la Peyrière de Martin C3, c'est mieux d'utiliser un outillage plus spécifique aux pierres dures, mais cela reste facultatif.

L'analyse technique comparative montre qu'il s'agit d'un matériau de tout premier choix, sans équivalent dans le Sud de la France et même au-delà. Si l'on en juge par son essor moderne,

---

10 Ce stade correspond au deuxième degré de ce travail dans sa conception traditionnelle (Bessac 1987c: 265).

elle a été exportée dans divers pays d'Europe et, exceptionnellement, plus loin. Les sculpteurs du Nord et de l'Est de la France et des pays voisins sont à l'origine de cette diffusion élargie. Il semblerait qu'il faille considérer de façon plus anecdotique son emploi dans une partie du socle de la statue de la Liberté à New-York (Calvi 1967: s.p.; Mausolée 1976a: 51), d'ailleurs fortement contesté par les conservateurs du monument.[11] En se limitant à son aire connue de diffusion antique, entre Nice et Narbonne, les seules pierres calcaires s'en rapprochant un peu d'un point de vue technique sont celles des affleurements d'Euzet/le Bouquet (Brouzet) et du nord-est d'Uzès dans le Gard (fig. 21 n° 14). Cependant, elles n'offrent pas toujours certaines des qualités techniques parmi les plus appréciées, notamment la faculté de se laisser fouiller profondément sans casser. En outre, elles n'ont pu profiter, comme la pierre des Lens, des grands débouchés monumentaux romains, étant trop éloignées de Nîmes et des autres grandes cités et surtout de la côte.

En réalité, les seuls matériaux incontestablement supérieurs, tant d'un point de vue technique qu'esthétique, sont les marbres blancs statuaires de Grèce et surtout ceux de la région carraraise nettement plus proches et largement diffusés en Méditerranée occidentale. A partir du moment où l'antique *Luna* développe au maximum son industrie et son commerce marbrier, il semblerait que ses productions contraignent la pierre des Lens à se cantonner dans le rôle secondaire de succédané du marbre. Fonction qu'elle retrouve au cours des premières décennies du XXe s., lorsque s'installe la société *Lens Industrie* dans la partie nord de l'affleurement (Lens Industrie 1922: 55). Dans le domaine du façonnage, aucun des marbres colorés régionaux ne se situe sur le même plan technique que ceux de Grèce ou de Carrare. Par conséquent, ils restaient étrangers à une éventuelle concurrence avec la pierre des Lens; étant plutôt destinés aux revêtements marbriers qu'aux œuvres massives, ce sont donc des matériaux complémentaires et non de véritables rivaux.

Fig.23 Tour hellénistique de Mauressip à Saint-Cômes (Gard), angle nord-est en partie construit avec des pierres des Lens.

11 Ceux-ci pensent qu'une pierre de l'état du Wisconsin a été utilisée en cet endroit (aimable communication d'Annie Blanc, géologue qui a débattu de ce sujet avec le Conservateur de la Statue de La Liberté à New-York).

4
Le Bois des Lens et la région: habitats et emplois de la pierre

UN ENVIRONNEMENT ARCHÉOLOGIQUE LOCAL ASSEZ BIEN CONNU

Hors de la marge des secteurs sud-est et est du Bois des Lens (Bessac *et al.* 1979: 41-83), l'archéologue dispose surtout d'informations ponctuelles sur cette petite région: découvertes fortuites et prospections. Une courte présentation de ces connaissances est proposée ici afin de mieux situer les exploitations de pierre de taille dans leur contexte archéologique et historique. Cette brève synthèse devrait aussi permettre une approche des questions d'interdépendances éventuelles entre les carrières et les sites environnants, notamment pour ce qui touche à l'utilisation de la pierre et les relations avec les carriers romains.

A l'écart des grands sites de la Protohistoire régionale

Le Ier Age du Fer est représenté par quelques rares petits gisements situés à flanc de colline ou en bordure de la plaine, au sud et à l'ouest du Bois des Lens. Ces sites, très modestes, pourraient correspondre à des stations de petits groupes de pasteurs (Bessac *et al.* 1979: 77). L'habitat de l'*oppidum* de La Jouffe à Montmirat (fig. 4) est peut-être plus permanent, mais il n'a fourni que très peu de matériel de cette période (Nickels, Barruol 1983: 511-512; Nickels *et al.* 1988: 235). Aucun indice du Ier Age du Fer ne permet de supposer alors un quelconque usage de la pierre des Lens.

Il en est de même pour la phase ancienne et médiane du IIe Age du Fer. A l'exception de l'*oppidum* de La Jouffe, aucun site de cette période ne se trouve au contact de l'affleurement. Cette extrême rareté de l'occupation est assez surprenante, d'autant que la proche région, dans un rayon de 10 à 20 km autour du Bois des Lens, abonde de sites variés et importants: Nages, Mauressip, Villevieille, Gailhan, Brignon, Nîmes (Dedet, Py 1976: 128-133; Py 1990: 117-123; Célié *et al.* 1994: 383-396) (fig. 3). Pourtant, comme on le verra plus loin, c'est à partir de cette période que ce calcaire commence à être utilisé, d'une part pour la sculpture protohistorique à Nîmes et dans ses environs, d'autre part pour l'architecture comme en témoigne la tour hellénistique de Mauressip à Saint-Côme (fig. **23**). La connaissance à l'est du Bois des Lens jusqu'à Nîmes de l'affleurement de ce calcaire et son usage sont donc assez indépendants de l'occupation générale du terrain. D'ailleurs, la population indigène vivant en bordure du bois ignore l'usage de la pierre taillée. Ainsi, il faut envisager la pratique d'une sorte de prospection suivie d'un ramassage en surface et, plus rarement, d'une véritable extraction de la part d'artisans préromains de Nîmes et de ses environs. Ces incursions d'étrangers aux groupes strictement locaux ont pu être facilitées par la quasi-absence d'habitat en ce lieu.

La transition: persistance de traditions hellénistiques et romanisation
avec la collaboration de Roland Bonnaud

Autant l'occupation du massif durant le début et le milieu du IIe Age du Fer est réduite, autant la fin de cette période est dense et variée. A partir du milieu du Ier s. av. n.è. et jusqu'au début de l'époque augustéenne s'effectue un rapide peuplement de la frange sud-est du Bois des Lens (fig. 4). Cela se traduit, dans ce secteur, par l'identification de 11 sites distribués en chapelet, à flanc de colline (Bessac *et al.* 1979: 41-83). Un schéma similaire se retrouve côté occidental du Bois des Lens où, tout le long du plateau étroit bordant le calcaire urgonien, plusieurs autres sites de fondation contemporaine ont été récemment identifiés au cours de prospections inédites. Tous ces habitats sont établis sur des terrains pauvres et paraissent vivre d'une économie agricole complétée par un artisanat consacré à des fonderies de fer et à la production de céramique de tradition indigène.

Lors de la publication de nos prospections dans la partie sud-est du Bois des Lens, nous pensions que ces habitats et l'artisanat gravitant à ses alentours pouvaient être plus ou moins liés à l'exploitation des carrières romaines toutes proches (Bessac *et al.* 1979: 79). Maintenant que le mobilier domestique de ces carriers est aussi bien connu que celui des habitats environnants, il est possible d'affirmer qu'il n'en est rien (voir p.131). Malgré la proximité des carrières, sur les sites d'habitat indigène, il n'y a pas plus d'importations d'objets taillés en pierre des Lens que 20 km plus loin, sur l'*oppidum* d'*Ambrussum*, par exemple (Bessac, Fiches 1979: 133 et 136; Bessac 1978: 184). Il existe peut-être une exception à 2 km des principales carrières, sur le sommet de la crête de Mabousquet, à Montmirat. Là apparaissent de nombreux fragments de calcaire urgonien près d'un sanctuaire daté du début du Haut Empire romain (Pomarèdes *et al.* 1992: 56). Mais ce n'est qu'un emplacement très réduit en surface, environ 20 m^2, sur un site beaucoup plus vaste à vocation cultuelle. Hormis une vingtaine de petits autels votifs en pierre des Lens et quelques fragments d'objets également façonnés dans cette roche et aussi liés au culte, aucun élément d'architecture, même modeste, n'est taillé dans ce matériau. Donc, rien ne permet de supposer sur ce site la présence d'un habitat ou d'un sanctuaire de carriers.

A partir du début du règne d'Auguste, dans les plaines bordant le Bois des Lens s'installent également des habitats à vocation agricole, moins pauvres que ceux des hauteurs.[1] A l'exception de quatre petits autels, dont deux consacrés à Minerve, découverts au sud au pied de ces collines dans le puits du Roc à Combas (Espérandieu 1929: 119-120, n° 385-386) et deux exemplaires anépigraphes mis au jour dans les abords immédiats du *fanum* de Prouvessa (Bessac *et al.* 1979: 68), les fragments en pierre des Lens recueillis sur ces sites de plaine sont rares et concernent des phases plus tardives.

Trois découvertes locales inédites méritent toutefois d'être signalées. Ce sont trois bases privées de plinthe mais pourvues d'un double tore séparé par une scotie et tournées dans la pierre des Lens (fig. **24**). Les deux bases les plus complètes proviennent de Vic-le-Fesc, au sud-ouest du massif, près du ruisseau de Courme. Le calcaire urgonien dans lequel est façonnée l'une d'elles est davantage biodétritique qu'oolithique et correspond très probablement à celui des carrières des Pielles, les plus proches du lieu de découverte (fig. 4, C2). Remployée dans un mur d'une maison du village de Combas, la troisième base (fig. 24c) est d'origine inconnue. Elle s'avère particulièrement intéressante car le tournage de son tore inférieur est resté inachevé. Cet état d'abandon révèle une récupération de cet élément dans les déchets d'un atelier de tournage installé à proximité de ce village, probablement dans les carrières ou dans leurs environs immédiats. Découvert dans les déblais de la carrière de Mathieu, un déchet de tournage renforce l'hypothèse de la présence de cette catégorie d'ateliers dans le massif (voir p.253).

Le profil de la modénature de ces bases, en particulier celles de Vic-le-Fesc, révèle qu'au moins une officine tournait des éléments apparentés à une architecture romaine précoce, s'approchant du type 4 de Vaison-la-Romaine daté de la 2e moitié du I er s. av. n.è. (Goudineau 1979: 203-214). Les deux bases terminées ne comportent pas vraiment de scotie arrondie mais un fond carré rappelant le "trait de scie" d'origine. Leur lit de pose est délimité du tore inférieur par un listel mesurant 0,525 m de diamètre, soit quasiment la longueur de la coudée employée à Marseille et à Apollonia de Cyrénaïque pour leur rempart hellénistique (Hallier 1986: 259-261). Quant au lit d'attente, intégré dans une partie du fût d'une de ces colonnes, il mesure 0,345 m de diamètre, c'est-à-dire, à 5 mm près, la longueur du pied utilisé dans cette seconde ville (Hallier 1986: 261). S'agit-il d'un travail tardo-hellénistique? Est-ce une production d'un atelier régional ou local prolongeant un peu cette tradition dans le courant de la 2e moitié du Ier s. av. n.è.? L'étude de la carrière des Pielles apporte un argument en faveur de cette dernière hypothèse (voir p.192).

---

1 Ils sont surtout connus par des ramassages de surface inédits et par quelques sondages (Bessac *et al.* 1984a: 187-213; Parodi *et al.* 1987).

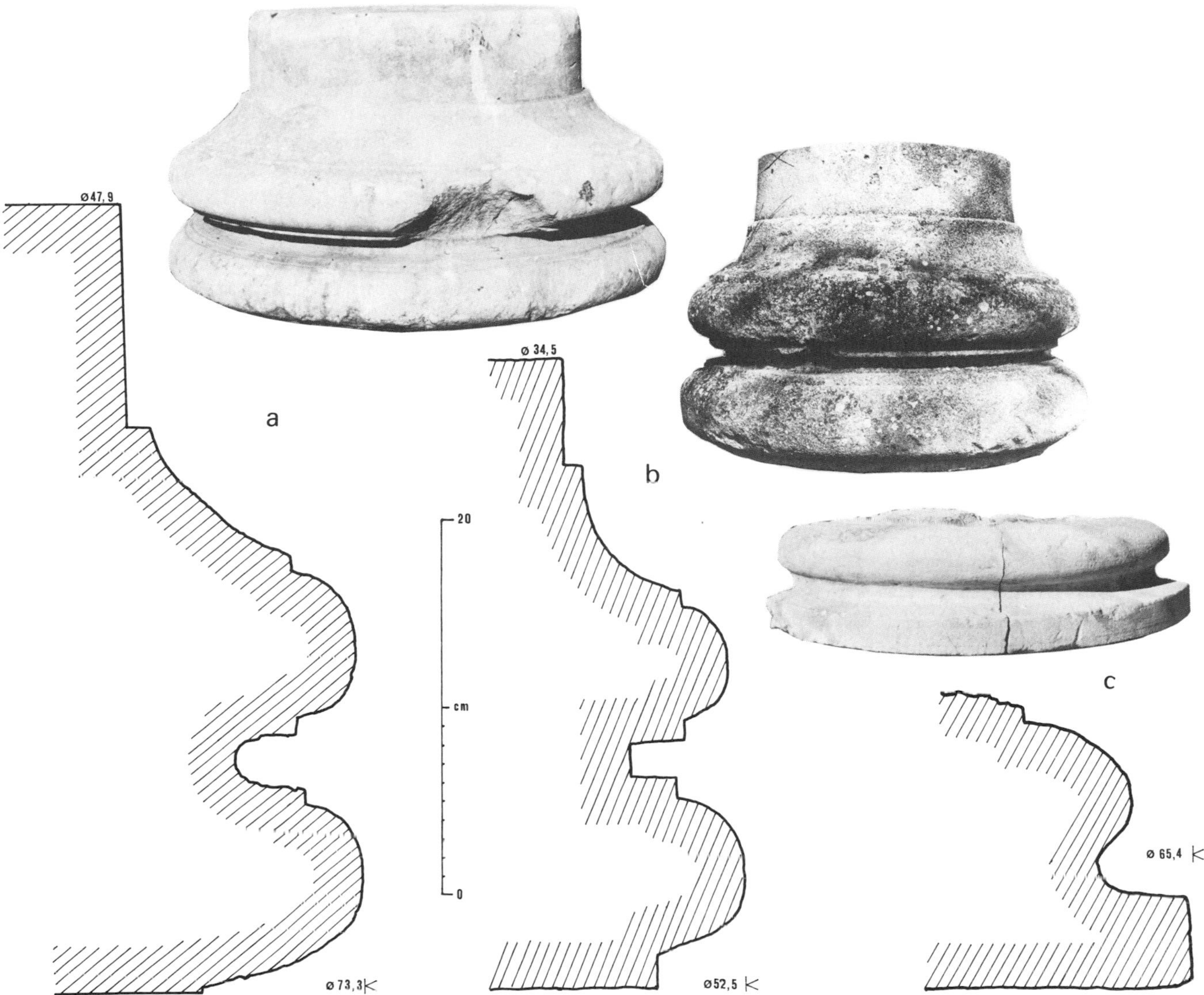

Fig. 24 Profils de bases tournées en pierre des Lens: a) et b) découvertes à Vic-le-Fesq (Gard); c) exemplaire inachevé de Combas (Gard).

C'est probablement à cette même période précoce, voire un peu avant, qu'il faut rattacher un fragment de pierre des Lens découvert au Castellas de Montmirat et gravé d'une dédicace en gallo-grec (Lejeune 1985: 271-272). Hors de ces quelques productions des Lens, les prospections inédites de Roland Bonnaud montrent que les travaux agricoles dans la plaine mettent au jour divers éléments antiques taillés dans des roches provenant des carrières romaines de pierres dures et froides des abords de Nîmes ou du calcaire tendre extrait dans d'autres exploitations antiques situées à l'est et au sud de Sommières (Picard 1903).

Au pied des collines orientales du massif, à l'ouest de Fons-outre-Gardon, de part et d'autre du chemin conduisant à Nîmes, un vaste ensemble de fours de potiers a été repéré par S. Garimond vers 1960 dans des terres ferrugineuses (inédit). De ceux-ci, actuellement il ne subsiste plus que quelques vestiges d'abandon du Bas Empire. L'activité de ces officines de céramique commune pourrait avoir commencé peut-être dès le début du Haut Empire. Les petits *dolia* indigènes découverts dans l'habitat des ouvriers de la carrière de Mathieu, daté du dernier tiers du Ier s. av. n.è., sont façonnés dans une terre analogue. Divers autres indices de l'occupation romaine sont connus en plusieurs points de la commune à Saint-Mamert (Aligier 1990: 11) ainsi que dans les territoires de ses voisines septentrionales, en particulier à Saint-

Géniès-de-Malgoirès.[2] Il est surtout intéressant de signaler, 10 km au nord des carrières, l'oppidum du Serre de Brienne installé au bord du Gardon au-dessus du village de Brignon.[3] Sur ce site, le radier d'un *opus signinum* à plaquettes irrégulières daté du troisième quart du Ier s. av. n.è.,[4] comportait des déchets de sciage de pierre des Lens. Divers fragments d'architecture — bases, colonnes cannelées et chapiteaux — ont été également mis au jour en ce lieu. Ainsi est confirmé un débouché architectural précoce de la pierre des Lens en zone rurale assez proche des carrières, mais dans un secteur déjà fortement romanisé du fait de la présence de la vallée du Gardon.

La première moitié du Ier s. voit se développer tous ces sites bien placés vis-à-vis des terrains agricoles cernant le Bois des Lens (fig. 3). C'est là un phénomène régional lié à la mise en valeur des terres cultivables (Parodi *et al.* 1977: 8). En contrepartie, les structures artisanales de production de céramique de tradition indigène et de fer, installées à l'intérieur du massif, périclitent et disparaissent avant la fin du Ier s. av. n.è. Vers la fin de ce même siècle, l'habitat à flanc de colline subit un sort analogue (Bessac *et al.* 1979: 45-47). Durant cette période, à moins de 3 km des principales carrières antiques l'*oppidum* de La Jouffe à Montmirat et son prolongement des Crêtes de Mabousquet développent un habitat vaste et riche alimenté en eau par de grandes citernes (Pomarèdes *et al.* 1993: 56). Est-ce la proximité des grandes exploitations des Lens qui accentue ce développement alors que progressivement l'abandon des hauteurs se généralise? Dans l'état actuel de la recherche, rien ne le prouve vraiment.

Certaines petites installations situées le long du chemin de Boucoiran sur le plateau étroit longeant le flanc occidental de l'affleurement (fig. 4) semblent également poursuivre leurs activités durant le IIe s. Il pourrait s'agir d'annexes agricoles alimentant l'*oppidum* de La Jouffe. Dans ces petits sites, implantés seulement à quelques centaines de mètres de l'affleurement, les éléments en pierre des Lens identifiés jusqu'à ce jour se limitent à un seuil et quelques fragments informes. Pourtant, la pierre du substrat se prête très mal à la taille, de plus elle est gélive; il est assez étonnant que le calcaire urgonien très proche n'ait pas été davantage employé. Donc, ces petits sites sont indépendants de l'activité des carrières. Ainsi, il n'existe aucun indice en faveur de la présence d'un habitat permanent de carriers romains ou gallo-romains dans le Bois des Lens ou sur ses marges. Les seules cabanes connues occupées par ces professionnels se trouvent dans l'aire restreinte des exploitations et elles ne constituent qu'un habitat très sommaire et temporaire.

La rareté des traces d'occupation de l'Antiquité tardive

A proximité des carrières, au cours du Bas Empire, seul l'*oppidum* de La Jouffe se maintient à son niveau d'occupation du Ier s., comme le prouve la densité du matériel de cette époque visible en surface. Il faut descendre au pied du massif, en bordure ou au milieu des petites plaines environnantes, pour découvrir des traces d'occupation significatives. Une réduction sensible du nombre et de la densité des vestiges ressort par rapport à la période précédente (Parodi *et al.* 1987: 8-9). Quelques-uns de ces sites ont parfois fourni des éléments en pierre des Lens suite à des travaux agricoles sur les communes de Montpezat, Combas, Vic-le-Fesc et Crespian. Il est difficile de rattacher sûrement ces trouvailles à une activité d'extraction et de taille tardive du fait qu'elles se trouvaient hors contexte stratigraphique. Il s'agit de petits éléments architectoniques: chapiteaux, seuils et fragments d'objets domestiques, en particulier des auges en pierre (fig. **25**).

---

2 Aimable communication de S. Garrimond et de C. Hugues.

3 Voir les informations de *Gallia* (Gallet de Santerre 1962: 630; Nickels *et al.* 1988: 229) et surtout les travaux de F. Souq (1989: 375-380; *id.* 1991: 69-70; *id.* 1992: 49-50).

4 Aimable communication de F. Souq.

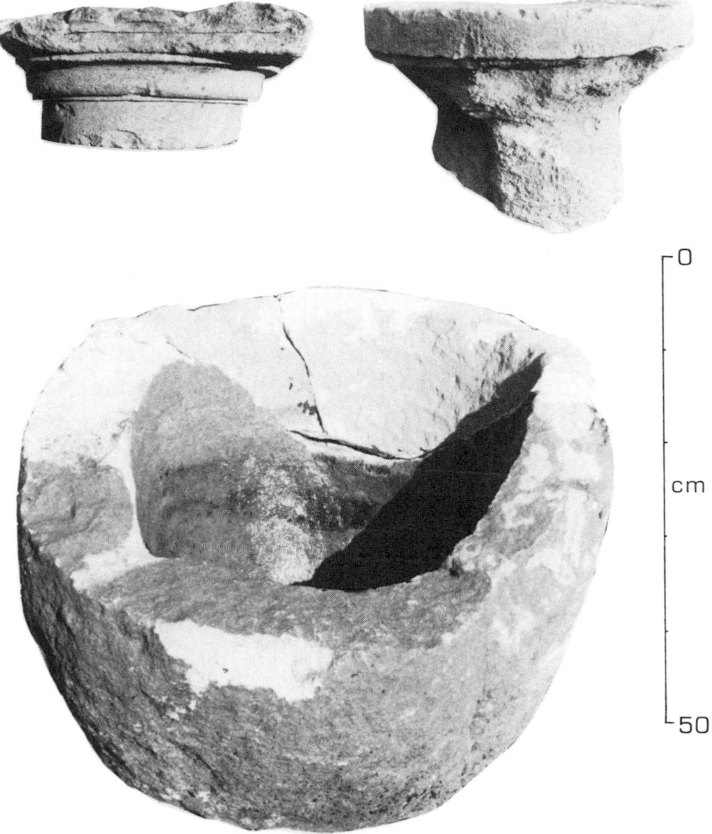

Fig. 25 Exemples d'éléments en pierre des Lens découverts dans les installations romaines des plaines de Combas et Montpezat (Gard): a) élément cylindrique de petite colonne restée inachevée; b) petit chapiteau de style toscan provincial; c) récipient ovoïde.

Ces récipients dénommés *piles* ou *pises* en d'autres lieux de la région (Dumas 1877: 233) se trouvent dans le mobilier issu des fouilles des établissements antiques tardifs installés dans les plaines bordant le massif des Lens, surtout côté sud (Bessac *et al.* 1984a: 202). Cette production est assez active dans la carrière du Roquet B9, au Ve s. et dans celle des Pielles C2, au Moyen Age. Elle persiste assez longtemps, probablement jusqu'au début de la période moderne pour assurer les besoins de stockage domestique, dans les villages les plus proches, notamment Combas. Mais alors, d'autres pierres régionales beaucoup plus tendres concurrencent rapidement cette production locale. Cependant, cette dernière est prépondérante vers les Ve et VIe s. comme le confirme l'étude de la carrière du Roquet B9 dont les fronts originels sont alors creusés d'abris pour servir d'habitat temporaire. Durant cette phase tardive de l'Antiquité, cette installation entraîne aussi une activité extractive minimale dans cette carrière des Lens dont la pierre est la plus tendre du massif (voir p.44).

Seule une petite nécropole de cette période a fait l'objet d'investigations archéologiques au quartier des Gravenasses dans la plaine de Combas (Parodi *et al.* 1987: 41-45). Elles n'ont fourni aucun élément en pierre des Lens. Les sarcophages romains en pierre de taille sont assez rares dans la région; aucun n'est taillé dans le calcaire des Lens, à l'exception de l'exemplaire de l'Antiquité tardive encastré dans l'entrée de l'église de Notre-Dame de Jouffe à Montmirat (Clément 1989a: 221-222).

Du haut Moyen Age à l'époque moderne: un environnement méconnu

Dans la petite région cernant le Bois des Lens il n'y a jamais eu de fouilles archéologiques à l'exception de l'étude de deux puits dans la plaine de Combas aux quartiers des Gravenasses et de l'Armas de Raynaud. Une partie du remplissage d'abandon de ces puits d'origine antique datent des XIIe-XIVe s. (Bessac *et al.* 1984a: 187-222) mais leur apport médiéval est très réduit; aucune installation permanente n'est alors attestée sur ces sites. Citons aussi un four à chaux (Bessac 1986a: 179-181) daté des XIe/XIIe s.[5] et établi sur la commune de Combas sur le flanc sud-est du Bois des Lens en bordure de la Peyrière de Martin C3. Les matériaux employés dans ce four permettent de le considérer comme une structure plus ou moins induite par la présence de cette carrière. Au milieu du Bois des Lens sur la commune de Montmirat dans la plus petite des grottes de Macassargues,[6] notons l'activité d'un atelier de verrier de la fin du Moyen Age.

A partir du début du Xe s. et peut-être un peu avant, les villages établis dans les basses terres cernant le Bois des Lens amorcent peu à peu leur développement à l'emplacement où ils sont aujourd'hui pour la plupart (Parodi *et al.* 1987: 28). Ces agglomérations sont construites souvent autour d'un *castrum* comme à Montpezat (Vignet 1913: 2) ou d'une église romane comme à Saint-Mamert (Aliger 1990: 25-26). Aucun de ces villages ne fait appel aux carrières des Lens pour leurs constructions ordinaires. L'habitat médiéval alors le plus proche du massif est le Castellas de Montmirat accroché sur ses derniers contreforts occidentaux, à 3 km des principales carrières. Comme ailleurs, sont utilisées exclusivement les pierres du substrat. Seul Combas paraît alors attacher quelqu'intérêt à la pierre des Lens, en l'occurence à la carrière des Pielles C2, c'est-à-dire la plus proche, où sont extraits et taillés des récipients en pierre. Bien que cette activité s'arrête après le XVe s., la valeur foncière spécifique des excavations marque encore nettement le cadastre moderne par un découpage adapté des parcelles qui fait ressortir particulièrement la présence de ces petites carrières au milieu des grands terrains consacrés à l'exploitation du bois (Bessac 1986b: 155, fig. 2). C'est là une exception, les autres villages délaissent alors leurs carrières des Lens.

EMPLOI DE LA PIERRE DANS LA RÉGION À TRAVERS LE TEMPS

La phase préhistorique avec la taille de statues menhirs étant hors sujet, un découpage en trois grandes périodes sera retenu ici: l'époque préromaine; le Haut Empire romain, principale période d'activités dans ce domaine; le Moyen Age et l'époque moderne seront regroupés par souci de synthèse. Au sujet de l'implantation de la civilisation matérielle romaine dans la région bas rhodanienne et en particulier dans les environs de Nîmes, il est très délicat de s'en tenir au seul repère du calendrier de la colonisation de Rome. Nous sommes, certes en Narbonnaise, province romaine depuis la fin du IIe s. av. n.è.; néanmoins, cela ne se matérialise pas vraiment par des changements spectaculaires dès cette haute époque, surtout pour tout ce qui touche au travail de la pierre. La technique véhiculée par les Romains apparaît ici concrètement, d'une façon nette et quasi généralisée, seulement vers le début du dernier tiers du Ier s. av. n.è. (Bessac 1988a: 57-72; Py 1990: 201-213). Le terme "préromain" devra donc être compris dans le cadre de la culture matérielle préaugustéenne et non dans une optique essentiellement administrative et militaire rattachée à la conquête.

Usages préromains de la pierre

Hors des grandes constructions défensives en pierre de taille des Bouches-du-Rhône comme Marseille, Saint-Blaise à Saint-Mitre-des-Remparts, et *Glanum* à Saint-Rémy-de-Provence[7] où l'activité de tailleurs de pierre issus du monde hellénistique ou formés à son contact direct est notoire,[8] il apparaît depuis peu que ces professionnels ont engagé également des chantiers plus

5 Datation du C14 du combustible (Centre de datation par le radiocarbone, Université Claude Bernard, Lyon 1).

6 Grotte surtout connue comme habitat du Paléolithique moyen (Bessac *et al.* 1979: 44).

7 Pour les techniques voir: pour Marseille R. Guéry *et al.* (1985: 25-52), Saint-Blaise J.-C. Bessac (1980: 137-157), *Glanum* H. Rolland (1958: 1979) et les notes de J.-C. Bessac et N. Lambert (1989: 8-10).

8 A ce stade de la recherche, il me paraît préférable de rester à l'écart du débat engagé par A. Roth-Congès sur les possibilités d'interventions de professionnels indigènes à *Glanum* (1992a: 360-361; 1992b: 50).

modestes dans des milieux nettement moins familiarisés avec la culture matérielle du monde classique. De telles constructions en grand appareil à joints vifs, de technique typiquement hellénistique, ont été découverts surtout dans la Basse vallée du Rhône, notamment à Saint-Bonnet (Gard) sur l'*oppidum* de Marduel (Bessac 1986c: 68-70), et au Paradou (B.-du-Rh.) sur l'habitat de Saint-Martin-de-Castillon (H. Tréziny, en cours d'étude). Des vestiges analogues se trouvent parfois assez loin de Marseille: c'est le cas de la tour hellénistique de Mauressip à Saint-Côme (Gard) (fig. 23). Celle-ci offre un intérêt tout particulier car elle comporte des pierres provenant de l'affleurement des Lens dont elle n'est éloignée que de 7 à 12 km (Bessac 1987a: 28). Elle constitue aussi le plus ancien et le seul témoignage d'un usage architectural de ce calcaire.[9]

Considérée dans l'ensemble de la région, la pierre est travaillée également dans le cadre d'une production d'œuvres indigènes ou plus souvent hybrides, c'est-à-dire montrant à la fois des emprunts à la technique grecque et à des procédés de tradition préhistorique. D'une façon générale, la part de l'influence technique des comptoirs grecs semble diminuer en fonction de l'éloignement géographique; elle est aussi probablement dépendante de l'état des relations entre chacune des tribus indigènes et les colons. Elle se restreint aussi d'autant plus que l'on remonte dans les temps protohistoriques. La plus ancienne production se rattachant à ce groupe mixte concerne les stèles protohistoriques dont beaucoup datent du début du IIe Age du Fer.[10] La pierre des Lens est absente de cette catégorie d'objets mais les sculptures cultuelles préromaines, dont la répartition générale correspond approximativement à celle des stèles (Benoit 1948: 137-210; *id.* 1955), sont bien représentées dans ce dernier matériau. Elles sont datées du milieu ou de la fin du IIe Age du Fer (Lassalle 1981: 223-230; Salviat 1989: 498-501). Dans cette catégorie figurent quatre pièces en pierre des Lens, deux trouvées à Nîmes: le guerrier de Grézan et le torse de la Tour Magne (Bessac 1981b: 230-233), deux autres à Russan, 12 km au nord-est de l'affleurement (Gérin-Ricard 1929: 11-14).

Ainsi, l'affleurement des Lens commence à s'intégrer dans la production statuaire des environs de Nîmes, techniquement encore bien imprégnée de la tradition indigène. Si l'on peut supposer que ces œuvres ont pu être taillées dans des blocs de surface naturellement isolés du substrat, il est plus difficile d'admettre un schéma d'exploitation similaire pour les éléments contemporains du grand appareil de la tour de Mauressip, beaucoup plus marqué par la technique architecturale hellénistique. L'activité extractive a dû commencer à cette époque-là; cependant sa production devait être très modeste jusqu'au démarrage des grands chantiers romains.

La pierre et la romanisation (règne d'Auguste)

Quelques prémices de changements techniques dans le travail de la pierre transparaissent peut-être dès le début du Ier s. av. n.è. à Nîmes (Guillet *et al.* 1992: 57-89). En dépit de ces signes, les principales innovations dans ce domaine n'interviennent vraiment, de façon évidente et généralisée dans la région, qu'au début du règne d'Auguste (Bessac 1988a: 57-72). Elles se traduisent par l'apparition d'un excellent outillage denté autorisant l'extension d'une taille fine aux roches dures et froides. Ces progrès concernent aussi les décors et la modénature qui

---

9 J'ai effectué quelques observations inédites sur ce monument dont j'utiliserai ici et plus loin quelques éléments, pour sa présentation générale voir M. Py (1971: 41; Dedet, Py 1976: 118-119; Py 1990: 194).

10 Les découvertes les plus importantes viennent de Saint-Blaise, Entremont (Aix-en-Provence, B.-du-Rh.), *Glanum*, etc... Ces productions ont été aussi identifiées bien au-delà des environs de Marseille (Bessac, Bouloumié 1985: 175-180), entre autres à Bagnols-en-Forêt (Var), à Beaume-les-Venise (Vaucluse), au Pègues (Drôme), à Saint-Bonnet (Gard) sur l'*oppidum* de Marduel (Py 1990: 805-809), à Monteil (Gard) sur l'*oppidum* de Vié-Cioutat, à Clermont-l'Hérault sur le site de la Ramasse dans l'Hérault (Garcia 1992: 158-165.) Ce sont des œuvres frustes en pierres tendres ou parfois fermes, non extraites mais ramassées en surface des affleurements.

apparaissent en nombre surtout à ce moment-là. Peut-être déjà vers 50 mais surtout après 30 av. n.è., la sculpture de décors complexes et fragiles (fig. 14) et la taille de moulures fines entraînent une forte demande de matériaux spécifiques. Ceux-ci doivent être à la fois résistants aux diverses contraintes et pas trop durs ni cassants sous le ciseau. Les roches fermes et homogènes sont donc les plus recherchées pour ces travaux. Dans la province de Narbonnaise, le calcaire des Lens est celui qui correspond le mieux à cette définition, justifiant le démarrage de son exploitation à grande échelle par les Romains.

Ce développement soudain de l'extraction dans ce massif et ailleurs s'explique aussi par des facteurs plus généraux. Dans la région et surtout à Nîmes, le derniers tiers du Ier s. av. n.è. correspond au lancement d'un vaste programme monumental sans commune mesure avec les réalisations antérieures et jamais égalé par la suite. C'est durant cette période que les Romains commencent à édifier, entre autres: le rempart augustéen, la Maison Carrée et son environnement monumental, l'*Augusteum* incluant le Nymphée de la Fontaine et le temple dit "de Diane".[11] Ces décennies coïncident également avec une phase de grands travaux publics visant l'amélioration et surtout la création du réseau des grandes voies antiques accompagnées des ouvrages d'art indispensables. La voie Domitienne entre Nîmes et Beaucaire, axe vital pour la diffusion de la pierre des Lens vers la mer Méditerranée via le Rhône, a connu alors une ou deux importantes campagnes de travaux (Fiches *et al.* 1987: 72-74; Bessac 1987d: 83). A l'ouest de cette voie, la situation est analogue, comme le montrent la ville antique d'*Ambrussum* (Villetelle, Hérault) et le Pont Romain construits également durant cette période (Fiches 1973: 142-157; *id.* 1980: 132-157). Ainsi, c'est dans le cadre de ces vastes entreprises de constructions monumentales et de travaux publics que le calcaire des Lens, déjà bien connu à Nîmes et dans ses environs, occupe rapidement une place de tout premier choix juste avant le marbre statuaire.

L'activité monumentale des deux premiers siècles de l'ère chrétienne est un peu moins bien connue dans la cité nîmoise et sa région, faute d'exemples conservés, à l'exception de l'amphithéâtre et de l'aqueduc (Fabre *et al.* 1992). Durant cette période, il se construit certainement toujours des bâtiments richement ornés faisant appel à la pierre des Lens. Beaucoup de pièces du Musée Archéologique de cette ville le prouvent, entre autres les chapiteaux, frises et corniches finement décorés provenant de la place de la Calade (Beauquier 1952: 3-6; Gouron 1957: 90-95). Quelques bâtiments d'époque flavienne, des temps de Trajan et d'Hadrien, voire de la fin du IIe s., sont connus, surtout par les textes et l'épigraphie: gymnase, basilique de Plotine (Desjardins 1881: 65-73; Fiches, Garmy 1982: 65-66), et il est souvent difficile de savoir à quelles pierres fait appel leur construction. Dans le cas du dernier bâtiment cité, l'épigraphie nous apprend seulement que l'entrepreneur T. Flavius Hermes a conduit les travaux de la basilique, en marbre et en pierre *[Iovi et Nemaus (o) T. Flavius Hermes exactor oper (is) / basilicae mar / morari et lapi / dari v (otum) s (olvit).]* (*CIL* XII. 3070; Grenier 1958: 520). Tout d'abord, personne ne peut garantir que la basilique citée est bien celle élevée par Trajan à la mémoire de Plotine. Ensuite, au moins deux interprétations peuvent être proposées pour les mots "pierre et marbre"; cela peut correspondre à un emploi de calcaires durs locaux pour le gros œuvre ordinaire, le marbre étant réservé aux éléments ornés (on ne peut exclure un usage romain élargi du mot marbre (Dumont, Dubois 1976: 101; Mannoni 1978: 10) pour désigner une pierre telle le calcaire des Lens qui en est un succédané). Il est également possible d'envisager un partage de la partie ornée du monument entre ce dernier matériau et le marbre tel qu'il est défini aujourd'hui dans son acception restreinte.[12]

---

11 Pour chacun de ces monuments voir: A. Blanchet (1907: 206) P. Varène (1987: 11-23 et 1993); R.Amy et P. Gros (1979: 190; Gros 1984: 123-134); A. Roth-Congès (1983: 131-146); H. Hesberg (1982: 67).

12 Voir R. Motinot (1973: 2263-2266), P. Dumont (1973: 1524-1526), B. Carulli et A. Consiglio (1974: 1968-1971).

Fig. 26 Nymphe en pierre des Lens provenant d'un ensemble funéraire du IIe s. découvert à Nîmes (ph. J. Pey - Musée de Nîmes).

Afin de mieux préciser la nature de la demande de pierre, il faut noter qu'un énorme monument, très gros consommateur de matériaux, comme l'amphithéâtre de Nîmes, construit durant le troisième quart du Ier s. (Bessac *et al.* 1984b: 237), est dépourvu de pierre des Lens, contrairement à l'affirmation de A. Grenier (1958: 57). Cela est normal car ce monument est privé d'ornements et de moulures fines. Cette absence est encore plus évidente pour toutes les constructions strictement utilitaires, tels les ouvrages d'art de l'aqueduc de Nîmes (Fabre *et al.* 1992: 60-87). En outre, durant cette période, des arrivages de marbre massif, utilisé pour les grandes pièces ornées du décor architectural, sont nettement attestés dans la cité tant dans le matériel lapidaire du Musée archéologique que dans les éléments récupérés pour la construction du rempart de l'Antiquité tardive (Dedet *et al.* 1981: 150). C'est la seule concurrence dont il faut tenir compte: elle peut avoir joué dans le sens d'un certain ralentissement de l'exploitation de l'affleurement, surtout durant le IIe s.

La statuaire romaine de Nîmes et de la région est réalisée dans la pierre des Lens quand les artistes ne disposent pas de marbre apte à la sculpture, cas assez fréquent, le prix du matériau étant probablement beaucoup plus élevé pour ce dernier. Parmi les nombreuses œuvres confirmant cet usage, l'exemple le plus représentatif vient de la route de Beaucaire à la sortie sud-est de la ville où un ensemble de sept statues du Ier s. a été mis au jour (Lassalle 1958: 288-290; *id.* 1990: 170-172; Gallet de Santerre 1959: 470-473). Ces sculptures sont techniquement caractérisées par un dégagement des formes parfois assez audacieux vis-à-vis de la résistance commune des pierres (fig. **26**). Ainsi, les sculpteurs n'hésitent pas à mettre en surplomb ou en porte-à-faux une partie du corps. Aucune autre pierre régionale n'aurait permis de telles réalisations. Ailleurs dans la région, de nombreuses autres sculptures sont pareillement taillées dans cette même roche: c'est le cas notamment à Beaucaire (Bessac *et al.* 1987: 5-8). Pourtant, en bordure de cette ville se trouve un affleurement de calcaire tendre, parfois ferme, exploité dès la période préromaine (Bessac *et al.* 1987: 23-24). Dans ces exploitations, les carriers traditionnels ne comptaient pas moins d'une dizaine de variétés de pierres, utilisées tant dans la construction que dans l'ornementation architecturale (Noël 1970: 112). Des sculptures et des ornements architecturaux romains ont été également réalisés dans ces pierres issues des affleurements locaux ou des environs immédiats, y compris de l'autre rive du Rhône (Roth-Congès 1987: 52-77). En dépit du large choix offert par ces diverses variétés, ce matériau a souvent contraint les artistes à rester dans des formes assez lourdes, peu dégagées de la masse et sans arêtes vives. La situation est similaire pour la ville d'Arles. Dans l'Hérault, 60 km à l'ouest du Bois des Lens, d'autres exemples de sculptures romaines en calcaire des Lens, à Murviel-les-Montpellier (Nickels *et al.* 1988: 255-256), soulignent le rayonnement de cette pierre dans cet art.

Du Bas Empire à l'époque moderne: la pierre de taille en retrait

Au-delà du IIe s., la construction romaine délaisse progressivement l'usage de la pierre massive appareillée et ornée de modénatures fines et de décors sculptés. Cet abandon se fait au profit de bâtiments en petit appareil dont la taille est de plus en plus sommaire et de maçonneries diverses composées de matériaux de tout-venant et de récupérations. Ces constructions sont souvent revêtues à l'intérieur d'enduits peints et parfois de placages de roches

Fig. 27 Récipient cylindrique médiéval *(pile)* taillé en pierre des Lens (Combas). Sa taille est facetée comme certains exemplaires médiévaux du site des Pielles C2 (ph. R. Bonnaud).

Fig. 28 Chapiteau romain abandonné à l'état d'ébauche en carrière puis récupéré pour servir de seuil dans une annexe de l'église de Clairan (Gard).

ornementales. A Nîmes, les vestiges de constructions nouvelles au Bas Empire sont inexistants (Fiches, Garmy 1982: 96; Fabre *et al.* 1992: 97). Cela révèle une récession locale très sensible de la construction en général, entraînant quasiment l'abandon de l'usage de la pierre de taille monumentale et, par conséquent, l'arrêt de son extraction.

Plus que tout autre variété de pierre régionale, ce calcaire doit subir le contrecoup de la stagnation de l'industrie du bâtiment. Elle est trop dure pour la production en série de sarcophages communs et son éloignement des grands centres urbains accentue son déclin face aux calcaires coquilliers tendres des abords des villes comme Narbonne, Marseille ou Arles.[13] Par ailleurs, la structure interne de la pierre de Lens est insuffisamment fine et cristalline pour recevoir un poli brillant qui lui aurait permis de rivaliser avec les sarcophages en marbre massif importés d'Italie ou de Méditerranée orientale (Benoît 1954: 12; Février 1979: 317-355; Blanc 1980: 216-238). Pour les mêmes raisons, cette pierre locale ne peut servir de revêtement. Ainsi, ces changements de nature des commandes font qu'elle n'a plus sa place dans les marchés du bâtiment du Bas Empire. C'est durant cette période que la pierre des Lens commence à bénéficier un peu du développement d'un petit débouché local agricole et domestique, concernant la confection de récipients ronds ou ovoïdes[14] (fig. **27**). Ce marché est particulièrement modeste par rapport à la production architecturale et sculpturale du Haut Empire. Dans l'histoire de l'affleurement, cette perte de débouchés ne sera d'ailleurs jamais vraiment compensée, sauf à partir de la reprise de l'extraction des XIXe et XXe s.

La construction romane de la région se distingue surtout par un usage maximal des pierres disponibles dans le substrat local immédiat. Le transport des matériaux pondéreux est soigneusement évité, sauf là où les voies navigables compensent le mauvais état des chemins. Le

---

13 Voir la nécropole des Aliscamps à Arles avec ses grands sarcophages monolithes provenant des carrières des environs immédiats (Benoit 1952d: 115-132; Rouquette, Sintés 1990: 82-84).

14 C'est aussi à cette époque que se développe la fabrication de vases tournés en chloritoschiste ou en stéatite (Mannoni 1986:155-164). Malgré cette contemporanéité, ce sont des productions très différentes. Alors que les jarres du Bois des Lens sont très lourdes, les vases en pierre ollaire sont fins, légers, de plus ils s'échauffent promptement et gardent longtemps la chaleur sans communiquer de mauvais goût aux aliments (Arrighi, Giorgetti 1991: 101). Ils sont donc consacrés à des usages culinaires, tandis que les jarres en calcaire servent uniquement pour le stockage et ne supportent pas le contact du feu.

premier art roman du Languedoc est surtout un art de maçons et ne fait que très peu appel à la taille de pierre appareillée et à la sculpture (Saint-Jean 1975a: 20). Le besoin en pierres fines est donc très réduit; les petits moellons en pierres dures ou froides composent l'essentiel des matériaux utilisés. Le deuxième art roman entraîne davantage une consommation de pierres tendres et plus rarement fermes, sous la forme du moyen appareil alterné soigneusement ajusté (Saint-Jean 1975a: 21).

Située trop à l'écart des grandes réalisations de cette période, la pierre des Lens n'est qu'exceptionnellement utilisée de cette façon et uniquement dans deux ou trois petites églises locales touchant au massif. C'est le cas de Notre-Dame-de-Jouffe à Montmirat bâtie sur les contreforts occidentaux du massif, à moins de 2,5 km des plus proches carrières antiques (Clément 1989a: 221-222). Là, elle est mise en œuvre dans la partie inférieure des murs en alternance avec des assises de calcaire gris local afin de créer un effet de polychromie. Mais la quantité de pierre des Lens ainsi taillée est relativement faible et n'a pas forcément exigé l'ouverture ou la réouverture dans les règles d'une exploitation. Cette église est construite sur un site antique (voir p.50), et la récupération d'éléments romains, soit sur place, soit dans les carrières toutes proches est très plausible. Un sort similaire doit être envisagé pour un chapiteau inédit resté à l'état d'ébauche (fig. **28**) et découvert en remploi dans des bâtiments annexes de la chapelle romane de Clairan, à 6 km des plus proches carrières (fig. 3). En contrepartie, le sarcophage enchâssé dans le mur ouest de Notre-Dame de Jouffe semble avoir été extrait exprès pour cet usage mais sa date d'extraction et de taille est indéterminable (elle peut être relativement ancienne, voire du Bas Empire).

A 4 km à l'est des carrières antiques les plus rapprochées, le village de Saint-Mamert possède une église romane (Goiffon 1881: 318-319; Aliger 1990: 25-26) ainsi que le village de Combas placé dans des conditions géographiques analogues mais plus au sud (Clément 1989a: 72). Toutes deux présentent des parties importantes de leur construction d'origine en moyen appareil dans lequel le calcaire urgonien prédomine parmi diverses autres roches locales. Beaucoup de ces pierres du massif présentent des altérations alvéolaires d'origine géologique, très typiques des roches superficielles. L'affleurement offre différentes qualités de calcaire, en particulier sur sa bordure orientale et méridionale où la roche devient plus dure (voir p.45). Sur ces marges, aucune excavation n'a été identifiée, tant côté Saint-Mamert que Combas. Il faut donc supposer un ramassage de blocs superficiels, naturellement isolés du substrat dans les zones d'affleurement les plus proches de ces églises, c'est-à-dire à 2,5 km pour Saint-Mamert et à quelques centaines de mètres pour Combas. Cela n'exclut nullement l'usage ponctuel de calcaire oolithique de bonne qualité pour la taille des quelques rares éléments ornés de ces constructions. Les autres villages environnant le Bois des Lens possèdent aussi des églises romanes. Toutes sont construites avec les pierres de taille locales les plus proches, sans recourir au calcaire des Lens. En dehors des blocs ordinaires, notons à Montpezat la découverte inédite d'un chapiteau extrêmement fin et élancé, d'inspiration antique à feuilles d'acanthe, sculpté dans la catégorie oolithique de cette pierre (fig. **29**).[15] Il pourrait provenir de l'ornementation du portail d'origine de l'église, aujourd'hui détruit; une taille dans une pierre antique réutilisée reste envisageable.

Vis-à-vis de l'affleurement, la situation géographique est tout autre pour les grands édifices romans de la région. Tous sont situés à plus de 25 km du massif; aucun d'eux ne comporte de blocs de calcaire des Lens dans leurs pierres de taille ordinaires. En revanche, il figure en très bonne place dès que sont mis en œuvre des éléments sculptés, comme à la cathédrale de Nîmes sur la frise haute, et aussi plus loin, à Beaucaire, également sur une frise, et sur les célèbres portails

15 Il peut-être comparé à un chapiteau du Musée de Nîmes daté de la fin du XIIe s.(Lassalle 1989: 58-60).

Fig. 29 Chapiteau roman d'inspiration antique en calcaire des Lens découvert à Montpezat (Gard).

Fig. 30 Elément de colonne renaissance engagée à bossages ornés de guirlandes découvert à Combas (Gard).

d'Arles et de Saint-Gilles (fig. 15).[16] Dans la région, on sait combien la part de la récupération d'éléments antiques a été importante pour les édifices religieux dans les réalisations préromanes (Saint-Jean 1975a: 17) et aussi romanes, le portail de l'église de Saint-Gilles le prouve clairement avec ses colonnes en granit réemployées en leur état antique (Saint-Jean 1975b: 302). Il existe aussi la possibilité de récupération de grands blocs romains à des fins de retaille.[17] Mieux que tout autre, la pierre des Lens se prête parfaitement bien à ce genre d'opération; sa nature oolithique et surtout sa très forte teneur en calcium lui permettent de reformer très vite un calcin protecteur. Une grande partie des sculptures romanes signalées ci-dessus, voire leur quasi-totalité, peut provenir de remplois de proximité; les énormes blocs de pierre des Lens utilisés initialement dans ces villes au riche passé romain l'autorisent. Mais, comme le souligne très justement Annie Blanc au sujet du portail de Saint-Gilles (1988: 8), une extraction organisée spécialement pour ces œuvres peut être également envisagée, le niveau technique de l'époque étant suffisant pour cela. Toutefois, les recherches en carrière comme l'étude de la diffusion de la pierre des Lens (voir p.72), renforcent plutôt l'hypothèse du remploi.

L'art gothique est faiblement représenté dans l'architecture et la sculpture régionale. Durant cette période, la rareté de la pierre des Lens peut être illustrée par l'exemple de Nîmes: seules deux unités taillées dans ce matériau ont été identifiées sur un lot de 37 pièces sculptées

16 Seuls ces derniers ont fait l'objet d'analyses pétrographiques d'ensemble (Blanc 1988: 6-8; Bessac *et al.* 1991: 400-401) confirmant l'usage de la pierre des Lens souvent difficile à déterminer par examen direct du fait de la pollution. A Beaucaire et à Nîmes, la pierre est nettoyée et permet de confirmer une origine identique sans l'aide d'analyses.

17 Les lions de l'abbatiale de Saint-Gilles et le linteau de l'entrée de la cathédrale de Maguelone (Hérault) illustrent bien cette pratique réservée aux pierres de qualité (Lassalle 1970: 14; Saint-Jean 1975c: 236).

appartenant à cette période (Bessac, Lassalle 1991: 73-74). La Renaissance n'est guère mieux fournie en éléments ornés et sculptés, probablement à cause des troubles engendrés par les guerres de religion. Ce n'est vraiment qu'à partir de la Contre-Réforme, économiquement soutenue par l'essor de l'industrie de la soie, qu'un certain renouveau architectural s'instaure (Teisseyre-Sallmann 1982: 173-214). Malgré l'engouement qui se développe alors pour le passé monumental antique de la ville de Nîmes entraînant l'identification de la pierre des Lens dans les plus prestigieuses de ses œuvres romaines (Ménard 1750: 56), aucun témoignage de son usage n'a été identifié pour cette période: la pierre de Beaucaire assure l'essentiel de son approvisionnement.

Durant cette période, les seules preuves de l'utilisation de cette pierre sont rares et viennent du sud du massif. Notons surtout Combas où les patientes collectes de Roland Bonnaud ont permis de rassembler divers fragments épars d'une entrée monumentale richement décorée, en particulier de colonnes à bossages ornées de guirlandes (fig. **30**). Ces pierres proviennent de la maison seigneuriale détruite au cours des guerres de religion en 1569 (recherches inédites de R. Bonnaud). Leur style autorise une datation aux environs du milieu du XVIe s. La pierre vient de la zone sud du bois où sont ouvertes les carrières des Pielles C2 et surtout la Peyrière de Martin C3, dont le microfaciès correspond à celui de la variété utilisée pour cette œuvre.

Le témoignage suivant concerne une clé datée de 1763 placée sur l'entrée d'une maison de Moulézan au nord-ouest du Bois des Lens, à 3 km des carrières principales. Dans ce dernier village, les encadrements de porte en pierre des Lens dépourvus d'ornements se multiplient à partir du milieu du XIXe s. et s'accompagnent peu à peu d'une production plus sophistiquée de stèles funéraires. C'est de cette période que date le véritable redémarrage de ces carrières qui intéresse principalement cette commune. L'agglomération nîmoise utilise parfois ce matériau pour la confection d'escaliers massifs ou de dallages de luxe polychromes.[18] Des effets analogues de contraste sont employés aussi dans le principal marché moderne de cette roche: la sculpture, qui lui vaut une très large exportation en toutes régions. Cet essor particulier démarre à très grande échelle après la première guerre mondiale qui entraîne l'édification de monuments aux morts dans tout le pays. L'élévation de ces derniers est très souvent sculptée dans ce calcaire ferme et clair alors que leur socle est généralement taillé dans des pierres dures et sombres. Même les villages possédant des exploitations de pierres de taille préfèrent adopter cette formule plutôt que d'employer leur matériau local jugé souvent trop tendre, mais aussi et surtout sans renom.[19] Un tel comportement des commanditaires a dû jouer dans l'Antiquité en particulier pour les œuvres à caractère ostentatoire (voir p.63).

---

18 Un exemple monumental intéressant dans ce dernier domaine est celui du pavement intérieur du Palais de Justice de Nîmes composé au milieu du XIXe s. en jouant du contraste blanc et gris de la pierre des Lens alternée avec celle de la carrière de Pigné près de Pompigan dans le Gard (Moreau 1992: 196).

19 Parmi de nombreux exemples, le cas du village d'Aigues-Vives (Gard) est significatif à cet égard: bien que les carrières locales occupent une très large part de l'économie, le socle de son monument aux morts est constitué de pierre dure de Ruoms (Ardèche), l'obélisque et les personnages sont sculptés en pierre des Lens (Lassere 1939: 138 et 173). En dehors des qualités propres de ces matériaux reste sous-jacent leur grand prestige: la pierre de Ruoms à été choisie notamment, pour le carrelage de la grotte de Lourdes (Mausolée 1976a: 47), quant à la pierre des Lens, sa célébrité régionale lui vient de la Maison Carrée. Si dans cet exemple le calcaire des Lens s'impose, en outre par sa proximité, ce n'est pas le cas de la pierre de Ruoms, plusieurs roches sombres et dures du Gard auraient pu convenir (Picard 1882).

5
Diffusion de la production

LA PIERRE DES LENS FACE À SES DÉBOUCHÉS: LA PROBLÉMATIQUE

Peut-on parler de "diffusion" pour le calcaire du Bois des Lens?

En référence au vocabulaire commun utilisé au sujet des grandes carrières impériales de marbre antique ou des exploitations actuelles de pierre de taille, il est employé ici le mot diffusion pour la pierre des Lens. Si ce vocable convient parfaitement à son exploitation industrielle présente, il est indispensable de nuancer cet usage pour ce qui regarde la situation antique de ces chantiers.

Les carrières impériales de marbre produisaient des blocs aussi grands que le permettaient les moyens de manutention, de transport et de débit d'alors. Regroupés et stockés dans des grands centres commerciaux, principalement à la *"Marmorata"* de Rome, ils pouvaient être débités en plaques et polis et diffusés dans l'Empire plus ou moins loin, en fonction de leur renommée propre. D'autres productions de série suivaient un cheminement analogue. L'écoulement actuel des blocs adopte un schéma proche, si ce n'est qu'ils sont davantage normalisés dès le départ. Leur diffusion est assurée par l'exploitant ou confiée à des organismes spécialisés. Dans ces deux cas, antique et moderne, il est possible, mais pas forcément souhaitable, de dissocier les études en trois parties indépendantes: extraction, transport, et diffusion du matériau, c'est-à-dire dans ce cas, son commerce.

Le fonctionnement antique des carrières des Lens et des roches comparables est sensiblement différent (voir 4e partie). Dans ce type d'exploitation, le constructeur ou un intermédiaire envoient une équipe de carriers pour extraire la pierre choisie. Il n'y a donc pas d'entreprise d'extraction fixée à demeure sur une carrière dont il faut écouler les productions. Ainsi, plutôt que de parler d'aire de diffusion, on pourrait dire aire d'emploi puisque c'est le commanditaire ou ses fondés de pouvoir qui, par leur choix, vont entraîner à chaque fois l'ouverture ou la réouverture d'une carrière. Cependant, l'usage étant établi, on s'en tiendra au mot diffusion en dépit de ses ambiguïtés.

Prise en compte d'une situation technico-commerciale complexe

Qu'il s'agisse d'approvisionner un chantier de construction ou un atelier de sculpteur, les interactions entre l'œuvre définitive et la commande en carrière impliquent de traiter la diffusion en tenant compte à la fois de l'objet fini et des contraintes naturelles et techniques de l'exploitation. L'organisation générale de l'approvisionnement risque d'être différente selon qu'il s'agit de produire, par exemple, un temple à l'image de la Maison Carrée, ou une œuvre sculptée. Même le choix des techniques d'extraction et de l'outillage d'ébauche en carrière est susceptible d'être influencé par la commande. La production d'un lot de grands tambours de colonne diffère sensiblement de l'extraction de fûts de colonne monolithes et davantage encore d'une série d'éléments de corniche ou d'architrave. Selon son poids, sa forme, sa destination, et les conditions de transport, la commande peut être traitée différemment en carrière. Il est donc indispensable d'associer à la publication d'exploitations comme celles-ci la diffusion, tout en sachant que la recherche dans ce domaine reste encore lacunaire.

Le calcaire des Lens est un matériau recherché (voir p.46). Donc, contrairement à beaucoup de pierres ordinaires situées loin des voies de navigation, sa diffusion ne peut se résoudre à la simple définition d'une aire commerciale ayant comme centre l'affleurement et comme rayon l'équivalent en kilomètres d'une journée de transport par chariot. On se trouve ici face à une pierre qui, sans être ornementale, est néanmoins soumise à certaines influences de la mode. Etant traditionnellement perçue comme un succédané du marbre blanc (Ménard 1750: 583; Durant *et al.*

1853: 35), il est possible, sinon probable, qu'elle ait joué un rôle similaire durant l'Antiquité. Sa diffusion a donc pu subir une influence directe des circuits propres au produit original qu'elle était censée remplacer. C'est en partie sous cet angle qu'il faut essayer d'aborder ce problème, surtout pour les régions situées loin de l'affleurement. Cependant, cette roche reste une pierre de taille offrant, certes, un très large éventail de possibilités mais toujours soumise à certains impératifs de concurrence, notamment face aux variétés les plus fines des calcaires coquilliers. Bien que mineures dans le cadre de sa diffusion générale, il faut aussi considérer à part ses utilisations locales quelques kilomètres autour de l'affleurement. Du fait de la proximité de ces débouchés, la nature de ses emplois est nettement modifiée. Ce marché local semble prédominant durant les phases d'activités réduites, préromaines et médiévales.

Recherches sur la diffusion: méthodologie et moyens

La pierre des Lens, dans son ensemble, est aisément reconnaissable, à l'œil nu, par les personnes averties sans qu'il soit nécessaire de recourir à des analyses. Si quelques uns de ses microfaciès marginaux, de composition partiellement biodétritique, peuvent parfois poser quelques difficultés d'identification, son caractère dominant à oolithes fins serrés et réguliers est quasiment unique en Gaule méditerranéenne. Les erreurs d'identification à l'œil nu risquent donc d'apparaître essentiellement dans l'éventualité d'observations pratiquées par des chercheurs insuffisamment informés sur les caractéristiques exactes de ce calcaire.[1] Une autre possibilité de confusion dans les identifications visuelles directes peut survenir lorsque, s'éloignant trop franchement de la côte, le chercheur s'approche d'autres affleurements à structure fine, parfois plus ou moins oolithique.[2] Seuls des points de diffusion offrant des garanties sûres d'authenticité seront proposés ici.

Dans la majorité des cas, un simple examen des œuvres à la loupe suffit. Il faut choisir des emplacements où la pierre est propre et sans calcin, par exemple sur les faces de joint montant ou sur les lits de pose et d'attente. Les éléments provenant des carrières méridionales (fig. 4, groupe C), à structure biodétritique prédominante, n'ont été pris en compte que dans les environs immédiats du massif des Lens. Ces exploitations sont peu nombreuses et d'envergure très modeste. Elles ne représentent donc qu'un très faible pourcentage de la production totale, surtout durant l'Antiquité, et leur position géographique marginale les prédispose à une diffusion essentiellement locale.

Ainsi, au-delà d'un rayon de 20 km, le caractère oolithique franc et fin a été retenu comme un critère d'identification prépondérant. Les deux pierres tendres, la Figuière A4 et le Roquet B9, ont été traitées à part quant à leur diffusion car elles se distinguent bien à la fois de leurs voisines comme de la plupart des autres roches de la région. La recherche s'est bornée à repérer la présence et la nature des éléments en pierre des Lens: architecture monumentale, architecture privée, mosaïque, sculpture, cippe funéraire, objets cultuels, domestiques et artisanaux. Leur importance volumétrique globale a été évaluée sans tenter d'établir un inventaire exhaustif. Une telle entreprise devrait être conduite en collaboration avec divers spécialistes dans le cadre d'une étude pluridisciplinaire, à la fois architecturale, stylistique, géologique et technique. Ainsi pourraient être déterminés le type, la chronologie, le volume et les influences

---

1 L. Ménard a faussement reconnu ce matériau dans les murs du temple de Diane à Nîmes (1875: 70), alors que ces derniers sont construits, pour l'essentiel, dans le calcaire froid des carrières toutes proches de Canteduc ou de l'Ermitage (Bessac 1981a: 61). La pierre des Lens est aussi signalée à tort pour une statue préromaine découverte à Nîmes (Paillet 1992: 92) alors qu'elle est taillée en calcaire lacustre local (Bessac 1992c: 103-104).

2 C'est ce qui semble s'être produit à Lyon pour la pierre de dédicace de l'Amphithéâtre de Rufus faussement identifiée à celle des Lens. Voir J. Guey et A. Audin (1964: 38; Audin, Burnand 1975: 171). Un examen au microscope par H. Savay-Guerraz (1985: 160) prouve que ce bloc vient de Franclens en Haute-Savoie.

éventuelles de ces exportations. Cela permettrait aussi de réduire un peu les marges d'incertitude résultant de la voracité des fours à chaux, en particulier dans les lieux pauvres en calcaire.

Pour tenter une évaluation de l'importance des commandes à partir des vestiges archéologiques, souvent fragmentaires, la nature des éléments sert de guide. Un ensemble composé de nombreux petits autels votifs n'a pas la même signification commerciale et économique qu'un simple fragment de grand chapiteau à feuilles d'acanthe, lequel révèle généralement l'existence d'une série monumentale plus vaste. Il est indispensable de séparer la sculpture statuaire et en général les œuvres indépendantes en ronde-bosse des productions en bas-relief, voire en haut-relief intégrées à l'architecture; réalisées sur place, celles-ci sont indissociables du monument tant techniquement qu'esthétiquement. Les premières peuvent être éventuellement diffusées comme un produit fini à partir d'un centre de production parfois assez éloigné, tandis que les secondes impliquent soit l'activité d'un atelier local, soit le déplacement de spécialistes pour sculpter sur place la pierre brute de carrière. Les problèmes de diffusion sont donc bien différents dans chacune de ces deux situations. Par ailleurs, la plupart des œuvres médiévales en pierre des Lens, surtout lorsqu'elles sont éloignées de l'affleurement, sont des remplois d'éléments antiques (voir p.58) à prendre en compte comme tels. Il faut donc se résoudre à considérer cette recherche de diffusion comme une approche provisoire, surtout destinée à mieux comprendre le fonctionnement des exploitations de l'affleurement.

ANALYSE THÉMATIQUE DE LA DIFFUSION

L'architecture monumentale au premier rang des exportations éloignées

Par architecture monumentale, il faut entendre ici tous les grands éléments attestant des constructions importantes, ne pouvant guère s'intégrer dans des maisons privées. A l'exception de la tour hellénistique de Mauressip (fig. 23), tous les autres exemples sont constitués de pièces architectoniques ornées de modénature fine pour le moins et généralement couverts d'un décor sculpté souvent profondément fouillé. Les éléments d'architecture monumentale les plus souvent représentés sont les chapiteaux à feuille d'acanthe. Ils sont attestés aux deux extrémités de l'aire de diffusion: à Narbonne, ils proviennent de divers bâtiments non identifiés, et à Nice tous étaient employés dans les thermes de Cimiez (Mazeran 1992: 61; *id.* 1993: 298). La situation est identique à Fréjus où se trouvent divers chapiteaux comparables (Bessac 1986a: 162, note 3). Dans ces deux villes, ce matériau est représenté seulement par cette catégorie architecturale. Parfois ceux-ci accompagnent d'autres éléments architecturaux ou sculpturaux en pierre des Lens, notamment à Arles, Narbonne, Murviel-les-Montpellier et naturellement à Nîmes. De façon plus marginale, il faut classer dans ce lot un élément architectonique sculpté d'un bas-relief provenant d'un mausolée édifié à Pourrières (Var) et conservé au musée de la Vieille Charité à Marseille.

L'absence de témoin ne permet pas d'envisager la présence dans les carrières des Lens d'ateliers spécialisés dans la préfabrication en série de chapiteaux finis ou semi-finis, à l'image de ceux, souvent plus tardifs, qui ont été produits en Méditerranée orientale (Herrmann, Sodini 1977: 471-511; Asgari 1990: 119-123). Au contraire, les seuls chapiteaux connus dans l'affleurement ou à proximité ont été abandonnés à un stade très élémentaire de l'ébauche, exclusivement destiné à les alléger avant leur transport (fig. 28 et fig. 64). Toutefois, rien n'empêche de penser à une taille d'ébauche plus poussée, prise en charge quelque part entre les carrières et leur lieu d'embarquement, dans des ateliers nîmois par exemple. Mais, même si toute une branche des exportations lointaines, comme celles qui étaient destinées à Fréjus et surtout à Nice, est orientée uniquement sur cet article, ce qui invite à supposer l'existence de productions en série, on peut ainsi concevoir une commande indépendante passée par l'entreprise de construction, au même titre que le reste des composants architecturaux. En raison de leur autonomie architectonique et de leur décoration, souvent très élaborée, les chapiteaux peuvent être traités dans le cadre d'un marché spécifique faisant appel à un matériau différent à la fois du fût de colonne et de l'architrave.[3] Mais, toutes les roches du littoral de la Côte d'Azur sont particulièrement réfractaires à la taille d'ornements et de décors fins et fouillés comme les feuilles d'acanthe. Pour de telles œuvres, il faut donc obligatoirement importer du marbre de *Luna* ou son succédané régional, le calcaire des Lens qui, en dépit de son éloignement, reste la pierre sculpturale la plus proche.

Une telle sélection architecturale des roches, en fonction de leurs propriétés, ne doit pas surprendre à plusieurs centaines de kilomètres de l'affleurement. Malgré une situation géographique et géologique différente, une répartition analogue transparaît parfois aussi dans certaines réalisations nîmoises. C'est le cas, notamment, sur l'une des entrées du rempart de cette ville, la Porte d'Auguste, où l'essentiel du moyen et du grand appareil est taillé en pierres dures et froides locales venant de moins de 10 km; seuls des chapiteaux et quelques sculptures architectoniques sont en calcaire des Lens (Bessac 1981a: 64; *id.* 1987a: 32-35). Les Romains préfèrent passer davantage de temps à tailler une pierre dure locale ou facile à se procurer par voie fluviale ou maritime, que de recourir à des transports terrestres très onéreux. Les commandes de pierre des Lens pour des chapiteaux, pièces prestigieuses s'il en est, justifiant de grosses dépenses, doivent être interprétées à part du reste.

Les découvertes des bases tournées de Vic et Combas (fig. 24) prouvent une activité précoce de tournage, peut-être en série, dans l'affleurement. Pourtant, les bases de colonnes en pierre des Lens sont vraiment rarissimes dans le matériel lapidaire. Faiblement représentées dans les exportations de ce calcaire au-delà de Nîmes, les colonnes ne sont guère attestées qu'à Murviel-les-Montpellier dans les vestiges d'un monument public de la fin du Ier s. av. n.è. (Nickels *et al.* 1988: 255) par des fragments de cannelures révélant des tambours de fort diamètre. Des tambours de colonne de grand diamètre, 1,10 m environ, sommairement ébauchés, ont été mis au jour tant dans la carrière de Mathieu (fig. 34) que dans celle de Bone (Bessac 1981a: 65) ou de Ritter. Les colonnes cannelées de la Maison Carrée de Nîmes ont un diamètre inférieur à 0,90 m. Il n'est guère connu que quelques rares petits fragments de cannelure issus des diverses fouilles de sauvetage dans cette ville. Doit-on attribuer cette rareté à l'importance des remplois et à l'activité des fours à chaux? C'est possible, mais c'est étonnant. En revanche, le caractère très exceptionnel des commandes de colonnes romaines à fût lisse en calcaire des Lens est tout à fait compréhensible: de telles pièces peuvent être réalisées à meilleur compte dans diverses sortes de pierres, y compris les plus dures, comme le porphyre de l'Estérel.

L'architecture publique a également fait appel à la pierre des Lens pour les longs monolithes d'entablement: linteaux, architraves, corniches, dont la Maison Carrée reste le meilleur exemple (Amy, Gros 1979). Il s'agit de pièces comportant toujours de fins ornements, y compris sur les blocs les plus dépouillés de l'architecture classique comme les architraves. Lorsque celles-ci sont taillées dans ce matériau, elles comportent habituellement des séries de perles et pirouettes entre chaque fasce et des rais-de-cœur ou des oves sur leur cimaise. Hors de Nîmes, on trouve de tels éléments à Beaucaire (fig. **31**) (Bessac *et al.* 1987: 18-19), à Arles et à Narbonne (Janon 1986). Dans l'architecture romaine de la région, il est important de souligner que des décors aussi fins et fouillés que les perles et pirouettes se rencontrent principalement sur des monuments en marbre statuaire et en pierre des Lens; ils sont plutôt rares sur les autre pierres. Cette catégorie de décors s'avère parmi les plus délicats à réaliser du fait de la finesse des

---

3 Sur la Côte d'Azur, dans la région de Nice et de Fréjus, les constructeurs trouvent toujours en bord de mer des matériaux comme le porphyre de l'Estérel, voire les granits de Corse (Arrighi, Giorgetti 1991: 61-62) pour tailler des fûts de colonne lisses. La confection des éléments en grand appareil est réalisable avec des grès locaux comme certaines variétés de Fréjus ou bien des calcaires froids tels ceux de la Turbie.

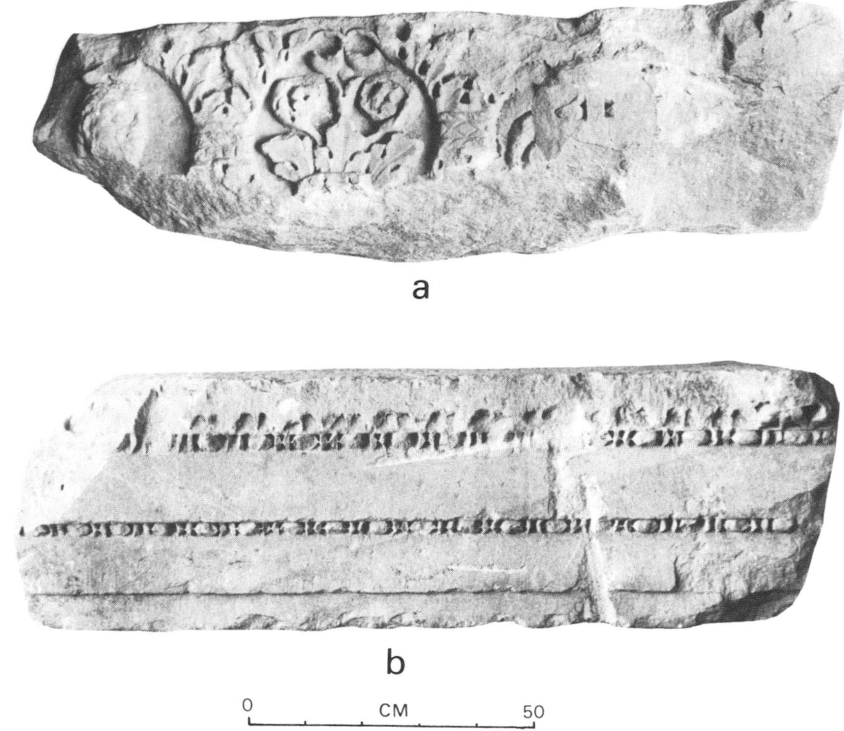

Fig. 31 Frise et architrave provenant du lit du Rhône et conservées au Musée de Beaucaire (Gard).

motifs et, par conséquent, de leur grande fragilité.[4] Aucune des autres roches disponibles entre Nice et Narbonne ne permet de semblables réalisations sans un fort pourcentage de cassures.

Nîmes mis à part, Narbonne se distingue par la quantité et la diversité de son approvisionnement dans ce matériau fin. L'abondance de ces témoins lapidaires dans cette ville est-elle due à son importance politique et économique à la tête de la province romaine de Narbonnaise, ou bien résulte-t-elle des hasards de la conservation de la grande majorité de ces blocs, réutilisés tour à tour dans l'enceinte du Bas Empire puis dans le rempart moderne (Gayraud 1981: 286-287)? On ne le sait précisément; ces deux facteurs jouent peut-être dans le même sens. Aussitôt après Narbonne, vient Arles dont les vestiges d'entablement conservés dans les cryptoportiques proviennent d'un bâtiment comparable à la Maison Carrée de Nîmes, mais ses colonnes, chapiteaux compris, et ses murs ont probablement été taillés dans un autre matériau que la pierre des Lens.

Beaucaire semble se situer en troisième position avec des témoins d'un grand monument, peut-être funéraire, édifié à proximité de l'actuel barrage de Vallabrègues (Bessac *et al.* 1987: 18-19). Le module des deux grands monolithes conservés: un bloc décoré d'une frise de rinceaux (fig. 31 a) et une architrave (fig. 31 b), permet d'imaginer un monument très important. L'édifice de Murviel-les-Montpellier comportait de grands chapiteaux et des colonnes cannelées en pierre des Lens, mais ses structures supérieures (architrave, frise, corniche) étaient constituées d'autres roches. En se fiant toujours au volume des vestiges monumentaux, au-delà de ces quatre premiers points, on trouve Nice, Fréjus et Béziers, sans pouvoir vraiment déterminer dans quel ordre il faut les classer. Marseille se distingue par la quasi-absence de cette pierre dans ses œuvres antiques, il est vrai, souvent préromaines. Faut-il considérer cette amorce de classement comme

---

4 Seuls quelques calcaires coquilliers, parmi les variétés les plus fines de la rive gauche du Rhône, autorisent la taille de tels décors comme ceux visibles sur l'arc d'Orange (Amy *et al.* 1962: 150, fig. 56), sur l'astragale de certaines colonnes de *Glanum* (Gros 1973: 171-172), et sur les pilastres du Pont Flavien à Saint-Chamas (B. du Rh.) (Roth-Congès 1982: 39, fig. 17). Mais ces ornements ne sont pas aussi nets et fouillés que ceux en marbre ou en pierre des Lens.

reflétant réellement l'importance des volumes de pierre des Lens importés pour les grands monuments? A part la place incontestable de Nîmes et, aussitôt après, celle de Narbonne et Arles, peut-être suivie de Beaucaire mais assez loin derrière, le reste du classement est probablement faussé par les hasards de la conservation des vestiges monumentaux. Il faudrait aussi prendre en compte, notamment pour Saint-Gilles (fig. 15), des œuvres médiévales très probablement sculptées à partir de grands blocs antiques récupérés dans cette ville ou à proximité immédiate (agglomération gallo-romaine d'Espeyran).

L'ornementation dans la construction commune: une diffusion modeste

Cette catégorie d'œuvres inclut essentiellement des petites productions architectoniques à l'échelle des maisons privées: chapiteaux, fûts monolithes de petites colonnes, bases. Les vestiges les plus éloignés de ce groupe apparaissent près de Beaucaire où ils sont matérialisés par un petit chapiteau ionique à balustre découvert au bord du Rhône sur la route de Fourques (Bessac *et al.* 1987: 7-8). Tous les autres témoins de ce type ont été découverts à Nîmes au cours de diverses fouilles urbaines, pour la plupart encore inédites.

Hors de Nîmes et Beaucaire, les vestiges d'ornementation en pierre des Lens dans la construction commune sont cantonnés principalement dans un rayon de quelques kilomètres autour de l'affleurement. Pour la plupart, ils proviennent des établissements gallo-romains installés dans la plaine et sur les anciens *oppida* tout autour du massif. L'exemple le plus représentatif de cet emploi architectural de proximité est certainement celui de la *domus,* de Brienne à Brignon *(Briginno)* dans le Gard (Souq 1991: 49). Là, se trouvent des bases, des petits chapiteaux mais aussi, provenant de la confection de ces œuvres, des déchets de taille remployés dans le radier en hérisson d'un pavement en *opus signinum* à plaquettes irrégulières du tout début du Haut Empire. Ceci confirme que les éléments d'architecture, même modestes et exportés sur de courtes distances, ici 10 km, partaient de la carrière à peine ébauchés, voire bruts d'extraction pour les petites pièces.

Mosaïque: une utilisation ornementale économiquement dérisoire

Faute de recherches systématiques, ce n'est qu'un très rapide aperçu de cet aspect de la diffusion de ce calcaire qui est proposé. Sa présence a été reconnue au moins en trois points: à Nîmes, sur l'*oppidum* de Brienne à Brignon (Gard), et à Loupian (Hérault). Il a certainement été utilisé de cette manière sur beaucoup d'autres sites de la région: quelques kilogrammes de tesselles suffisent largement pour confectionner une partie du décor d'une mosaïque. La dureté de la pierre des Lens constitue la limite inférieure extrême à respecter pour un usage en sol. Seul son intérêt chromatique a dû justifier un tel emploi. En jouant sur les contrastes avec d'autres roches claires, sa blancheur tout à fait neutre permet d'élargir la palette des blancs. C'est ainsi qu'elle apparaît en particulier sur une mosaïque du Musée archéologique de Nîmes. Ces tesselles de pierre des Lens sont employées pour nuancer les couleurs entre du marbre blanc très légèrement bleuté et du calcaire de la carrière locale de Canteduc d'une teinte blanche plus chaude, proche du beige.

Sculpture: une origine protohistorique mais un net essor au Ier siècle

L'aire de diffusion des sculptures en pierre des Lens doit être présentée selon deux grandes phases chronologiquement bien distinctes: la période protohistorique et la période romaine. Seule une œuvre originaire de Nîmes et réalisée en pierre des Lens est bien datée entre le IVe et le IIIe s. av. n.è.; pour les autres, il semble admis qu'aucune d'entre elles n'est postérieure à la fin du IIe s. av. n.è. (Lassalle 1981: 226-228). Deux ont été trouvées à Nîmes: le Guerrier de Grézan et le Torse de la Tour Magne (*id.* 1981: 226-228); deux autres proviennent de la vallée du

Gardon à Russan/Sainte-Anastasie (Arcelin *et al.* 1992: 233, n° 42). Leur éloignement de l'affleurement se situe donc entre 15 et 25 km. D'autres pierres locales ou régionales sont utilisées pour tailler des sculptures protohistoriques (Bessac 1981b: 231-233; *id.* 1992c: 103-104). Ces œuvres primitives sont massives; la pierre des Lens n'est pas vraiment indispensable et elle subit alors une certaine concurrence.

L'introduction et surtout la généralisation des techniques romaines amplifient très sensiblement la quantité, la qualité et la finesse des productions statuaires de la région. A Nîmes, tout ce qui ne peut être sculpté dans du marbre fait appel à la pierre des Lens, à l'exclusion de toute autre roche. Ainsi, les sculpteurs romains n'hésitent pas à s'affranchir des contraintes communes de solidité en détachant les membres de certaines de leurs œuvres. A Beaucaire, 50 km à l'est de l'affleurement, la sculpture suit le même chemin qu'à Nîmes et la concurrence des calcaires coquilliers des deux rives du Rhône demeure quasiment privée d'effets dans ce domaine (Bessac *et al.* 1987: 8, fig. 99). Sur la route de Nîmes à Arles, près de Bellegarde, la découverte d'un fragment de statue montre que sa diffusion sous la forme de sculptures ne se limitait pas au seul axe de la voie Domitienne (*id.* 1987: 108). La ville d'Arles devait aussi constituer un débouché important. Une situation analogue à celle de Beaucaire se retrouve sur le site de Murviel-les-Montpellier où les pièces sculptées sont en pierre des Lens ou en marbre blanc statuaire (observations inédites). A Sommières, 15 km au sud-ouest du massif, E. Espérandieu signale une statue grandeur nature (1910: 446, n° 2709). Côté nord-est, notons deux fragments de statues découverts sur l'*oppidum* de Gaujac (Charmasson 1993: 44, fig. 40). Pour les travaux fins de taille de pierre, les constructeurs disposent, à 3 ou 4 km, d'un excellent calcaire, presque aussi bon que celui des Lens. Il n'a pas été utilisé pour les statues faute de sculpteurs expérimentés sur place; ces œuvres ont été commandées très probablement à des ateliers nîmois.

En dehors de ces sept points de découverte autour de Nîmes, les recherches n'ont pas fourni d'autres repères dans la proche région. C'est principalement autour de l'axe routier de la voie Domitienne que s'organise la diffusion de ces sculptures, Nîmes étant au centre, Beaucaire et Murviel-les-Montpellier aux extrémités orientale et occidentale, et Gaujac en marge à la pointe nord. L'intervention d'un atelier nîmois semble envisageable pour ces deux sites; toutefois, avant de confirmer une telle hypothèse la recherche devra être affinée, notamment dans l'approche stylistique et technique.

Dans le domaine de la sculpture, comme dans celui de la construction monumentale, les grandes villes doivent être traitées à part. Ainsi, Arles occupe une place à la fois importante et délicate à apprécier vis-à-vis de Nîmes. Outre les œuvres en marbre et en calcaire coquillier fin local, sont conservées dans les Musées d'Arles diverses productions statuaires en calcaire des Lens dont les dimensions varient depuis la demi-nature jusqu'aux réalisations colossales. Le nombre et la variété de ces statues sont presque aussi importants qu'à Nîmes mais, considérés en proportion de l'ensemble des sculptures d'Arles, ils demeurent moins représentatifs. Reste que cette importance relative d'Arles introduit la question de la localisation des ateliers de sculpteurs travaillant la pierre des Lens. Est-ce Nîmes qui détient le monopole de cette sculpture ou bien faut-il penser que les officines d'Arles, outre le façonnage du marbre et de certains calcaires coquilliers fins locaux, importent cette pierre brute afin de la sculpter selon la demande de leurs propres clients? Si la deuxième hypothèse était avérée, cela devrait se traduire par un certain rayonnement des œuvres en pierre des Lens autour d'Arles sur la rive gauche du Rhône, à l'instar de ce qui se passe autour de Nîmes. Ce n'est apparemment pas le cas; mais peut-être faudrait-il d'abord approfondir et élargir l'enquête avant d'admettre cette hypothèse.

Le cas de Béziers est un peu différent. Dans cette ville, proportionnellement à son importance antique, les travaux urbains mettent au jour presque autant de sculptures en pierre des Lens qu'à Arles, y compris des œuvres de format colossal. En contrepartie, les productions en marbre sont sensiblement plus rares et les éléments d'architecture ornés en calcaire des Lens sont pratiquement inexistants. Aucun indice n'intercède en faveur d'une importation de blocs bruts de ce matériau. Par conséquent, il y a lieu de penser que l'essentiel de la production sculpturale est importée déjà terminée et non réalisée sur place. La question posée ici se limite à la recherche des ateliers de sculpteurs: Nîmes? Arles? ou bien Narbonne? Suite aux hypothèses proposées plus haut, peu favorables à Arles, c'est à Nîmes et à Narbonne qu'il faudra chercher l'origine de ces importations.

Autels funéraires: un cas d'espèce

L'emploi de la pierre des Lens pour la confection d'autels funéraires est uniquement connu par la découverte d'un exemplaire à Beaucaire (Bessac *et al.* 1987: 21-22). Taillé dans un bloc assez volumineux de section carrée de 0,72 m de côté et de 1,215 m de haut, cet autel pose un problème. Contrairement aux autres œuvres taillées dans ce matériau, il est totalement dépourvu d'ornements et sa modénature est très dépouillée. Par ailleurs, une veine de calcite dure le traverse en diagonale sur le côté, constituant un défaut. Le rapprochement de cet emploi peu commun de la pierre des Lens avec ce défaut permet de proposer l'hypothèse suivante: en raison de son imperfection très visible, ce bloc a été taillé sans ornements et de façon assez rustique, à la manière d'un calcaire coquillier local, probablement par un artisan habitué à la production d'œuvres assez rudimentaires. Beaucaire étant le port fluvial antique le mieux placé pour assurer l'embarquement de produits venant de Nîmes, cette pierre a vraisemblablement été refusée puis déclassée, avant d'être vendu à un artisan de la ville.

Hormis cet exemple particulier sans décor, on peut s'étonner de l'absence d'autels funéraires à rinceaux taillés dans la pierre des Lens. Réalisés en roches dures, il en existe d'assez grandes séries, principalement réparties dans la région de Nîmes mais ne franchissant le Rhône qu'exceptionnellement (Sauron 1983: 59-109 et fig. 1). A proximité du Bois des Lens, dans un rayon de moins de 10 km, on en connaît trois: le premier à Brignon, le second à Sinsans (Sauron 1983: 101), le troisième à Combas (découverte inédite de R. Bonnaud). Tous, y compris ces trois derniers, sont taillés dans des pierres dures ou froides provenant des affleurements de Nîmes et de Beaucaire pour l'essentiel. Pourquoi la pierre des Lens est-elle écartée de cette production? Elle conviendrait pourtant parfaitement bien pour cela, d'autant que les motifs utilisés s'inspirent très fréquemment de sources communes aux rinceaux de la frise de la Maison Carrée réalisés dans ce calcaire (Sauron 1983: 62).

Deux hypothèses viennent à l'esprit: soit la clientèle exigeait uniquement des pierres dures et froides pour ces réalisations funéraires, soit il existait des ateliers nîmois spécialisés dans cette production avec des sortes de filiales dans des centres importants comme Beaucaire. La première solution paraît peu plausible: les Romains savaient que la pierre des Lens est aussi durable que les calcaires durs et froids de Nîmes; en outre, elle jouissait du prestige procuré par son emploi précoce et ostentatoire dans la Maison Carrée. En revanche, l'organisation de la taille et les problèmes de diffusion apportent un élément de réponse à cette sorte de monopole des pierres dures de Nîmes pour les autels funéraires. Ce sont là des éléments monolithes assez volumineux donc lourds et la demande la plus importante vient essentiellement du centre urbain de Nîmes (Sauron 1983: 65, fig. 1). Dans le Bois des Lens, comme aux carrières romaines de Barutel et de Roquemaillère, jamais des vestiges abandonnés à un stade avancé du travail n'ont été signalés. Ainsi, à l'exception de l'ébauche réalisée en carrière et peut-être de certaines fabrications précoces de bases tournées, il semblerait qu'en région nîmoise la taille et la sculpture définitive n'aient pas été pratiquées, à l'époque romaine, sur les lieux d'extraction. Par conséquent, ces ateliers funéraires ne pouvaient être installés qu'à proximité des nécropoles urbaines comme cela se voit encore aujourd'hui. Cette situation de proximité d'emploi limite considérablement les risques de détérioration des fins ornements au cours d'un transport. Si l'on tient compte du rapport qualité/prix du matériau et de son transport, la roche dure locale de Nîmes convenait certainement mieux pour la confection des œuvres funéraires lourdes. Un client habitant dans un établissement romain installé près des carrières des Lens, qui aurait voulu à tout prix cette roche pour son autel funéraire, aurait donc dû payer deux fois le transport: à l'aller pour la pierre brute entre l'affleurement et Nîmes, et au retour jusqu'à son domicile, une fois le cippe fini.

Objets votifs: une production marginale liée aux pratiques cultuelles

Les petits autels votifs et autres objets cultuels en pierre, voire certaines sculptures très frustes, comme la statuette du dieu Télesphore (fig. 18), sont quasiment les seules pièces réalisées en carrière ou à leur proximité immédiate. L'ébauche d'un autel votif mis au jour dans l'habitat romain de la carrière de Mathieu témoigne de cette fabrication annexe en carrière (fig.161a). La découverte de nombreux petits autels en calcaire des Lens, à l'exclusion de toute autre pierre, sur le sanctuaire de Mabousquet, conforte cette hypothèse de fabrication locale. Beaucoup de ces autels sont taillés "à l'œil", c'est-à-dire sans instruments de mesure et de contrôle, et leur modénature est souvent de forme peu canonique. Il s'agit là d'œuvres de carriers et non de *marmorari* expérimentés. Il est possible aussi de voir dans ces modestes pièces la production de petits artisans, peut-être même occasionnels pour certains, s'approvisionnant en pierre dans les déchets de carrière et écoulant ces objets auprès de la population locale. Cette hypothèse peut être complémentaire de la précédente, soit que les carriers pratiquent eux-mêmes cet artisanat en marge de leur production architecturale à grande échelle, soit qu'ils préparent, en les épannelant en carrière, des petits autels destinés à être terminés par d'autres.

C'est donc dans ce cadre-là qu'il faut essayer d'interpréter la diffusion de ces petites œuvres cultuelles. On ne connaît pas de petits autels votifs en pierre des Lens provenant de Nîmes; tous ceux qui ont été jusqu'à présent découverts dans cette agglomération et ses abords immédiats sont en calcaire de Barutel. Bien que révélant un travail assez négligé et annexe, ils paraissent davantage réalisés par des professionnels capables de produire des éléments d'architecture ou des grands cippes, plutôt que par des artisans occasionnels (Bessac 1978: 187). En contrepartie, à 25 km de l'affleurement, sur l'*oppidum* d'*Ambrussum*, pourtant dépourvu d'éléments d'architecture en pierre des Lens, les autels votifs taillés dans ce matériau représentent environ un quart de cette catégorie d'objets (Bessac 1978: 183-187). Plus exceptionnellement, on en découvre plus loin: un exemplaire inédit vient de Lattes, soit à environ 50 km. Autour du Bois des Lens plusieurs spécimens ont été découverts, notamment sur les communes de Moulézan, Clairan, Vic et Combas; donc, la diffusion locale prédomine nettement. La dispersion des exemplaires découverts au-delà des environs immédiats de l'affleurement découle davantage d'une diffusion cultuelle liée aux déplacements de pèlerins vers des sanctuaires spécifiques ou bénéficiant d'un certain renom que d'une activité commerciale de ces objets. Vis-à-vis de la production architecturale, ces derniers ne représentent qu'un débouché franchement dérisoire, peut-être seulement limité au troc entre carriers et indigènes autour des exploitations romaines. Il faut imaginer le pèlerin achetant son autel chez lui ou à proximité pour l'offrir, parfois assez loin, à la divinité qu'il souhaite honorer.[5] Souvent d'un poids inférieur à 10 kg, leur transport est très aisé.

Eléments domestiques et artisanaux: une diffusion locale et tardive

Cette dernière catégorie de production des carrières des Lens s'avère essentiellement médiévale. Elle comprend surtout des récipients cylindriques ou ovoïdes, plus rarement quadrangulaires, surtout destinés au stockage alimentaire (fig. 25c et 27). Les rares seuils en pierre des Lens, souvent assez frustes, découverts dans les maisons situées à proximité immédiate de l'affleurement, ont été classés dans les éléments domestiques ne pouvant être assimilés au groupe des pièces architecturales ornées. Quant aux récipients en pierre des Lens, il est fort improbable qu'on en ait confectionné beaucoup durant l'Antiquité. Leur diffusion est médiévale et limitée aux villages environnants, surtout vers le sud du massif. Quant aux moulins à sel (fig. 16), leur fabrication est exclusivement d'époque moderne.

---

5 Usage confirmé par plusieurs études touchant aux pratiques cultuelles et à la diffusion des offrandes, surtout en milieu indigène (Bessac, Bouloumié 1985: 168; Goudineau 1991: 250-256; Bessac 1992c: 110).

Fig. 33 Chemin à ornières réputé romain joignant les grandes carrières des Lens à la plaine de Fons-outre-Gardon en direction de Nîmes.

LE TRANSPORT

Les voies terrestres: diverses possibilités

Connaissant le point de départ des pierres, leur destination et quelques jalons entre les deux, il est permis de proposer plusieurs hypothèses sur leur cheminement à terre et sur l'eau (fig. **32**). La plupart des chemins traditionnels empruntent la ligne de crête et le méplat du plateau pour la circulation nord-sud et souvent les vallons pour les déplacements d'ouest en est (fig. 4). Seul le transport par chariot a été utilisé; par conséquent, de tels chemins ont dû être obligatoirement aménagés pour desservir les carrières romaines. Parmi eux, il en est un, déjà abandonné au XVIIIe s., que les habitués du Bois des Lens considèrent comme le principal chemin romain qui desservait les carrières de Mathieu A1, de Bone A2, de Ritter A3, d'Héral-Nègre A6 et du Vissaou du Courpatas A7. Jonction directe entre la ligne sommitale des collines et la plaine de Fons, il est implanté partout sur le substrat rocheux. Par endroit, deux ornières larges de 16 à 25 cm et profondes de 9 à 23 cm apparaissent (fig. **33**). Leur espacement varie selon les secteurs de 138 à 142 cm d'axe en axe ou de 117 à 122 cm, mesuré entre les bords intérieurs.[7] Vu l'irrégularité de ces mesures et l'incertitude des chiffres parfois proposés pour des datations, il est plus prudent de laisser en suspens la question chronologique.

D'autres chemins romains ont été obligatoirement créés dans le centre et le sud du massif et ont dû être intégrés ensuite au sein du réseau traditionnel. Notons surtout l'axe majeur nord-sud constitué par le chemin de Boucoiran qui joint les vallées du Gardon et du Vidourle (Parodi *et al.* 1987: 11, fig. 2). Ce dernier et probablement quelques autres desservant les carrières d'origine préromaine de La Figuière A4 et du Roquet B9 ont dû être créés antérieurement au réseau romain. En règle générale, bien que moins lourdes que les blocs du Haut Empire, la plupart des pierres extraites durant la fin de la Protohistoire n'ont pu être transportées par les animaux de bât.

Si l'on étudie les possibilités de raccordement de ces chemins au réseau des voies romaines en pays Volque proposé par G. Charvet (1873: 81-239), rectifié et complété par P. A. Clément (1989b: 137-188), la liaison Nîmes-Anduze se révèle la mieux appropriée. Utilisée essentielle-

---

7 Cette dernière mesure est considérée comme plus importante par certains spécialistes car elle correspond à l'espacement intérieur des roues (Girault 1986: 92; *id.* 1992: 170). Mais la grande majorité des datations proposées reposent toujours sur l'écartement d'axe en axe des ornières, soit 1,30 m pour l'Antiquité et 1,45 m pour le Moyen Age selon certains (Chevallier 1972: 97). D'autres, comme A. Grenier (1934-II: 375-377) donnent trois séries de mesures pour la seule Antiquité: 1,1/1,2 m, 1,35/1,45 m et 1,55/1,65 m; enfin, plusieurs archéologues s'accordent pour retenir un entre-axe de 1,45 m pour les ornières du Haut Empire dans le Midi (Igolen 1938: LVI; Ambard *et al.* 1972: 38-39 et fig. 7; Fiches 1980: 140; Genty, Roux 1982: 213). Mais certains trouvent illusoire de croire qu'une largeur précise des espacements des roues des véhicules correspond à une époque donnée (Fustier 1968: 45 et note 18; Girault 1986: 99; *id.*: 167-177).

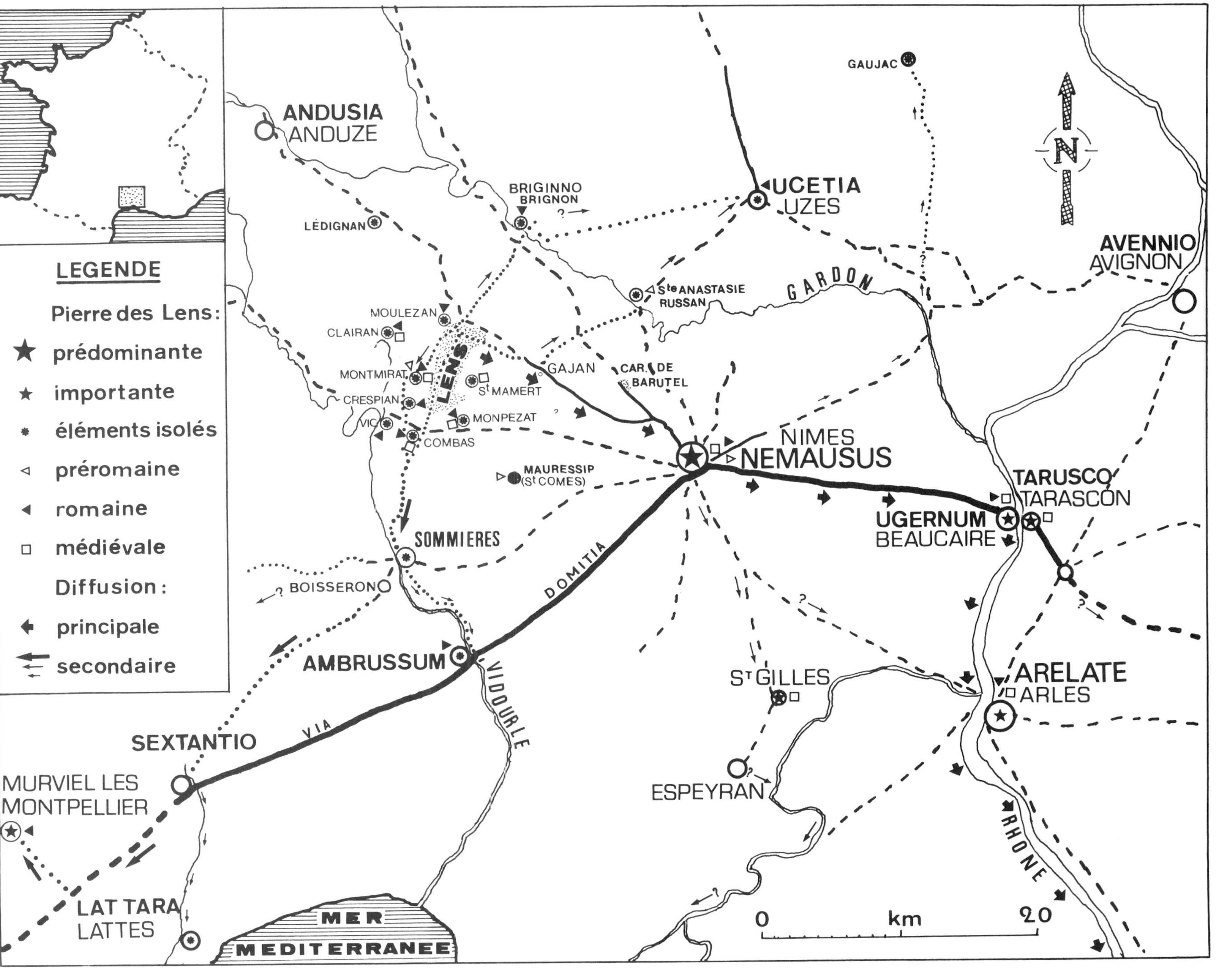

Fig. 32 Carte des principaux axes de diffusion de la pierre des Lens

ment vers Nîmes, le Rhône et la mer Méditerranée, elle passait à proximité des villages actuels de Gajan, Fons, Montagnac, pour joindre Anduze (Charvet 1873: 182; Clément 1989b: 163). Côté Nîmes, l'entrée dans les murs de la ville romaine correspondait à la Porte Cancière (Bondurant 1921: 12-13; Benoît 1981: 74), ou, plus probablement, à la porte nord du Cadereau (Varène 1987: 19).

En admettant l'exactitude de ce trajet, il serait possible d'envisager une jonction des chemins de carrière avec cette voie dans le creux de la plaine de Fons. Mais une telle voie secondaire pouvait-elle être très différente des chemins desservant les carrières des Lens? Ce n'est pas sûr, et il est tentant de proposer une hypothèse qui ferait du principal chemin de carrière d'ouest en est "le chemin romain", un tronçon de cette voie entre les villages actuels de Montagnac et de Fons. En montant au-delà du col situé entre les collines de Mounier et du Vissaou du Courpatas, le chemin de Boucoiran permet, en bifurquant un peu à l'ouest, de joindre Montagnac et plus loin Anduze. Dans le cadre d'une telle hypothèse, les carrières de Mathieu A1, de Bone A2, de Ritter A3 et de La Figuière A4, se seraient trouvées en bordure de la voie (fig. 4).[8]

Des carrières jusqu'à Nîmes, aucune difficulté particulière ne se présente. A 4 km des murs de la ville, dans le quartier de Villeverde, cette voie devait se joindre à celle venant de Gergovie via Alès (Charvet 1873: 153). Cette dernière voie, dite "Régordane" (Girault 1986), desservait, par l'intermédiaire d'une bretelle, la carrière romaine de Barutel, 5 km en amont de sa jonction. Après cette liaison, une longue pente permettait d'acheminer les chargements, en direction de la porte nord du Cadereau. Ce n'était alors qu'une suite de chantiers d'extraction antiques: Roquemaillère haute, Canteduc, l'Ermitage, dont la production était écoulée par cette même voie encore dénommée dans ce secteur "chemin des Carrières". Pour les chargements se dirigeant vers un port d'embarquement, le chemin le plus simple consiste à emprunter l'une des rues parallèles au *cardo* de l'ouest de la ville tel que le restitue le tracé rouge proposé par J. Benoit (1981: plan h.t.), à moins d'envisager une circulation oblique dans la zone d'incertitude matérialisée par la rivière saisonnière du Cadereau (*id.* 1981: 84).[9] Une importante voie de circulation longeant le rempart *extra muros* a été identifiée près de l'amphithéâtre (Fiches, Py 1981: 135). Les charrois lourds et encombrants pouvaient donc sortir de la ville à cet endroit, longer ses murs jusqu'en face la porte d'Arles et s'engager sur la voie Domitienne.

Beaucaire étant le principal port d'embarquement connu de la pierre des Lens, l'essentiel des convois prenait donc la voie Domitienne. Les découvertes et les réflexions archéologiques sur cet itinéraire sont aujourd'hui suffisamment publiées pour qu'on se dispense d'une longue description.[9] Le Rhône peut être franchi à l'aide d'un bac, ainsi les convois de pierres auraient pu poursuivre leur route terrestre par la voie Aurélienne. Cependant, une telle éventualité reste assez improbable, malgré l'étonnante exception constituée, par le bloc du mausolée de Pourrières au-delà d'Aix-en-Provence (voir *infra*). Aucun autre indice d'importance ne venant à l'appui d'une poursuite terrestre de ces convois, il est donc plus réaliste d'envisager un embarquement des pierres à Beaucaire. Un autre trajet pouvait être emprunté entre Nîmes et Arles (Charvet 1873: 100). Toutefois, l'aménagement de cette voie passant par Bellegarde pour joindre Trinquetaille sur le Rhône en face d'Arles est postérieur au tronçon Nîmes-Beaucaire (Fiches 1985: 139). Donc ce changement éventuel de trajet intervient trop tardivement, à une période de déclin des

---

7 Une telle situation est fréquente; les chantiers romains d'extraction de Roquemaillère, quartier de Villeverde, se trouvaient en bordure de l'antique voie dite "Régordane" (Girault 1990: 93) comme les carrières antiques de Beaucaire et la voie Domitienne avant leur destruction (Bessac 1981a: 60-61; Monguillan 1985: 30).

8 Plus au sud, là où le ruisseau du Cadereau sort des murs, existe un redan du rempart qui posait un problème d'urbanisme (Benoît 1981: 74) résolu par M. Monteil (1992: 114) qui a découvert là une porte (Célié *et al.* 1994: 394-395).

9 Voir les écrits de G. Denizot (1958: 91-102), J.-L. Fiches (1985: 136-137; Fiches *et al.* 1987: 69-74); P.-A. Clément et A. Peyre (1991: 35-52).

exportations de pierre des Lens; de toutes façons il n'aurait permis d'économiser qu'un transbordement en empruntant le pont de bateaux entre Trinquetaille et Arles (Grenier 1958, III: 170).

L'emprunt de la voie romaine entre Nîmes et Avignon, via Remoulins (Fiches 1985b: 139-141), est envisageable en supposant la rivière du Gardon rendue navigable pour des barges à fond plat en aval du Pont du Gard (Bessac 1992b: 420-426). Mais, les 3 à 4 km ainsi gagnés n'auraient guère compensé la perte de temps et d'énergie due aux transbordements, notamment à Beaucaire où une barre rocheuse entravait la navigation (Fiches *et al.* 1987: 23-24). Cette hypothèse doit donc être écartée. Il pourrait en être autrement de l'axe ancien entre Nîmes et le littoral qui aboutit au comptoir antique d'Espeyran près de Saint-Gilles (Fiches 1985: 135). Cette ville reliée à la mer par le Petit Rhône, a fonctionné comme port dès la Protohistoire (Py 1990: 112) et son activité portuaire antique a été relayée au haut Moyen Age par celle de Saint-Gilles (Girault 1986: 110). La distance entre Espeyran et Nîmes est presque égale à celle séparant cette dernière ville et Beaucaire; le Petit Rhône permet de gagner 25 à 30 km de navigation fluviale pour les destinations occidentales. La présence de grandes statues en calcaire des Lens dans le portail de l'abbatiale de cette ville conforte l'hypothèse de cet itinéraire, bien que l'on ne puisse totalement exclure l'éventualité de récupérations de pierres antiques, non sur place ou à Espeyran, mais en amont sur le Rhône, à Arles ou Beaucaire.

Au-delà de 50 à 60 km de parcours en chariot, les éventualités de diffusion par voie terrestre de la pierre des Lens paraissent très hypothétiques. Un tel transport sur la rive gauche du Rhône vers la Côte d'Azur par la voie Aurélienne, semble *a priori* totalement absurde en raison des facilités offertes par le trafic maritime. Toutefois, l'identification de ce matériau sur le seul élément qui nous soit parvenu du mausolée romain de Pourrières situé sur cette voie, 20 km à l'est d'Aix-en-Provence, interdit d'écarter l'hypothèse de transports terrestres exceptionnels dans cette direction.

Vers l'ouest, aucun témoin d'importance n'atteste un trafic de ce calcaire sur les sites proches du tronçon de la voie Domitienne entre Nîmes et Murviel-les-Montpellier, y compris dans la ville d'*Ambrussum* (Bessac, Fiches 1979: 137) où ne sont connus que quelques petits autels votifs en pierre des Lens sans intérêt pour notre sujet. Il est possible d'envisager aussi un transport vers le sud-ouest jusqu'à Murviel-les-Montpellier en empruntant des voies secondaires de tracé plus hypothétiques, notamment un tronçon de celle qui conduit de Nîmes à Lodève (Charvet 1873: 149). Dans ce cas, les chariots auraient suivi le chemin de Boucoiran vers le sud, puis la vallée du Vidourle jusqu'à Sommières. Là, ils auraient traversé le fleuve sur le pont romain de cette ville et poursuivi leur route vers l'ouest, soit en continuant droit vers Gallargues (Hérault), soit plus vraisemblablement vers Boisseron où se trouve aussi un pont romain sur la rivière de la Bénovie (fig. 3 et 32). A ce stade du trajet s'offrait la possibilité de croiser l'axe de Nîmes à Lodève pour prendre un embranchement vers Castelneau-le-Lez, *Sextantio* pour les Romains (Charvet 1873: 150). A partir de ce relais, la voie Domitienne pouvait être utilisée vers Murviel-les-Montpellier,[10] soit un parcours total de 60 km. Pour approvisionner ce dernier site par voie fluviale et maritime, que ce soit via Beaucaire, Arles ou Espeyran, en plus du trajet naval, il faudrait parcourir à terre au moins 45 km entre l'affleurement et le Rhône et ensuite 14 à 16 km à partir du port de débarquement le plus proche, probablement Lattes. Quelle que soit sa longueur, le trajet en bateau aurait été en sus pour cette destination. Cette éventualité peut donc être exclue.

Vers le nord-est, les faibles quantités du calcaire des Lens transportées ont dû se suffire de voies très secondaires analogues aux chemins charretiers qui traversent l'affleurement. Le chemin de Boucoiran a dû jouer un rôle important, pour approvisionner le site de Brienne à

10 L'identification à Saint-Guilhem-le-Désert (Hérault) de pierres des Lens dans l'abbaye doit être interprétée comme un remploi d'éléments antiques probablement récupérés à Murviel-les-Montpellier.

Brignon sur le Gardon et plus loin Uzès, par la route actuelle D. 982, d'origine romaine selon G. Charvet (1873: 180). Mais pour cette ville antique, comme pour Gaujac plus au nord, les volumes transportés semblent négligeables.

Voies fluviales et maritimes

La question des voies fluviales et maritimes empruntées par la pierre des Lens pour sa diffusion à longue distance est déjà en grande partie traitée à partir du moment où les points d'embarquement potentiels sont définis. Au départ de ces ports — Beaucaire, Arles et peut-être Espeyran — ce sont essentiellement des voies naturelles de navigation sur les fleuves et le long des côtes qui ont dû être suivies. En marge du transport par les grands fleuves et la mer, il est important d'examiner les possibilités de navigation fluviale et palustre susceptibles de raccourcir les trajets terrestres. Les réseaux des rivières ou des petits fleuves côtiers comme le Vistre, le Vidourle, le Lez, permettent d'imaginer une certaine activité locale saisonnière destinée au transport de diverses marchandises. En régularisant leurs rives et en aménageant des plans d'eau et des points de transbordement, il est possible de les utiliser quelques mois par an avec des embarcations à fond plat capables de prendre en charge des marchandises assez pondéreuses. Cependant, les nombreux transbordements limitent sensiblement la rentabilité de tels transports, sauf lorsque le fret peut être fragmenté en éléments aisément portables. En contrepartie, le transport en nombre de pierres de taille de grand appareil, dont le poids unitaire se mesure en tonnes, est exclu de ces petites voies fluviales.[11] Dans la zone des marais les problèmes sont analogues, à moins d'envisager l'existence de canaux similaires aux *"Fossae Marianae"* d'Arles à Fos entre les étangs du littoral (Grenier 1934, 2: 500-509). Mais il aurait fallu emprunter des chemins tracés en terrain instable pour atteindre cette zone littorale; entre les carrières et la zone palustre, les détours vers le sud et le sud-est sont presque aussi longs qu'un trajet direct par le réseau terrestre est-ouest.

Une production encombrante et pondéreuse mais sans démesure

La nature des différentes productions romaines montre que les éléments les plus lourds destinés à l'architecture monumentale sont souvent exportés aussi loin que le reste. En s'appuyant sur les blocs abandonnés en état d'ébauche dans les carrières, et sur des éléments taillés pour la Maison Carrée, on peut tenter de se faire une idée des poids moyens transportés, sachant que la densité de la pierre des Lens est proche de 2,3 t/m^3. Un tambour de colonne de 1,1 m de diamètre et de 0,4 m de haut, comparable à ceux découverts dans les carrières des Lens (fig. **34**), pèse 0,87 t. Une fois épannelé, un chapiteau à feuilles d'acanthe de format moyen tiré d'un cube d'un pied romain de côté, tel celui découvert dans l'église de Clairan (fig. 28), pèse 0,45 t. Le poids de ce chapiteau de grand format, divisé en deux parties, de 0,7 m de haut et 1,24 m de diamètre, à l'exemple de celui qui a été abandonné en cours d'ébauche dans la carrière de Mathieu (voir fig. 64), peut varier de 1,2 t pour la partie inférieure à 1,5 t pour le haut. Les grands fûts de colonne de 4,1 m de haut et d'un pied romain de diamètre, correspondant aux empreintes de l'angle sud-est de la carrière de Mathieu (fig. **35**), devaient peser entre 3,25 et 3,36 t, une fois l'arrondi ébauché. Des architraves, hautes de 0,75 m et longues de 2,5 m, analogues à celles de la Maison Carrée (Amy, Gros 1979: pl. 20 et 30), pèsent de 4 à 5 t, selon leur profondeur en queue. Les empreintes les plus grandes relevées dans le chantier romain de la carrière Héral-Nègre correspondent à des blocs d'environ 6 t.

---

11 L'approvisionnement en pierre du Pont du Gard, à l'aide de barges, ne peut être pris comme un exemple d'un tel transport car il s'effectue seulement sur 600 m, et dans le cadre de travaux de construction le long du Gardon; en outre, ce grand chantier a exigé d'importants aménagements fluviaux très spécifiques (Bessac 1992b: 416-418) et difficilement généralisables à l'ensemble des cours d'eau.

Fig. 34 Tambours de colonne *in situ* dans la carrière de Mathieu.

Fig. 35 Empreintes d'extraction de longs monolithes de section carrée destinés à la taille de fûts de colonne, dans le secteur sud-est de la carrière de Mathieu.

Malgré ces poids assez imposants, aucun des moyens spectaculaires proposés par Vitruve[12] dans son livre X, telles les machines de Ctésiphon et de Métagènes (Perrault 1684: 306-307, pl. LX; Dalmas 1965: 283-284), n'ont été nécessaires pour transporter ces blocs. Au sujet de l'usage des glissières, comme celui proposée par A. K. Orlandos (1968: 24, fig. 8), ou de leur principe simplifié nommé *lizzatura* par les professionnels italiens (Pareto 1880: 486, fig. 873; Casella 1963: 58-63), la pente des collines des Lens est trop faible et trop courte pour être efficace et rentable. Il faut envisager ici seulement un transport ordinaire des blocs par chariot.

Un mode de transport terrestre commun: le chariot

La seule donnée archéologique locale utilisable pour proposer un modèle de chariot est le poids maximal des blocs transportés, soit 4 à 6 t. Mais l'étude de Georges Raepsaet (1984: 101-136) consacrée au transport de tambours de colonnes de marbre du Pentélique à Eleusis au IVe s. av. n.è. peut servir de référence. Comme dans cet exemple, dans les carrières des Lens, des chariots à quatre roues ont été certainement employés. Les roues de bois de ces chariots antiques étaient certainement cerclées de bandages de fer, ainsi que le confirment les observations d'Henri Rolland, à *Glanum* (1946: 32). La trace de roue étudiée sur un bloc de ce site prouve la présence d'un bandage métallique épais de 0,07 m et d'un diamètre approchant 0,7 m. La position de la trace implique un chariot équipé d'un plateau placé entre les roues, juste au-dessus des essieux, et non en surplomb sur ces dernières ainsi qu'il est proposé dans les restitutions de G. Raepsaet (1984: pl. IV, fig. a) et de Doris Vanhove (1987: 287-288). Il faut donc imaginer un plateau de portage assez bas, de 0,5 m à peine au-dessus du plan de roulement. Sauf en cas d'ornières trop profondes, cet abaissement du plateau et de la charge est sans inconvénients en terrain dur; au contraire, il procure une meilleure stabilité au véhicule. En revanche, un diamètre aussi faible des roues devait interdire à ces véhicules toute circulation en terrain mou ou instable.

Le chariot présenté par G. Raepsaet pouvait porter une charge de 7,5 à 15 t environ (1984: 118-119). Par conséquent, il propose un modèle à trois essieux et à six roues. Outre les difficultés techniques soulevées par cette hypothèse (Vanhove 1987: 284-285), une telle disposition n'est pas transposable au cas de nos carrières où deux essieux devaient largement suffire pour transporter un maximum de 6 t. Le problème de la fixité des essieux est plus délicat à résoudre. Le parcours habituel de la pierre des Lens ne comporte pas de virages en épingle à cheveux. Toutefois, ne serait-ce que pour descendre vers Nîmes à partir du plateau des garrigues (fig. 3), il fallait certainement négocier un minimum de virages. Si les chariots étaient à plateau entre les roues, celles-ci étaient obligatoirement fixes à moins d'imaginer un essieu mobile à l'avant. La solution avancée par D. Vanhove (1987: 285), d'un chariot sans timon tiré par l'intermédiaire de grosses cordes, pourrait être adaptée à ce transport. Ainsi, le ripage des roues devient automatique du fait de la libre position des animaux dans les virages.

La question de la traction de ces chariots est éclairée en partie par les résultats de la fouille de la carrière de Mathieu. Jean Desse, dans son analyse des déchets alimentaires osseux des carriers, démontre la présence de bœufs adultes de forte taille caractéristique de la remarquable évolution du grand bétail de type romain (voir p.146). G. Raepsaet estime que pour véhiculer les chariots, il fallait théoriquement compter une paire de bœufs par tonne de pierre tractée (1984: 116 et note 85), mais en pratique c'est plutôt 0,5 à 0,7 t. qu'il faut retenir (1984: 132). A partir de ces quelques données, une estimation de 5 à 8 paires de bœufs pour les attelages assurant le transport des éléments les plus pondéreux des carrières des Lens est plausible. Sont également concevables des attelages plus modestes composés de 1 ou 2 couples de bœufs pour véhiculer, par exemple, 1 ou 2 tambours de colonne de 0,8 t. pièce à chaque voyage.

---

12 Au sujet de certaines interprétations graphiques du texte de Vitruve, je préfère proposer en priorité des références aux dessins de Claude Perrault car leur auteur, architecte en activité au XVIIe s., avait encore sous les yeux des moyens traditionnels proches de ceux de l'Antiquité.

G. Raepsaet (1984: 133-134) arrive à déduire une vitesse moyenne de 2,5 km/h pour tirer une charge de 9 t sur 40 km en utilisant des chemins de qualité inférieure aux voies romaines classiques. Pour effectuer un transport de 4 à 6 t jusqu'à Nîmes il faut donc environ 1 journée de 10 h et pratiquement le double, à 2 h près, pour atteindre un port, que ce soit Beaucaire, Arles ou Espeyran. Pour l'approvisionnement par chariot du site de Murviel-les-Montpellier,[13] la durée du transport doit être à peine supérieure, c'est-à-dire 2 journées de 12 h chacune. Cependant, pour de telles durées de transport journalier, il faut savoir que les bœufs sont épuisés au-delà de 6 h de travail (Girault 1992: 111). Il faut donc envisager un changement d'attelage à mi-chemin. Afin de bien situer la valeur accordée par les Romains à ce matériau, il est important de noter que selon R. Bedon (1984: 85): "La distance maximale généralement observée [entre les carrières et le chantier de construction] correspond à peu près à celle que parcourt en une journée, dans des conditions normales, un attelage lourdement chargé et avançant au pas ou une embarcation sur un cours d'eau."

Transport naval: le moyen le plus économique

Au-delà de 60 km de parcours terrestre, sauf exception, une utilisation du chariot est très improbable dans la mesure où le transport par bateau peut prendre le relais. Dans ce secteur de la Méditerranée, l'archéologie sous-marine a permis d'étudier quelques épaves de navires spéciaux *(lapidariae naves)* chargés de pierre ou de marbre, mais aucun ne transportait des pierres des Lens. Comparé à l'ensemble du fret lapidaire maritime de l'Antiquité dans cette zone, il est vrai que ce matériau ne représente qu'une très modeste part du trafic. Malgré cette carence, on peut essayer de concrétiser sommairement ce que représente ce moyen de transport d'un point de vue économique en passant rapidement en revue les épaves chargées de pierre découvertes dans ce secteur de la Méditerranée.

La première épave de cette catégorie identifiée au large de Saint-Tropez (Var) portait 13 blocs de marbre de Carrare totalisant un poids d'environ 200 t.[14] A Carry-le-Rouet, entre Marseille et les carrières de la Couronne, il a été découvert une épave portant une cargaison de blocs de grand appareil destinés à une construction hellénistique de cette dernière ville, mais son chargement est incomplet et il est difficile de le prendre comme exemple (Long 1985: 143-147; Guéry *et al.* 1985: 44, notes 8 et 10). Une troisième épave transportant environ 145 t de marbre a été découverte par Jacques Chiapetti près de Porto-Vecchio en Corse (aimable communication). L'épave de Mahdia coulée dans le Golfe des Syrtes au Ier s. av. n. è. portait un chargement de marbre et de bronze évalué à 230/250 t.[15] Une nouvelle épave vient d'être découverte dans la baie du Dramont sur la Côte d'Azur mais son chargement est diversifié et elle ne comporte que 23 t de marbre (Dallaire 1993: 24-26). Ce dernier exemple est trop différent des précédents pour leur être comparé. Ainsi, nous disposons de trois chiffres de tonnage communs concernant des cargaisons de pierre: 200, 145 et 240 t. Si l'on retient un poids moyen de 200 t pouvant correspondre à une éventuelle cargaison de pierres de Lens, il est tentant d'évaluer le nombre d'éléments architectoniques que cela représenterait. Sur la base du poids des œuvres proposé plus haut (voir p.73), un bateau de ce tonnage aurait pu transporter au cours d'un seul voyage:

— soit 444 chapiteaux moyens épannelés correspondant à des colonnes d'un pied romain de diamètre;
— soit 73 très grands chapiteaux épannelés à feuilles d'acanthe de 4 pieds de diamètre inférieur;
— soit 60 fûts de colonne de deux pieds de diamètre et de 4,10 m de longueur;

---

13 Comme cela a déjà été développé plus haut, l'hypothèse d'un transport mixte en partie par voie terrestre, en partie par voie fluviale ou maritime, n'est guère plausible pour la pierre de taille de grand appareil destinée à ce site.

14 Cette cargaison comprenait huit grands tambours de colonnes de 14 t pièce, trois bases d'un poids total égal à ces derniers, une grande dalle de 9 t, et une architrave de 37 t (Benoit 1952b: 240-244; *id.* 1952c: 160).

15 Il contenait 60 colonnes pesant 200 t et de la statuaire (Frondeville 1955: 131-132; Benoit 1961: 162).

— soit 62 architraves de section carrée de 0,75 m de côté et de 2,50 m de longueur.

Sans entrer dans les détails des calculs, on peut dire que le transport naval de la pierre d'un temple comme la Maison Carrée, en dehors de son podium, représente environ 2 160 t de blocs simplement équarris ou ébauchés. Cela correspond donc approximativement à 11 voyages d'un navire d'une capacité de 200 t. Si la commande se cantonne aux seuls chapiteaux, leur transport naval se réduit alors au quart d'une seule cargaison. C'est là un ordre de grandeur qui pourrait convenir pour certaines commandes destinées à la Côte d'Azur. Mais avant d'être pris en charge par voie fluviale et maritime, ces chapiteaux auraient exigé, entre les carrières et le port, 14 voyages aller-retour totalisant 56 jours de transport d'un chariot d'une capacité de 4 t tiré par 8 paires de bœufs remplacées par d'autres à mi-parcours. Même s'il est difficile de déterminer la durée et les moyens mis en œuvre pour le transport naval, il est clair que cette dernière solution est la moins coûteuse.

INTERPRÉTATION DE LA DIFFUSION: QUELQUES ÉLÉMENTS DE SYNTHÈSE

L'aire de diffusion: ses limites, ses caractéristiques

Les contours de l'aire de diffusion de la pierre des Lens restent encore incertains par endroits mais une esquisse provisoire peut être néanmoins proposée. Sa limite nord et nord-ouest est assez nette: les contreforts des Cévennes constituent une barrière naturelle rendant trop onéreuse le transport des lourdes charges. Par ailleurs, les plus riches cités susceptibles de passer de grosses commandes d'éléments architecturaux ou de sculptures sont situées plutôt vers la côte que vers la montagne. Côté nord et nord-est, la prospérité de la vallée du Rhône aurait pu induire une demande pour ce matériau, au moins sur la rive droite du fleuve. Mais, outre les roches coquillières fines de la région, la concurrence des calcaires urgoniens du massif d'Euzet/le Bouquet, prolongés à l'est par l'affleurement du Pin près de l'*oppidum* de Gaujac et au nord par celui de Barjac, forme barrage. Celui-ci n'est franchi qu'exceptionnellement sous la forme de sculptures terminées dont le rayonnement paraît dépendre davantage de la renommée artistique des ateliers romains de Nîmes que de celle des matériaux mis en concurrence. Cette remarque peut s'appliquer à toutes les œuvres sculptées non architectoniques découvertes autour de Nîmes, dans le territoire de la cité et parfois au-delà.

Côté oriental, à l'exception de Tarascon (œuvres médiévales probablement issues de remplois de pierres antiques), le Rhône constitue à la fois une limite générale de la zone d'expansion de la pierre des Lens et sa principale artère de diffusion navale à partir de Beaucaire, en aval vers la côte. Ce matériau ne pénètre pratiquement pas sur la rive gauche du Rhône en amont de Beaucaire: Avignon et Orange l'ignorent. En aval, toujours sur cette rive, il n'y a guère qu'Arles qui l'emploie. Cette quasi-absence de débouchés en Provence vient, certes, de la présence d'affleurements locaux de calcaires coquilliers très fins, mais elle est due aussi au coût du transport terrestre qui approche ici ses limites de rentabilité. Le Rhône paraît aussi correspondre aux confins de l'aire de renommée des ateliers de sculpture de Nîmes. Des villes comme Arles, Orange, voire Avignon, devaient avoir une orientation de leurs commandes artistiques assez similaire. Leurs sculpteurs étaient approvisionnés avec des roches locales fines et également avec des marbres importés remontant le Rhône vers Vienne et Lyon. Pourtant, seule Arles possède des sculptures en pierre des Lens. Mais cette ville voit passer les productions nîmoises en route vers les ports méditerranéens, tandis qu'en amont ce n'est pas le cas. Outre le flux de marbre entraîné par la prospérité de Lyon, il est possible que l'approvisionnement préférentiel de cette ville en calcaires coquilliers fins du Midi (Philippe, Savay-Guerraz 1989: 168) ait fini par induire une renommée un peu surfaite et une situation commerciale de quasi-monopole pour ces dernières roches. Sur toute la rive gauche du Rhône, il faut estimer aussi à sa juste valeur l'influence esthétique d'un centre monumental ancien et raffiné comme *Glanum* qui a dû jouer très tôt un rôle de vitrine pour toutes les opérations édilitaires des débuts du Haut Empire.

Au-delà du Rhône, au sud sur la côte méditerranéenne, la diffusion de la pierre des Lens, tant vers l'est que vers l'ouest, touche uniquement quelques centres urbains desservis par des ports: Nice, Fréjus, Marseille, Béziers et Narbonne. Cette dernière se détache plus franchement du lot par l'important volume de ses importations. Contrairement aux autres villes de la côte, elle importe des éléments architecturaux aussi lourds que ceux employés à Nîmes. Ces commandes exceptionnelles doivent être mises au compte de l'importance économique, commerciale et politique de cette capitale régionale. En revanche, il est plus délicat d'expliquer l'emploi de pierres des Lens massives dans un monument située dans une agglomération secondaire assez éloignée des carrières comme Murviel-les-Montpellier, alors que l'arrière-pays ne semble guère faire appel à ce matériau. Peut être faut-il voir là la volonté d'imiter le chef-lieu de cité, Nîmes. Le cas du mausolée de Pourrières sur la voie Aurélienne près d'Aix-en-Provence constitue une exception davantage énigmatique. Il est vrai que l'unique bloc parvenu jusqu'à nous n'autorise pas le calcul du volume originel de l'édifice dont il provient et il est possible que la partie sculptée en pierre des Lens se réduise à quelques charretées de pierres.

Le problème de l'organisation économique et commerciale de la diffusion

Comment procède un architecte ou un entrepreneur romain à qui des édiles ou un particulier passent commande d'un monument en pierre des Lens? Aucun texte antique ne traite de cette question, que ce soit pour la province de Narbonnaise ou pour tout autre région de l'Empire. Il en est de même pour tout ce qui touche à la propriété de cette catégorie de carrière. Les devis grecs sont rarement explicites sur ces sujets (Orlandos 1968: 15-20; Martin 1965: 148-151). Les quelques rares informations récoltées sur ce thème sont trop diverses et spécifiques pour être transposées à ces carrières. De ces textes, il est surtout important de retenir que les carriers possèdent un plan général et les mesures exactes des blocs à extraire (Orlandos 1968: 16; Martin 1965: 149-150).

L'entrepreneur adjudicataire d'un marché envoie les équipes romaines dans diverses carrières de la région, en fonction des commandes et avec les documents précis nécessaires à leur réalisation. Une fois la construction approvisionnée, elles repartent ailleurs. Si cette façon de procéder ne pose guère de problèmes pratiques pour les chantiers de Nîmes, l'affaire se complique avec les commandes venant de villes plus éloignées, Nice ou Narbonne par exemple. Peut-on envisager que dans ce cas les entrepreneurs ou les architectes de ces villes se déplacent jusqu'à l'affleurement avec leurs propres équipes? Viennent-ils embaucher sur place des équipes locales de carriers habitués à cette roche? Faut-il imaginer des entreprises nîmoises se déplaçant vers ces chantiers lointains avec hommes, matériaux et outillage? On ne le sait. Ne faut-il pas penser plutôt à l'existence d'entreprises d'envergure régionale, spécialisées dans la production de blocs ornementaux, production qui exige des matériaux et des compétences spécifiques? De telles entreprises itinérantes, se déplaçant en fonction des marchés, ont existé en Grèce assez précocement (Martin 1965: 113).

En Gaule méditerranéenne, ces entrepreneurs devaient connaître tous les matériaux disponibles dans une région de l'envergure de la Narbonnaise et probablement davantage. Ils pouvaient ainsi devenir de véritables agents de la diffusion de la roche la mieux adaptée aux caractéristiques de la commande et au budget du chantier. En admettant cette hypothèse pour la pierre des Lens et aussi pour certaines autres roches fines, l'explication de leur aire de diffusion devient plus aisée. Dans ce cadre-là, il est bien entendu qu'une fois la notoriété d'un matériau acquise dans une ville ou dans une région donnée, c'est le commanditaire ou son fondé de pouvoir qui choisissait la pierre et s'adressait ensuite aux entreprises capables d'en assurer la fourniture.

Il reste aussi l'éventualité de la préfabrication en série de certaines catégories normalisées d'éléments architecturaux, comme les chapiteaux. Bien que l'on ne puisse l'exclure totalement, par exemple pour les chapiteaux des thermes de Cimiez à Nice, il est curieux de constater l'absence de tels témoignages en carrière. Ce mode de fabrication va de pair avec la constitution de stocks à différents niveaux de la production, sur les chantiers d'extraction et sur les chantiers de taille, souvent tous deux confondus au sein de la carrière. Par ailleurs, il exige un fonctionnement presque permanent de l'exploitation, ce qui n'est pas le cas des exploitations du Bois des Lens.

Quant aux productions statuaires en pierre des Lens, si les schémas exposés pour l'architecture peuvent théoriquement fonctionner, il n'est pas sûr qu'ils aient été appliqués, à cause du nombre réduit de pièces commandées. D'un autre point de vue, contrairement aux éléments architecturaux, l'autonomie technique de chaque pièce statuaire n'implique pas une rigueur dimensionnelle aussi stricte pour ces commandes. Malgré d'importantes lacunes, la carte de la diffusion des sculptures en pierre des Lens fait plutôt penser à des ateliers sédentaires, probablement installés à Nîmes et vendant leur production en fonction de leur notoriété artistique. Comment ces sculpteurs s'approvisionnaient-ils en pierre dans les carrières des Lens? On l'ignore. Il est probable qu'ils s'adressaient à des équipes nîmoises de carriers. Celles-ci pouvaient être spécialisées dans ce domaine ou, plus probablement, être polyvalentes et toucher également à la production monumentale.

DEUXIÈME PARTIE

L'archéologie des carrières

6
Méthodologie

HISTORIQUE ET MÉTHODOLOGIE GÉNÉRALE DES RECHERCHES SUR LE TERRAIN

Prospections générales et thématiques dans le Bois des Lens

Deux types de prospection ont été pratiqués. La première, réalisée entre 1975 et 1978, visait à établir un inventaire complet des sites archéologiques dans le secteur sud-est du Bois des Lens (fig. 4) (Bessac *et al.* 1979: 41-83). Il s'agissait alors d'une prospection commune fondée sur le quadrillage systématique d'un terrain couvert de garrigues. Dans la zone étudiée à cette occasion se trouvent quatre exploitations correspondant essentiellement à l'extrémité méridionale de l'affleurement: la carrière du Roquet B9 (fig. 4), Roquamaillet C1, les Pielles et la Peyrière de Martin C3 (Bessac 1986a: 159-182). Ce contact initial avec des chantiers d'extraction de diverses époques a facilité la préparation méthodologique d'une seconde vague de prospections plus adaptées aux carrières de cet affleurement. Les informations fournies par les indices de surface au cours de la prospection générale ont été ensuite complétées en profondeur par le biais de quelques sondages archéologiques dans des habitats et des installations artisanales, à l'exclusion des carrières. Ces investigations ont donné une bonne idée générale des sites identifiés, en particulier sur leur fonction, leur chronologie et leurs rapports éventuels avec les exploitations locales de pierre. La deuxième série de prospections, commencée en 1979 dans le Bois des Lens, a été entièrement consacrée aux carrières (Bessac 1986a: 159-182). Les aspects méthodologiques propres à ces dernières prospections ont été publiés en détail (Bessac 1986b: 151-171); ils seront donc seulement résumés ici.

La recherche bibliographique préliminaire a permis de cerner rapidement, parmi les plus grands ensembles d'exploitations de l'affleurement, ceux qui ont fonctionné durant l'Antiquité. Ces témoignages d'époque moderne révélaient implicitement la destruction des principaux vestiges signalés car l'exploitation s'est poursuivie après leur découverte (voir p.33). Tenant compte de ces destructions, nous avons retenu pour y mener les premières fouilles archéologiques, des exploitations d'importance secondaire dont l'essentiel de l'activité avait cessé avant la phase industrielle. C'est ainsi qu'à partir de 1979, des fouilles stratigraphiques ont été d'abord engagées dans la carrière du Roquet B9, puis dans la Peyrière de Martin C9. La fouille de la carrière de Mathieu A1 n'a été ouverte qu'ensuite, à titre prospectif et expérimental, afin de savoir si elle était antique et pour mieux comprendre le processus de son enfouissement moderne. Sa fouille programmée n'a été réellement engagée qu'après cette étude préliminaire. A peu près simultanément étaient entrepris les premiers sondages archéologiques dans les carrières des Pielles C2, au sud du massif.

Au cours de la prospection consacrée aux carrières, une analyse minutieuse des cartes a permis de retrouver et d'observer la majeure partie des exploitations antiques ayant fonctionné durant le XIXe s. Bien qu'elles soient souvent portées sur ces cartes comme de quelconques affleurements rocheux naturels et non en tant que carrières, les dépressions encore marquées sur le terrain constituent autant de singularités du relief aisément repérables. L'étude des anomalies du plan cadastral a également facilité le repérage d'excavations où l'activité extractive avait cessé parfois depuis très longtemps, comme dans les carrières des Pielles C2. Dans les garrigues très boisées du Bois des Lens, les prospections aériennes n'ont donné que des résultats mineurs, assez décevants dans l'ensemble.

L'aspect toponymique de la prospection a été également pris en compte, mais plutôt de façon complémentaire. L'étude des noms de lieux-dits en relation avec une activité extractive a aidé quelquefois à mieux localiser un site déjà plus ou moins signalé ou repéré par d'autres moyens. A partir de noms évocateurs comme le Roquet, les Pielles ou Roquamaillet, la recherche de renseignements sur ces lieux a été poussée à son maximum tant en amont de la prospection que sur le terrain. Des résultats intéressants ont été ainsi obtenus. L'étude toponymique apporte aussi des précisions sur les propriétaires successifs des exploitations depuis le XIXe s., permettant de mieux identifier sur le terrain les carrières citées dans les écrits. D'autres informations toponymiques révèlent la qualité de la pierre — par exemple, le vocable Roquamaillet correspond à une pierre plus résistante que la moyenne, alors que dans le cas du Roquet la dénomination découle d'une raison inverse (Bessac 1986b: 157). Enfin, la production principale de l'exploitation des Pielles est suggérée par son nom qui désigne en occitan des récipients en pierre.[1]

Au lieu de quadriller systématiquement l'ensemble du terrain, partout très boisé, seules les zones dans lesquelles la présence de carrières ou d'anomalies topographiques étaient déjà sûres ou probables ont été "passées au peigne fin". En amont de cette démarche, les précisions apportées par les informateurs locaux (agriculteurs, chasseurs, truffeurs) avaient été très largement exploitées. Sur le terrain, les déchets d'extraction sont souvent les plus facilement repérables et surtout les plus accessibles; ils ont donc été étudiés en premier lieu. Lorsqu'une carrière antique a également fonctionné durant la période moderne, il apparaît parfois dans les déblais des témoins de cette activité initiale — céramique, restes d'activités de forge. Les éléments en pierre abandonnés en cours de taille sont beaucoup plus exceptionnels dans les niveaux supérieurs. C'est exclusivement dans les grandes carrières septentrionales que les engins d'exploitation actuels ont mis au jour de tels témoins et des fronts de taille anciens (fig. 5). Dans les petites exploitations, la grande majorité des fronts antiques qui émergeaient franchement des déblais étaient ceux-là même qui avaient été exploités par les carriers du XIXe s. Dans les carrières industrielles, l'activité moderne a moins systématiquement détruit les fronts anciens qu'on le supposait auparavant (fig. 5).

Le principal problème posé au début de notre intervention était la datation de ces fronts. Dans le cas de la carrière Héral-Nègre A6, la présence de chiffres romains offrait une solution sûre (fig. 19 et 20), mais ce genre de témoins est très exceptionnel. En présence de deux fronts, il est assez aisé d'établir une chronologie relative de leur creusement en examinant la progression de l'extraction et quelques indices annexes de vieillissement comme les concrétions déposées en surface. Mais il est impossible de situer précisément ces fronts dans le temps. Au début de nos investigations, la carrière de Mathieu se présentait ainsi (fig. 17). Ce n'est qu'après avoir mis au point les premiers jalons d'une typologie chronologique des techniques d'extraction, grâce à la fouille de cette carrière, qu'un pas décisif dans l'identification des fronts antiques a pu être franchi. Les premiers résultats de la fouille stratigraphique de ce site ont aussi totalement modifié la stratégie et la méthodologie de la prospection locale encore en cours. Avant cette fouille, les investigations dans l'affleurement étaient surtout développées sur les sites où l'activité extractive moderne s'avérait des plus réduites. C'est pourquoi, les premières fouilles programmées dans le massif ont été d'abord engagées dans des carrières assez modestes du groupe central et méridional.

Il y a quelques années, la recherche archéologique dans les grandes carrières industrielles paraissait une cause perdue d'avance (Savay-Guerraz 1985: 53). Après avoir étudié le fonctionnement de la carrière de Mathieu, chantier d'extraction que l'on sait maintenant antique et exploité à nouveau au début de l'ère industrielle, il est possible d'espérer la découverte d'autres témoins archéologiques en place dans cette catégorie de sites. La progression des exploitations d'époque moderne s'est faite essentiellement à flanc de coteau en se dirigeant

1 Le nom *pielle* vient probablement du mot grec *pyelo* désignant une pierre creusée où boivent les chevaux (Clément 1985: 185). En occitan, il a la même signification mais un plus élargie quant aux usages de ces récipients. Il est employé aussi sous les formes *pièlo*, *pièro* (Avril s. d.: 347), *pise* (Dumas 1877: 233, note 1), *pîzo* (S*** 1756: 370) et *pile*. Pour F. R. Hamlin (1988: s. v. Pielles) il s'agirait d'une variante féminine du nom Piel. Cette dernière hypothèse peut être sûrement écartée pour le Bois des Lens tant en raison de l'omniprésence des *piles* que du fait de l'absence de ce patronyme dans les villages des environs.

vers les lignes de crêtes au lieu de s'approfondir sur place. Par conséquent, lorsque ces entreprises ont relancé l'extraction dans des carrières antiques, elles n'ont détruit qu'une partie des fronts d'origine, généralement les plus élevés sur le relief, le reste demeurant plus ou moins enfoui sous les nouveaux déchets d'extraction (Bessac 1986b: 166, fig. 11). A partir de ces constatations, le nombre de grandes carrières modernes susceptible de donner d'intéressants résultats dans le cadre de fouilles archéologiques s'est considérablement élargi. C'est pourquoi, la réserve archéologique que constituent les déblais anciens des exploitations de Bone, Ritter et Héral-Nègre est aujourd'hui beaucoup mieux évaluée et surveillée. Ainsi, en 1991, à l'occasion de la relance de l'exploitation de la carrière Héral-Nègre, un accord a pu être négocié sur des bases scientifiques sûres, afin de préserver la zone archéologique la plus sensible.

Quant à l'évaluation de la production d'une carrière ancienne, on ne peut proposer que des ordres de grandeur très approximatifs, lorsque l'on en reste au stade de la prospection. La fouille de la carrière de Mathieu a confirmé ce caractère très aléatoire de l'évaluation *a priori* du volume de production. Alors que l'avant-dernière campagne de fouille en 1987 semblait avoir délimité l'essentiel des structures d'extraction, les travaux de l'année suivante ont mis au jour une partie profonde de l'exploitation, insoupçonnée jusque là et modifiant ainsi nos précédentes estimations de production.

Reconnaissance préliminaire des remblais de carrière: les sondages

La décision d'entreprendre ici ou là des sondages archéologiques découle directement des résultats de la prospection. Trois catégories de sondages ont été pratiquées sur les sites nouvellement repérés. La première visait surtout à compléter les observations et les ramassages de surface et à bien localiser les secteurs archéologiquement intéressants au sein des exploitations. Ces sondages prospectifs rapides ne concernaient qu'une surface de l'ordre du mètre carré et n'atteignaient qu'une très faible profondeur. Souvent ils ont été ouverts dans des tranchées déjà creusées dans des déblais antiques par les exploitants modernes. Beaucoup de ces petites opérations peuvent être assimilées à des rafraîchissements de fouilles afin de faciliter la lecture stratigraphique des déblais.

Une seconde catégorie de petits sondages avait pour but de vérifier la présence, l'étendue et la date de structures bâties dans les carrières ou dans leurs abords immédiats. Ces vestiges étaient plus ou moins décelables au moment de la prospection. De tels sondages ont été entrepris surtout dans le groupe médian, par exemple en bordure de la carrière basse de Frigoulet B3 et de l'excavation haute du petit ensemble du Serre de Matalas B8 où a été ainsi identifié un bâtiment antique comportant une forge. Le dernier type de sondage a été réalisé exclusivement dans les carrières où une fouille programmée était projetée à plus ou moins long terme. De 4 à 6 m^2 de surface moyenne, ils devaient atteindre le substrat rocheux. Ils ont été entrepris dans des carrières comme celles du Roquet B9, des Pielles C2, et surtout de Mathieu A1, afin d'avoir un premier aperçu chronologique et stratigraphique avant de mettre sur pied une "opération lourde" de fouille programmée. Ces sondages constituaient aussi un préalable indispensable à l'établissement de devis pour les travaux mécaniques destinés à supprimer les déblais stériles.

Des fouilles programmées d'ampleurs variées et adaptées à chaque site

En dépit d'un regain d'intérêt récent, les fouilles dans les carrières romaines restent encore tout à fait exceptionnelles en France.[2] Pour la décennie 1980 à 1990, sur la totalité du territoire il en est dénombré seulement une en plus des investigations dans l'affleurement des Lens. Cette fouille, située dans la carrière de Saint-Boil près de Chalon-sur-Saône (Saône-et-Loire), concerne surtout la période du Bas Empire (Monthel 1977: 37-61). Dans les autres pays la

2 Voir les rapports du Comité Supérieur de la Recherche Archéologique (CSRA 1981: 73; *id.* 1984: 79; *id.* 1990: 154-157).

situation est comparable. En Allemagne, dans la province de Rhénanie, une carrière de tuf a été fouillée vers 1955, mais il s'agit d'une exploitation romaine assez tardive réalisée en galerie, donc très différente des chantiers des Lens (Röder 1957: 213-271). En Egypte, une carrière romaine de porphyre du *Mons Claudianus* est en cours de fouille (Peacock 1988: 97-102; *id.* 1993: 49-69), mais ce matériau étant vraiment très spécifique, les problèmes soulevés sont tout autres que lorsqu'il s'agit du calcaire. En dehors de ces rares exemples, il existe d'autres carrières étudiées ou en cours d'étude dans le monde antique. La grande majorité de ces investigations sont pratiquées sans fouille stratigraphique; seules les structures naturellement au jour ou dégagées fortuitement au cours de travaux d'exploitation récents sont prises en compte.

Au début des travaux dans l'affleurement des Lens, il a donc été impossible de s'appuyer sur des expériences antérieures comparables. Les deux premières fouilles entreprises entre 1979 et 1981 sur les sites du Roquet B9 et de la Peyrière de Martin C3, se sont présentées sous des aspects très différents. Ainsi, il était hors de question de mettre au point une méthode polyvalente dès le début. Aujourd'hui, après trois nouvelles expériences de fouilles dans le calcaire des Lens (carrières de Mathieu A1, des Pielles C2 et de La Figuière A4), l'acquis méthodologique est sensiblement renforcé, même s'il reste encore à perfectionner et à diversifier. Aussi sa présentation détaillée s'impose-t-elle ici (voir p.88).

La première fouille en carrière a été engagée en 1979 sur le site du Roquet B9, composé de deux excavations, l'une au sud, l'autre au nord. L'excavation méridionale, réoccupée au Ve s., a servi, en outre, d'habitat. La surface de sol et de front de carrière mise au jour en 1979 est très réduite et sensiblement modifiée par les aménagements tardifs. Cette intervention initiale en carrière s'apparente donc à une fouille d'habitat rupestre. La seconde partie des recherches s'est déroulée en 1980 dans l'excavation nord du Roquet qui, outre l'extraction, a servi d'atelier de taille de jarres en pierre. La surface fouillée de sol de carrière en cet endroit est assez modeste, (environ 50 m^2). Il s'agissait là d'un premier contact avec des structures d'extraction en place. En ce lieu se côtoient les vestiges de quatre techniques très différentes pour la plupart; par conséquent l'espace occupé par chacune d'elles est relativement restreint et n'a pas facilité la mise au point d'une méthode d'étude statistique. C'est donc seulement quelques années plus tard, après avoir acquis une certaine expérience en la matière, que les structures du Roquet ont pu être analysées en détail et convenablement interprétées.

La deuxième fouille programmée, réalisée en 1981 dans la Peyrière de Martin C1, a été aussi très réduite en surface et a concerné un puits d'extraction et un four à chaux voisin lié à la présence de l'exploitation. Là aussi, en dépit d'importantes informations techniques recueillies, il a été impossible de faire progresser sensiblement les questions méthodologiques. Ce n'est qu'avec l'étude d'une exploitation plus vaste, la carrière de Mathieu, que cet aspect a pu être développé de manière plus satisfaisante. Parmi les critères du choix de cette dernière comme site de fouille programmée, son exposition sur le flanc méridional d'une colline a joué un rôle important. On pouvait espérer découvrir là un habitat de carriers plus facilement que dans des exploitations exposées plein nord comme les carrières situées en face (Bone A2 et Ritter A3). L'ampleur des travaux archéologiques à réaliser dans la carrière de Mathieu pour atteindre d'éventuels vestiges antiques exigeait une longue réflexion à deux niveaux. Tout d'abord, une logique d'approche globale s'imposait; ensuite devait être élaborée une méthode bien adaptée à l'étude détaillée des structures d'extraction et des blocs mis au jour. Seule sera présentée ici la première phase de cette approche correspondant à la plus générale. Le chapitre suivant, beaucoup plus technique, sera entièrement consacré à la méthodologie d'étude des déblais, des sols et des fronts de carrière.

En arrivant sur le site en 1982, l'équipe de fouille se trouvait en présence d'un énorme tas de déblais évalué à plusieurs milliers de mètres cubes. A l'est apparaissaient deux fronts de carrière techniquement très semblables dont l'analyse directe pouvait seulement déterminer une ancienneté plus marquée de l'un vis-à-vis de l'autre (fig. 17). Au nord, dans la partie supérieure du site, se voyait un chantier d'extraction du XIXe s.; à l'extrémité sud du tas de déblais, subsistaient les vestiges d'une cabane de chantier contemporaine en pierre sèche, à peu près libre, de déchets d'extraction récents (fig. **36** et **37** à droite). La prospection avait permis alors de recueillir sur les déblais modernes uniquement deux fragments de céramique romaine. Ceux-ci auraient pu provenir des carrières voisines, situées à moins de 200 m pour les plus proches, où des découvertes modernes de vestiges antiques sont signalées (Dumas 1877: 234; Picard 1882: 146; Mazauric 1907: 19). Il était donc indispensable de prouver l'ancienneté de la carrière de Mathieu sans engager de frais de dégagement, c'est-à-dire en évitant de toucher à l'énorme tas de déblais récent. Une fois l'intérêt archéologique global déterminé, il fallait tenter de localiser, sous ces déblais, le secteur le mieux pourvu en vestiges afin d'établir une chronologie stratigraphique qui date bien l'occupation du site dans son ensemble et l'activité de la carrière en particulier. Pour finir, l'étude des techniques d'exploitation anciennes exigeait que la fouille archéologique atteigne, si possible rapidement et à moindre frais, les structures d'extraction scellées par les déchets modernes et antiques, sans perdre les informations stratigraphiques.

Les objectifs ainsi définis dessinaient les grandes lignes d'une stratégie générale de fouille. Celle-ci devait être suffisamment souple pour pouvoir être modifiée ou stoppée à chaque étape du programme en fonction des résultats obtenus. La première phase des opérations a consisté à choisir un emplacement de fouille répondant à ces critères. Le seul endroit libre de déblais correspondait à la cabane des carriers modernes au sud de l'exploitation (fig. 36); tout autour, sur plusieurs mètres de hauteur, les déchets d'extraction s'entassaient. Sa fouille devait donc faciliter un accès rapide aux éventuels témoins antiques tout en abordant l'étude des équipes de carriers du XIXe et début du XXe s. Sous les sols modernes apparurent quelques traces d'occupation antique qui donnèrent deux types de repère, l'un chronologique — la fin du Ier s. av. n.è. — l'autre topographique — le niveau supérieur des déchets de l'extraction romaine —. L'hypothèse d'un habitat antique de carriers installé à l'abri des fronts de l'exploitation devenait donc plus probable. A ce stade des investigations l'occasion d'étudier ce type de vestige essentiel ne s'était pas encore présentée. Dans la carrière de Mathieu l'objectif essentiel fut donc la recherche et l'étude de cet éventuel habitat de carriers en préalable à l'analyse des techniques.

Grâce aux repères de niveaux précédemment définis, la seconde campagne de fouille, en 1983, a pu débuter par un dégagement mécanique d'une partie des déblais modernes entassés sur la bordure méridionale de cette carrière. La fouille a suivi aussitôt; elle a été implantée dans le prolongement de la première, sur le côté ouest de la cabane des derniers occupants du site (fig. 36). Intervenant après un premier contact avec du matériel datable, cette étude linéaire de la bordure sud des déblais devait apporter des précisions sur la nature, l'ampleur et surtout sur la situation approximative des vestiges d'un éventuel habitat antique. L'état du matériel mis au jour et les traces de ruissellement au sommet des déblais romains révélèrent une sédimentation résultant du lessivage d'un dépotoir d'habitat situé quelque part en amont sur le même tas. L'orientation et la convergence des sillons de ruissellement associées à l'étude de la dispersion du mobilier archéologique permirent de situer approximativement, sous l'énorme amoncellement de déblais modernes, toujours en place, l'emplacement de l'habitat des carriers antiques.

En 1984, la troisième campagne de fouille commença par une élimination mécanique des déblais modernes couvrant cet habitat, implanté au milieu du front ouest mis au jour au cours de ces mêmes travaux. Dès l'apparition des premiers indices antiques, la fouille fine reprit tous ses droits. Cette année-là fut consacrée à l'étude du secteur sud-ouest de l'habitat; elle apporta des informations sur l'ultime phase d'occupation et surtout sur l'abandon de l'extraction au début de notre ère. En 1985, l'étude stratigraphique fut étendue à la partie centrale et septentrionale de l'habitat. La mise au jour d'un mobilier pauvre mais assez abondant par rapport à celui qui a été trouvé jusqu'ici dans les carrières permit de mieux connaître les carriers et d'évaluer leurs attaches avec le monde romain et leurs rapports avec les populations indigènes voisines. La campagne 1986 vit s'achever l'étude des couches d'occupation les plus anciennes datées du début

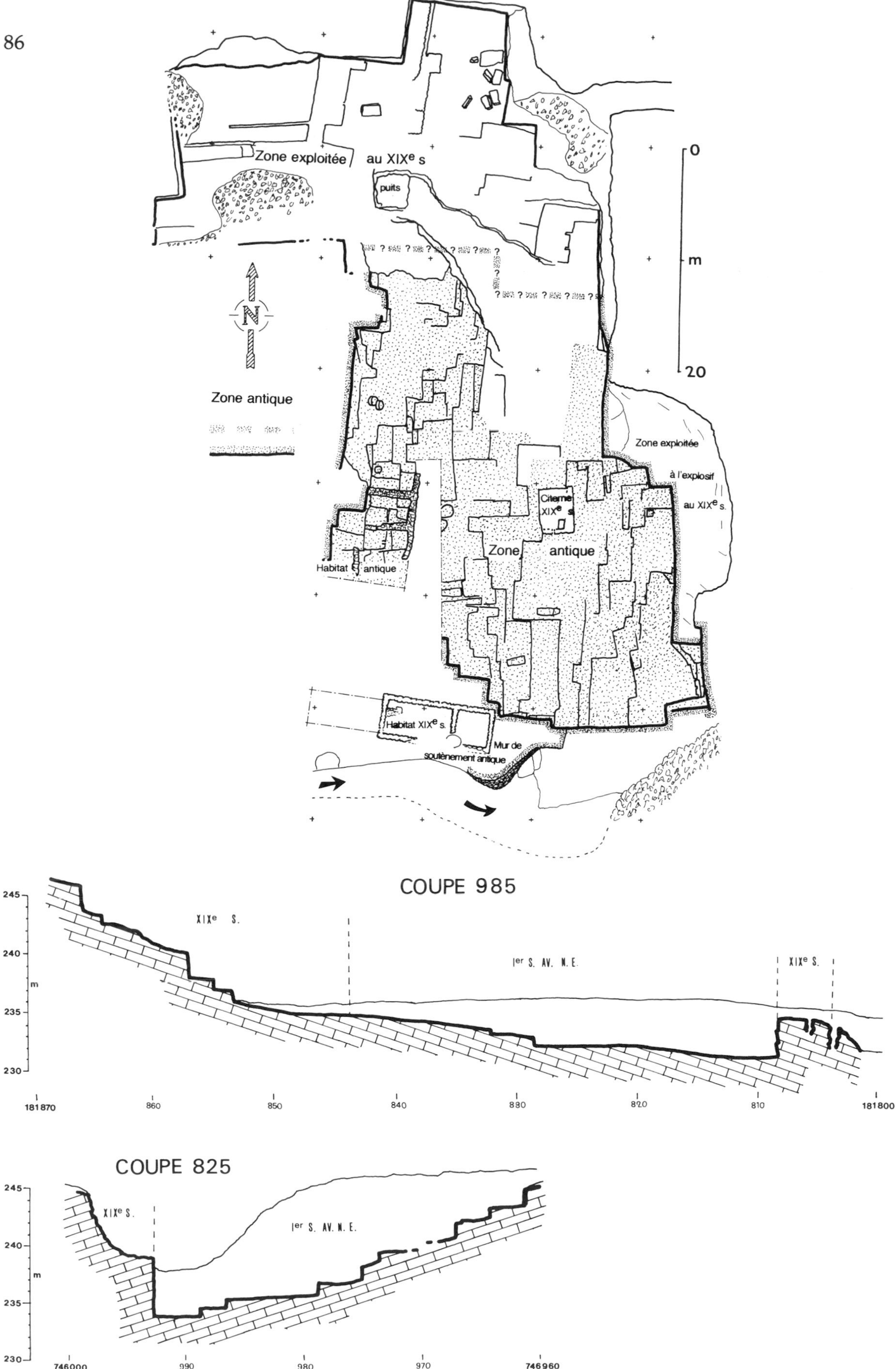

Fig. 36 Plan général du site de la carrière de Mathieu. Fig. 37 (en bas) Coupes nord-sud et est-ouest.

Fig. 38 Carrière de Mathieu, front occidental, sondage stratigraphique dans les déblais antiques.

du dernier tiers du Ier s. av. n.è. Les structures d'extraction sous-jacentes à cet habitat apparurent alors; elles étaient parfaitement scellées par les vestiges supérieurs et l'étude technique a pu être engagée dans d'excellentes conditions archéologiques. Il s'agissait là d'un premier contact avec des vestiges d'extraction parfaitement conservées et datées par une grande variété de céramique. La phase Haut Empire de la carrière du Roquet B9, fouillée précédemment, n'est représentée que de façon très fragmentaire, et surtout elle n'est datée que par quelques tessons de céramique mal conservés. La découverte de nouveaux fragments d'outils associés à des traces d'extraction spécifiques offrirent les premiers jalons bien datés d'une typologie des techniques.

Les deux dernières campagnes, en 1987 et 1988, furent entièrement consacrées à la fouille et à l'étude des structures d'extraction et à l'analyse de la production de la carrière. L'ampleur des dégagements préalables pour atteindre ces vestiges m'amena à entreprendre des fouilles stratigraphiques de contrôle en tranchées disposées en U avant d'engager sur le terrain des moyens mécaniques (fig. **38**). Ces vérifications, associées à une surveillance étroite des engins de terrassement, n'ont fait que confirmer les datations obtenues précédemment dans l'habitat. En outre, les derniers décimètres de déchets d'extraction ont toujours été fouillés manuellement. C'est là un travail particulièrement pénible, car les petits fragments de pierre sont souvent liés entre eux par de la poussière de calcaire fortement durcie comme un ciment. L'ultime nettoyage du rocher a été effectué au jet d'eau à moyenne et haute pression. La superficie totale de sol de carrière ainsi mise à nu s'élève à environ 800 m^2, chiffre qu'il faut certainement doubler pour tenir compte des surfaces verticales constituées par les fronts de taille. Ces dernières campagnes appartiennent donc entièrement à la phase technique de l'étude qui touche autant à la compréhension de l'organisation et du développement de l'exploitation qu'à l'analyse minutieuse des procédés d'extraction. Un petit secteur de la carrière moderne a été pris en compte afin de pouvoir travailler sur des bases comparatives.

Entre 1989 et 1992, la carrière de Mathieu n'a fait l'objet que de relevés topographiques. Cette période de recherches correspond davantage au déroulement de nouvelles fouilles au sud de l'affleurement dans les carrières des Pielles C2. Sur ce dernier site, la recherche a été organisée selon le schéma mis au point dans la carrière de Mathieu. Mais ici l'absence d'habitat en place a permis, après un petit sondage préliminaire effectué en 1985, de passer directement d'une campagne de reconnaissance stratigraphique en 1989 à la fouille complète, les deux années suivantes, de deux excavations contiguës au sud et au milieu de la carrière. L'année 1992 a été consacrée au nettoyage final des structures d'extraction et surtout à la prise de données ainsi qu'au relevé topographique détaillé. Cette série d'études a été complétée en 1993 et 1994 par l'engagement de nouvelles fouilles programmées sur la petite carrière de La Figuière A4.

LA PRISE DE DONNÉES ET L'INTERPRÉTATION ARCHÉOLOGIQUE EN CARRIÈRE

La prise de données et l'interprétation archéologique des vestiges dans des cases de carriers sont analogues aux pratiques en usage ailleurs dans des fouilles consacrées aux habitats de populations ouvrières. Par conséquent, cet aspect de la méthodologie, déjà longuement traité dans divers ouvrages d'archéologie générale, ne sera pas abordé ici. En revanche, il est primordial de détailler les questions de méthode et d'interprétation touchant aux vestiges techniques propres à l'extraction et à l'ébauche en carrière, c'est-à-dire les déblais, les sols, les fronts de carrière et les produits de l'exploitation.

Lecture des déblais d'extraction

L'étude stratigraphique des déchets d'extraction et de taille en carrière pose des problèmes très particuliers, jamais abordés dans les manuels d'archéologie. La différenciation et le relevé des couches ne présentent pas de difficultés spéciales; ce n'est qu'une question d'observation. En dépit de quelques différences par rapport aux fouilles courantes, l'archéologue se fie à des critères similaires de caractérisation stratigraphique. La spécificité de la pierre des Lens, calcaire blanc fin pratiquement pur, facilite sensiblement cette distinction des couches. Toute présence autre que la pierre locale se traduit par de nettes modifications des caractères stratigraphiques. L'interprétation de la sédimentation des couches peut présenter quelques difficultés car elle dépend d'une bonne connaissance des techniques d'extraction et de taille de pierre ainsi que du fonctionnement des exploitations en général. Dans les carrières des Lens et, tout spécialement dans celle de Mathieu, hors des zones situées à proximité immédiate de l'habitat, il existe quelques grandes catégories de sédiments sûrement attribuables à une phase précise de l'activité extractive. Ces phases de l'exploitation et leurs conséquences stratigraphiques sont présentées ci-dessous dans l'ordre chronologique du fonctionnement traditionnel d'une carrière de pierre de taille.

La "découverte" antique et traditionnelle

Les ouvertures et les extensions d'exploitations en terrain vierge produisent des matériaux inutilisables comme pierres de taille (fig. 17) et ceux-ci sont souvent rejetés en bordure des fronts de carrière (fig. **39** n° 1 et 2). Les carriers dénomment cette opération et son résultat "découverte" ou "découvert" (Launoy 1911: 36; Noël 1968: 126; Aladenise 1982: 23). Dans les chantiers des Lens, elle concerne deux sortes de strates observables dans les déblais (fig. 39 n° 1 et 2). La plus basse est composée de pierres moyennes et grosses, trop lourdes pour être manipulées à la pelle. Les angles et les arêtes de ces pierres sont souvent très légèrement arrondis et leur épiderme est rugueux et fortement teinté d'ocre rouge par l'argile de décalcification. Ces gros matériaux en leur état de fragmentation géologique sont les premiers rejetés aux déblais. L'argile et les petites pierres ramassées à la pelle ne sont évacuées du sol de carrière supérieur qu'ensuite et se trouvent généralement entassées au-dessus des déchets plus grossiers. Cet ordre de superposition peut varier selon les dispositions prises par les manœuvres chargés de leur évacuation. Ces deux composants de la découverte sont parfois juxtaposés voire inversés dans les déblais, particulièrement si la progression de leur enlèvement se fait de façon irrégulière sur des petites surfaces de terrain. En garrigue, l'épaisseur d'humus est très réduite; elle ne représente qu'une très faible proportion des terrains de découverte difficilement décelable dans les déblais une fois mélangé à l'argile et aux pierres. Lorsque du mobilier archéologique est mis au jour dans ces couches issues

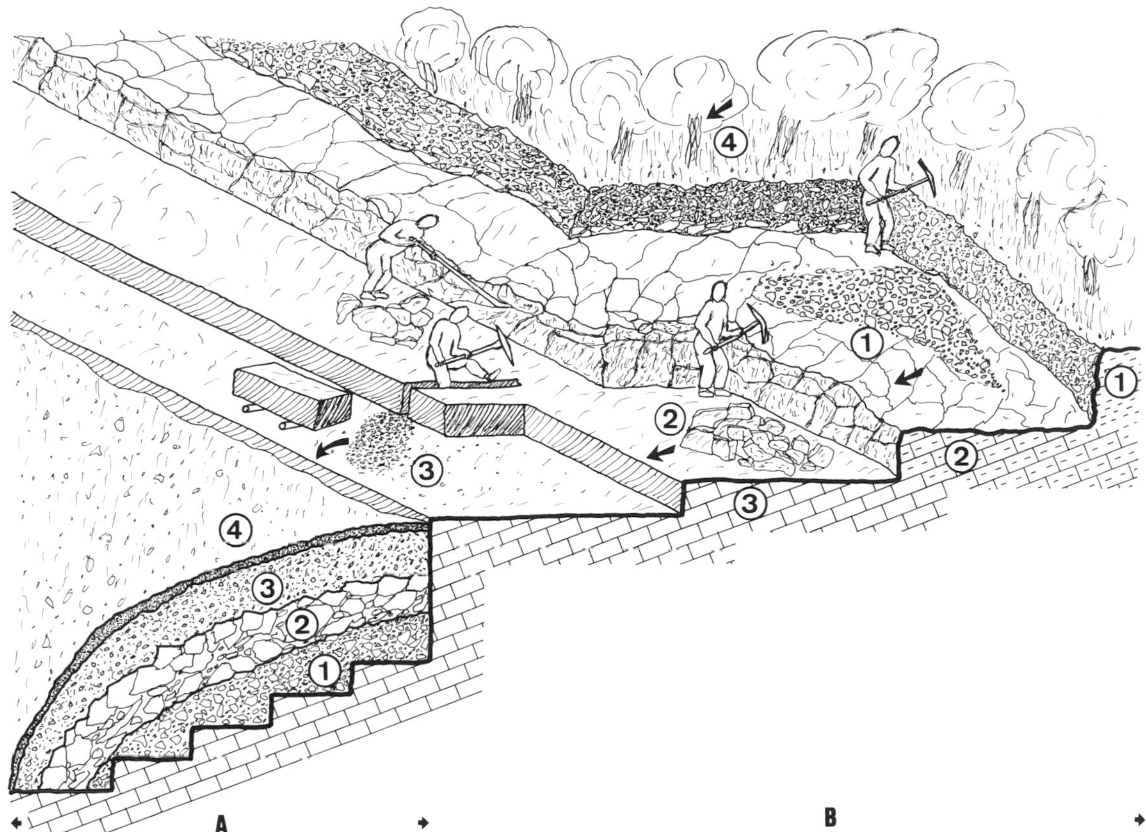

Fig. 39 Schéma du principe de formation des couches de déblais dans une carrière traditionnelle ou antique: 1) élimination de la pierraille et de la terre de découverte à la pioche de terrassier; 2) élimination de la découverte constituée de roche très fracturée; 3) production de déchets d'extraction à l'escoude; 4) couche fine d'humus correspondant à l'abandon du chantier.

d'une extension superficielle de la carrière, deux origines sont envisageables: l'activité de terrassement dont il peut résulter quelques témoins, ou bien la destruction d'une couche archéologique de vestiges d'occupation étrangers et antérieurs à l'extraction en cours. Dans ce dernier cas, le mobilier est toujours plus dense et varié que celui résultant directement d'une activité de carriers.

Déchets d'extraction antiques

A l'instar de la plupart des roches fermes et dures, l'activité extractive traditionnelle dans la masse rocheuse du calcaire des Lens produit des moyens et surtout des petits éclats de pierre. Ceux-ci dépassent rarement en volume 0,1 dm^3 correspondant à un poids maximum d'environ 0,20 kg. A ces gros granulats il faut ajouter 20 à 30% de poussière mélangée à du gravier fin et très fin. A ce second stade de l'exploitation les plus gros éclats sont évacués en priorité vers les déblais; puis, c'est le tour du gravier et de la poussière. Cependant, une fois entreposée en tas, une partie de la poussière et des gravillons les plus fins s'écoule à travers les gros éclats et se sédimente au-dessous. Le fouilleur observe fréquemment des strates de déchets fins stabilisées et partiellement solidifiées entre deux couches composées de pierres relativement aérées. Cette stabilisation se fait par l'intermédiaire de l'eau d'infiltration qui dissout une partie du carbonate de calcium et le dépose au fond de la couche en cimentant entre eux les gravillons. L'action de l'eau sur la poussière et les gravillons est particulièrement remarquable sur les sols de carrière où elle peut créer un véritable dépôt dense et dur presque aussi résistant qu'un mortier de chaux. Ces sédiments sont assez difficiles à distinguer et à séparer de la roche en place lors de la fouille. Parmi les divers déchets, émergent quelquefois des pierres isolées plus grosses que les éclats courants et portant parfois des traces d'extraction. Elles résultent surtout des défauts naturels, telles les fissures susceptibles d'occasionner des cassures de gros fragments sur le front ou sur les blocs en cours d'extraction. En revanche, les petits éclats provenant de la tranchée d'extraction sont généralement dépourvus de marques d'outil bien identifiables, à l'exception d'un bulbe de percussion peu évident. Dans ces couches, les tessons de céramique sont aussi rares que dans les rejets de découverte. Mais contrairement à ces derniers, lorsque le mobilier est présent il est obligatoirement lié à l'activité extractive.

Déchets d'extraction d'époque moderne

Aucune différenciation dimensionnelle ou granulométrique n'est possible entre les déchets d'extraction antiques et modernes s'ils ont été tous deux produits par l'escoude, outil présenté en détail plus loin (voir p.197). Seule une distinction morphologique peut être opérée à l'occasion de la découverte d'une pierre avec un impact frontal — opportunité assez exceptionnelle. Il est possible de distinguer un amas moderne de déchets d'extraction d'un homologue antique grâce à la plus grande compacité et dureté acquises par ce dernier. En l'absence de témoins archéologiques bien datables, il faut utiliser ce type d'indice avec beaucoup de précautions car il n'indique qu'une ancienneté relative, les déblais en question pouvant être médiévaux, par exemple. Il existe aussi dans les déblais des secteurs où les circulations d'eau d'infiltration, responsables de leur durcissement, sont très inégales, d'où une plus grande possibilité de confusion chronologique. Parmi les techniques d'extraction modernes, il en est une produisant des déchets nettement distincts de ceux issus de l'extraction traditionnelle ou antique à l'escoude ou au pic. Il s'agit de l'exploitation dite dans la région "au pétard" (Dumas 1877: 234), c'est-à-dire à l'explosif de poudre noire. Ces déchets dépourvus de poussière et de gravillons contiennent principalement des blocs informes assez volumineux, de 1 à 20 dm3 et d'un poids de 2 à 40 kg. Leurs faces montrent parfois des traces de perforation du trou de mine. Ces déchets d'extraction forment des tas très aérés, comme il en existe dans les couches supérieures de la carrière de Mathieu mais aussi ailleurs.

Déchets antiques du dégrossissage des blocs et des colonnes

Dans les carrières romaines des Lens, la taille sur place est limitée à un équarrissement ou à un dégrossissage sommaire concernant, entre autres, l'arrondi des colonnes. Ce travail préparatoire produit une importante quantité de déchets. A ce stade de l'exploitation sont aussi éliminés les blocs défectueux ou inférieurs aux dimensions de la commande. Dans ces exploitations, l'équarrissement et le dégrossissage sont exécutés au pic, au marteau taillant, à la broche et au ciseau. Les éclats sont donc diversifiés et portent assez fréquemment des traces caractéristiques d'extraction et de taille, surtout s'ils proviennent de l'épannelage d'un cylindre. La production de poussière et de fins gravillons est un peu moins volumineuse qu'au stade de l'extraction. Ces opérations de dégrossissage se pratiquent à proximité immédiate du front de taille, au fur et à mesure que les blocs sont extraits. Ainsi, les déchets produits prennent le même chemin que les précédents issus de l'extraction et se mélangent souvent à eux. Malgré cela, les poches d'éclats spécifiques de ce travail d'approche sont reconnaissables car elles comportent assez fréquemment des fragments de blocs déjà équarris ou ébauchés, éliminés suite à l'apparition de divers défauts. Les déchets de dégrossissage sont d'autant plus volumineux que les carriers s'écartent de la production de pierres quadrangulaires au profit de la confection de cylindres; cette dernière activité exige une suppression de matière sensiblement plus importante.

Déchets modernes du dégrossissage des blocs

A la différence des chantiers antiques, le mode d'exploitation moderne traditionnel à l'escoude produit beaucoup moins d'éclats de dégrossissage. Cela est dû à l'absence d'ébauche sur place de grands éléments arrondis et à la meilleure régularité des tranchées d'extraction qui permettent d'obtenir, dès ce premier stade du travail, des blocs déjà bien équarris. Ces déchets modernes de dégrossissage ne représentent donc qu'une proportion insignifiante par rapport aux débris d'extraction et aux déblais de découverte des mêmes chantiers. Les blocs extraits à la poudre noire étaient essentiellement destinés aux maçons (Dumas 1877: 234). Ces derniers devaient se contenter de les équarrir très sommairement à la masse et ils les emportaient ainsi sur leur chantier de construction. Ces déchets composés de gros éclats sont difficiles à distinguer de ceux qui sont directement issus de l'extraction à l'explosif.

Déchets de la taille définitive antique et médiévale

Pour l'instant, ce type de déblais est quasiment absent des chantiers antiques; il est connu exclusivement dans les ateliers médiévaux de taille de jarres des Pielles C2 et du Roquet B9. Ces déchets forment des tas où la poussière domine nettement sur les éclats, en particulier dans la carrière du Roquet vu que cette dernière pierre est excessivement tendre et qu'elle se réduit très facilement en poudre sous les impacts d'outils. Au sein de ces tas pulvérulents se trouve une grande variété de fragments de jarres en pierre cassées à tous les stades de leur confection; ceux-ci présentent une large variété d'impacts d'outils.

Déchets de la taille définitive traditionnelle moderne

Actuellement aucun exemple de vestiges d'une telle taille n'est connu et étudié en fouille stratigraphique dans les carrières des Lens. Les seuls déchets de taille identifiés en surface dans les exploitations pour cette période proviennent d'activités très modestes comme la confection de moulins à sel pratiquée artisanalement (Dumas 1877: 235). La fin de cette ultime phase traditionnelle est marquée aussi par quelques fragments d'escaliers reconnaissables par leurs caractères dimensionnels et par la taille bouchardée de leurs faces utilisée ici pour ses avantages antidérapants.

Couches d'arrêt d'exploitation

Dans les coupes stratigraphiques des déblais de la carrière de Mathieu, dont la couleur dominante est blanche ou ocre, il existe des interruptions linéaires très fines brun sombre. Il s'agit de fins lambeaux de terre riche en humus dont l'épaisseur varie de 1 à 5 cm en moyenne (fig. 39, n° 4 et fig. 82). Ces couches attestent de courtes interruptions de l'activité extractive; celles-ci sont également sensibles dans les cases de carriers. Ces fines strates sombres sont généralement dépourvues de mobilier archéologique. Elles sont formées par les végétaux divers qui se déposent chaque année au-dessus des déblais. Après une décennie de fréquentation du site de la carrière de Mathieu, il est possible de juger de la vitesse de formation de cet humus sur des déblais vierges. Une épaisseur d'humus analogue à celle qui a été observée correspond à un abandon qui a pu durer de 3 à 10 ans. Elle varie sensiblement selon qu'il s'agit d'une surface en relief exposée aux vents ou bien d'un creux bien abrité dans lequel les végétaux s'entassent plus rapidement et donnent une couche d'humus plus importante pour un temps d'abandon équivalent.

Des vestiges clés: les sols et les fronts de carrière

Les structures propres à l'extraction, constituées par les sols de carrière et les fronts de taille, ont fait l'objet d'une longue étude méthodologique préliminaire afin de collecter, dans les meilleures conditions, le maximum de données techniques. C'est là une phase primordiale pour la mise au point d'une typologie chronologique des techniques d'extraction. Il est donc indispensable de prendre en compte toutes ces données, même si certaines d'entre elles doivent se révéler plus tard marginales ou peut-être inutiles. Une fiche de terrain adaptable à un traitement informatique a donc été spécialement conçue pour relever toutes les caractéristiques observables dans l'empreinte produite par l'extraction du bloc (fig. **40**). Ses références correspondent à une vue axonométrique partielle de la carrière étudiée (fig. **40a**). Il est indispensable de détailler et de commenter ici la conception méthodologique de chacune de ces rubriques.

Identification du bloc dans son empreinte et caractéristiques dimensionnelles générales

En dépit de sa simplicité apparente, cette donnée risque de se prêter à des interprétations ambiguës. Le premier problème posé touche à l'identification du négatif du bloc et à son positionnement. L'idéal est de disposer d'un relevé général détaillé de l'excavation en cours d'étude. Ainsi, il est possible de repérer directement sur le plan les empreintes avec leur numéro propre d'inventaire. Mais il est indispensable de mentionner aussi ces derniers sur la roche afin

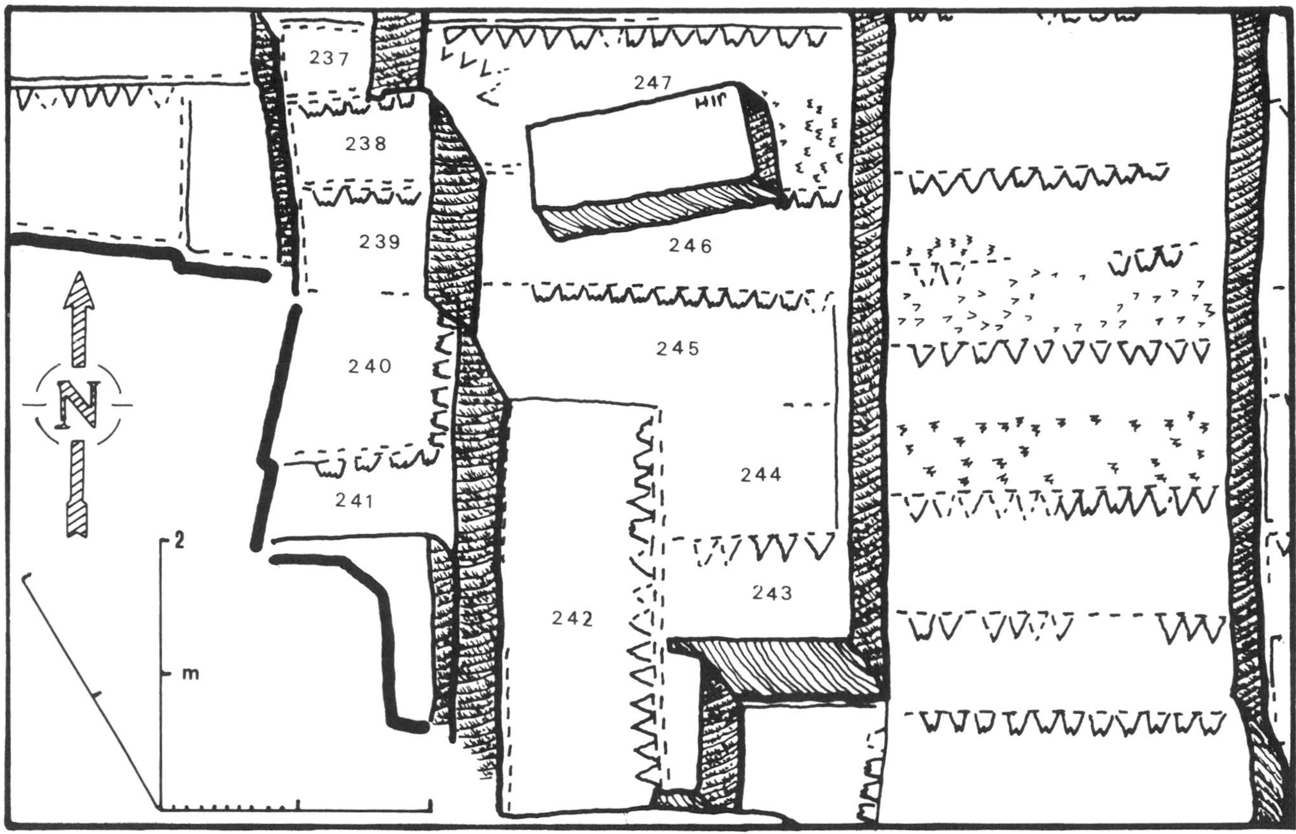

	A	B	C	D	E	F	G	H	I	J	K	L
1		*carrière*	Mat.fr.O.	Mat.fr.O.	Mat.fr.O.	Mat.fr.O.	Mat.fr.O.	Mat.fr.O.	Mat.fr.O.	Mat.fr.O.	Mat.fr.O.	Mat.fr.O.
2	**SITUATION**	*secteur*	sud	sud	sud	sud	sud	sud	sud	sud	sud	sud
3		*unité*	**B.N.n°237**	**B.N.n°238**	**B.N.n°239**	B.N.n°240	**B.N.n°241**	**B.N.n°242**	**B.N.n°243**	**B.N.n°244**	**B.N.n°245**	**B.N.n°246**
4	**DIMENSIONS**	*longueur cm*	99 cons.	98 cons.	87 cons.	115/123	124/128	313/314	130/131	130/131	250/253	250/251
5	**moyennes**	*largeur cm*	43/46	50/52	71/76	103/108	70/71	97/103	65/70		68/68	68/70
6	**générales**	*hauteur cm*	38/40	35/40	40/43	47/57	44/46	45/60	?	?	41/42	42/43
7	**TRANCHéES**	*larg. tr. cm*	?	?	110/120	120/140	100/125	90	?	?	?	?
8	**et IMPACTS**	*dépassem. cm*	néant	18 (O)	35 (O)	néant	néant	18 (O)	?	?	?	?
9	**de l'outil de**	*forme*	M	M	M	M	M	M	M	M	M	M
10	**creusement**	*larg.out. mm*	19	20	20	19	19	19	18		18	18
11	**formes et**	*esp. imp. mm*	20/35	20/35	20/35	20/30	20/35	20/40	20/35		20/35	20/35
12	**dimensions**	*esp. sill. mm*	20/35	20/35	20/30	20/35	20/30	20/40	?	?	20/40	20/40
13	**des traces**	*qualité A à D*	?	B	B	D	C	D	?	?	B	B
14		*long. nombre*	0 cons.	5 cons.	4 cons.	0	4	14 cons.	3 cons.		12	2 vis.
15	**EMBOITURES**	*larg. nombre*	0	0	0	5	0	0	0		0	0
16	**position**	*haut. nombre*	0	0	0	0	0	0	0		0	0
17	**nombre**	*forme*	?	2W3WV	4 WV	5 WV	4 WV	5W4V1U4?	1V1W1?		11WV1U	1WV1?
18	**formes**	*doub.rain.mm*	?	2(35/45)	4(40/45)	2(45/50)	3(45/50)	10(35/40)	2(45)		11(45/50)	1(50)
19	**particular.**	*largeur cm*	?	13/15	15/18	14/15	18/20	14/17	14		14/17	14
20	**dimensions**	*profond. cm*	?	7/8	9/10	11/13	7/11	12/15	12/13		8/11	9
21	**espacement**	*épaisseur cm*	?	1,6	1,6	?	1,6	1,7	?		1,6	1,6
22		*espacem. cm*	?	10/18	17/19	18	19/23	18/21	19/21		18/20	18
23	**RECTIFICAT.**	*aux coins*	néant	néant	néant	néant	néant	néant	néant		néant	néant
24	**du sol**	*à l'escoude*	néant	18	néant	néant	néant	néant	néant		néant	néant
25	**après**	*au pic*	oui	néant	néant	oui	néant	néant	oui		néant	oui
26	**l'extraction**	*autres*	néant	mortais. 16	mortais. 16	néant	néant	mortais. 17	mortais.17		mortais. 16	néant
27	**PROGRESS.**	*sens pendage*	S-E	S-E	S-E	S-E	S-E	S-E	S-E	S-E	S-E	S-E
28	**extraction**	*sens extract.*	N-S	N-S	N-S	E-O	S-N	E-O	N-S		N-S	N-S
29	**IRRéG.EXTR.**	*h. L. l. cm*	néant	néant	néant	néant	+16/46/35	+14/77/72	néant	néant	néant	néant
30	**JOINT STRAT**	**IFICATION**	non	non	non	non	non	non	non	non	non	non
31	**DéFAUTS**	*intégrés*	néant	fiss. vert.	diacl.vert.	diacl. vert.	néant	diacl.vert.	fiss.vert.	fiss.vert.	néant	néant
32	**naturels**	*non intégrés*	poche kars.	néant	néant	néant	néant	néant	fiss.vert.	néant	diacl.vert.	néant
33	**OBJET PROB**	**ABLE**	bloc.dégag.?	?	?	base/t.col.	?	lint.monol.	?	?	lint./corn.	lint./corn.

Fig. 40 Exemple de secteur de plan et fiche de relevé servant à la prise des données techniques correspondant ici au secteur sud de la carrière de Mathieu.

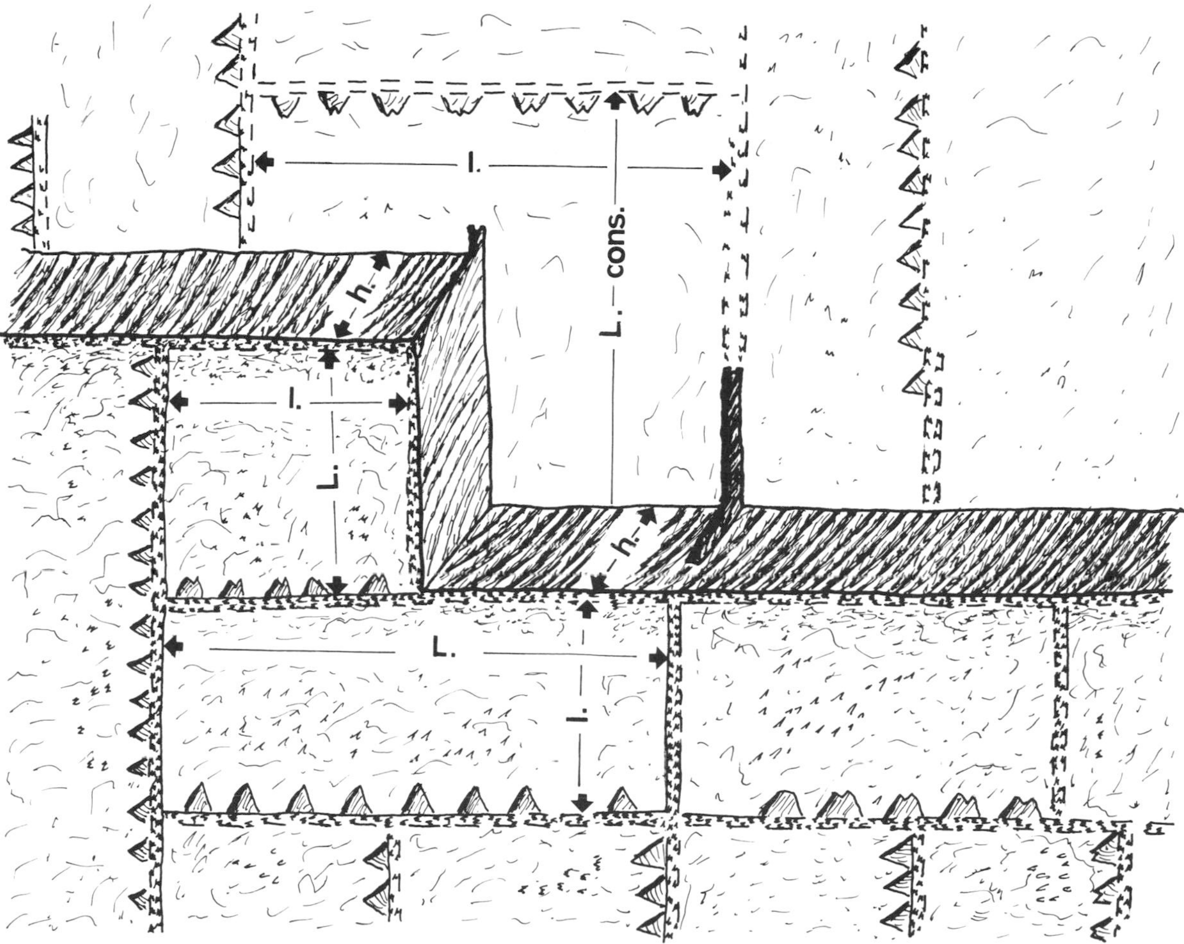

Fig. 41 Schéma de principe du relevé des dimensions dans une carrière à fronts orthogonaux.

d'éviter les confusions. Lorsque la surface à étudier est un peu vaste, un découpage en plusieurs secteurs facilite la recherche des empreintes. Lorsqu'il s'agit d'une exploitation mixte, disposée en partie en palier sur un front et en partie en fosse, comme dans la carrière de Mathieu, la séparation en grandes unités s'impose parfois. Si la fouille a déjà fourni des indices sûrs pour différencier des zones d'époques différentes, il vaut mieux les traiter séparément.

Comment identifier sûrement l'empreinte du bloc sur le terrain? Plusieurs cas se présentent au sein d'une carrière comme celle de Mathieu. Lorsque l'empreinte est partiellement cernée par des ressauts verticaux (fig. **41** et **42**), il suffit de prendre les dimensions horizontales à l'intérieur de la zone ainsi délimitée en sachant qu'il faut déduire la largeur des tranchées d'extraction. Celles-ci se repèrent grâce aux impacts de l'outil alignés sur le sol. Quelle que soit l'affectation définitive supposée ou prouvée du bloc extrait (tambour, fût de colonne, architrave, etc.), c'est toujours la hauteur sur lit de carrière, c'est-à-dire la dimension verticale, qui est prise en considération pour l'épaisseur de la pierre. Cette hauteur se confond habituellement avec celle des ressauts du sol de carrière ou des fronts de taille secondaires. Si l'empreinte est adossée à un front assez haut, il faut retrouver sur ses parois l'arrêt horizontal correspondant à la hauteur du bloc enlevé (fig. **43**). Cette ligne peut être matérialisée par un léger ressaut horizontal. Quelquefois, malgré sa disparition, ce dernier peut être mis en évidence par les traces d'une rectification rapide du front au pic. Un autre indice est fourni par les hauteurs des séries de sillons latéraux produits par l'instrument d'extraction.[3] Cette hau-

3 Les carriers traditionnels dénomment ces séries de traces parallèles "échelles" (Bessac 1991a: 101, fig. 4).

Fig. 42 Schéma de principe du relevé des dimensions dans une carrière à fronts alvéolaires.

Fig. 43 Détail du front occidental de la carrière de Mathieu avec des ressauts correspondant aux différentes hauteurs des pierres extraites (ph. L. Damelet).

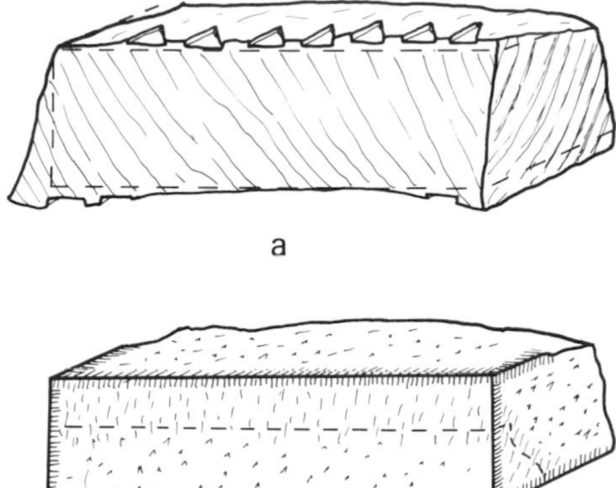

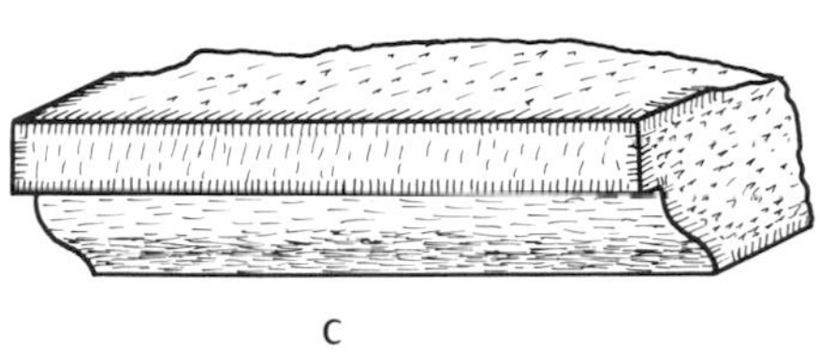

Fig. 44 Évolution dimensionnelle d'un bloc brut de carrière transformé en élément mouluré.

teur du bloc extrait est d'autant plus repérable si, d'une série de sillons à l'autre, le carrier a changé le sens de sa progression; dans ce cas, les traces dessinent sur le front des sortes de très grandes séries de chevrons horizontaux (fig. 43).

La hauteur varie selon les irrégularités laissées par l'arrachage du bloc. A partir du sol de carrière, deux mesures sont donc nécessaires, la première prise sur le point le plus haut, la seconde sur le point le plus bas. Une mesure à partir du fond de la tranchée d'extraction est à éviter car celui-ci est souvent plus profond que le plan d'arrachage du bloc. Quant à la longueur et à la largeur elles varient selon l'endroit de la mesure car les angles des tranchées sont rarement à 90°, surtout au fond. La solution consiste donc, ici aussi, à relever les cotes minimales et maximales. Lorsqu'il s'agit de pièces extraites directement sous forme de cylindres, seuls la hauteur et le diamètre sont mentionnés (fig. 42).

Pour l'interprétation métrologique, la mesure retenue pour le bloc définitif sera différente selon qu'il s'agira de la longueur, de la largeur ou de la hauteur. Habituellement les blocs antiques finis sont souvent "démaigris en queue" selon l'expression professionnelle (Noël 1965: 127 et 295) — autrement dit, leur longueur est un peu réduite en profondeur dans la construction sur la partie postérieure des faces des joints montants. En outre, les pierres sont généralement laissées brutes à l'arrière (fig. **44 a**); par conséquent, pour la longueur et la largeur, la dimension prise en compte sera une moyenne. Pour les blocs sûrement destinés à la taille d'éléments isolés, comme les fûts de colonne, la longueur minimale doit être retenue. La hauteur définitive de l'élément extrait correspond à la mesure minimale relevée sur l'empreinte du bloc brut parce que les lits d'attente et de pose sont toujours taillés bien plans et d'équerre avec le parement (fig. 44 b). La valeur des écarts entre les maxima et les minima des hauteurs contribue à l'évaluation du volume de pierre réellement utilisé par rapport au volume extrait. Il en est de même pour les longueurs et les largeurs, mais là il est plus juste de considérer comme déchet la différence existant entre la mesure moyenne et la mesure maximale. Malgré ces précautions, l'étude métrologique en carrière n'aura jamais une justesse et une précision comparables à celles de l'analyse des monuments.[4] Ce caractère approximatif des données métrologiques est d'autant plus accentué que la pierre des Lens supporte très bien un emploi en délit; les blocs peuvent donc être utilisés et taillés en tous sens plus que d'autres. En outre, ils sont quelquefois susceptibles de subir des subdivisions selon n'importe laquelle de leurs trois dimensions. Une précision des mesures au cm près est donc ici suffisante. Lorsque l'empreinte d'un bloc initial est tronquée par une nouvelle extraction, cela implique des mesures incomplètes; il est alors précisé qu'il s'agit de dimensions conservées et non totales de façon à les écarter de l'étude métrologique.

Tranchées et traces de l'outil principal d'extraction

Les conditions lithostratigraphiques du calcaire du Bois des Lens rendent obligatoire le creusement de tranchées verticales pour l'extraction (fig. 43 et 48). Malgré le caractère prédominant de cette règle, elle n'est pourtant pas applicable à toutes les carrières régionales, en particulier à celles de Barutel et surtout de Roquemaillère près de Nîmes, où il est fréquent de voir de l'extraction sans tranchées verticales (Bessac 1987a: 34). Les mesures de la tranchée peuvent être limitées à sa largeur prise avant un éventuel rétrécissement inférieur (Bessac 1991a: 99-100). Sa hauteur et sa longueur initiales correspondent à la hauteur et à une partie du

---

4 Certains tiennent à pousser le degré de précision jusqu'à 0,5 mm (Daux, Hansen 1987: 171).

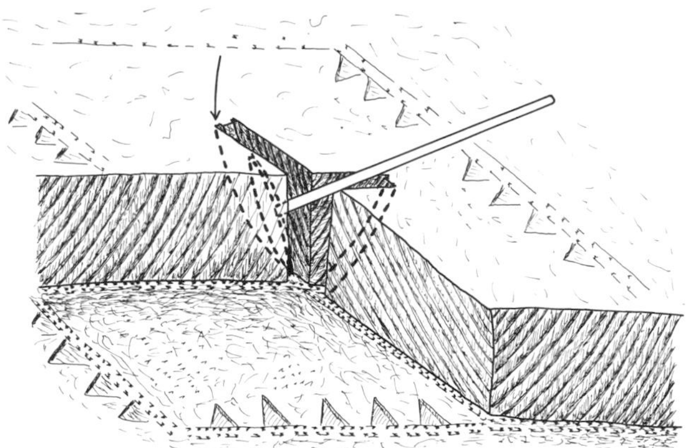

Fig. 45 Principe des dépassements en fin des tranchées.

périmètre du bloc sur trois ou sur deux côtés si c'est un angle. Lorsque l'empreinte est éloignée d'un front de taille, cas très fréquent, il ne reste plus que leurs traces au sol mais la largeur de la tranchée est trop fortement diminuée à ce niveau pour la prendre en compte. Dans la carrière de Mathieu, la prise en considération de la largeur de la tranchée intervient dans la distinction entre l'extraction romaine et celle d'époque moderne. Ailleurs, elle constitue aussi un facteur d'identification du type d'outil de creusement employé et elle contribue à l'étude de la position de travail du carrier (Bessac 1991a: 96-101). La détermination du volume des tranchées nécessaires à l'extraction d'un bloc contribue aussi à l'évaluation de la quantité de pierre utilisée par rapport à la masse totale de roche extraite.

Lorsqu'une ou plusieurs des deux ou trois tranchées cernant le bloc dépassent l'alignement de ce dernier dans la masse rocheuse contiguë, sans que cela corresponde à une autre pierre à extraire, cette particularité est notée. La longueur du dépassement est mesurée au niveau du sol de carrière supérieur. Un tel dépassement permet au carrier d'atteindre aisément la profondeur souhaitée jusque dans l'angle inférieur de la pierre (fig. **45**). Lorsqu'il évite cette pratique, la courbe résultant de l'usage d'un instrument à percussion lancée laisse, même après une reprise partielle du travail en sens inverse, un petit triangle de pierre au fond de la tranchée susceptible de provoquer ensuite une mauvaise cassure dans l'angle du bloc au cours de son arrachage aux coins. En contrepartie, le dépassement du périmètre du bloc par une ou plusieurs de ses tranchées d'extraction (fig. 45) constitue une contrainte: le carrier peut difficilement adopter ensuite un nouveau canevas d'extraction; il doit essayer de poursuivre son travail dans le même alignement afin d'éviter la présence des amorces de tranchées dans les prochains blocs extraits. Dans les parties romaines des carrières des Lens, le canevas d'extraction est constamment adapté, à la fois aux diverses cotes des commandes et au réseau naturel des fissures, et les reprises se font souvent avec des décalages d'alignement plutôt que sur la base d'une formule standard. Par conséquent, les dépassements doivent être interprétés soit comme une sorte de négligence vis-à-vis de la suite de l'extraction, soit comme une attitude propre à une fin de chantier. Il faut tenir compte du fait que ces observations sont réalisées sur les derniers fronts de taille exploités au moment de l'arrêt du chantier. Il est assez rare qu'un tel dépassement de tranchée puisse être observé sur le parement d'un bloc déjà mis en œuvre (Bessac 1980: 142) car les tailleurs de pierre s'arrangent pour placer le défaut sur une face cachée. La présence d'un dépassement de tranchée en carrière permet également de connaître l'ordre chronologique de l'extraction de blocs contigus situés sur deux niveaux différents (fig. 45). Le sol de carrière le plus haut marqué par un dépassement correspond à une extraction antérieure à celle liée à la tranchée en question. L'orientation du dépassement par rapport au bloc étudié est toujours notée; elle contribue à la connaissance du sens de la progression de l'extraction.

La forme de l'extrémité active de l'outil d'extraction est identifiée par l'intermédiaire de son empreinte dans la pierre à l'endroit de l'impact, particulièrement sur le sol de carrière à l'aplomb de la tranchée. Sur la fiche, cette extrémité est symbolisée par un pictogramme rappelant ses contours généraux. Sur le sol romain de la carrière de Mathieu, les impacts d'outil révèlent l'emploi de l'escoude à double dent à chacune de ses extrémités; elle est symbolisée par la lettre M (fig. **46 b**). Les impacts modernes prouvent l'usage d'un outil de conformation générale proche mais muni d'un tranchant très étroit perpendiculaire au manche, symbolisé ici par une sorte de V aplati dans le bas (fig. 46 a). L'empreinte de l'escoude romaine à double dent, identifiée et datée pour la première fois dans la carrière de Mathieu (Bessac 1988b: 43), consti-

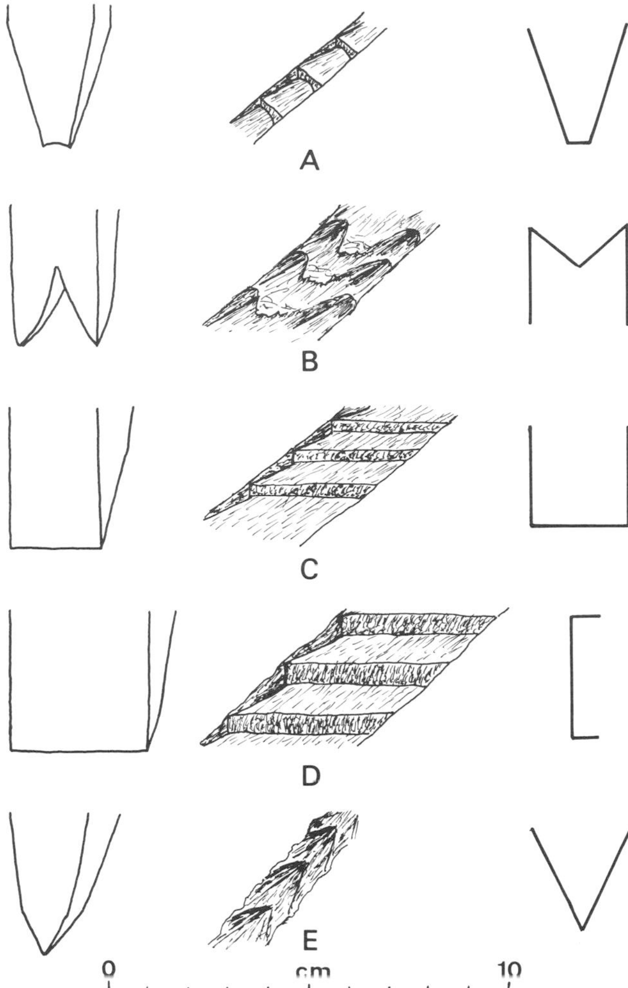

Fig. 46 Pointes, traces et symboles conventionnels des différents outils employés pour l'extraction dans le Bois des Lens: a) escoude moderne à extrémités à tranchant étroit; b) escoude romaine à double pointe; c) escoude de tradition hellénistique à tranchant droit de largeur moyenne; d) outil d'extraction de tradition gallo-grecque à tranchant large; e) pic d'extraction à pointe pyramidale.

tue le caractère chronologique distinctif de la typologie des techniques d'extraction en Gaule méditerranéenne.

Dans la carrière du Roquet B9, caractérisée par l'extrême tendreté de sa roche, les empreintes d'autres outils d'extraction ont été identifiées. L'un d'eux, antérieur au Haut Empire, possède aussi un tranchant perpendiculaire au manche mais très large, schématisé sur la fiche par un crochet ouvert (fig. 46 d). Sur les sols et les fronts d'origine de cette dernière exploitation mais aussi dans la carrière des Pielles C2, une escoude donne une empreinte d'un tranchant perpendiculaire au manche un peu moins large que celle à double dent; il est schématisé par un U à angles droits (fig. 46 c). Ces mêmes empreintes se trouvent sur des chantiers hellénistiques et aussi dans certaines carrières modernes (Bessac 1980: 138 et 142). La carrière des Pielles présente, dans son chantier du haut Moyen Age, un type d'impact pointu formé d'un creux pyramidal, traduit dans les fiches par un V (fig. 46 e).

La prise en compte de la largeur de l'extrémité active de l'outil d'extraction, mesurée au millimètre près, est fondamentale pour vérifier s'il existe des variations au sein d'une même carrière ayant fonctionné à des dates différentes, ou bien entre diverses exploitations contemporaines fournissant des pierres de duretés distinctes. Dans la carrière de Mathieu, pour une activité s'étalant sur environ 30 ans, cette mesure reste assez stable. Les traces du XIXe et du début du XXe s. dénotent aussi une permanence dimensionnelle similaire pour cette période récente. Au sein de ces deux courtes phases antique et moderne il existe de très petites variations de largeur qui, associées à d'autres indices, contribuent à l'identification des travaux personnels de chaque carrier. La mesure de la largeur de l'impact de l'outil étant parfois difficile à prendre précisément avec un mètre ordinaire, son moulage avec de la pâte à modeler est souvent nécessaire; ce procédé permet aussi de mieux identifier la forme exacte de l'extrémité de l'outil. Au lieu de multiplier les mesures sur tous les impacts, il est préférable d'en retenir quelques uns parmi les mieux conservés. Cette largeur reste fixe pour une même tranchée, sauf si le carrier a utilisé l'autre extrémité de son outil, en supposant qu'elle soit différente.

La mesure horizontale de l'espace compris entre les impacts au fond des tranchées est également notée. Ce relevé doit être répété en de nombreux points afin d'obtenir une valeur statistique de l'écart minimal et maximal entre les impacts (fig. **47**). Lorsque la tranchée est large, il faut veiller à ne mesurer que l'espacement des impacts d'une même série alignée à gauche ou à droite, mais jamais en biais. Dans le cadre d'une exploitation produisant une seule variété de pierre,

Fig. 47 Carrière de Mathieu, tranchée romaine du Haut Empire réalisée en deux passes. Le fragment d'escoude romaine découvert sur ce site a été placé ici sur les impacts correspondants.

cette donnée doit contribuer à distinguer des mains différentes et doit permettre d'évaluer les capacités pratiques et la force du carrier. En la confrontant à des mesures analogues prises sur des pierres de duretés différentes, elle peut constituer un facteur d'évaluation de la difficulté du creusement de la tranchée d'extraction et, par conséquent, de la durée relative de ce travail. Plus les coups sont espacés, plus le travail a progressé rapidement, et inversement. La mesure de l'espacement des sillons produits latéralement par l'outil d'extraction sur les fronts complète les données précédentes. Ses résultats interviennent exactement dans les mêmes domaines que ceux de l'interprétation des traces. Il s'agit, là aussi, de déterminer l'espacement maximal et minimal considéré perpendiculairement aux sillons (fig. **48**). Comparés à la précédente mesure, les nouveaux chiffres obtenus sont très proches et les écarts extrêmes sont proportionnels. Relevée sur le front elle est habituellement plus facile à prendre que la précédente. Mais ce n'est pas toujours qu'une paroi verticale est conservée sur l'un des côtés de l'empreinte, tandis que les impacts au fond des tranchées sont beaucoup plus communs.

Sur les parois verticales, lorsque les traces sont particulièrement nettes, il est parfois possible de prendre en compte l'angle latéral de l'extrémité active de l'outil (fig. 48). Sa mesure peut être prise à l'aide d'un rapporteur transparent en rele-

Fig. 48 Carrière de Mathieu secteur sud, exemple de sillons latéraux très réguliers produits par un carrier romain avec son escoude.

vant en degrés ou en grades l'angle aigu formé entre le sillon principal et les courts traits obliques qui dessinent des sortes de barbes disposées en arêtes de poisson sur un seul côté de l'axe. L'identification de l'angle de l'outil permet de mieux connaître la morphologie de ce dernier et d'apprécier les éventuelles variations chronologiques. Cet aspect des traces, difficilement perceptible, a été mis en évidence trop tardivement dans le cadre de la présente étude pour être pris en compte dans le traitement général des données. Donc, il n'a pas fait l'objet d'un relevé systématique; un échantillonnage représentatif a été jugé suffisant pour étayer les commentaires techniques.

Pour apprécier la qualité du travail de creusement des tranchées, la conservation d'une paroi est également indispensable. Plutôt qu'une mesure, c'est une évaluation à caractère plus ou moins subjectif. L'appréciation de la qualité du travail se fait selon quatre degrés décroissants de A à D et uniquement sur les deux tiers supérieurs du front de taille. Elle est fondée d'une part sur la planéité de la paroi, d'autre part sur la régularité des sillons (fig. 48), les deux caractères étant d'habitude étroitement associés. Elle intervient pour distinguer des mains différentes, pour connaître le niveau professionnel des carriers, et lors de comparaisons entre des carrières de pierre de qualité analogue mais d'époques différentes. Dans quelques cas, il semble possible de déterminer si le carrier a travaillé avec sa main droite ou sa main gauche en avant et ainsi de savoir s'il était gaucher ou droitier. Toutefois, pour beaucoup d'empreintes possédant au moins une paroi verticale, cette donnée reste très ambiguë, voire subjective, et elle est donc écartée. Lorsqu'un carrier droitier ou gaucher creuse une tranchée, il est plus efficace et plus précis s'il peut travailler avec sa bonne main. Par conséquent, sur un front de taille, à l'approche d'un angle en particulier, quand il a été contraint de changer de main faute de dégagement suffisant, cela se traduit à la fois dans l'espacement des sillons et dans la rectitude des parois. Ces données secondaires, résultant de positions de travail inhabituelles dans ce type de carrière, ne peuvent pas être intégrées à l'étude statistique. En revanche, lorsque le changement de main est quasi-systématique et identifiable sans la moindre ambiguïté, à l'exemple des traces relevées sur les fronts latéraux des galeries des carrières souterraines (Röder 1957: 242), il est intéressant de dissocier les traces d'outil selon qu'elles résultent d'un travail à la main gauche ou à la main droite.

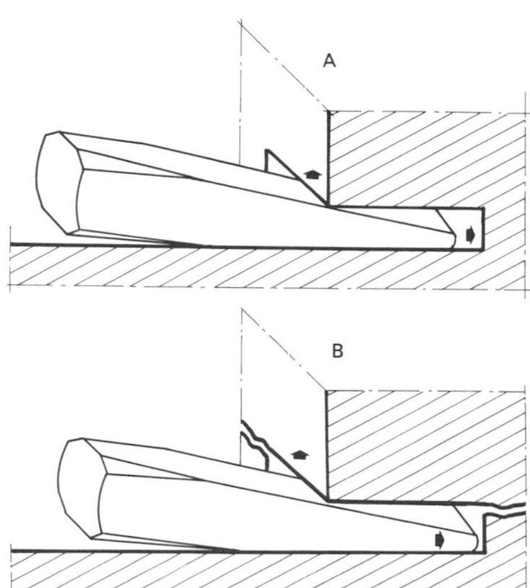

Fig. 49 Schéma montrant où se produit la fracture d'un bloc sous l'effet de la pression d'un coin.

Réceptacles et traces de coins

L'usage des coins pour l'extraction romaine se traduit dans la carrière et sur les blocs extraits par la présence d'emboîtures, c'est-à-dire de cavités creusées spécialement pour recevoir l'outil. Une fois le bloc extrait, elles sont généralement séparées en deux moitiés, souvent inégales, la plus importante restant plutôt sur le substrat où la résistance à la pression des coins s'exerce le plus fortement (fig. **49**); c'est cette partie inférieure qui est étudiée ici. En premier lieu, sont observés la position des emboîtures par rapport au bloc extrait et leur nombre. Dans le calcaire des Lens, habituellement les emboîtures sont creusées sur la longueur du bloc et plus rarement sur sa largeur, sauf s'il s'agit d'empreintes presque carrées. Leur creusement sur la hauteur est vraiment très exceptionnel; un unique exemple antique est connu dans la carrière de Mathieu. Dans d'autres affleurements, la situation peut être inversée; exceptionnellement il existe des emboîtures sur deux côtés à la fois. Leur

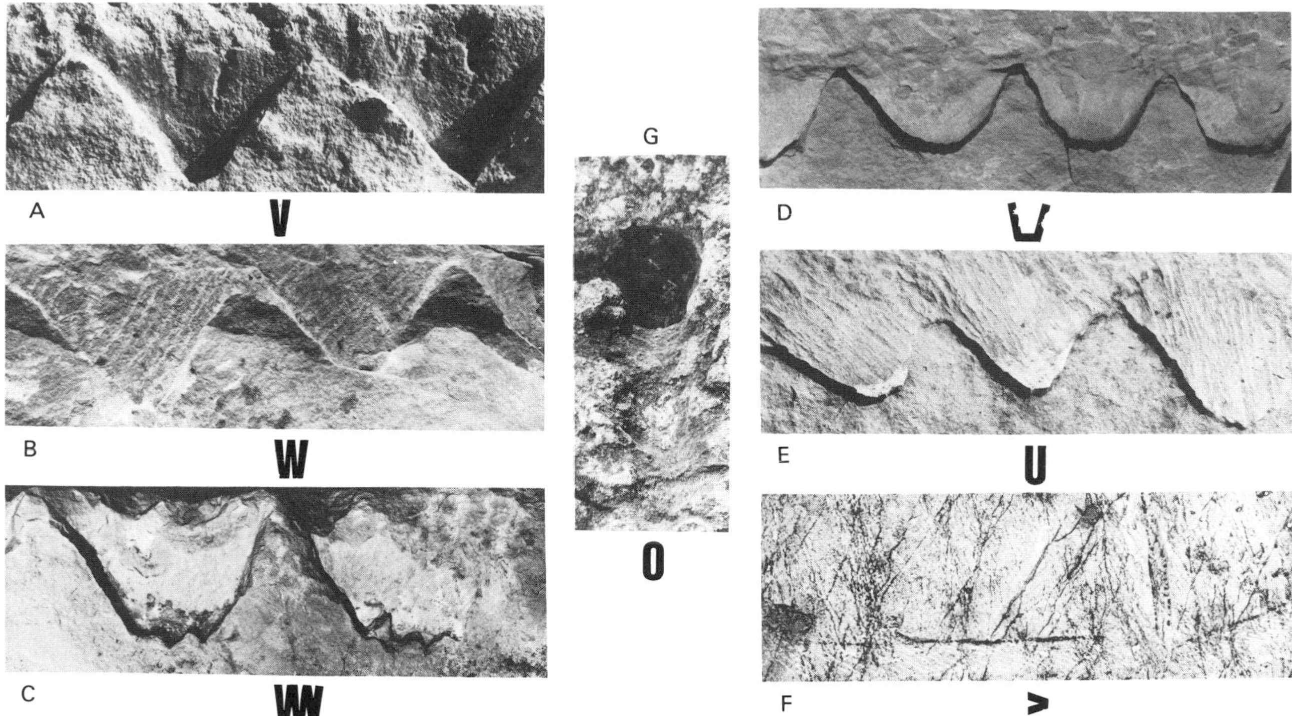

Fig. 50 Différents types d'emboîture et d'encoignure: a) emboîture romaine en V avec le double sillon pour bloquer les coins; b) emboîture en W avec les sillons du mortaisoir qui a permis de la creuser (spécifique d'un gaucher dans ce cas); c) emboîture romaine en W multiple; d) emboîture romaine trapézoïdale; e) emboîture de la fin du Moyen Age en U; f) encoignure moderne disposée en saignée continue de section verticale en >; g) trou conique pour coin de bois employé dans l'extraction de tradition gallo-grecque (ph. L. Damelet).

comptage peut parfois se révéler délicat, en particulier sur la surface d'un joint de stratification ou sur un sol de carrière rectifié après extraction. Lorsque l'étude de l'empreinte permet de supposer la disparition de certaines emboîtures, il est utile de préciser que le nombre retenu correspond seulement aux unités conservées.

La position des emboîtures et leur nombre sur une arête donnée du bloc interviennent pour la connaissance de l'adaptation des techniques aux particularités lithostratigraphiques de l'affleurement. Si la pierre exploitée est largement subdivisée en de nombreux joints de stratification nets, parallèles et de hauteur régulière, les carriers ont intérêt à disposer les coins en haut du bloc; cela évite le creusement de tranchées verticales. Cette situation est commune dans la carrière romaine de calcaire dur de Barutel (fig. 22) et elle est de règle dans la pierre froide de Roquemaillère près de Nîmes, 20 km à l'est du Bois des Lens (Bessac 1987a: 34). Lorsque le joint de stratification est bien marqué, tout en restant partiellement soudé par de la calcite, le carrier a intérêt à économiser son travail en diminuant sensiblement le nombre des emboîtures. Au contraire, si le bloc à extraire est bien fondu dans la masse rocheuse sous-jacente et que sa forme en plan se rapproche plus du carré que du rectangle, la disposition simultanée de coins sur deux côtés contigus peut faciliter l'arrachage. La position des coins peut également révéler indirectement une situation de fin d'exploitation. C'est le cas lorsque les emboîtures sont creusées sur la hauteur pour fracturer verticalement le substrat jusqu'au joint de stratification horizontal, alors que la structure de la pierre n'est pas assez vive et serrée pour obtenir un tranchage franc, comme dans les dernières extractions antiques réalisées dans la carrière de Barutel (Bessac 1981a: 63). La fracture obtenue est alors tellement irrégulière qu'elle rend toute reprise de l'extraction difficile et coûteuse en temps de rectification du front de taille.

La forme en plan de l'emboîture est notée par l'intermédiaire d'un pictogramme. Dans la partie romaine de la carrière de Mathieu, il existe quatre possibilités: en V, en W, en W multiple, c'est-à-dire dentelé, et enfin en trapèze (fig. **50** a, b, c et d), cette dernière forme étant rare. Dans le chantier primitif du Roquet B9 et aux Pielles C2 dans la partie médiévale, les emboîtures sont grossièrement trapézoïdales et souvent arrondies: elles sont schématisées par un U (fig. 50 e). Sur le site du Roquet se trouvent aussi dans la partie préaugustéenne des spécimens cylindriques: ils sont symbolisés par un O figurant leur section (fig. 50 f). Dans la carrière de Mathieu, quelquefois l'on remarque plusieurs types côte à côte, sur une même série du Haut Empire (fig. 50 b); leur proportion varie souvent d'un bloc à l'autre en fonction des habitudes des carriers. C'est donc là un moyen complémentaire de différenciation des intervenants. On peut aussi envisager une évolution chronologique de la forme des emboîtures ou leur adaptation aux caractères propres du matériau. Un exemple d'évolution chronologique est donné par l'extraction d'époque moderne dans la carrière de Mathieu. Au lieu de creuser des emboîtures individuelles, ces carriers préféraient tailler, à la base du bloc, une encoignure, c'est-à-dire une longue saignée unique profilée en V horizontalement (symbole abrégé: >, fig. 50 g).

Dans les chantiers romains des Lens, sur la face inférieure de chaque emboîture apparaissent très fréquemment deux courtes et profondes rainures parallèles, orientées vers le fond (fig. 50 a). Leur espacement varie un peu, selon les pierres, de 2,5 à 5 cm; leur nombre et leurs écarts extrêmes sont notés pour chaque série d'emboîtures où cet indice apparaît. Les différences des moyennes de ces écarts constituent un élément discriminatoire complémentaire pour l'identification du travail individuel des carriers.

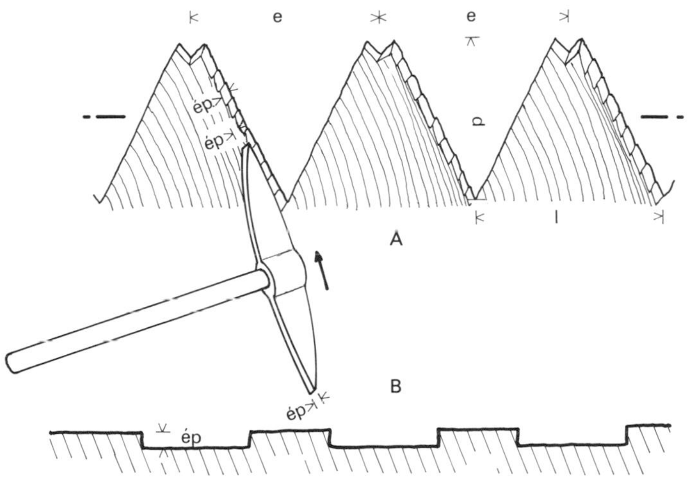

Fig. 51 Principe du creusement d'une emboîture romaine avec un mortaisoir et prise de mesures.

Les caractères dimensionnels des emboîtures sont relevés, toujours d'une façon statistique, au sein d'une série propre à une empreinte d'un bloc en notant un minimum et un maximum. Leur largeur se confond avec leur ouverture et se mesure en bordure de la tranchée d'extraction. Leur profondeur correspond à la distance entre leur entrée et leur extrémité la plus profonde (fig. **51**). Sur les saignées modernes profilées en V, la profondeur et l'ouverture sont les seules dimensions mesurables. L'épaisseur des emboîtures antiques n'est pas toujours vérifiable car elle correspond à la distance existant entre leurs deux grandes faces supérieure et inférieure. Il faut donc qu'une partie de la paroi opposée au rocher en place ait subsisté, généralement vers le fond du trou, sous la forme d'un léger ressaut parfois à peine perceptible. Dans les chantiers romains de l'affleurement, cette hauteur est habituellement nette et régulière et elle correspond exactement à la largeur du tranchant de l'outil employé pour le creusement de l'emboîture (fig. 51). Donc, ici le caractère typologique concerne ces deux éléments. Cette mesure est très inférieure à l'épaisseur maximale des coins. Ceux-ci s'adaptent partiellement en s'enfonçant et ne viennent complètement sous le bloc qu'au moment où ce dernier s'arrache du substrat (fig. 49). Pour les emboîtures hémisphéroïdales creusées dans la pierre tendre de la carrière du Roquet, l'épaisseur visible n'est jamais totale et précise; il s'agit alors du creux maximal près du centre de l'emboîture, c'est-à-dire l'épaisseur conservée. Associés à l'étude des formes d'emboîtures, les caractères dimensionnels aident à distinguer les particularités individuelles des carriers mais aussi les variations chronologiques éventuelles.

L'instrument utilisé pour la confection des emboîtures laisse aussi des petits sillons latéraux sur les parois de ces dernières (fig.50 et 51). Ceux-ci sont très fins et nécessitent d'excellentes con-

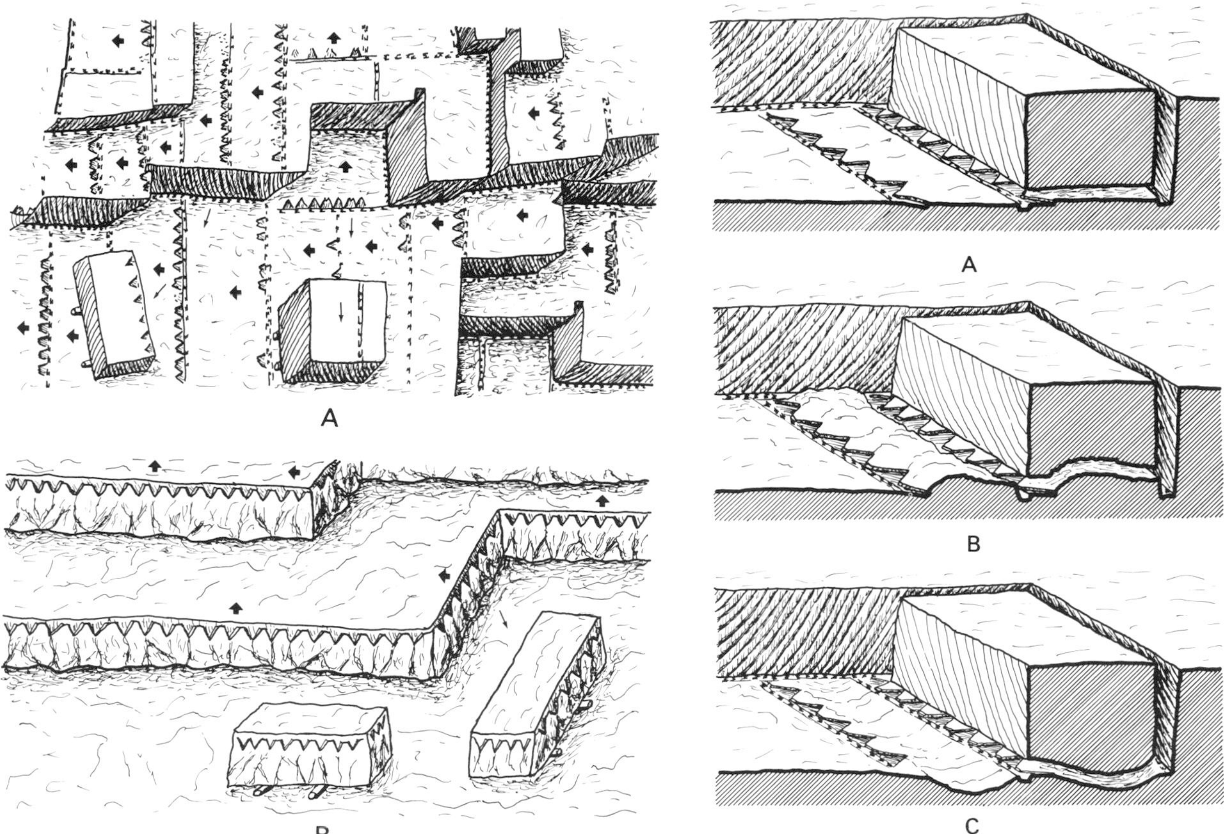

Fig. 52 Etude schématique de la progression de l'extraction en carrière: a) extraction par fracture horizontale aux coins; b) extraction par fracture verticale aux coins.

Fig. 53 Divers types de fractures horizontales aux coins: a) bloc correctement extrait; b) bloc concave mal extrait car sa hauteur prévue est insuffisante; c) bloc convexe assez bien extrait car sa hauteur est complète.

ditions de conservation, rarement réunies, pour garantir de bonnes observations. Ces traces présentent un avantage intéressant: la disposition des sillons sur la paroi inférieure de l'emboîture indique clairement si l'instrument a été tenu de la main gauche ou de la main droite. Cela vient du fait que le geste de l'ouvrier est ici toujours conditionné dans un plan d'évolution presque horizontal et surtout très proche du sol de carrière. Par conséquent, outre l'espacement moyen des sillons, il faut noter s'il s'agit d'un carrier droitier, gaucher ou ambidextre, si les sillons présentent une double orientation dans la même emboîture. Il est indispensable de tenir compte des contraintes liées à l'espace disponible à l'extrémité d'un bloc, lorsqu'il se termine dans un angle rentrant du front; cette situation particulière oblige le carrier à changer de main. Lorsque la pierre est très longue et que le creusement des emboîtures a été partagé entre deux carriers, cela mérite d'être signalé. L'espacement des emboîtures est mesuré d'axe en axe (fig. 51); elles sont d'autant plus espacées que le carrier présume que la pierre va se séparer facilement du substrat. Cela peut lui être suggéré par la présence d'un joint de stratification ou bien, si les coins sont disposés sur la hauteur, par une fissure verticale.

Progression de l'extraction

Le sens d'avancement de l'extraction se déduit de la position des coins (fig. **52**). Si les emboîtures sont creusées à la base de l'empreinte du bloc extrait sur sa longueur ou, plus exceptionnellement, sur sa largeur, cela veut dire que le carrier était placé de ce même côté, vers la partie de la carrière déjà exploitée. Par exemple, lorsque les emboîtures sont à l'ouest de l'empreinte, la progression a été d'ouest en est (fig. 52 a). Les emboîtures étant généralement creusées en V ou en W, leur pointe matérialise le sens de la progression. Lorsqu'elles sont disposées verticalement sur la hauteur du bloc, le sens d'avancement est alors obligatoirement de ce côté-là (fig. 52 b). Par exemple, si ces dernières se trouvent au sud de l'empreinte du bloc, cela implique une progression du nord vers le sud.

Dans le cadre de l'étude générale du développement de la carrière, il est intéressant de compléter ces informations sur le sens de la progression de l'extraction en observant les redans du front et les éventuels dépassements des tranchées d'escoude. En outre, il est important de confronter les remarques sur le sens de progression de l'extraction avec l'orientation du pendage de la roche. Habituellement, il s'agit là d'une donnée invariable au sein d'une carrière et bien souvent sur l'ensemble d'un affleurement. Dans beaucoup d'affleurements, les carriers essaient au maximum de faire coïncider la progression de leur exploitation avec le sens du pendage; ainsi les blocs se détachent mieux (Bessac 1987b: 136). La pierre des Lens échappe à cette règle du fait de son homogénéité.

Défauts d'extraction

Deux types de défauts d'extraction apparaissent dans une carrière: les inégalités des fronts de taille dues à un creusement maladroit des tranchées (ressauts, faux aplomb, creux) et les irrégularités des sols ou, plus exceptionnellement, des fronts bruts d'extraction aux coins. Un bonne séparation du bloc doit laisser un sol de carrière plan joignant bien la ligne des emboîtures aux fonds des tranchées, sans creux ni reliefs supérieurs à 5 cm (fig. **53** a). Ainsi, il n'y a pas de pertes ni de rectifications à prendre en compte, tant sur la face inférieure du bloc extrait que sur le sol de carrière destiné à devenir plus tard la face supérieure d'une prochaine pierre. En cas de rupture aux coins défectueuse, deux possibilités risquent de se présenter:
— La plus mauvaise se traduit, sur le sol de carrière, par un relief appelé traditionnellement "sac de soldat" par les professionnels régionaux (témoignage E. Roucher); elle forme alors une dépression sur la face inférieure du bloc (fig. 53 b). Selon l'ampleur du défaut et la marge de pierre prévue en plus par sécurité, le bloc risque d'être trop faible en hauteur par rapport à la commande. Il peut être rejeté ou bien stocké provisoirement dans l'attente d'une récupération éventuelle par le biais d'une retaille adéquate afin de l'adapter à une pièce de dimensions plus réduites. Dans tous les cas, il en résulte une perte de matériau et surtout de travail d'extraction et de rectification.
— La seconde forme de défaut correspond à la situation inverse: elle est sensiblement moins grave et se traduit, sur le sol, par un creux et par une bosse, sur la face inférieure du bloc extrait (fig. 53 c). La pierre est donc récupérable; il faut seulement la retailler à la hauteur voulue. Sur le sol, la présence d'un creux est peu gênante car, lors de la prochaine extraction, le carrier tiendra compte de ce manque de matière pour calculer la profondeur de ses tranchées en fonction de la hauteur du bloc à extraire. Par ailleurs, un creux sur le sol est moins embarrassant pour le bardage qu'une bosse; quelques pelletées de déchets d'extraction suffisent pour le combler.

Un creux sur le sol de carrière est signalé par le signe moins (-) et l'inverse par le signe plus (+). La hauteur, la longueur et la largeur du défaut sont mentionnées en cm dans cet ordre-là. Ces éventuelles rectifications du sol de carrière après l'extraction visent surtout la suppression des reliefs (fig. **54**). Elles ont pu être pratiquées essentiellement à l'aide de trois sortes d'outils: le coin, l'escoude et le pic. L'usage du coin est très rare et vise exclusivement la suppression de défauts présentant un relief supérieur à 15 cm. Tout à fait exceptionnellement, d'autres outils ont pu également intervenir pour cette tâche: marteau taillant, broche, ciseau, etc. Ces particularités sont notées en mentionnant la forme et la largeur de l'extrémité active de l'outil utilisé à partir de ses impacts.

Fig. 54 Traces de rectification d'un sol à l'escoude romaine à double dent dans la carrière de Mathieu.

Fig. 55 Défaut karstique constitué d'une diaclase calcitée dans la carrière de Mathieu.

Fig. 56 Tranchée d'extraction romaine creusée dans l'alignement d'une lithoclase dans le secteur nord-ouest de la carrière de Mathieu (ph. L. Damelet).

Défauts naturels et joints de stratification

Deux grands types de défauts naturels surviennent parfois au cours de la progression de l'exploitation dans le calcaire des Lens: les joints tectoniques et les composants habituels du modelé karstique interne. Les premiers sont souvent assez étroits, de 0,1 à 2 cm; ils sont de direction générale à peu près perpendiculaires au pendage, ou aux joints de stratification. L'eau peut éroder leurs faces ou, au contraire, les souder par les dépôts de calcite (fig. **55**). Les seconds défauts ont pour origine le cheminement de l'eau, qu'il soit fossile ou actif. Celui-ci façonne des conduits et des diaclases plus ou moins larges et surtout plus tortueux que les joints tectoniques. Ces creux sont parfois remplis d'argile de décalcification ou bien de concrétions calcaires. L'attitude des carriers face à ces défauts naturels qu'ils découvrent au fur et à mesure de l'avancement de leur exploitation, révèle leur expérience. Il est donc indispensable de noter la présence et la nature de ces défauts et de contrôler s'ils ont été intégrés ou non au canevas des tranchées d'extraction (fig. **56**). Le caractère de leur intégration peut faire varier sensiblement le volume extrait par rapport au volume de pierre de taille utilisable — autrement dit, il peut influencer la rentabilité de la carrière.[5]

Les joints de stratification forment des discontinuités séparant la masse de calcaire en plusieurs couches de nature pétrographique identique (Foucault, Raoult 1980: 166). Ils correspondent exactement au pendage des couches. Dans la carrière de Mathieu, il n'en apparaît vraiment qu'un dans la masse exploitée durant l'Antiquité. Comme dans les joints tectoniques, l'action de l'eau a produit par endroit des dépôts calcitiques qui constituent des points de soudure entre les deux couches. Les joints de stratification forment une limite naturelle du sol de carrière dont les carriers doivent absolument tenir compte. Le travail nécessaire pour arracher un bloc du substrat est sensiblement réduit là où existe un tel joint. Sa présence garantit une rupture plate et régulière puisque la surface est naturellement prédécoupée. L'adaptation de l'extraction au joint de stratification permet aussi de diminuer le nombre de coins, voire de les supprimer quelquefois, épargnant ainsi la peine et le temps de creusement des emboîtures. L'intégration des données relatives à ces particularités lithostratigraphiques et aux défauts naturels de la roche en général s'avère donc indispensable.

Affectation probable du bloc extrait dans l'empreinte

La forme générale et les dimensions de l'empreinte permettent parfois de proposer une hypothèse sur l'affectation future du bloc. Cependant, ce n'est là qu'une précision complémentaire assez aléatoire. Parmi les affectations les plus probables dans la carrière de Mathieu, se distinguent les blocs de plan carré de hauteur assez réduite, généralement destinés à la taille de bases et de tambours de colonne de différents ordres ou de chapiteaux ioniques ou doriques (fig. **57**). En présence d'une empreinte presque cubique, on peut penser également à un tambour de colonne ou bien à un chapiteau à feuilles d'acanthe (fig. **58**). Sur ce site, il n'y a pas d'empreinte dont la hauteur soit très franchement supérieure au côté du carré de sa base. Lorsque les carriers avaient besoin de tels éléments pour réaliser des tambours un peu plus hauts que d'ordinaire ou des fûts de colonne, ils les extrayaient en délit, c'est-à-dire avec leur hauteur prise horizontalement. Cela se traduit dans la carrière par une empreinte de monolithe long de section carrée (fig. **59**). Une affectation analogue peut être donnée à un bloc également de grande longueur dont la largeur équivaut à un peu plus du double de sa hauteur sur lit de carrière (fig. **60**). Dans ce cas la pierre est extraite sous cette forme afin de diminuer les risques de cassure (toujours très importants pour les monolithes longs et étroits) au moment de l'arrachage aux coins. Ce n'est qu'une fois extraite qu'elle est subdivisée en choisissant un axe parallèle à sa lon-

5 Dans certains cas, comme dans le chantier de tradition hellénistique de l'excavation centrale des Pielles où le rocher a été tranché de part et d'autre libérant un massif de ses tensions internes, il est préférable de ne pas tenir compte de ce critère car des fissures inexistantes auparavant apparaissent alors.

Fig. 57 Empreintes romaines carrées du secteur est de la carrière de Mathieu correspondant à des blocs prévus pour la taille de tambours de colonne; à droite, l'extraction a échoué (ph. L. Damelet).

Fig. 58 Empreinte et bloc romains cubiques prévus pour la taille d'un chapiteau; secteur central de la carrière de Mathieu (ph. L. Damelet).

gueur afin d'obtenir deux fûts de colonne, lesquels ne seront arrondis qu'ensuite. Mais à partir de ce parallélépipède initial de grande largeur, il est possible également de tailler des linteaux, des architraves des corniches, etc. Dans les carrières des Lens les plus méridionales se trouvent souvent des empreintes cylindriques dont la hauteur sur lit de carrière est égale au moins au diamètre (fig. **61**). Elles correspondent à l'extraction de récipients cylindriques ou ovoïdes d'époque tardive (fig. 25 et 27).

Eléments extraits

Les produits bruts d'extraction ou ébauchés en carrière sont connus uniquement par les éléments abandonnés sur place. Pour la plupart, il s'agit donc d'exemplaires présentant des défauts naturels, de confection ou dimensionnels. Ce dernier motif de rejet est invérifiable. Il pourrait être éventuellement attribué à des blocs sans défauts et non récupérés suite,

Fig. 59 Empreinte romaine d'un monolithe long destiné à la taille d'un fût de colonne; secteur est de la carrière de Mathieu (ph. L. Damelet).

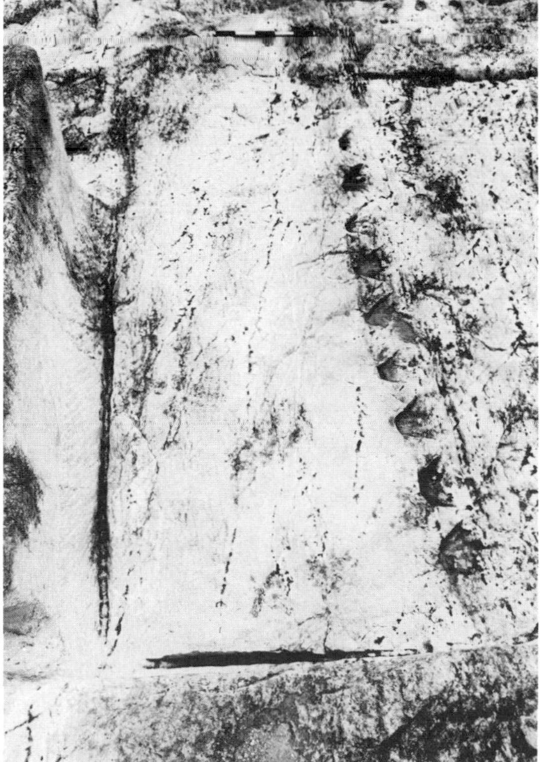

Fig. 60 Empreinte romaine d'un grand monolithe du secteur central de la carrière de Mathieu.

Fig. 61 Empreinte de cylindres extraits durant le haut Moyen Age dans la carrière des Pielles (ph. L. Damelet).

par exemple, à un arrêt relativement instantané et imprévu du chantier d'extraction. La prise de données sur les blocs extraits se distingue peu de celle effectuée sur les empreintes. Quelques commentaires sommaires sur les nuances qui la caractérisent suffisent pour bien cerner les spécificités de leur interprétation.

Identification du bloc et caractéristiques dimensionnelles générales

Pour un bloc déjà extrait, la question de l'identification de son volume est déjà résolue. Toutefois, la détermination de ses dimensions exactes peut poser quelques problèmes du fait qu'il est parfois difficile de savoir s'il est complet ou cassé. Toutes les faces portant des traces d'extraction peuvent être considérées comme les limites originelles du bloc. Si celui-ci a commencé à recevoir une taille d'ébauche, ce second type d'impacts d'outils sert également de repère pour les extrémités de l'élément. Mais parfois ces traces correspondent à une retaille visant à réduire le bloc brut d'extraction ou de débit. Néanmoins, si retaille il a subi, c'est qu'il pouvait encore être inséré dans une commande comportant un élément de dimensions plus restreintes que dans sa forme initiale. Lorsqu'une ou plusieurs faces sont privées de traces d'outil, il faut déterminer s'il s'agit d'une fracture naturelle prise en compte au moment de l'extraction ou bien d'une cassure intervenue plus tard et ayant motivé le rejet du bloc. Cette identification n'est pas toujours très évidente, mais en se fiant à certains critères propres aux calcaires et à la pierre des Lens en particulier, l'archéologue peut arriver à différencier les deux catégories de faces:

- les parois d'une fissure naturelle sont habituellement assez planes, calcitées ou concrétionnées; la teinte de l'épiderme de la pierre est alors plus ou moins ocre, suite aux contacts prolongés avec les boues de décalcification ou en raison des migrations d'oxyde de fer vers la surface;
- la cassure accidentelle présente généralement une surface inégale, souvent anguleuse; sa couleur et le grain de la pierre sont les mêmes qu'ailleurs sur les surfaces taillées.

Lorsque ces derniers critères apparaissent avec évidence sur une face, il s'agit d'une dimension conservée et non totale. Les précautions à observer lors de la prise de mesures sur le bloc extrait restent identiques aux précédentes, si ce n'est qu'il faut préalablement déterminer sur la pierre où se situe la hauteur sur lit de carrière. Les sillons de l'outil de creusement des tranchées d'extraction sont toujours situés sur les parois verticales, et leur inclinaison les rapproche davantage du sens de la hauteur que de celui des deux autres dimensions. Par ailleurs, dans les carrières des Lens, à quelques exceptions près, (fig. 62) les emboîtures sont pratiquement toutes horizontales, ce qui constitue un élément sûr de repère (fig. **62**). Lorsqu'il s'agit d'une pièce cylindrique courte, extraite verticalement sous la forme d'un parallélépipède, la longueur et la largeur sont automatiquement remplacées par le diamètre. Concernant des cylindres assez longs, comme les fûts de colonnes antiques habituellement extraits en délit, la position particulière de la hauteur est signalée en tenant compte de cette situation spécifique.

Traces de l'outil principal d'extraction

Sur le bloc déjà extrait, il n'est possible d'observer que les sillons latéraux de l'instrument employé pour creuser les tranchées. S'il existe aussi des impacts frontaux d'un outil analogue sur les mêmes faces, cela correspond obligatoirement à des empreintes en relation avec l'extraction d'un bloc contigu. Il en est de même si de tels impacts se trouvent sur une face horizontale: ils représentent alors les vestiges de fond de tranchée d'un bloc extrait antérieurement au-dessus, c'est-à-dire sur la face supérieure de la pierre alors qu'elle était encore intégrée au substrat. La face horizontale opposée de ce bloc ne peut en aucun cas présenter ce type de traces car elle est forcément située au-dessous, donc inaccessible, la pierre étant toujours attenante au substrat à ce stade des opérations. Les caractéristiques des éventuels impacts frontaux de l'outil d'extraction relevées sur les blocs extraits doivent donc être traitées indépendamment des traces propres à l'élément en cours d'analyse.

Fig. 62 Exemple de bonne fracture obtenue aux coins sur un bloc romain de la carrière de Mathieu.

Fig. 63 Fracture convexe sur un bloc romain de la carrière de Mathieu.

Emboîtures et traces de coins

Au sujet des vestiges d'emboîtures subsistant sur la face supérieure d'une pierre extraite, il existe un processus analogue à celui qui a été observé pour les traces de l'outil principal d'extraction présenté ci-dessus. Elles sont également en relation avec un bloc extrait antérieurement au-dessus, alors que la face supérieure de la pierre n'était qu'un sol de carrière (fig. 52 a). En contrepartie, les traces d'emboîtures situées sur la face inférieure du bloc extrait, quoique sensiblement moins nettes, voire difficiles à repérer, sont en relation directe avec son extraction. Quand cela est possible, il est bon de comparer les caractéristiques de chacune des deux séries d'emboîtures figurant sur les faces supérieure et inférieure d'un bloc. Ainsi peuvent être révélées des nuances typologiques ou, au contraire, des similitudes. Dans ce dernier cas, cela plaide en faveur de l'intervention d'un même carrier sur plusieurs niveaux de sol d'extraction. Les éléments abandonnés dans les déblais portent parfois des traces d'emboîtures, suite à leur subdivision aux coins après extraction (fig. 62). Ces derniers ont généralement agi dans un plan vertical par rapport à la position de la pierre en carrière; leurs emboîtures ne sont donc pas parallèles aux lits naturels de la pierre. La subdivision horizontale dans le sens des lits de carrière est extrêmement rare sur les pierres de taille antiques se présentant en masse homogène comme la pierre des Lens. Un tel débit correspond habituellement à une récupération de pierre inutilisable autrement.

Rectification des faces, équarrissement et ébauche

Cette rubrique concerne essentiellement les traces d'outils de taille utilisés pour rectifier des faces lors de l'équarrissement et de l'ébauche des blocs. La diversité des tâches nécessaires dans

Fig. 64 Microfissure révélée au cours de l'ébauche de la partie inférieure d'un grand chapiteau romain à feuille d'acanthe *in situ* près du front ouest de la carrière de Mathieu (ph. L. Damelet).

Fig. 65 Bloc marqué prêt au départ mais refusé à cause d'une poche karstique; conservé *in situ* dans le secteur sud de la carrière de Mathieu (ph. L. Damelet).

ces deux phases de l'exploitation entraîne une plus grande variété de l'outillage que lors de la rectification des sols de carrière. Il s'agit ici d'une collecte de données simplifiée à caractère statistique. Pour les pièces les plus élaborées, comme les éléments cylindriques (tambour et fût de colonne, base, chapiteau, etc.), il est nécessaire de les considérer plus précisément pour les intégrer à l'étude propre de l'objet.

Défauts d'extraction et de taille

Sur les blocs extraits, il est possible de compléter l'information au sujet des défauts d'extraction, car ce qui apparaît en négatif sur le sol de carrière (fig. 57) se voit ici en positif, et vice versa (fig. **63**). On peut noter aussi des maladresses ou des négligences seulement visibles sur le bloc, en particulier les éventuels dépassements de tranchées d'extraction des pierres contiguës extraites antérieurement, à côté ou au-dessus. Les défauts de façonnage sont tout à fait exceptionnels à ce stade du travail car la taille d'équarrissement et d'ébauche constitue une opération transitoire entre l'extraction et la taille définitive. Son inachèvement éventuel révèle davantage divers défauts préexistants plutôt que des maladresses vraiment liées à cette phase intermédiaire du travail. L'équarrissement et l'ébauche en carrière visent plutôt la disparition ou, pour le moins, la mise au second plan d'éventuels défauts antérieurs. La rubrique des défauts d'extraction et de taille devrait également inclure les faiblesses dimensionnelles ayant justifié un abandon du bloc. Mais, il est impossible d'identifier ce type de malfaçon car habituellement l'archéologue ignore les dimensions de la commande.

Défauts naturels

Au stade de l'équarrissement et de l'ébauche peuvent se dévoiler des défauts naturels encore invisibles au moment de l'extraction. Ainsi, parfois des petites fissures se révèlent progressivement sous l'effet des vibrations dues aux coups des outils d'ébauche, contraignant l'ouvrier à laisser son œuvre inachevée (fig. **64**). De gros défauts naturels tels les creux d'origine karstique ou les zones tendres ou terreuses dénommées "moyes" par les professionnels (Launoy 1911: 44; Noël 1968: 245; Aladenise 1982: 33), visibles ou non auparavant, s'avèrent parfois impossibles à absorber par le biais des tailles préliminaires et constituent un motif d'abandon du bloc durant cette étape (fig. **65**).

Marques

Cet indice archéologique de première importance se trouve habituellement sur des blocs prêts au départ pour le chantier de taille (fig. 65). Dans la prise de données, les signes ou les marques sont mentionnés brièvement dans l'unique but de repérer facilement les blocs sur lesquels ils sont gravés. Une étude complémentaire très détaillée de chaque marque, ainsi que l'analyse de son support, reste indispensable. Dans l'affleurement des Lens quatre éléments marqués sont connus, tous découverts dans la carrière de Mathieu. Les marques sont particulièrement importantes pour la compréhension du fonctionnement des exploitations. Leur analyse ouvre des perspectives sur des sujets aussi divers que l'origine culturelle des exploitants, la technique de gravure en carrière, le dénombrement des graveurs, la fonction des marques et l'organisation des équipes au sein de l'exploitation (Bessac 1989a: 37-62).

Affectations possibles du bloc extrait et conservation

Les mêmes critères d'affectation relevés sur les empreintes en carrière sont pris ici en considération pour le bloc extrait. Mais la justesse des hypothèses proposées est sensiblement plus grande à ce niveau de l'étude, en particulier lorsqu'il s'agit d'éléments déjà ébauchés comme les fûts et les tambours de colonne. Lorsque les blocs n'ont pu être conservés *in situ*, leur nouveau lieu de conservation dans la carrière est spécifié afin d'éviter toute confusion dans l'interprétation de leur position actuelle.

Fig. 66 Vue générale aérienne du chantier antique de la carrière de Mathieu. Le nord est à droite et le chemin d'accès de la carrière à gauche (ph. L. Damelet).

Fig. 67 Entrée de la carrière de Mathieu avec au milieu le mur romain maintenant la plate-forme où l'on suppose l'installation d'un engin de levage destiné au chargement des chariots. A droite, on distingue la masse rocheuse diaclasée laissée en place par les Romains.

7
LA CARRIÈRE DE MATHIEU: LES RÉSULTATS GÉNÉRAUX DES FOUILLES

LE CHANTIER D'EXTRACTION ET SES VESTIGES ROMAINS

Description générale de la carrière

La carrière de Mathieu est ouverte sur le flanc sud de la colline de Mounier entre 235 et 254 m d'altitude (fig. 36). Le chantier romain reste cantonné dans la partie inférieure de l'exploitation entre les cotes 235 et 243 m. La totalité du site couvre une superficie de l'ordre d'un demi-hectare. Les vestiges romains actuellement mis au jour représentent environ 1 200 m^2 au sol et correspondent à une excavation globale de 3 600 m^3 de roche, y compris la découverte. La roche saine creusée peut être estimée à environ 2 200 m^3.

L'exploitation romaine a été conduite en partie en fosse, surtout à l'est, et en paliers à l'opposé (fig. **66**). On aborde le chantier par un chemin charretier venant de l'ouest et tracé sur le flanc sud de la colline de Mounier. Cette desserte relie l'exploitation au creux du vallon où passe la voie d'accès principale est-ouest de ce secteur des carrières des Lens, joignant un peu plus loin le chemin de Boucoiran vers l'ouest et la plaine de Fons-outre-Gardon à l'est. En dépit d'aménagements et de consolidations à diverses époques, cet accès est d'origine romaine, comme en témoignent un bloc de cette époque disposé à plat dans les remblais sous-jacents et surtout un quai de chargement antique aménagé en plate-forme pour placer un engin de levage (fig. **67**). Cette dernière domine d'environ 2 m le niveau initial du chemin. Côté pente, elle est maintenue par un mur de soutènement en pierres sèches fortement taluté qui dessine en plan une proéminence s'avançant vers le chemin (fig. 36). A l'est, ce mur vient mourir contre le rocher naturel; son autre extrémité est détruite. L'ensemble forme une terrasse qui domine autant la fosse de carrière au sud-est que le départ du chemin.

Les carriers du chantier moderne ont occupé cet emplacement pour construire leur habitat. En égalisant le sol afin d'implanter ce dernier, ils ont dû faire disparaître des vestiges antiques importants pour la compréhension des méthodes de chargement des blocs sur chariot. Seules quelques pierres alignées et une fosse contenant un peu de matériel céramique et des cendres ont été découvertes en cet endroit. Une seconde fosse dépotoir, beaucoup plus vaste, a été mise au jour en bordure du chemin d'accès. Les éléments datables provenant de ce secteur seront analysés plus loin (voir p.130); ils sont contemporains de l'habitat antique.

A l'est du mur de soutènement subsiste une petite éminence fortement karstifiée comme l'illustrent deux diaclases profondes et larges remplies d'argile (fig. 67). Celles-ci sont orientées est-ouest et interdisent toute utilisation de la roche comme pierre de taille sur une surface d'une vingtaine de mètres carrés. Initialement, ce massif s'élevait un mètre plus haut qu'aujourd'hui. Les exploitants modernes l'ont écrêté de façon à créer un accès charretier direct à travers le chantier romain en passant au-dessus de son comblement pour atteindre les fronts en cours d'exploitation sur le côté nord de la carrière.

Au-delà de cette barrière rocheuse laissée par les Romains, à l'extrémité sud de la carrière, s'ouvre l'excavation dont le front de masse, de ce côté-là, forme actuellement un abrupt profond de 1,50 à 3,50 m, selon les endroits. A sa base se trouve la partie la plus profonde de la carrière où l'eau s'accumule fréquemment sur un demi-mètre de hauteur et parfois beaucoup plus. Heureusement pour les exploitants antiques, deux petites diaclases font office de trop plein et limitent ainsi l'ampleur des inondations. C'est aussi l'endroit où apparaissent les plus longues empreintes de blocs extraits dans cette carrière. Elles mesurent 4,10 à 4,30 m de longueur et présentent une section carrée de 0,54 m en moyenne. Du fait de l'encaissement de ce secteur, ces blocs,

Fig. 68 Le front oriental de la carrière de Mathieu: à droite la partie la plus profonde de l'excavation; au milieu la poche d'extraction moderne à l'explosif; à l'extrémité gauche le front du XIXe s. à sa jonction avec le front antique dont on distingue l'amorce de son retour nord (ph. L. Damelet).

pesant environ 3,2 t à l'état brut, n'ont pu être sortis qu'à l'aide d'un engin de levage, très certainement installé sur la plate-forme rocheuse située juste au-dessus (voir p.291).

A l'est, l'exploitation est limitée par un front de carrière orienté nord-sud et divisé en trois parties par deux redans taillés en angle droit (fig. 66 en bas et **68**). Ce front, d'une hauteur initiale de 4,50 à 7 m selon les endroits, a été considérablement réduit en son milieu par une excavation irrégulière creusée à l'explosif à la fin du XIXe ou au début du XXe s. L'épaisseur de la découverte va en augmentant du sud vers le nord; de ce côté, elle atteint près de 4 m, alors qu'elle est inférieure à 1 m à l'extrémité sud. Avant les modifications du secteur nord de la carrière par l'exploitation moderne, un front abrupt aussi haut que le précédent et légèrement en surplomb limitait l'excavation antique également de ce côté. Aujourd'hui, il n'en reste plus qu'une amorce, le front de carrière moderne ayant prolongé d'une dizaine de mètres la bordure orientale de l'excavation (fig. 68 à gauche). Outre ce prolongement pratiqué à l'aide des moyens traditionnels d'extraction, une tranchée moderne creusée à l'explosif entaille l'extrémité nord des sols de carrière romains (fig. 36 et 66 à droite). Celle-ci rejoint un puits carré de 2,50 m de côté et de faible profondeur, semble-t-il. Initialement creusé à l'escoude dans la roche, il a eu ses parois très largement endommagées par l'usage de l'explosif, si bien qu'il est impossible de savoir avec certitude s'il est d'origine romaine ou non. Un puits presque similaire existe dans la Peyrière de Martin C3, au sud de l'affleurement; malheureusement il n'est pas mieux daté. Au-delà de la tranchée se développe le chantier d'extraction traditionnel du XIXe s.

Fig. 69 Partie nord du front occidental de la carrière de Mathieu. A droite, la face inférieure d'un joint de stratification et à gauche, dans les redans du front de carrière, l'habitat des carriers romains. A l'arrière plan, les déblais entassés proviennent du chantier moderne.

A l'ouest, le chantier antique est limité par un front haut de 2 m en moyenne, contre lequel s'est appuyé l'habitat des carriers romains (fig. 36 à droite et fig. 66 en haut). De ce côté, l'épaisseur de la découverte se réduit à moins de 0,5 m (fig. **69**). Dans l'angle nord-est, le sol de carrière, constitué par la face supérieure d'un joint de stratification, matérialise l'inclinaison du pendage géologique de l'affleurement (fig. 69). La partie ouest et sud-ouest du chantier antique s'étage en paliers constituant autant de fronts de taille. C'est dans cette direction que l'exploitation a gagné le plus de terrain en extension, alors qu'elle s'approfondissait à l'est et au sud (fig. **70**).

Eléments inachevés abandonnés dans la carrière

Plusieurs blocs sont abandonnés à différents stades de leur extraction et de leur ébauche en divers points de la carrière (fig. 66). Certains éléments sont seulement cernés de tranchées verticales; leur abandon est intervenu avant le début des opérations de détachement de leur base (fig. 58 et 69 au milieu). D'autres ne sont que partiellement arrachés, suite à l'apparition d'un défaut (fig. 57). Dans tous les cas, la situation de ces deux types d'éléments non extraits ou extraits de manière incomplète correspond avec les derniers fronts de taille en activité au moment de l'arrêt de l'une des phases de l'activité romaine. Ce n'est pas là une exclusivité antique, le secteur moderne au nord de la carrière offre des exemples similaires.

Jetés pêle-mêle avec les déchets d'extraction antiques comblant l'excavation à notre arrivée, divers blocs bruts d'extraction sont apparus ensuite au cours de la fouille. Leur volume moyen

Fig. 70 Vue d'ensemble du nord vers le sud de la carrière de Mathieu. Au premier plan la tranchée moderne limitant le chantier antique, à gauche le front est et à droite le front ouest avec l'habitat des carriers romains (ph. L. Damelet).

varie entre 1/5e et 1/2 m^3. Les fouilles n'ont pas permis de les conserver en place; ils ont donc été entreposés dans le secteur moderne de la carrière et sur le terre-plein situé entre l'excavation antique et le départ du chemin d'accès (fig. 66 au milieu, à chacune des extrémités). D'autres pierres de volume analogue, parfois sommairement équarries, ont été découvertes en position horizontale au-dessus des sols de carrière sur une fine couche de déchets d'extraction (fig. **71**). Après la fouille de cette dernière, la mise à nu de ces sols rocheux et leur étude technique, ces blocs ont été replacés pratiquement à leur place d'origine. A titre de témoin, l'un d'entre eux a été laissé *in situ* sur la couche de déchets d'extraction d'origine (fig. 71 à gauche).

Pour l'essentiel, il s'agit de quatre blocs, chacun incisé de trois mêmes lettres grecques: *éta*, *iota*, *gamma*, lesquelles seront analysées en détail dans le chapitre réservé à l'organisation de la carrière (voir p.293). Ces quatre blocs étaient tous groupés sur quelques mètres carrés dans le secteur sud de l'excavation, près du front méridional (fig. 66 à gauche). Un tel regroupement de pierres marquées sur une petite surface révèle certainement un lieu de stockage. Son emplacement le rend accessible à un engin de levage placé sur le terre-plein séparant le front méridional du départ du chemin d'accès à la carrière. Par le biais d'une simple rotation dans un plan vertical, l'engin pouvait les déposer sur un chariot en attente au pied du mur de soutènement décrit plus haut.

Fig. 71 Grands blocs marqués abandonnés dans le secteur sud de la carrière de Mathieu.

Au sein d'une berme de terrain laissée au-dessous de l'habitat de carrier apparaissent trois autres blocs, deux quadrangulaires et l'un grossièrement tronconique (fig. 64). Contrairement aux précédents, ces éléments n'ont pas été abandonnés sur une aire de stockage; ils se trouvent encore sur leur lieu d'équarrissement et d'ébauche à côté de leur emplacement d'extraction. Les deux premiers constituent des blocs communs, tandis que le troisième représente incontestablement l'ébauche de la moitié inférieure d'un grand chapiteau à feuilles d'acanthe délaissé au cours de son premier épannelage suite à l'apparition d'un fil, c'est-à-dire d'une très petite fissure (fig. 64). La raison de l'abandon des autres blocs est moins évidente; il peut s'agir de défauts dimensionnels.

Au nord de l'habitat, appuyés l'un contre l'autre, se trouvent deux grands tambours de colonne (à moins que ce ne soient des bases sans plinthe) déjà arrondis et sans défaut apparent (fig. 34). Leur diamètre est de 0,93 m et leur épaisseur de 0,36 m. Bien que ces tambours soient arrondis, il subsiste encore quatre méplats disposés en angle droit les uns vis-à-vis des autres (voir p.252). Ces restes de faces planes sont striés par les sillons de l'escoude ayant servi à creuser les tranchées autour du parallélépipède initial. Après avoir été extraits sous cette forme quadrangulaire, les cylindres ont été ébauchés à proximité immédiate de leur emplacement géologique. D'autres fragments de colonnes ont été découverts dans les déblais de comblement de la carrière (fig. **72** à gauche). Pour la plupart, ils proviennent de fûts d'environ un pied romain de diamètre. Leur hauteur d'origine est inconnue car tous sont incomplets. Leur cassure en deux ou plusieurs parties au cours de l'ébauche, voire après, lors des opérations de manutention, justifie leur abandon.

L'HABITAT DES CARRIERS ROMAINS

Plan et murs: trois phases de travaux

L'habitat des carriers romains est installé dans un redan rocheux en L résultant de la progression de l'extraction sur le front ouest (fig. 36, 66 et **73**). Son plan initial dessinait un rectangle de 9,45 m de long par 4,72 m hors tout, orienté nord-sud. Cela représente une surface habitable approximative de 36 m^2, compte tenu de l'épaisseur des murs. L'entrée unique était

Fig. 72 Eléments abandonnés dans la carrière de Mathieu après leur extraction et leur ébauche (ph. L. Damelet).

Fig. 73 Vue générale sud-nord de l'habitat des carriers romains de la carrière de Mathieu. De haut en bas on distingue: la pièce nord limitée au fond par un front de taille, la pièce sud et la terrasse méridionale incomplètement fouillée. A l'arrière plan, sur le front ouest, apparaissent deux tambours de colonne abandonnés à l'état d'ébauche au-dessus de l'habitat.

alors située dans l'angle sud-ouest (fig. **74**). Assez rapidement, l'habitation a été prolongée de 4 m vers le sud, par une sorte de terrasse, vraisemblablement couverte d'un appentis abritant une forge. La surface couverte utilisable a été ainsi augmentée d'environ 16 m^2.

Les murs nord et ouest sont constitués par des fronts de carrière bruts de creusement à l'escoude sans la moindre rectification. Les deux autres murs maîtres, à l'est et au sud, sont bâtis en pierres sèches en récupérant de gros déchets d'extraction dont les faces les plus régulières ont été choisies comme parement. Cette construction peut être classée dans la catégorie à appareil de moellons irréguliers. Ces murs ont une largeur variant de 0,66 à 0,88 m et sont conservés sur hauteur de 0,20 à 0,80 m, selon les endroits. Les murs prolongeant la construction vers le sud sont conservés seulement sur une assise et exceptionnellement sur deux, soit une hauteur de 0,15 à 0,27 m. Leur largeur est un peu plus faible que celle des murs principaux; elle varie de 0,55 à 0,72 m.

Après un premier abandon, cet habitat a été réoccupé et un nouveau mur est-ouest est venu subdiviser la construction en deux parties distinctes sans communication: la case sud et la case nord (fig. 73 et 74). A ce moment -là, l'appentis de la forge méridionale était détruit et ce secteur est alors redevenu une ter-

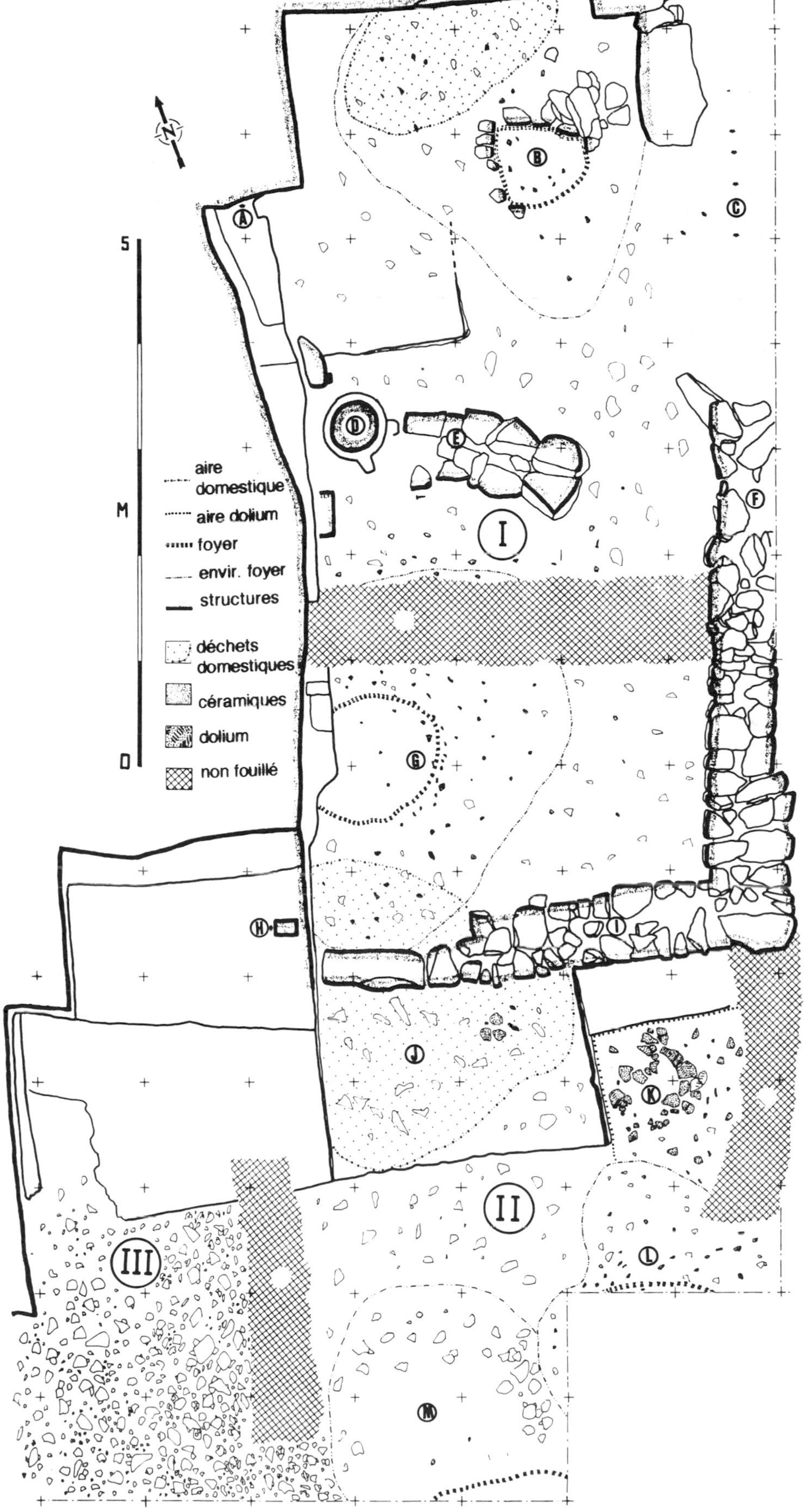

Fig. 74 Plan du premier état de l'habitat de carrier construit contre le front occidental de la carrière de Mathieu.

Fig. 75 Vue de dessus depuis l'intérieur de l'angle sud-ouest de la maison des carriers. Le seuil de la porte (au-dessus de la mire) fait partie du substrat rocheux. A droite apparaît un trou de poteau lié à cette entrée.

rasse. Le nouveau mur de séparation entre les deux cases présente les mêmes caractéristiques que les autres murs maîtres, si ce n'est que ses fondations commencent 0,25 à 0,32 m plus haut que ses voisins, du fait de la surélévation de déchets domestiques à l'intérieur de l'habitation (fig. 73). En outre, il est légèrement engravé de quelques centimètres dans la roche du front ouest.

Les ouvertures

La case primitive comportait une porte dans son angle sud-ouest. Celle-ci est concrétisée au sol par une sorte de petite laisse d'extraction formant seuil (fig. **75**). Sur le côté ouest de la porte, au niveau supérieur du ressaut formé par le sol de carrière du dernier redan du front occidental, est creusé un trou rectangulaire de 0,25 m par 0,17 m, profond de 0,17 m. La position et la forme de cet aménagement correspondent tout à fait à un réceptacle de poteau en bois de section analogue. Celui-ci devait faire office de montant du cadre dormant de la porte. Côté est, son vis-à-vis n'a pas laissé trace dans les structures bâties du mur méridional. Aucun indice ne permet de supposer l'existence d'une porte rigide en bois; un épais rideau a pu suffire à l'obturation de cette ouverture. Après la division de la grande pièce initiale en deux cases, la création d'une seconde porte dans la moitié nord du mur oriental est devenue une nécessité. Cette seconde ouverture, liée à la troisième phase d'occupation du site, n'a fonctionné que très peu de temps avant l'abandon définitif du chantier romain, si l'on se fie à l'extrême rareté du matériel archéologique découvert face à la sortie supposée de ce côté. Par ailleurs, la destruction de la majeure partie de ce mur n'a pas permis d'observer de traces matérielles de cette porte, dont l'existence est pourtant rendue obligatoire par la disposition des murs.

Les sols

Rares sont les endroits à l'intérieur de la maison où le sol de carrière, constitué de roche massive, a été directement utilisé comme aire de circulation ou d'activités domestiques. L'extraction ayant progressé vers l'ouest en paliers assez rapprochés, les grandes surfaces planes et horizontales sont assez rares dans ce secteur; ce sont plutôt les ressauts qui le caractérisent (fig. 73). Seuls quelques lambeaux de sols de carrière ont été ainsi utilisés dans la première phase d'occupation de l'habitation le long de la bordure orientale du front ouest, surtout dans la case nord. Partout ailleurs, une égalisation du sol a été pratiquée en répartissant

Fig. 76 Petit silo creusé dans la roche à l'intérieur de la pièce primitive de l'habitat de la carrière de Mathieu. (ph. L. Damelet).

des déchets d'extraction dans les creux et en choisissant les plus fins pour les couches supérieures. Au-dessus de cette couche de déblais se sont accumulés très vite les déchets domestiques et artisanaux, en particulier dans la case sud transformée en forge.

Les toitures

Les très rares fragments de *tegulae* découverts dans le matériel céramique provenant de la fouille de l'habitat sont bien insuffisants pour attester une couverture de tuiles. Aucun reste de torchis ni de lauze n'a été découvert dans les couches d'abandon. Il faut donc imaginer une couverture légère, composée essentiellement de végétaux disparus ensuite, sans laisser de traces dans la stratigraphie.

Aménagements taillés ou construits

Contre le front ouest, vers son milieu, sur le sol de la grande pièce unique constituant l'habitat initial, une auge rupestre, assimilable à une sorte de très petit silo (fig. **76**), a été creusée à même le rocher avec l'outil romain servant habituellement pour l'extraction (voir p. 205). Cette cavité de forme hémisphéroïdale a un diamètre intérieur de 0,45 m et une profondeur utile au centre de 0,28 m. Sur son bord est taillé une feuillure de 0,07 m de profondeur et de 0,09 m de largeur, portant son diamètre total à 0,63 m et sa profondeur maximale à 0,35 m. Sa contenance réelle atteint à peine 33 litres. La feuillure devait être prévue pour obturer la cavité avec un couvercle en pierre, rond et plat, comparable à ceux couvrant les urnes cinéraires antiques; deux encoches creusées en marge de la feuillure devaient faciliter sa mise en place ou son enlèvement. Au cours de la deuxième phase d'occupation de l'habitat, ce récipient rupestre a été comblé de petits déchets d'extraction, sauf la feuillure dont le rebord a servi de calage pour un petit *dolium* (fig. 74 D et 78 C). Cette réutilisation laisse supposer un rôle similaire pour le petit silo. Son étanchéité est suffisante pour que les carriers aient pu y conserver éventuellement un liquide, mais il a pu aussi contenir tout autre chose, des grains par exemple.

Très peu de temps avant la subdivision en deux parties de la pièce originelle, dans l'angle sud-ouest de la case nord, sur les couches d'occupations antérieures, une courte banquette a été construite, avec des éclats de pierre sommairement assemblés en arc de cercle (fig. 74 E). A proximité immédiate de cet aménagement, au nord-ouest du silo comblé, contre le front occiden-

Fig. 77 Auge carrée provenant de la forge de la case sud de la carrière de Mathieu (ph. L. Damelet).

tal, un petit siège, composé de pierres plates assemblées, complète le mobilier lithique de cette pièce. La position de ces deux dernières structures doit être interprétée en tenant compte de la présence du petit *dolium* placé entre elles.

Dans la case méridionale, contre son mur sud, un socle de forge a été édifié au-dessus des premiers sédiments d'occupation (fig. 78 G). Celui-ci formait un trapèze constitué de petites pierres liées avec de la terre empruntée aux couches voisines d'origine domestique. La partie supérieure de ce socle était recouverte d'argile dont il ne restait plus que quelques lambeaux rubéfiés au moment de sa découverte. Dans les déblais de carrière, à proximité de cette forge, se trouvait une auge en pierre presque carrée. Au niveau de son bord, celle-ci mesure à l'extérieur 0,60 de long par 0,53 m de large, et, à l'intérieur, 0,50 par 0,43 m. Sa profondeur varie de 0,15 à 0,16 m mais sa hauteur totale est très sensiblement supérieure, vers 0,45 m (fig. **77**). La partie inférieure du récipient est restée brute d'extraction et forme des protubérances irrégulières. De telles auges de faible profondeur ont été parfois identifiées à proximité de forges dans des carrières antiques en Grèce.[1] Elles permettent de refroidir les outils dans l'eau, après les avoir portés au rouge, de façon à leur donner une trempe adaptée à la dureté de la pierre locale. La hauteur d'eau dans le récipient est réglée en fonction du type de trempe à donner; quand l'outil touche le fond, c'est qu'il a été refroidi sur une longueur suffisante. Les vestiges d'un second socle de forge ont été découverts dans l'espace construit dans le prolongement méridional de la maison des carriers. Il s'agit d'une forge ayant fonctionné antérieurement à la précédente, ses structures étaient beaucoup plus détruites (seul l'un de ses angles subsistait).

En marge des aménagements proprement dits, dans la case nord se trouve un ressaut d'extraction du front ouest formant une sorte de banquette trapézoïdale qui a pu servir de lit rudimentaire (fig. 74 A). Sur le redan vertical du front correspondant au côté nord de cette banquette rupestre, il faut noter la présence d'un *graffito* sommairement incisé sur le rocher à l'aide d'un gravelet (Bessac 1986b: 164, fig. 10). Sa facture très fruste et la couche de calcin formée par-dessus depuis une vingtaine de siècles ont rendu difficile l'interprétation du motif. Néanmoins, il semblerait qu'il s'agisse d'une représentation érotique avec, à droite, un personnage féminin en position agenouillée et, en face du visage présenté de profil, un phallus très disproportionné. D'autres représentations phalliques sont connues dans un autre chantier antique du Bois des Lens: la carrière Héral-Nègre (Bessac 1986a: 169-170). Il en existe également ailleurs dans les carrières antiques (Monthel, Pinette 1977: 55 et fig. 40) et aussi sur des monuments romains de la région: amphithéâtre de Nîmes (Gautier 1724: 60-61, fig. 27 à 29) et Pont du Gard (Gautier 1724: 27; Ménard 1750: 172). C'est donc là une pratique commune dans le monde romain de la construction.

---

1 Voir les articles de A. Lambraki (1980: 48-49) et T. Kozelj (Kozelj *et al.* 1981: 961-962; Kozelj 1988: 19).

Les foyers

La case unique initiale contenait un grand foyer installé contre le front occidental au sud-ouest de la pièce (fig. 74 G). Au nord de la même pièce, un second foyer, plus petit et maintenu par quelques pierres, a été utilisé au cours d'une autre séquence de la première phase d'occupation de l'habitat. Après la division de la pièce initiale en deux cases, ce second foyer a été abandonné au profit du premier situé près de la forge. A partir de ce moment-là, l'essentiel des cuissons domestiques a dû se faire dans la case méridionale. Dans l'angle nord-ouest de la terrasse, après la destruction de l'appentis protégeant la forge, un foyer extérieur a été installé. A l'ouest de celui-ci, hors de la maison dans le redan formé par le front de carrière, se trouvait un quatrième foyer plus étendu que les autres et certainement plus tardif. Sa constitution et son irrégularité témoignent en faveur d'un lieu de cuisson de plein air à fréquentation épisodique alors que la carrière était pratiquement abandonnée.

Le gros mobilier

Fig. 79 Détail du calage au sol d'un petit *dolium* installé côté est de la case septentrionale de l'habitat.

La céramique sera analysée dans un chapitre spécifique (voir p.130), cependant, il est important de situer rapidement la position des éléments les plus lourds, indépendants de la vaisselle. Dans cette catégorie se trouvent surtout des petits *dolia* de la région nîmoise (Py 1993: 405-406) et aussi des fours portables en céramique.[2] Au moins deux *dolia* peuvent être situés assez précisément dans l'habitat: l'un était calé dans la feuillure du petit silo rupestre remblayé (fig.**78** C), le second a été mis en place tardivement près de l'angle nord-est de la case septentrionale, peu de temps avant l'abandon définitif de l'habitat (fig. 78 B et **79**). Son emplacement sur le sol graveleux était matérialisé par un calage de pierres disposées en cercle.

En raison des difficultés de différenciation entre les embouchures de *dolia* et les ouvertures hautes des fours portables, ajouté au fait que les fragments supérieurs prédominent sensiblement et qu'ils sont souvent isolés des fonds, il est impossible de savoir précisément s'il y en a eu d'autres en place en dehors des deux qui ont été incontestablement identifiés par leur calage au sol. En revanche, il est sûr qu'il y a eu au moins deux fours portables employés pendant les deux phases principales d'occupation de l'habitat. L'un d'eux paraît avoir été utilisé avec le foyer de l'angle nord-est de la case initiale, il devait être rangé près du mur oriental au moment où il fut cassé. Un autre a été découvert à l'extérieur de l'habitation, sous les niveaux d'aménagement de la terrasse dans un redan exigu (fig. 74 K). C'est là une position de rejet après cassure plutôt qu'un lieu d'utilisation ou de rangement.

---

2 Ces derniers viennent seulement d'être identifiés en tant que tels par Marc Célié (aimable communication); jusqu'ici, cette catégorie de grosse céramique était assimilée à une forme de petit dolium à bord droit (Fiches 1989: 104; Py 1993: 407).

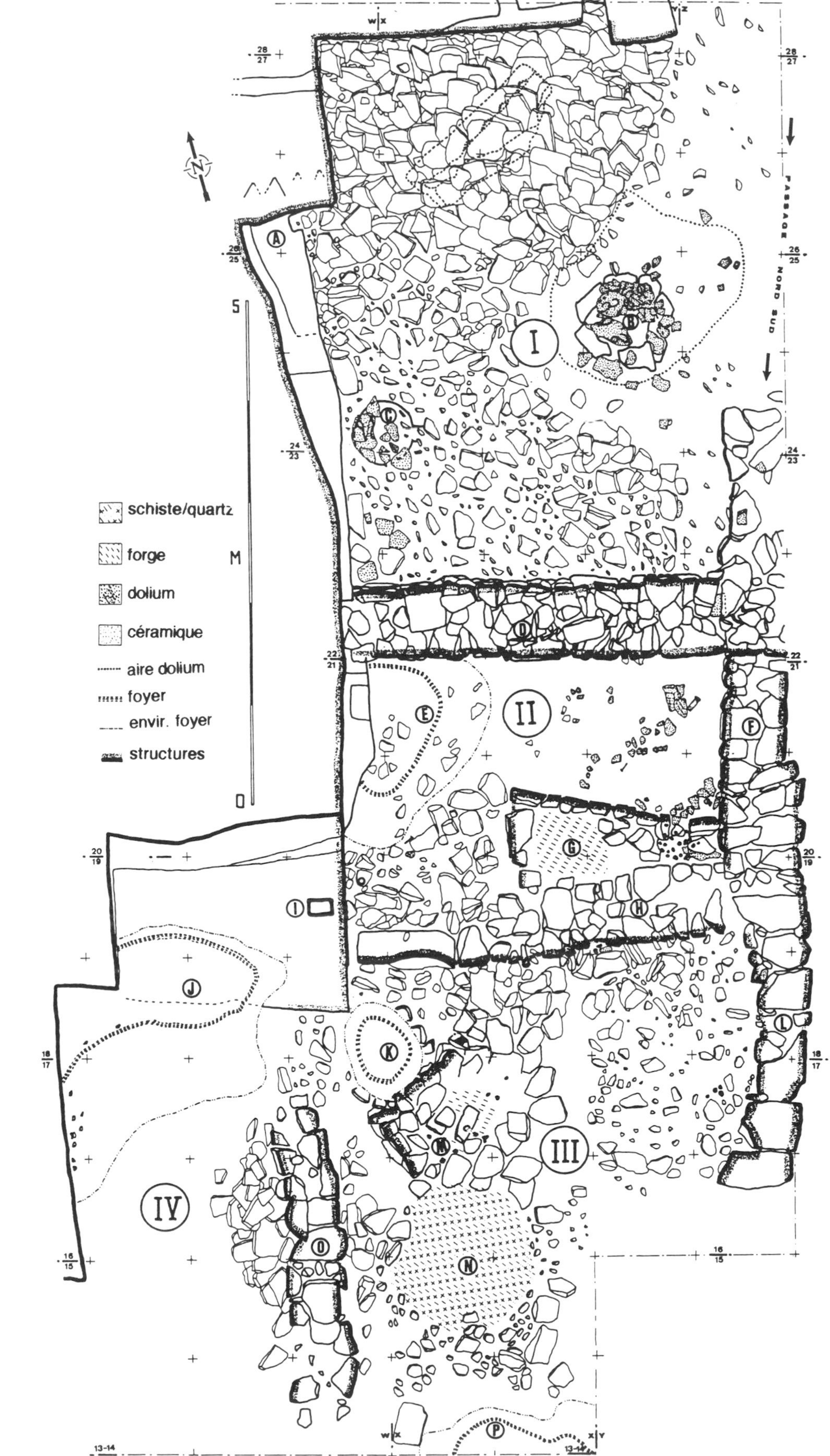

Fig. 78 Plan de l'habitat de la carrière de Mathieu lors de sa seconde phase d'occupation.

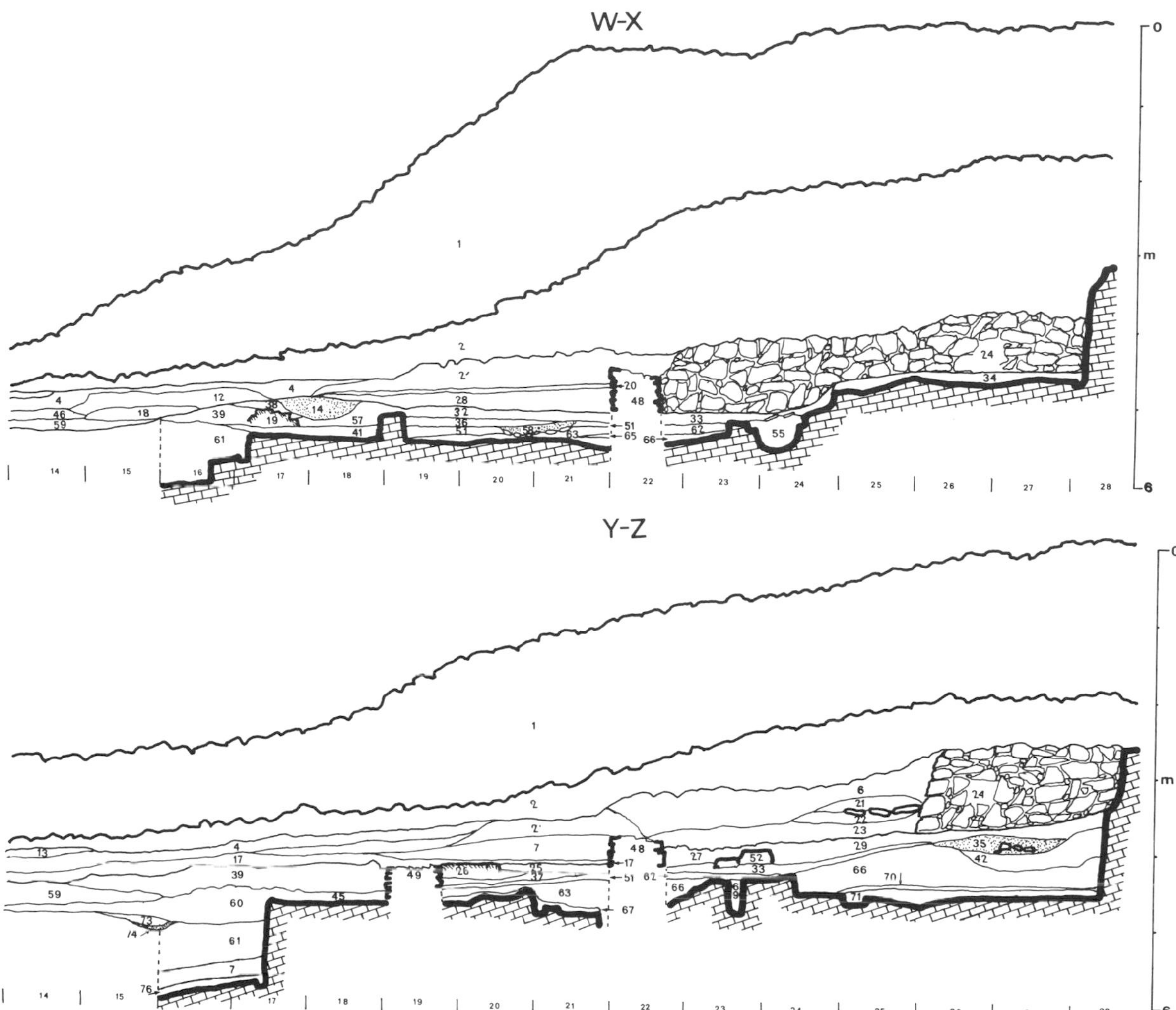

Fig. 80 Coupes nord-sud de l'habitat des carriers romains.

SYNTHÈSE STRATIGRAPHIQUE ET VIE DE LA CARRIÈRE ROMAINE

L'intérêt de la présente étude étant plutôt centré sur le domaine technique, il est inutile de développer ici une analyse très détaillée de la stratigraphie de l'habitat et du chantier d'extraction. Un résumé des phases de la vie très courte de la carrière et un aperçu de sa chronologie relative, situant les principales unités stratigraphiques (en abrégé: US) dans leur contexte archéologique sont amplement suffisants (fig.**80**, **81** et **82**).

Ouverture et extension de la carrière (US 16, 30, 31, 42 à 44, 54, 71, 78, 79 et 87)

L'essentiel des couches de déchets de découverte et d'extraction en relation avec cette première phase d'activité a dû être évacué vers le bas de la pente de la colline, sur son versant méridional. Cette partie du site n'ayant pas été fouillée en raison de l'énorme masse de déblais accumulée ensuite au-dessus, ces anciens témoins restent inconnus. Dès ses débuts, l'exploitation s'est surtout développée en paliers à flanc de colline vers l'ouest. La carrière n'a pas été vraiment approfondie d'emblée au-dessous du point le plus bas du sol naturel, à l'emplacement de ce qui deviendra plus tard la fosse de l'angle sud-est de l'exploitation (fig. 68 à droite). L'un des points d'arrêt de cette progression vers l'ouest se termine dans l'angle sud-ouest de la fouille, en avant de l'habitat des carriers romains, à moins de 3 m des dernières structures bâties

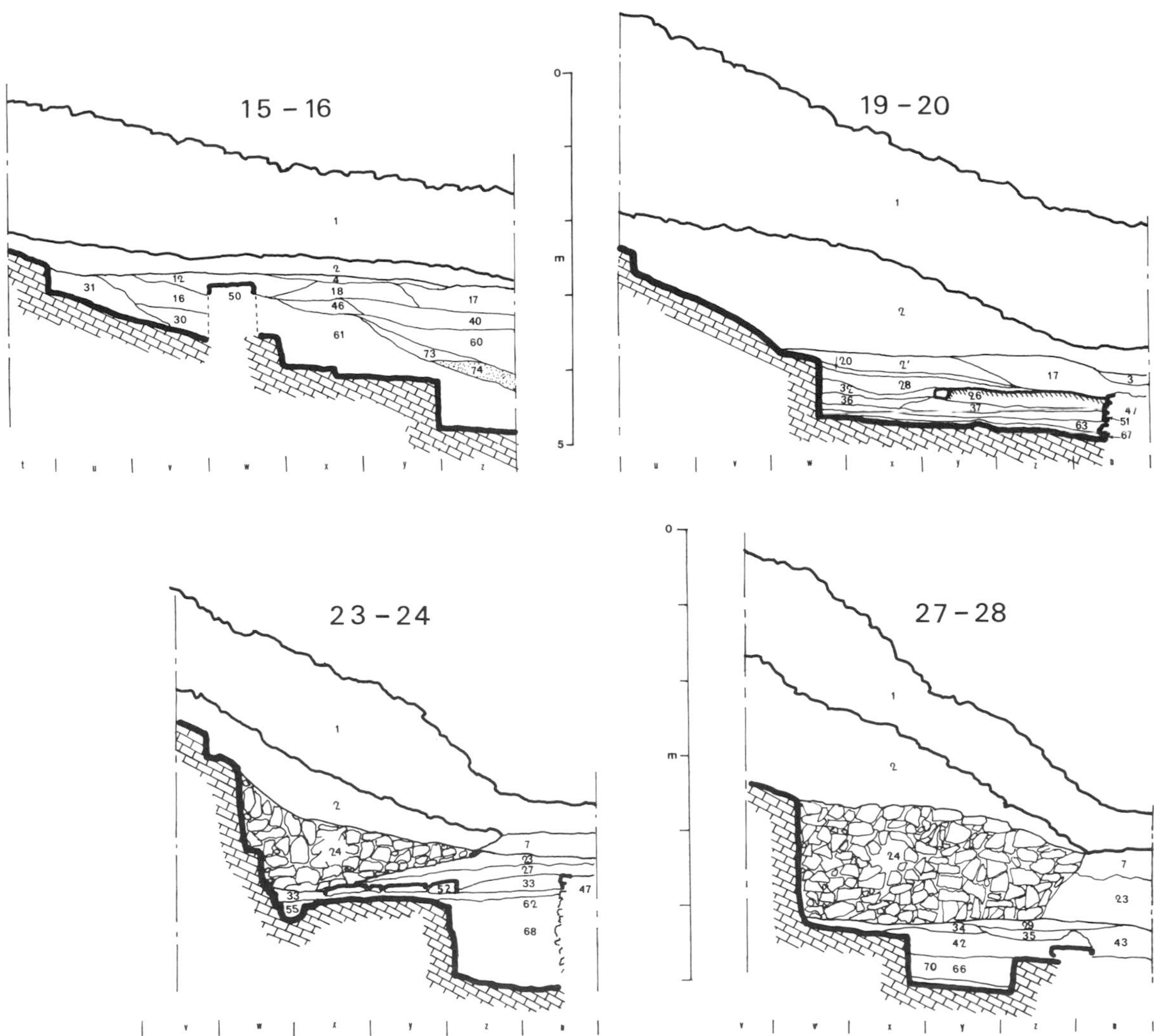

Fig. 81 Coupes est-ouest de l'habitat des carriers romains.

de la terrasse (fig. 74). En cet endroit, l'arrêt est matérialisé par le point haut d'un joint de stratification dont la pente fait affleurer la masse rocheuse saine sous une couche de terre argileuse. Cette dernière terre prédomine dans la stratigraphie des déchets d'extraction, accumulés légèrement en contrebas sur le rocher mis au jour par les premiers carriers. Elle a été entreposée là, à proximité immédiate du front de découverte (US 31).

A ce stade de l'ouverture de l'exploitation, l'habitat des carriers devait être obligatoirement installé hors de la zone d'emprise du chantier primitif. Il faut donc supposer un premier habitat ailleurs, peut-être en contrebas de la carrière, en un point maintenant recouvert par les déchets d'extraction antiques et modernes. La confection de la grande fosse dépotoir fouillée en bordure du chemin d'accès à la carrière (US 212 et 213), et la petite fosse située au-dessous de l'habitat des carriers modernes (fig. 36 en bas à gauche), se rattachent probablement à ce premier habitat hypothétique. Quelques vestiges de petits foyers isolés sur les sols de carrière dans le secteur sud, au pied du front principal (US 90) et près du lieu de stockage des blocs marqués (US 91), appartiennent certainement à cette période. Il en est de même pour les tessons isolés sur les sols de carrière supérieurs (US 94 à 97).

L'activité extractive initiale représente une large part de l'exploitation vu l'épaisseur des déblais accumulés sous les fondations des murs de l'habitat antique, en particulier côté oriental où leur hauteur approche 2 m par endroit. Cette importance est confirmée par le volume des

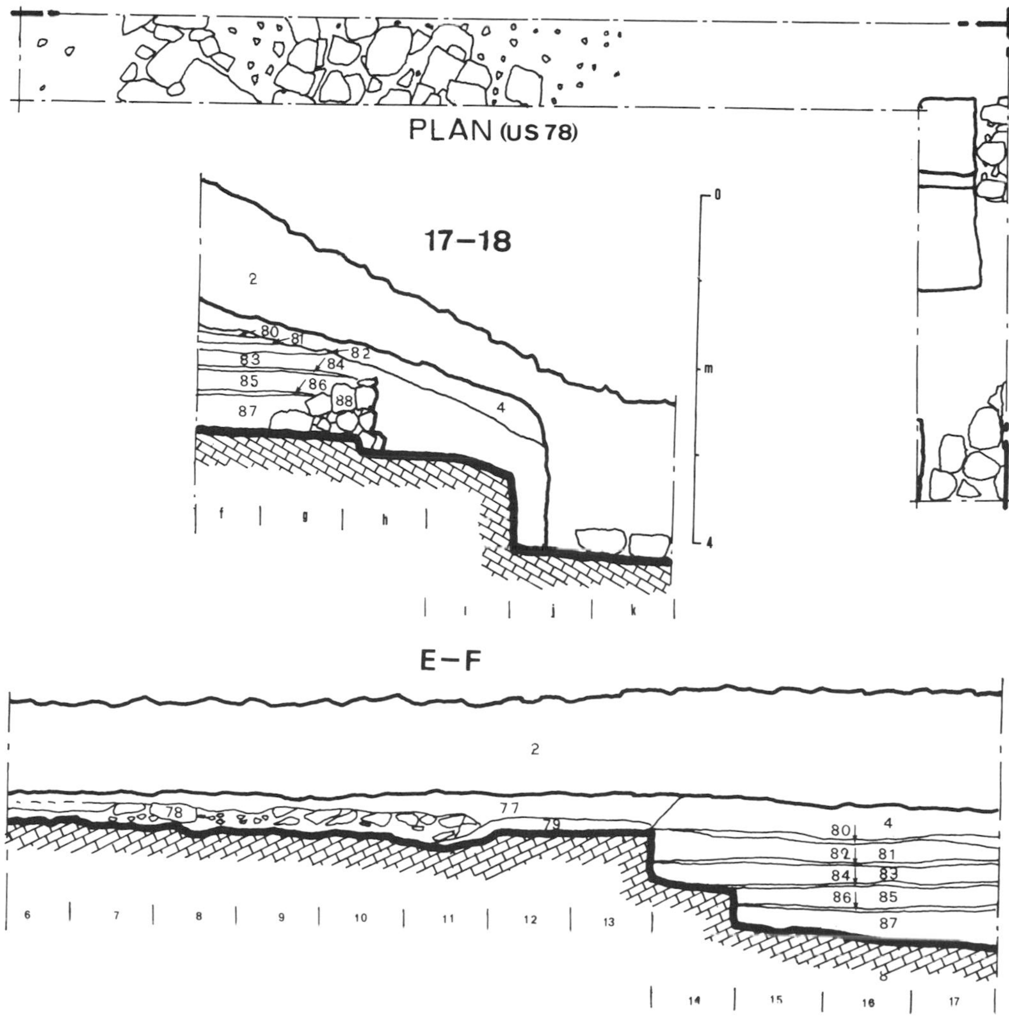

Fig. 82 Plans et coupes stratigraphiques des déblais à l'est de l'habitat antique de la carrière de Mathieu (voir fig. 38): a) tranchée nord-sud, b) tranchée est-ouest. Les trois couches inférieures d'humus (n° 82, 84 et 86) scellent les trois principales phases du chantier romain, la quatrième en haut (n° 80) correspond à une petite reprise finale; à l'avant du mur de soutènement apparaît un remaniement tardif des déblais.

creux d'extraction bouchés par ces déblais. Ces couches anciennes sont complètement dépourvues de céramique et il est impossible de les situer dans la chronologie absolue du site par ce moyen.

Un court abandon avant la construction de l'habitat (US 15, 67, 70, 75 et 76)

En dépit de l'absence d'éléments datables dans les couches de déblais issus de la première activité, partout où ces dépôts inférieurs ont pu être observés, la stratigraphie montre une très fine couche d'abandon riche en humus. Son épaisseur, généralement inférieure au centimètre, et son contact direct avec les couches d'installation du premier habitat dans la carrière, permettent de proposer un écart de temps très faible entre l'abandon et la réoccupation du site par une nouvelle équipe de carriers. Ceux-ci entreprennent la construction de la cabane en pierres sèches au-dessus des creux d'extraction primitifs. La durée de ce premier *hiatus* dans l'exploitation antique de la carrière peut être estimée inférieure à une décennie.

Aménagement de l'habitat du front ouest (US 42, 63, 65, 66, 68, 69, 47 et 49)

La première opération engagée par les nouveaux carriers pour faciliter l'installation de leur habitat est la régularisation sommaire du terrain en comblant les creux des principaux ressauts d'extraction. Pour cela ils ont récupéré les déchets de pierre laissés par leurs prédécesseurs et les ont étalés sur l'emprise de la maison, y compris l'espace de la terrasse. Sur cette plate-forme approximative ont été élevés les murs est (US 47, fig. 78 F) et sud (US 49, fig. 74 G); les fronts adjacents aux côtés ouest et nord sont restés dans leur état d'extraction. Les pierres utilisées pour cette construction proviennent également des déchets d'extraction, mais aussi de l'ébauche et de l'équarrissement sur place des productions antérieures de la carrière. Ces gros déchets de pierre présentent souvent deux ou trois faces planes, parfois disposées d'équerre; elles font office de parement et de lit d'attente ou de pose. Dans cette phase initiale d'aménagements doit être placé aussi le creusement du petit silo (fig. 74 D et 76).

La sédimentation dans l'habitat avant sa séparation en deux cases
(US 18, 38 à 40, 41, 45, 46, 47bis, 50, 51, 53, 55, 58, 59, 62, 64, 72 à 74 et 33 à 36)

Deux subdivisions chronologiques marquent cette phase: la plus ancienne est contemporaine de l'utilisation du silo rupestre, la seconde est postérieure à son comblement et se termine avant la construction du mur de séparation en deux cases de la maison. La première séquence correspond à l'installation, en dehors de la maison, près de l'extrémité sud de la fouille, d'un foyer domestique et de sa zone périphérique d'utilisation, puis de destruction (US 40, 41, 45, 46, 59, 73 et 74). Cette structure de foyer, entraperçue en marge de la fouille, a été en partie désarticulée par un nouvel apport de déchets d'extraction, probablement au cours de la construction de la maison. Par conséquent, il s'agit là d'un enchevêtrement de fins dépôts parfois difficile à expliquer. Dans ces mêmes niveaux se trouvaient les débris de la partie supérieure d'un four portatif, certainement jeté là après sa cassure (US 72, fig. 74 K); ce dernier a peut-être été utilisé à l'extérieur sur le foyer décrit ci-dessus. Dans la partie sud de la pièce unique d'origine, un foyer domestique calé à sa base par des pierres (US 58 et 64, fig. 74 G) et son aire de fonctionnement entraînent une sédimentation rapide, riche en fragments de céramique (US 51) qui déborde largement vers le nord en contrebas du silo rupestre (US 62). C'est probablement à ce moment-là que le siège constitué de deux pierres (US 53) est disposé au nord de cette réserve creusée dans le rocher. La clôture de cette courte séquence d'occupation de la pièce unique est marquée par le comblement de ce silo et par l'installation d'un petit *dolium* sur sa partie supérieure (fig. 78 C).

La seconde subdivision de cet habitat concerne les couches accumulées après la mise en place des nouvelles dispositions domestiques. Autour du foyer initial et au-dessus, les déchets domestiques s'amoncellent et s'étendent plus largement, y compris vers le nord (US 36, 33 et 34). Dans le secteur septentrional de la case primitive est installé un nouveau foyer (US 35, fig. 78 B) qui génère une accumulation de déchets domestiques tout autour (US 36).

Au dehors, côté sud, ces petites modifications intérieures vont de pair avec une nouvelle égalisation du sol de la terrasse à l'aide de gros déchets d'extraction (US 60). Cela correspond à l'édification de deux murs dans le prolongement de la maison initiale côté sud (US 47bis et 50, fig. 78 L et O). Ces murs, plus étroits et irréguliers que les autres, ont certainement soutenu un appentis en matériaux légers pour protéger une forge. Celle-ci était pourvue d'un socle de pierre (US 19, fig. 78 M) et d'un foyer en argile. De ce dernier, seulement quelques fragments mélangés aux scories ont subsisté (US 38). Deux lentilles de terre (US 39 et 57) sont accumulées contre les structures de cette forge. Dans le creux formé à la base de ces derniers dépôts est entreposé un tas de sédiments sans céramique mais avec des fragments de schiste et de quartz (US 18, fig. 78 N).

Dans les carrières romaines de Barutel, Félix Mazauric (1916-17: 203) signale également la présence de schiste et de quartz mêlés aux scories de forge. Le stockage de ce dernier minéral à côté de la forge pourrait s'expliquer par les usages traditionnels des forgerons.[3] Lorsqu'ils

---

3 Maxime Barbaza, ingénieur, m'a aimablement rapporté que traditionnellement dans l'Aude les forgerons disposaient une certaine variété de sable sur le joint entre deux pièces de fer devant être soudées par brasage.

devaient rapporter du fer aciéré sur du fer doux par la technique du brasage à la forge, ces derniers avaient pour habitude de mettre de la silice en poudre autour des joints afin de faciliter la soudure car ce minéral constitue un fondant. Dans le cas présent, le schiste ne constituant que la roche support du quartz, il n'est là qu'à l'état résiduel. Après avoir été isolé, le quartz était certainement réduit en poudre dans un mortier.

La division de la pièce unique en deux cases (US 25, 26, 32, 37, 48 et 52)

Au sud de l'habitation sur la terrasse, la ruine de la forge et des structures qui la protègent interviennent rapidement. Deux principales causes peuvent expliquer un délabrement assez brusque de cette structure: d'une part, l'abandon du chantier durant quelque temps et d'autre part la faiblesse des murs qui devaient soutenir un appentis. Dans l'habitat, aucun indice stratigraphique évident n'atteste un long abandon. En revanche, dans les déblais antiques comblant l'excavation au-delà du mur oriental, la présence d'une mince couche d'humus épaisse d'environ un centimètre découle certainement d'un arrêt temporaire de l'activité extractive. Comme le premier abandon du site, celui-ci n'a pu excéder une décennie; une durée de l'ordre de deux à quatre ans est probable.

La réoccupation du site et de l'habitat se traduit par la construction d'un mur est-ouest (US 48, fig. 73 et 78 D) destiné à diviser la pièce unique en deux cases distinctes. La case nord devenant ainsi indépendante, une ouverture sur le mur oriental a été créée pour y accéder. Côté sud, à l'extérieur, la forge primitive étant totalement ruinée (fig. 78 M), il a fallu en construire une nouvelle dans la case méridionale (US 26 et 37, fig. 74 et 78 G) et réserver une aire de travail (US 25) ainsi qu'un foyer (US 32). Ce sont là probablement les raisons principales des modifications de l'habitat. Dans la case nord, une banquette en pierres sèches (US 52, fig. 74 E) est construite à proximité du *dolium* installé au-dessus du petit silo comblé. L'usage du foyer dans l'angle nord-est de cette pièce (fig. 74 B) persiste un temps, puis il est abandonné définitivement. Quant au foyer situé dans l'angle nord-ouest de la case méridionale (fig. 78 E), il sert alors autant pour des besoins domestiques qu'artisanaux.

L'abandon définitif de l'habitat antique (US 3 à 5, 7 à 10, 13, 14, 17, 20 à 24 et 28)

Toutes les structures décrites ci-dessus et situées à l'intérieur des deux cases sont ensuite englobées dans des couches de comblement pratiquement dépourvues de céramique et composées de déchets d'extraction et d'ébauche de blocs (US 7, 17, 20, 23, 28). A l'extrémité nord de l'habitat, un gros bloc d'environ 800 kg, tombé sur le sol, confirme l'évacuation des cases (fig. 73 au fond). Dans les déblais recouvrant les structures d'extraction, cet abandon est également marqué par un troisième petit dépôt humifère comparable aux deux précédents. Mais ici, après ce nouvel arrêt, lors de la reprise de leur activité, les carriers ont détruit l'habitat du front occidental de la carrière de Mathieu. Ils ont arasé les murs et égalisé le sol en le comblant sur l'ensemble de la zone habitée de façon à pouvoir circuler aisément. A partir de ce moment-là, il est donc certain qu'ils logeaient ailleurs, peut-être dans les exploitations d'en face, les carrières de Bone A2 et de Ritter A3, où des traces d'activités domestiques du Haut Empire ont été identifiées lors des prospections (Bessac 1986a: 166-168).

En dépit de la démolition de l'élévation des murs, le secteur de l'habitat de la carrière de Mathieu, avec ses redans formant abri, n'est pas totalement délaissé. Un *dolium*, calé avec des pierres et installé au-dessus de l'emplacement de la case nord, en témoigne (US 21 et 22, fig. 79 et 78 B). Afin de le protéger des déchets d'extraction entassés peu à peu au-dessus, un massif de pierre sèche jouant le rôle de mur de soutènement est alors sommairement édifié dans l'angle nord-ouest de l'ancien habitat (US 24). Ces aménagements sont contemporains de l'extraction et de l'ébauche des deux grands tambours de colonne surplombant ce secteur (fig. 73 en haut). Ils correspondent donc à la dernière grande phase d'extraction de la carrière de Mathieu.

Sur la bordure orientale de l'habitat abandonné, le sommet du mur, maintenant arasé, fait office de sentier. Ce dernier s'oriente ensuite au-dessus des forges de la case méridionale et de la terrasse (US 3 à 5). Au passage, il dessert un foyer (US 13 et 14, fig. 78 K), puis se dirige au sud-ouest vers le chemin d'accès principal de la carrière. Dans le dernier redan sud-ouest du front de carrière occidental, sur le ressaut supérieur du sol de carrière, un grand foyer de plein air (US 8, fig. 78 J) a été installé sur un tas de terre qui lui sert de support (US 9). Son aire d'utilisation (US 10) assez vaste contient du matériel domestique; cependant, une fonction artisanale peut être également envisagée.

Fréquentations tardives du site (US 2', 6, 92, 93 et 98)

Au-dessus des vestiges d'abandon de l'habitat antique s'accumulent ensuite quelques petites couches de déchets d'extraction (US 2' et 6) dont il est difficile de situer la date — Bas Empire? Haut Moyen Age? Il en est de même pour leur origine exacte — reprise très ponctuelle de l'extraction? Egalisation des déblais antiques afin de libérer le terrain en bordure de la carrière? Il est impossible de se prononcer. Dans le bas de l'excavation, au pied du front oriental vers son milieu, quelques vestiges de foyer et de fréquentation de la carrière (US 92 et 93) sont étrangers à une éventuelle reprise de l'extraction. Ils pourraient résulter d'activités sporadiques d'artisans venus récupérer quelques gros déchets pour leurs commandes locales. Toutefois, aucune trace de taille ou d'ébauche sur place ne vient appuyer cette hypothèse.

Reprise de l'extraction à l'époque moderne (US 1, 2 et 11)

L'étude stratigraphique des couches supérieures au-dessus de la zone d'habitat montre très bien cette reprise concrétisée tout d'abord par l'enlèvement des gros déchets antiques encombrant le sommet des fronts de la carrière. Ces fragments de blocs et ces éclats de pierre sont alors jetés dans l'ancienne excavation située juste au-dessous. Ainsi, la zone de l'habitat des carriers romains achève de se combler (US 2 et 11). Après ce premier dégagement, l'extension de la carrière moderne en terrain vierge vers le nord se fait par une élimination de la découverte à l'explosif. Cette opération génère énormément de déblais, lesquels sont entassés au-dessus des vestiges antiques sur presque toute la carrière (US 1), sauf à l'emplacement de la citerne moderne et dans un couloir d'accès nord-sud longeant le front de carrière oriental (fig. 17).

LES CÉRAMIQUES

par Jean-Luc Fiches et Jean-Claude Bessac, avec la collaboration de Jean Chevalier (dessins)

A l'exception de 9 tessons issus d'un foyer de l'antiquité tardive établi dans le comblement de la carrière (US 92), pour l'essentiel, les céramiques antiques proviennent des niveaux d'extraction et d'habitat qui se rapportent à l'époque augustéenne et, dans une moindre mesure, de la fréquentation de l'habitat après son abandon (US 3, 4, 8, 9, 10, 13, 17, 20, 212, 213) et de comblements postérieurs à l'arrêt définitif de l'exploitation antique (US 98). L'étude quantitative et typologique qui suit vise à apporter des précisions sur la chronologie de cette occupation, à la situer par rapport aux niveaux contemporains fouillés dans la région et éventuellement à caractériser le mode de vie des carriers.

Approche quantitative

Les céramiques communes sont les plus abondantes. Elles constituent 78% des 4 929 fragments étudiés et deux des catégories qui entrent dans cette classe sont mieux représentées que les autres. Dans ces céramiques communes, les plus fréquentes sont des céramiques à pâte fine calcaire (57,7% des communes), viennent ensuite les céramiques à pâte sableuse (26,5%) et les céramiques de tradition indigène (13,7%); les mortiers italiques (0,5%) et les céramiques à engobe rouge interne (0,1%), produites hors de la région, à la différence des séries précédentes, sont très rares. Le *dolium* représente 12,6% du matériel, la vaisselle fine 8% et les amphores seulement 1,4%.

Dans la vaisselle fine, dominent des céramiques à revêtement argileux (54,8%) et les gobelets à parois fines (44,4%); la sigillée italique (0,8%) est très rare.

Si l'on affine cette approche quantitative en distinguant les phases successives et les modes d'occupation, on constate des différences importantes (tabl. **4**). Ainsi, les niveaux correspondant à l'extraction initiale (déchets d'extraction, foyers, terre humifère postérieure à la première exploitation mais antérieure à l'habitat) révèlent l'extrême rareté des éléments grossiers (1 fragment de *dolium*, 4 fragments d'amphore italique) et des céramiques fines (2 fragments d'imitation de sigillée et 1 fragment de parois fines). Parmi les céramiques communes, celles qui s'inscrivent dans la tradition indigène (34,3% des communes) l'emportent ici nettement sur les céramiques sableuses (10,7%).

	EXPLOITATION		HABITAT		RÉOCCUPATIONS		TOTAUX	
	tessons	%	tessons	%	tessons	%	tessons	%
CÉRAMIQUES FINES	3	0,8	360	9,9	31	3,4	394	8,0
sigillées italiques			3	0,8			3	0,8
parois fines	1		169	46,9	5	16,1	175	44,4
vernis argileux (mode B)			45	12,6	12	38,7	57	14,5
vernis argileux (mode A)	2		143	39,7	14	45,2	159	40,3
CÉRAMIQUES COMMUNES	385	98,6	2699	74,3	762	84,2	3846	78,0
pâte fine calcaire	208	54,0	1643	60,9	370	48,6	2221	57,7
mortier	4	1,0	54	2,0	17	2,2	75	2
pâte sableuse	41	10,7	687	25,5	291	38,2	1019	26,5
tradition indigène	132	34,3	311	11,5	84	11,0	527	13,7
engobe interne rouge			4	0,1			4	0,1
DOLIUM/FOUR	1	0,3	533	14,7	87	9,6	62 1	12,6
AMPHORE	1	0,3	42	1,1	25	2,8	68	1,4
Dressel 1	1		8	19,0			9	13,2
fuselées			33	78,6	5	20,0	38	55,9
gauloises			1	2,4	20	80,0	21	30,9
TOTAUX	390		3634		905		4929	

TABLEAU 4: COMPTAGE DES CÉRAMIQUES DE L'HABITAT ROMAIN DE LA CARRIÈRE DE MATHIEU

Les couches correspondant à l'habitat et qui ont livré 74% du matériel sont celles qui se rapprochent le plus des proportions globales. Mais les réoccupations qui suivent de peu cet habitat sont marquées par une nouvelle raréfaction du *dolium* (9,6%) et des céramiques fines (3,4%) alors que les amphores progressent jusqu'à 2,8%. A noter qu'alors, parmi les céramiques communes, les sableuses poursuivent leur progression mais désormais au détriment des calcaires.

En comparant le matériel de l'habitat avec celui de Cambroux à Montpezat (Bessac *et al.* 1979: 51-57), implanté non loin de là au sud-est du Bois des Lens (fig. 4), dans la seconde moitié du Ier s. av. n.è., les comptages font apparaître quelques convergences mais aussi d'importantes différences: on remarque tout d'abord la même rareté des amphores (1,2% du matériel); le poids des campaniennes et imitations est sensiblement le même par rapport à l'ensemble des cérami-

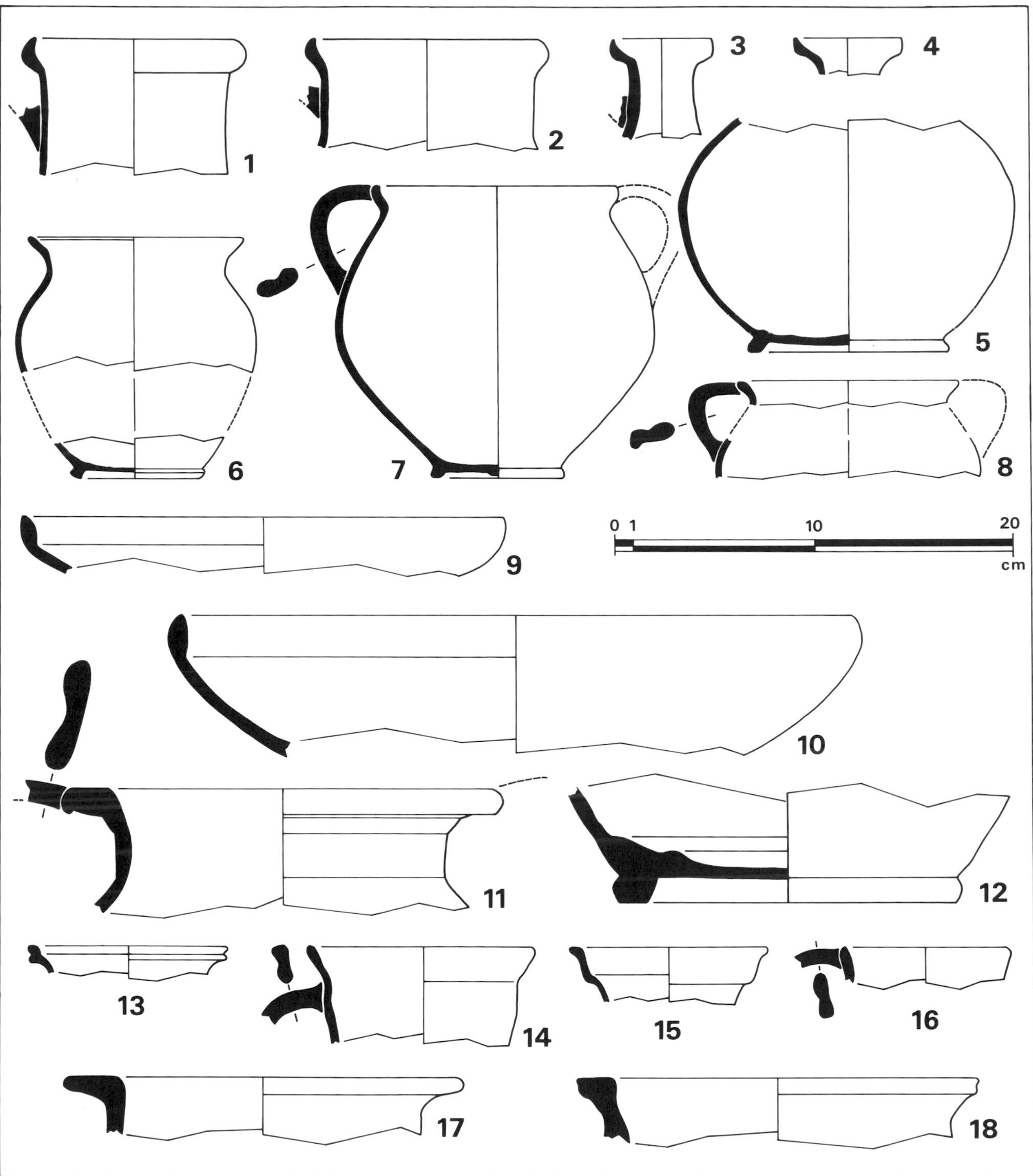

Fig. 83 Céramiques communes à pâte fine calcaire.

ques (1,4%) mais à Cambroux les campaniennes A et B concurrencent les imitations de C et l'ensemble représente 52,5% de la vaisselle fine alors qu'ici il n'est que de 12,6%. Pour le reste, le faciès est bien différent: à Cambroux, dix fois plus de céramique de tradition indigène (80,6% des céramiques) et donc moins de sableuses (2,6 au lieu de 19%) et de calcaires (12,8 au lieu de 46%); le *dolium* y est plus rare et les céramiques à parois fines se réduisent à deux tessons. Ces différences peuvent s'expliquer par un décalage chronologique, le matériel de Cambroux étant globalement plus ancien et davantage caractéristique du troisième quart du Ier s. av. n.è. bien qu'il y ait un tesson de sigillée italique. Elles peuvent également correspondre à des choix différents dans l'utilisation de la céramique commune notamment, l'habitat des carrières étant plus largement ouvert aux productions tournées, sableuses et calcaires.

Une autre comparaison est fournie par une fosse d'époque augustéenne fouillée à Nîmes (Genty 1981). En reprenant le même système de comptage, on observe l'absence de *dolium* mais une plus grande proportion d'amphore (3%); les céramiques communes dominent (84%) et les mêmes catégories se rencontrent dans des proportions assez voisines (calcaire: 61,2%; sableuse: 29%; trad. ind.: 9,2%; engobe interne: 0,6%). Dans les céramiques fines, qui ne sont pas plus importantes dans ce contexte urbain (12,8%), campaniennes et sigillée italique sont mieux représentées au détriment des céramiques à revêtement argileux, mais les parois fines atteignent 50,9% de la vaisselle fine.

Céramiques communes

Céramique à pâte fine calcaire

Leur proportion dans l'habitat (60,9% des céramiques communes) est proche de celle du quartier bas d'*Ambrussum* pour la période 30-10 av. n.è. (58,17%) (Fiches 1989: 112). Si l'on se réfère aux formes rencontrées sur ce site, on constate la présence des formes classiques du Ier s. av. n.è. (Py 1990: 583-88):

— olpé à col large à bord en gouttière (fig. **83**, n° 1 et 2) attestée dans les trois derniers quarts du Ier s. av. n.è.
— olpé à col étroit à laquelle se rattache une panse sphérique et deux bords en gouttière (fig. 83, n° 3-5), surtout fréquente à la fin du Ier s. av. n è.
— urne à anses verticales (fig. 83, n° 6-8), caractéristique de la seconde moitié du Ier s. av. n.è.

Les formes représentées ici et qui apparaissent à *Ambrussum* vers -10, correspondent à des coupes (fig. 83, n° 9, 10), des amphorettes à panse globulaire et pied annulaire (fig. 83, n° 11, 12), caractérisées par deux anses rubanées, attachées à une lèvre à méplat de section carrée (Fiches 1989: 84) et de nouvelles formes de cruches à large ouverture (fig. 83, n° 13-15). Un pichet à une anse (fig. 83, n° 16) est proche d'une forme rencontrée à Nîmes dans le niveau de construction, vers -15, de l'escalier d'accès à la Tour Magne (Py 1981: fig. 5, n° 24).

Les mortiers à pâte calcaire (fig. **84**), mieux représentés que les mortiers italiques, et qui apparaissent dès le deuxième quart du Ier s. av. n.è. (Py 1990: 590), ont soit un bord triangulaire ou un bandeau étroit, soit développent un marli sous une gorge placée sous la lèvre. Ces types sont courants à *Ambrussum* à l'époque augustéenne (Fiches 1989: 119).

Céramique à pâte sableuse

Cette catégorie de céramique apparaît en Languedoc oriental au cours du dernier tiers du Ier s. av. n.è. (Py 1990: 588). Il s'agit de productions de la région qui imitent à l'origine un répertoire italique et qui vont connaître une lente évolution jusqu'au Ve s. de n.è. (Raynaud 1990: 225-35). Elles ont majoritairement fait l'objet d'une post-cuisson réductrice qui leur donne leur couleur foncée, mais les vases clairs ne sont pas rares. Les formes les plus courantes ici sont des urnes à fond plat qui présentent une assez grande variété dans les bords. Certains s'inscrivent tout à fait dans la tradition des céramiques non tournées locales (fig. **85**, n° 1-3). D'autres, fréquents, présentent un aménagement pour recevoir un couvercle:

- un premier type (fig. 85, n° 4, 5) est connu à la Tour Magne (Py 1981: fig. 5, n° 15,16);
- un second représenté par six bords (fig. 85, n° 6) est aussi attesté à l'époque augustéenne à Nîmes (Genty 1981: fig. 2, n° 2);
- un troisième type (fig. 85, n° 7) est représenté à Cambroux (Genty 1981: fig. 2, n° 6; Bessac *et al.* 1979: fig. 11, n° 17).

D'autres vases fermés (fig. 85, n° 8-11) présentent un bord bien attesté à Nîmes en contexte augustéen (Genty 1981: fig. 2; Py 1981: fig. 5, n° 13). Un autre type (fig. 85, n° 12, 13) est connu en céramique à pâte cal-

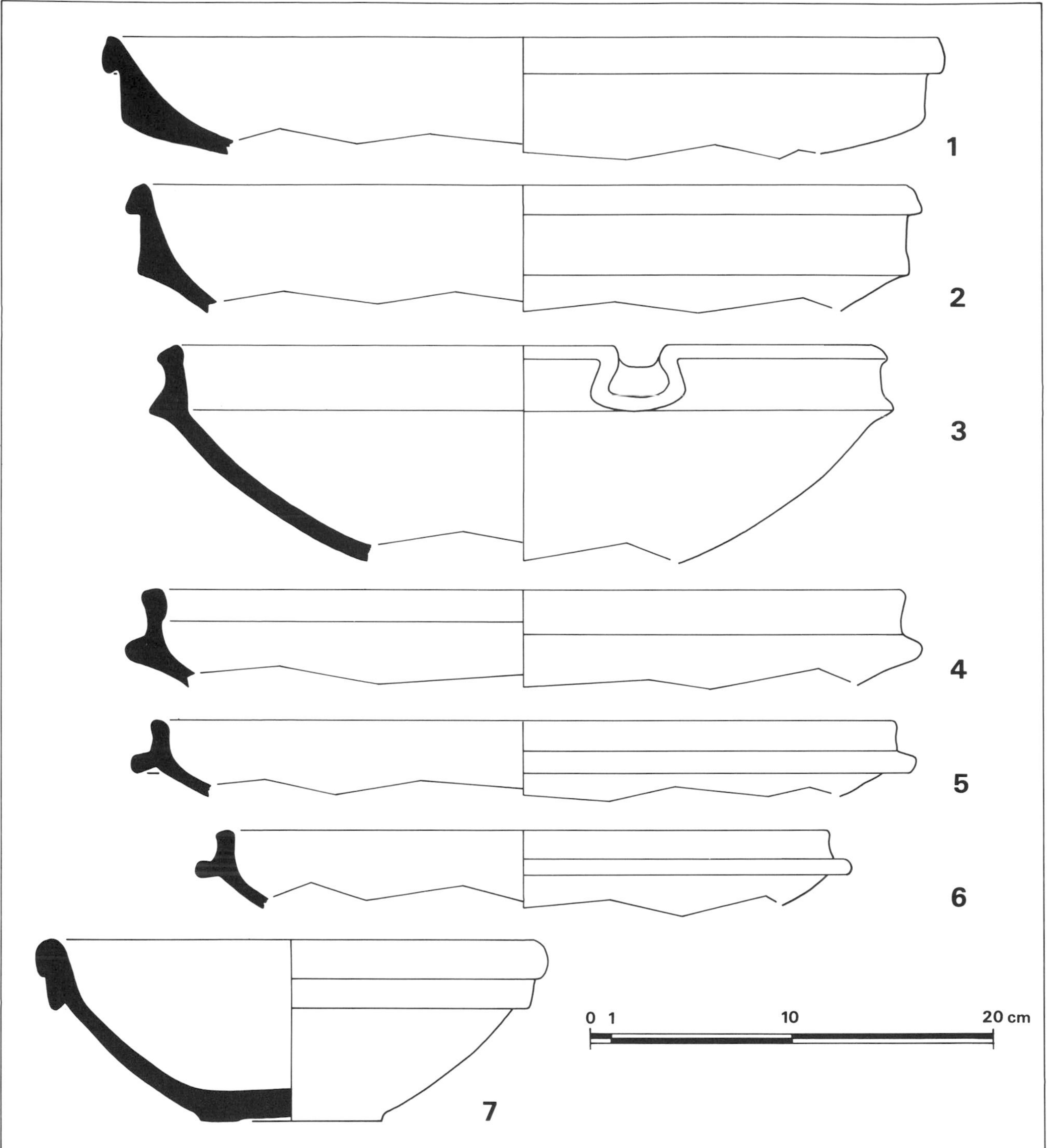

Fig. 84 Mortiers à pâte fine calcaire.

caire et se trouve, comme on le verra plus loin, dans les céramiques à revêtement argileux. Un dernier type reste plus original (fig. 85, n° 14, 15).

Les cruches, comme on l'a constaté à *Ambrussum*, sont rares dans cette technique (fig. 85, n° 19-20).

Parmi les vases ouverts, on trouve des jattes à goulot (fig. 85, n° 16-18) proches d'un type connu dans le Bois des Lens dans la seconde moitié du Ier s. de n.è. (Bessac *et al.* 1979: fig. 17, n° 10), et des marmites à bord plat (fig. 85, n° 21) proches de celles de Cambroux (*id.* 1979: fig. 11, n° 24). Dans les jattes et plats, deux types apparaissent (fig. 85, n° 22, 23), dont l'un est attesté à la Tour Magne (Py 1981: fig. 5, n° 19).

Quant aux fragments de couvercles (fig. 85, n° 24-27), il en est un identique à un fragment augustéen d'*Ambrussum* (Fiches 1989: fig. 68, n° 1).

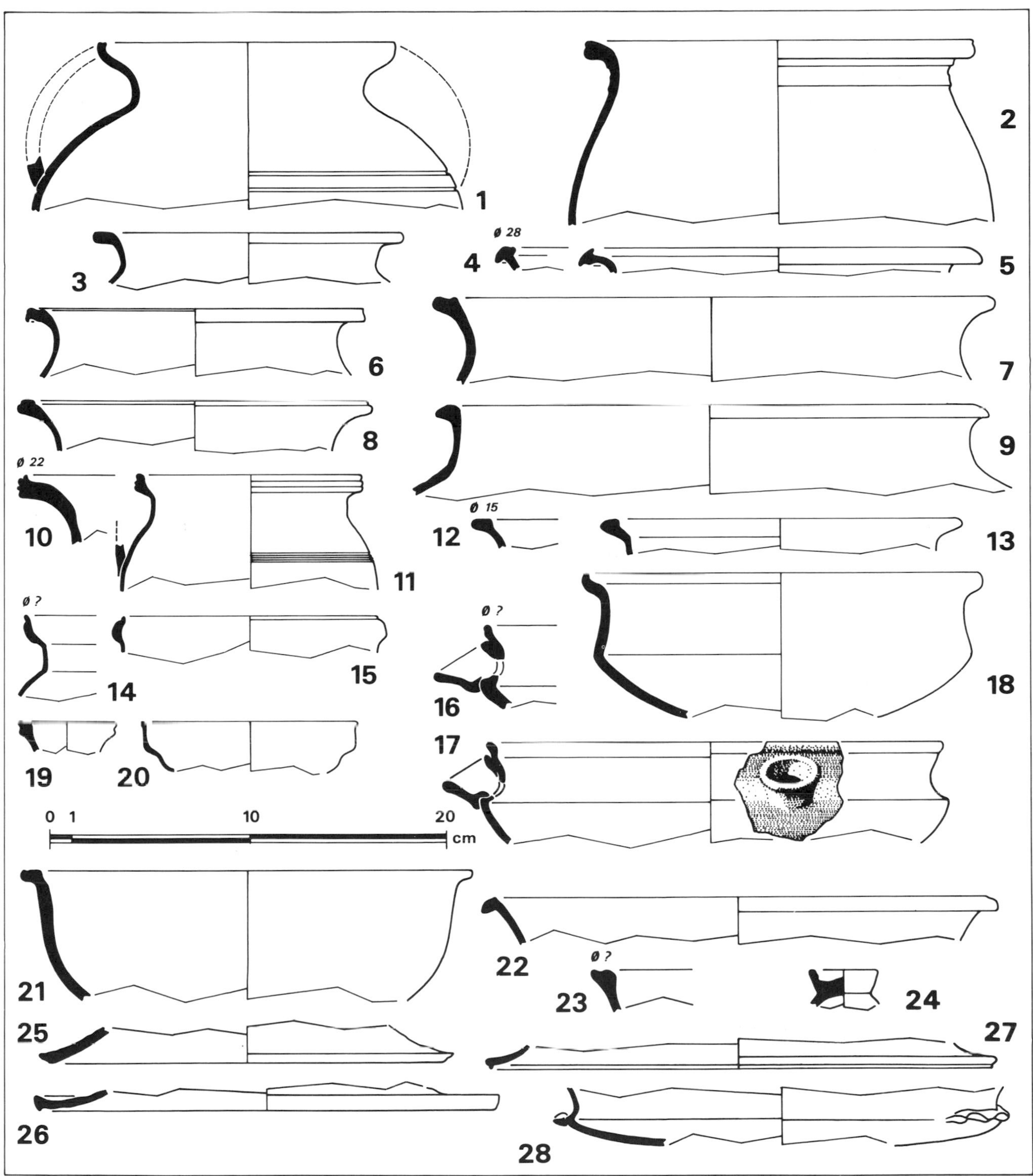

Fig. 85 Céramiques communes à pâte sableuse.

Céramique de tradition indigène

Cette céramique non tournée ou finie au tour lent comporte quatre groupes présentés dans l'ordre décroissant de leur fréquence:

A — céramique à pâte souvent claire (orangé dominant) et rarement fumigée, contenant un dégraissant de sable fin et brillant, d'origine fluviatile (schiste, granit: vallée du Gardon?).

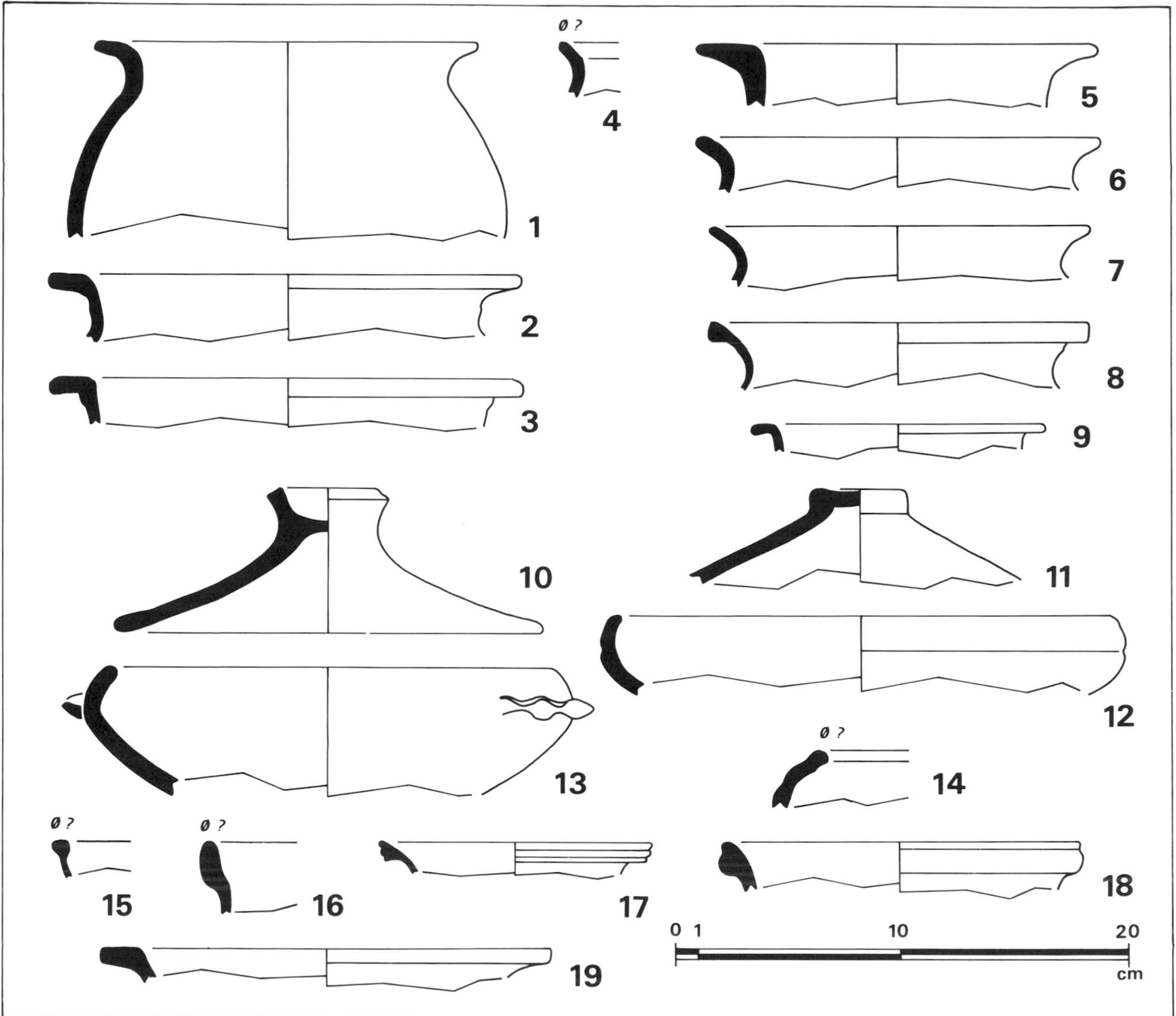

Fig. 86 Céramiques de tradition indigène.

B — céramique à pâte brune, au dégraissant fait de très nombreux grains d'oxyde de fer et à la surface souvent peignée; il s'agit de la poterie produite dans les ateliers des Brus, dans la seconde moitié du Ier s. av. n.è. (Bessac 1979: 45-47; Echallier, Py 1983).

C — céramique à pâte claire orangée au dégraissant de sable ocre grossier contenant quelques grains anguleux de couleur rouille (probablement du minerai de fer mais jamais sous forme de pisolites).

D — céramique à pâte beige rosée, parfois noirâtre, avec une surface fortement mais irrégulièrement fumigée. Dégraissant grossier de calcite mêlée à un peu de silice. Formes généralement très frustes.

La proportion de cette céramique dans l'habitat (8,6% des céramiques) est beaucoup plus proche de celle qui caractérise les niveaux d'*Ambrussum* entre -10 et +20 (9,17%) que ceux de la période antérieure (entre -30 et -10: 39,56%) (Fiches 1989: 105).

Le répertoire des formes est le même qu'à Cambroux: des urnes surtout, et notamment de petites urnes à col court (fig. **86**, n° 1-9); des couvercles (fig. 86, n° 10-11); des coupes à embouchure rétrécie, souvent munies de deux oreilles de préhension et d'un goulot (fig. 86, n° 12-14); une jatte à bord épaissi (fig. 86, n° 15). L'influence des céramiques tournées est sensible, en particulier dans le groupe B où l'on observe une imitation d'olpé à col large en céramique calcaire (fig. 86, n° 16) et deux bords moulurés d'un type connu dans les céramiques sableuses et kaolinitiques (fig. 86, n° 17-18), mais aussi dans le groupe A où un bord évoque certaines urnes à pâte calcaire (fig. 86, n° 19).

Céramique à engobe interne rouge pompéien

Cette céramique d'origine italienne est peu courante sur les sites indigènes de la région; elle est surtout attestée à partir de la seconde moitié du Ier s. av. n.è. (Py 1990: 589). Les 4 fragments retrouvés dans l'habitat ne constituent que 0,1% de la céramique commune mais c'est une proportion plus forte que dans les niveaux augustéens du quartier bas d'*Ambrussum* (0,03% *cf.* Fiches 1989: 119-20).

Dolium et four en céramique

Dans la seconde moitié du Ier s. av. n.è., la basse vallée du Rhône voit apparaître des petits *dolia* (Py 1990: 406) dont l'usage se raréfie à l'époque flavienne à *Ambrussum* (Fiches 1989: 104). La proportion de cette céramique dans l'habitat de carrier est particulièrement importante (14,7%). Dans les niveaux augustéens du quartier bas d'*Ambrussum*, elle reste inférieure à 7%; elle est d'ailleurs généralement inférieure à 10% dans les habitats de la région depuis le IIIe s. av. n.è. Cette importance relative tient sans doute à la faible proportion des amphores mais aussi parce qu'aux vases de stockage s'ajoutent des fours portables dont la pâte se présente comme celle du *dolium.*

L'examen de la pâte de ces récipients permet de distinguer à l'œil deux catégories. Une grande majorité, caractérisée par la présence de pisolithes de fer dans le dégraissant, laisse supposer une production locale dont les caractères se retrouvent dans les ateliers plus récents du Mas de Narbonne près de Fons-outre-Gardon, à 3 km des carrières. Plus rares sont des récipients ovoïdes qui présentent un dégraissant de sable quartzeux fluviatile qui, au plus près, peut provenir de la vallée du Gardon.

Deux types se rencontrent:

A. (fig. **87**) — un élément ovoïde à embouchure rétrécie dont la paroi extérieure est peignée. La limite supérieure du peignage peut être soulignée par de petits chevrons au peigne qui surmontent, dans un cas, des impressions triangulaires. Les peignes utilisés comportent 8 dents sur 2,9 cm, 12 dents sur 3,9 cm ou 18 dents sur 4,8 cm. Un récipient comporte une bordure soulignée d'une ligne d'impressions en amande sous laquelle des impressions au doigt, qui forment des S entremêlés, se surimposent au peignage.

B. (fig. **88**) — un élément cylindrique dont le bord est creusé d'ouvertures polygonales. Sur le peignage extérieur, on rencontre des décors au peigne et des impressions digitées ponctuelles ou en S imbriqués. Les peignes comportent 10 dents sur 3 cm ou 20 dents sur 5 cm. Ce type de production, moins fréquente que la précédente, est connue entre -10 et +20 à *Ambrussum* où certains fragments comportent des petites dépressions sur le bord (Fiches 1989: 104-105). Il s'agit de la base des fours munie de trous d'aération (sur la fig. 88 n° 1 ils apparaissent en haut mais en fonction ils sont en bas).

Vaisselle fine

Vases à parois fines

Cette catégorie de vaisselle fine est bien représentée dans l'habitat (46,9%). Ces vases sont rares autour de Nîmes dans le troisième quart du Ier s. av. n.è. (Py 1990: 594). A *Ambrussum* ils représentent 38% des vases tournés fins entre -30 et -10; ils atteignent 64% entre -10 et +20, mais présentent alors des formes et des décors plus diversifiés (Fiches 1989: 96).

La forme dominante correspond à des gobelets ovoïdes à lèvre très courte et fond plat ou légèrement creux (fig. **89**, n° 1-4). Les fragments ornés portent un semis d'épines espacées, seul type de décor attesté jusque vers

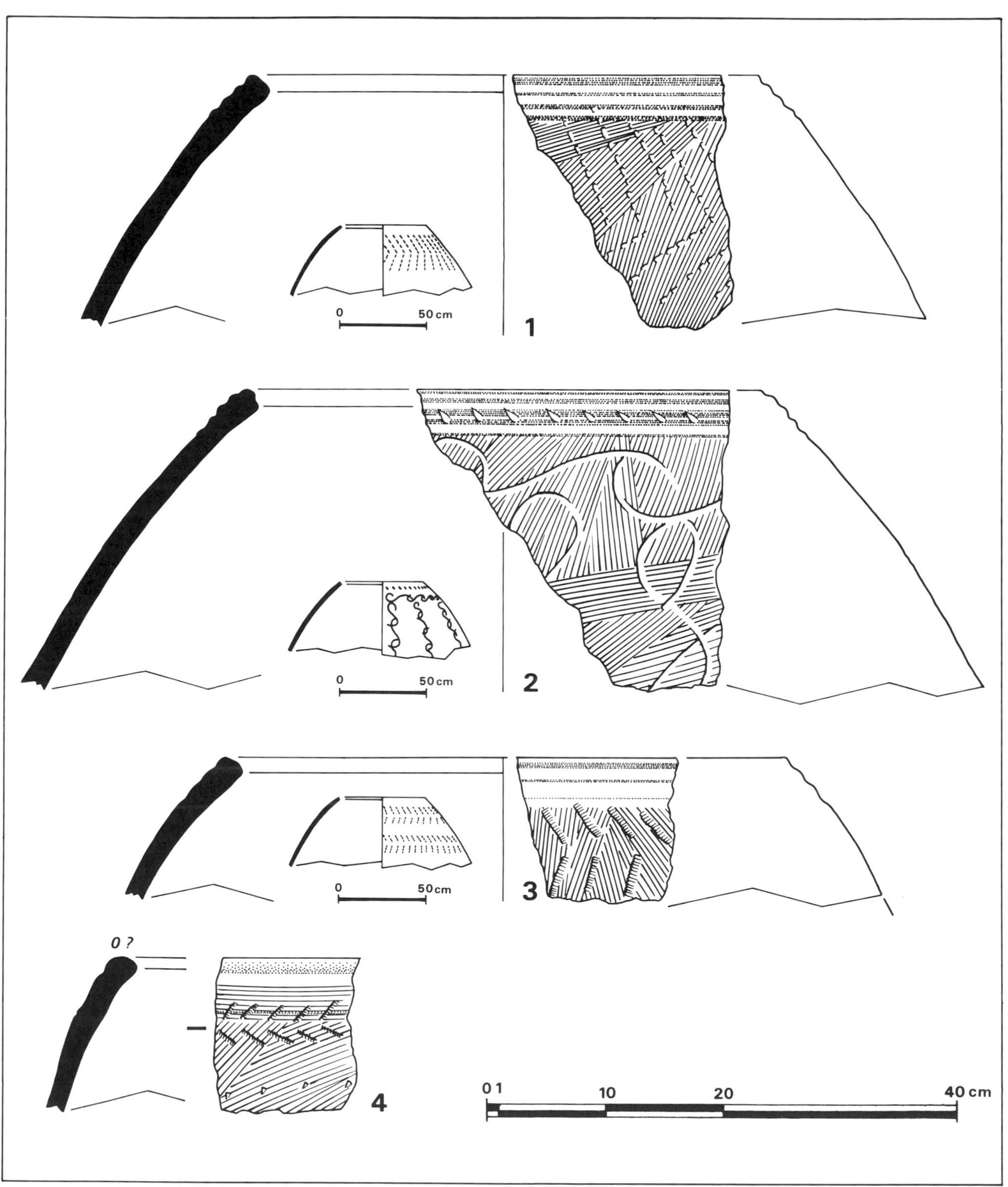

Fig. 87 *Dolium* ovoïde.

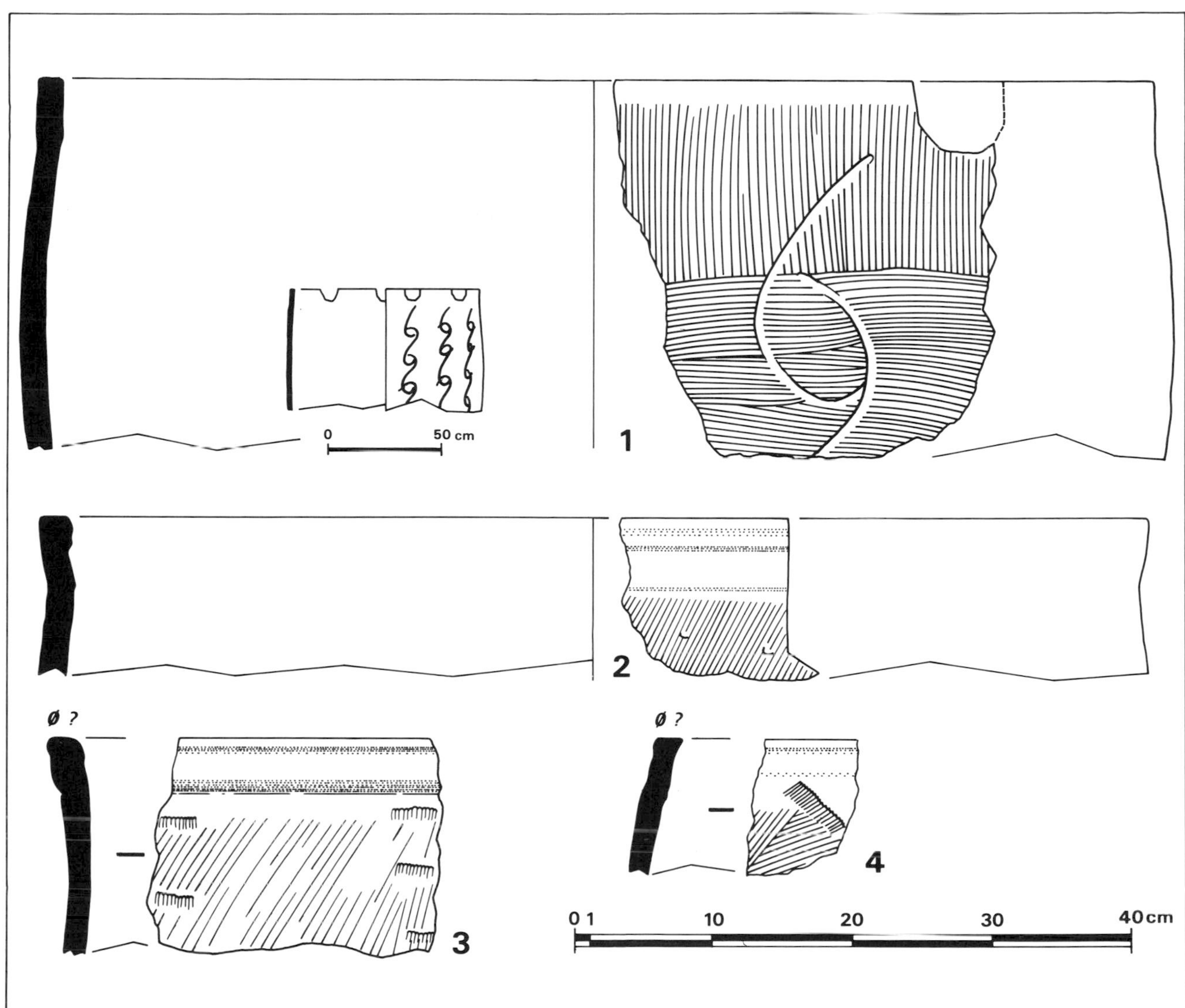

Fig. 88 Four portatif.

10 av. n.è. dans la région; ce décor est d'ailleurs associé à l'un de ces bords. Il s'agit d'une forme courante à l'époque augustéenne. On trouve aussi une tasse cylindrique à une ou deux anses (fig. 89, n° 5), d'un type bien attesté à l'époque augustéenne (Mayet 1975: 50). Deux bords, issus d'un contexte en rapport avec les réoccupations, paraissent plus récents (fig. 89, n° 6, 7); ils présentent une lèvre arrondie qui se rencontre sur des bols hémisphériques bas dont certains peuvent recevoir de petites anses verticales (fig. **90**, n° 14). Il s'agit d'une forme, Mayet XXXVII, qui n'apparaît qu'à l'époque tibérienne (Mayet 1975: 72-73).

Céramiques à revêtement argileux

Ces vases à pâte fine calcaire présentent un engobe argileux dont la couleur varie du gris au brun et au rouge suivant qu'ils ont été cuits en mode B (post-cuisson réductrice) mais surtout en mode A (post-cuisson oxydante) (Picon 1973). Ils représentent dans l'habitat 52,3% de la vaisselle fine. Leur répertoire est emprunté, pour l'essentiel, à la céramique campanienne et à la sigillée arétine. Il s'agit certainement de productions de la région nîmoise, comme le laisse penser la répartition des imitations de campanienne C particulièrement dense entre Rhône et Vidourle (Py 1990: 577). Elles s'inscrivent dans le cadre des "présigillées" fabriquées en Gaule du sud dans les ateliers de Bram (Aude), de Narbonne et de La Graufesenque (Bémont, Jacob

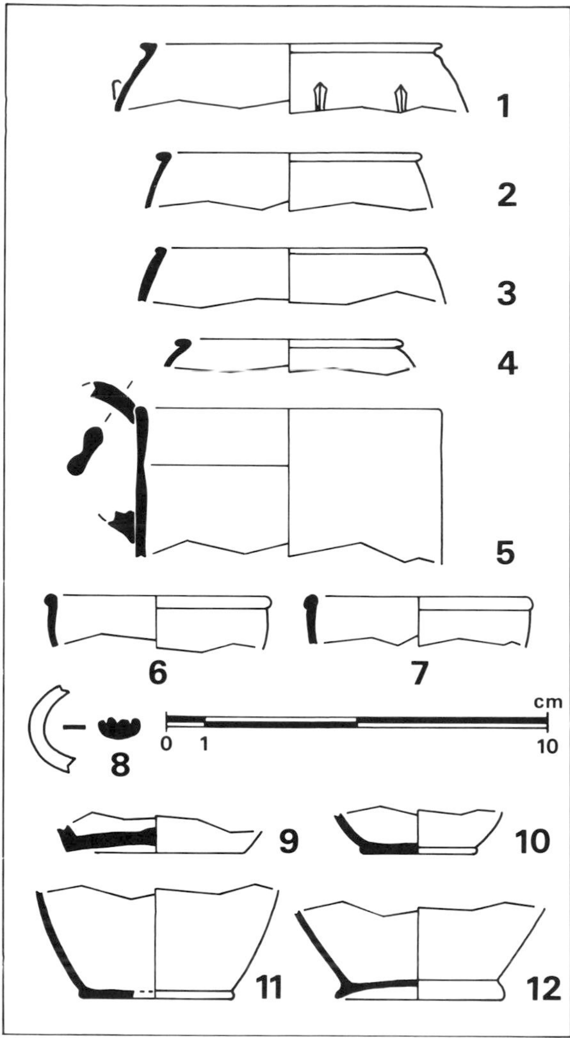

Fig. 89 Vases à parois fines.

1986). Lyon (Loyasse) et Saint-Romain-en-Gal ont également produit de telles céramiques, dont des imitations de sigillée et des formes qui n'appartiennent pas à ce répertoire; leur chronologie a été établie entre 30 et 15 av. n.è. pour Lyon et entre 30/20 av. et 30/40 ap. pour Saint-Romain où l'on souligne le côté archaïsant de ces productions (Desbat, Savay-Guerraz 1986). Il est possible que leur présence dans la région de Nîmes ait retardé et freiné les importations de sigillée italique.

Il est difficile de dater précisément ces céramiques dont l'évolution est sans doute plus lente que celle des prototypes italiques qui fournissent néanmoins un *terminus post quem*. Dans la région il semble cependant que les couvertes rouges prennent le pas sur les couvertes sombres dans le dernier quart du Ier s. av. n.è., puisque les imitations de campanienne C connaissent alors une brusque réduction dans leur fréquence (1% environ de la vaisselle fine à *Ambrussum* et Marduel dans le dernier quart du Ier s. av. n.è., *cf*. Fiches 1989: 99). Or, ici les fragments correspondant au mode B de cuisson sont encore bien représentés: 12,6% de la vaisselle fine.

Fig. 90, n° 1.– Un bord d'imitation de campanienne appartenant vraisemblablement à une patère de forme Lamboglia 16, fréquente dans la région dans la seconde moitié du Ier s. av. n.è.

Fig. 90, n° 2.– Un fond de petite patère imitant la campanienne C.

Fig. 90, n° 3.– Un fond à pied annulaire cuit en mode A.

Fig. 90, n° 4.– Un bord de petit vase cuit en mode B.

Fig. 90, n° 5.– Trois bords de plats (21, 22, 30 cm de diamètre) de forme Lamboglia 7, imitant la campanienne C. D'autres bords de ce type en céramique calcaire n'ont pas conservé d'engobe. C'est également le cas de coupes de forme Lamb. 5. Ces formes sont attestées dans la phase la plus ancienne des ateliers de Bram.

Fig. 90, n° 6.– Deux bords et un fond imitant la sigillée. Les bords sont de forme Goudineau 6b, forme archaïque de l'arétine apparue en Italie autour de -30 (Goudineau 1968: 283-84) et également présente à Bram (phase ancienne).

Fig. 90, n° 7.– Un bord de plat de grand diamètre (30 cm), cuit en mode B mais imitant une forme arétine de plat sans pied, forme précoce connue avant -20, correspondant au type 11 de C. Goudineau (1968: 287-88).

Fig. 90, n° 8.– Un bord appartenant sans doute à un gobelet à anses verticales, forme connue dès la phase ancienne des ateliers de Bram et qui constitue un antécédent de la forme Haltern 14.

Fig. 90, n° 9, 10.– Un col cuit en mode B et une anse cuite en mode A, à rapprocher des lagènes produites dans ces techniques à Narbonne et à Saint-Romain-en-Gal.

Fig. 90, n° 11.– Un vase à pied cuit en mode A d'un type connu dans la campanienne B et dans les sigillées gauloises mais dont le bord présente un profil original.

Fig. 90, n° 12.– Une grande coupe cuite en mode A.

Fig. 90, n° 13-15.– Dans ces céramiques on a distingué une production caractérisée par une pâte rouge et un engobe résistant (16,6% de la vaisselle fine). Les éléments typologiques sont limités à deux bords identi-

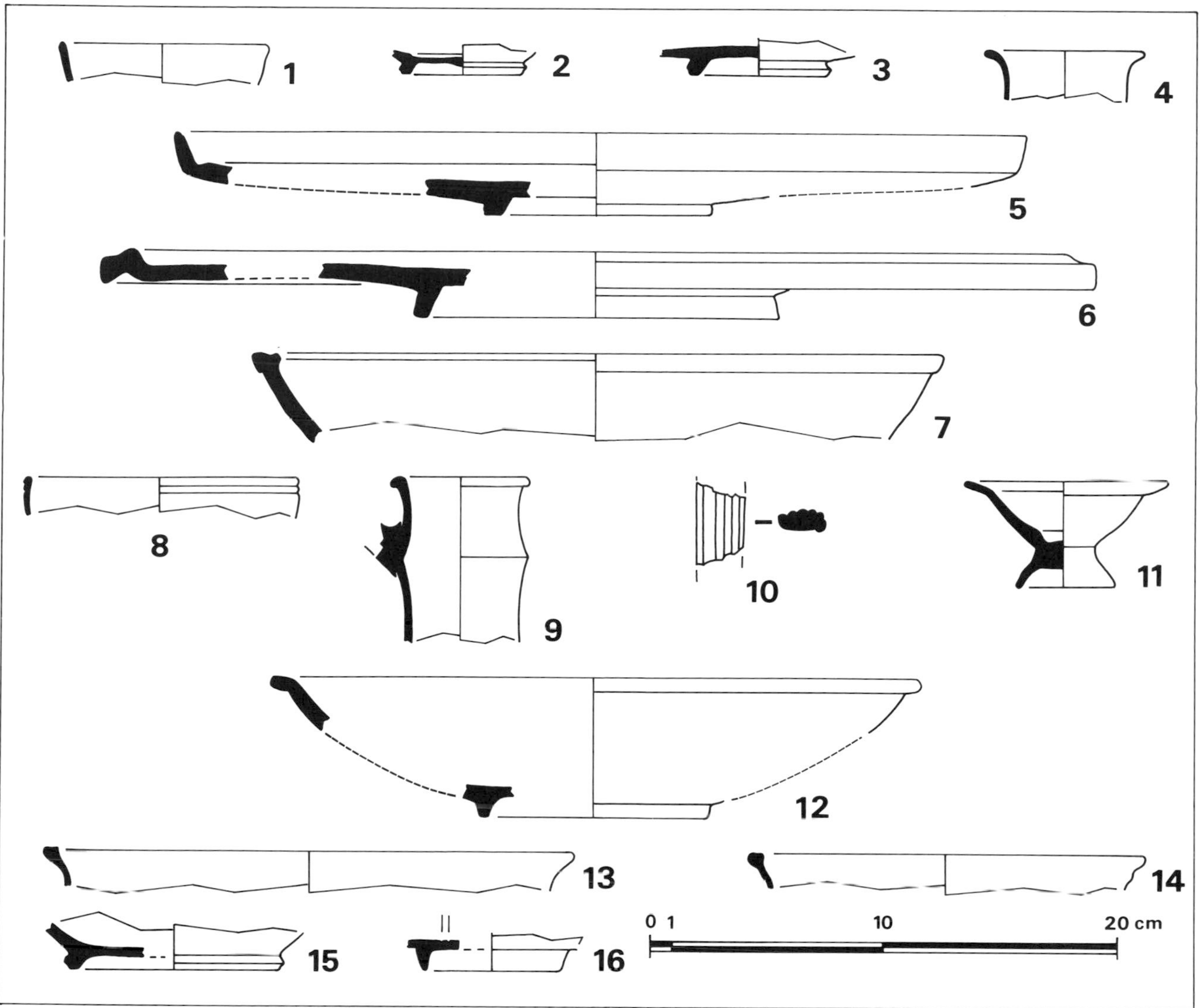

Fig. 90 Céramiques à revêtement argileux (1-15) et sigillée italique (16).

ques et un fond à pied annulaire qui permettent de reconstituer des urnes dont la forme est bien connue dans les productions à pâte fine calcaire de la région dans la seconde moitié du Ier s. av. n.è. (Py 1990: 587: urnes à anses verticales).

Sigillée italique

Représentée seulement par trois tessons dans l'habitat, la sigillée italique n'y constitue que 0,8% de la vaisselle fine. La seule forme identifiable se rapporte à un pied de facture classique (fig. 90, n° 16). Pour la diffusion de cette céramique dans la région de Nîmes, la stratigraphie du quartier bas d'*Ambrussum* est particulièrement intéressante puisqu'entre -30 et -10 elle reste très rare (trois tessons) et n'est diffusée qu'entre -10 et +20 où elle constitue 20% de la vaisselle fine (Fiches 1989: 99). Cette diffusion tardive de l'arétine autour de Nîmes est corroborée par la grande rareté des timbres de potiers anciens (Fiches 1972: 255-58).

Lampe

Deux fragments seulement sont attribuables à des lampes. Il s'agit d'un bec en enclume (US 18) et d'une préhension latérale (US 17) qui peuvent s'inscrire dans un contexte augustéen.

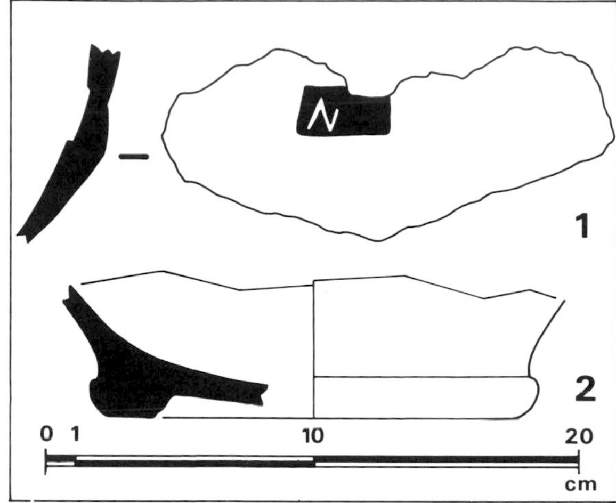

Fig. 91 Amphores Gauloises 1.

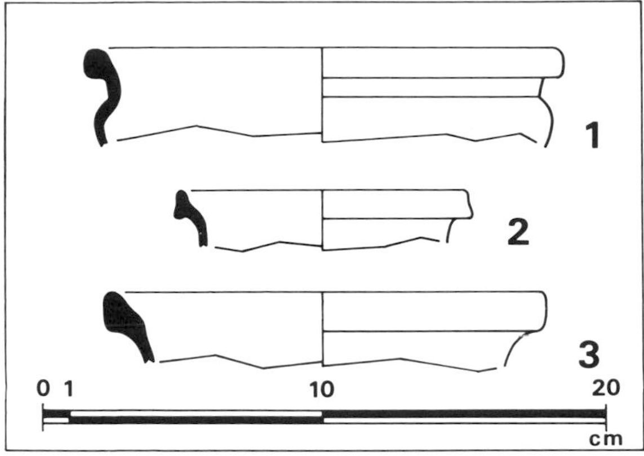

Fig. 92 Céramiques de l'Antiquité tardive.

Amphore

Comme on l'a noté, la rareté des amphores a également été observée sur les autres sites du Bois des Lens qui ne sont pas des carrières comme Cambroux. Dans d'autres contextes augustéens de la région, elles sont plus abondantes: 3% à Nîmes mais surtout 13 à 17% à *Ambrussum*.

Dans l'habitat, on ne trouve que des amphores fuselées provenant d'Italie dont une partie comporte un dégraissant caractéristique de sable volcanique. L'absence d'éléments caractéristiques, en dehors d'une anse, ne permet pas de préciser davantage. Le seul fragment qui appartient à une production de la région provient d'un dépotoir de l'habitat (US 79) qui n'était pas scellé par d'autres couches et qui peut donc correspondre à une intrusion. Dans les niveaux de réoccupation de l'habitat et de comblements après extraction, ces productions de la région sont présentes au point de constituer 80% du matériel amphorique même s'il ne s'agit que de 20 tessons. En particulier, l'US 98 a livré un fragment de fond et un morceau de col (fig. **91**) qui appartiennent à la forme Gauloise 1 (Laubenheimer 1985). Le dernier porte d'ailleurs une estampille à l'emplacement classique sur ce type de récipient mais dont seule se lit la première lettre N, alors qu'on connaît plusieurs timbres qui commencent ainsi.

Datation

En fonction des datations proposées pour chaque type de céramique, l'habitat dans la carrière est à situer dans le dernier quart du Ier s. av. n.è. sinon dans la dernière décennie. A l'encontre d'une date plus haute s'oppose la comparaison avec le site voisin de Cambroux. Les concordances avec la Tour Magne s'inscrivent bien dans cette période. En revanche, la comparaison avec *Ambrussum*, où l'on dispose de niveaux successifs dans cette période, permet d'avancer que le matériel analysé s'inscrit bien dans la dernière décennie avant notre ère sans la dépasser: en témoignent le *dolium*, les céramiques calcaires, les parois fines et la sigillée italique.

Après l'abandon de l'habitat, la fréquentation du site à partir de l'époque tibérienne est attestée par certains vases à parois fines et l'amphore Gauloise 1. Enfin, trois fragments de l'US 92 sont caractéristiques de l'antiquité tardive. Il s'agit d'un bol à bord divergent épaissi et arrondi en céramique sableuse (fig. **92**, n° 1), d'un type qui apparaît dans la première moitié du IVe s. (Raynaud 1990: fig. 119, n° 13) et de deux urnes à pisolites (fig. 92, n° 2, 3) dont le bord présente un bourrelet saillant qui apparaît dans la seconde moitié du Ve s. (Raynaud 1990: fig. 122, n° 14).

AUTRES OBJETS TROUVÉS DANS L'HABITAT ANTIQUE

Monnaie

Une seule monnaie a été découverte dans l'habitat romain. Elle provient de la sédimentation initiale au début de l'utilisation de la maison (US 33). Il s'agit d'une monnaie de bronze de la République, émise en 80/90 av. n.è., portant sur une face un Janus et sur l'autre une proue de navire. Mise en circulation dans la région au début du Ier s. av. n.è., elle circule encore un siècle plus tard durant les premières décennies du Ier s. de n.è.[4] Donc, cette pièce ne peut en aucun cas préciser la chronologie proposée par le biais de la céramique.

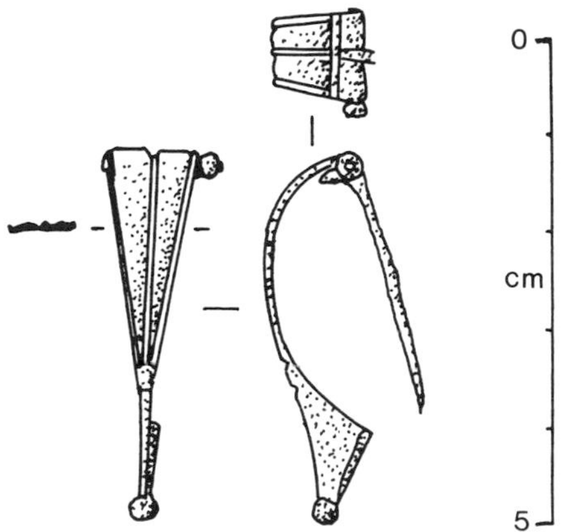

Fig. 93 Fibule en argent mise au jour en contrebas de l'habitat romain de la carrière de Mathieu.

Bijou

Aussi étonnant que cela puisse paraître dans une carrière, parmi le matériel issu de la fosse dépotoir au sud de l'habitat, en bordure du chemin d'accès, se trouvait une fibule en argent (US 53) (fig. **93**). Lors de sa découverte, elle a fait l'objet d'une étude spécifique très détaillée (Bessac, Feugère 1986: 27-30) dont il n'est proposé ici qu'un bref résumé.

Parfaitement conservée, à l'exception d'un petit bouton ornemental, la fibule correspond au n° 22a1 de la classification proposée par Michel Feugère (1985: 449, fig. 71). Sa longueur n'atteint que 38 mm et permet de penser que son rôle était plus ornemental que fonctionnel. La datation proposée pour ce type de fibule est le dernier quart du Ier s. av. n.è. (Bessac, Feugère 1986: 28), ce qui correspond bien avec la datation de la céramique.

En raison de la rareté des fibules en argent (Bessac, Feugère 1986: 29, fig. 2) et de la pauvreté générale du matériel (voir supra), la présence de ce bijou dans la carrière peut être considérée comme paradoxale. Il est difficile d'imaginer les carriers avec un tel bijou, habituellement porté par des femmes. Peut-on supposer la visite de riches commanditaires sur la carrière et considérer que cet objet a été perdu à cette occasion?

Une autre fibule, mais en bronze, a été découverte au début du XXe s. dans les remblais romains de la carrière de Ritter A3, à moins de 300 m de là. Selon M. Feugère qui l'a observée, elle est du type Aucissa 22b et peut être datée des environs de 30 de n.è.

Objets en fer

Comme dans la majorité des sites romains, les clous viennent en tête de cette catégorie d'objets avec 54 unités. Une première moitié provient du sommet du remblai méridional où des bois d'œuvre ont dû être jetés lors de l'abandon du site. Une seconde moitié est issue des couches supérieures de l'habitat. Ils étaient probablement sur les bois issus de la toiture et peut-être du cadre de la porte.

En dehors des clous, les objets en fer découverts sur le site sont essentiellement constitués de fragments d'outils difficiles à identifier. On en compte 41 dont 11 proviennent de l'habitat. Plus rares sont les outils complets ou reconnaissables; il en a été trouvé 9 répartis de la manière suivante:

— 4 coins dont 2 entiers et 2 fragmentaires. Un seul a été trouvé dans l'habitat près de la forge, dans la case méridionale (US 25, fig. 136, en bas à gauche). Les trois autres proviennent du sol de carrière; l'un d'eux s'est cassé en place dans son emboîture sous le bloc n° 34 abandonné en cours d'extraction.

— 3 fragments d'extrémité active d'escoude romaine. L'un d'eux découvert au-dessous des couches d'habitat près du sol de carrière (US 73) a conservé ses deux pointes. Un second trouvé près de là (US 66) ne représente que la moitié de l'extrémité de l'outil. Un troisième, issu des déblais dans la carrière, est très fragmentaire.

---

4 Identification et renseignements numismatiques dus à Jean-Claude Richard, C.N.R.S., Centre Camille Julian, Aix-en-Provence.

— 1 petit coin de fer provient de l'habitat (US 13) et devait servir à fixer le manche d'un outil.
— 1 fragment de lame de curette découvert sur le sol de carrière près d'une tranchée d'extraction.

Afin de faciliter l'analyse et la présentation de ces outils, leur description sera détaillée dans un chapitre technique (voir p.205, 215 et 216).

Petits éléments lithiques

Parmi les éléments lithiques, certains doivent être considérés comme des outils, d'autres comme des produits secondaires de la carrière ou des objets domestiques. Les premiers comprennent surtout les pierres à aiguiser, représentées seulement par un exemplaire gréseux provenant de l'habitat (US 19) et par des broyeurs constitués de gros galets de quartz. Il en a été trouvé deux dans l'habitat (US 30 et 36); ils ont pu servir pour des usages domestiques mais aussi peut-être pour des besoins artisanaux, notamment afin de produire de la poudre de quartz dans des mortiers.

La seconde catégorie est dominée par des fragments d'objets en pierre des Lens cassés à différents stades de leur confection. Dans ce lot, les petits autels l'emportent par le nombre, quatre proviennent de divers niveaux de l'habitat (US 17, 23, 51 et 69), deux devaient être cylindriques et deux autres de section carrée ou rectangulaire (fig. 161 a et b). On trouve aussi une sorte de mortier abandonné en cours de fabrication (fig. 161 e) dans l'habitat (US 60) et un autre provenant des déblais de carrière remaniés (US 98). Dans ce même niveau, hors stratigraphie, est apparu un fragment de cylindre tourné d'un diamètre suffisamment important pour faire partie d'une base de colonne (fig. 161b). L'analyse détaillée de ce matériel archéologique sera intégrée dans l'étude de la production de la carrière (voir p.253 et 254).

CARRIÈRE DE MATHIEU ET HABITAT DE CAMBROUX: LES OSSEMENTS ANIMAUX, ÉTUDE COMPARATIVE

par Jean Desse avec la collaboration de Michel Rocheteau

Malgré le faible nombre d'ossements livrés par les deux sites (203 os pour Cambroux et 243 dans la carrière de Mathieu), la comparaison des vestiges provenant de ces deux gisements contemporains, séparés l'un de l'autre par quelques kilomètres (fig. 4) mais de nature très différente, méritait d'être entreprise.

Les travaux des archéologues, et tout particulièrement les études céramologiques, ont montré que le premier échantillon (Cambroux) procédait d'un contexte culturel correspondant à un habitat indigène; le second échantillon (carrière de Mathieu), en revanche, provenait d'une carrière d'extraction de blocs calcaires, où figuraient de nombreux fragments de poteries non autochtones. On pouvait légitimement supposer que le dernier site, exploité par des ouvriers ou des esclaves sinon sous tutelle, du moins sous influence romaine, présenterait des différences notables dans l'alimentation carnée par rapport à l'habitat indigène. Si la faiblesse numérique de l'échantillon ne permet pas d'aller au-delà des traits généraux des faunes inventoriées, on peut cependant donner une réponse précise à la question portant sur l'identité ou la dissemblance des deux échantillons récoltés.

Conservation

Dans les deux échantillons, le matériel osseux est suffisamment bien préservé pour autoriser la diagnose et les observations de traces de découpe. Il porte également de nombreuses traces d'altération — morsures de chiens, de rongeurs (souris), voire même de *radulas* de gastéropodes (limaces) — laissant supposer une première phase de dépôt de surface ultérieurement suivie d'un enfouissement naturel à faible profondeur; de nombreux ossements présentent également des traces de radicelles.

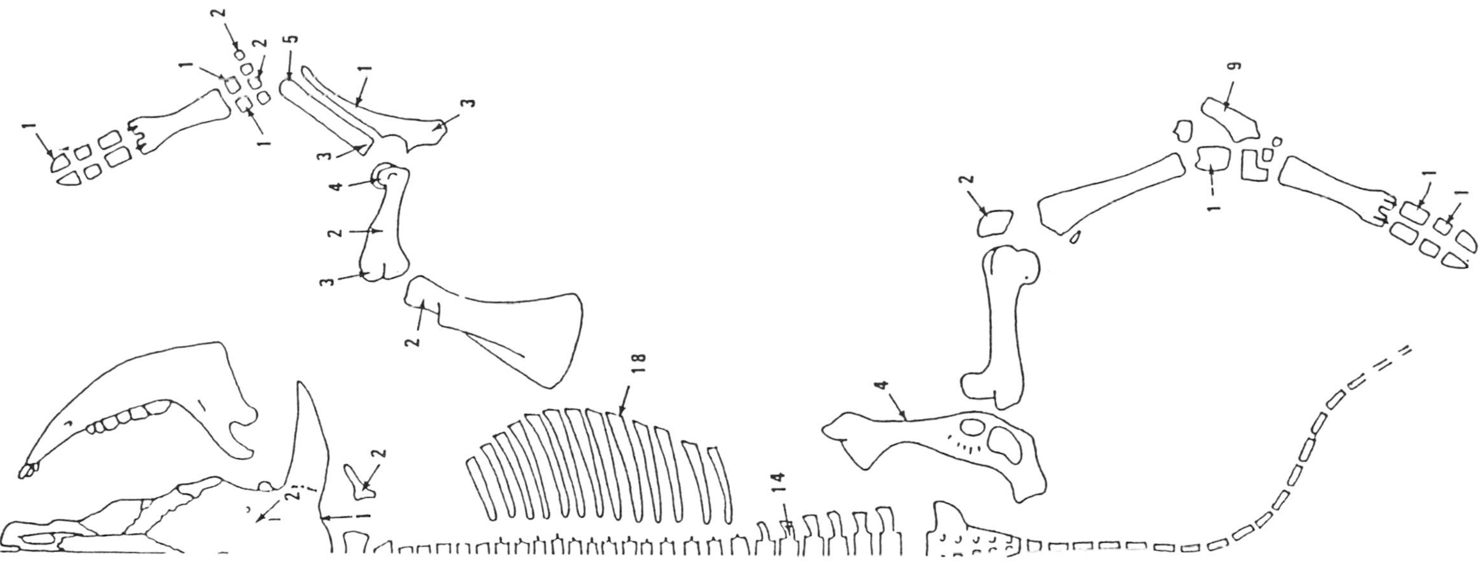

Fig. 94 Carrière de Mathieu: origine anatomique des restes osseux de bœuf (*Bos taurus* L.); d'après Helmer, 1987.

Quatre-vingt-trois des 203 os et fragments de Cambroux ont été déterminés (40,9%) et 106 sur 243 à la carrière de Mathieu (43,6%); ce taux de détermination, assez médiocre et très comparable pour les deux sites, tient à la forte fragmentation des ossements (il s'agit ici en l'occurrence d'une fragmentation antique), qui conduit à multiplier le nombre d'esquilles ou de fragments de diaphyses (fig. **94**); les fragments de côtes et de vertèbres ne sont pas pris en compte dans le total des pièces déterminées.

Composition faunique

Les deux sites livrent exclusivement des ossements attribuables à des animaux domestiques (tabl. **5**). C'est un état limite de la situation décrite pour les gisements provençaux du Ier s. (Columeau: 1991), période durant laquelle les ossements de grands mammifères sauvages (cerfs, chevreuils, sangliers) n'existent, sauf exception, qu'en très faible nombre, la chasse n'ayant alors plus de réelle importance dans l'économie alimentaire. L'ordinaire des habitants du site indigène, comme celui des ouvriers ou des esclaves de la carrière, n'est en tout cas pas amélioré par un quelconque apport du piégeage ou de la chasse.

	Bos taurus	Ovis/Capra	Sus. domes.	Equid.	Canis F.
CM	70 (66,03 %)	15 (14,1 %)	21 (19,8 %)	—	—
CB	58 (70,7 %)	10 (12,2 %)	7 (8,5 %)	3 (5,2 %)	5 (8,6 %)
Tt	128 (68,1 %)	25 (13,3 %)	28 (14,9 %)	3 (2,3 %)	5 (3,9 %)

CM : Carrière de Mathieu ; CB : Cambroux ; Tt : total ; N : nombre de fragments identifiés (hors côtes et vertèbres)

TABLEAU 5: COMPOSITION FAUNIQUE COMPARATIVE DES HABITATS DE LA CARRIÈRE ROMAINE DE MATHIEU ET DU SITE CONTEMPORAIN DE CAMBROUX, AU SUD-EST DU BOIS DES LENS.

Les os des deux sites sont principalement attribuables à la tétrade classique: bœuf, porc, mouton et/ou chèvre, qui constituent 100% des restes osseux de la carrière de Mathieu. Ils représentent 93,75% des ossements de Cambroux, les 6,25% restants correspondant alors, non à des animaux sauvages, mais aux 5 fragments attribuables au chien et aux 3 restes d'équidé de petite taille (petit cheval ou mule plutôt qu'âne).

La composition faunique générale ne présente donc pas de dissemblance majeure; cette observation, confirmée par les tests statistiques, indique que les différences entre les deux sites ne sont guère significatives malgré le plus fort taux de représentation du porc parmi les restes de la carrière de Mathieu. Enfin, lorsque des observations permettent la discrimination entre les ossements de chèvres et de moutons, ces diagnoses ont toujours révélé la présence d'*Ovis aries* (le mouton). On ne peut pourtant pas éliminer la chèvre (*Capra hircus L.*) du tableau de composition faunique en raison des convergences morphologiques bien connues entre de nombreux éléments du squelette de la chèvre et de celui du mouton. Mais pour autant qu'elles aient figuré au sein du petit bétail, ces chèvres devaient être en très faible nombre par rapport aux moutons.

Origine anatomique, classes d'âges, tailles

Dans la carrière de Mathieu, comme à Cambroux, les os du petit et du gros bétail procèdent de la totalité du squelette des animaux, y compris du squelette des extrémités, pratiquement démuni de masses musculaires exploitables. Le grand comme le petit bétail livrent en effet tout à la fois des fragments d'os crâniens, des dents, des os du squelette des extrémités (phalanges, éléments du métapode, du carpe ou du tarse), comme des pièces provenant du stylopode (humérus, fémur), du zygopode (radius/ulna, tibia/fibula), des ceintures (scapula/pelvis) ou du squelette vertébral (fig. **95**). Cela correspond alors nettement et typiquement à une découpe *in situ* d'animaux entiers.

L'évaluation de l'âge des animaux ne porte que sur un faible nombre d'os provenant essentiellement de la carrière de Mathieu. L'examen des âges d'abattage n'indique pas de forte spécialisation. L'âge des moutons ou des chèvres varie de moins de 6 mois jusqu'à près de 3,5 ans; l'âge d'abattage des porcs révèle qu'un dernier quart des animaux atteint la troisième année; pour le bœuf, on note une faible consommation de bêtes de moins de 1,5 an (8%), 30% des prélèvements se font entre 1,5 et 3 ans, 35% entre 3 et 3,5 ans et 27% de l'abattage entre 3,5 et 7 ans.

Les mesures relevées sur les ossements de bœufs, à Cambroux comme à la carrière de Mathieu, montrent la présence d'animaux adultes de forte taille, caractéristiques de la remarquable évolution du grand bétail de type romain (Audoin-Rouzeau 1991). Même en faible nombre, les diamètres relevés (tabl. **6**) s'insèrent dans les limites observées par Jourdan (1976) sur le matériel de la Bourse de Marseille. Ainsi, par exemple, si l'on utilise les critères de J. Boessneck (1971), le métatarse entier de 242 mm de longueur totale de Cambroux correspond à un animal de 135 cm au garrot, c'est-à-dire aux plus robustes spécimens du site de la Bourse. Les mesures prises sur les autres animaux ne sont guère exploitables; seul le fragment distal de tibia d'équidé de Cambroux, avec un diamètre transverse de 64,4 mm, permet de penser à la présence d'une mule ou d'un cheval de petite taille plutôt qu'à celle d'un âne.

Découpes

Les os longs portent les traces d'une découpe effectuée de façon grossière, répétitive et très caractéristique. Il s'agit manifestement d'obtenir rapidement, en général par découpes transversales massives à la feuille ou au tranchet, de grands quartiers de carcasses sans grande prise en compte de la répartition des masses musculaires. Seules les régions présentant de fortes attaches ligamentaires (articulation huméro-radiale, tarse etc.), font l'objet d'une découpe plus précise visant à la désarticulation (fig. 95). Il s'agit là d'un modèle de découpe très comparable à celui qui est observé à la Bourse de Marseille (Jourdan 1976). Seule une trace affectant l'articulation distale de deux humérus de porc (*Sus domesticus L.*) semble quelque peu originale (fig. 95 h). Ces incisions divisent verticalement les trochlées humérales en deux parties sub-égales; elles correspondent à des traces de couteau et ne peuvent avoir été réalisées qu'après l'extraction des humérus de leurs gaines articulaires huméro-radiales. Ces incisions se retrouvent à l'identique sur deux fragments distaux d'humérus provenant de la carrière de Mathieu et ne correspondent pas à une zone de découpe fonctionnelle. Il faut enfin noter qu'aucune trace de sciage n'a été relevée sur le matériel, ce qui conforte encore l'hypothèse d'une consommation locale à usage exclusivement alimentaire.

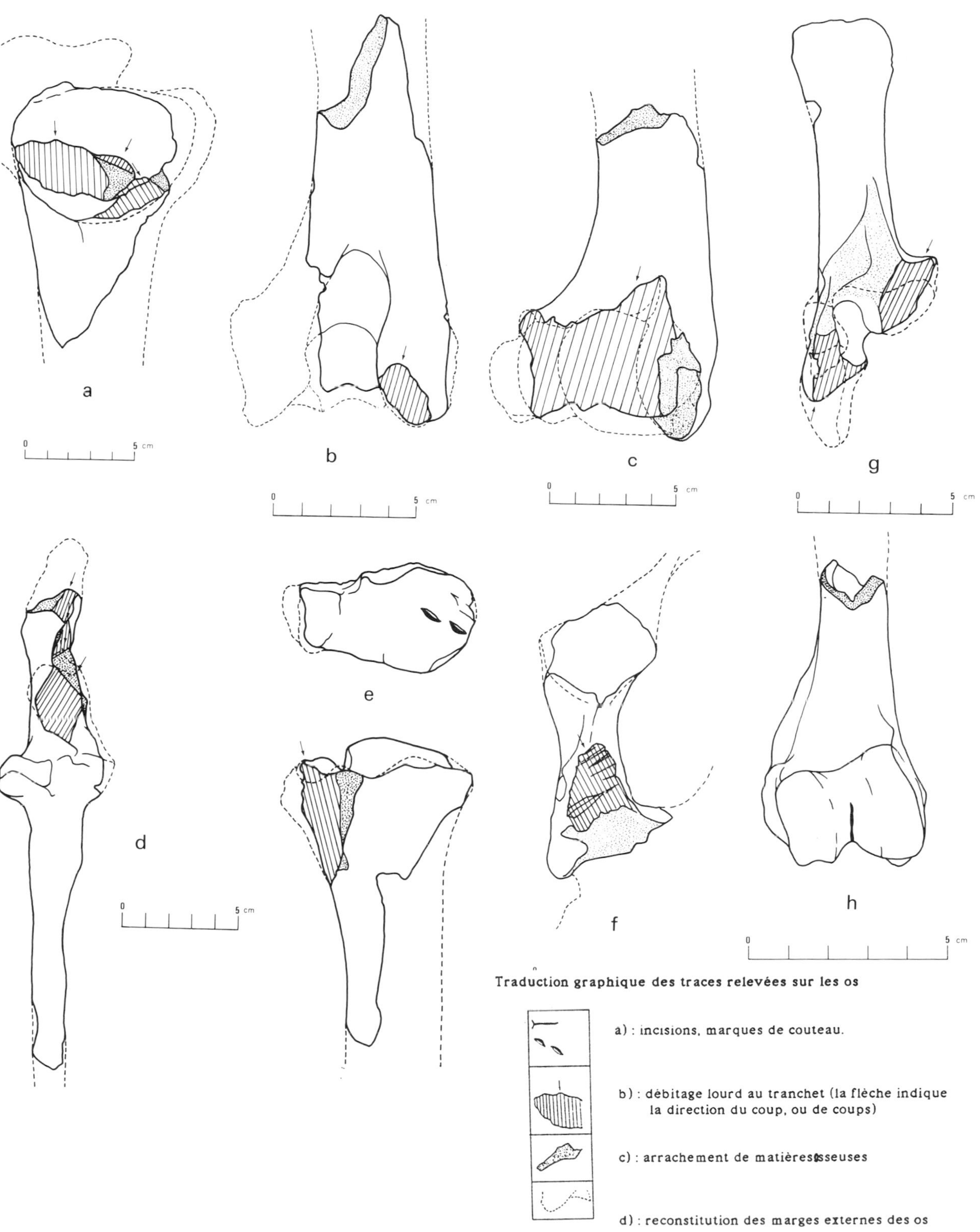

Fig. 95 Découpes grossières (tranchet ou feuille) concernant le bœuf (*Bos taurus* L.): a) humérus proximal (vue médiale; b) humérus distal (c: vue caudale; c: vue cranio-médiale); d) ulna proximal; e) radius proximal (vue proximale et vue caudale); f) coxal (pubis); g) calcanéum (vue craniale); g) découpe concernant le *sus domesticus* L. (le porc): incision verticale sur la trochlée humérale (vue craniale).

Canis familiaris L. (le chien
fragment de maxillaire supérieur, P1-P4 : 48,2 mm (CB)
fragment mésial de tibia, DT min dia : 10,5 (CB)

Equus sp. L. (cheval ou mule)
fragment distal de tibia : DTDM : 64,4 (CB

Bos taurus L. (le bœuf)
Humérus distal, DTDM : > 85,0 (CM)
Radius proximal, DTPM : 86,5 ; DAPPM : 45,6 (CM)
Ulna, DT max : 46,2 (CM)
Patella, H max : 66,3 ; DT max : 55,0 (CM)
Talus, L lat : 67,8 (CM)
Cubonaviculaire, DT : 62,0 (CB) ; H max : 58,8
Métatarse, L. max : 242 mm ; DTPM : 66,0 ; DAPPM : 55,2 ; DT min dia : 32,0 ; DAPDM : 32,9 ; DTDM : 66,9 (CB)
Phalanges I :

(ant.) :	L lat : 67,2	DTPM : 32,0	DT min dia : 28,3	DTDM : 30,4 (CB)
(post ?) :	68,2	—	—	33,8 (CB)
(ant.) :	62,1	33,3	27,5	29,7 (CM)

Sus domesticus L. (le porc
Scapula :
DT au col : 25,2 ; DAP proces. articularis : 37,3 ; DAP cavité glénoïde : 29,6 ; DT cavité glénoïde : 27,2 (CM)
Humérus distal, DTDM : 39,5 (CM) ; DTDM : 43,2 (CM)

Abréviations :
CB : Cambroux ; CM : Carrière de Mathieu ; DAPPM : diamètre antéro-postérieur proximal maximal
DTPM : diamètre transverse proximal maximal ; DT min dia : diamètre transverse minimal de la diaphyse
DAPDM : diamètre antéro-postérieur proximal maximal ; DTDM : diamètre transverse distal maximal
DT max : diamètre transverse maximal ; H max : hauteur maximale
L lat : longueur latérale ; L max : longueur maximale

TABLEAU 6: PRINCIPALES MESURES EN MM DES VESTIGES DE FAUNE DES HABITATS DE LA CARRIÈRE ROMAINE DE MATHIEU ET DU SITE CONTEMPORAIN DE CAMBROUX

Un semblable mode de découpe, qui favorise l'obtention de grosses pièces de viande, correspond assez bien au mode "campagnard" décrit par M. Leguilloux (1991), par opposition à un mode de débitage "urbain" visant à obtenir des morceaux plus nombreux et de plus faible poids.

Conclusion sur les ossements animaux

L'homogénéité du matériel osseux livré par les deux sites ne fait guère de doute. La composition faunique, la taille des bœufs comme les découpes de carcasses caractéristiques se répondent dans les deux cas; la seule dissemblance notable — la présence du chien et d'un petit équidé à Cambroux — ne peut par ailleurs être considérée comme signifiante.

Alors que le matériel archéologique présente des dissemblances entre les deux sites, aucun argument zoologique ou paléoethnographique ne révèle donc de réelles différences dans l'alimentation carnée des habitants des deux gisements. En fait, dans ces deux sites, on a manifestement adopté des procédures d'amélioration du cheptel bovin comme un mode de débitage et de préparation des viandes qui correspondent déjà au modèle exogène romain.

LA CARRIÈRE MODERNE ET SON HABITAT

Bien que cette phase chronologique du site reste en marge des objectifs fixés pour la présente étude, il peut être intéressant de donner rapidement un aperçu des résultats obtenus pour cette période. Cela permettra de proposer quelques comparaisons par la suite, notamment dans les domaines des techniques et de l'organisation des chantiers.

Fig. 96 Vue générale d'est en ouest de la partie moderne de la carrière de Mathieu.

Le chantier d'extraction moderne

Les carriers du XIXe s. ont exploité essentiellement l'extrémité nord de la carrière, vers le sommet de la colline, entre 240 et 254 m d'altitude (fig. **96**). L'aire couverte par ce chantier est d'environ 1 500 m^2. La faible hauteur moyenne des fronts de carrière, 0,50 à 5 m, représente un volume global de roche extraite assez réduit, soit approximativement 3 000 m^3 en englobant l'épaisseur de découverte. Le mode d'exploitation moderne est uniquement en paliers mais ceux-ci sont plus espacés que dans la carrière antique du fait de la réduction de la pente au fur et à mesure de l'approche du sommet de la colline. L'accès est assuré par la réutilisation du chemin initial, seulement un peu prolongé dans le chantier romain, le long du front oriental. Dans cette partie du passage, les nouveaux exploitants ont égalisé sa pente en supprimant aux explosifs l'obstacle constitué par le sommet du front sud original et en égalisant le comblement de la fosse antique au sud-est. Ainsi, les chariots pouvaient se mettrent à quai, directement au contact du premier front de taille inférieur moderne. L'usage de moyen de levage était donc inutile, un simple bardage des blocs sur rouleaux devait suffire.

Les carriers modernes ont d'abord purgé le sommet du front de carrière oriental romain afin d'assurer leur sécurité. Au-delà du front romain septentrional, la suppression de la découverte a été réalisée en fracturant la roche par des tirs à la poudre noire. Une fois parvenue au niveau du calcaire sain, l'extraction a été conduite de façon traditionnelle, c'est-à-dire à l'escoude. Au-delà du front oriental d'origine, maintenant prolongé (fig. 70, à gauche), la carrière moderne se poursuit par une succession de trois grands redans qui orientent la progression de cet ultime chantier plus franchement à l'ouest. De même que les Romains, leurs successeurs du XIXe s. ont été guidés par la diminution de l'épaisseur de découverte de ce côté. A l'extrémité occidentale de la carrière, les fronts de taille modernes ne se trouvent plus qu'à quelques décimètres au-dessous du sol naturel (fig. 96).

Vers le milieu de la carrière, les exploitants modernes ont aménagé une citerne rectangulaire. Ils l'ont appuyée au nord et à l'ouest sur un front romain et, sur les deux autres côtés, ils ont édifié un mur maçonné à la chaux. Elle est couverte d'une voûte segmentaire banchée en maçonnerie de chaux. Au-dessus de cette construction, vers le nord, le sol de carrière originel a été partiellement détruit par une extraction traditionnelle au moment de la reprise moderne de l'exploitation.

Peu avant l'arrêt de la carrière, au début du XXe s., s'est développée une extraction parasitaire réalisée par des maçons uniquement, à l'aide de la poudre noire. Cette exploitation, de faible envergure, a été pratiquée essentiellement à l'arrière des fronts plans et verticaux antiques et modernes creusés à l'escoude. C'est ainsi qu'une partie haute du front oriental romain a disparu (fig. 68, au milieu) et qu'une tranchée a séparé les chantiers antique et traditionnel (fig. 70, en bas à droite).

Les éléments abandonnés dans la carrière moderne

Contrairement à la carrière romaine, presque tous les blocs extraits dans le chantier moderne ont disparu. Il en restait encore vers le milieu du XXe s. mais ils ont été alors récupérés. En revanche, au sommet de la carrière, à son extrémité nord-ouest, là où sa progression s'est arrêtée (fig. 36), il subsiste des tranchées d'extraction inachevées qui illustrent clairement comment était organisée l'extraction et donne une idée des modules des blocs extraits (fig. 96). Il s'agit de longs monolithes, tous identiques, de 6 à 12 m de long, de 1,2 m de large et 0,80 m de haut. Après extraction, ils étaient débités aux coins en deux ou quatre éléments plus courts.

L'habitat des carriers modernes

L'usage fréquent des explosifs a incité les carriers du XIXe s. à installer leur habitat le plus loin possible de leur lieu d'extraction. Leur habitation a donc été construite à l'extrémité méridionale de la carrière, sur les remblais romains, à l'emplacement supposé de l'engin de levage antique (fig. 36, en bas). Cette construction est orientée est-ouest et forme un rectangle de 10 m de long par 4 m de large hors tout (fig. 36). Elle est divisée en deux pièces: à l'ouest, la plus grande mesure 6 m de long par 3 m de large, et à l'est la plus petite forme un carré de 3 m de côté. La surface totale habitable s'élève donc à 27 m^2. L'entrée principale est située au milieu de la façade sud et l'entrée de la petite pièce se trouve dans son angle sud-ouest. Les murs de la maison sont en pierres sèches, essentiellement des déchets d'extraction de formes diverses, mais les angles ont été spécialement taillés sur leurs parements et leurs lits. Le sol de terre battue et d'éclats de pierre a été obtenu en arasant et en égalisant le sommet des déblais antiques; quant à la toiture, elle était couverte de tuiles rondes. Les déchets modernes d'extraction entreposés à l'arrière des murs nord et ouest ont été soigneusement empilés afin d'éviter toutes poussées latérales.

A l'intérieur, ont été identifiés les vestiges d'une forge dans l'angle sud-ouest de la maison et son stock de charbon en face. A proximité immédiate de la forge, un socle de grosses pierres devait probablement supporter une enclume. L'occupation de la maison d'époque moderne formait une seule couche homogène. Au-dessus se trouvaient quelques témoins d'une fréquentation sporadique, postérieure à l'abandon de l'exploitation. Enfin, la couche supérieure était constituée essentiellement d'éboulis de murs et de toiture auxquels se mêlaient quelques déchets d'extraction à l'explosif. Les couches inférieures, sur lesquelles reposaient les fondations de la maison, correspondaient à l'activité antique de la carrière.

Le matériel archéologique comprend des déchets domestiques dominés par la céramique vernissée et du verre du XIXe s. Mais c'est surtout une monnaie d'argent frappée à l'effigie du roi Léopold II de Belgique et datée de 1866 qui donne une date précise. Cette chronologie de l'habitat et de la carrière moderne de Mathieu est par ailleurs confirmée par les récits des visiteurs du XIXe s. (Dumas 1877: 234). Le matériel métallique comprend surtout des outils cassés et des éléments en relation avec le transport de la pierre. Parmi eux, on distingue surtout une masse de carrier et une pointe d'escoude (voir p.198 et 202). Pour ce qui touche au transport, outre deux fers à cheval, on trouve une armature de frein de charrette ou de chariot, un crochet de harnais, des boulons et des rivets analogues à ceux en usage sur les charrettes traditionnelles.

La comparaison entre l'habitat antique et moderne montre beaucoup de similitudes. Tout d'abord, l'espace habitable est pratiquement identique: 36 m^2 pour le premier et 27 m^2 pour le second. La division en deux pièces est aussi commune aux deux époques de même que la présence d'une forge. La seule différence réside dans la découverte de vestiges en relation avec le transport dans l'habitation moderne. Donc, les carriers du XIXe s. assuraient certainement un minimum d'entretien pour les chariots et l'équipement des animaux en plus du matériel de carrière.

8
Résultats des fouilles dans les autres carrières des Lens

En plus de la fouille principale, constituée par la carrière de Mathieu, d'autres exploitations antiques ont donné d'importants résultats archéologiques. Parmi celles-ci certaines lui sont quasi-contemporaines; j'insisterai donc sur leurs particularismes plutôt que sur les points communs. Après 15 ans de recherches sur le massif des Lens, les exploitations romaines commencent à être mieux appréhendées; en revanche, la connaissance des vestiges d'extraction de la fin de la Protohistoire et du Moyen Age n'en est qu'à ses débuts. La description de ces sites se fera dans l'ordre géographique, du nord au sud. Pour ce qui touche aux carrières non fouillées, le lecteur pourra se référer à la présentation générale des exploitations et aux publications antérieures (voir p.12).

CARRIÈRE DE LA FIGUIÈRE A4

La carrière de La Figuière a été repérée et sondée en 1985. Aucune céramique n'étant apparu, il a été décidé de laisser progresser la recherche sur la typologie chronologique des techniques avant d'investir à nouveau ce site. Disposant depuis peu de nouveaux repères, durant l'été 1993, les recherches ont été reprises sur ce chantier. Un autre aspect de la problématique de ce site concerne la nature même de la roche qui se distingue nettement du reste de l'affleurement par sa moindre dureté et aussi par la présence de gros fossiles. Ces caractéristiques ont permis d'effectuer des rapprochements avec certaines pierres employées dans la construction des angles de la tour hellénistique de Mauressip à Saint-Côme (Gard), élevée à 10 km de là (fig. 23). Étant encore en cours d'étude, cette exploitation ne peut faire ici que l'objet d'une notice provisoire.

Les trois chantiers de la carrière de La Figuière

La carrière de La Figuière est un très petit site d'extraction implanté sur le versant oriental du Bois des Lens, au-dessus du vallon creusé par le ruisseau du Teulon (fig. 4, A4). Elle se trouve un peu en marge de l'affleurement de calcaire urgonien, à l'extrémité nord-est de la zone exploitable. De plus, elle n'est située qu'à 170 m d'altitude alors que la grande majorité des autres carrières du massif sont ouvertes près des sommets, environ 100 m plus haut. Cette position particulière explique les importantes différences de microfaciès, bien qu'elle appartienne à la même formation géologique que les exploitations supérieures.

En ce qui concerne sa desserte, la carrière de La Figuière surplombe de quelques mètres le chemin actuel qui forme une boucle serrée à cet endroit. C'est un chemin traditionnel élargi récemment et, par conséquent, difficile à dater. Au fond du vallon, parallèle au lit du ruisseau du Teulon, se trouve un second chemin charretier bordé de murs en pierres sèches. Celui-ci offre davantage de garanties d'ancienneté sans que l'on puisse affirmer pour autant qu'il est antique. Les pierres pouvaient être poussées jusqu'à lui sur la pente, assez forte en cet endroit, en se servant d'une glissière aménagée avec des déblais. Le chemin charretier à ornières, qualifié de romain dans la tradition orale, passe un peu au-dessus de la carrière, 150 m au sud (voir p.70). Sa position un peu trop élevée au-dessus de l'exploitation et l'absence totale de liaison entre ces deux points écartent l'hypothèse d'une évacuation de la production de ce côté.

La totalité de la carrière, toutes époques confondues, couvre environ une surface de 65 m^2 et, bien qu'implantée à flanc de coteau, elle a été exploitée essentiellement en fosse (fig. **97**). Trois petits chantiers se sont succédé du nord au sud:
– le premier, au nord, est de tradition hellénistique et se limite à 1 m de profondeur; il occupe le tiers de la surface totale et le volume de roche enlevée durant cette première phase peut donc

Fig. 97 Vue générale du nord au sud de la carrière de La Figuière A4 en cours de fouille.

être estimé au moins à 20 m^3; les blocs extraits en cet endroit ont un volume de l'ordre de 0,1 m^3;
– le chantier médian est de technique romaine et entaille les structures du précédent; sa profondeur atteint environ 3 m et représente un volume extrait de l'ordre de 50 m^3; les empreintes de blocs révèlent une production de grand appareil avec des éléments proches ou supérieurs au m^3;
– le chantier méridional a tronqué le précédent en s'étendant vers le sud et en s'approfondissant; au plus bas, il atteint près de 4 m de profondeur et représente un volume global d'extraction d'environ 60 m^3; les blocs produits sont également de grand appareil.

De ces différents cubages de roche brute enlevée, il n'y a rien à retrancher; la roche massive affleure partout sans découverte (fig. 97). En dehors de ces trois chantiers, bien matérialisés par une excavation, on trouve quelques empreintes superficielles d'extraction isolées et dispersées dans un rayon d'une vingtaine de mètres, particulièrement côté ouest. Leur caractère technique les rattache au chantier initial.

Eléments abandonnés dans la carrière de La Figuière

Rares sont les éléments abandonnés en cours d'exécution dans cette petite exploitation et il est difficile de les attribuer à une période plutôt qu'à une autre. Néanmoins, dans les déblais comblant le chantier le plus profond au sud, parmi des petites pierres informes irrécupérables, figurait un bloc de grand appareil abandonné en cours de débit aux coins. Les nouvelles pierres qui auraient dû résulter du débit auraient été du petit appareil. Côté nord, les déblais ont fourni plusieurs fragments de dalle d'une épaisseur variant entre 0,07 et 0,11 m. Ils présentent généralement une face brute d'extraction ou de dégrossissage au pic, et à l'opposé ils sont régularisés au marteau taillant. Certains ont été débités à la scie.

Datation des chantiers du site de La Figuière

Un seul fragment de céramique a été découvert dans les couches supérieures du comblement du chantier méridional. C'est un morceau de panse à pâte sableuse mal épurée comportant des grains de gravier. Impossible à dater précisément, on peut dire cependant qu'il est assez tardif par rapport aux productions classiques, notamment en raison de son tournage très fruste. Au fond de cette excavation, se trouvait un galet ayant servi d'aiguisoir. Un fragment de vase en céramique non tournée, de tradition indigène, a été découvert, à 40 m de là, au sud de l'exploitation en surface. Il est délicat de vouloir rattacher sa présence à l'activité de la carrière. Dans le chantier nord, trois paumelles en fer ont été mises au jour sur le sol de carrière. L'une d'entre elles était restée en place sur son emplacement d'utilisation au fond d'une emboîture. L'excavation méridionale a donné quatre paumelles de fer.

Ainsi, la datation des trois chantiers de cette exploitation repose surtout sur une chronologie relative et sur les éléments de la typologie des techniques d'extraction (voir p.208). Le chantier central est assez bien positionné dans le temps grâce à cette typologie, entre 50 et 150 de n.è. En raison de sa position, le chantier nord est obligatoirement antérieur à cette date; de plus, ses caractéristiques typologiques sont celles de l'extraction de tradition hellénistique (voir p.226). Rappelons aussi que des pierres semblables à celles de cette carrière figurent sur la tour hellénistique de Mauressip (voir p.39).

Le chantier méridional est forcément postérieur à 150 et vraisemblablement antérieur au Ve s. car le type de céramique découvert dans les couches supérieures des déblais disparaît au-delà de cette date. Par ailleurs, à l'exception des sarcophages, le grand format des blocs extraits devient assez exceptionnel à partir du IIIe s. et se perd quasiment à la fin du IVe s. On peut donc penser que ce chantier a fonctionné durant le Bas Empire romain à une date restant à définir plus précisément.

CARRIÈRE HÉRAL-NÈGRE

Cette exploitation n'a fait l'objet que d'une opération de sauvetage très limitée du fait de la reprise de son activité. Son intérêt archéologique est tout aussi important que celui de la carrière de Mathieu; malheureusement, il est impossible d'y envisager des fouilles programmées pour l'instant.

Le chantier d'extraction romain

La carrière Héral-Nègre est implantée près du sommet de la colline du Vissaou du Courpatas, côté est, entre 240 et 262 m d'altitude (fig. 4). Plusieurs accès charretiers la reliaient au réseau principal des chemins mais les grands travaux modernes et actuels ont sensiblement modifié son environnement et il est difficile d'aborder avec précision ce sujet. Aujourd'hui, les vestiges de l'excavation romaine se trouvent englobés au sein d'une vaste exploitation moderne qui s'est développée dans la première moitié du XXe s., d'abord côté ouest et ensuite côté est, après avoir absorbé les fronts antiques la limitant dans ces directions. Malgré ces destructions, on distingue encore bien les contours intérieurs de l'excavation antique, son aire et son volume (fig. **98**). C'était une carrière en fosse d'une profondeur variant entre 8 et 15 m. Elle couvrait une superficie d'environ 1 500 m^2 qui représentent environ 18 000 m^3 de roche extraite, y compris la découverte, épaisse ici de 3 m en moyenne. Il faut donc compter un volume de 13 500 m^3 extrait dans la roche compacte. D'un point de vue économique, elle est donc cinq à six fois plus importante que celle de Mathieu.

Au début du XXe s., les carriers ont élargi l'excavation antique en progressant par paliers vers l'ouest. Un second chantier moderne était alors exploité vers l'est. En 1928, les exploitants

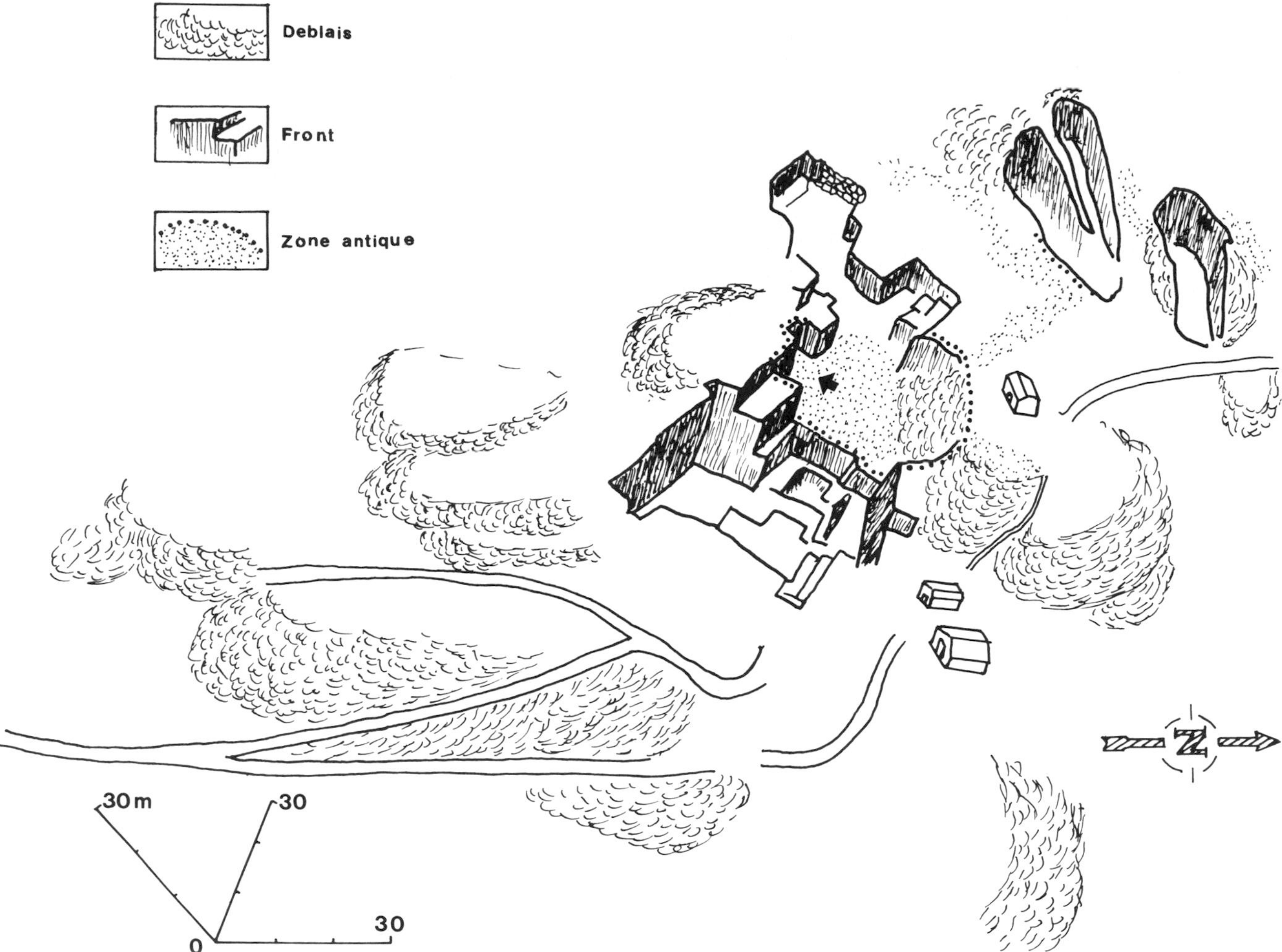

Fig. 98 Vue axonomètrique schématisée de la carrière Héral-Nègre A6.

décidèrent de réunir ces deux carrières en une seule. Pour cela, ils durent déblayer les déchets d'extraction romains accumulés contre le front de carrière oriental. A cette occasion furent mis au jour divers graffiti sur ce front (voir p.32). A l'exception de ses deux extrémités (fig. 19 et 20) celui-ci a presque totalement disparu. En 1991, les exploitants actuels entreprirent des sondages dans les déblais accumulés au pied d'un redan du front sud de ce même chantier. Au-dessous du front de carrière retouché par les carriers du début du XXe s. apparurent des structures en place de la carrière antique (fig. 5). Les quelques empreintes des blocs extraits en cet endroit montrent une production d'éléments en très grand appareil, longs de 2,40 à 3,50 m, larges de 0,88 à 1,28 m et hauts de 0,60 à 0,66 m (fig. **99**). Les plus importants présentent un volume supérieur à 2,7 m^3 et un poids de l'ordre de 6 t.

Blocs abandonnés dans la carrière romaine Héral-Nègre

Le déblaiement de cette partie de la carrière ayant été réalisé hors de tout contrôle archéologique, on ignore s'il y avait beaucoup de blocs rejetés dans les déchets d'extraction. Un seul élément a pu être observé; il s'agit d'un bloc résultant d'une mauvaise extraction et que les Romains ont essayé de récupérer en le subdivisant avec des coins.

Matériel archéologique et datation de la carrière Héral-Nègre

La couche inférieure des déblais que l'engin des exploitants n'avait pu décrocher du sol de carrière contenait un peu de céramique, des déchets de forge et un outil complet. Un sondage d'urgence entrepris en cet endroit a permis de déterminer que ce matériel était peu à peu tombé,

Fig. 99 Partie inférieure du front sud du chantier romain de la carrière Héral-Nègre A6, 15,50 m au-dessous de la surface du sol naturel (ph. L. Damelet).

au cours de l'exploitation antique, depuis le terrain attenant au sommet du front de carrière (fig. 5). Il est donc probable qu'il y avait là, comme ailleurs, une habitation de chantier équipée d'une forge. Ce terrain ayant été récemment arasé par des gros engins de terrassement, il a été impossible de l'étudier. Le matériel collecté au pied du front se compose des éléments suivants (fig. **100**):

- *Mortier*: 6 dont un bord (fig. 100, n° 1) proche des formes trouvées dans les niveaux du début du Ier s. à *Ambrussum* (Fiches 1989: 120, fig. 79, n° 3 à 7) et un fond à pâte sablée (fig. 100 n° 2).
- *Céramique à pâte fine claire et à dégraissant calcaire:* 24 dont 1 bord de jarre à deux anses (fig. 100, n° 3); il appartient aux séries régionales qui apparaissent au changement d'ère (Fiches 1989: 118, fig. 77, n° 17 et 18).
- *Céramique à pâte sableuse:* 9 dont 1 petit vase à fond déprimé (fig. 100, n° 5).
- *Céramique de tradition indigène:* 4 dont 2 urnes à bords plats (fig. 100 n° 4 et 6). Celles-ci se rencontrent dans les couches augustéennes des sites proches comme Cambroux (Bessac *et al.* 1979: fig. 57, fig. 10, n° 10 et 16).
- *Céramique à parois fines:* 1 fond plat (fig. 100, n° 7).
- *Dolium:* 1 fragment de panse.
- *Divers:* en dehors de la céramique ont été recueillis 23 petits éclats de schiste, 64 scories de forge, 1 éclat de calcaire coquillier tendre, 23 os fragmentés, 5 morceaux de fer parmi lesquels on distingue un clou (fig. 100, n° 8) et surtout un outil de carrier étudié plus loin en détail (voir p.206).

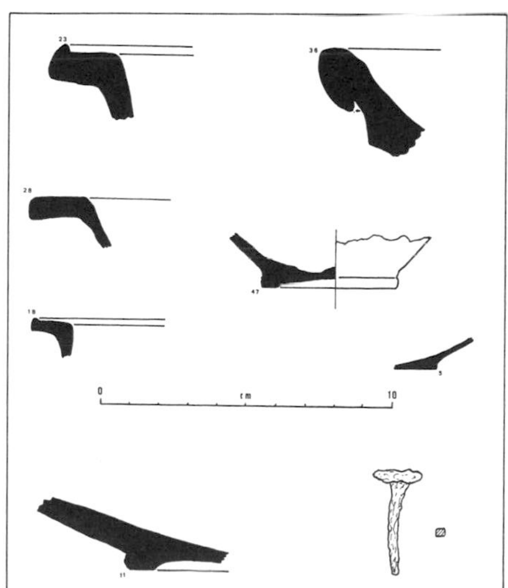

Fig. 100 Matériel archéologique découvert au pied du front sud de la carrière Héral-Nègre A6.

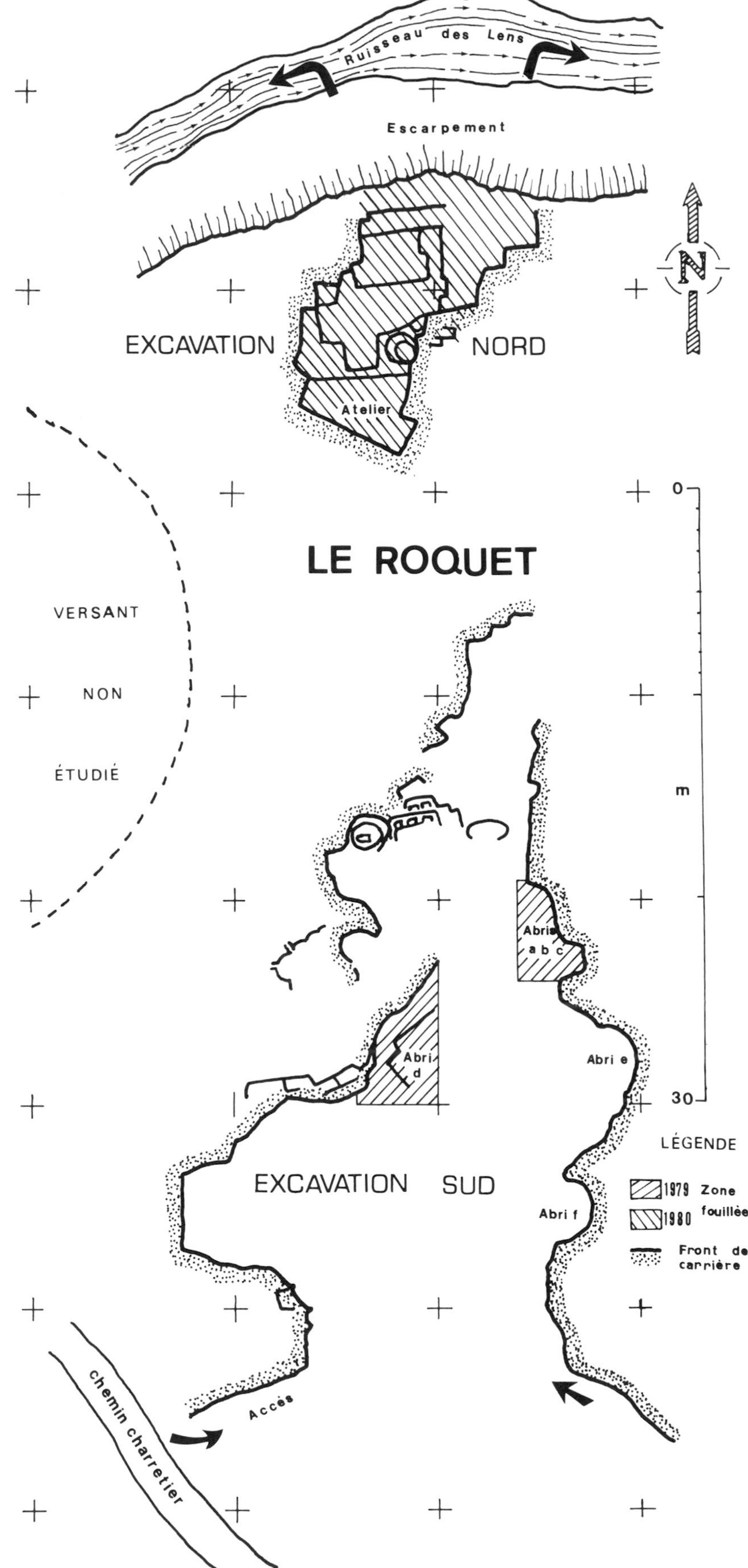

Fig. 101 Plan général du site du Roquet B9.

La céramique collectée ici est trop faible en nombre et en variété pour que l'on puisse réaliser des pourcentages comparatifs. Il est évident que ce sont là des catégories de vases parmi les mieux représentées dans l'habitat de la carrière de Mathieu. Sa datation est donc quasiment identique et les sols de carrière ainsi scellés correspondent à une activité des environs de la fin du Ier s. av. n.è. La découverte de l'outil en parfait état s'explique par la présence d'une forge au sommet du front: il venait certainement d'être reforgé lorsqu'il a été perdu dans les déblais en contrebas de la forge. Comme on l'a vu dans la carrière de Mathieu, les éclats de schiste et de quartz associés avec des rebuts de forge sont assez communs dans les exploitations antiques (voir p.128). L'absence du quartz ici peut vouloir dire qu'il a déjà été employé et que seul le schiste a été rejeté.

CARRIÈRE DU ROQUET

Les premières fouilles de chantiers d'extraction ont été entreprises sur ce site alors que la méthode d'étude des carrières était encore en cours d'élaboration. Bien que certaines données de la fouille aient pu être reconsidérées et actualisées en fonction des progrès réalisés dans ce domaine, il en résulte une moins grande précision de la documentation disponible; le lecteur voudra bien m'en excuser.

Les quatre chantiers d'extraction du Roquet

Composée de deux petites excavations, exploitées pour l'essentiel en palier, à flanc de coteau au sud et au nord d'une petite proéminence de calcaire très tendre, cette carrière présente un grand intérêt du fait de la diversité chronologique de ses chantiers. D'un côté comme de l'autre, l'exploitation est bien raccordée au réseau de chemins et aux voies naturelles de pénétration dans le massif dont les ruisseaux des Lens et de l'Aven de Matalas, au confluent desquels elle est placée, constituent des axes importants (fig. 4). L'excavation sud, la plus importante, couvre une superficie d'environ 450 m^2 et sa profondeur varie entre 0,50 et 4 m au plus profond; un maximum de 800 m^3 de roche brute a donc pu être extrait dans ce secteur (fig. **101**). Côté nord, l'excavation offre une surface beaucoup plus réduite, soit environ 75 m^2; sa profondeur moyenne est de l'ordre de 2 m; à peine 150 m^3 de pierre ont été sortis de ce dernier secteur.

A l'instar des carrières de La Figuière et des Pielles, celle-ci se présente pratiquement sans découverte; la roche est directement utilisable. Par conséquent, le sens de progression de l'extraction s'affranchit totalement de cette contrainte et chacun des petits chantiers des diverses phases de son activité semble avoir repris le travail simplement là où les déchets d'extraction de ses prédécesseurs le gênaient le moins. C'est aussi la raison pour laquelle, en plusieurs points de la surface de cette proéminence, on trouve d'autres empreintes d'extraction plus ou moins isolées, surtout liées à la phase la plus tardive. Un débroussaillage et un enlèvement de quelques cm d'humus superficiel sur la roche étaient certainement plus aisés qu'un dégagement de plusieurs mètres cubes de déblais pour atteindre les sols de carrière au fond des excavations plus anciennes.

Des deux excavations de la carrière, seule celle du nord a été entièrement fouillée. Au sud, uniquement deux sondages ponctuels ont été réalisés (fig. 101), il n'est donc proposé qu'une vue assez incomplète pour ce dernier secteur. L'exposition méridionale de cette excavation lui a valu une reconversion en une sorte d'habitat rupestre très sommaire à l'époque mérovingienne. Cela s'est traduit par un surcreusement des fronts anciens de façon à créer des alvéoles constituant chacune un abri de quelques mètres carrés. Six de ces abris ont été identifiés (fig. 101); il y en a certainement un ou deux autres, notamment sur le côté ouest. La majeure partie du mobilier domestique présenté plus loin provient de deux sondages réalisés à l'emplacement de ces abris. Des fronts d'origine de l'excavation méridionale, il ne reste plus que quelques vestiges au sommet et à la base. Les premiers, trop hauts pour être entaillés par les abris tardifs, sont trop érodés pour pouvoir être étudiés efficacement. Leur position supérieure les cantonne obligatoire-

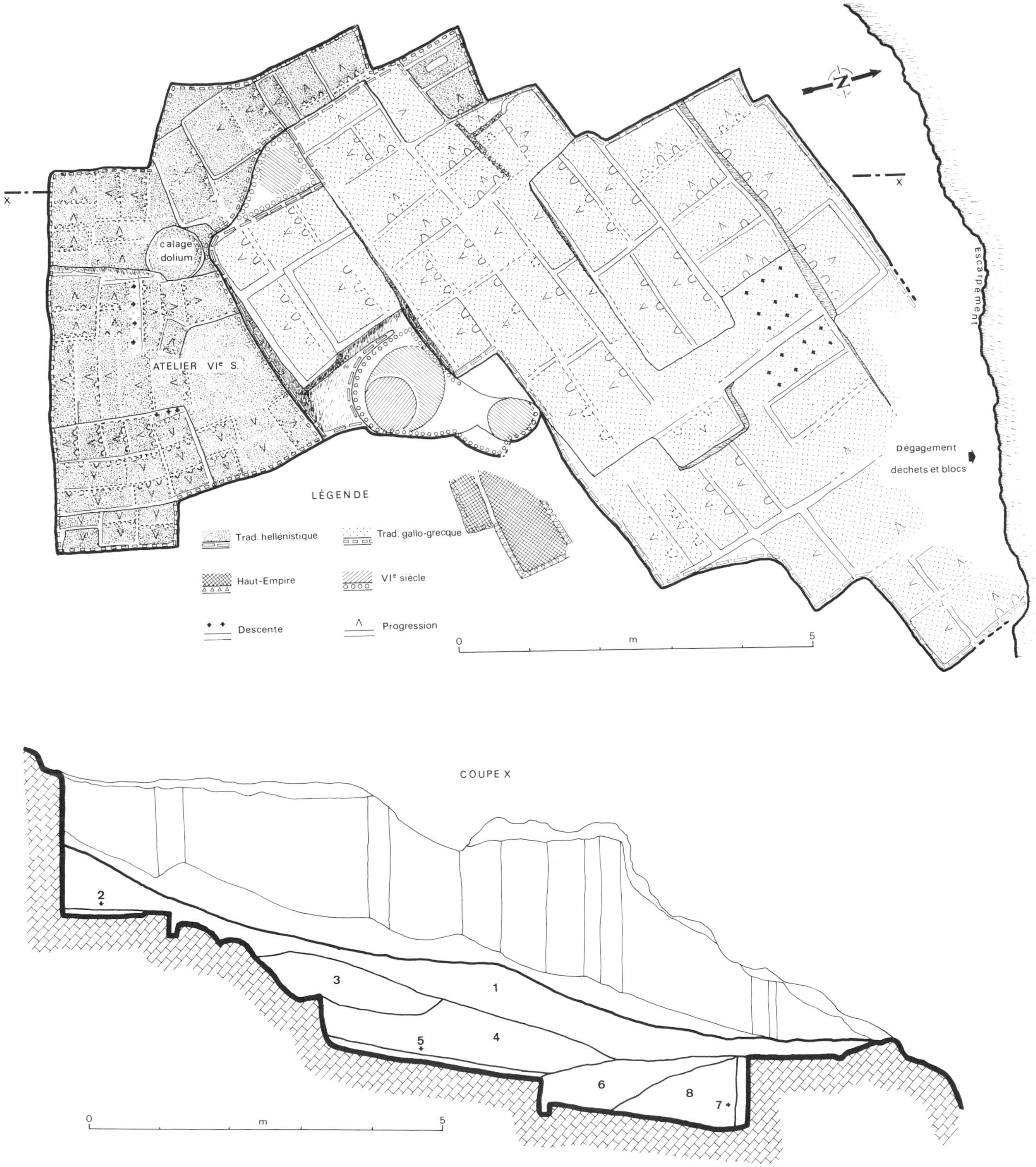

X
calage dolium
ATELIER VIe S.
Escarpement
Dégagement déchets et blocs
LÉGENDE
Trad. hellénistique
Trad. gallo-grecque
Haut-Empire
VIe siècle
Descente
Progression
0 m 5

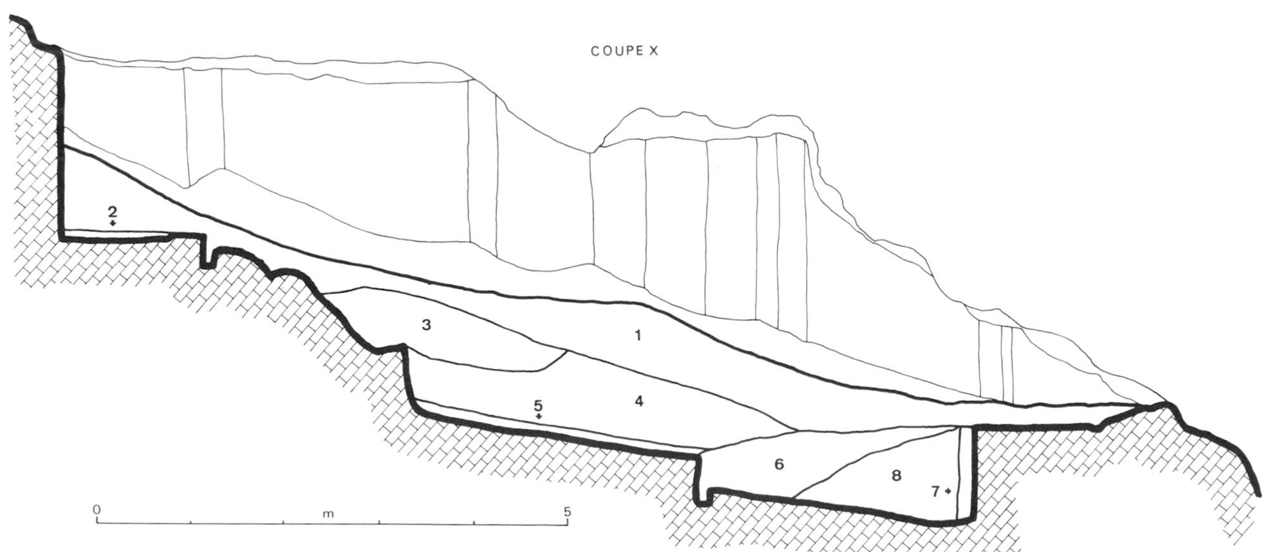

Fig. 102 Plan et coupe nord-sud de l'excavation nord de la carrière du Roquet.

ment à l'une des trois premières phases antiques de l'exploitation (leur orientation est nord-sud). La seconde catégorie de vestiges de front est située à la base des abris et n'est conservée que sur 0,1 à 0,3 m de hauteur. Ces fronts forment un angle de 45° par rapport aux précédents et appartiennent à la troisième phase antique de la carrière.

Installée côté ruisseau des Lens, sur le flanc le plus abrupt du site, l'excavation septentrionale, longue de 12 m et large de 6, est intacte (fig. **102**). L'extrême découpe de ses fronts en redans lui donne des contours en dents de scie. Seul le front sud présente une face ininterrompue sur 5,50 m de long et 2,20 m de haut. Là, du sud au nord, se sont succédé quatre chantiers:

Le premier a commencé au point culminant et s'est développé vers le ruisseau, de manière à profiter de la forte pente de sa rive droite pour évacuer les blocs et les déchets d'extraction. Sa surface de sol de carrière conservé est de l'ordre de 16 m^2 mais l'étude des fronts montre que ce chantier initial est le plus important et qu'il a occupé à l'origine toute cette excavation, à l'exception de l'angle nord-est. Sur le total des 150 m^3 de roche enlevés ici, au moins 100 concernent cette première phase. Les empreintes d'extraction révèlent une production de blocs rectangulaires surtout de moyen appareil. Une dépression circulaire de 0,81/0,82 m de diamètre a été creusée sur 0,06 à 0,10 m de profondeur sur ce sol coté sud, vers son sommet. Ces caractéristiques font penser à un calage de *dolium* contemporain de la fin de ce premier chantier (fig. 102).

Le second chantier a entaillé les sols de carrière du premier en l'approfondissant côté nord. Il a étendu l'emprise de la carrière côté nord-est mais seulement sur 1 m d'épaisseur. A l'extrémité nord, au point le plus bas, une amorce de fosse, creusée sur une profondeur moyenne de 0,60 m, se dessine sur 10 m^2 environ. Les blocs produits durant cette phase de l'exploitation sont de grand appareil (fig. 102). On peut évaluer la roche enlevée durant cette phase à 45/50 m^3.

Le troisième peut être difficilement qualifié de chantier, du moins dans l'excavation nord. Il est surtout matérialisé par quelques essais d'extraction dans la zone médiane, au pied du front ouest et au-dessus du front oriental (fig. 102). L'escoude à double dent utilisée pour cela a également laissé quelques impacts au milieu du sol de carrière précédent. Aucune empreinte complète de bloc extrait n'apparaissant, il est impossible de proposer un module précis pour cette période. Cependant, l'amorce d'extraction au-dessus du front oriental prouve qu'il s'agit de pierres de grand appareil d'un volume au moins égal à 0,3 m^3. Cette phase d'activité de la carrière est peut-être mieux représentée dans l'excavation méridionale, dans les parties inexplorées. La fouille de l'abri D sur le front ouest n'a mis au jour qu'un angle de front (fig. 101).

Le quatrième chantier d'extraction montre seulement trois empreintes circulaires entaillant le sol du second chantier dans la partie médiane de l'excavation (fig. 102). Ce sont des traces de cylindres d'un diamètre variant de 0,60 à 1,10 m et de 0,50 à 1 m de haut. Dans ce secteur, cette activité se traduit surtout par l'installation d'un atelier de taille de jarres en pierre sur le palier supérieur de l'excavation nord. Les déchets de taille et les éléments cassés en cours de confection sont alors rejetés en contrebas, comblant ainsi les structures du second chantier (fig. 102b). L'essentiel des cylindres bruts nécessaires à cette production provient vraisemblablement de l'extrémité nord de l'excavation méridionale et de divers points de la surface du site.

Eléments en pierre abandonnés dans la carrière du Roquet

L'ultime phase d'exploitation de cette carrière a réutilisé tous les éventuels gros déchets d'extraction antérieurs. Les fragments de pierres taillées retrouvés sur place proviennent tous du tas de déblais accumulé en contrebas de l'atelier de l'excavation nord (fig. 102b). Ce sont des sortes de jarres en pierre cassées à différents stades de leur production (voir p.255).

L'habitat rupestre du site du Roquet

Dans l'excavation méridionale du Roquet, les fouilles ont mis au jour une sorte d'habitat rupestre creusé dans les fronts anciens. Il s'agit là plutôt d'abris groupés très rudimentaires.

Les abris du front oriental

Contre le front oriental, bien après l'abandon de l'extraction classique, la faible résistance du rocher a facilité le creusement d'abris par des personnes étrangères au métier de la pierre. Toutefois, les vestiges d'un petit abri (abri A), de section rectangulaire, pourrait appartenir à

Fig. 103 Carrière du Roquet, abri A au début des fouilles.

l'une des phases anciennes de la carrière (fig. **103**). De cet abri, il ne reste plus, au sommet du front, que la paroi postérieure longue de 2 m et agrémentée d'une petite niche grossièrement sphéroïdale. Celle-ci, située vers le centre de la paroi, mesure 0,22 m de large, 0,19 m de hauteur et 0,09 m de profondeur. Sa base plate a pu faciliter le dépôt d'un objet — lampe à huile ou objet cultuel— mais rien ne permet de le préciser. Le développement en profondeur de l'extraction, puis le creusement de nouveaux abris (abris B et C), ont défoncé le sol le plus ancien et il a été abandonné.

Deux autres abris (B et C) creusés au niveau inférieur de la carrière correspondent à la réoccupation tardive du site (fig. 101). L'abri B, le plus au nord, est disposé tout en longueur et forme une sorte d'auvent rupestre originellement prolongé en largeur par une couverture probablement végétale. Son creusement a été réalisé à grands coups désordonnés d'un marteau taillant muni d'un tranchant large de 0,1 m. Ce travail est tellement fruste et malhabile qu'il faut supposer l'usage d'un ancien outil de carrier perdu, puis retrouvé et réutilisé plus tard par un étranger au métier. Peu de temps après son achèvement, la longueur de l'abri B a été tronquée, côté sud, par le creusement de l'abri C. Ce dernier présente une forme sphéroïdale d'un diamètre approximatif de 2 m. Cette cavité se prolonge au sol en avant vers l'extérieur par une dépression ovale d'environ 4 m de long et profonde de 0,40 m. Son creusement a été exécuté très sommairement à l'aide d'un outil, probablement d'origine agricole, à tranchant perpendiculaire au manche, large de 0,071 m. Cette nouvelle alcôve rupestre constitue un prolongement de l'abri précédent. Plutôt qu'un abri, c'est une réserve destinée à recueillir et à conserver l'eau de pluie (fig. **104**). Le creusement du rocher a été pratiqué de manière à créer des pentes régulières et à canaliser l'eau de ruissellement jusqu'à deux petites vasques centrales de 20 à 25 cm de profondeur. Les sommets de deux autres abris enfouis, E et F, ont été identifiés plus au sud du front oriental (fig. 101).

L'abri du front occidental

L'abri D s'ouvre dans le front d'extraction occidental, un peu plus au sud que les abris A, B et C. Le niveau de son sol est un peu plus bas en raison de la pente du sol initial vers le sud. La forme de cet abri rappelle un peu celle de ses vis-à-vis, les abris B et C. Il présente une cavité ovoïde, assez irrégulière, d'environ 4 m de long; son sol est presque plat (fig.**105**). Un surplomb ro-

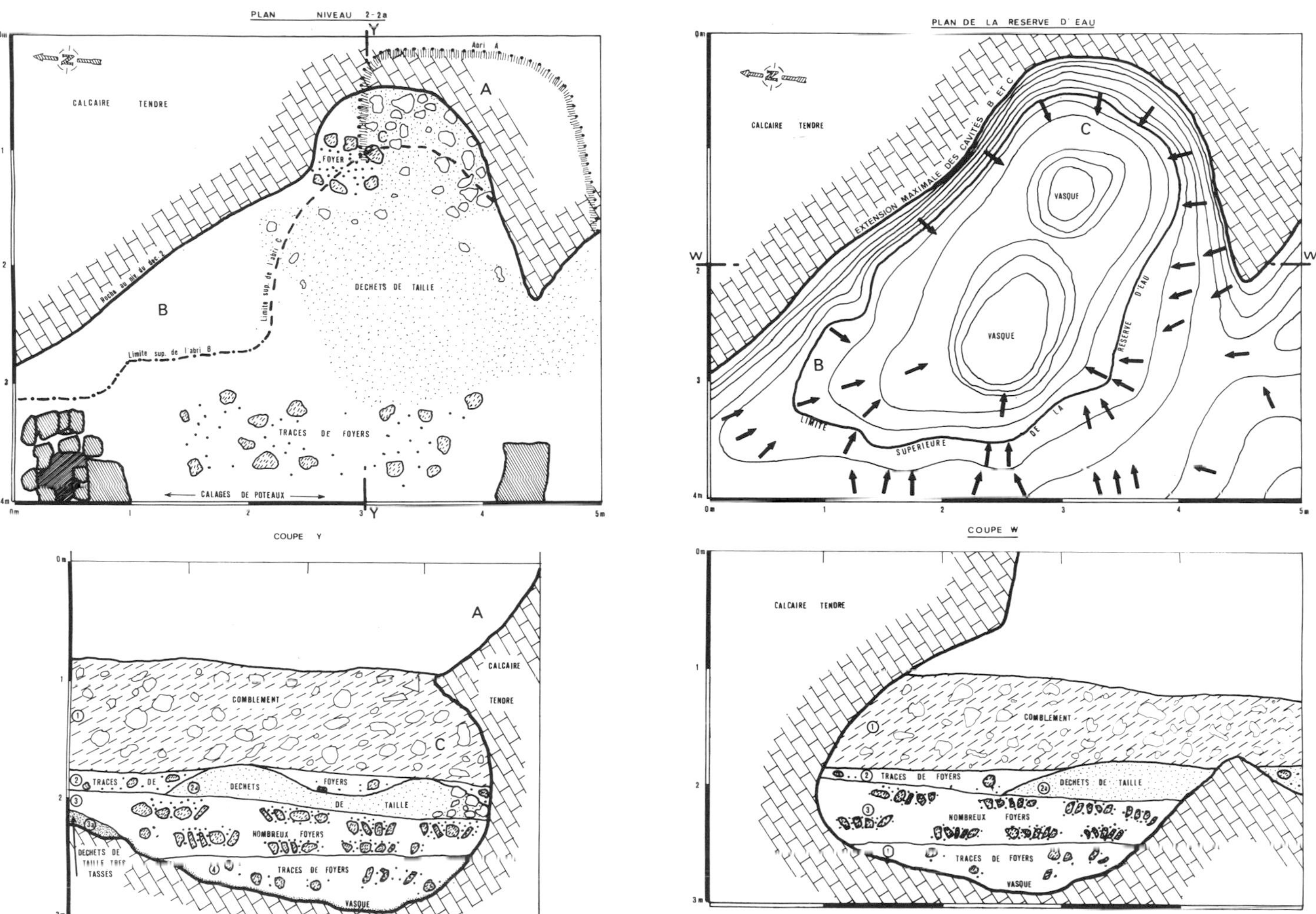

Fig. 104 Plan et coupes des abris B et C dans l'excavation méridionale de la carrière du Roquet.

cheux formant un auvent a été supprimé à une époque indéterminée mais assez récente: il a été fracturé avec des coins afin de récupérer un bloc de pierre. Avant cette destruction, la profondeur de l'abri, sous le rocher, devait avoisiner 1,20 m et sa hauteur minimale, à l'avant, devait approcher 1,80 m. Sur le sol, à l'aplomb de l'auvent, se trouvaient des pierres de calage de poteaux destinés à supporter une toiture végétale. La surface ainsi couverte atteignait à peine 7 m^2. Au fond de l'abri D, contre le rocher, on distingue une sorte de chenal vertical creusé très sommairement. Au niveau du sol, cet aménagement correspondait avec un foyer; c'est une sorte de conduit de cheminée qui devait aboutir sur le toit. L'abri a été creusé à l'aide d'un instrument à tranchant perpendiculaire au manche et concave; sa largeur est de 0,103 m et sa courbure forme une flèche de 0,01 m. Cet outil s'apparente donc à une sorte de doloire de tonnelier; il peut correspondre aussi à un outil agricole sommairement forgé. Le caractère très rudimentaire du creusement et le type d'outil écartent sûrement l'hypothèse de l'œuvre d'un professionnel de la pierre.

La stratigraphie et l'activité de la carrière du Roquet

Il est donné ici un aperçu général de la stratigraphie et surtout de l'activité de la carrière dans l'ordre chronologique des dépôts depuis la fin de l'extraction jusqu'à l'abandon du site. Pour ce qui concerne les commentaires sur la stratigraphie des abris du front ouest, ils seront en partie rappelés dans l'analyse du mobilier du haut Moyen Age.

Stratigraphie des abris du front oriental

Au moment de l'aménagement du site en habitat et du creusement des abris, les déblais de

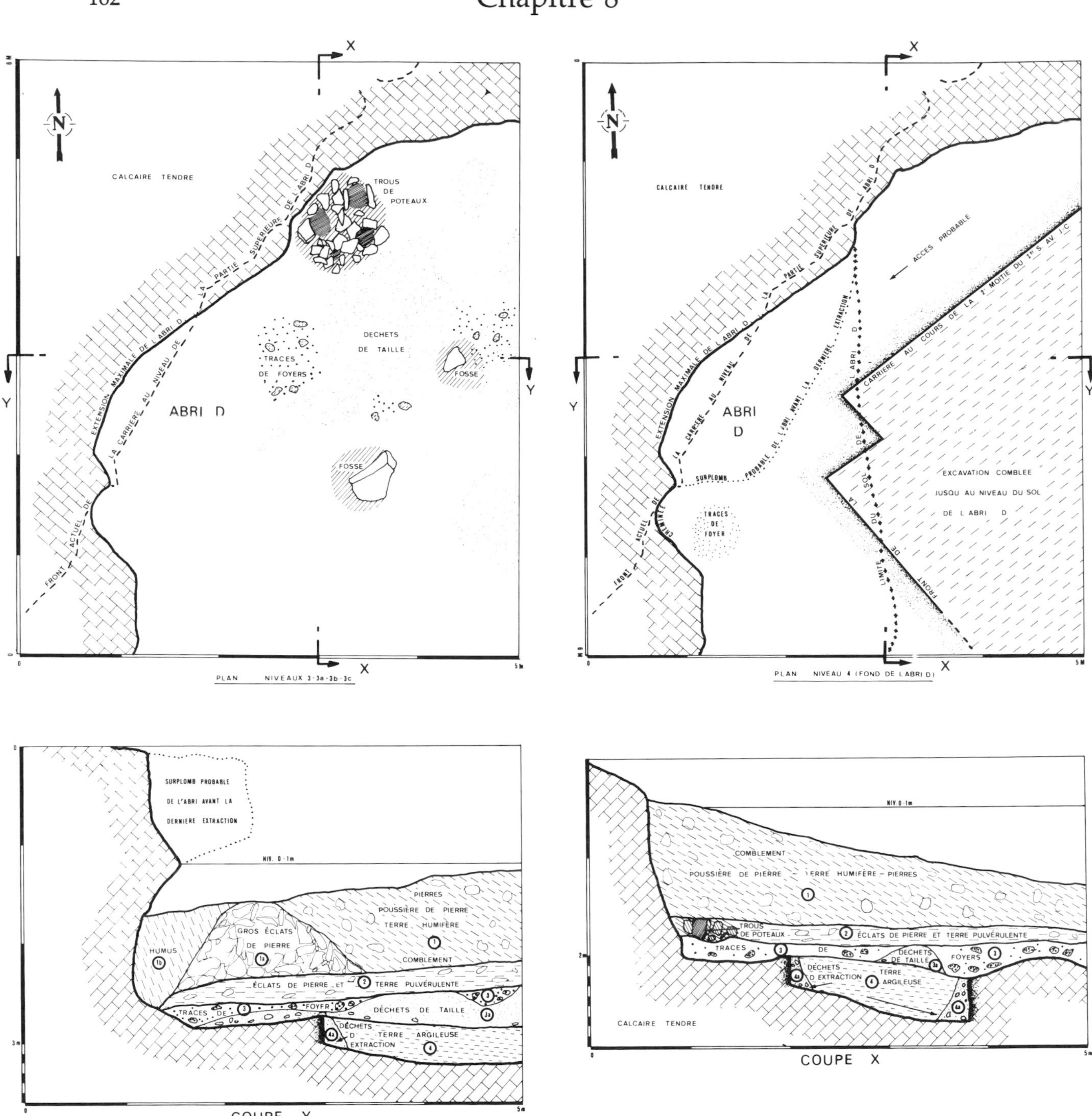

Fig. 105 Plan et coupe de l'abri D dans l'excavation méridionale de la carrière du Roquet.

l'activité d'extraction antique avaient dû être évacués sur les bords ou en dehors de l'excavation, soit par les exploitants d'alors, soit ensuite par les nouveaux arrivants. Les sols des abris inférieurs du front oriental sont légèrement surcreusés par rapport au niveau du sol de carrière antérieur; aucun témoin de ces phases anciennes n'est attesté dans ce secteur. La première couche (fig. 104 n° 4), comblant la réserve d'eau, comporte seulement quelques traces de foyer. La couche suivante (n° 3) contient des vestiges de foyers et leur calage de pierre. Leur usage culinaire est incontestable, comme le prouve l'étude de la céramique découverte sur place (voir p.166). Les outils cassés et les pierres à aiguiser, quant à eux, témoignent en faveur d'une activité de taille ailleurs dans la carrière. En l'absence de céramique dans l'atelier de l'excavation nord, situé à 25 m de là, il est permis de supposer que les mêmes personnes occupaient ces deux emplacements.

Au-dessus, la présence d'un tas de déchets de taille (fig. 104 n° 2a) et des traces de foyer tout autour (couche 2) militent dans le sens d'un façonnage sur place des jarres en pierre. La composition et la morphologie de ce monticule démontrent que le tailleur de pierre installé là a laissé s'accumuler ses déchets de taille sans les enlever. Leur volume représente environ une semaine ou deux d'activité. Le lieu de travail principal étant situé dans l'excavation nord, cet abri bien exposé a dû être utilisé temporairement comme atelier en période froide. Les déchets de taille montrent l'utilisation d'un marteau taillant à tranchants légèrement courbes, de 0,076 et 0,065 m de large.

La couche supérieure (fig. 104 n° 1), épaisse d'un mètre, est constituée d'une accumulation de déchets de taille et d'extraction postérieure à ces activités. Après l'abandon du site par les derniers occupants de l'abri, les utilisateurs traditionnels du bois (bûcherons et bergers) ont dû finir de combler l'excavation en poussant et égalisant les déblais entreposés autour de la carrière. La présence de quelques témoins de céramique vernissée moderne vers le sommet de la couche prouve que ce comblement s'est poursuivi jusqu'à une date relativement récente.

Stratigraphie de l'abri du front occidental

Sur le front occidental, une partie du sol de carrière d'origine a subsisté lors du creusement de l'abri (fig. 105). Le sol de ce dernier est resté 0,20 m au-dessus du niveau de celui de la carrière d'origine mais les fronts correspondants ont quasiment disparu. Le comblement de ce niveau inférieur de la carrière est divisé en deux parties: la première, constituée d'une accumulation en talus de débris d'extraction est localisée contre la base des fronts, et contient de la céramique du début du Haut Empire; la seconde forme un dépôt d'argile stérile qui peut provenir d'une poche karstique vidée par les carriers antiques au cours de leur exploitation. Ce sont là les deux seules couches en place de l'activité proprement romaine de la carrière.

Au-dessus de ce niveau, les nouveaux occupants du site ont taillé de la pierre un peu en dehors de la zone couverte par l'abri (fig. 105 n° 3a). Le tas de déchets produits révèle une durée de l'activité de l'ordre d'un mois environ. La couche adjacente au tas (n° 3) est située sous l'abri et contient des restes de foyer. Elle correspond vraisemblablement à l'espace de repos du tailleur de pierre. Au-dessus des couches 3 et 3a, la couche 2 est constituée de vestiges de foyers mêlés à des éclats de pierre et à de la terre fine pulvérulente. Elle englobe un calage de trois poteaux groupés qui s'enfoncent en partie dans la couche précédente. Le matériel céramique de la couche 2 est bouleversé; sa présence découle d'un remaniement des déblais après le départ des tailleurs de pierre.

Un tas de gros éclats de pierre s'est amoncelé au-dessus de la couche 2, suite à l'ébauche ou à l'équarrissement du grand bloc récupéré en supprimant la roche en surplomb de l'abri D (fig. 105 n° 1a). Entre la roche et ce tas est resté un vide qui s'est peu à peu rempli d'humus (fig. 105 n° 1b). La couche supérieure résulte du comblement final de l'excavation méridionale.

Stratigraphie de l'excavation septentrionale

L'excavation nord a connu une extraction initiale qui lui a donné ses principaux contours actuels. Afin de pouvoir l'exploiter commodément, les carriers du chantier suivant ont dû vider entièrement l'excavation des déchets qui l'encombraient en les jetant dans le lit du ruisseau; les crues se chargeaient ensuite de leur évacuation. Par conséquent, dans l'excavation les dépôts en relation avec cette première activité ont disparu.

Du second chantier, il ne subsiste guère plus, les carriers suivants ayant procédé pareillement. Le seul amas de déchets d'extraction encore en place relatif à cette deuxième phase était sédimenté dans la partie la plus basse de l'excavation (fig.102 n° 8). Ce secteur étant creusé en fosse, il conserve l'eau après les orages et il n'y avait guère de raisons techniques pour l'approfondir dans le cadre d'une reprise de l'extraction. Néanmoins, à une époque indéterminée mais certainement ancienne, ces déblais du second chantier préromain ont été creusés d'une petite tranchée (fig. 102 n° 7). Celle-ci s'est ensuite remplie d'humus et d'éclats de pierre. La couche suivante, qui achève le comblement de la fosse et égalise le terrain, est remplie de pierres et d'humus entassés là volontairement (fig. 102 n° 6).

Le troisième chantier constitue essentiellement une série de petits essais d'extraction, sans véritable débouché sur une exploitation en règle. L'intérêt archéologique de cette activité superficielle vient de sa typologie bien caractérisée et datée du début du Haut Empire. Cette faible activité durant cette phase se traduit par un mince dépôt de terre noirâtre très tassée, suite à un passage occasionnel dans ce secteur nord (fig. 102 n° 5). La couche suivante (fig. 102 n° 4) est principalement formée de terre et de pierres diverses où se mêlent quelques déchets d'extraction. Dans sa partie sud, elle est partiellement recouverte par les débordements du tas des déchets de taille supérieurs provenant de l'atelier situé au sommet de l'excavation. Côté nord, cette couche, assez meuble, est fortement remaniée par les blaireaux. Pour l'essentiel, sa formation est due au nettoyage du niveau supérieur et médian de l'excavation, avant l'extraction des cylindres durant l'ultime phase d'activité de la carrière.

Ce dernier chantier, apparemment très épisodique et assez étalé dans le temps, est caractérisé par l'installation, sur le palier supérieur de l'excavation, d'un atelier de taille destiné à transformer les cylindres bruts d'extraction en jarres cylindriques ou ovoïdes. On y trouve une mince couche très tassée d'éclats et de poussière de pierre (fig. 102 n° 2). En contrebas, cette activité est concrétisée par un énorme amas de déchets de taille (n° 3). Il contient beaucoup de ces récipients cassés à divers stades de leur fabrication (voir p.255). Leur grand nombre et leur diversité de façonnage révèlent des productions individuelles à caractère occasionnel pour ne pas dire domestique. Le choix de cet emplacement de travail semble étranger à une facilité d'approvisionnement en cylindres bruts d'extraction. Seulement trois empreintes de ce type ont été identifiées sur place, alors qu'un nombre très supérieur de jarres taillées est révélé par les déchets. Ces ateliers sont installés au nord et au sud du site afin de s'abriter du froid l'hiver et de se protéger du soleil l'été. Les mêmes groupes de personnes ont pu travailler tour à tour en ces deux points, selon la saison. La couche supérieure (fig. 102 n° 1) est d'épaisseur très variable, depuis un mètre, au plus près des fronts, à quelques décimètres vers le milieu de l'excavation. Elle comprend de l'humus mais aussi quelques gros déchets de taille. Ces derniers sont épars sur le sol et résultent de l'abandon du site en tant que carrière et atelier de taille.

Mobilier et datation des chantiers de la carrière du Roquet

Un bref inventaire du mobilier mis au jour dans les différentes couches est proposé ci-après. La céramique du début du haut Moyen Age a été traitée de façon indépendante par un spécialiste de cette période.

Matériel préromain: un unique témoin

Un seul fragment de céramique modelée et fumigée de tradition indigène appartient à cette catégorie. Il provient de la couche 8, la plus ancienne qui soit conservée au plus profond de l'excavation nord. C'est un fragment de col d'urne assez haut et à panse renflée (fig. **106** n° 1); on peut le comparer au profil d'un vase trouvé dans les niveaux de Nages III ancien, c'est-à-dire du premier tiers du Ier s. av. n.è (Py 1978: 199, fig. 94 n° 81 et 95 n° 3). Mais cette forme peut persister jusqu'au milieu du Ier s. av. n.è. et le caractère très fragmentaire du tesson empêche de préciser s'il était orné d'un décor analogue à l'exemplaire cité. Néanmoins, on peut dater cette couche du fait qu'elle est en relation avec l'abandon du second chantier d'extraction, lui-même situé en chronologie absolue aux environs de la première moitié du Ier s. av. n.è. Le chantier proprement dit doit être contemporain ou légèrement antérieur. Par conséquent, l'ouverture de la carrière et le développement de la première extraction doivent être obligatoirement antérieurs au milieu du Ier s. av. n.è.; cependant, aucun indice ne permet de proposer un *terminus post quem.*

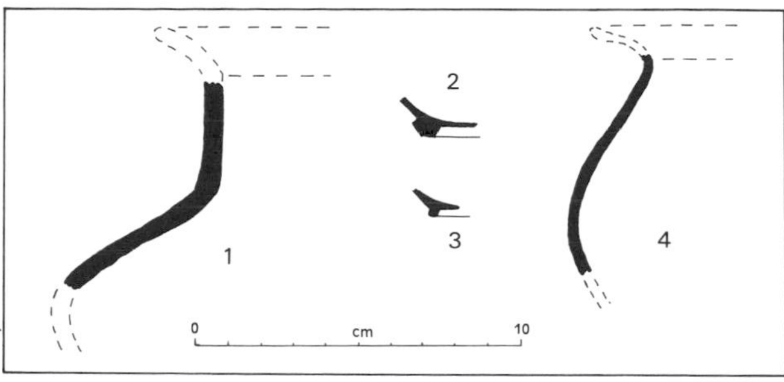

Fig. 106 Céramique antique découverte sur le site du Roquet.

Matériel romain

Tous les points fouillés ont donné quelques éléments de cette période mais le nombre de ces témoins reste très réduit et une présentation groupée s'impose; il s'agit uniquement de fragments.

– *Céramique commune à pâte fine calcaire:* 13 dont 1 informe provient de la couche 5 de l'excavation nord, le reste des couches 2 et 3 de l'abri D du front ouest. Parmi ces derniers, on reconnaît 2 fonds annulaires (fig. 106 n° 2 et 3). Ce sont des formes difficiles à dater; on les trouve entre le derniers tiers du Ier s. av. n.è. et le IIe s. de n.è.
– *Céramique commune à pâte sableuse:* 12 panses de quatre vases différents provenant tous de la couche 3 de l'abri D. Il est impossible de proposer des datations pour ce lot si ce n'est que cette catégorie de céramique apparaît dans les dernières décennies du Ier s. et persiste très tardivement dans l'Empire romain.
– *Céramique commune de tradition indigène:* 23 tous issus de la couche 5 de l'excavation nord, 3 sont finis au tour lent; leur pâte est rouge à pisolithes analogues aux productions locales des Brus datées de la 2e moitié du Ier s. av. n.è. (Bessac *et al.* 1979: 47), on y distingue un morceau de col d'urne (fig. 106 n° 4). Tous les autres viennent d'un même vase non tourné à pâte sableuse.
– *Dolium:* 3 panses de petit *dolium* indigène de la région rhodanienne, dont l'usage commence au milieu du Ier s. av. n.è. (Py 1990: 406) et diminue à l'époque flavienne (Fiches 1989: 104); deux proviennent de la couche 5 de l'excavation nord et le troisième de la couche 4a de l'abri D.
– *Céramique sigillée du sud de la Gaule:* 1 forme non identifiable provenant de la couche 2 de l'abri D.
– *Amphore:* 2 dont une anse d'amphore italique Dressel I provenant de la base du front de taille sous l'abri B (couche 4a), dont l'usage est cantonné entre 50 av. n.è. et 30 de n.è. (Laubenheimer 1989: 123, tab. 37) et un bord de type Pascual I utilisé durant tout le Ier s. de n.è. (*id.* 1989: 123, tab. 37) issu de la couche 3 des abris B/C.
– *Tegulae:* 42 répartis de la manière suivante: 21 dans la couche 3 de l'abri B/C, 7 dans la couche 4, abri D, 2 dans la couche 2 et 12 dans la couche 3. Dans la couche 3 de l'abri B/C, l'un des fragments porte des traces de couteau et a dû servir de support pour la découpe des aliments. Dans l'abri D, au niveau de la couche 3, certains morceaux noircis par le feu ont servi de support réfractaire pour la cuisson des aliments. Ces tuiles, très disparates, viennent de récupérations d'origines diverses; leur fonction est ici exclusivement domestique.
– *Imbrex:* 6 petits fragments de la même *imbrex* se trouvaient dans la couche 3 de l'abri D.
– *Autre matériel*: accompagnant les couches à prédominance romaine (couches 2, 3 et 4 de l'abri D): 3 fragments d'objets en pierre locale taillée; l'un est un pied de vase annulaire (couche 2) et les autres sont des fragments de dalle sciée également en pierre du Roquet; leur épaisseur moyenne est de 0,07 m (voir p.255).
– *Faune:* seule couche romaine ayant fourni des os, la couche 3 de l'abri D a donné 2 fragments d'os brûlé.

Datation de la céramique antique

Les faibles quantités de matériel et leur très forte fragmentation dispensent d'une étude des pourcentages. Néanmoins, ce mobilier atteste deux périodes d'occupation romaine. La plus ancienne est caractérisée par la couche 5 de l'excavation nord qui montre un monopole de la céramique commune à pâte fine calcaire partagé avec les productions de tradition indigène dont certains éléments à pisolithes appartiennent incontestablement à la deuxième moitié du Ier s. av. n.è. Cette fréquentation de l'excavation nord peut-être rapprochée de la couche 4a de l'abri D scellant la fin d'une activité romaine. La couche 4a contient l'anse d'amphore italique Dressel I et des fragments de petit *dolium;* tous deux s'accordent avec une datation entre le début du Haut Empire et le changement d'ère. Les quelques rares impacts d'escoude romaine étudiés dans ce secteur montrent une largeur d'outil de l'ordre de 2,2 cm qui reste dans la tranche dimensionnelle correspondant à cette période chronologique dans la typologie des traces d'extraction (voir p.209). En contrepartie, les couches supérieures très remaniées de l'abri D (n° 2 et 3) offrent un matériel apparemment un peu plus tardif vu la prédominance statistique très nette de la céramique commune à pâte sableuse. Il serait cependant délicat d'avancer ici une date plus précise que le Ier s. de n.è.

Étude de la céramique médiévale des abris du Roquet *par Laurent Schneider*

La totalité des tessons de l'Antiquité tardive découverts sur le site du Roquet provient d'une même séquence stratigraphique comblant le dernier abri du front d'extraction oriental, après que celui-ci (abri C) ait perdu sa fonction de citerne. Cette phase marque une nouvelle période d'activité dans la carrière délaissée depuis le Haut Empire.

Approche quantitative (Tabl.7)

La bonne conservation des mobiliers, représentant seulement quatre pièces principales associées à de rares fragments isolés, ne favorise pas une approche quantitative classique, d'autant plus que les pâtes identifiées se rapportent à une catégorie unique, représentée par une argile kaolinitique. Le seul élément original de cet assemblage monotone est donné par une production particulière qui, bien qu'utilisant une argile kaolinitique, se distingue des autres pièces par la présence de nombreuses pisolithes rendant la pâte plus granuleuse. Représentée par un seul vase dans la couche n° 3, la céramique à pisolithe atteint 38,84% des fragments découverts dans cette même couche et seulement 32,33% du total des fragments provenant des couches 2, 3 et 4. On notera également que vaisselles fines et amphores demeurent absentes (tabl. 7).

CÉRAM. KAOL. CLASSIQUE		Tessons :	90	% : 67,67
N° couche	2	3	4	
Nombre	3	63	24	
%	50	61,16	100	
Nombre objets	/	2	3	

CÉRAM. A PISOLITHE		Tessons :	43	% : 32,33
N° couche	2	3	4	
Nombre	3	40	0	
%	50	38,84	0	
Nombre d'objets	/	1	0	

TABLEAU 7: COMPTAGE DES CÉRAMIQUES MÉDIÉVALES DU SITE DU ROQUET

Les recollages importants permettent de mieux apprécier les modes d'occupation de la cavité, laissant entrevoir plus particulièrement l'existence de perturbations qui ont pu altérer l'homogénéité des couches. On note ainsi quelques recollages entre les fragments isolés de la couche 2 (4,5% du matériel) et les pièces majeures des couches 3 et 4.

Approche typologique: un faciès de transition (fig. **107**)

– *Céramique à pisolithe*: une seule pièce (n° 1 et 2) est représentée par 40 fragments retrouvés dans la couche 3. Il s'agit d'une urne présentant une post-cuisson oxydante, un col évasé, un bord triangulaire à face externe concave et gorge interne sensiblement marquée à rapprocher de la forme Piso A7 (Raynaud 1993: 528). Retrouvée dans l'Hérault à Lunel-Viel dans des niveaux de la seconde moitié du Ve s. (*id.* 1990: 238, n° 14), cette production peut déborder jusqu'au premier quart du VIe s., date à partir de laquelle la cuisson en atmosphère oxydante s'éclipse totalement en annonçant un trait majeur de l'artisanat potier du haut Moyen Age (CATHMA 1993: 118-228).

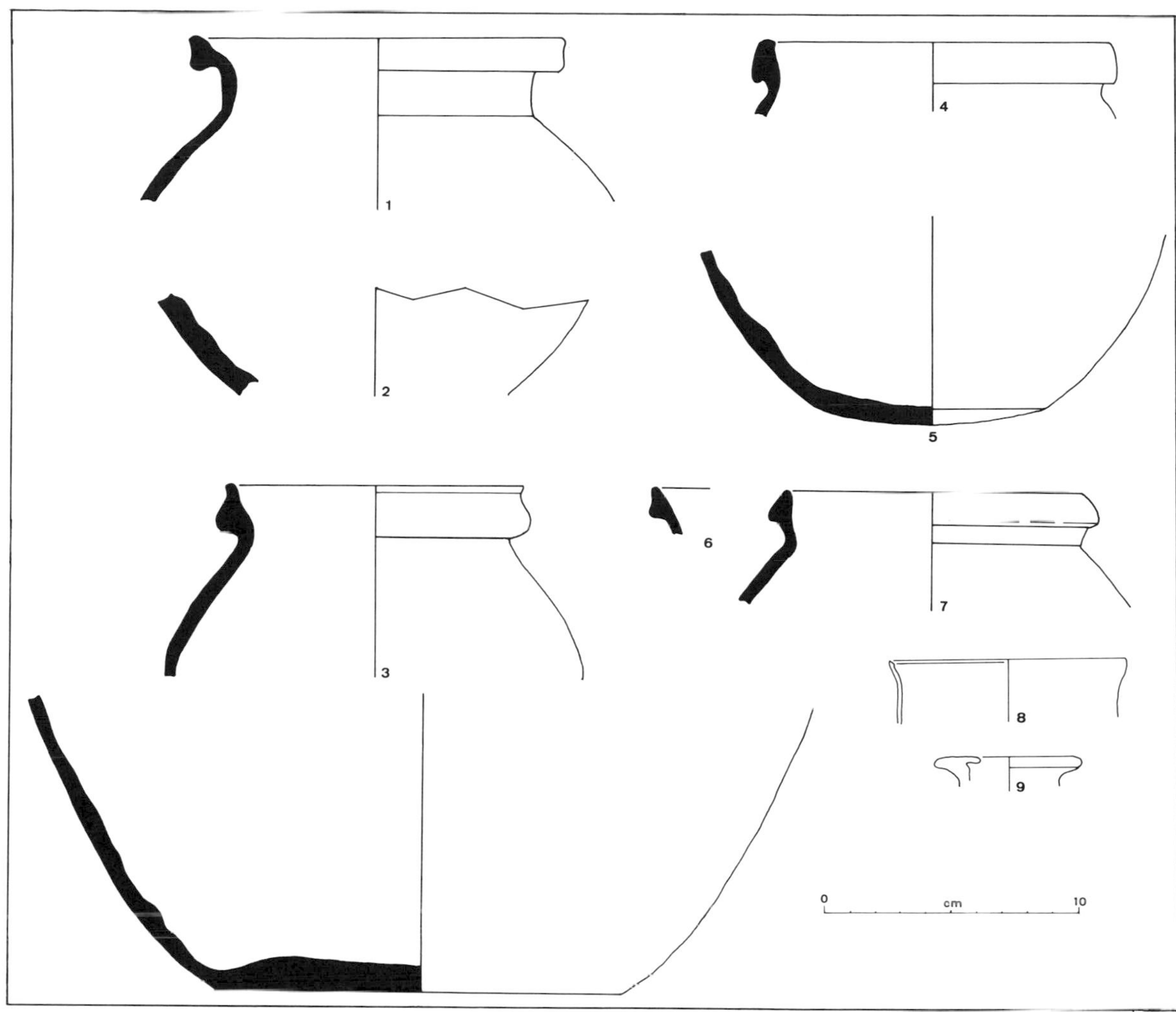

Fig. 107 Mobilier médiéval provenant des abris B et C du Roquet (dessins L. Schneider).

– *Céramique kaolinitique classique:* n° 3: Pièce représentée par 61 fragments dans la couche 3. Il s'agit d'une urne au ton gris anthracite présentant un bord en bourrelet aminci à face externe concave, proche du type 7b (CATHMA 1993: 138, fig. 11). Ce type de bord n'est pas attesté dans les niveaux méridionaux de l'Antiquité (Raynaud 1993: 489-99) ou sur les principaux sites du Gard et de l'Hérault ayant livré des pièces des V-VIe s., comme Lunel-Viel ou Lombren (*id.* 1990: fig. 121 à 123; CATHMA 1993: 117-121, fig. 2 à 5). En contrepartie, on pourra tenter un rapprochement avec quelques lots du haut Moyen Age encore mal datés comme ceux d'Aniane dans l'Hérault placés aux VII-IXe s., même si la couleur des pâtes adopte une teinte plus bleutée (*id.* 1993: 162 fig. 33 n° 1).

N° 4: Urne à panse arrondie présentant un col droit et une lèvre allongée rectangulaire. La pièce se rapproche de la forme Kaol. B.24 (Raynaud 1993: 495) bien que le fond soit bombé (n° 5). La pâte présente une teinte grise à reflets bleutés. On retrouve des exemplaires de la même famille sur des sites gardois du VIe s., comme Lombren (CATHMA 1993: 118-122) ou Nîmes (Raynaud 1990: 239, n° 10-11).

N° 7: Urne présentant une lèvre triangulaire mince et allongée avec face interne verticale de type 6d (CATHMA 1993: 138, fig. 11). La pâte est d'un ton brun/orangé dû à une post-cuisson oxydante. Comme pour le n° 3, les éléments de comparaison font défaut pour les séquences de l'Antiquité tardive, hormis peut-être un exemplaire de Lombren (CATHMA 1993: 120 fig. 4 n° 73). En revanche, on rapprochera la pièce d'une urne retrouvée à Dassargues, près de Lunel, dans un contexte compris entre la seconde moitié du VIe s. et la fin du VIIe s.

N° 6: Plus classique, ce col déversé à lèvre triangulaire dont la face externe est en poulie, type 6a (CATHMA 1993: 138 fig.11), s'apparente à la forme Kaol. A.29 (Py 1993: 492). La pâte est de couleur gris anthracite. De tels profils sont fréquents dans plusieurs contextes languedociens de la fin du Ve s. et du VIe s. (Raynaud 1990; CATHMA 1993).

Autres mobiliers

Dans la couche 3, un tesson de verre verdâtre appartient à un gobelet de type Isings 106c au bord à arête vive (n° 8). Un autre fragment de verre bleu-vert correspond à un goulot à lèvre aplatie en gouttière (n° 9). Enfin, dans la couche 4, une aiguille en bronze de 7,3 cm de long comporte une tête polyédrique.

Mode d'occupation de la cavité et proposition de datation

Seules deux strates (3 et 4) ont livré un mobilier significatif. Elles marquent un changement d'utilisation de la cavité jusqu'alors employée comme citerne. Cette nouvelle phase d'occupation associée à de nombreux foyers s'accompagne d'une restructuration de l'abri dont on a prolongé le surplomb par un appentis en matériaux périssables.

L'accumulation successive des foyers dont les éléments de calage ont été systématiquement démontés jusqu'au niveau d'abandon (couche 2), comme l'exhaussement considérable du sol primitif (environ 0,8 m), milite en faveur d'une occupation assez prolongée mais épisodique. Au regard de l'assemblage typologique des mobiliers découverts, qui exclut toute vaisselle fine et pièces de stockage pour se limiter à des pots à cuire et à mijoter aux qualités réfractaires bien avérées, on serait tenté de restreindre l'occupation de la cavité à une activité de cuisine et de repos en s'éloignant du concept d'habitat permanent. La stratigraphie et l'analyse des mobiliers non céramique peuvent encore aider à mieux préciser la nature de cette activité.

Dans la couche 4, aucun objet ne permet de mettre en relation l'occupation de la cavité avec un quelconque travail dans la carrière, qu'il s'agisse de la taille ou de l'extraction de la pierre. En revanche, dans la couche 3, la découverte d'un ciseau à bout rond, outil de taille de pierre bien spécialisé, ajoutée à de nombreuses pierres à aiguiser et soies cassées, associent clairement l'occupation de l'abri à la reprise d'une activité dans la carrière. Ces différentes pièces constituent un témoignage des gestes qui pouvaient accompagner le repas et le temps du repos: affûtage et réparation des outils.

La chronologie de l'occupation demeure plus difficile à préciser. Les pièces peu nombreuses et l'assemblage fort homogène, lié à une nature d'activité restreinte, ne facilitent pas la comparai-son des céramiques avec les ensembles régionaux de la fin de l'Antiquité, généralement mieux pourvus en vaisselle fine et en amphore. L'élément le plus ancien est donné par le pot n° 1 dont la typologie et le type de cuisson en atmosphère oxydante fournissent une fourchette de datation fiable comprise entre les années 450 et 525 (Py *et al.* 1993: 528 et CATHMA 1993: 118). Ce vase semble pourtant en discordance avec le reste de la série que certains traits (type de cuisson, type d'argile utilisé et morphologie des lèvres) permettent de rattacher à un VIe s. avancé, tandis que d'autres (fond bombé, morphologie des lèvres de type 6d ou 7) attesteraient déjà une ambiance plus proche de la tradition des potiers du haut Moyen Age.

La faible place réservée aux productions à pisolithe, majoritaire dans le stock des céramiques en usage au Ve s. en Languedoc oriental, constitue un caractère fort de la série où domine une poterie kaolinitique plus classique. Si l'on admet dans la région nîmoise, en Lunellois, ou même plus à l'ouest dans la vallée de l'Hérault (CATHMA 1993: 118-122), que le renversement des tendances associé à l'abandon de la cuisson oxydante se produit au VIe s., on ne saurait négliger le caractère local du faciès du Roquet, peut-être marqué dans cette petite région par une prépondérance des poteries kaolinitiques plus précoce que dans les zones littorales.

Devant ces incertitudes et malgré l'innovation "médiévalisante" que semblent montrer les lèvres de deux pots (n° 3 et 7), on proposera de dater la série du milieu du VIe s., entre les années 525 et 575.

Autre matériel archéologique accompagnant le mobilier médiéval

- *Fer:* dans les abris B/C, la couche 3 comprend 5 pièces de fer provenant d'outils divers dont un ciseau à bout rond à douille. Ces outils seront étudiés en détail dans les chapitres techniques spécifiques (voir p.258).
- *Pierres à aiguiser:* la couche 3 des abris B/C contenait 6 pierres à aiguiser auxquelles il faut ajouter dans l'excavation nord, couche 4, une septième et, toujours dans cette fouille mais dans la couche 1, deux autres (voir p.258). Ces deux dernières pierres à aiguiser sont trop proches de la surface pour qu'on puisse garantir leur ancienneté.
- *Pierres taillées:* dans l'excavation nord, la couche 3, composée de rebuts de taille, comprend 39 fragments appartenant à 8 jarres différentes abandonnées en cours de taille suite à des cassures. La même couche a donné aussi 3 fragments de différentes dalles sciées (voir p.257).
- *Faune:* les couches 3 et 4 de l'abri B/C ont fourni respectivement 17 et 24 éclats d'os parfois brûlés.

Conclusion sur la chronologie générale du site du Roquet

La date du premier chantier d'extraction, le plus important de l'excavation nord, est certainement antérieure au Ier s. av. n.è.; elle ne peut être mieux précisée. Après un abandon du site durant un temps indéterminé mais probablement assez long, un second chantier s'installe au cours de la première moitié du Ier s. av. n.è. dans la même excavation. On ignore si les carriers des deux premiers chantiers ont également œuvré côté sud. Au début du Haut Empire, des essais de reprise de l'extraction sont tentés dans l'excavation nord mais c'est probablement côté sud de la carrière qu'une petite activité se développe (son étendue est inconnue). Sa typologie technique est identifiable à partir des traces superficielles laissées sur les sols plus anciens de l'excavation nord.

De nombreux éléments des couches supérieures du comblement de l'abri D attestent une réoccupation romaine plus tardive dans le courant du Ier s. de n.è. Aucune trace d'extraction correspondant à ces témoins n'ayant été identifiée, il est difficile de savoir si ce sont là des carriers. La réoccupation du site, à la fin du Ve ou au début du VIe s., est étrangère au travail de la pierre, dans un premier temps pour le moins. Ensuite, en divers points du site s'amorce une reprise de l'extraction axée sur la production de cylindres, destinés à la taille de jarres en pierre dans deux ateliers. Les alvéoles rupestres servent surtout de lieu de repos et, plus exceptionnellement, d'atelier improvisé, mais pas vraiment d'habitat permanent. Les caractères de la production montrent l'absence de véritables artisans; ce sont plutôt des personnes étrangères aux métiers de la pierre. Cette activité intermittente se poursuit un peu au-delà du milieu du VIe s. Après cette date, le site n'est plus fréquenté que par des bûcherons.

LES CARRIÈRES DES PIELLES

Seconde carrière après celle de Mathieu par son importance archéologique, cette exploitation divisée en six phases d'exploitation exige une présentation assez détaillée.

Quatre excavations implantées sur un point culminant

Les carrières des Pielles occupent le sommet de la colline des Ombrens, à 275 m d'altitude au sud de l'affleurement, vers Combas (fig. 4 C2). Le site est subdivisé en quatre excavations, toutes exploitées en fosse: la première au nord, la seconde au centre et la troisième au sud sont adjacentes; la quatrième, la plus vaste, isolée, 50 m à l'est, a été étudiée uniquement en surface, sans fouilles. La position haute du site d'extraction offre plusieurs possibilités de voies de dégagement vers la plaine en direction des villages voisins, et au-delà vers les centres urbains antiques et médiévaux. Ces voies, concrétisées par des chemins charretiers, empruntent les creux est-ouest du vallonnement du massif et les méplats nord-sud résultant des changements de formations géologiques. Le plus commode et le plus direct de ces chemins se dirige vers le sud-est.[1] A moins d'un kilomètre du site, cette voie dessert également une seconde carrière de pierre de taille: la Peyrière de Martin (fig. 4 C3) dont une partie de l'activité est probablement antérieure aux XIe/XIIe s. Ce chemin permet d'atteindre les villages de Combas au sud et Montpezat à l'est, mais surtout il rejoint le tracé supposé de la voie romaine de Nîmes à Rodez via Quissac[2] (fig. 3 et 32).

On ne connaît pas d'habitat permanent sur le site pour la période médiévale. Seul un abri sommaire de cette époque a été identifié dans l'excavation méridionale des Pielles. Quelques céramiques romaines observées dans des couches remaniées permettent de penser qu'une structure d'habitat, plus modeste que celle de la carrière de Mathieu, a existé aussi sur ce chantier. Des traces d'occupation antiques ont été reconnues à moins de 1 km de là, à l'ouest,[3] mais rien n'autorise à affirmer qu'elles correspondent à un habitat de carriers romains. Pour ce qui est du Moyen Age, le village de Combas distant de 3,5 km constitue l'habitat permanent le plus proche connu (fig. 4).

Les caractères lithostratigraphiques de la pierre des Pielles correspondent en général à ceux de l'affleurement. Trois joints de stratification apparaissent à ce niveau sommital du massif. Les deux premiers sont espacés verticalement d'environ 3 m et le troisième est situé entre 0,50 m et 0,80 m du second. A peu près perpendiculairement à ces derniers, des lithoclases subdivisent la roche selon deux axes essentiels, approximativement orientés sur les points cardinaux. La densité de ces fissures verticales est ici un peu plus élevée que dans la carrière de Mathieu, probablement parce que les chantiers d'extraction des Pielles ont été ouverts tout à fait au sommet de la colline à fleur de sol.

En trois points de la carrière, les lithoclases sont élargies ponctuellement par les phénomènes karstiques. Le plus large de ces défauts n'excède guère 0,1 m; il se trouve à mi-hauteur de l'excavation centrale et joue le rôle de trop plein. Cette catégorie d'altérations géologiques concerne uniquement quelques blocs et a pu être assez facilement contournée par les carriers. Comme sur les sites de La Figuière et du Roquet, la roche massive apparaît directement à fleur de terre, sans découverte (fig. **108**). Cet avantage très appréciable a dû faire oublier les quelques petits défauts esthétiques de cette pierre. Néanmoins, à l'époque romaine, il est possible qu'elle ait constitué un matériau de second choix par rapport à la variété dominante du massif tout à fait blanche et totalement de structure oolithique.

Sur ce site, le découpage cadastral moderne est dicté par la présence des carrières. Suite à la progression des fouilles sur le terrain, il a fallu peu à peu se rendre à l'évidence que l'imprécision de ces plans ne permettait guère de les utiliser que d'une façon théorique et administrative.[4] Mais le principe d'une division, *a priori*, en quatre excavations distinctes s'adapte bien à la réalité archéologique et, d'une façon générale, elle est clairement marquée dans la topographie du terrain. Les excavations septentrionale et centrale se distinguent surtout par les dénivelés de leur sol de carrière plutôt que par leur fronts qui se confondent à leur jonction. Vu la complexité du site, il est dès à présent indispensable d'utiliser le découpage chronologique des chantiers, issu de la réflexion sur les techniques et sur le matériel archéologique. Les arguments concernant ces datations seront développés plus loin (voir p.184). La présentation de chacune des excavations sera proposée en fonction de leur ordre de mise au jour.

---

1 Il emprunte l'actuelle Combe-du-Mort (combe Prigonde avant le XVIIe s.; recherches inédites de R. Bonnaud).

2 Voie citée par M. E. Germer-Durand (1868: VII), précisée par G. Charvet (1873: 188) et A. Clément (1989: 167).

3 Ce site a été identifié par R. Bonnaud sur le Mont Cau et sur le plateau des Cades, près du chemin de Boucoiran.

4 Le découpage de petites parcelles au milieu de grandes a été noté dès la prospection (Bessac 1986b: 155).

Fig. 108 Vue aérienne des excavations septentrionale, centrale et méridionale des carrières des Pielles; le nord est à gauche (ph. L. Damelet).

L'excavation méridionale

L'excavation méridionale (fig. **109**) est entièrement dégagée, sauf à l'arrière où se trouvent deux murs de soutènement protégeant un abri décrit plus loin. En cet endroit, les remblais de carrière ont été laissés en place pour des raisons de conservation des vestiges de murs en pierres sèches. La surface totale de cette excavation est de 151 m^2 au niveau supérieur du terrain et de 157 m^2 au plus profond de la carrière (fig. **110**). La différence vient du surplomb des fronts de carrière, en particulier à l'extrémité orientale où l'extraction médiévale tardive peut être qualifiée de semi-souterraine. La découpe très irrégulière des fronts et des sols de carrière empêche le calcul exact du volume total de roche brute extraite; néanmoins, une évaluation entre 320 et 350 m^3 est plausible. Cette excavation a connu les trois phases d'activités suivantes:

1. Le chantier romain du début du IIe siècle

En partant de l'entrée, c'est-à-dire de la bordure ouest de l'excavation méridionale, on découvre les vestiges du chantier romain du début du IIe s. qui correspondent ici à l'activité la plus ancienne (fig.110 à gauche). Ses structures sont caractérisées typologiquement par l'usage d'une escoude à deux dents espacées en moyenne de plus de 26 mm (voir p.209). Le sol de cette première partie de la carrière se confond avec un joint de stratification et forme une pente assez régulière d'environ 22 à 24°. Sa surface est d'environ 90 m^2 et correspond à un volume total de 140 m^3 de roche brute extraite. Les carriers romains ont suivi dans leur progression le sens du pendage concrétisé par un joint de stratification dont l'émergence supérieure constitue le début de l'excavation côté ouest. Vers le bas, à l'est, le joint de stratification est abandonné pour adopter un sol d'extraction artificiel moins pentu. Vers son sommet, la limite sud de ce chantier du IIe s.

Fig. 109 Vue générale du sud vers le nord de l'excavation méridionale des carrières des Pielles (ph. L. Damelet).

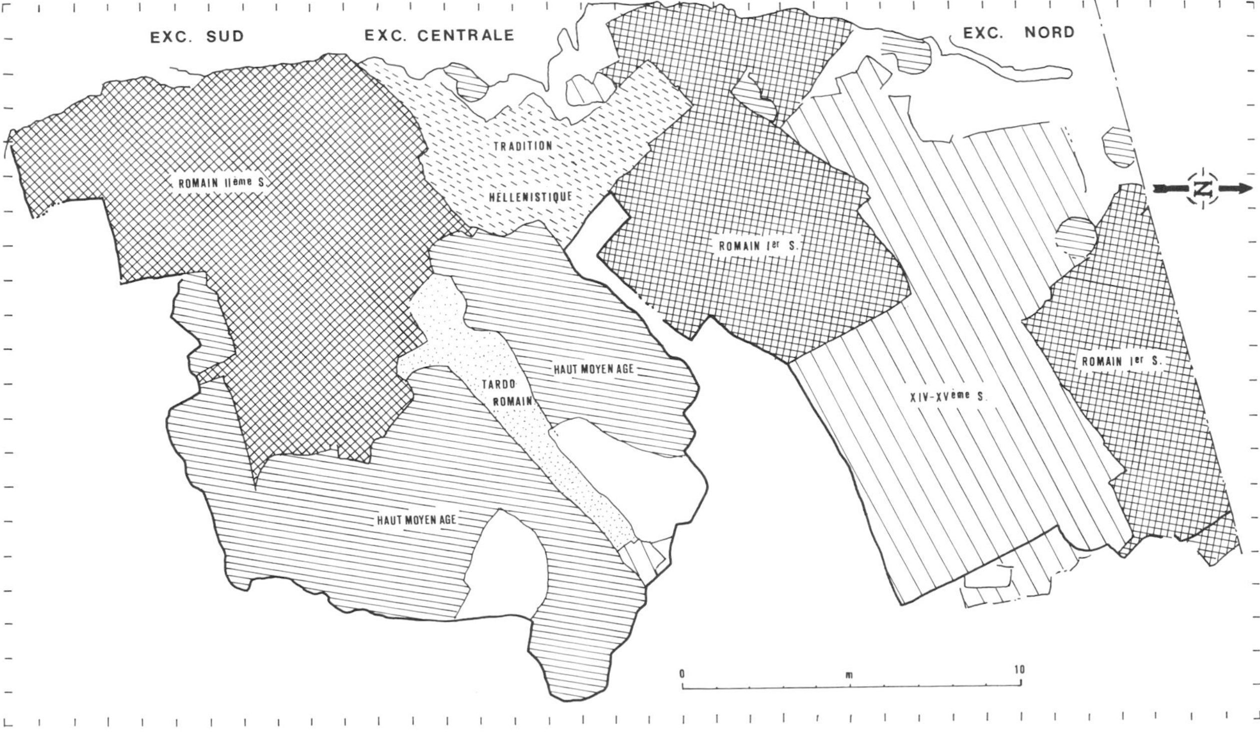

Fig. 110 Répartition chronologique des vestiges d'extraction sur le site des Pielles.

Fig. 111 Chantier du haut Moyen Age implanté dans la partie inférieure de l'excavation méridionale des Pielles, côté est (ph. L. Damelet).

est formée par les ressauts verticaux des fronts de taille. C'est le secteur où les empreintes des blocs extraits sont les plus nettes. Toujours côté sud mais dans sa partie inférieure, l'extraction médiévale précoce a tronqué ce chantier par une découpe irrégulière composée surtout de concavités résultant de l'extraction de divers cylindres. A l'est et au nord-est, le front romain a été partiellement détruit par ce type d'extraction. Au-dessous du niveau du sol de carrière romain, du côté de sa coupure orientale, il y a aussi des cylindres non extraits qui témoignent en faveur d'un arrêt impromptu de la première exploitation médiévale.

Côté nord, au bas de la pente du joint de stratification suivi par les Romains, vers le milieu de l'excavation, se situe la zone de contact avec l'extraction tardo-romaine. Comme cette dernière se poursuit également sur le même joint de stratification, la topographie du sol ne marque pas ce changement net de phase. Au contraire, dans la partie haute, côté nord de l'excavation méridionale, la séparation entre le chantier du début du IIe s. et le sol de carrière de l'activité de tradition hellénistique de l'excavation centrale est très claire: le premier a entamé le second. Cela se traduit par un ressaut. De ce côté-là, le sol d'extraction du IIe s. comporte seulement quelques vestiges très superficiels d'empreintes de blocs extraits, les carriers s'étant généralement contentés d'arrêter leurs tranchées en profondeur, quelques centimètres avant l'arrêt naturel constitué par le vide du joint de stratification.

2. Le chantier tardo-romain

Cette phase tardive de l'activité antique dans l'excavation méridionale a été difficile à identifier tant ses vestiges sont rares et noyés au sein des structures romaines et surtout médiévales (fig. 110 et **111**, au milieu). Ce chantier est localisé sur un lambeau de sol de carrière subsistant dans le prolongement vers l'est du même joint de stratification, précédemment mis à profit. La surface de ce chantier couvre actuellement à peine 10 m^2, mais l'extraction médiévale a peut-être détruit des sols de carrière de cette période sur une aire bien plus vaste. L'activité

Fig. 112 Carrière des Pielles, excavation méridionale. Extraction semi-souterraine de grands cylindres au fond du chantier du haut Moyen Age.

tardo-romaine a pu se développer jusqu'au front oriental actuel sans trop dépasser en hauteur et en étendue les niveaux médians dans lesquels ces vestiges sont insérés. Les empreintes des pierres extraites durant cette phase correspondent à des blocs quadrangulaires ou plus rarement trapézoïdaux dont le module s'apparente, selon les cas, à du moyen, voire à du petit appareil, ce dernier restant assez minoritaire. Il s'agit là d'un travail beaucoup plus fruste que l'extraction romaine (voir p.237). Le volume de roche extraite durant cette phase semble inférieur à 15 m^3.

3. Le chantier du haut Moyen Age

La moitié inférieure de l'excavation est surtout occupée, sur 57 m^2, par le premier chantier médiéval spécialisé dans l'extraction de cylindres (fig. 110 et 111). C'est aussi la partie la plus profonde de la carrière atteignant par endroit, côté oriental, plus de 5 m au-dessous de la surface du sol naturel. Cette position lui vaut le désavantage d'être partiellement inondée en cas de fortes pluies. La progression générale est difficile à distinguer dans son ensemble. Après avoir poursuivi un temps le niveau artificiel de sol de carrière déterminé par les Romains dans cette partie de l'excavation, les carriers médiévaux se sont enfoncés de 0,60 à 0,80 m, d'ici qu'apparaisse un nouveau joint de stratification. Pour atteindre ce niveau naturel, les carriers médiévaux ont profité d'un défaut karstique à l'extrémité ouest de la zone inexplorée, près du mur sud de l'abri; ils ont creusé là une tranchée assez large de façon à pouvoir s'étendre en toutes directions. Deux lithoclases limitent au nord et à l'est l'essentiel de ce chantier médiéval. Le volume total de roche brute extraite ici peut être évalué à un minimum de 150 m^3.

Au sol, la roche est creusée essentiellement d'empreintes rondes précisées par deux cercles concentriques plus ou moins espacés: le plus petit correspond au cylindre extrait, le plus grand se confond avec la limite externe de la tranchée d'extraction. Au contact des limites hautes occidentales de ce premier chantier médiéval, l'extraction de plusieurs cylindres a été commencée mais elle est restée inachevée. Leur diamètre est petit ou moyen, variant entre 0,50 et 0,70 m. Sur le front oriental de l'excavation, au plus profond de ce chantier, les diamètres sont souvent plus grands, entre 0,80 et 1,40 m. Les fronts de taille sont très sinueux et irréguliers en tous sens, sauf le long des lithoclases.

Tout à fait au fond de l'excavation, à l'est, le front médiéval forme une alvéole grossièrement quadrangulaire d'environ 7 m^2 de surface et haute de 1,65 m en moyenne, occupée par l'empreinte d'un grand cylindre de 1,18/1,20 m de diamètre et 1,25 m de haut (fig. **112**). Dans la

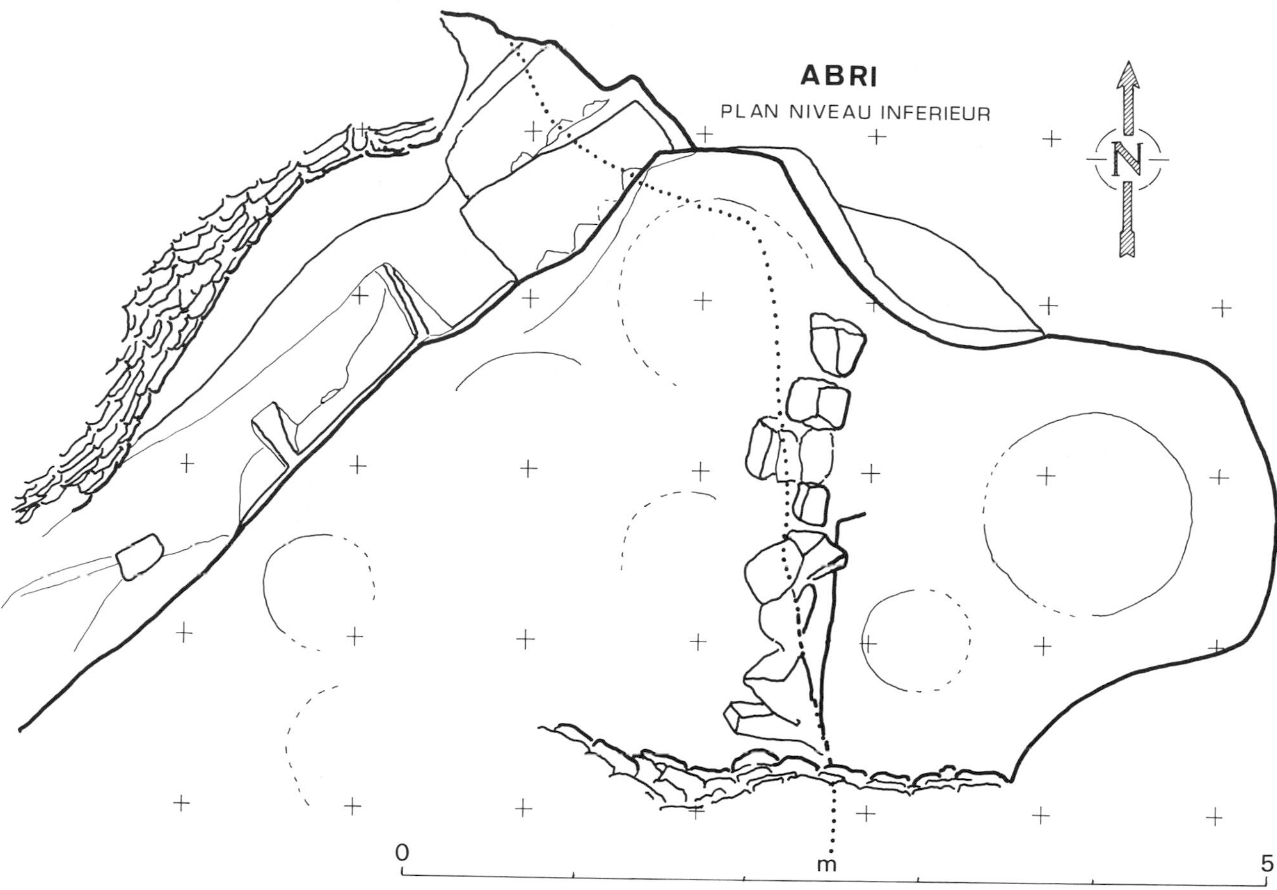

Fig. 113 Plan de l'extraction semi-souterraine transformée en abri aux XIV-XVe s. dans l'excavation méridionale de la carrière des Pielles.

paroi adjacente, côté nord, un second cylindre un peu plus grand a été dégagé seulement sur un tiers de son volume. Il s'agit probablement d'une tentative d'exploitation souterraine.

4. L'abri des carriers des XIVe-XVe siècles

L'amorce d'exploitation souterraine décrite ci-dessus constitue une sorte de petit abri (fig. 112 et **113**). Cet espace réduit a été peut-être occasionnellement utilisé ainsi dès la fin de l'exploitation du haut Moyen Age. Cependant, il a dû s'avérer trop étroit à partir du moment où l'activité de l'excavation centrale reprend, vers la fin du Moyen Age. L'auvent rupestre, résultant de l'extraction du grand cylindre, est alors prolongé au sud par un mur latéral faisant également office de soutènement pour les déblais. Les vestiges d'un second mur fermant partiellement le côté ouest sont conservés sur une ou deux assises. Il semble abandonné rapidement; il pourrait s'agir d'une paroi de l'abri initial, édifié surtout pour retenir les déblais qui s'écoulaient vers le fond de la carrière. A ce stade primitif de l'abri, sa limite nord était matérialisée par la paroi naturelle d'une lithoclase verticale mise au jour par l'extraction du haut Moyen Age. Ce n'est qu'un peu plus tard, au moment de l'installation des carriers des XIVe-XVe s., suite à un relèvement général du sol de l'abri, bien attesté dans les dépôts stratigraphiques, qu'a été élevé un mur nord un peu en retrait du sommet de cette paroi rocheuse. Ainsi, tant en hauteur qu'en longueur, l'espace disponible a été sensiblement agrandi. Pour cela, le mur ouest a été démoli dans sa partie haute et le reste, à sa base, a été enfoui. Ces murs sont très frustes et non parementés; vus de l'intérieur de l'abri, ils présentent un fruit très irrégulier mais assez prononcé. Ils sont constitués de déchets d'extraction et de taille; on y voit une ébauche de petit cylindre côté sud. Leur rôle consiste surtout à maintenir les déblais entassés dans le reste de l'excavation pour qu'ils ne comblent pas l'abri. La surface totale ainsi délimitée est d'environ 12 m^2.

Fig. 114 Vue d'ensemble est-ouest des excavations centrale et septentrionale de la carrière des Pielles. En haut à gauche se trouvent les chantiers de tradition hellénistique et du début du Haut Empire; celui-ci se poursuit dans le quart inférieur droit de la vue, le reste du terrain est occupé par l'extraction de la fin du Moyen Age (ph. L. Damelet).

Seuls les murs sud et ouest constituaient une limite à l'abri primitif, le mur nord commence bien au-dessus du niveau d'utilisation inférieur de l'abri. Il est établi sur un promontoire rocheux dont le sommet est le sol d'extraction tardo-romain. Le niveau du sol de l'abri a été rapidement surélevé et l'occupation la plus intensive des XIVe-XVe s., matérialisée par un gros foyer, se situait à peine quelques décimètres au-dessous de la base du mur nord. C'est en sachant cela qu'il faut interpréter, au sommet du promontoire rocheux à son extrémité orientale, les empreintes, *a priori* anachroniques, de deux petits blocs extraits selon la technique la plus tardive identifiée dans l'excavation centrale. Ainsi laissés dans l'angle de l'abri, les creux quadrangulaires ont pu très bien servir de coin de rangement pour quelques ustensiles utilisés par les carriers de la fin du Moyen Age. Ces derniers travaillaient dans l'excavation voisine mais se reposaient et mangeaient en ce lieu.

Un trou de poteau, grossièrement carré, est creusé à l'avant de la plate-forme rocheuse; il positionne ainsi la limite ouest de la partie couverte de l'abri. Le toit devait être confectionné en matériaux périssables, il s'appuyait à l'arrière côté est, sur le front de carrière et latéralement sur les murs nord et sud. A ce niveau supérieur de l'abri, son côté ouest était certainement ouvert afin de recueillir un peu de lumière et pour laisser un accès libre, incliné en pente douce dans les déblais. L'abri était donc enterré de toutes parts, sauf de son côté occidental.

Les excavations centrale et septentrionale

Ces deux excavations seront présentées groupées en raison de leur difficile délimitation, en particulier pour ce qui concerne l'activité médiévale tardive exercée aussi bien dans l'une que dans l'autre. Le tiers nord de l'excavation nord n'a pas été fouillé.

1. Le premier chantier romain

C'est dans les excavations centrale et septentrionale qu'a débuté l'extraction la plus ancienne des Pielles. La céramique découverte dans les déblais permet de la considérer comme contemporaine de la carrière de Mathieu, c'est-à-dire du dernier tiers du Ier s. av. n.è. Ce chantier occupe le tiers médian de l'excavation centrale et la moitié orientale de la zone fouillée dans l'excavation nord (fig. 110 et **114** en haut à gauche, et en bas à droite). Mais de ce côté-là, sous les déblais, il doit s'étendre vers le nord au moins sur le double de sa surface aujourd'hui mise au jour. L'aire totale visible, concernée par cette extraction, s'élève à environ 75 m^2. Cependant, la surface minimale exploitée peut être estimée à une centaine de mètres carrés en incluant la partie encore enfouie sous les déblais. Les profondeurs atteintes à ces niveaux permettent d'évaluer le volume minimal de roche extraite à 150 m^3, auxquels il serait encore nécessaire d'ajouter quelques dizaines de mètres cubes pour tenir compte de la zone orientale absorbée par l'extraction médiévale.

Comme dans le chantier romain du début du IIe s., ici les structures d'extraction se développent selon un plan orthogonal orienté sud-ouest/nord-est. Les empreintes révèlent aussi la production de blocs de grand appareil. Les traces romaines de l'excavation centrale ont été entamées au sud-ouest par le chantier de tradition hellénistique et à l'est et au nord, par l'extraction médiévale tardive. Ce dernier a également entaillé les vestiges romains au sud et à l'ouest, dans l'excavation septentrionale. Il en est de même en limite nord de la partie non fouillée de cette excavation, où au sommet du front à l'air libre, apparaissent des cylindres médiévaux abandonnés au cours de leur extraction. Si ce n'était la légère différence de son orientation générale et l'étroitesse de l'outil d'extraction (voir p.209), le chantier romain initial au nord se distinguerait difficilement de celui, plus tardif d'un siècle, présenté précédemment. Une autre différence touche à la progression générale de l'extraction: les carriers romains de ce chantier primitif se sont rapidement affranchis de la pente du joint de stratification afin d'essayer au maximum de travailler par paliers horizontaux ou subhorizontaux. L'observateur en retire donc l'impression d'une plus grande rigueur dans le caractère orthogonal de la découpe du substrat.

2. Le chantier de tradition hellénistique

Celui-ci occupe le sommet de la carrière à l'extrémité ouest de l'excavation centrale, juste après le chantier romain primitif qu'il a partiellement entaillé (fig. 110 en haut au milieu, et fig. **115** au premier plan). Comme l'extraction romaine initiale, son canevas directeur est orienté selon un axe sud-ouest/nord-est et ses structures s'organisent suivant une découpe orthogonale. L'extraction de tradition hellénistique se distingue de la précédente surtout par un module de bloc bien plus réduit et aussi par des techniques d'extraction et un outillage un peu différents (voir p.229). La surface actuellement conservée de ce chantier est d'environ 25 m^2. Côté sud, elle a été très sérieusement amputée par le second chantier romain (fig. 115, deuxième plan à droite). Bien que l'estimation de la roche brute extraite dans le chantier de tradition hellénistique soit très aléatoire, un minimum de 15 m^3 semble acceptable.

3. Le chantier de la fin du Moyen Age

Les vestiges de l'extraction médiévale tardive occupent le tiers inférieur de l'excavation centrale (fig. 114 en bas à gauche, et fig. **116**) et la moitié ouest de la partie fouillée de l'excavation septentrionale (fig. 110 en haut à droite) auxquels il faut ajouter sa bordure nord non dégagée. La partie la plus profonde de l'excavation centrale, très tôt protégée par les déblais, autorise une description détaillée de ses structures et de ses traces. Dans ce secteur, l'extraction a été poussée jusqu'à une profondeur approximative de 4 m par rapport au niveau du terrain supérieur environnant. Le sol de carrière correspondant est surtout constitué par la pente du joint de stratification déjà rencontré au sud. De ce fait, cette partie de l'exploitation s'inonde régulièrement jusqu'à une hauteur de 1,5 m, correspondant au niveau d'une fissure jouant le rôle

Fig. 115 Partie supérieure de l'excavation centrale des Pielles, les vestiges de l'extraction de tradition hellénistique sont au premier plan. A l'arrière apparaît le front oriental de l'excavation sud exploité durant le haut Moyen Age (ph. L. Damelet).

Fig. 116 Vue de dessus de la partie inférieure de l'excavation centrale des Pielles exploitée aux XIVe/XVe siècles (ph. L. Damelet).

de trop plein (fig. 114 en bas au milieu). La surface occupée par ce deuxième chantier médiéval approche 75 m^2 et la totalité du volume extrait est d'environ 100 m^3. A l'instar du premier chantier médiéval, cette extraction est centrée sur la production de cylindres destinés à être évidés ensuite pour servir de récipient *(pile)* ou de cuve. Mais ici plus de la moitié des empreintes révèle une production complémentaire de blocs quadrangulaires de moyen appareil. En outre, les empreintes de cylindres ne forment pas toujours deux cercles concentriques car les parois externes de la tranchée sont orthogonales. Cette pratique devient systématique au contact des fronts de carrière. Parfois, la partie habituellement cylindrique prend aussi des allures de carré aux angles arrondis.

La morphologie générale des structures de ce chantier traduit nettement ces différences, en particulier dans ses contours généraux (fig. 110 et 116). Alors que la première extraction médiévale offre une découpe de ses fronts composée de secteurs de courbes essentiellement concaves, ici s'impose une excavation aux parois très orthogonales. Si des empreintes circulaires ne marquaient pas le sol de carrière, on pourrait penser que sa production était consacrée uniquement à des parallélépipèdes. Cette découpe quadrangulaire est vraie seulement pour les nouveaux fronts de carrière de l'excavation centrale; les fronts de taille secondaires restent fréquemment arrondis. Il en est de même pour les anciens fronts antiques, côté ouest de l'excavation septentrionale, déjà ponctuellement exploités par les premiers carriers médiévaux (fig. 114 en haut à droite). Là se mélangent des empreintes médiévales rondes et quadrangulaires mais, en cet endroit, il s'agit d'une exploitation de type parasitaire conduite à l'avenant et non d'un nouveau chantier spécialement ouvert pour l'extraction de cylindres.

Par rapport à la première extraction médiévale, il y a aussi un changement du type d'outil pour le dégagement des cylindres et surtout une amélioration très sensible de l'habileté des carriers. Cela se traduit par des impacts d'outils plus nets et francs et des creux cylindriques très réguliers. Les empreintes composées d'un double cylindre donnent l'impression d'un travail de puisatier (fig. 116).

La grande excavation orientale

Située 45 m au sud-est de l'excavation méridionale, ces vestiges sont connus uniquement par le biais de la prospection. Malgré son comblement important, l'excavation orientale marque le terrain d'une large dépression limitée par des parois rocheuses abruptes de 2 à 3 m de hauteur côté nord et ouest, et de 1 à 1,50 m ailleurs. Sa surface totale équivaut au cumul des aires fouillées jusqu'ici dans les autres secteurs du site des Pielles. Une petite sortie est pratiquée vers la pente de la colline, dans l'angle sud-est des parois de l'excavation, c'est-à-dire dans la direction du pendage naturel de la roche. Cette disposition a pu favoriser ici l'écoulement des eaux de pluie qui inondent régulièrement le fond des autres chantiers de ce site. C'est peut être là une des raisons déterminantes de son plus grand développement.

La chronologie de l'activité de cette excavation n'est connue que très partiellement par le biais des caractéristiques des quelques structures apparentes à l'air libre sur ses bords. La majorité des fronts et la totalité des sols étant enfouis sous les déblais, seulement des données succinctes et provisoires peuvent être proposées. L'amorce de l'extraction au pic de quelques cylindres atteste sûrement la phase du haut Moyen Age, très dominante dans l'excavation sud. La période romaine est également reconnaissable grâce à une tranchée d'extraction marquée par les impacts de l'outil de creusement à double pointe. L'importante largeur de ces pointes s'apparente à celles du chantier romain du début du IIe s. de l'excavation méridionale, laquelle est aussi la plus proche.

Extractions médiévales dispersées sur le site

Le site des Pielles présente en divers points des empreintes d'extraction à la fois isolées et dispersées. Ce sont uniquement des cylindres extraits au pic caractéristiques de la première activité médiévale. Les récipients en pierre auxquels ils sont destinés ont été souvent terminés à

Fig. 117 Bloc romain récupéré puis abandonné par les carriers médiévaux dans l'excavation méridionale des Pielles.

proximité immédiate de leur lieu d'extraction, comme en témoignent quelques exemples cassés sur place.

Eléments abandonnés inachevés dans la carrière

L'absence d'élément antique: une récupération médiévale

Les carrières des Pielles surprennent par l'extrême rareté, voire l'absence de blocs romains abandonnés dans les déblais.[5] Comment expliquer cette absence si ce n'est par la récupération systématique des gros déchets par les carriers médiévaux, peut-être dès la phase tardo-romaine? Un seul bloc de grand appareil a été retrouvé lors de la fouille des déblais comblant les structures d'extraction de la première phase médiévale des carrières des Pielles (fig. **117**). Son module est bien trop important pour correspondre aux empreintes de l'une des quatre autres périodes et le degré de finition de ses faces est poussé nettement plus qu'à l'accoutumée sur les blocs romains avant leur départ de la carrière. Il y a donc lieu de penser que c'est là un bloc extrait par les carriers romains, abandonné ensuite, puis récupéré probablement durant la phase ultime du Moyen Age et enfin délaissé définitivement pour une raison inconnue. Des blocs ou des fragments plus petits ont dû également être récupérés.

Blocs médiévaux rejetés ou abandonnés

Dans les couches supérieures du comblement de l'excavation sud, quelques cylindres ou troncs de cône en pierre de divers diamètres sont restés inachevés à différents stades de leur confection, parfois suite à des cassures. Dans l'excavation centrale, de nombreux cylindres abandonnés en cours de taille montrent qu'il leur manque souvent un segment (fig. 108 en haut à droite). Cet aspect de la production de ce chantier sera traité en détail lors de l'analyse de la production.

Vue stratigraphique de l'activité de l'excavation sud: la fouille centrale

Avant d'engager une fouille extensive dans l'excavation méridionale des Pielles, deux sondages stratigraphiques ponctuels ont été réalisés: l'un au milieu pour connaître la profondeur moyenne du sol et l'activité extractive générale, l'autre à l'extrémité orientale, c'est-à-dire au plus profond de la carrière, afin d'analyser le lieu de repos des carriers médiévaux. Une présentation distincte de ces deux investigations s'impose en commençant par le sondage central. Là, huit unités stratigraphiques ont été identifiées (fig. 110 et **118**). La plupart résultent de remaniements des déblais au cours des diverses reprises de la carrière. Bien que distinctes, d'un point de vue stratigraphique, plusieurs US comportent souvent des fragments de mêmes vases.

5 Par exemple, la carrière de Mathieu montre une trentaine d'éléments abandonnés à différents stades de leur ébauche ce qui permet de mieux cerner la nature monumentale de sa production. Il en est de même dans les grandes exploitations de marbre où les blocs abandonnés se comptent par dizaines (Fant 1989: 15-16, fig. 3-4).

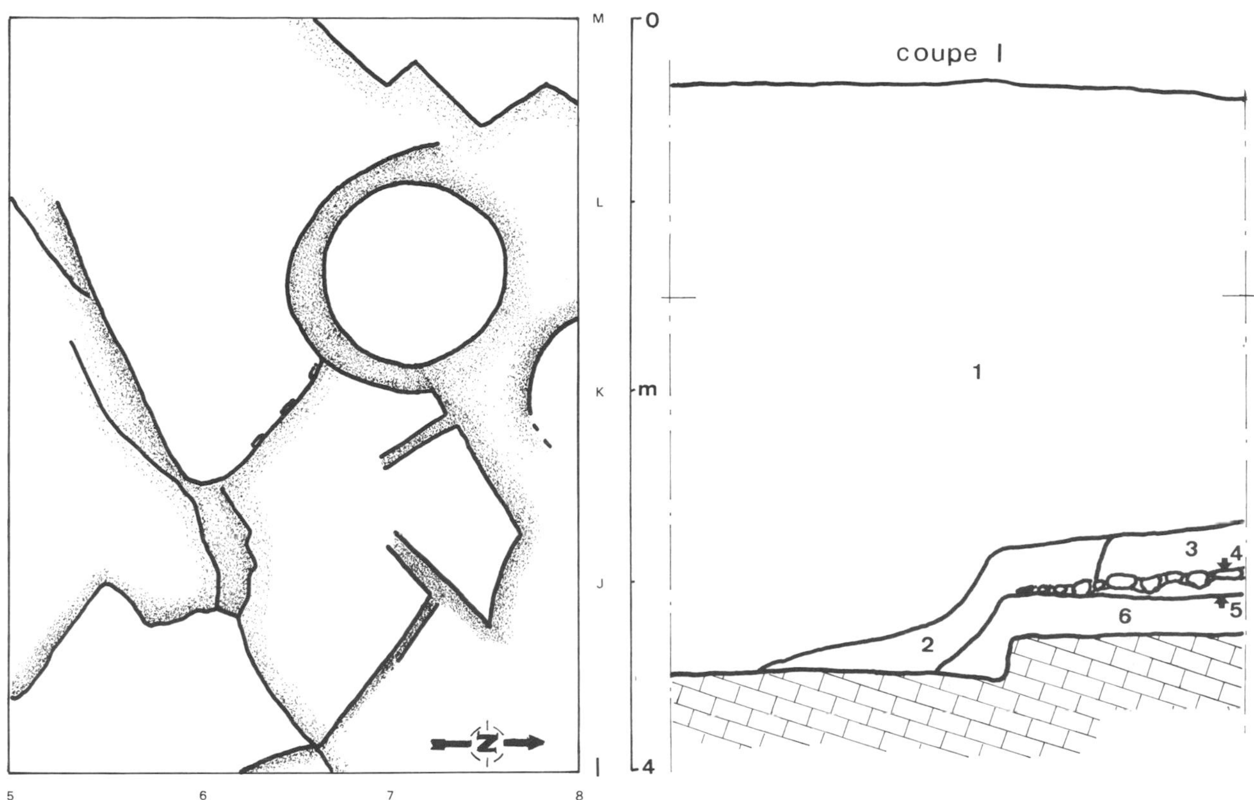

Fig. 118 Plan et coupe est-ouest du sondage central dans l'excavation sud des Pielles.

La quantité de matériel découvert ici étant assez réduite et correspondant à une seule période, ces témoins seront analysés ensemble (voir p.182).

L'extraction du début du IIe siècle

Aucun témoin de l'activité extractive de cette troisième phase d'exploitation antique n'est venu au jour dans ce sondage. Les déchets en relation avec ce chantier ont été néanmoins identifiés dans les redans du front ouest (US 7); ils sont tout à fait similaires à ceux qui ont été étudiés jusqu'ici.

L'arrêt de l'extraction du début du IIe siècle (US 6)

Une fois l'extraction du début du IIe s. terminée dans l'excavation sud, les carriers romains sont probablement restés sur place en transformant ce secteur de la carrière, particulièrement bien exposé, en lieu d'abri et de repos. La première couche déposée sur le sol d'extraction (US 6) résulte de cette fréquentation. La disposition générale du site permet de supposer que cette équipe de carriers a alors poursuivi son activité extractive dans l'excavation orientale à 50 m de là. Cette couche grisâtre est composée d'un mélange de déchets d'extraction et de la même terre présente dans les US situées directement au-dessus. Elle contient peu de matériel archéologique et ce dernier est analogue à celui des trois US analysées aussitôt après. Il s'agit d'une couche de contact avec les déchets de taille originels; elle doit être rattachée à l'ensemble chronologique regroupant les US 3, 4, 5 et 6.

Le passage antique est-ouest le long du front méridional (US 3, 4 et 5)

Ce passage est composé d'une série de trois couches quasiment contemporaines, à l'exception peut-être du sommet de l'US 3. La couche inférieure composée de terre noirâtre sans déchets d'extraction (US 5) est due à un apport extérieur en vue d'asseoir l'empierrement d'un passage. Son matériel est de type domestique. Certains tessons de ce niveau se raccordent avec des éléments des deux US supérieures. La terre utilisée provient vraisemblablement des déchets domestiques d'un abri installé contre le front oriental d'alors, c'est-à-dire sur un niveau de sol nettement plus haut qu'actuellement.

La seconde couche constitue l'empierrement sommaire de ce passage est-ouest (US 4). Côté nord, cette dernière est également entamée par la tranchée tardive qui a coupé aussi l'US 2, comme on le verra. L'empierrement du passage est assez lâche et correspond davantage à des pierres rapidement jetées sur le sol plutôt qu'à un pavement bien agencé. Les tessons et la terre coincés entre les pierres sont les mêmes que ceux de la couche supérieure et inférieure (US 3 et 5).

La troisième couche, composée de terre noirâtre, occupe la moitié sud du sondage (US 3). Elle est mélangée avec des petites pierres et des tessons antiques (fig. 118b à droite). D'une épaisseur moyenne de 0,3 m, sa formation résulte d'un nouveau dépôt de terre remaniée de provenance identique aux couches précédentes. Cet apport visait l'amélioration du passage est-ouest; il a été constitué après la fin de l'extraction du début du IIe s. mais certainement toujours durant la même phase d'activité. Dans sa partie supérieure le passage a peut-être été réutilisé lors de la phase tardo-romaine.

Déchets d'extraction fins du premier chantier médiéval (US 2)

Située vers le centre du sondage stratigraphique, cette couche, dont il ne subsistait plus qu'un lambeau, est très réduite en étendue et en volume par une tranchée verticale creusée côté nord, avant le comblement final correspondant à l'US 1 (fig. 118b au centre). Composée de petits éclats d'extraction mêlés à une terre grisâtre, légèrement cendreuse, elle est dépourvue de matériel archéologique. Sa constitution résulte de l'activité du premier chantier médiéval de l'excavation centrale également à l'origine de l'extraction de deux cylindres au nord du sondage.

Abandon de l'activité dans l'excavation sud et reprise à côté (US 1)

D'une hauteur d'environ 2 m à l'aplomb du sondage, la couche supérieure est composée de déchets d'extraction et de taille provenant sans doute du front sud de l'excavation centrale. Son accumulation résulte d'un remblaiement rapide en relation avec la reprise de l'activité de cette excavation voisine vers la fin de l'époque médiévale (fig. 118b). Il est possible que sa base ait été constituée plus anciennement par accumulation progressive des déchets du premier chantier médiéval. C'est le cas dans certains secteurs de l'excavation, en particulier contre le front oriental à l'arrière des murs protégeant l'abri. Ce comblement général a condamné définitivement toute extraction dans l'excavation méridionale. Les matériaux contenus dans cette couche supérieure se résument surtout à des rebuts de taille parmi lesquels figurent plusieurs cylindres.

Vers le sommet de la couche, se trouvaient deux éclats de pierre portant des traces de bretture ou de gradine à dents très fines (1,5 mm environ). Ce type d'outil est daté dans la région du milieu du XIIIe à la fin du XVe s. (Bessac 1987c: 67). Toutefois, l'extrême finesse des dents m'incite à le situer plus tardivement, entre la fin du XIVe et la fin du XVe s.[6] La présence de ces témoins tardifs de l'activité de taille sur la couche supérieure de déblais, alors que l'extraction dans l'excavation sud est abandonnée, confirme un fonctionnement de l'exploitation juste à côté dans l'excavation centrale à la fin du Moyen Age. Ce sont bien les déchets de cette dernière activité qui achèvent le comblement du premier chantier médiéval. Aucun autre élément datable n'a été découvert dans ce niveau supérieur.

Etude du matériel antique du sondage central de l'excavation sud

Approche quantitative

Les céramiques communes constituent le groupe le mieux représenté avec 96% du total des 208

6 L'évolution des outils à dents se fait dans le sens d'un amincissement de ces dernières, en France méditerranéenne, celui-ci atteint son maximum vers le XVe s. (Bessac 1987c: 67).

fragments observés.[7] Au sein de cette catégorie, les céramiques à pâte sableuse dominent (54,32%), puis viennent les céramiques à pâte fine calcaire (40,38%), enfin les céramiques de tradition indigène sont très minoritaires (1,44%). Les amphores apparaissent dans une proportion identique à ces dernières (1,44%) et les imitations de céramique à engobe interne rouge pompéien, extérieures à la région, sont encore plus rares (0,48%). Les vases à parois fines sont également faiblement attestés (1,92% de l'ensemble). Soulignons l'absence totale de mortier italique, de céramique sigillée, et de *dolium*.

Malgré la faiblesse statistique d'un comptage réalisé sur seulement 208 fragments, on peut tenter quelques comparaisons, en particulier avec le matériel recueilli dans l'habitat de la carrière de Mathieu. Dans ce comblement de l'excavation méridionale des Pielles, il apparaît avec évidence que la céramique de tradition indigène est ici en voie de disparition et que la céramique à pâte fine calcaire régresse sensiblement au profit de la catégorie à pâte sableuse. On peut donc déjà affirmer que le matériel de ce sondage est plus récent; il faut maintenant essayer de préciser de combien, par le biais de l'analyse détaillée.

Les céramiques communes

1. *Céramique à pâte fine calcaire:* leur proportion (42% des communes) reste encore forte par rapport aux situations courantes en milieu d'habitat de la plaine littorale comme *Ambrussum* où, après 50 de n.è., elle descend aux environs de 25% (Fiches 1989: 113). Cependant, si ces chiffres sont rapprochés de ceux qui ont été obtenus dans un site comparable comme la carrière de Mathieu (60,9%), la chute du pourcentage est beaucoup plus sensible. La variété des formes rencontrées est la suivante:

- Mortiers à lèvre élargie et à marli estompé: 2 analogues à ceux découverts à *Ambrussum* dans les niveaux de la période VI, datés du début du IIe s. (Fiches 1989: 120, fig. 79, n° 13).
- Petit vase de type votif: 2 à lèvre sécante et à anse bifide, semblable à ceux découverts dans du mobilier votif de l'époque de Tibère à *Ambrussum* (Fiches, Py 1978: 162, fig. 5, n° 4 et 5).

2. *Céramique à pâte sableuse:* mieux représentée que la précédente, cette catégorie de céramique atteint 56,50% de la commune, c'est-à-dire plus que le double de la proportion remarquée dans la carrière de Mathieu. Les formes rencontrées sont les suivantes.

- Urne à fond plat et bord épaissi, arrondi: 1 similaire à une urne de la période V à *Ambrussum* datée de 50 à 75 de n.è. (Fiches 1989: 115, fig. 73, n° 6).
- Marmite à fond déprimé et à bord formant un bourrelet épais: 1 comparable à des éléments d'*Ambrussum* de la période Vb ou VI datée entre 75/100 et 120/180 de n.è. (*id.* 1989: 110, fig. 67, n° 7 ou 11).
- Jatte à lèvre arrondie: 1 comparable à un exemplaire de la période VI d'*Ambrussum* (*id.* 1989: 112, fig. 70, n° 9).
- Cruche à bec trilobé: 1 proche de spécimens des périodes V et VI d'*Ambrussum* (*id.* 1989: 113, fig. 71, n° 7 à 9).
- Couvercle à bord formant un petit bourrelet vers l'extérieur: 1 similaire à un exemplaire de la phase Va d'*Ambrussum* (*id.* 1989: 111, fig. 68, n° 7).

3. *Céramique de tradition indigène:* seuls trois fragments de cette catégorie de céramique ont été mis au jour dans ce sondage, soit 1,5% des variétés communes. Aucune forme n'est identifiable.

4. *Imitation de céramique à engobe interne rouge pompéien:* un bord de plat atteste la présence de cette catégorie de céramique imitant les importations italiques. On ne peut avancer des propositions chronologiques à partir de ce seul témoignage qui ne représente que 0,5% de la céramique commune.

Vaisselle fine

Cette variété de céramique est très mal représentée (1,92%); seuls quatre fragments de panse d'un petit vase à parois fines, de forme difficile à identifier, appartiennent à cette catégorie de matériel.

Amphore

Comme dans la carrière de Mathieu, cette variété de céramique reste ici très sensiblement au-dessous des

7 Je tiens à remercier ici Jean-Luc Fiches qui m'a conseillé pour l'identification de ce matériel.

proportions observées dans les habitats communs; il n'en a été découvert que trois fragments (1,44% de l'ensemble). Parmi ceux-ci a été identifié un fragment d'amphore de Bétique, type Dressel 20, en usage à partir d'Auguste et durant tout le Ier s. (Laubenheimer 1989: 122-123, tab. 36 et 37).

Tuile

1 fragment de *tegula* et 10 fragments d'*imbrex* ont été trouvés; rien ne peut être déduit en matière de datation à leur sujet si ce n'est qu'il s'agit de pâtes différentes de ce que l'on trouve sur les sites augustéens du Bois des Lens.

Métal

4 fragments de fer informes impossibles à attribuer à des outils précis.

Divers

1 galet de schiste quartzeux ayant servi de pierre à aiguiser.

Datation du matériel du sondage central de l'excavation sud

La moyenne des datations avancées pour chaque catégorie de céramique donne la seconde moitié du Ier s. L'extrême rareté de la céramique de tradition indigène et l'absence d'importations italiques, en particulier des mortiers, interdit de remonter en deçà de 50 de n.è. La prédominance de la céramique à pâte sableuse sur les catégories à pâte calcaire fine va dans le même sens. En faveur du rajeunissement de ce mobilier, quelques éléments correspondent à la période VI d'*Ambrussum*, c'est-à-dire au IIe s., comme les deux mortiers à lèvre élargie et à marli estampé et la jatte à lèvre arrondie. Une datation au début du IIe s. paraît mieux convenir.

Grâce à ce premier sondage stratigraphique au milieu de l'excavation méridionale, quelques repères chronologiques ont été obtenus sur les différentes phases d'activité de l'exploitation. Tout d'abord, en marge de la chronologie déduite de la céramique, les traces observées sur les éclats de pierre de la couche supérieure permettent de proposer une première datation pour la dernière phase du site fin XIVe/fin XVe s. Certes, celle-ci est assez large mais néanmoins très appréciable dans le contexte médiéval. Elle situe à la fois l'activité de l'excavation centrale et l'abandon de l'excavation méridionale.

Un second repère chronologique, fixé au début du IIe s., est offert par le matériel des US 3 à 6, essentiellement localisées sur la bordure sud du sondage. Il est clair que celui-ci n'est plus à l'emplacement où il a été jeté initialement; il a été remanié pour l'établissement du passage. Il faut donc imaginer qu'il provient d'un petit habitat de chantier matérialisé par une simple cabane de carrier en pierre sèche, voire un abri encore plus léger, implanté au fond de l'excavation méridionale, peu après l'arrêt de l'extraction romaine du début du IIe s. en cet endroit. Ses occupants pouvaient alors travailler dans l'excavation orientale. La destruction de cet abri peut être due à l'activité des carriers de l'extraction tardo-romaine, lesquels ont pu ensuite emprunter ce passage, mais aucun témoin sûr ne l'atteste.

Qu'en est-il des relations chronologiques entre le sol de carrière côté sud du sondage et ce matériel, daté surtout du début IIe s.? Les quelques déchets d'extraction d'origine découverts en place sur ce sol (US 7) étaient dépourvus de matériel datable. Toutefois, l'étude typologique des traces d'extraction qui le marquent révèlent une technique de type romain, proche de celle qui a été identifiée dans la carrière de Mathieu (dernier quart du Ier s. av. n.è.). Elle s'en différencie uniquement par une évolution dimensionnelle des impacts d'outils statistiquement plus larges de 4 à 7 mm. Par ailleurs, la succession chronologique des chantiers antiques de la bordure occidentale de l'exploitation situe cette activité en troisième position après une extraction romaine initiale, absolument analogue à celle de Mathieu, et une seconde, de tradition hellénistique. La grande proximité de l'habitat des carriers du début IIe s., ajoutée au fait que l'on ne peut guère attribuer à ces professionnels un autre chantier des Pielles aussi proche, fait que ce sol de carrière est certainement le leur.

La couche de déchets d'extraction recouvrant l'empreinte cylindrique sur le côté nord du sondage (US 8) est forcément postérieure aux couches constituant le passage au sud. D'un autre côté, elle est recouverte par le sommet de la couche supérieure (US 1) datée des XIVe/XVe s.; elle est donc antérieure à cette dernière. Le développement de la fouille, au-delà de ce premier sondage stratigraphique, a démontré également que les cylindres n'ont été extraits dans les carrières des Pielles que durant deux phases distinctes — au haut Moyen Age et aux XIVe/XVe s.; c'est donc à la première qu'il faut rattacher cette empreinte ronde. Par conséquent, le comblement (US 8) doit être immédiatement postérieur.

Etude de l'occupation de l'abri médiéval (fig. **119)**

En raison de la très faible quantité de matériel découvert dans les couches de cet abri, ces objets seront présentés directement à la suite des commentaires stratigraphiques de chaque couche. Seule la céramique médiévale sera traitée à part en raison de sa spécificité.

Premiers sédiments déposés au fond de l'abri (US 23 et 25)

A l'emplacement de l'abri se trouvait une couche assez épaisse (0,2 à 0,5 m) de déchets d'extraction, composée de petits éclats et de poussière de pierre en place sur le sol de carrière de la première exploitation médiévale (US 25). Elle recouvrait les empreintes des deux cylindres extraits à l'emplacement du fond de l'abri. Ces débris de pierre proviennent certainement du cylindre abandonné en cours de dégagement dans l'angle nord-est de l'abri (fig. 112). Une très mince lentille de poussière, de déchets fins d'extraction, de cendre et de charbons de bois constitue le premier témoignage de fréquentation comme abri de ce point le plus profond de l'excavation méridionale (US 23). Il s'agit d'un foyer ayant peu servi, probablement une seule fois, et totalement dépourvu de matériel archéologique.

Coulée de déblais devant l'abri et construction des murs est et sud (US 9, 13, 14 et 24)

Des déchets d'extraction ont glissé peu à peu sur la pente du sol et ont pénétré dans l'aire antérieure de l'abri durant sa première utilisation, à son niveau le plus profond. Cela a peut-être été l'un des motifs qui ont poussé ses utilisateurs à surélever le sol par un apport massif de déchets de carrière (US 17). Cette coulée de déblais (US 9) semble partiellement creusée à son contact extérieur avec la base du mur ouest. Dépourvue de témoins datables, elle ne contient qu'un très petit coin de fer servant à fixer un manche d'outil et un lot de cinq petits objets en pierre produits dans cette excavation durant le premier chantier médiéval (voir p.261).

Ces déblais correspondent donc aux déchets d'extraction et surtout de taille de la fin du premier chantier médiéval. Les traces d'occupation en relation avec ce niveau inférieur de l'abri sont rares et témoignent d'un abandon rapide de cette partie inondable. Les murs sud (US 13) et ouest (US 24) de l'abri sont liés par un raccord en harpe dans l'angle sud-ouest; ils ont donc été certainement édifiés simultanément. Ces deux murs sont élevés au-dessus des structures les plus profondes de la première phase d'extraction médiévale. En outre, le mur sud contient des petits cylindres de pierre caractéristiques de la production de ce chantier; par conséquent, leur édification est forcément postérieure à l'arrêt de l'extraction dans ce secteur de l'excavation. En avant du mur ouest, vers la sortie, se trouvait un amas de pierres (US 14), composé de gros déchets d'extraction et de taille analogues à ceux qui ont été découverts dans le mur sud.

Le remblaiement du fond de l'abri (US 17 à 21)

Cette épaisse couche de remblais est composée de déchets d'extraction et de taille comprenant quelques fragments de cylindres non encore creusés et de récipients terminés (US 17). Parmi ces fragments, il en est un qui se raccorde avec un second découvert dans la couche de déchets d'extraction et de taille du niveau supérieur (US 1). Bien que jetés dans l'abri en deux temps, ils proviennent d'un même tas de déblais du premier chantier médiéval. Ce comblement inférieur est sans doute volontaire et calculé pour surélever le niveau du sol d'utilisation. Deux raisons concomitantes ont certainement motivé cette recharge: la montée progressive des déblais

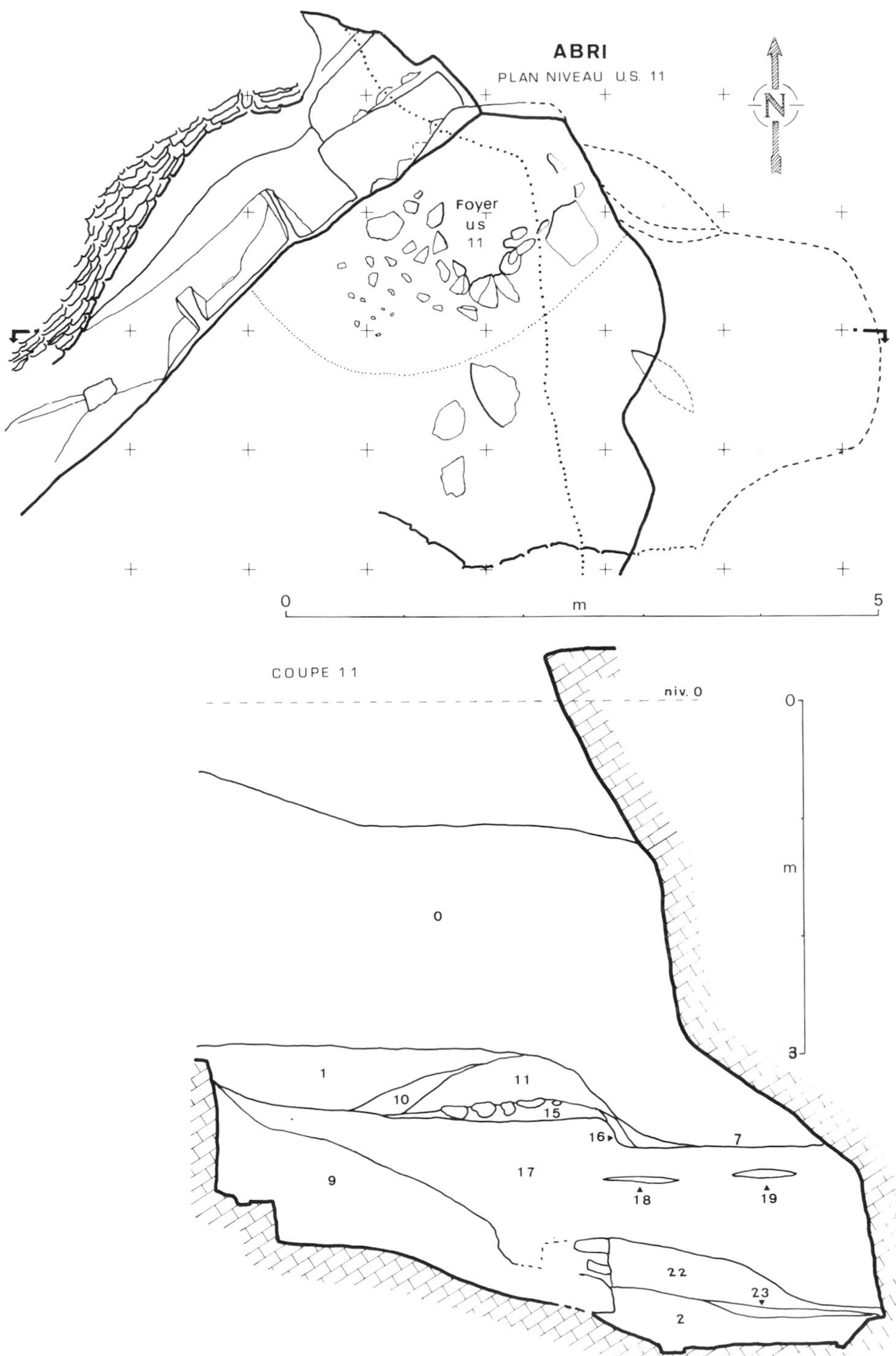

Fig. 119 Plan et coupe est-ouest du sondage dans l'abri médiéval au fond de l'excavation sud des Pielles.

tout autour de l'abri exerçant des pressions de plus en plus fortes sur le mur sud et le caractère inondable du fond de l'abri. Outre les objets en pierre taillée localement, cette couche contenait un peu de mobilier dont:

1 fragment de fond annulaire de grand vase à pâte orangée à pisolithes; 4 fragments de panse de céramique commune calcaire à pâte claire et fine; 1 bouchon de vase très sommairement taillé dans un morceau de calcaire gris et dur; 2 galets quartzeux dont l'un a longtemps servi de pierre à aiguiser.

Parmi ces témoins, un fond de grand vase à pâte pisolithique et de la céramique commune à pâte fine proviennent certainement de sédiments des deux phases d'activités antiques de cette excavation. Il en est de même pour une partie des déchets de taille et d'extraction; il y là certainement des mélanges importants avec des déblais médiévaux.

Deux petites lentilles de cendre et de charbon de bois (US 18 et 19) constituent la marque d'un temps d'arrêt dans le comblement. La situation est identique pour les traces de foyer (US 20 et 21) repérées dans le même horizon stratigraphique. Les foyers sont dépourvus de matériel archéologique et ont servi une ou deux fois tout au plus. En raison de cette carence, une mesure de l'âge du carbone 14 du foyer de l'US 18 a été tentée; elle a donné une date étonnamment haute: 630 ± 50 ans, qui doit être considérée avec les plus grandes réserves.[8]

Le foyer supérieur, son environnement et la construction du mur nord (US 10 à 12, 15 et 16)

Le foyer supérieur de l'abri (US 11) contient exclusivement de la cendre et du charbon de bois. Son volume assez important dénote une période de fonctionnement relativement longue. Sa base comporte quelques pierres disposées en rond pour maintenir les braises (US 15). Côté est, sous l'auvent rocheux, la base du foyer est en partie noyée dans de l'argile rouge (US 16) provenant du lessivage des terrains supérieurs. Cette dernière couche contient un seul tesson antique et un fragment de silex gris sans rapport avec l'occupation de l'abri. La couche enveloppant le foyer supérieur est composée de terre brune (US 10) correspondant aux sédiments de l'ultime occupation de l'abri par les carriers. Elle contient deux vases de céramique médiévale des XIVe/XVe s. analysés plus loin (voir *infra*) et quelques restes de déchets domestiques. Ce niveau d'utilisation succède de peu à l'extraction tardive (XIVe/XVe s.) de deux petits blocs au sommet de la paroi limitant l'abri au nord.

La base du mur nord de l'abri (US 12), fondée sur le rocher, commence juste un peu au-dessus du niveau du foyer supérieur. Côté ouest, ce mur est ancré dans une empreinte d'extraction de cylindre appartenant au premier chantier médiéval. Sa construction est donc forcément postérieure à ce dernier et immédiatement postérieure à l'extraction, dans l'angle sud-est de l'abri, des deux blocs des XIVe/XVe s. Cette extraction et l'édification du mur sont presque contemporaines et font partie d'une seule et même phase de restructuration de l'abri. L'extraction de ces blocs doit être considérée plus pour les structures quadrangulaires qu'elle laisse en creux en bordure de l'abri que pour les pierres produites.

L'humus superficiel récent et le comblement d'abandon (US 1 et 0)

Essentiellement composée d'un humus récent, la couche d'abandon est mélangée à des pierres et à quelques témoins archéologiques, non en place pour la plupart (US 1). Au-delà de l'emplacement de l'abri, concrétisé au sommet par un creux dans lequel la couche d'humus présente son épaisseur maximale, elle s'étend un peu dans le reste de l'excavation méridionale en s'estompant au fur et à mesure qu'elle s'éloigne du point le plus bas. Au-dessus, la couche devient encore plus végétale et les pierres disparaissent.

Les vases médiévaux de l'abri de l'excavation sud du site des Pielles *par Laurent Schneider*

Si dans la carrière du Roquet, un vase isolé dans un horizon de surface (fig. **120**), annonçait une nouvelle fréquentation des lieux au bas Moyen Age, c'est en fait dans la carrière des Pielles que les documents majeurs ont été retrouvés. Dans cette carrière, une amorce d'exploitation souterraine a été réutilisée pour servir d'abri.

---

8 Sans vouloir remettre en doute le sérieux de cette analyse réalisée par le Laboratoire mixte CNRS-CEA du Centre des Faibles Radioactivités de Gif-sur-Yvette et sur la base de dates pratiquement similaires obtenues pour des charbons de bois de l'US 11 en liaison avec de la céramique médiévale des XIVe/XVe s., je me permets cependant de supposer une quelconque perturbation du milieu ayant entraîné des datations trop hautes.

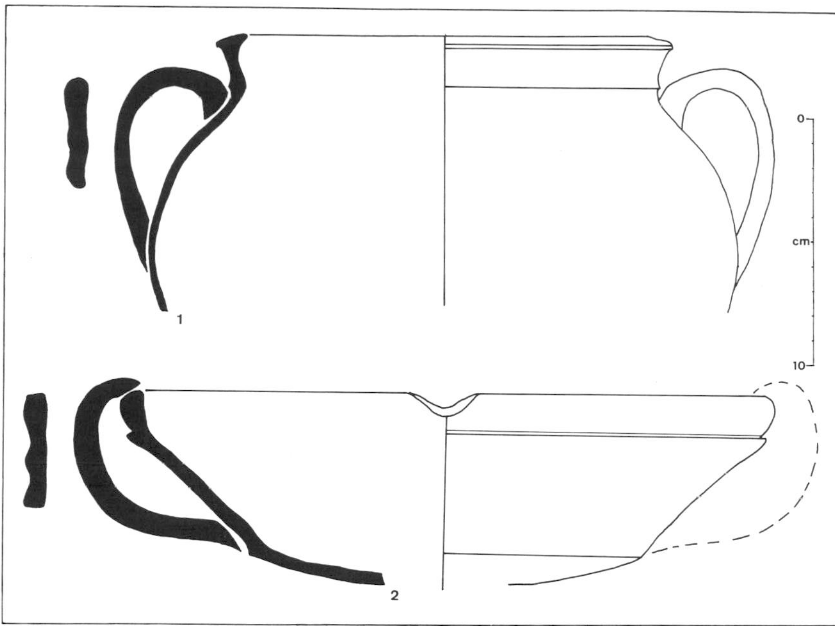

Fig. 120 Céramique médiévale des Pielles (dessin L. Schneider).

Les mobiliers sont peu importants sur l'ensemble de la carrière, mais dans cet abri deux vases ont été conservés à proximité d'un imposant foyer (US 11). On distingue une marmite globulaire rattachée aux productions de l'Uzège (fig. 120 n° 1). Elle possède une glaçure verte inégalement répartie sur les parois intérieures. Les anses sont plates et directement fixées sous le bord. Celui-ci se démarque de la panse par un léger ressaut. La lèvre, mince et allongée, présente une paroi supérieure oblique débordant à l'intérieur du vase. Le deuxième objet est une jatte au fond légèrement bombé (fig. 120 n° 2). Le bec est situé perpendiculairement aux anses. Celles-ci, attachées directement au rebord, se poursuivent jusqu'à la base du vase. La lèvre démarquée de la panse par un ressaut saillant adopte un profil épais dérivé de la forme en "amande". Elle demeure peu incurvée. La pièce se rapproche de nombreux exemplaires découverts en Avignon (Archimbaud *et al.*, 1980: fig. 51 n° 10 et 12). Ces deux vases se situent sans difficulté dans l'ambiance chrono-culturelle des XIVe-XVe s., période au cours de laquelle dominent les marmites et les jattes (*tians*) produites autour de Saint-Quentin-la-Poterie (Gard).

Bien que le lot soit peu important, on peut proposer de resserrer cette datation sur une phase de transition entre les deux siècles (fin XIVe à la première moitié du XVe s.). Le lot des Pielles s'oppose d'une part aux séries languedociennes de la fin du XIIIe s. et de la première moitié du XIVe s., comme celles de Cabrières dans l'Hérault (Schneider à paraître) ou de Beaucaire dans le Gard (Schneider 1990), et, d'autre part, il n'y a pas de points communs avec les productions post-médiévales de Saint-Quentin-la-Poterie (Thiriot 1985: fig. 28). Les formes des Pielles sont issues d'une tradition et d'un répertoire encore médiévaux, même si l'on peut noter quelques particularités morphologiques. Le profil allongé du bord de la marmite en est un, le ressaut de la lèvre qui remplace le bourrelet si marqué dans les faciès du XIVe s. en est un autre. En revanche, le bord de la jatte ne présente pas encore le caractère recourbé ou angulaire qu'on lui connaît dans les faciès de transition à la fin du Moyen Age (Thiriot 1985: 142) et se rapproche plus volontiers des lots de la fin du XIVe et du début du XVe s. (Archimbaud *et al.* 1980).

Eléments en place dans l'excavation centrale

L'excavation centrale n'offre guère de grandes séquences stratigraphiques comme sa voisine méridionale (fig. **121**). Ce sont essentiellement les trois US en place (41-44) qui seront analysées.

Le terrain remanié au-dessus du chantier de tradition hellénistique (US 40)

Seuls deux tessons figurent dans cette couche superficielle très remaniée (US 40). Ils proviennent tous deux de la terre chargée d'humus recouvrant les vestiges les plus hauts de l'extraction

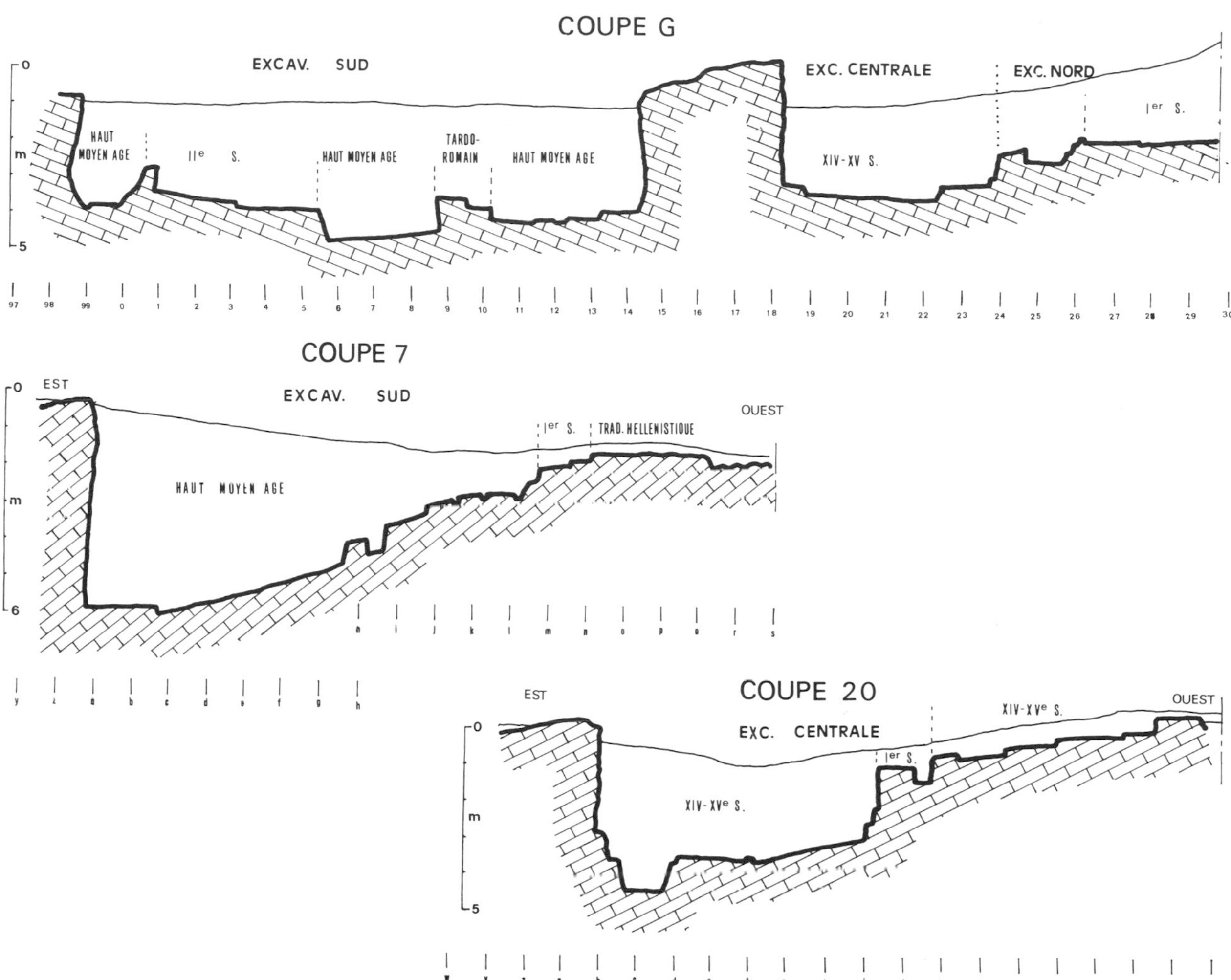

Fig. 121 Coupes générales des Pielles nord-sud et est-ouest.

de tradition hellénistique. Il s'agit de deux fragments quelconques, l'un de céramique de tradition indigène, l'autre de céramique commune claire à pâte calcaire. On peut seulement dire de ce matériel qu'il est antique.

Le remplissage du chantier romain primitif de l'excavation centrale (US 41 à 43)

Ces extractions romaines initiales forment une cuvette légèrement en pente, dont la nature du comblement varie un peu entre le secteur inférieur et supérieur. En fonction de ces variations, elle a été divisée en trois US distinctes:

– l'US 41 constitue la partie la plus épaisse et la plus dure recouvrant le point inférieur côté est de la partie romaine de l'excavation centrale. Elle est composée uniquement de déchets d'extraction très fortement cimentés par l'action de l'eau retenue dans la cuvette. Son matériel archéologique se limite à 3 morceaux de fer informes et 48 fragments d'une amphorette à pâte calcaire claire dont d'autres parties proviennent des US 42 et 43. L'analyse de ce matériel se fera donc au sein d'un lot unique.

– l'US 42 est une couche médiane stratifiée au-dessus de la précédente, plutôt vers le milieu du secteur romain. Elle est composée également de petits déchets d'extraction dans lesquels la poussière est remplacée par de la terre mélangée à de l'humus suite aux processus naturels de lessivage et d'infiltration. Son matériel est analogue à celui de l'US précédente et de la suivante.

– l'US 43 correspond à un humus ancien comprenant quelques déchets d'extraction dans le fond. Il est déposé sur les empreintes romaines les plus hautes de l'excavation centrale. Contrairement à la couche d'humus récent de l'US 40, il n'est pas remanié. Certains fragments d'amphorette contenus dans cette partie recollent parfois avec ceux d'une poterie découverte dans les deux US précédentes.

Le matériel découvert dans les US 41 à 43 comprend trois catégories de céramique et du métal.

Céramique à pâte fine calcaire: la proportion de cette catégorie de céramique est très élevée; elle représente 87,61% du total de cette couche, mais sur 99 fragments 71 proviennent d'un seul vase: une amphorette à pied annulaire et à panse globulaire singularisée par deux anses rubannées se raccordant à une lèvre à méplat de section à peu près carrée.

Céramique à pâte sableuse: 2 appartiennent à ce groupe, soit un pourcentage dérisoire par rapport au reste (1,76%); aucune forme n'est identifiable.

Céramique de tradition indigène: 11 font partie de cette catégorie (10,61%). Parmi eux se trouve seulement une forme identifiable à bord plat de petite urne comme on en trouve dans le mobilier de la seconde moitié du Ier s. av. n.è. sur l'habitat de Cambroux (Bessac *et al.* 1979: 57, fig. 10, n° 11 à 13) et jusque dans les années 20 de n.è. à *Ambrussum* (Fiches 1989: 107, fig. 63, n° 6).

Métal: 3 fragments de fer non identifiables ont été découverts dans l'US 41. Il s'agit vraisemblablement de morceaux d'outils cassés.

L'amphorette ressort de ce lot de céramique à pâte fine calcaire. Ce type de récipient se rencontre dans l'habitat de la carrière de Mathieu et à *Ambrussum* (Fiches 1989: 114) dans des couches de la fin du Ier s. av. n.è. mais également durant tout le Ier s. Deux vases sont représentés dans les céramiques de tradition indigène mais un seul a fourni un bord d'urne à méplat avec une légère dépression pour recevoir un couvercle. Cette forme de vase se trouve aussi dans le matériel de la seconde moitié du Ier s. av. n.è. à Cambroux (Bessac *et. al* 1979: 57, fig. 10, n° 16), mais elle persiste ensuite durant une partie du Ier s. En dépit de la pauvreté de la variété, la comparaison générale des formes avec celles des céramiques datées par ailleurs donne une fourchette chronologique qui ne s'oppose pas a une contemporanéité approximative avec l'habitat de la carrière de Mathieu. Cette première impression est renforcée par la très faible proportion des céramiques à pâte sableuse par rapport à celle à pâte fine calcaire et aussi des poteries de tradition indigène. L'analyse des traces d'outils d'extraction conforte cette datation.

Fig. 122 Cylindres bruts d'extraction provenant du dernier chantier médiéval des Pielles.

Le comblement des empreintes médiévales tardives (US 39, 44 et 47)

Deux empreintes résultant de l'extraction de cylindres, en marge du front ouest de l'excavation centrale, comportaient des sédiments mélangés à de l'humus. Ceux-ci sont en relation avec le remplissage de ces petites cavités, peut-être longtemps après l'abandon du chantier du Moyen Age tardif.

Dans la partie la plus profonde de l'excavation centrale a été découverte une couche de comblement composée essentiellement de gros déchets d'extraction et de taille (US 39). Parmi ceux-ci se trouvaient une vingtaine de cylindres de pierre d'un diamètre compris entre 35 et 50 cm et d'une hauteur équivalente à ces mesures (fig. 109 en haut à droite, et **122**). Il s'agit certainement d'un lot de cylindres, stockés bruts d'extraction dans l'attente de leur creusement pour être transformés en récipients et non de blocs défectueux. Leur rejet au fond de l'excavation centrale a dû être effectué après l'abandon définitif de la carrière afin de remettre le terrain en état, c'est-à-dire en atténuant les abrupts rocheux. Ces cylindres étaient accompagnés de quelques récipients cassés au cours de leur creusement.

Toujours sur cet emplacement, au-dessous de l'US 39, juste au contact du sol de carrière, se trouvait une fine couche de petits déchets de pierre et de poussière mêlés avec un peu de cendre et de charbon de bois (US 47). Ces traces de foyer, totalement dépourvues d'autre matériel archéologique, doivent correspondre à l'ultime phase du chantier de la fin du Moyen Age. Malheureusement, la quantité de charbons de bois recueilli est trop faible pour tenter une datation au C14.

Observations stratigraphiques dans l'excavation nord

Témoins antiques: (US 45 et 48)

Sur le sol de carrière du premier chantier romain s'est déposée une couche de déchets d'extraction fins solidifiés peu à peu (US 48). Elle est dépourvue de matériel archéologique datable. Cependant, comme il s'agit incontestablement des déchets d'extraction initiaux en place et que les caractères techniques des impacts sont analogues à ceux du chantier romain de l'excavation centrale, on peut en déduire qu'on se trouve dans la même phase d'exploitation.

Entre l'US précédente et la couche de comblement et d'égalisation du terrain présentée ci-dessous (US 39) se trouvent des déchets d'extraction et de taille, parfois mêlés à des cendres (US 45). Ces dernières peuvent provenir d'infiltrations à partir de la couche supérieure mais la présence de traces de foyer reste plausible. Le seul matériel archéologique découvert à ce niveau est constitué d'un bord d'amphore africaine à lèvre évasée et à fond pointu, type 4 de Joncheray (1971: 28, fig. IX), datée généralement du Bas Empire. Cette zone de la carrière a pu servir de lieu de repos, voire d'abri, durant la phase d'exploitation tardo-romaine pour les ouvriers de l'excavation méridionale.

Dans le domaine romain, en limite sud-ouest de l'excavation septentrionale, à son contact avec l'excavation centrale, notons aussi une poche d'humus ancien coincée entre le rocher et l'argile naturelle et qui recouvre en partie les vestiges de l'extraction antique primitive (US 50). Elle contient deux fragments de céramique, l'un à paroi fine et l'autre à pâte sableuse, auxquels ils faut ajouter un morceau d'outil en fer non identifiable. Il est impossible de proposer des conclusions chronologiques à partir de ce matériel, si ce n'est qu'il est romain, probablement du début du Ier s.

Humus superficiel et réoccupation de la carrière: (US 40, 38 et 39)

Comme dans l'excavation voisine, la couche superficielle (US 40) est également composée ici du même humus dépourvu d'intérêt archéologique. Sur le flanc ouest de l'excavation, elle se poursuit pratiquement jusqu'au rocher alors que, vers le milieu de l'excavation nord, elle laisse directement la place au comblement final dû à l'égalisation des déchets d'extraction (US 49). Ailleurs, au-dessous de cette dernière et encore visible dans la coupe, se trouve une vaste couche épaisse de 20 cm en moyenne et composée de cendre et de charbon de bois (US 38). Elle ne peut être assimilée à un foyer de type domestique; il s'agit, plus probablement, des vestiges d'une activité artisanale ou plutôt forestière, correspondant à la fabrication de charbon de bois. La fréquentation du site par ces bûcherons spécialisés est certainement à l'origine des céramiques les plus tardives découvertes dans les couches superficielles. Le comblement et l'égalisation sommaire du terrain, à l'emplacement des excavations centrale (US 39) et nord (US 39), leur sont également attribuables. Après les carriers de la fin du Moyen Age, ce sont eux qui ont occupé le plus intensément le site des Pielles.

Stratigraphie, matériel et technique: synthèse chronologique des Pielles

L'apport de la stratigraphie et du matériel archéologique complète sensiblement les lacunes de la typologie technique; souvent elle en constitue le fondement chronologique, en particulier pour ce qui concerne les datations absolues. Bien des phases d'activité restent encore à positionner dans des tranches chronologiques trop larges, surtout pour les chantiers médiévaux. D'autres n'ont donné aucun matériel datable, comme l'extraction de tradition hellénistique, ou elles ne sont situées dans le temps que sur la base d'hypothèses (c'est le cas de l'extraction tardo-romaine). Toutefois, on peut tenter une synthèse de l'apport chronologique en proposant les six phases suivantes:

1. le chantier romain initial, contemporain de la carrière de Mathieu, c'est-à-dire de la fin du Ier s. av. n.è.;
2. l'activité de tradition hellénistique située techniquement dans l'ambiance du début du Haut Empire;
3. la reprise de l'exploitation romaine au début IIe s., bien après l'exploitation de tradition hellénistique;
4. un chantier tardo-romain très modeste situé, par hypothèse, au Bas Empire, plutôt vers sa fin;
5. une première reprise de l'activité au haut Moyen Age, consacrée à la production de récipients ronds;
6. un dernier chantier médiéval aux XIVe/XVe s., donnant une production analogue complétée par des blocs courants de forme quadrangulaire.

TROISIÈME PARTIE

Les techniques d'extraction

9

Histoire et ethnographie de l'extraction moderne locale

Dans l'affleurement des Lens, les techniques d'extraction les mieux connues dans leurs moindres détails sont celles de la carrière de Mathieu. La variété et le nombre de vestiges aujourd'hui disponibles offrent de bonnes garanties statistiques pour l'étude des techniques d'extraction. Bien que l'on dispose pour l'exploitation moderne d'une surface dégagée nettement inférieure, sa connaissance n'en est pas moins satisfaisante. Ce secteur de la recherche bénéficie aussi de renseignements ethnographiques de première main grâce au concours de quelques anciens carriers ayant exercé leur profession dans les carrières traditionnelles voisines ou dans les exploitations de la région.[1] Les procédés et les outils de ces carriers constituent des témoignages remarquables; leur présentation est indispensable à une bonne compréhension des techniques antiques et médiévales. Par ailleurs, nous avons réalisé une enquête ethnographique consacrée aux carriers traditionnels de Syrie du Nord qui exercent leur profession selon des techniques manuelles très proches des pratiques traditionnelles et antiques du Bois des Lens.[2] Ces observations directes sont également très précieuses pour la présente étude. Les méthodes manuelles modernes seront abordées de façon à éviter les ambiguïtés d'interprétation par la suite. Elles sont observables surtout dans la carrière de Mathieu, mais également dans d'autres exploitations locales. Étant les plus accessibles et les mieux connues elles seront analysées d'abord. Cette priorité de présentation fondée sur la connaissance technique sera également adoptée pour les divers procédés d'extraction antique identifiés dans cet affleurement.

TECHNIQUES D'EXTRACTION MÉCANIQUE

Durant les derniers temps de leur activité, les grandes exploitations du groupe nord de l'affleurement des Lens, à l'exception de la carrière de Mathieu, ont été équipées de systèmes d'extraction mécanique. Quatre moyens ont été employés: le fil hélicoïdal,[3] le marteau perforateur[4] et la haveuse Augé,[5] auxquels il faut ajouter, depuis 1990, le câble diamanté[6] dans la carrière Héral-Nègre. Afin de conserver son caractère archéologique à la présente étude, ces aspects de l'extraction ne seront pas développés ici. Néanmoins, je tiens à souligner l'importance d'une bonne connaissance de ce sujet qui devrait éviter de regrettables confusions chronologiques dans l'interprétation des traces car, après un demi-siècle d'existence, toutes présentent des patines similaires aux vestiges antiques.

---

1 Je tiens à remercier ici tous les anciens carriers qui ont bien voulu, au cours de ces quinze dernières années, répondre à mes questions et me montrer, les outils en mains, comment ils procédaient. Avec leur accord je donne ici leur nom et le bassin carrier dans lequel ils ont travaillé. Dans le texte seul leur nom sera indiqué: A. Ajiacini (Lens), J. Bénézet (Lens), B. Chariotto (Lens et Nîmes), G. Griotto (Lens), M. Monforte (Fontvieille, Bouches-du-Rhône), E. Roucher (Castries, Hérault).

2 Bessac *et al.* 1994: s. p., et film vidéo: "Les derniers carriers méditerranéens", produit par le Conseil Général du Gard et le CNRS et réalisé par J.-C. Bessac et V. Bretos, caméraman T. Dayral.

3 Le principe du fil hélicoïdal inventé dès 1854 par E. Chevallier n'est employé qu'à l'extrême fin du XIXe s. (Ward-Perkins 1973: 141; Mausolée 1976 b: 1904; Levêque 1979: 26; Ducastelle 1991: 47).

4 Les marteaux perforateurs sont introduits dans les grandes carrières industrielles au début du XXe s. (Ducastelle 1991: 47) et vers 1930 dans l'affleurement des Lens.

5 Introduite vers 1950, la trancheuse Augé (Noël 1970: 115 et 120; Calvi 1967: s. p.) consiste en un perfectionnement de la perforatrice à air comprimé permettant d'aligner les forages côte à côte.

6 Cette technique récente s'apparente au fil hélicoïdal mais le sable abrasif utilisé pour ce dernier est remplacé par des grains de diamant industriel qui entament la pierre.

PROCÉDÉ MIXTE: LA POUDRE NOIRE

Ce procédé qualifié au XIXe s. "d'extraction au pétard" (Dumas 1877: 234) peut aussi bien faire appel à des appareils de forage dont l'énergie est fournie par un moteur, qu'à la seule force humaine. C'est surtout sous ce dernier aspect qu'il a été utilisé dans les carrières des Lens. Il nécessite le forage de trous étroits et cylindriques pour introduire la poudre dans la masse de pierre. La plupart des extractions à la poudre noire sont du XIXe s. et ont été réalisées entièrement à la main avec une barre à mine. Leurs traces sont très caractéristiques car le souffle de l'explosion détache seulement la partie de roche comprise entre le front libre et le trou de mine. Celui-ci apparaît donc coupé par moitié selon son axe. A sa base, on remarque des lignes de cassure rayonnantes à partir du point de l'explosion. Les traces des forages mécaniques se distinguent des autres car la rotation rapide et constante du fleuret produit des rayures annulaires et surtout donne un trou régulièrement cylindrique sur toute sa hauteur. Au contraire, le forage manuel donne un trou dont la forme passe progressivement du cylindre au prisme triangulaire au fur et à mesure qu'il s'approfondit.

La date exacte d'apparition de la poudre noire dans les exploitations de pierre de taille est assez mal connue.[7] Ce mode d'extraction est communément employé dans le Bois des Lens durant la deuxième moitié du XIXe s. (Dumas 1877: 234). Son apparition dans les exploitations du massif peut être sensiblement antérieure à cette période. Dans la carrière orientale de la Commune B6, la date de 1844 est gravée sur un front obtenu à l'explosif attestant ainsi cet usage un peu avant le milieu du XIXe s. (Bessac 1986a: 173). Dans la carrière de Mathieu, ces traces apparaissent en plusieurs endroits (voir p.114). Ce procédé d'extraction est extrêmement fruste; dans le massif des Lens il était pratiqué surtout par des maçons pour leurs besoins en moellons bruts plutôt que pour produire de la pierre de taille. Par facilité, ceux-ci exploitaient en priorité les fronts existants, traditionnels ou antiques, obtenus à l'escoude. C'est pourquoi, au-dessous des fronts difformes dus à l'explosif, se trouvent encore souvent des vestiges de l'extraction traditionnelle ou antique assez bien préservés.

Les carriers modernes employaient aussi cet explosif pour éliminer la partie inférieure de la découverte, inutilisable comme pierre de taille mais déjà trop résistante pour être enlevée au pic de terrassier. Dans la carrière de Mathieu tout le sommet du front oriental porte des traces de trous de mine. Au début des recherches dans cette exploitation, la présence de ces forages, habituellement liée aux travaux préliminaires à l'extraction moderne, a posé un problème de datation. Ces trous se trouvaient également au-dessus de la partie du front la plus ancienne, estimée alors bien antérieure à l'apparition de ce procédé. Ce n'est qu'après l'étude approfondie de ce secteur que l'on a pu se rendre compte qu'en cet endroit la roche de découverte était minée en retrait de 30 à 80 cm environ. En revanche, au-dessus de la partie moderne, ce décalage n'était que de 10 à 20 cm. Au-dessus de la partie ancienne, à présent bien datée du début du Haut Empire, il ne s'agissait donc pas d'un creusement de découverte à la mine mais d'un assainissement de la partie supérieure du front. Cette roche était progressivement devenue instable et dangereuse pour les carriers du XIXe s., obligés de circuler au-dessous le long du front romain.

LES PROCÉDÉS TRADITIONNELS: UNE INTRODUCTION AUX TECHNIQUES ANTIQUES

Comme dans les autres exploitations, tous les moyens manuels d'extraction employés dans les carrières des Lens sont beaucoup plus largement tributaires des caractères géologiques et techniques de l'affleurement que les procédés mécaniques et la poudre noire. Par conséquent ils sont sensiblement moins diversifiés. Quelle que soit l'époque, leur principe général consiste à cerner verticalement le bloc à extraire par des tranchées creusées à l'aide de diverses sortes de

---

7 L'industrie minière a commencé à l'utiliser vers la fin du XVIe s., mais elle ne se développe vraiment qu'au siècle suivant (Bachman 1985: 221; Guillot *et al.* 1992: 529-530); les carriers l'adoptent peu à peu vers la même époque (Klapisch-Zuber 1969: 75).

pics, puis à le détacher du sol à l'aide de coins. Si l'on en reste à cette définition très générale, on peut affirmer que les techniques d'extraction sont restées les mêmes depuis l'Antiquité jusqu'au milieu du XXe s.[8] Le propre des archéologues est de rechercher les moindres indices typologiques et techniques susceptibles de caractériser telle ou telle période. C'est pourquoi l'analyse de ces procédés traditionnels sera abordée ici. Une fois les caractères communs présentés dans le cadre de la technique de la période la mieux connue, leur définition ne sera plus reprise; seuls les aménagements propres à chacune des phases chronologiques seront soulignés.

Extraction moderne par creusement de tranchées à l'escoude

Origine du vocable "escoude"

En préambule à l'analyse de l'extraction traditionnelle, le nom "escoude" devenu d'un usage rarissime dans le langage commun actuel (les grands dictionnaires contemporains l'ignorent), ce mot nécessite quelques clarifications touchant à ses origines. Durant le siècle dernier, la dénomination escoude figure dans le *"Grand dictionnaire universel du XIXe siècle"* (Larousse 1870: 870). Elle semble alors prédominer nettement en France sur toutes les appellations plus ou moins régionales ou locales désignant cet outil primordial de l'extraction traditionnelle, à savoir: *trombe* en Savoie (Dufournet 1976: 269); *traço* (Mistral 1886: 1020) ou sous une forme francisée *trace* dans l'Estérel et en Provence (Pottier 1887: 17; Fourvières 1973: 730); *rivelette* dans les Alpes de Haute Provence (Martel 1973: 88); *lanqueto* en région parisienne (Chardon 1985: 44) ou, plus anciennement, *esse* en Ile-de-France (Roux *et al.* 1762-1765: 59; Gérards 1909: 338); *scouda* et *escoudo* en Provence et en Languedoc (Mistral 1886: 997; Benoit 1947: 26; Martel 1973: 88; Philippe 1979: 75). En Catalogne espagnole et dans l'île de Majorque les carriers utilisent le mot *escoda* (Martin 1981: 198; Bernat i Roca 1988: 17-19, fig. 3-4), terme très proche de ceux de France méridionale. La diffusion ancienne de cet outil d'extraction s'est étendue bien au-delà du nord de la Loire mais l'usage du mot escoude sous sa forme francisée ou occitane persiste encore aujourd'hui surtout dans le Sud chez les professionnels de la pierre et ceci malgré l'abandon définitif de l'outil vers 1950 (Bessac 1987b: 135). Son origine méditerranéenne est donc évidente et le mot latin *escudere* signifiant "faire sortir en frappant" ou "tirer de" (Gaffiot 1934: 620) en constitue certainement la source étymologique.

L'extraction traditionnelle à l'escoude est dénommée dans le Sud extraction à la *tranche* (Picard 1903: 304), plus fréquemment extraction à la *trace* ou *traço* en occitan (Mistral 1886: 1020). Dans le langage des carriers, la tranchée étroite creusée par l'escoude et l'outil proprement dit sont parfois désignés de manière indifférenciée par *tranche* et *trace* (Mistral 1886: 1020; Noël 1965: 347 et 349). Le spécialiste utilisant ces outils est alors appelé *traceur* (Creuzé de Lesser 1824: 522-527), *traçaïre* en occitan (Mistral 1886: 1020; Fourvières 1973: 730) et trancheur en français (Noël 1965: 349). Le mot *tracillon* (Drouot 1974: 116) désigne plutôt la saignée pour placer les coins ou "encoignure" étudiée plus loin.

Limites chronologiques du procédé d'extraction à l'escoude

La technique d'extraction à l'escoude est la mieux représentée sur les fronts de l'affleurement du Bois des Lens. Son usage diminue progressivement à partir de 1920 et son abandon définitif intervient entre 1948 et 1954. Sa date d'apparition est beaucoup plus complexe à aborder. Vue dans son ensemble, cette technique peut être considérée comme introduite dans la région méditerranéenne, et par conséquent dans le Bois des Lens, grâce à l'influence des constructeurs hellénistiques (Bessac 1988a: 62), plutôt qu'à celle des Romains. Toutefois, le but visé ici est de situer chacune des variantes identifiées de cette technique dans un cadre chronologique et géographique aussi précis que possible. Il existe dans l'affleurement des Lens des interruptions assez longues de l'activité extractive (voir chapitres 7-8). Dans ces carrières, comme dans la

8 C'est là une opinion communément répandue chez beaucoup d'archéologues (Ward-Perkins 1971: 137; Bedon 1984: 112; Kozelj 1987: 20).

plupart des autres, il faut donc exclure, *a priori*, l'hypothèse d'une lente évolution sur place de l'outil depuis la période hellénistique jusqu'au XIXe s. Toutefois, il ne faut pas totalement écarter l'éventualité d'influences ponctuelles antiques, à l'occasion assez fréquente, somme toute, de déblaiements d'anciennes carrières entraînant la découverte d'objets romains (Dumas 1877: 234; Picard 1903: 305). De telles situations sont connues à Carrare où des carriers du XIXe s. réutilisent des outils antiques mis au jour fortuitement (Klapisch-Zuber 1969: 48).

En se limitant aux preuves irréfutables, on peut affirmer que la reprise moderne de l'extraction locale à l'escoude est antérieure au milieu du XIXe s., sans pouvoir préciser de combien de temps. L'indice sûr le plus ancien est le front tronqué par l'extraction à la poudre noire, elle-même datée de 1844 dans la carrière orientale de la Commune B6 (Bessac 1986a: 173). Par ailleurs, le témoignage le plus récent d'une extraction autre qu'à l'escoude traditionnelle est constitué par des traces de pic sur des fronts des Pielles C2, datés des environs des XIIe/XIIIe s. L'usage d'un outil n'exclut pas l'autre; les deux techniques sont susceptibles d'avoir cohabité dans un même groupe de carrières durant certaines périodes. Le dernier chantier des Pielles, daté fin XIVe/début XVe s., utilise un outil d'extraction probablement très proche de l'escoude moderne. Des alternances d'apparitions et de disparitions de diverses formes d'escoude dans les exploitations de l'affleurement peuvent être également envisagées au cours du temps. Au-delà de ces nombreuses éventualités, il reste la réalité archéologique d'aujourd'hui: on ne connaît pas actuellement d'exploitation dans le Bois des Lens entre le Ve et le XIVe s. utilisant un autre outil principal que le pic. Ces données chronologiques sont certainement appelées à évoluer rapidement avec le développement de l'étude d'exploitations médiévales et modernes.

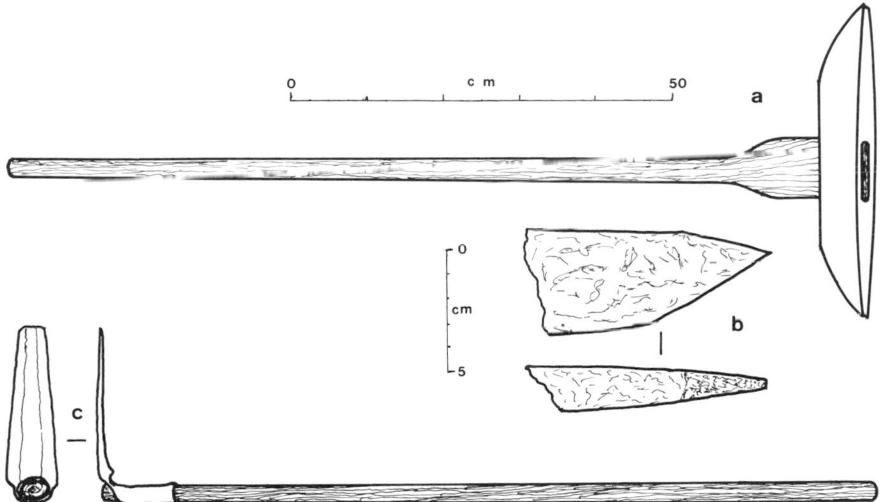

Fig. 123 Outils d'extraction traditionnels: a) escoude moderne; b) fragment d'escoude découvert dans l'habitat du XIXe s. de la carrière de Mathieu; c) curette.

Description de l'escoude traditionnelle et de l'outillage annexe

L'escoude employée dans les exploitations des Lens, entre le milieu du XIXe s. et 1950, est un outil à percussion lancée linéaire transversale[9] (fig. **123**). Elle pèse de 4 à 4,5 kg et est composée d'un manche de bois souple comme le frêne et d'un élément actif métallique. Celui-ci est constitué d'un fer plat de silhouette trapézoïdale, long de 45 à 53 cm, haut de 5 à 6 cm et épais de 2,5 à 3 cm au centre, à l'endroit de l'emmanchement. Aux approches de ses extrémités, le fer est aminci et son épaisseur n'est plus en ces points que de 0,5 à 0,7 cm; là se situe chacun de ses

9 Selon la classification la plus couramment admise pour l'étude de l'outillage (Leroi-Gourhan 1971: 58-59).

deux petits tranchants disposés perpendiculairement au manche. Afin de bien résister lors des impacts, cette partie est aciérée sur une longueur de 9 à 11 cm. Ces raccords entre l'acier et le fer constituent des points faibles et il arrive que l'outil se brise en cet endroit. Une pointe d'escoude ainsi cassée provient de la couche de déchets de forge de l'habitat du XIXe s. de la carrière de Mathieu (fig. 123 b).[10]

Le manche des escoudes se fixe en l'engageant par-dessous, du côté de la petite base du trapèze, dans un œil plat et arrondi à ses extrémités. Cet œil est long de 7 à 8,5 cm et ne mesure que 1,4 à 1,6 cm de largeur du fait de la faible épaisseur du fer en son milieu. A l'intérieur, le manche présente la forme étroite et élargie de l'œil. Il conserve ce profil large et mince au dehors durant 10 à 12 cm afin de maintenir la résistance du bois en ce point délicat. Ensuite le manche reprend une forme plus commune, un peu ovalisée, large de 2,5 cm dans un sens et de 3,5 cm dans l'autre. Certains carriers disposaient de 2 ou 3 escoudes équipées chacune d'un manche de longueur différente. Quelquefois, seulement ce dernier était changé en fonction de la profondeur à atteindre. Leur longueur s'échelonne entre 100 et 140 cm en moyenne; en outre, pour une même profondeur à atteindre, elle peut varier d'un carrier à l'autre, selon sa stature.

Comparé aux autres escoudes régionales traditionnelles utilisées dans des pierres plus tendres,[11] le modèle employé au XIXe s. dans l'affleurement se différencie uniquement par un tranchant environ trois fois plus étroit, sachant que celui qui est destiné à la pierre tendre mesure de 1,5 à 2,4 cm. En prenant l'escoude locale comme référence pour l'extraction des roches fermes, on constate que cette variation de la largeur ne se retrouve pas dans les mêmes proportions pour les modèles destinés aux pierres plus dures. En revanche, quelle que soit la dureté de la pierre, la forme générale du fer de l'outil et ses dimensions, manche compris, ne changent pas. Il existe également un petit modèle d'escoude dénommé "*escoudette*", long de 25 à 35 cm et destiné au creusement des parties supérieures des tranchées et à la finition des saignées pour les coins; son poids approche 2 kg.[12] Une petite variation de l'extrémité de l'escoude intervient dans les carrières des Lens durant les dernières décennies de son usage. Alors qu'au XIXe et au début du XXe s. elle était pourvue de petits tranchants de quelques mm, ceux-ci disparaissent ensuite pour laisser la place à une pointe. En revanche, l'extrémité active de l'*escoudette* reste fixe et présente toujours un petit tranchant de 0,4 à 0,8 cm.

Pour nettoyer les tranchées d'escoude, les carriers locaux utilisaient une sorte d'instrument étroit et recourbé à la manière d'une bêche ou d'un sarcloir. Dans le massif des Lens cet outil est nommé *curette*. Il en a été découvert un exemplaire complet, à l'exception du manche, dans les déblais modernes de la carrière de Mathieu (fig. 123c).[13]

---

10 Le côté oblique joignant la petite base à la grande base du trapèze forme une ligne brisée vers son milieu augmentant un peu la largeur de cette partie fragile. Sur son sommet, à 3,5 cm de son extrémité, l'escoude accuse un infléchissement d'environ 8°. A l'endroit de sa cassure, à 8,5 cm de son extrémité, le fer présente encore 2 cm d'épaisseur; à partir de là, il s'amincit rapidement en deux temps pour atteindre 0,6 cm sur le tranchant (fig. 123 b). Vu de dessus, cet amincissement forme un angle d'environ 9 à 11°. Donc, si l'angle d'un tranchant est appliqué contre la ligne fictive prolongeant le fer, position adoptée dans la tranchée vis-à-vis des parois, cela se traduit à l'opposé par une inclinaison de l'outil d'environ 8 à 9 cm. Cette inclinaison influence le creusement des tranchées et la rentabilité du procédé d'extraction.

11 Par exemple, celle de Beaucaire dans le Gard et de Castries dans l'Hérault (Bessac 1987b: 135-136).

12 Selon le témoignage de G. Griotto. Dans les carrières souterraines de Provence figure aussi un type d'escoude similaire à l'*escoudette*; ce petit modèle appelé *blottadou* en provençal (témoignage M. Monforte) se trouve également sous le vocable francisé *blotteuse* (Gaudin, Reverchon 1985: 73); il est destiné à creuser des saignées horizontales et profondes au niveau du ciel de carrière — c'est-à-dire de la voûte au sommet de la galerie supérieure, laquelle est dénommée *blottage* en Provence (Noël 1965: 66).

13 Composée d'une lame trapézoïdale épaisse de 0,15 cm, longue de 21 cm, large de 3,5 cm en bas et de 7,4 cm en haut, elle est renforcée au centre par une nervure, et enroulée en haut de façon à former une douille pour loger le manche. A ce niveau l'outil est coudé à 90° et ses angles sont un peu repliés vers l'intérieur afin de mieux retenir les gravillons.

Fonction et utilisation de l'escoude moderne

L'escoude sert à creuser des tranchées verticales pour isoler le bloc de la masse rocheuse avant de l'arracher du substrat au niveau de sa face inférieure. Leur profondeur moyenne est de 80 à 120 cm; très exceptionnellement, elle peut atteindre 145 cm,[14] seuls les meilleurs carriers pouvaient aller aussi profond. La longueur du manche d'escoude est adaptée à la profondeur de la tranchée; quatre tailles suffisent: 100, 120, 140 et 160 cm, la dernière étant la moins utilisée. Pour extraire un bloc supérieur à 145 cm mesuré sur le lit de carrière, il faut l'isoler progressivement en extrayant à sa périphérie plusieurs séries superposées de pierres de 145 cm de haut ou moins, jusqu'à concurrence de la profondeur désirée. Lorsque l'ouvrier commence une tranchée, durant les premiers centimètres il préfère la creuser à l'aide d'un pic ordinaire utilisé tant par les carriers que par les tailleurs de pierre (Bessac 1987c: 17). Celui-ci est d'un maniement plus aisé que l'escoude et sa pointe pyramidale permet de suivre plus précisément une ligne tout en accrochant bien le sol de carrière. Mais sa forme générale très trapue interdit un usage en profondeur dans une tranchée étroite. C'est la raison pour laquelle rapidement l'*escoudette*, puis l'escoude prennent le relais à partir de 4 à 6 cm de profondeur.

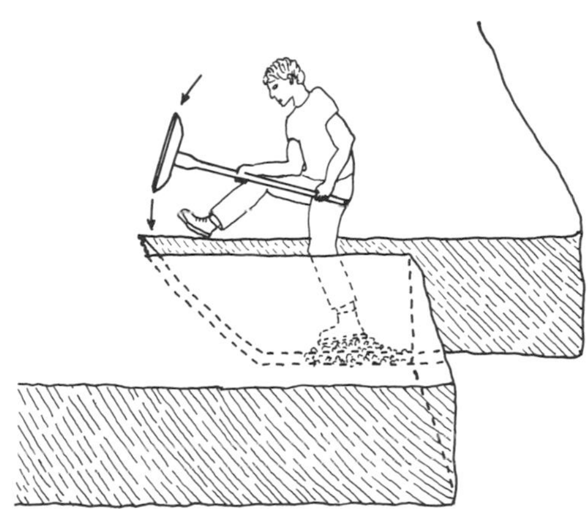

Fig. 124 Schéma d'un carrier traditionnel en position de travail dans une tranchée creusée à l'escoude.

L'enquête ethnographique permet de proposer ici une description précise des positions de travail. Durant les trente premiers centimètres du creusement, le carrier se campe sur le sol et œuvre un peu à la manière d'un terrassier se servant d'une pioche mais, dès le début de sa tâche, il doit veiller à la bonne précision de ses coups. Au-dessous de 30 cm de profondeur, il introduit une jambe dans la tranchée, la seconde restant allongée sur le sol (fig. **124**). Cette position devient de plus en plus pénible au fur et à mesure que la profondeur augmente. Au fil des ans, elle entraîne une déformation de la hanche du carrier qui se traduit dans sa démarche. Celui-ci est soumis à d'autres contraintes physiques qui résultent surtout de la projection violente, à chaque impact de l'escoude, d'éclats de pierre contre sa jambe placée dans la tranchée. Il remédie à cette agression en l'enveloppant dans une bande molletière assez épaisse. Ajoutée au port de grosses chaussures de cuir, cette protection conditionne la largeur minimale des tranchées traditionnelles, aux environs de 14 cm. Une autre contrainte concerne le genou de la même jambe. A partir d'une certaine profondeur, chaque percussion oblige l'ouvrier à le plier, ce qui produit une friction contre le rocher du côté extérieur de la rotule. Au cours d'une vie professionnelle ce frottement constamment renouvelé entraîne une déformation très caractérisée en ce point. En bordure de fronts hauts existe aussi le risque quasi-permanent de s'écorcher les mains contre la roche rugueuse brute d'extraction. Les positions de travail s'avèrent souvent pires chez les carriers antiques et médiévaux. Par conséquent, les remarques ethnographiques exposées ci-dessus sont particulièrement importantes à noter dans le cadre de l'éventualité d'une approche anthropologique de populations de carriers, à l'occasion d'études de nécropoles en particulier.

Arrivés vers 80 cm de profondeur, les carriers sont obligés de conserver des déchets d'extraction sous leur pied de manière à se maintenir surélevés afin de pouvoir continuer à creuser plus bas, en avant dans la tranchée, tout en conservant leur seconde jambe à l'extérieur. L'enlèvement

14 La profondeur de 150 cm notée à la fin du XIXe s. représente probablement une valeur arrondie (Picard 1883: 172).

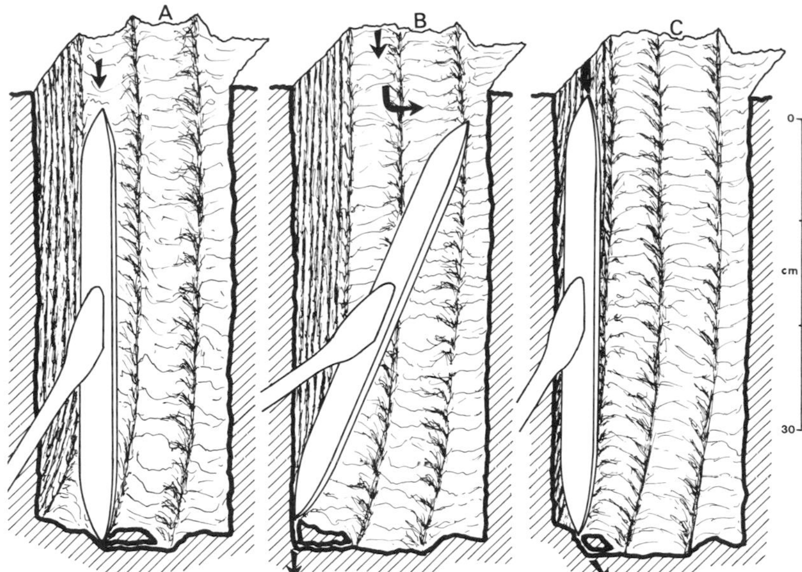

Fig. 125 Progression d'une tranchée traditionnelle en quatre passes: A) position pour les deux passes centrales; B) position pour les passes latérales; C) mauvaise position latérale.

des éclats et de la poussière d'extraction encombrant la tranchée se pratique partiellement avec l'escoude en tirant à l'extérieur les gros déchets; le reste est retiré avec la *curette* (fig. 123 a et c). Dans l'extraction traditionnelle, la verticalité et la rectitude des parois jusqu'au fond des tranchées constituent un objectif essentiel à respecter. Pour cela, le carrier doit s'efforcer de distribuer ses coups les uns à la suite des autres, de façon à toujours produire un sillon continu sur les parois des tranchées (fig. 48).[15] L'avantage du creusement en sillons réguliers vient du fait que la visée, lors du lancement de l'outil, est bien meilleure si elle se réfère à une ligne ininterrompue plutôt qu'à une suite désordonnée d'impacts.

Dans la pierre des Lens, la largeur minimale des tranchées d'époque moderne varie entre 12 et 25 cm, selon la profondeur à atteindre. Pour atteindre 90 cm de profondeur, il faut compter entre 15 et 18 cm (fig. **125**). Dans ce cas, la progression frontale dans la tranchée est divisée en quatre passes espacées de 4 à 5 cm déterminant quatre sillons sur sa largeur (fig. 125 a); pour des profondeurs moindres, ce nombre peut être limité à trois. Les sillons les plus proches de l'axe de la tranchée sont creusés en priorité afin de libérer la pierre au centre et de créer une zone de faiblesse. Leur réalisation exige plus de force que de précision car ils ne délimitent aucune surface définitive, ni sur le front de taille restant, ni sur les faces du bloc. En revanche, le creusement des deux sillons latéraux détermine l'une et l'autre de ces dernières surfaces utiles. L'enlèvement préalable de la matière au centre de la tranchée facilite grandement la réalisation d'une paroi franche. Sous l'impact de l'escoude, la cassure se produit selon deux directions privilégiées, l'une vers le bas dans le prolongement de la trajectoire de l'outil, l'autre vers le milieu déjà affaibli (fig. 125 b). Pour certaines tranchées exceptionnellement larges et profondes, le travail est divisé en cinq passes matérialisées par autant de sillons. La progression en profondeur de la tranchée est généralement scindée en paliers de 20 à 25 cm de haut. La reprise de l'extraction se pratique toujours dans le prolongement des sillons initiaux.

Le maniement de l'escoude lors du creusement des sillons centraux est assez facile, car elle arrive sur le point d'impact après une évolution dans un plan tout à fait orthogonal par rapport à la roche (fig.125 a). Il en est tout autrement pour le creusement des sillons latéraux touchant les parois. Si le carrier manie son escoude dans un plan strictement parallèle à la tranchée, le

---

15 L'action du creusement de sillons continus et son résultat sont dénommés *"rebouclage"* (témoignage E. Roucher).

côté long extérieur du fer de l'outil peut frôler la paroi sans la toucher, mais alors le tranchant aura son impact à environ 1 cm du point prévu (fig. 125 c). Ainsi, après quelques coups, la tranchée se rétrécit jusqu'à la largeur des deux sillons initiaux empêchant toute progression en profondeur. Cette menace d'écart à caractère cumulatif résulte du profil aminci de l'escoude vers ses extrémités et contribue à l'élargissement des tranchées modernes. Contre la paroi, l'outil doit arriver sur son point d'impact avec une inclinaison légèrement supérieure à celle de l'angle formé entre son extrémité et ses lignes essentielles extérieures étudiées plus haut. Cette inclinaison variant entre 12 et 15° par rapport aux parois; le fer de l'escoude doit alors occuper un espace de 13 à 17 cm, qui dicte la largeur minimale de la tranchée (fig. 125 b). Lorsqu'il lance le mouvement de son outil, le carrier doit suivre un plan d'évolution parallèle à l'axe de cette dernière; ce n'est qu'une fois près du but, en fin de course dans la tranchée, qu'il incline son escoude d'un coup sec du poignet. La difficulté essentielle réside dans ce dernier mouvement, lequel doit être à la fois très rapide et précis. S'il est trop ample, l'extrémité haute inactive de l'instrument heurte violemment la paroi risquant de se casser, et surtout ce choc imprévu dévie l'impact. Si l'inclinaison de l'outil est trop faible, la tranchée se rétrécit peu à peu et ses parois perdent leur verticalité et leur parallélisme. Plus la tranchée est profonde, plus ce coup de main est délicat à contrôler; c'est pourquoi le carrier l'élargit d'autant plus qu'il souhaite l'approfondir. Sa largeur finale est obligatoirement adoptée dès le tracé du canevas d'extraction sur le sol de carrière afin de tenir compte de son volume lors du report des dimensions des blocs à extraire.

La largeur des tranchées traditionnelles et, par conséquent, le temps de leur creusement sont donc surtout liés au profil de l'outil. C'est le rapport existant entre la largeur de son tranchant et son épaisseur maximale qui détermine la valeur de l'angle de son inclinaison dans la tranchée. Par conséquent, sur les exemplaires à tranchant assez large pour la pierre tendre, l'outil ne nécessite qu'une inclinaison modérée. Dans ce cas, il n'est pas nécessaire de réaliser une tranchée aussi large que dans la pierre des Lens pour atteindre une profondeur équivalente. Dans l'analyse consacrée à l'escoude romaine, ce qui apparaît ici comme un simple détail technique prendra toute son importance pour la compréhension des différences économiques entre les deux méthodes.

Après chaque série de trois ou quatre sillons frontaux creusés en tête de la tranchée jusqu'au fond du palier en cours de creusement, le carrier doit avancer un peu et recommencer les mêmes opérations. Cette progression peut être régulière ou irrégulière, longue ou courte, selon la dextérité et la force de l'ouvrier. Dans la carrière de Mathieu, sur le chantier du XIXe s., un bon ouvrier avance régulièrement de 3,5 cm à chaque fois; les meilleurs arrivent jusqu'à 4,5 cm. Plus rarement, les traces révèlent quelques débutants qui progressent seulement de 1,5 à 2 cm et parfois de façon désordonnée. Dans l'ensemble, il est clair que la plupart des gens ayant travaillé là durant cette période récente sont essentiellement des professionnels chevronnés.

Usage des coins dans l'extraction traditionnelle

Une fois la pierre cernée de tranchées, il reste à l'arracher du sol en la séparant à sa base du substrat. Cette opération se pratique à l'aide de coins calés par des paumelles et percutés avec une masse.

Description des coins d'extraction et des outils annexes

Les coins traditionnels sont forgés dans du fer doux afin d'éviter leur cassure ou leur fragmentation. A l'état neuf leur forme générale correspond à un assemblage de deux troncs de pyramide, l'un court destiné à être percuté, l'autre long et plus aigu pour pouvoir s'insérer dans l'encoignure (fig. **126** a). Leurs arêtes sont chanfreinées afin de réduire leur fragilité et aussi pour éviter les effets d'éclatement sur la pierre et de cisaillement sur les paumelles. Les coins traditionnels locaux mesurent en moyenne 16 à 24 cm de longueur, 3,5 à 5 cm de largeur et 2,5 à 4 cm d'épaisseur. La tête du coin occupe entre le tiers et le quart de la longueur totale: légèrement

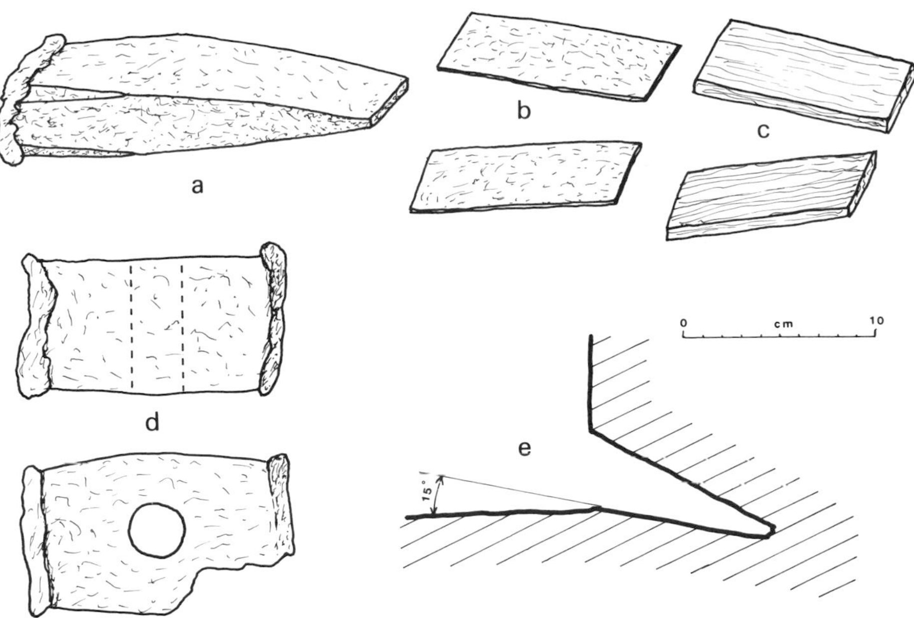

Fig. 126 Coins, paumelles et masse modernes: a) coin (à tête écrouie); b) paumelles de fer; c) paumelles de bois; d) masse découverte dans l'habitat du XIXe sècle; e) vue en coupe de l'encoignure montrant son inclinaison d'environ 15° par rapport au sol.

convexe à l'état neuf, elle s'écrouit rapidement à l'usage. Contrairement aux coins utilisés pour le bois, le modèle à pierre n'est pas tranchant; il présente à son extrémité active un méplat de 0,5 à 1 cm de large. De ce côté, son angle moyen est d'environ 10-15°. Son poids oscille entre 1,5 et 3 kg, selon les exemplaires. Il existe aussi des coins plus longs (environ 30 cm), davantage effilés et sans méplat; ils servent plutôt aux opérations de bardage et de manutention des gros blocs qu'à l'extraction proprement dite. Dans l'extraction traditionnelle le coin est accompagné de deux paumelles plates (Noël 1968: 272; Aladenise 1983: 96); celles-ci font office de cales pour éviter un contact direct avec la pierre. Dans les carrières de pierres tendres de la région, elles sont constituées de courtes plaquettes de fer ou de bois (Bessac 1980: 137; *id.* 1987b: 136), à peine plus larges que les coins mais moins longues. Dans les carrières des Lens, elles sont souvent remplacées par des planches sèches et étroites posées en longueur dans l'encoignure. Toutefois, à la fin du XIXe s. l'usage du coin bloqué entre deux lames de tôle paraît prédominer (Dumas 1877: 234). Une masse découverte dans l'habitat du XIXe s. de la carrière de Mathieu permet de décrire le percuteur. Elle est composée d'un bloc de fer long de 14,5 cm, large de 8,2 cm et épais de 9,4 cm (fig. 126 d); ses arêtes longues sont biseautées et elle est percée d'un œil d'emmanchement légèrement conique d'un diamètre variant de 3,8 à 4 cm. Les masses traditionnelles sont équipées d'un manche de bois souple, long de 80 à 100 cm.

Creusement du "tracillon" *et placement des coins*

Dans les exploitations des Lens, les carriers de l'époque moderne confectionnent pour chaque bloc une seule longue encoignure prévue pour recevoir toute la batterie de coins. Les carriers creusent cette saignée, côté face antérieure à la base du bloc sur sa longueur, et l'arrêtent en oblique à 10 ou 15 cm des extrémités de la pierre. Son creusement est réalisé, pour l'essentiel, à l'aide d'un pic de carrier un peu plus fin que les modèles communs, mais le fond du *tracillon* est ensuite soigneusement terminé avec l'*escoudette* servant à creuser le sommet des tranchées verticales.[16] Le soin apporté à la finition du fond de l'encoignure est destiné à faire forcer les coins

16 Nous avons observé une pratique similaire chez les carriers syriens: ils commencent également leur encoignure à grands coups de pic et la finissent beaucoup plus soigneusement avec un mortaisoir muni d'un tranchant de forme et de dimensions analogues à celui de l'*escoudette* (Bessac *et al.* 1995: s.p.).

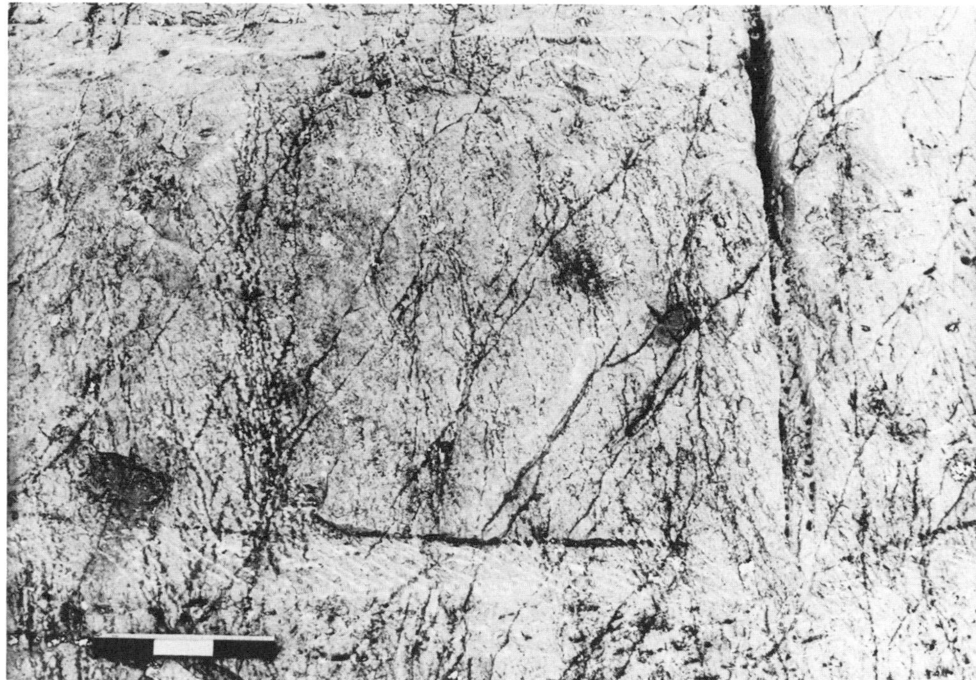

Fig. 127 Encoignure du XIXe s. de la carrière de Mathieu, vue de dessus après extraction du bloc (ph. L. Damelet).

convenablement sur leurs joues et non à leur extrémité. Afin de positionner et de façonner correctement l'encoignure, le carrier doit forcer un maximum à l'opposé de sa main active, qui évolue au ras du sol. Il doit donc préalablement régulariser au pic une large zone du sol à l'arrière de l'encoignure. Celle-ci forme un V d'environ 30° d'ouverture et se termine en pointe, entre 13 et 15 cm de profondeur sous la pierre. Par rapport au sol environnant, la face inférieure de l'encoignure présente une légère inclinaison d'environ 15° afin de faciliter son creusement et aussi pour éviter que la rupture ne se produise trop au-dessus du fond de la tranchée opposée (fig. 126 e). Les encoignures doivent être rectilignes et planes (fig. **127**) sur toute leur longueur afin que la ou les planches jouant le rôle des paumelles puissent s'y loger sans porter à faux. Le creusement de ces saignées constitue une opération très délicate car la réussite d'une bonne extraction en dépend; elle doit être confiée à un carrier confirmé. La pose de coins sur paumelles métalliques indépendantes convient mieux lorsque l'ouvrier est insuffisamment expérimenté. Le carrier doit creuser les encoignures à genoux; il progresse de gauche à droite pour un droitier et à l'inverse pour un gaucher. Les traces d'encoignures traditionnelles montrent une très nette prédominance des droitiers.

Une fois l'encoignure creusée, le carrier y dispose ses coins entre deux planches ou deux paumelles. Ainsi, les coins se trouvent immobilisés à leur bonne place sans possibilité de glisser à gauche ou à droite. Les paumelles facilitent un bon glissement du coin entre deux surfaces lisses. L'espacement des coins peut être différent, selon qu'il existe ou non un joint de stratification. Les carriers préfèrent mettre le maximum de chances de leur côté en les plaçant assez près les uns des autres, tous les 15 à 22 cm. Dans le principe de l'extraction moderne à saignée continue, la densité des coins n'influe que très peu sur la quantité de travail à fournir à ce stade de l'extraction: cet investissement manuel dépend plus des opérations préliminaires de creusement du *tracillon* que de la manœuvre finale de percussion à la masse.

Tension des coins et arrachement du bloc

Cette ultime phase de l'extraction consiste à percuter, tour à tour, chaque coin de façon à ce que ceux-ci exercent, en s'enfonçant, une poussée exactement proportionnelle à la résistance opposée par le bloc à sa séparation du substrat. Lorsque le carrier travaille dans une partie homogène de la carrière, il faut donc qu'il dose la force de ses coups aussi équitablement que possible. Quand il se trouve en présence d'un bloc soudé au substrat de façon hétérogène — par exemple s'il existe un joint de stratification calcité d'un côté et libre de l'autre — la pression exercée doit être répartie en l'adaptant bien à ces irrégularités de résistance. Si l'ouvrier applique une tension égale partout, la pierre risque fort de se casser en deux ou trois parties. Les coups de masse sont répartis un par un sur tous les coins avec une fermeté très contrôlée et non avec violence. Les carriers appellent cela "battre les coins". Avant de recommencer une nouvelle série de percussions, ils marquent une pause pendant laquelle ils "laissent travailler les coins" (témoignage E. Roucher). Plus la tension s'exerce lentement, mieux elle s'équilibre sur toute la longueur du bloc. Selon l'importance de cette dernière, plusieurs carriers peuvent être mis à contribution. Chacun d'eux prend à sa charge la percussion et la surveillance d'environ cinq coins de façon à se déplacer le moins possible. En divisant le travail en petites tranches, une certaine simultanéité de la montée de la tension est obtenue sur l'ensemble de la pierre. Ainsi sont évitées les poussées trop localisées susceptibles d'aboutir à des ruptures indésirées, en particulier sur les longs monolithes étroits. Habituellement, pour "battre" les coins, les ouvriers se campent fermement sur le sol et manient leur masse dans un mouvement à la fois oblique et courbe. Cette position de travail est extrêmement éprouvante pour la colonne vertébrale, en particulier au niveau des vertèbres lombaires.

Au cours de cette opération de tension des coins, il faut veiller à ce qu'aucun d'entre eux ne touche le fond de l'emboîture. Ils doivent seulement exercer une pression vers le haut; jamais leur extrémité aiguë ne doit forcer contre la pierre. Quand cela arrive, suite à un défaut important de creusement du *tracillon*, le coin est violemment éjecté. Le carrier doit alors le recaler en y ajoutant une ou deux paumelles supplémentaires. Ensuite, il lui redonne sa tension initiale en lui appliquant quelques coups consécutifs, de façon à ce qu'il exerce à nouveau une poussée équivalente à celle de ses voisins. Au cours des opérations d'équilibrage ou de rééquilibrage de la tension des coins, l'ouvrier se fie beaucoup au son émis suite aux impacts de la masse. Les variations de tonalité du son sont liées aux possibilités de vibration du coin selon la force qu'il exerce. Lors de l'amorce de la fissure, le son devient plus métallique, le coin étant plus libre qu'auparavant. Mais c'est surtout pendant les pauses, entre deux séries de percussions, que les carriers tendent l'oreille pour essayer de percevoir les bruits émis par la pierre soumise à la poussée des coins. Lorsque la roche commence à craquer, il vaut mieux laisser agir ces derniers sans les frapper; le décollement du bloc en sera d'autant plus régulier.

Les paumelles ont une fonction un peu différente selon qu'elles sont constituées d'une plaque de fer ou d'une planche de bois. Avec le bois, la pression des coins se répartit en continu sur toute la longueur du bloc d'autant mieux qu'il s'agit d'une planche qui les relie bien tous entre eux et que sa souplesse absorbe les irrégularités de la pierre. Cette souplesse du bois, ajoutée à ses capacités de dilatation sous l'effet de l'humidité, permet de mieux différer et de répartir équitablement dans le temps et sur la longueur de la pierre la force exercée par les coins. Les carriers profitent parfois de ces avantages pour mettre leurs blocs sous tension le soir avant de partir afin que l'effet des coins ne se fasse sentir que très progressivement au cours de la nuit. Le matin ils trouvent souvent les blocs détachés du substrat. Deux facteurs ont alors joué: d'une part une certaine dilatation du bois s'est produite en absorbant l'humidité naturelle de la pierre; d'autre part, les différences thermiques entre le jour et la nuit ont contribué également à la fracture de la roche selon un plan déjà soumis à de très fortes tensions. Cette dernière particularité technique de la pierre est parfois utilisée avec des paumelles en fer; elle est alors beaucoup moins efficace. L'intérêt essentiel d'une lente diffusion des effets directs et indirects de la poussée des coins réside dans le fait qu'elle se répartit alors de façon homogène dans une pierre saine. La fracture se propage donc selon la ligne de faiblesse la plus naturelle en joignant, par un plan légèrement concave, l'extrémité interne de l'encoignure au fond de la tranchée d'escoude sur la face opposée du bloc. La plupart des carriers affirment que plus le bloc est lourd, mieux il se détache. A l'occasion, ils n'hésitent pas à le charger jusqu'à 500 ou 600 kg de pierre. Il faut voir dans cette pratique un artifice pour retarder l'effet des coins, toujours dans le but d'obtenir une meilleure répartition des tensions de façon à réaliser un arrachage d'excellente qualité.

10
Les techniques d'extraction antiques

EXTRACTION ROMAINE DU HAUT EMPIRE

Dans l'état actuel de la recherche, les structures d'extraction romaines du Haut Empire sont accessibles dans les carrières de Mathieu (fig. 66, A1), d'Héral-Nègre (fig. 99, A6), et des Pielles (fig. 114, C2). Il sera donc fait référence essentiellement à ces trois sites pour cette période, bien qu'elle soit attestée aussi dans d'autres exploitations sensiblement moins dégagées, comme les carrières de la Figuière A4, de Ritter A2, de la Combe de la Pesada B1 et du Roquet B9.

L'escoude romaine et les outils annexes

Spécificité de l'escoude romaine

L'identification de l'instrument d'extraction utilisé au début du Haut Empire dans les carrières des Lens repose sur deux sortes de témoignages: les fragments d'outils découverts en stratigraphie et ses traces relevées sur les fronts de taille et les sols bien datés. L'extrémité active de l'outil en fer découverte dans l'habitat romain de la carrière de Mathieu s'adapte parfaitement aux empreintes visibles au fond des tranchées contemporaines. Ces tranchées sont presque aussi profondes et plus étroites que leurs homologues modernes. Donc on possède là la certitude de l'emploi d'un outil spécifique, de profil étroit et forcément muni d'un manche assez long. Ni le pic traditionnel ni le pic antique de tailleur de pierre, dont les formes sont bien définies (Bessac 1987c: 14-24), ne peuvent être utilisés pour un tel creusement: ils sont trop trapus, en particulier le modèle romain très élargi en son milieu.[1]

La seule représentation sûre d'un carrier romain au travail est gravée sur un front des exploitations antiques de Kruft en Rhénanie (Röder 1957: fig. 21-1) et montre un outil dont la silhouette correspond assez bien à celle d'une escoude romaine (fig. 130). Naturellement, il est nécessaire de tenir compte des aspects caricaturaux propres à ce type de gravure rupestre assez sommaire, en particulier au sujet des proportions exagérées de l'outil vis-à-vis de la petite taille du personnage. Malgré ces réserves, c'est là une preuve complémentaire de l'usage de l'escoude dans les carrières romaines. Le fragment de pointe d'escoude du Haut Empire, découvert au-dessous de l'habitat de la carrière de Mathieu, constitue un nouveau document (fig. **128** a).[2] Une seconde extrémité d'escoude romaine a été découverte sur le même site dans un foyer (US 93). Elle est cassée juste entre ses deux dents, c'est-à-dire dans son axe longitudinal (fig. 128 b).[3] Des escoudes romaines (actuellement disparues) ont été découvertes anciennement dans d'autres carrières des Lens. Les carriers qui se souviennent de ces modèles romains ont retenu qu'ils ressemblaient beaucoup à leur outil traditionnel, et surtout qu'ils s'en distinguaient par leurs doubles dents à chacune de leurs deux extrémités (témoignage B. Charriotto).

---

1 Voir R. Bedon (1984: 104). Notons que cet auteur croit que le mot escoude correspond à la traduction méridionale de pic (*id.* 1984: 122), alors que ce sont deux outils bien différents (Bessac 1987c: 14-24).

2 Il est en fer et sa longueur conservée est de 5 cm. Vue de face, cette pointe forme un angle d'environ 30°; vue de dessus, elle offre des bords parallèles et une épaisseur de 2,3 cm. Elle est pourvue de deux dents définies par une découpe en V dans le tranchant, selon un angle de 120° qui détermine deux pointes de 60°, chacune bien profilée dans le prolongement de l'outil.

3 Sa forme et ses dimensions originelles sont restituables par symétrie. Vu de face, son angle est de 37°, un peu plus obtus que le précédent. Sa largeur est de 1,8/1,9 cm et l'angle de ses dents peut être estimé à 50°; il est donc un peu plus aigu que sur le premier outil.

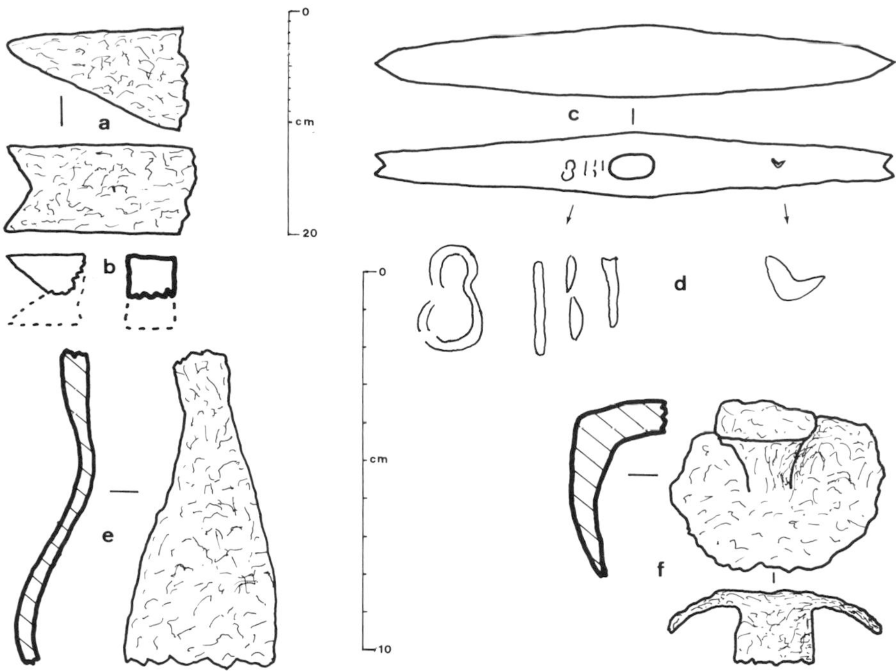

Fig. 128 Escoudes romaines: a) fragment d'escoude de l'US 93 découvert dans la carrière de Mathieu; b) fragment d'escoude découvert dans la carrière de Mathieu; c) escoude complète découverte dans la carrière Héral-Nègre; d) marques incisées sur l'escoude; e) fragment de curette; f) fragment de curette.

La découverte dans la carrière Héral-Nègre en 1991 d'un fer d'escoude antique entier vint combler les lacunes de nos connaissances (fig. 128 et **129**). Mise au jour sur le sol de carrière originel situé au-dessous du front sud de la partie romaine du site (fig. 99, A6), elle se trouvait sous 4 m de déblais dans un milieu de déchets de forge datés du début du Haut Empire (voir p.155). Cette situation explique son excellent état: après avoir été forgée une première fois ou une nouvelle fois, elle a été perdue ou enfouie accidentellement sous des déblais, apparemment sans avoir jamais resservi. Actuellement, elle constitue le seul outil connu de cette catégorie et de cette période disponible pour une étude; de plus, elle est marquée.[4] La double ou triple marque de cette escoude pourrait identifier, d'une part, le forgeron, d'autre part, l'utilisateur de l'outil. De semblables pratiques se perpétuent encore chez les carriers traditionnels de Syrie du Nord (Bessac *et al.* 1995: s.p.).

---

4 Vue de face, sa silhouette dessine un losange très allongé avec une accentuation de l'angle de ses pointes à 3 cm des extrémités. Vue de dessus c'est aussi un losange, qui rappelle les modèles régionaux modernes pour la pierre tendre. Sa longueur, 49 cm, et sa hauteur au centre, 6,7 cm, sont identiques à celles de ces dernières mais sa largeur mesure presque le double, soit 6,4 cm. Chacune de ses extrémités offre deux dents de 55 à 60° chacune et espacées de 2 cm; leur bord extérieur est dans le prolongement de l'outil. Son œil d'emmanchement est de section rectangulaire arrondi aux extrémités et mesure 3,1 cm de large et 4,2 cm de long. Son poids actuel est de 6,3 kg. Sur sa face supérieure, 3 marques sont poinçonnées à froid au burin. La première située à 1 cm de l'œil est composée de trois impacts transversaux formant trois traits parallèles et une ligne ondulée en forme d'accolade. Le trait du milieu, très altéré, pourrait aussi correspondre au même type de signe en accolades alternées avec deux traits droits. En face, entre l'œil et son extrémité, est incisée une deuxième marque en V très ouvert. Une troisième marque, moins évidente, semble former un cercle. Rares sont les identifications d'outils romains ainsi marqués; l'oxyde cache souvent ces signes et il faut un patient travail de nettoyage pour les faire apparaître (opération assurée ici par le Laboratoire de Conservation, Restauration et Recherches du CNRS-CRA à Draguignan). Seule une masse de carrier du début du IIe s. est connue avec deux marques en > < opposés (Dolci 1980: 246, fig. 1).

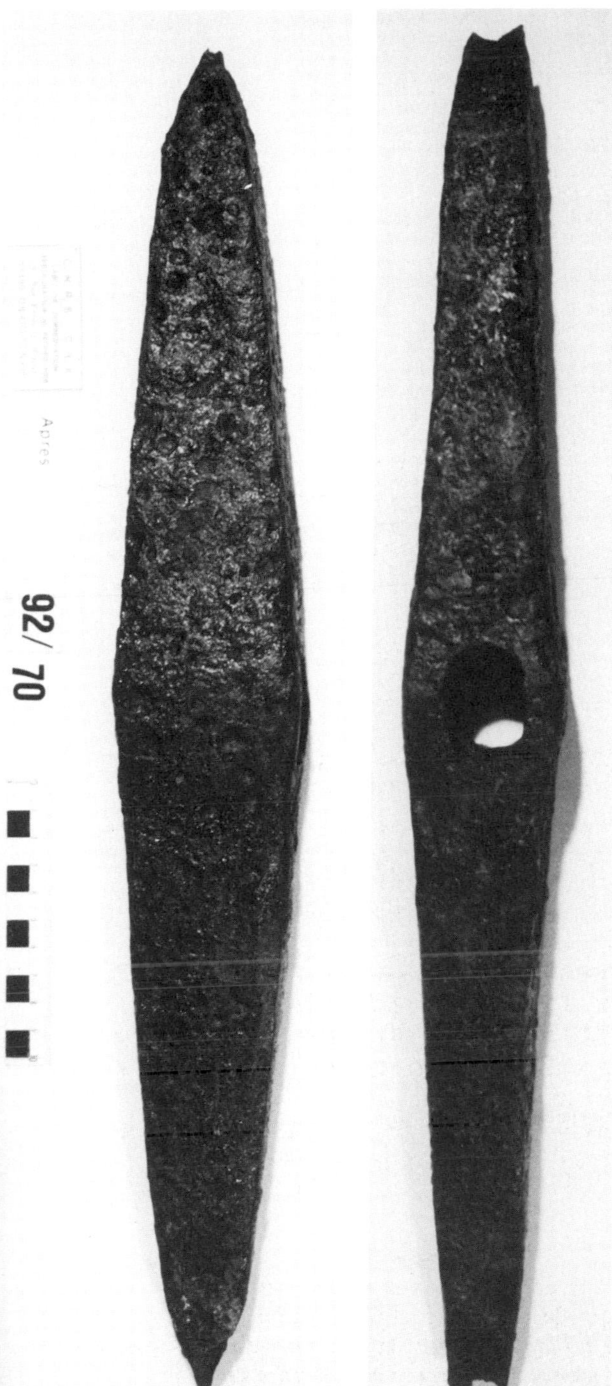

L'allure générale de l'outil romain rappelle un peu "*l'escoda*" traditionnelle encore utilisée il y a quelques décennies en Catalogne espagnole (Martin 1981: fig. h. t.) ou le modèle toujours en usage dans les exploitations du Moyen-Euphrate en Syrie.[5] Mais aucun de ces deux exemplaires n'est aussi long ni aussi lourd. La longueur du fer et la forme en losange très oblong de ce type d'outil romain ont été particulièrement soulignées sur la gravure des carrières de Kruft en Rhénanie (fig. **130**).[6] Même en tenant compte de son caractère très schématique, si l'on se fie à cette représentation pour estimer la longueur du manche, en supposant celle du fer égale à l'exemplaire décrit ici, on obtient environ 85 cm, ce qui paraît trop court. Par ailleurs, en prenant comme référence non la longueur du fer, très sensiblement exagérée, mais la hauteur du personnage, évalué à 160 cm, le manche mesure alors approximativement 180 cm, ce qui s'avère beaucoup trop long. Cette gravure est donc inutilisable pour le manche; elle confirme seulement son absence d'élargissement à l'approche du fer, ce qui a été constaté aussi sur l'exemplaire de la carrière Héral-Nègre. Cela prouve que l'outil dessiné était aussi épais que ce dernier et que, par conséquent, son fer devait être également massif et lourd. Ce caractère très pondéreux de l'outil se devine aussi dans la position spécifique du carrier romain sur la gravure (un gaucher en l'occurrence) qui doit écarter au maximum ses jambes afin de pouvoir développer une force suffisante sans se déstabiliser.

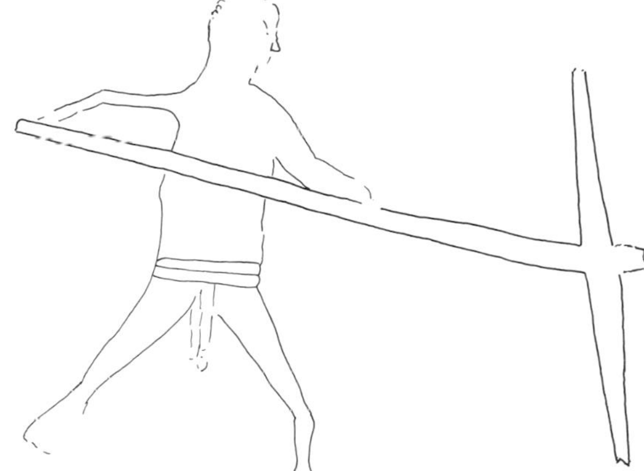

Fig. 129 Vue de dessus et vue de face de l'escoude complète (ph. W. Mouret, C.N.R.S. Draguignan).

Fig. 130 Dessin réalisé à partir d'un graffito de carrier romain tenant une escoude gravé dans le tuf de Kruft en Rhénanie (d'après le cliché publié par J. Röder 1957: fig. 21-1).

5 Ces exemplaires mesurent 28 à 30 cm de long, sont hauts de 5 cm et épais de 4 cm; ils pèsent de 1,4 à 2 kg (Bessac 1987e: 44, fig. 7; Bessac, Leriche 1992: 76-77; Bessac *et al.* 1995: s.p.).

6 Le graffito relevé par J. Röder (1957: fig. 21-1) est incisé sommairement sur une pierre tendre et ses contours sont assez imprécis. Néanmoins, il semble que le carrier ait voulu représenter sur l'extrémité inférieure la double dent spécifique de l'outil romain.

PERIODES SITE	REFERENCES	TRAD. HELLENISTIQUE A4, B9, C2	TRAD. GALLO-GRECQUE B9	HAUT-EMPIRE A1, A4, A6, B9, C2	DEBUT II e SIECLE C2
	appareil	moyen et grand	grand	grand	grand
METROLOGIE	*volume*	0,03 à 0,1 m3	0,1 à 0,3	0,5 à 2,5	0,5 à 2
	unité	0,51/0,55 et 0,70/0,76	0,51/0,54 et 0, 60/0,65	pied romain et multiples	pied romain et multiples
TRANCHEES	*larg. tr. cm*	6/9	4 à 17	9 à 11	9 à 11
et IMPACTS	*dépassem. cm*	néant	néant	5%(A1), 12%(C2) fin chant.	23 % en fin de chantier
de l'outil de	*forme*	petit tranch. rectang.	large tranch. rectang.	escoude à double dent M	escoude à double dent M
creusement	*larg.out. mm*	12 à 15	39 à 52	19 à 22	26 à 31
formes et	*esp. imp. mm*	10 à 55	2 à 45	15 à 50	25 à 40
dimensions	*esp. sill. mm*	10 à 50	3 à 42	15 à 50	25 à 40
des traces	*qualité A à D*	B à D	D	A à C prédom. du B	A et B prédom. du B
EMBOITURES	*L. nomb. main*	2 à 3 par bloc, main D 92 %	2 à 4 par bloc, main ?	4-18 par bloc, main G92%	5-8 par bloc, main 100%
position	*l. nomb. main*	0	0	2,26 % (A1), 1,78 % (C2)	0%
nomb. main	*h. nomb. main*	0	0	0,24 % (A1), 0 % (C2)	0%
formes	*forme%/total*	V ou U irréguliers 100 %	tronconique 100 %	V61%,W37%,WV7%,tr 8%	W37%V11%WV8%tr.0%
particular.	*trace du coin*	paum. f. et b., coin l. 35/50	coin de bois tronconique	coin fer calé par 2 rainures	c. fer calé par 2 rainures
dimensions	*largeur cm*	moyenne 10 à 17	section Ø 40 à 60	moyenne 15 à 22	moyenne 13 à 18
larg. prof.	*profond. cm*	moyenne 5 à 12	moyenne 6 à 15	moyenne 13 à 16	moyenne 11 à 18
épaisseur	*épaisseur cm*	irrégulière de 1,5 à 2,5		14 à 18	16 à 19
espacement	*espacem. cm*	15 à 25	21 à 52	moyenne 17 à 23	moyenne 18 à 33
RECTIFICAT.	*aux coins*	néant	néant	2,48%	2,80%
du sol	*à l'escoude*	27%	néant	21,33%	néant
après	*au pic*	néant	néant	36,72%	22,87%
l'extraction	*autres*	néant	néant	mortaisoir 6%, polka 2%	néant
PROGRESS.	*sens pendage*	S-E	S-E	S-E	S-E
extraction	*sens extract.*	S35%,O27%,E27%,N10%	S 59%, O 28%, N 9% E 3%	S46%,N28%,O14%,E11%	S 37%, E 25%, O 8%, N 0%
IRREG.EXTR.	*% sur total*	12%	4%	15% de+ de 10 cm positif	11% de+ de 10cm positif
JOINT STRAT	IFICATION	utilisat. très exception.	néant	9,60%	31%
DEFAUTS	*intégrés*	non compt.(voir 6.2.3.6)	inexistant (B9)	30% total empreintes	65% total empreintes
naturels	*non intégrés*	inexist. (B9), rare (A4-B9)	inexistant (B9)	13% total empreintes	28% total empreintes
OBJET PROB	ABLE	base 31 % (B9)	?	él. col.:21%(A1),14%(A2)	él. de col. : 14 %

PERIODES SITE	REFERENCES	TARDO-ROMAIN C2	MEROVINGIEN B9	HAUT MOYEN-AGE C2	FIN MOYEN-AGE C2	MODERNE A1
	appareil	moyen	cylindres moyens	cyl. petits, moyens, grands	cyl. petits, moyens, grands	grand
METROLOGIE	*volume*	0,07 à 0,13	0,07 à 0,10	0,05 à 1,90	cyl 0,08 à 0,9 bloc 0,1 à 0,3	1 à 4
	unité	?	?	?	?	mètre
TRANCHEES	*larg. tr. cm*	9 à 16	15 à 32	5 à 33	cyl. 5 à 40, bloc 8 à 16	15 à 20
et IMPACTS	*dépassem. cm*	12 % en fin de chantier	néant	néant	8,23 % en fin de chantier	néant
de l'outil de	*forme*	pic en V	pic en V	pic en V	petit tranchant rectangul.	petit tranchant trapézoïd.
creusement	*larg.out. mm*	0	0	0	9 à 15	5 à 7
formes et	*esp. imp. mm*	15 à 45	2 à 25	20 à 45	15 à 45	20 à 45
dimensions	*esp. sill. mm*	15 à 45	2 à 25	15 à 50	15 à 55	30 à 50
des traces	*qualité A à D*	D exclusivement	D exclusivement	B à D avec prédominance C	A à B prédom. des A et B	A à B
EMBOITURES	*L. nomb. main*	2 à 3 par bloc, main D 87%	2 par bloc, main ?	1 à 2 par bloc, main D 100%	1 à 5 par bloc, main D 97 %	encoignure, main D 95 %
position	*l. nomb. main*	0	0	0	0	0
nomb. main	*h. nomb. main*	11,76%	0	0	présent sur cyl. extraits	0
formes	*forme%/total*	trap.64 %, V 6 %, WV 6 %	U très irrégulier	U irrégulier 100 %	W23%,V15%,U11%,WV2%	section vert. en >
particular.	*trace du coin*	c. fer calé par 2 rainures	?	?	paum. fer, coin l. 41 à 42	paumelle en bois ou fer
dimensions	*largeur cm*	moyenne 10 à 14	moyenne 8 à 16	moyenne 8 à 12	moyenne 8 à 20	long. bloc -20 au 2 extr.
larg. prof.	*profond. cm*	moyenne 9 à 13	?	moyenne 8 à 13	moyenne 8 à 15	moyenne 12 à 15
épaisseur	*épaisseur cm*	20 à 30	?	15 à 22	12 à 15	50 à 60 à l'ouverture
espacement	*espacem. cm*	moyenne 21 à 33	?	moyenne 14 à 35	moyenne 14 à 34	moyenne 16 à 18
RECTIFICAT.	*aux coins*	néant	néant	1,21%	1,17%	néant
du sol	*à l'escoude*	néant	néant	néant	29,41%	néant
après	*au pic*	5,88%	néant	3,65%	néant	32%
l'extraction	*autres*	néant	néant	néant	néant	néant
PROGRESS.	*sens pendage*	S-E	S-E	S-E	S-E	S-E
extraction	*sens extract.*	SO 58%, NO 29 %	?	O18%SO7%S8%N6%nNO2%	réparti 7 à 10%tous sens	N 69%, E 23%, O 7%
IRREG.EXTR.	*% sur total*	néant	supérieure à 20%	1,21%	11,76%	néant
JOINT STRAT	IFICATION	29%	néant	41,46%	15,29%	néant
DEFAUTS	*intégrés*	non compt. (voir 6.2.3.6.)	néant	52 43 %	74,39%	21 % du total des empr.
naturels	*non intégrés*	non compt. (voir 6.2.3.6.)	néant	13,41%	32,94%	néant
OBJET PROB	ABLE	?	cylindre 95 % environ	cylindre 100 %	cylindre 43 %	?

TABLEAU 8: TYPOLOGIE CHRONOLOGIQUE DES TRACES D'EXTRACTION DES EXPLOITATIONS DU BOIS DES LENS

Evolution chronologique des pointes de l'escoude romaine (tabl. **8**)

L'étude des impacts d'escoude sur les sols et les fronts des carrières romaines permet seulement de comparer les largeurs des extrémités actives qui correspondent aussi à l'écartement maximal des pointes des deux dents. Dans la carrière de Mathieu, sur 348 empreintes de blocs lisibles pour cette mesure l'analyse informatique révèle des différences très minimes: les variations extrêmes se situent entre 1,7 et 2,5 cm mais la grande majorité des impacts se situe entre 1,9 et 2,2 cm et la moyenne est de 2,05 cm. En dehors de ce chantier, dans les autres exploitations romaines du massif des Lens, j'ai relevé diverses largeurs: Bone A2: 2,8 à 3 cm, La Figuière A4: 2,4 à 2,5 cm, Héral-Nègre A6: 1,8 à 2,2 cm, Visseau du Courpatas A7: 3,4 à 3,5 cm, Combe de la Pesada B1: 2,2 à 2,3 cm, carrières hautes de Matalas B8: 2,1 à 2,2 cm, Roquet B9: 2,2 à 2,3 cm (roche assimilable à de la pierre tendre), Pielles C2: 2 à 2,4 cm pour le chantier du début du Haut Empire et 2,6 à 3,2 cm pour celui du début du IIe s.

Hors du Bois des Lens, d'autres traces romaines analogues ont été relevées dans la carrière de calcaire de Barutel près de Nîmes, un peu plus dur que celui des Lens; l'impact varie ici de 2,8 à 3,2 cm. Dans le nord du Gard, sur la commune de Barjac la carrière romaine du Ranc (Dumas 1907: 171-172), dans une pierre de dureté équivalente à celle des Lens, présente des impacts larges de 2,6 à 3 cm. Quatre identifications de ces mêmes types d'impacts ont été réalisées sur des pierres tendres de la région: à Sernhac (Gard) dans la carrière des Escaunes sur les fronts antérieurs à l'aqueduc de Nîmes, 2,3 cm (Bessac 1991b: 294); sur le Pont du Gard, 2,2 cm (en cours d'étude); dans la carrière de l'Estel sud utilisée pour ce monument, 2,1 cm (*id.*, 1992b: 411); dans le site antique de Vivios à Lespignan (Hérault) sur des éléments datés par la fouille du début du Haut Empire, 1,9 cm; et dans les carrières voisines plus tardives, 2,8 cm.[7] Au-delà de la bordure méditerranéenne, j'ai remarqué ponctuellement des impacts analogues dans des régions sensiblement plus septentrionales: à Saintes (Charentes Maritimes) sur la face postérieure d'un bloc du Haut Empire conservé à l'extérieur du Musée lapidaire (2 cm); à Crazannes dans la même région (Bocquet, Valat 1995: s. p.), dans une partie antique des carrières (2 cm); à Dijon (Côte-d'Or) au Musée archéologique (inv. n° 202) sur la face arrière d'une stele datée du IIe s.(3,2 cm); à Saint-Boil (Saône-et-Loire) dans le secteur de la carrière romaine daté du Ier s. par G. Monthel (1993: 44) où la largeur des dents varie entre 2 et 2,2 cm.

Parmi toutes ces mesures, les seules à présenter un caractère statistique confirmé sont celles de la carrière de Mathieu. Or, sur ce site, occupé par intermittence durant environ 30 ans au début du Haut Empire, se sont succédé plusieurs équipes de carriers. Ainsi, durant cette période, et pour ce type de calcaire, la moyenne de la largeur de l'escoude romaine est bien de l'ordre de 2 cm. Avec les exemples des empreintes également étroites relevées sur les roches beaucoup plus tendre des Escaunes à Sernhac et surtout de Vivios pour des périodes assez proches, on se rend compte que la dureté de la pierre n'intervient probablement pas sur ces largeurs. En contrepartie, des élargissements importants se distinguent du lot général, et même au sein de la pierre des Lens, comme dans les carrières de Bone, du Visseau du Courpatas et des Pielles. La différence est encore plus nette hors de l'affleurement — à Barutel, par exemple. Ces deux dernières exploitations sont postérieures à la carrière de Mathieu d'un demi à un siècle environ. Sous réserve de confirmation dans le cadre d'un élargissement géographique des investigations archéologiques, on peut déjà exploiter ce caractère chronologique constitué par l'évolution de la largeur de l'escoude romaine.

Selon les régions étudiées, il sera néanmoins nécessaire de considérer avec une certaine prudence le caractère exclusif de l'usage romain de l'escoude à double dent. En région bordelaise, dans les carrières de pierre tendre de Saint-Emilion, l'emploi d'une escoude ainsi forgée au début du XXe s. a été signalé récemment (Both, Seguy 1991: 166) mais je n'ai pu examiner moi-

7 Observations réalisées en compagnie de J. Giry qui m'a aimablement guidé aussi dans la carrière antique voisine de la Cambrasse.

même la disposition exacte de cet aménagement.[8] Une certaine persistance ou redécouverte du principe de cette escoude, ponctuellement en quelques endroits paraît donc enviseagable. Toutefois, mes recherches dans les carrières de la région permettent actuellement de garantir la fiabilité de ce jalon chronologique, au minimum sur la quasi-totalité de la façade méditerranéenne de la Gaule.

Outils de nettoyage des tranchées d'escoude romaine

D'autres fragments d'outils en relation étroite avec l'extraction ont été découverts dans la partie romaine de la carrière de Mathieu. Parmi eux, figurent deux fragments d'instruments de nettoyage des tranchées ou "curette". Le premier provient d'une couche de déchets d'extraction (US 60), étalés sur le sol de carrière afin d'établir l'habitat des carriers romains. Cet outil est cassé au sommet de sa partie métallique, à l'endroit où il forme un coude pour donner naissance à ce qui devait être la douille de son manche (fig. 128 e).[9] Le second fragment de curette, découvert au pied du front oriental au plus profond de la carrière, correspond également à la même partie de l'outil que le précédent (fig. 128 f). La cassure s'est produite aussi, d'une part vers le haut, à la naissance de la tige menant à la douille, d'autre part vers le bas, au début de la partie active constituée par la lame.[10] Tel qu'il est coudé, l'outil ne pouvait être efficace qu'utilisé obliquement à partir du sol de carrière supérieur. Cette position spécifique de nettoyage se justifie, soit à l'occasion d'un nouvel approfondissement de l'exploitation, soit pour curer par le haut des tranchées très longues similaires à celles cernant les grands monolithes extraits dans le secteur d'où provient la curette.

Dans l'outillage antique issu d'autres exploitations romaines, il n'existe pas, à ma connaissance, d'outils vraiment analogues, bien qu'on trouve parfois divers instruments pouvant remplir ce rôle de curage.[11] La curette moderne découverte dans la carrière de Mathieu constitue un exemplaire entier de ce type d'outil (fig. 123 c), qui permet de se représenter mieux la forme complète des deux modèles antiques étudiés ci-dessus, tout particulièrement le premier. La largeur maximale de la lame de l'exemplaire du XIXe s. mesure environ le double de celle du modèle romain. Cette différence de dimension résulte de la plus grande largeur des tranchées d'extraction modernes.

L'escoude romaine: une fonction et une utilisation très spécifiques

L'escoude romaine joue un rôle identique à son homologue moderne, mais elle n'est pas utilisée pour le creusement des emboîtures. En revanche, elle est employée assez fréquemment pour rectifier les sols de carrière suite à des extractions irrégulières. La procédure du creusement des tranchées romaines est très proche de celle du XIXe s., si ce n'est que son démarrage sur le sol commence plus souvent directement avec l'instrument d'extraction plutôt qu'au pic (fig. **131**). Le

---

8 Dans l'Aude, à Arques, l'usage traditionnel d'un tel outil m'avait été signalé; une vérification sur place m'a permis de constater une confusion entre outil à deux pointes et extrémité à double dent.

9 Seule l'épaisseur de la plaque de métal, qui avoisine 0,3 cm, est complète. Sa hauteur actuelle est de 4,2 cm et sa largeur maximale, relevée juste au-dessous du coude de l'outil, est de 5,3 cm. Cette dernière dimension n'était peut-être pas beaucoup plus importante à l'origine car, vue de dessus, les bords de la lame amorcent un léger repli afin de mieux collecter les déchets. La courbure de l'outil dépasse un peu 90° et forme presque un angle aigu; il était probablement prévu pour un curage des tranchées par traction horizontale à partir du sol de carrière inférieur.

10 A l'endroit de la cassure du bas, la largeur et l'épaisseur de la lame sont complètes; elles mesurent 3,4 et 0,3 cm; sa longueur est conservée sur 8,4 cm. Cet exemplaire se distingue du précédent par sa courbure plus souple en S et par une réduction progressive de la largeur de la lame vers le haut.

11 Par exemple, le matériel découvert dans la carrière de Pellenz (Röder 1957: 232, fig. 5 n° 7), mais les seuls exemplaires offrant certaines analogies de forme avec les nôtres proviennent de la forêt de Compiègne; ils sont catalogués sous le nom de sarcloir dans l'outillage destiné au travail de la terre (Champion 1916: 232).

Fig. 131 Position du carrier romain au début de l'extraction (dessin M.-R. Aucher).

Fig. 132 Position du carrier romain dans la tranchée d'extraction une fois celle-ci approfondie (dessin M.-R. Aucher).

poids considérable et la grande longueur de l'exemplaire romain permettent de supposer qu'il pouvait exister des modèles plus courts et plus légers pour travailler plus aisément en surface des roches.

Au-delà de 30 cm de profondeur, le carrier romain doit aussi introduire une jambe à l'intérieur de sa tranchée (fig. **132**). En raison de l'étroitesse de cette dernière — 9 à 13 cm (moyenne 11 cm), celui-ci ne peut introduire qu'un pied et une jambe nus sans protection. Les essais réalisés dans la partie antique de la carrière de Mathieu montrent clairement que dans plusieurs tranchées il faut même comprimer un peu le pied et le mollet.[12] Les observations ethnographiques révèlent qu'après un certain temps d'exercice du métier de carrier dans ces conditions, cela se concrétise par la formation de cals et de durillons sur les membres les plus soumis aux agressions. Il devait en être pareillement pour le carrier romain. Cette absence de protection n'a certainement qu'un rapport secondaire avec la pauvreté du carrier antique. Cela était plutôt dicté par des considérations d'économie sur le temps de creusement de la tranchée dont la largeur était ainsi réduite à son minimum. Même si leurs successeurs du XIXe s. avaient souhaité réaliser une semblable économie, leur modèle d'escoude le leur interdisait car elle implique une largeur minimale des tranchées de 15 cm au-dessous de 40 cm de profondeur.[13]

Contrairement aux pratiques habituelles chez les carriers modernes, dans le cadre de l'extraction romaine la verticalité et la rectitude en profondeur des parois des tranchées d'escoude ne constituent pas un objectif prioritaire. Les carriers romains semblent disposer d'une certaine liberté individuelle pour choisir toutes les solutions leur permettant de gagner du temps. Cela se traduit dans le creusement de beaucoup de tranchées par un rétrécissement délibéré au fond dans les derniers 15 à 20 cm, là où la tâche devient la plus difficile (fig. **133**). Ainsi, sur cette hauteur le travail est souvent diminué de moitié, d'où un gain très appréciable. Cette mesure d'économie n'est pas systématique, et au-dessus de ces rétrécissements les carriers romains s'efforcent de trancher des parois droites et planes. Pour cela, dans la mesure de leurs

12 L'extraction manuelle sans protection persiste encore dans certains pays orientaux, notamment en Syrie (Bessac 1991a: 99; Bessac, Leriche 1992: 76-77; Bessac *et al.* 1995: s.p.) et en Inde (Shadmon 1977: 136).

13 Cette différence entre les tranchées antiques et modernes avait déjà été notée au XIXe s., par E. Dumas (1877: 234-235), qui ne comprenait pas la technique de ce creusement à la fois profond et étroit.

Fig. 133 Rétrécissement de tranchée d'extraction romaine, carrière de Mathieu (ph. L. Damelet).

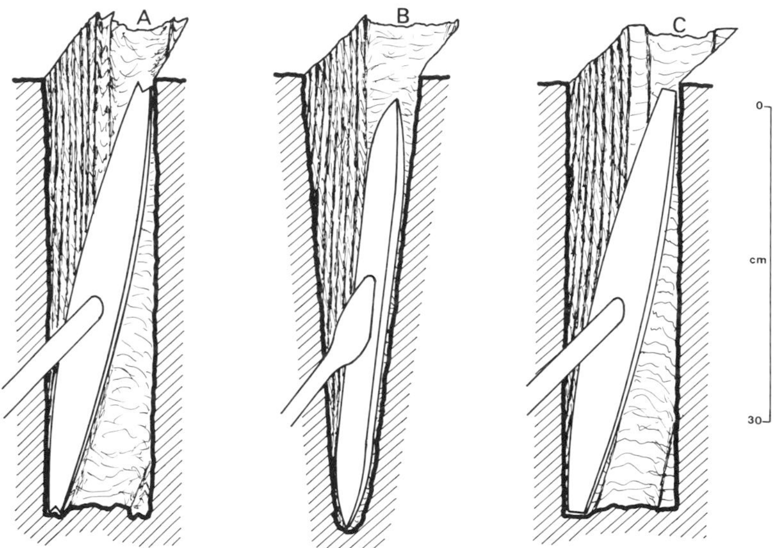

Fig. 134 Schéma de l'attaque frontale de la roche au fond d'une tranchée d'extraction: A) avec une escoude romaine à double dent; B) comparaison avec les effets d'une escoude à pointe unique; C) comparaison avec un modèle à tranchant étroit.

capacités professionnelles, ils respectent la règle du creusement en sillons continus facilitant une meilleure visée avec l'escoude.

Ces carriers limitent leur creusement à deux sillons frontaux correspondant à deux passes (fig. 47). Même lorsqu'ils doivent réaliser des tranchées profondes atteignant parfois 90 cm, ils adoptent une largeur assez faible ne dépassant que rarement 12 cm et se rapprochant plus communément de 11 cm. Par conséquent, en creusant deux sillons en bordure de leur tranchée, les impacts de leur outil attaquent directement la roche sur une largeur d'environ deux fois 2 cm (fig. **134** a). Le reste au milieu, soit 6 ou 7 cm, se casse sous les effets latéraux de l'impact de chacune des dents placées vers l'intérieur de la tranchée. Cette possibilité de limitation à deux du nom-

Fig. 135 Redan ouest du front romain méridional de la carrière de Mathieu montrant les irrégularités et les ressauts rectifiés au pic après l'extraction des blocs (ph. L. Damelet).

bre de passes frontales est offerte à la fois grâce à la présence de la double dent, à la puissance de percussion de l'outil résultant de son grand poids, et à l'importance de la largeur de l'extrémité active de l'outil. Si l'escoude romaine présentait uniquement ce dernier caractère, à l'image des modèles traditionnels à pierre tendre sans dents mais à tranchants larges de 1 à 2 cm, son efficacité serait insuffisante dans un calcaire ferme comme celui des Lens. A l'inverse, si elle n'était munie à chacune de ses extrémités que d'une pointe (ou d'un tranchant très étroit), à l'instar des modèles modernes locaux, son effet serait trop limité en largeur et elle se coincerait rapidement sans faire éclater la pierre au centre de la tranchée (fig. 134 b).

Cet aménagement spécifique du modèle romain permet aussi de lui conserver un profil général très longiligne grâce au faible écart de largeur existant entre ses pointes actives et le centre de l'outil (fig. 128). Donc, cette escoude ne nécessite qu'un minimum d'inclinaison pour que sa dent tournée vers l'extérieur attaque la roche bien dans le prolongement vertical des parois de la tranchée. Ainsi, au moment de son impact, la place nécessaire à l'outil n'impose pas un espacement minimal de ces parois supérieur à celui exigé par le passage de la jambe de l'ouvrier. En contrepartie, lorsque le carrier creuse à l'aplomb et dans le prolongement vertical d'un front de taille assez haut, il court davantage le risque de s'écorcher les doigts contre la paroi rocheuse parce qu'il doit faire évoluer son outil dans un plan très rapproché de cette dernière. Cet inconvénient a été parfois contourné, surtout au début du travail, en déviant légèrement de la ligne verticale du front de taille à chaque nouvelle série de blocs extraits. C'est pourquoi certains fronts, parmi les plus élevés, présentent de nets faux aplombs et des ressauts variant de 20 à 40 cm. Ces déviations et ces irrégularités ont souvent été rectifiées au pic après l'extraction (fig. **135**).

La réduction de la tranchée, en limitant son creusement à un seul sillon dans le bas, n'est possible qu'avec l'escoude romaine dont les côtés, vus de dessus, sont presque parallèles sur toute leur longueur, y compris aux abords immédiats des extrémités. Si cet outil formait un angle un peu plus marqué, comme les exemplaires modernes forgés légèrement en coin, il se bloquerait en profondeur dans le sillon unique et s'enfoncerait alors dans la pierre sans la trancher en éclats. Le vide existant entre les deux dents de l'escoude romaine, en créant un espace libre de pression, facilite aussi la cassure et le dégagement des éclats au fond du sillon. Il y a donc intérêt, d'une part, à augmenter ce vide en écartant les deux dents le plus possible et, d'autre part, à diminuer au maximum les différences entre la largeur des extrémités actives de l'outil et son épaisseur maximale au centre. Cette dernière dimension ne peut guère être réduite au-dessous de 6 cm au centre de l'instrument romain car l'épaisseur de métal de part et d'autre de l'œil d'emmanchement serait insuffisante pour résister au moment de l'impact. Il reste donc la solution d'élargir un peu ses extrémités actives afin de se rapprocher davantage de cette dernière dimension. Ainsi, les deux conditions peuvent être réunies: les bords de l'escoude tendent vers un certain parallélisme, et ses doubles dents sont écartées au maximum. C'est certainement là que se trouve la clé technique de l'évolution chronologique de la largeur des extrémités de l'escoude romaine évoquée plus haut.

Le mode de finition des tranchées à l'économie en creusant un seul sillon, présente l'inconvénient de produire des faces verticales légèrement évasées de 4 à 5 cm sur un ou deux décimètres dans le bas, tant sur la pierre extraite que sur le front de taille. Comparée à l'économie de temps de travail réalisée lors de cette opération, qui constitue aussi la phase la plus difficile et la plus longue de l'extraction, les rectifications éventuelles des faces, une fois les pierres extraites accessibles, ne représentent qu'une quantité somme toute négligeable. On peut donc se demander pourquoi les carriers romains n'ont pas adopté cette pratique partout. Là où les fronts de taille constituaient seulement un point d'arrêt technique momentané, les ouvriers choisissent assez largement cette solution sans conséquences pour la progression du chantier à ce stade. Au contraire, dans les secteurs où l'extraction était appelée à s'approfondir au pied d'un front principal, il y avait intérêt à maintenir une certaine planéité des parois, au moins afin d'éviter de s'écorcher les mains.

L'utilisation de l'escoude romaine à des fins d'amélioration de la planéité des sols de carrière après l'arrachement d'un nouveau bloc (voir p.225) est plus ou moins variable selon les secteurs. Par exemple, contre le front occidental de la carrière de Mathieu, elle est assez fréquente; à l'opposé, sur le front oriental, cette pratique est nettement plus rare. Ces rectifications de sol sont alors réalisées au pic commun ou, beaucoup plus exceptionnellement, à l'aide de coins lorsque la masse à supprimer présente un fort relief (tabl. 8). Pour réaliser plus commodément ces rectifications du sol, il est possible que les carriers romains aient disposé de modèles d'escoude plus légers et plus courts que l'exemplaire découvert dans la carrière Héral-Nègre.

Usage des coins dans l'extraction du Haut Empire

Les coins et les outils annexes liés à leur emploi

Deux coins de fer entiers et deux autres fragmentaires proviennent de couches de la carrière de Mathieu bien datées du début du Haut Empire. Le premier a été découvert à proximité immédiate de la forge de la case méridionale de l'habitat antique. Malgré un net écrouissage de sa tête, il est très bien conservé (fig. **136** a).[14] Il a probablement été apporté à la forge dans l'unique but d'ébarber son sommet car le reste du fer est en bon état de fonctionnement. Le second coin complet provient des déchets d'extraction sur le sol de la carrière de Mathieu, près du front sud dans la zone de stockage des blocs terminés. Il est également en bon état (fig. 136 b)[15] et sa présence en cet endroit ne peut s'expliquer que par un oubli ou une perte. Comme certains modèles de coins modernes, dépourvus de méplat sur leur extrémité active, il est possible que cet exemplaire ait eu les mêmes fonctions, c'est-à-dire le bardage et la manutention. Le troisième

---

14 Ce coin est défini par deux troncs de pyramide rectangulaire; ses joues sont planes et forment un angle de 13°. Sa section est de 5,9 x 4,1 cm et sa longueur de 16 cm dont 9,4 cm constituent la partie active. Son extrémité forme un méplat de 4,7 x 1 cm; quatre chanfreins longitudinaux naissent au plus fort de sa section et s'élargissent jusqu'à 1,4 cm à son sommet. Son poids est de 2,775 kg; à l'état neuf il devait être d'environ 3 kg.

15 Il est défini par un tronc de pyramide raccordé à un parallélépipède formant sa tête. Ses joues présentent un léger bombement de 0,3 à 0,4 cm et un angle de 15°; sa section forme un rectangle de 5,6 x 4 cm et sa longueur est de 20 cm, y compris les 13,6 cm de sa partie active. Bien que non tranchante, son extrémité, large de 3 cm, est sans méplat. Des chanfreins d'une largeur maximale de 1 cm estompent les arêtes longitudinales de sa tête. Son poids est de 2,620 kg; la perte de fer due à l'usure, peut être évaluée à environ 1/4 de kg.

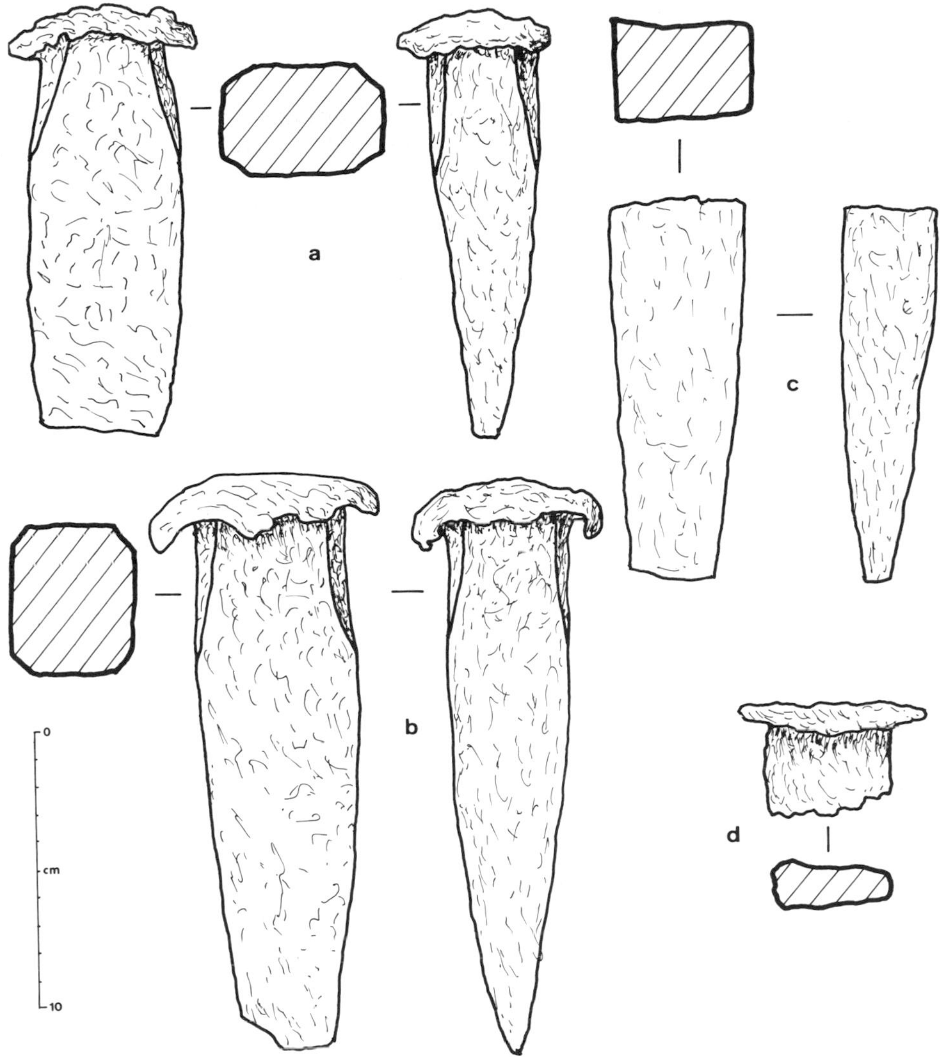

Fig. 136 Coins antiques découverts dans la carrière de Mathieu.

coin a été découvert cassé en place dans son emboîture d'origine au nord-ouest de la citerne moderne, sous le bloc antique n° 33. La cassure du fer s'est produite au niveau de la naissance de sa tête (fig. 136 c et **137**); seule la partie oblique de l'instrument engagée sous la pierre subsiste.[16] L'intérêt majeur de ce coin réside surtout dans le fait qu'après sa cassure, le carrier romain l'a abandonné dans sa position initiale de travail sans plus y toucher. Ainsi, il a été possible d'étudier en détail comment l'outil a été posé. L'ouverture extérieure de l'emboîture, de part et d'autre du coin, ne mesure que 1,6 cm de haut; en s'enfonçant, le fer a écrasé la pierre au-dessus et au-dessous de lui en la comprimant et en élargissant le creux d'environ 2 cm sur son emplacement. Le coin a donc été placé directement dans l'emboîture sans aucune paumelle intermédiaire, ni de fer ni de bois. C'est là un témoignage essentiel concernant le mode d'emploi local des coins romains. L'absence de paumelles a ensuite été confirmée par l'étude des emboîtures de la carrière de Mathieu et des chantiers romains des Pielles: toutes portent des marques de compression directe égales à la largeur moyenne d'un coin métallique romain. Le dernier fragment, découvert sur le sol de carrière contre le front oriental, s'avère plus hypothé-

16 Sa section forme un rectangle de 5 x 3,6 cm et sa longueur conservée est de 13,5 cm. Il offre un méplat long de 3 cm et large de 0,4 à 0,6 cm. Ses joues montrent une convexité d'environ 0,3 cm; son angle actif est de 13°.

Fig. 137 Coin romain cassé en place au-dessous d'un bloc (n° 33) mal extrait dans la carrière de Mathieu. Au-dessus, on aperçoit le joint de stratification.

tique quant à son identification en tant que coin: il ne comprend qu'une tête écrouie (fig. 136 d).[17] Seule cette particularité fait penser à un coin; aucune de ses autres caractéristiques ne correspond vraiment à celles des trois autres.

A l'exception de ce dernier fragment, assez équivoque, on remarque une certaine homogénéité des caractères techniques des coins d'extraction romains de la carrière de Mathieu. Leurs dimensions et leurs formes générales sont pratiquement similaires, surtout en prenant en compte la perte de longueur due au phénomène d'écrouissage des têtes. Les variations maximales des sections sont négligeables; elles se situent entre 5 et 5,9 cm pour la largeur et entre 3,6 et 4,1 cm pour l'épaisseur. C'est surtout cette dernière qui est susceptible de répondre à une certaine norme car les hauteurs d'emboîtures romaines varient très peu entre elles (voir p.220). Il en est de même pour l'angle actif du coin qui doit être très homogène au sein d'une même batterie et aussi dans l'ensemble de l'exploitation. La hauteur des emboîtures étant assez uniforme, il est important que les coins soient partout prévus pour exercer chacun une force égale, laquelle dépend de cet angle. Sur les trois coins considérés, l'ouverture de ce dernier est limitée entre 13 et 15°. C'est là une valeur assez précise et bien déterminée par l'expérience des carriers. Les écrits d'Héron d'Alexandrie révèlent combien un ingénieur antique peut être pointilleux à ce sujet et il est clair qu'une très large partie de ses exemples pratiques touchant au fonctionnement des coins font référence à l'extraction des blocs en carrière (Carra de Vaux 1988: 120; Dworakowska 1975: 106). Contrairement aux observations réalisées sur d'autres sites analogues (Bedon 1984: 126), la forme et les dimensions des coins romains de la carrière de Mathieu sont tout à fait comparables à celles des exemplaires modernes locaux.

---

17 Sa longueur conservée est de 4,2 cm et sa section rectangulaire de 4,5 x 1,9 cm; un angle a disparu.

De nombreux coins ont été découverts dans plusieurs carrières romaines;[18] c'est certainement l'outil le mieux représenté parmi les objets issus de ces chantiers. Cette fréquence s'explique aisément; la moindre exploitation doit en disposer de plusieurs dizaines pour pouvoir fonctionner dans de bonnes conditions. Dans la carrière de Mathieu, l'extraction d'un seul monolithe de 3 m de long exige l'emploi simultané de 15 coins. Plusieurs publications archéologiques consacrées à l'outillage ou aux carrières signalent la découverte, souvent fortuite, de coins d'extraction.[19] Seul un lot de quatre coins d'extraction complets, d'origine archéologique sûre, puisqu'il s'agit de la carrière romaine de Kruft en Rhénanie (Röder 1957: 265, fig. 17), autorise quelques rapprochements avec nos exemplaires. Ces coins rhénans possèdent une section pratiquement analogue à ces derniers mais ils sont un peu plus courts (15 cm contre 18 cm en moyenne) et leur tête se confond avec leur partie pyramidale active dont elle constitue le prolongement. Cette nuance de forme peut s'expliquer par une différence des modes d'extraction. Dans la carrière de Mathieu, l'arrachement du bloc se fait au niveau du sol de carrière; il faut donc éviter d'élargir la tête de l'outil afin qu'elle reste bien au-dessus de la roche à l'extérieur et ainsi qu'elle ne force pas en dehors de l'emboîture. Dans les chantiers de Kruft, l'exploitation est souterraine et les coins sont disposées verticalement sur la face des fronts de taille légèrement disposés en dents de scie (vus en plan) — donc rien ne gêne le déplacement de leur tête, même si elle est élargie (Röder 1957: pl. 29). Leur angle actif est compris entre 13 et 16°; à un degré près, c'est la même ouverture relevée sur les exemplaires de la carrière de Mathieu. Cette mesure angulaire semble bien correspondre à la force optimale que l'on puisse exiger pour l'emploi des coins en fer dans l'extraction de la pierre.

De l'outil servant à percuter les coins dans la carrière de Mathieu, on ne sait que peu de choses. L'écrouissage du fer de leur tête dénote l'usage d'une masse façonnée dans le même métal.[20] Elle devait être assez proche du modèle du XIXe s. également utilisé dans cette carrière (voir fig. 126d). Une masse découverte dans les exploitations romaines de l'Odenwald s'avère analogue à cette dernière (Röder 1957: 232, fig. 5, 2). D'autres modèles ont pu être employés pour cette tâche, en particulier des masses plus longiformes à silhouette bitronconique comme les exemplaires du début du IIe s. découverts dans la carrière de Fantiscritti à Carrare (Dolci 1980: 246, fig. 3 et 4). A l'instar des têtes de coin amincies par un forgeage en tronc de pyramide, ce type de masse allongée facilite une percussion bien centrée, évoluant au ras du sol sans risque d'accrochage de la roche.

En préambule à l'emploi des coins, un second outil spécifique intervient obligatoirement pour creuser leurs emboîtures. Dans la carrière de Mathieu, cet instrument est connu exclusivement par l'intermédiaire de ses traces très nettes et explicites (fig. 51, **138** et **139**). Si l'on en juge par la disposition généralement concentrique de très fins sillons sur les faces planes des emboîtures et par les petites empreintes rectangulaires de 1,5 cm de largeur moyenne, visibles dans le fond, l'outil utilisé est obligatoirement à percussion lancée linéaire transversale. Autrement dit, il s'agit d'un outil emmanché et muni d'un petit tranchant de 1,5 cm disposé perpendiculairement à son manche. Parmi l'outillage traditionnel des carriers, seul le mortaisoir (Sganzin-Reibell s.d.: fig. 6 et 6bis) correspond à cette définition. Au début du XXe s., dans les carrières de Porcieu, Vassieu et du Combeau en Isère, cet outil était encore utilisé pour creuser toutes sortes de mortaises étroites, en particulier des emboîtures.[21] Un mortaisoir similaire est toujours employé

18 Voir les exemples publiés dans les synthèses de R. Bedon (1984: 126) et de A. Dworakowska (1983: 74-87).

19 Voir surtout Bulliot (1888: 215), Lebel (1953: 362), Laville (1963: 150), Sapène (1946: 320); dans la plupart des cas les illustrations sont absentes ou peu explicites, interdisant toutes comparaisons.

20 Une mailloche (Noël 1968: 226) en bois, même très dur, n'aurait pu aboutir à ce résultat.

21 Dans ce bassin carrier, il était dénommé "plate"; ailleurs dans l'Ain à Villebois, il était connu sous l'appellation "marteau à pointes plates" (Musée des Arts et Traditions Populaires, Paris, n° d'inventaire 62.132.1).

Fig. 138 Vue de face d'une série d'emboîtures romaines creusées sur le sol de la carrière de Mathieu.

Fig. 139 Vue de dessus d'une série d'emboîtures romaines de la carrière de Mathieu. Les sillons concentriques visibles sur leurs parois sont ceux d'un mortaisoir utilisé par un gaucher.

dans les carrières syriennes pour cette tâche. Sa silhouette générale correspond à celle d'une feuille de laurier, et le corps de l'outil est très aplati sauf autour du manche (Bessac *et al.* 1995: s.p.). Parmi les outils issus de fouilles, les mortaisoirs sont malaisés à identifier, tant à cause de la faible largeur de leur tranchant que du fait de l'oxydation qui leur donne une allure générale de pic. Dans les publications d'outillage antique, il semble bien qu'il y ait au moins un tel exemplaire provenant de Compiègne; son dessin montre nettement deux petits tranchants et non deux pointes (Hofmann 1965: 11-13, n° 46).

Mise en place des coins dans les exploitations du Haut Empire

Par rapport au pendage géologique de la pierre des Lens, la position des coins a peu d'importance alors que dans d'autres affleurements elle est souvent considérée comme primordiale.[22] Dans la carrière de Mathieu, en dehors des deux grands joints de stratification très nets, espacés

22 Dans la région de Castries (Hérault) les carriers choisissent toujours une progression correspondant à un travail des coins dans le même sens que le pendage pour bien maîtriser la cassure (Bessac 1987b: 136).

d'environ 4,20 m en hauteur et inclinés au sud-est, la masse de pierre est parfaitement homogène en tous sens. Sur la roche fraîche, il est tout à fait impossible de déceler le moindre lit[23] susceptible de constituer une zone de faiblesse pour le travail des coins. Par conséquent, deux éventualités se présentent, pour le carrier antique comme pour le carrier moderne: dans la plus commune, il se trouve loin des joints de stratification face à du calcaire tout à fait isotrope; il peut donc disposer ses coins comme il lui convient; dans la seconde situation, il doit tenir compte de la présence d'un joint de stratification très visible car souvent vide. Au stade du creusement des tranchées d'escoude, ce vide oblige le carrier à s'arrêter à cette profondeur. C'est la raison pour laquelle, dans l'angle nord-ouest de la carrière de Mathieu comme dans le haut de l'excavation méridionale des Pielles, on ne distingue presque pas de traces d'escoude sur le sol de carrière constitué par le joint de stratification (fig. 69 et 137). Face à de telles situations, l'ouvrier doit obligatoirement disposer ses coins en correspondance avec le plan du joint de stratification. Leur direction importe peu; la rupture se produit automatiquement selon cette zone de faiblesse quelle que soit leur position, en haut ou en bas, sur la surface du joint. Seules les éventuelles coulées de calcite risquent de contrecarrer l'arrachement du bloc, mais cela est totalement indépendant du sens du pendage.

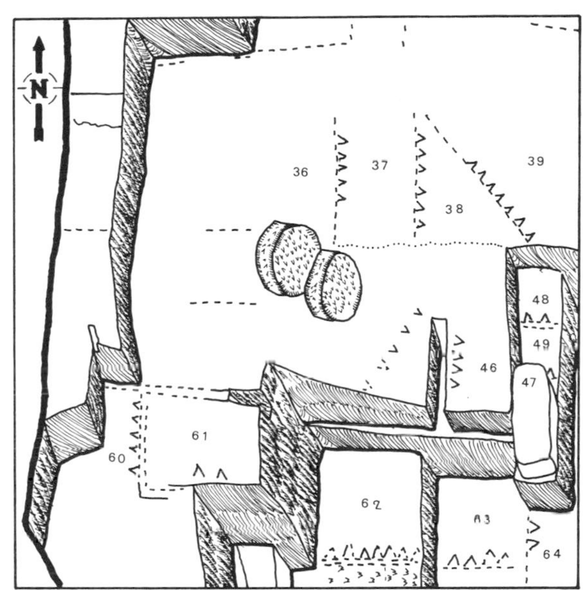

Fig. 140 Emboîtures clairsemées sur le joint de stratification dans le secteur nord-ouest de la carrière de Mathieu .

Le logement des coins antiques se pratique dans des emboîtures indépendantes et non dans de longues saignées continues. Par conséquent, avant de les creuser, le carrier romain doit évaluer la force d'adhérence du bloc au substrat afin de déterminer le nombre et la densité linéaire des coins nécessaires. Ce paramètre est très constant dans la roche homogène dépourvue de joint de stratification. En revanche, il devient très variable lorsque le bloc se trouve au niveau de ce dernier; la résistance à la rupture dépend alors de l'étendue et de la régularité d'éventuelles coulées de calcite dans le joint. Dans l'angle nord-ouest de la carrière de Mathieu, sur le joint de stratification, peu calcité mais de façon irrégulière, les emboîtures sont rares et souvent assez largement espacées. Par endroits, la distance les séparant peut atteindre 50 cm et réduire leur nombre à deux pour un bloc (fig. **140**, empreinte de bloc n° 61). Cependant, cet espacement est assez irrégulier et l'on mesure aussi, toujours sur ce joint mais pour d'autres blocs, des distances de l'ordre de 20 cm (n° 36 à 38) et parfois des variations sensibles sur une seule empreinte de pierre (n° 6). Sur la face supérieure du joint de stratification, à l'ouest de l'excavation méridionale des Pielles, la situation est identique. Pour certains blocs, le carrier romain est donc obligé de calculer une répartition optimale des emboîtures, ce dont son successeur du XIXe s. est dispensé grâce à l'usage d'une saignée continue.

Dans la roche homogène et massive, hors des joints de stratification, l'espacement des emboîtures antiques semble répondre à une norme assez souple établie empiriquement au contact du matériau et se situant aux environs de 20 cm. Dans cette situation qui se révèle la plus couran-

23 Dans la pierre des Lens, les lits de carrière (*cf.* Noël 1968: 222) sont si peu marqués qu'ils ne deviennent apparents qu'après 2 ou 3 ans d'exposition aux intempéries (fig. 15); après quelques décennies, ils s'estompent.

Fig. 141 Séries d'emboîtures romaines de la carrière de Mathieu rectifiées à l'entrée au mortaisoir et portant la double rainure pour le calage des coins.

Fig. 142 Séries d'emboîtures romaincs de la carrière de Mathieu rectifiées au marteau taillant, côté extérieur près de leur entrée.

te, elles sont contiguës et, par conséquent, la largeur de leur ouverture joue aussi sur leur espacement (fig. 138 et 139). L'usage des emboitures indépendantes est assez commun dans l'ensemble du monde romain. Toutefois, dans les pierres dures, en avant des trous, il est très fréquemment signalé la présence de longues saignées étroites; il s'agit souvent de la préparation d'une fracture verticale.[24] Dans les chantiers antiques des Lens, aucun aménagement semblable n'a jamais été identifié sur un sol de carrière mais il en est autrement pour les débits secondaires après extraction (voir p.249).

Toutes les emboîtures du Haut Empire sont creusées au mortaisoir; chaque ouvrier a sa façon propre de les réaliser et cela conditionne leur forme et leurs dimensions. Seule leur épaisseur est à peu près fixe et dépend de la largeur du tranchant du mortaisoir (fig. 51 et 138), laquelle est habituellement comprise entre 1,5 et 1,8 cm malgré quelques écarts extrêmes de 1,3 à 2,3 cm (moyenne 1,64 cm). En dehors des mesures exceptionnelles, leurs autres dimensions varient de 11 à 17 cm pour la profondeur (moyenne 13,7 cm), de 12 à 18 cm pour l'ouverture (moyenne 15,15 cm) et de 2 à 10 cm pour le fond, s'il s'agit d'une forme plus ou moins trapézoïdale. Parfois, des augmentations de 0,1 à 0,4 cm de l'épaisseur à l'ouverture trahissent une relative imprécision dans le geste de certains ouvriers. Avant de commencer le creusement des emboîtures, certains carriers préfèrent dégager les abords des ouvertures en rectifiant le sol de quelques coups de mortaisoir donnés en ligne (fig. **141**). Plus exceptionnellement, ce travail accessoire peut être réalisé au marteau taillant (fig. **142**).

Lorsqu'il s'agit de descendre d'un degré en changeant le niveau du sol de carrière afin d'atteindre la base d'une nouvelle série de pierres, la place manque pour les coins. L'ouvrier romain doit alors sacrifier un volume de roche correspondant à celui d'un petit bloc (fig. **143**). Dans la carrière de Mathieu, plusieurs empreintes résultent de cette opération (n° 146, 187 et 209, par exemple). Le choix du bloc à sacrifier se fait, de préférence, en fonction de la présence de défauts naturels. Généralement, cette destruction est pratiquée en cernant le secteur à creuser de trois tranchées d'escoude puis en détruisant la roche restante, soit avec cet outil (n° 146), soit avec le pic (n° 187). Quelquefois, quand il suffit de rattraper une faible différence de niveau, la destruction de la pierre est effectuée directement au pic sans tranchée (n° 209). La cuvette ainsi créée offre alors des contours plus irréguliers.

Comme leurs successeurs modernes, les carriers romains sont obligés d'incliner les emboîtures par rapport au sol afin de préserver un espace suffisant pour le maniement de leur mortaisoir

24 Voir les exemples cités par C. Dubois (1908: XLII), R. Bedon (1984: 105), M. Waelkens (1990: 61, fig. 14 et 15). Il existe aussi de telles saignées creusées au-dessus des emboitures verticales de toutes les pierres dures et froides extraites à proximité immédiate de Nîmes (Bessac 1981a: 62, fig. du bas).

Fig. 143 Destruction de la roche pour pouvoir creuser les emboîtures et percuter les coins lors d'un changement de niveau de sol de carrière (ph. L. Damelet).

(fig. **144**). Ils le font de manière plus nette en les inclinant de 20 à 25° mais leur position de travail reste identique. Le creusement se pratique par séries de coups distribués en sillons linéaires selon le même principe utilisé dans les tranchées d'escoude, sauf qu'ici l'étroitesse de l'emboîture est telle qu'une seule passe suffit (fig. 138). Le sens des coups est en principe identique pour chaque ouvrier; ce dernier les aligne sur l'un des bords de l'emboîture. Vus de face, les sillons produits sont inclinés vers la gauche pour un droitier et à l'opposé pour un gaucher (fig. 139). Quelle que soit la bonne main du carrier, une courte reprise à contresens est nécessaire pour finir le second bord. Cela constitue une petite difficulté dont le spécialiste moderne est libéré puisqu'il creuse une saignée continue. En contrepartie, l'économie globale du creusement des emboîtures antiques par rapport aux modernes s'élève à près de 50%. Il faut cependant que le professionnel romain soit suffisamment compétent ou bien conseillé pour définir la densité et la position de ses coins, avant de commencer; car après cette opération il est trop tard pour changer d'avis. Notons aussi un certain désavantage du système antique résultant du caractère discontinu des emboîtures, qui ne facilite pas le bon déroulement de la rupture autant que les longues saignées modernes. Les plans de fracture sont souvent moins réguliers qu'avec ces dernières. C'est cet inconvénient qui a incité la plupart des exploitants romains de marbres à adopter l'usage des saignées continues, creusées à l'avant des emboîtures, afin de garantir une bonne extraction de ces matériaux.

Les différences dimensionnelles et surtout la diversité des découpes des emboîtures antiques pourront peut-être apporter des repères chronologiques lorsque se sera développée l'étude d'autres exploitations nettement plus tardives, comme la carrière basse de Frigoulet B3. Pour l'instant, la comparaison des chantiers du Haut Empire, sites de Mathieu et des Pielles, avec celui du début du IIe s. de cette dernière carrière n'a pas donné de résultats significatifs. Actuellement, en dehors du Haut Empire, les sols de carrière dégagés sont trop rares pour que l'on puisse établir des rapprochements fondés sur une base statistique sûre. Dans la carrière de Mathieu, ces variations restent modérées et interdisent toute hypothèse relative à une évolu-

Fig. 144 Position du carrier romain (droitier) creusant des emboîtures (dessin M.-R. Aucher).

Fig.145 Position du carrier romain au cours du forcage des coins à la masse (dessin M.-R. Aucher).

tion chronologique en raison de sa courte période d'activité. Ces petites différences révèlent plutôt des habitudes individuelles qui autorisent des essais de dénombrement des carriers. Ainsi, dans la partie la plus profonde de la carrière de Mathieu, on distingue nettement, sur les empreintes de plusieurs longs monolithes destinés à la confection de fûts de colonne, un creusement des emboîtures pris en charge simultanément par deux ouvriers différents. Ce partage de la tâche se fait généralement au milieu du bloc mais parfois l'un creuse la moitié des emboîtures au centre tandis que l'autre s'occupe de celles des deux extrémités.

L'étude du coin romain cassé en place sous un bloc (fig. 137) montre qu'il était disposé là sans paumelles. Un coin ainsi mis en place risque fort de se tourner en travers sous les puissants impacts de la masse. Les carriers du Haut Empire remédient à cet inconvénient en creusant deux courts sillons parallèles et espacés de 3 à 5 cm sur les faces de l'emboîture de part et d'autre de son axe, là où doit être posé le coin (fig. 141). Il est difficile d'identifier l'instrument employé pour ces creusements; l'angle du tranchant du mortaisoir a pu suffire. Ces deux sillons ont pour rôle de caler les coins mais peut-être aussi d'affaiblir très localement la pierre de façon à ce que le fer puisse mieux faire sa place par écrasement du calcaire, bloquant ainsi davantage l'outil. Entre les deux sillons, la pierre est si fortement comprimée que le matériau change d'aspect en surface par rapport à la roche environnante. Elle forme une sorte de croûte très blanche, dure et polie qui permet maintenant de repérer la position initiale des coins antiques, y compris quand tous les vestiges d'emboîtures ont disparu.

Tension des coins romains et arrachement du bloc

D'emblée, éliminons la scène caricaturale du robuste carrier antique frappant violemment ses coins avec une masse; son travail est beaucoup plus subtil et complexe que ne le laisse croire cette image populaire. L'équilibre des forces appliquées aux coins doit être aussi bien dosé pour les carriers romains que pour ses confrères modernes. Sa position de travail est alors pratiquement identique (fig. **145**). Le creusement simultané des emboîtures romaines par deux hommes démontre aussi que les carriers s'associent, si nécessaire, chacun étant muni d'une masse métallique pour frapper les coins. Mais le plus souvent un seul carrier suffit, en particulier pour des blocs moyens et petits.

Une bonne connaissance mécanique du fonctionnement des coins et une surveillance auditive de leur travail sont attestées indirectement par Héron d'Alexandrie qui écrit:

> Le coin est mû par le coup dans un certain temps car il n'y a pas de mouvement sans temps; et ce coup agit seulement par un contact qui ne se prolonge pas sur le coin, même pendant un temps très court. Il s'ensuit évidemment qu'après que le choc a cessé, le coin se meut encore; c'est ce que nous apprenons aussi d'une autre manière, par les sons qui après le coup se font entendre pendant quelque temps dans le coin et par les mouvements qui accompagnent le mouvement de son angle. Donc il suffit à la percussion pour agir du temps très court pendant lequel elle persiste sur le coin.[25]

Cet auteur antique expose ensuite, à l'aide de longues démonstrations, tous les aspects théoriques du fonctionnement du coin. Héron d'Alexandrie vivait environ un demi-siècle plus tard que la fin de l'exploitation principale étudiée ici, soit durant la deuxième moitié du Ier s. (Hill 1988: 9); mais ses écrits doivent beaucoup de leur substance à ses prédécesseurs latins et grecs, Aristote en particulier (Carra de Vaux 1988: 45). Naturellement, personne ne soupçonne les carriers romains du Bois des Lens d'avoir été des lecteurs de ces auteurs classiques. Mais ces derniers ont certainement mis en théorie une connaissance empirique accumulée sur plusieurs siècles par les professionnels de la pierre, en particulier. Si l'on s'en réfère au passage suivant d'Héron d'Alexandrie:

> Ses emplois [du coin] sont variés; mais, le plus souvent, on s'en sert pour fendre la partie inférieure des pierres que l'on veut détacher, après les avoir au préalable séparées sur les côtés, de la masse dont on veut les détacher. (*id.* 1988: 120),

on constate que la technique des carriers était concernée au tout premier chef. L'auteur des *"Mécaniques"* donne là exactement la description de l'arrachement d'un bloc du substrat à l'aide de coins insérés à sa base après l'avoir isolé verticalement par des tranchées. La connaissance des effets du coin dans l'extraction de la pierre dépasse le cadre étroit des "mécaniciens" antiques. Un naturaliste comme Pline l'Ancien y fait également allusion: *sed in Pariorum mirabile proditur, glaeba lapidis unius cuneis diudentium soluta, imaginem Sleni intus extitisse* ["Mais voici le prodige qui survint, rapporte-t-on, dans celles (les carrières) de Paros: comme les coins des ouvriers qui dégageaient le marbre avaient isolé la masse d'un seul bloc, l'image d'un silène y apparut"] (André *et al.* 1981: 53).

La rupture du bloc ne se produit pas toujours comme le souhaite le carrier romain. Tout en restant dans des limites acceptables, les défauts d'extraction survenant à ce stade du travail sont plus importants durant cette première période de l'activité de la carrière de Mathieu ou des Pielles qu'à l'époque moderne. Après l'enlèvement du bloc, un mauvais arrachement est concrétisé sur le sol de carrière par une forte protubérance informe dans l'histoire de Pline citée ci-dessus (celle-ci correspond au silène). Cette bosse induit une perte de volume équivalente sur la pierre obligeant parfois à recommencer tout le travail (fig. 57 à droite). Il existe aussi des défauts matérialisés par l'extraction d'une seule moitié du bloc suite à une mauvaise répartition de la force des coins ou bien parce que le carrier n'a pas décelé à temps une microfissure verticale ou oblique. Au plus profond de la carrière de Mathieu, près du front oriental, se trouvent deux empreintes (n° 287 et 304) sur lesquelles les ouvriers romains ont identifié une microfissure pendant le creusement des emboîtures. Ils ont alors stoppé leur travail à son aplomb et ont récupéré seulement la partie du bloc la plus longue. Les exemples observables de cette pratique correspondent avec la fin d'une période d'activité de l'exploitation. Il est probable que dans le cas où une poursuite de l'exploitation aurait été envisagée, la partie restante aurait été également détachée.

Une constatation intéressante a été faite dans l'excavation méridionale des Pielles. Côté front sud, sur une partie du sol de carrière exploité au début du IIe s., se trouvent les empreintes d'une série de quatre blocs approximativement de mêmes dimensions (140 x 70 x 40 cm) (fig. **146**). En cet endroit, la roche est traversée par une petite fissure verticale très difficilement perceptible et partiellement ressoudée par de la calcite. Malgré cette consolidation naturelle,

---

25 Des raisons techniques empêchent la transcription du texte arabe établi par Qustä Ibn lüquä et traduite en français par Carra de Vaux (1988).

Fig. 146 Série de quatre empreintes de blocs du chantier du début du IIe s. dans l'excavation sud des Pielles. Les emboîtures sont délibérément resserrées côté droit en correspondance avec une microfissure.

ce défaut constitue une zone de faiblesse susceptible d'occasionner une cassure en deux morceaux du bloc sous l'effet de la pression des coins. Afin d'éviter ce risque, sous ces quatre blocs les carriers romains ont espacé les emboîtures de 40 cm en moyenne, sauf à l'aplomb du défaut où un coin intermédiaire a été inséré entre les autres. Ainsi, équitablement répartie de part et d'autre de la fissure, la pression de ces coins supplémentaires a certainement permis de récupérer à chaque fois un bloc entier. Cette petite précaution, prise par le carrier, révèle indirectement plusieurs informations relatives à l'organisation générale de l'exploitation, thème développé plus loin (voir p.290), mais ce qui apparaît surtout ici c'est l'engagement de sa responsabilité vis-à-vis de la bonne exécution de cette tâche.

Dans la carrière de Mathieu, sous l'empreinte n° 33 où un fragment de coin romain a été découvert en place, une situation très différente se présente (fig. 137). Là, après avoir réalisé une tranchée latérale, le carrier a voulu profiter d'une lithoclase verticale pratiquement parallèle à la face antérieure du bloc pour économiser le creusement de la tranchée arrière. Après avoir creusé ses emboîtures, il a mis ses coins sous pression comme il aurait fait pour une pierre complètement isolée par des tranchées. Voyant qu'il n'obtenait aucun résultat, il a percuté les coins plus qu'il ne fallait, si bien que celui de l'angle s'est rompu et s'est bloqué dans son emboîture. Sous l'effet de ce traitement énergique, les autres coins ont fini par fonctionner mais seulement en partie; le bloc s'est alors fissuré obliquement et a dû certainement être jeté dans les déblais. Ce carrier avait sous-évalué la résistance de la fissure fortement soudée par des coulées de calcite. Un emploi des coins tout à fait exceptionnel dans les carrières des Lens concerne le détachement d'un bloc à l'entrée de la carrière de Mathieu. Là les emboîtures ont été pratiquées verticalement sur le sol de carrière supérieur sans creuser de tranchées d'escoude. Ce mode d'extraction romain ne doit pas être confondu avec le tranchage vertical sur la hauteur du front dans les exploitations souterraines (Röder 1957: pl. 29). Il est commun sur certains bancs des carrières de pierre dure exploités durant le Haut Empire aux abords de la ville de Nîmes et aussi ailleurs dans le monde classique,[26] là

26 Technique identifiée dans la carrière de Canteduc sur un front de la fin du Ier s. de n.è. (Bessac 1987a: 34) et dans celle plus tardive de Barutel (Drouot 1974: 116). Dans cette dernière il s'agit d'une pratique liée à une phase d'abandon (Bessac 1981a: 63). Ailleurs cette technique, très dépendante des conditions lithostratigraphiques des affleurements, est commune sur certaines roches dures mais pratiquement inexistante pour les calcaires tendres et fermes. Signalée en Egypte sur du granite pour des périodes assez anciennes, semble-t-il (Röder 1965: 535-544), elle apparaît aussi sur du calcaire très dur dans les

où se trouvent des joints de stratification espacés de moins d'un mètre et libres de calcite. Dans la carrière de Mathieu, ce n'est pas une extraction en règle mais une rectification ponctuelle du rocher afin de prolonger un mur de soutènement.

De nombreuses emboîtures de formes et de tailles diverses existent ailleurs dans l'Empire romain.[27] Le problème majeur qui subsiste pour leur utilisation archéologique comme référence vient du fait qu'elles ont été observées dans des carrières de pierre très variées, quant à leur nature géologique et technique, lesquelles sont rarement signalées avec précision. De plus, les sols et les fronts étudiés sont presque toujours mal datés. Après les réserves statistiques et surtout chronologiques émises plus haut, au sujet des comparaisons typologiques entre les grandes séries d'emboîtures étudiées dans la carrière de Mathieu et les quelques exemplaires mis au jour dans les autres exploitations du massif des Lens, le lecteur comprendra mieux qu'un élargissement des comparaisons soit encore prématuré, étant donné le stade actuel de la recherche.

La régularisation du sol de carrière

La relative imprécision de la rupture des blocs dans les chantiers romains produit quelques protubérances et irrégularités superficielles sur les sols de carrière. Trois raisons essentielles obligent les carriers à supprimer ou à réduire ces reliefs éventuels. Dès que le bloc est détaché, il faut l'enlever de son emplacement géologique et le déplacer un peu plus loin, d'abord pour l'équarrir, ensuite pour l'amener sur le lieu de chargement. Pour cela, il faut le pousser sur des gros rouleaux de bois dont l'emploi exige un sol à peu près plat. Le second motif de régularisation vise à apprêter un plan de référence pour tracer un nouveau canevas d'extraction sur le prochain niveau de travail. Cet aspect prospectif de l'opération offre aussi l'avantage de dresser sommairement la face supérieure des futurs blocs à extraire. Mais ce sont là des raisons incitant à renvoyer les rectifications à plus tard, d'autant que l'extraction au-dessous sera peut-être reprise par un autre carrier ou une autre équipe. La troisième raison concerne exclusivement la suppression des protubérances situées sur le sol de carrière dans une bande d'une quarantaine de centimètres en avant du prochain bloc à extraire. Les reliefs de la roche situés dans cette zone risquent de gêner le carrier dans ses mouvements au moment du creusement des emboîtures et ensuite, durant la phase de la percussion des coins à la masse. Chaque carrier est donc, malgré tout, quasiment contraint de régulariser le sol, le plus tôt possible après l'extraction, à l'emplacement de la pierre qu'il vient d'extraire. Les seuls cas où il peut échapper à ce travail correspondent à des situations de fin d'exploitation. C'est pourquoi les plus grosses protubérances qui subsistent se trouvent essentiellement au contact des derniers fronts de taille à avoir été exploités (fig. 57). Le travail de régularisation des sols peut se pratiquer avec quatre outils principaux: l'escoude, le pic, les coins et le mortaisoir.

Les rectifications du sol au pic sont les plus fréquentes et représentent un peu plus de la moitié du total. Sa conformation courte et trapue (Bessac 1987c: 14-24) convient parfaitement à ce travail. Le fait que cet outil de dégrossissage, voire de taille et non d'extraction proprement dite, soit employé ici par les ouvriers chargés d'extraire les blocs peut être interprété comme un indice en faveur d'une certaine polyvalence des carriers de ces chantiers romains. Statistiquement, c'est l'escoude qui intervient en second lieu (tabl. 8). Son usage dans cette tâche est naturel; c'est l'outil principal du carrier, celui auquel il est le plus habitué. Il est néanmoins surprenant qu'une telle opération de travail en surface ait pu être réalisée avec un outil aussi lourd et long que le seul spécimen romain connu (fig. 129). Bien qu'il soit possible de supprimer

---

carrières de Persépolis (Nylander 1990: 78, fig. 4). Elle a été également remarquée sur du marbre en Grèce à Thasos (Kozelj 1988: 34).

27 Voir les principales synthèses sur les carrières de cette époque (Dubois 1908: XL-XLV; Ward-Perkins 1973: 140; Dworakowska 1983: 141, fig. 8; Bedon 1984: 105-106; Cisneros Conchillos 1988: 27 et 67).

Fig. 147 Position du carrier romain au cours d'une rectification de sol à l'escoude (dessin M.-R. Aucher).

ainsi les bosses de la roche, à chaque impact sur le sol, une telle escoude non guidée par une étroite tranchée, doit être fortement déséquilibrée, obligeant l'ouvrier à fournir des efforts supplémentaires pour la stabiliser avant de l'actionner une nouvelle fois (fig. **147**). C'est pourquoi sa fréquence d'emploi dans cette phase annexe de l'extraction appuie l'hypothèse de l'existence d'un second modèle plus léger et plus court, à l'image de "l'*escoudette*" moderne.

L'usage d'un ou plusieurs coins pour supprimer une protubérance sur le sol implique qu'elle ait au minimum 15 cm de haut et 0,5 m^2 en surface afin que le principe du coin puisse fonctionner efficacement et surtout pour que sa mise en œuvre devienne rentable. Au-dessous de ces dimensions, il est plus facile et plus rapide d'utiliser le pic ou l'escoude. La grande rareté des traces d'emboîtures identifiées dans le contexte d'une telle opération (tabl. 8) révèle le caractère assez exceptionnel des très mauvais arrachements. La régularisation du sol au mortaisoir, quant à elle, est limitée aux environs immédiats de l'entrée des emboîtures, à la base des blocs. Il s'agit souvent d'un affinage localisé, linéaire et assez indépendant d'une éventuelle régularisation générale. Ici sont surtout visées les balèvres qui subsistent fréquemment au droit de la tranchée postérieure du bloc précédemment extrait (fig. 141). Cette rectification est habituellement pratiquée bien après le dégagement de la pierre à l'origine de la protubérance, juste avant de commencer le creusement de nouvelles emboîtures. Ce n'est pas forcément le carrier responsable de l'extraction à l'origine du défaut qui intervient. A titre très exceptionnel, cette régularisation est réalisée avec un marteau taillant en alignant une suite d'impacts perpendiculaires à la tranchée d'extraction pour supprimer ses balèvres (fig. 142).[28]

L'EXTRACTION DE TRADITION HELLÉNISTIQUE

En additionnant les trois chantiers des carrières de La Figuière A4, du Roquet B9 et des Pielles C2, où apparaît l'extraction de tradition hellénistique (la plus ancienne de l'affleurement), c'est moins de 100 m^2 de vestiges qu'il faut compter contre une surface au moins vingt fois supérieure pour la période du Haut Empire. Ces structures d'extraction initiales ont été très fréquemment remises à nu et souvent largement modifiées ou détruites par les exploitations postérieures, en particulier durant l'époque romaine. Il ne faudra donc pas s'étonner de certaines lacunes et imprécisions des résultats présentés ci-après, tant dans le domaine technique que dans le domaine chronologique.

Une extraction initiale encore difficile à bien situer dans le temps

L'extraction de tradition hellénistique pourrait être qualifiée de préromaine d'une façon

---

28 Cette pratique apparaît sur une empreinte de la carrière de Mathieu. Le marteau taillant est un outil de taille et d'ébauche (Bessac 1987c: 39-51). C'est donc là d'un nouvel indice en faveur d'une certaine polyvalence des carriers.

générale; cependant, ce point de vue s'avère assez théorique, une fois confronté au terrain, et il est nécessaire de l'adapter à la situation locale. Modifiant sensiblement les données archéologiques en vigueur jusqu'ici, les dernières découvertes archéologiques réalisées à Nîmes au sud du Temple de Diane montrent des constructions romaines en pierre de taille édifiées assez précocement, dès la première moitié du Ier s. av. n.è., semble-t-il (Guillet *et al.* 1992: 57-89). Même si l'on s'en tient à la période charnière des années 30 av. n.è., pour laquelle les changements dans les techniques du travail de la pierre sont particulièrement bien avérés dans la région (Bessac 1988a: 63-71), on peut très bien imaginer un certain chevauchement chronologique dans les pratiques. Des équipes régionales formées aux techniques d'extraction et de taille de tradition hellénistique n'ont certainement pas changé leurs habitudes professionnelles subitement. Divers indices le prouvent, notamment à *Ambrussum* à Villetelle dans l'Hérault (Bessac, Fiches 1979: 150). Plus près de nous, l'étude des exploitations modernes des Lens (voir chapit. 9), démontre clairement qu'en dépit de l'apparition de techniques très efficaces, comme le fil hélicoïdal vers 1920 et du marteau perforateur pneumatique vers 1930, l'extraction traditionnelle à l'escoude se poursuit encore jusqu'aux environs des années 1950. Dans l'Antiquité, les changements technologiques sont rarement aussi radicaux. Ainsi, on peut imaginer des petites équipes régionales perpétuant des techniques de tradition hellénistique, tandis qu'à proximité, dans le même affleurement, œuvrent des entreprises venues du monde romain avec un outillage un peu plus perfectionné. On peut également envisager cette dernière catégorie de professionnels ouvrant une carrière pour approvisionner un petit chantier de construction de courte durée. Après un premier abandon des lieux, cette exploitation peut être reprise par une équipe régionale pratiquant encore une extraction de tradition hellénistique. Une telle situation apparaît dans l'excavation centrale des carrières des Pielles.

On peut s'interroger sur le choix de la dénomination du type d'extraction qualifié ici de "tradition hellénistique" plutôt que "gallo-grecque". Ce dernier terme aurait pu également convenir et il a été l'objet de longues hésitations; une mise au point à ce sujet s'avère donc indispensable. Après plusieurs siècles de présence dans les comptoirs grecs de la côte méditerranéenne, voire dans des petites cités de l'intérieur des terres, comme *Glanum* à Saint-Rémy-de-Provence (B.-du-Rh.), et de nombreux contacts avec l'arrière-pays, ponctués de réalisations architecturales d'envergures diverses, comme la tour hellénistique de l'*oppidum* de Mauressip, voire certains murs d'Uzès (Bessac 1993: 223, note 44), peut-on envisager une certaine symbiose technique entre les deux cultures matérielles indigène et grecque? C'est possible dans certains domaines artisanaux et en particulier dans le secteur du travail de la pierre. Mais pour l'instant, étant donné les principes d'extraction analysés plus loin, rien ne prouve le moindre apport technique proprement indigène (considéré au sens large du mot), même s'il est parfois permis de supposer une intervention directe dans ce domaine vers la fin de cette période. A ce niveau du travail dans le Bois des Lens, on perçoit à peine une commande différente de l'extraction hellénistique ordinaire et peut-être une organisation moins rigoureuse de l'exploitation, accompagnée d'une petite baisse de la qualité. Mises à part ces nuances, somme toute minimes, ces techniques d'extraction de tradition hellénistique locales s'apparentent tout à fait à celles qui ont été observées dans le domaine massaliote (Bessac 1980: 137-157), ainsi qu'à celles qui sont en cours d'étude à l'autre extrémité de cette aire culturelle.[29] Comme on le verra plus loin (voir p.232), il existe aussi un mode d'extraction qui a succédé au chantier primitif de la carrière du Roquet B9, tout en restant antérieur à l'activité du Haut Empire. Ce second chantier se distingue assez nettement des pratiques initiales de tradition hellénistique. Là, il faut supposer une tradition technique indigène, autrement dit gauloise, assez forte, peut-être prédominante par rapport à l'apport hellénistique. Pour la différencier de la précédente, elle sera dénommée ici "extraction de tradition gallo-grecque", en sachant bien qu'il est difficile de faire la part exacte revenant à chaque culture.

---

29 Notamment sur les fortifications de Doura-Europos en Syrie (Bessac 1988c: 302).

Ce long préambule pour introduire les techniques d'extraction de tradition hellénistique est indispensable en raison de la rareté des éléments permettant de les situer au sein d'une chronologie absolue. L'étude, encore en cours, de la carrière de La Figuière A4 a bénéficié de l'apport typologique et chronologique des deux autres sites fouillés antérieurement. L'attribution de ses structures initiales aux pratiques hellénistiques s'est donc faite sur la base d'analogies étendues à d'autres carrières similaires étudiées hors du Bois des Lens. D'un autre côté, la chronologie relative de ce premier petit chantier d'extraction est confortée par la coupure de ses structures d'origine par une reprise de l'activité caractéristique de l'époque romaine. Dans le site du Roquet B9, l'extraction de tradition hellénistique a été approfondie ensuite par un chantier intermédiaire de tradition gallo-grecque; une tentative de reprise de l'exploitation au début du Haut Empire marque ces dernières traces. Ainsi, dans ce cas précis, il semble que l'on puisse, en outre, qualifier de préromaine l'activité du chantier primitif de cette carrière. Il en est tout autrement pour le chantier de tradition hellénistique de l'excavation centrale des Pielles C2, assez tardif puisqu'implanté sur une première extraction de type romain réalisée au début du Haut Empire.

L'escoude de tradition hellénistique: textes et hypothèses

Contrairement à l'escoude du Haut Empire, le modèle de tradition hellénistique n'a pas laissé de témoignages iconographiques et, pour l'instant, aucune découverte de cet outil, même fragmentaire, n'a jamais été réalisée, ni ici ni ailleurs semble-t-il. Comme l'a très bien démontré A. Dworakowska (1974: 21-25), pour ce qui est de la connaissance des pics d'extraction dans le monde grec, la situation est tout autant lacunaire. Le seul spécimen découvert dans une carrière d'origine grecque provient de couches mal datées; en outre, rien n'atteste qu'il servait à l'extraction (Dworakowska 1975: 118-121). Les textes grecs des IIIe et IIe s. av. n.è., en particulier ceux d'Egypte, traitent d'un outil, le "*latomis*", ou le "*tykos*", susceptible de correspondre à l'instrument d'extraction dont il est question ici. A. Dworakowska (1974: 22-24) a soigneusement étudié ces textes et détaille les principaux caractères techniques mis en évidence par ses traductions. En voici les principaux points qui autorisent quelques rapprochements avec les traces observées dans les carrières des Lens:

- "was a type of hammer used by workers in quarries, ...
- its head was made of iron and was fitted out with an end (or ends) made of "stomona" and requiring sharpening,... [suivent quelques indications assez difficiles à utiliser ici sur le poids possible de l'outil].
- the striking face of the head was probably wedge-shaped,..
- the striking face of the head was shaped like the beak of the bird called "krekes"; it was long, very sharp and saw-shaped,
- was used to strike the stone directly and not to strike another tool."

L'auteur ajoute ensuite deux nouveaux points sans rapport direct avec l'extraction et qui laissent supposer une certaine polyvalence de l'outil lui permettant, en outre, d'ébaucher les blocs de pierre sur le chantier de construction et même d'affiner leur taille. Ce sont là des rôles complémentaires qu'il m'est difficile d'imaginer comme compatibles avec les caractères d'un outil d'extraction spécifique — à moins qu'il ne s'agisse ici de fonctions très occasionnelles. Plus loin, l'auteur précise que le tranchant de l'outil était affûté transversalement par rapport au manche et que c'était un lourd marteau à long manche tenu des deux mains. Par ailleurs, l'existence d'une variante un peu différente, désignée également par le même mot "*tykos*", est envisagée (Dworakowska 1974: 24) — ce qui permettrait d'expliquer l'usage de l'outil pour équarrir les pierres, une fois extraites. Enfin, après une revue critique des écrits traitant le sujet, A. Dworakowska conclut qu'il faut être d'une extrême réserve dans le domaine des références aux textes anciens concernant les marteaux de carrier. Comme je partage pleinement ce point de vue, c'est toujours la référence au terme traditionnel "escoude" qui sera utilisé ici pour l'outil d'extraction hellénistique, plutôt que des termes latins ou grecs dont l'adéquation reste à démontrer.

Fig. 148 Empreinte de bloc carré sur le chantier de tradition hellénistique des Pielles. A droite, on distingue quatre emboîtures.

La faible spécificité des traces de l'outil de tradition hellénistique

Les traces de l'escoude de tradition hellénistique utilisée dans les carrières des Lens se distinguent à peine de celles du modèle romain. En considérant seulement les sillons produits latéralement sur les fronts de taille, il est impossible de reconnaître la moindre différence significative. La largeur des tranchées est dictée par le même impératif: la largeur du pied et de la jambe du carrier. Elle varie donc de 9 à 11 cm et se rétrécit fréquemment vers le fond. La hauteur des blocs extraits est assez faible; elle reste inférieure à 50 cm alors que dans l'extraction romaine elle atteint très fréquemment 60 cm et peut arriver jusqu'à 90 cm, si nécessaire. L'outil de tradition hellénistique doit être très proche de l'escoude romaine dans ses grandes lignes. Seuls les impacts frontaux de ce modèle plus ancien diffèrent franchement par leur absence de dents et par leur moindre largeur; ils mesurent partout en moyenne 1,2 cm, bien qu'il existe aussi quelques impacts de 1,5 cm (fig. **148**).

A titre de comparaison, il est intéressant de noter d'autres largeurs dans des chantiers contemporains hors du Bois des Lens. Dans la carrière préromaine de l'*oppidum* du Marduel (Saint-Bonnet-du-Gard), produisant un grès mollassique, elle est de 0,8 cm, mais ce matériau est très abrasif et comporte des zones très dures.[30] Sur le grand appareil hellénistique en calcaire coquillier tendre de l'*oppidum* de Saint-Blaise (B.-du-Rh.), elle atteint 2,2 cm (Bessac 1980: 141). D'autres mesures relevées dans quelques carrières de pierre tendre du monde hellénistique autour de la Méditerranée révèlent des impacts de tranchants dont la largeur s'échelonne entre 1,5 et 2,3 cm. Tous ces impacts montrent en négatif un tranchant rectiligne ou très légèrement incurvé vers l'intérieur et non une marque de double dent comme le modèle romain. C'est là la différence la plus nette et la plus sûre entre les deux outils; la largeur de l'extrémité active de l'escoude de tradition hellénistique ne peut être prise en compte — elle constitue un critère trop variable. L'extrême rareté des fouilles archéologiques dans les carrières de cette période

30 Observations personnelles inédites, effectuées dans le cadre des fouilles archéologiques dirigées par M. Py.

interdit toute proposition concernant une éventuelle évolution chronologique de largeur du tranchant de cette variété d'escoude, dont l'utilisation dans la région de Marseille doit se répartir au moins sur trois siècles. En revanche, aucun indice ne permet actuellement de différencier les poids entre les outils d'origine hellénistique et romaine.[31]

Le problème de l'identification des traces de l'escoude de tradition hellénistique se complique sensiblement lorsqu'on les juxtapose aux seuls exemples connus pour l'extraction de la fin du Moyen Age dans l'excavation centrale des Pielles. Les sillons latéraux, aussi bien que les impacts frontaux produits par l'outil, sont exactement identiques. Les largeurs des extrémités de tranchant sont également analogues, pour autant que l'on puisse en juger sur le petit secteur d'exploitation dégagé. Il est donc possible que les outils de ces deux périodes soient très proches et s'apparentent également à l'escoude traditionnelle, en usage dans les carrières de pierre tendre de la région. Toutefois, si l'on se limite au seul affleurement des Lens, les traces de l'outil traditionnel moderne du XIXe s. et de la première moitié du XXe s. ne peuvent être confondues avec celles des spécimens de tradition hellénistique, en raison de la conformation plus étroite de l'extrémité active des premières. D'un autre côté, la conformation des emboîtures permet d'opérer une distinction sûre, comme on le verra plus loin.

Un maniement analogue à l'outil romain mais une fonction plus restreinte

Au sujet de la fonction et du maniement de l'escoude de tradition hellénistique, on ne peut que reprendre la description du modèle romain. Quelques nuances doivent être néanmoins soulignées. La principale différence technique découle de la présence, sur l'outil romain, de deux dents qui lui permettent d'attaquer aussi efficacement des pierres tendres que des pierres dures, alors que l'emploi de l'escoude de tradition hellénistique est limité aux roches tendres et fermes. La pierre du Bois des Lens et, en particulier, son microfaciès du site des Pielles constitue la limite extrême de dureté accessible à un instrument pourvu d'un tranchant supérieur à un centimètre de large.[32]

L'outil de tradition hellénistique étant, en règle générale, un peu plus étroit à ses extrémités que le modèle romain, le rapport entre l'épaisseur maximale et minimale du fer devait entraîner une certaine rupture dans la rectitude et le parallélisme des bords du premier, vu de dessus. Par conséquent, au-dessous de 20 cm de profondeur cette escoude devait être plus franchement inclinée et ne pouvait donc évoluer aussi près des parois que le modèle romain. Ainsi, à partir d'une certaine profondeur, la tranchée d'extraction devait commencer à se resserrer progressivement. Dans ces conditions, les carriers de cette période devaient choisir entre deux solutions: soit élargir leur tranchée bien au-delà de ce qu'il est nécessaire pour introduire la jambe, soit se résoudre à limiter sa profondeur au-dessous de la norme maximale romaine. Cette seconde solution semble avoir été retenue: une différence assez sensible se manifeste dans les hauteurs moyennes et surtout maximales des empreintes de blocs entre ces deux catégories d'extraction. Dans les grandes réalisations hellénistiques de la région de Marseille, comme les remparts de cette ville, la hauteur des assises varie entre 46 et 56 cm

---

31 M. Waelkens (1990: 63) laisse supposer que les Grecs utilisaient un pioche légère produisant des sillons horizontaux, et les Romains, vers la fin du Ier s. de n.è., une pioche plus lourde munie d'une pointe à chaque extrémité. Cette argumentation est d'autant plus surprenante qu'elle paraît reposer sur le fait que l'outil romain serait caractérisé par la production de traces arquées et en guirlande sur les fronts. Faut-il comprendre que l'outil grec ne serait pas assez lourd pour provoquer de telles traces ? Notre enquête en Syrie démontre qu'avec un pic assez léger le carrier produit ces deux catégories de traces selon sa position (Bessac *et al.* 1995: s. p.).

32 Ainsi s'explique la faible largeur des impacts relevés dans la carrière préromaine de l'*oppidum* de Marduel à Saint-Bonnet (Gard): ce calcaire gréseux, comporte des zones plus dures que le reste de la roche (Bessac 1991b: 293). Il a donc fallu réduire sensiblement la largeur de l'extrémité de l'escoude afin de lui conserver son efficacité.

(Guéry *et al.* 1985: 40). Il en est de même sur l'enceinte de l'*oppidum* de Saint-Blaise à Saint-Mitre-les-Remparts (B.-du-Rh.), où elle est comprise entre 43 et 55 cm (Rolland 1951: 78-130). Sans exclure les considérations métrologiques avancées à ce sujet (Guéry *et al.*: 39-52; G. Hallier 1986: 267-268), on est tenté de penser que les caractères morphologiques de l'extrémité de l'outil d'extraction, qui limitaient techniquement la profondeur des tranchées aux environs de 60 cm, conditionnaient aussi les hauteurs d'assise au-dessous de cette dimension.

Pour augmenter cette hauteur, la seule solution consistait à placer les pierres en orthostates, c'est-à-dire en délit vu qu'il s'agit de roches sédimentaires. Un second parti aurait consisté à élargir sensiblement les tranchées comme le font les carriers traditionnels, également équipés d'une escoude comparable (tabl. 8). Mais pour atteindre ce but, il aurait fallu dépenser plus d'énergie et de temps. Une telle pratique est proscrite durant cette période où, au contraire, les exploitants cherchent à réduire les coûts de production au minimum dans ce type d'ouvrage en adoptant des normes modulaires (Bessac 1995: 394-397). La différence des possibilités de creusement en profondeur des tranchées entre les premiers carriers de la région et leurs successeurs ressort aussi très nettement à l'examen des ouvrages romains en grand appareil comme le Pont du Gard et les amphithéâtres d'Arles et de Nîmes, où des hauteurs d'assise sont souvent comprises entre 55 et 90 cm.

Usage des coins dans l'extraction de tradition hellénistique

Dans ce domaine également, la faible étendue des vestiges de sols d'extraction mis au jour pour cette période limite sensiblement le caractère statistique des observations. Il existe seulement quelques dizaines d'emboîtures, souvent mal conservées car confectionnées dans une roche trop tendre dans les exploitations de La Figuière et du Roquet, et soumises à l'acidité de l'humus dans la carrière des Pielles.

Le creusement de ces emboîtures a été réalisée avec un ciseau, voire une broche et non avec un mortaisoir. Les sillons subsistants sur leur paroi inférieure sont assez grossiers et très irréguliers. Il en résulte des emboîtures présentant une forme grossière en U ou parfois en V aux côtés plus ou moins évasés selon les cas et aux parois rarement bien aplanies (fig. 148). En règle générale, elles sont de dimensions plus réduites que leurs équivalents romains. Leur profondeur moyenne est de 8 cm et leur largeur d'environ 9 cm; leur épaisseur n'est pas mesurable faute d'une bonne conservation. Espacées de 20 à 25 cm, elles sont souvent groupées par paires au pied des blocs, lesquels sont généralement beaucoup plus petits que les exemplaires romains. Dans la carrière des Pielles, ces emboîtures sont légèrement plus grandes, de 2 à 3 cm en tous sens et un peu plus rapprochées. Les blocs étant plus volumineux que sur le site du Roquet, elles se trouvent souvent groupées par trois ou quatre (fig. 148).

Aucun coin de cette période n'ayant été découvert dans les carrières des Lens, il est impossible de décrire cet outil avec précision. Cependant, la morphologie, la disposition et les dimensions des emboîtures permettent d'écarter sûrement l'hypothèse de l'usage des coins de bois. L'emboîture étant plus réduite que son homologue romaine, la place est insuffisante pour envisager l'introduction d'un coin de bois suffisamment volumineux pour être efficace. La pente de la face inférieure de l'emboîture est souvent nulle ou peu prononcée; il n'y a donc aucune possibilité de réserve d'eau. Tout concorde en faveur de l'usage de coins métalliques. La découverte d'une paumelle en fer écrasée en place au fond d'une emboîture de tradition hellénistique de la carrière de La Figuière A4 confirme cet usage. Au cours de l'arrachage du bloc, l'extrémité interne du coin a tordu une partie de la lamelle de fer constituant la paumelle supérieure en la coinçant au fond de l'emboîture. Lors du retrait du coin, comme cette paumelle ne pouvait resservir, elle a été abandonnée *in situ*. Non seulement son violent écrasement contre la pierre écarte l'hypothèse de l'usage de coins de bois, mais seule la pression du fer peut produire un tel résultat. En se tordant, la paumelle a moulé très précisément l'extrémité amincie du coin; ainsi ses dimensions et sa forme de ce côté-là sont bien connues.[33] L'existence d'une seconde paumelle au-dessous du coin contre la paroi inférieure de l'emboîture reste à prouver; *a priori* elle semble très plausible, mais il faudrait qu'elle soit confirmée par la fouille. Trois autres paumelles ont été découvertes dans le même secteur de la carrière, mais aucune d'elles n'était en place.[34]

Dans les chantiers de tradition hellénistique du Roquet et des Pielles, aucune paumelle n'a été découverte. L'absence de double rainure et de traces d'écrasement de la pierre à l'emplacement des coins dans ces emboîtures constitue néanmoins un indice en faveur de l'usage de petites paumelles. Si cette hypothèse est juste, cela laisse d'autant moins de place pour le coin proprement dit; il faut alors imaginer des modèles de section plus faible que les spécimens romains. Sur le site des Pielles, de nombreuses fois les coins ont dépassé le fond de l'emboîture marquant la pierre. Ainsi, leur largeur est connue: elle varie entre 3 et 5 cm, mais la moyenne reste comprise entre 3,8 et 4,2 cm. Ces nombreux dépassements prouvent aussi que ces coins étaient calés par un matériau relativement souple qui empêchait leur recul au moment où ils entraient en contact avec le fond des emboîtures. Les paumelles employées alors sur ce site étaient vraisemblablement en bois. Cet usage de cales souples est confirmé par l'absence de traces de coin sur la paroi inférieure de l'emboîture.

Le processus de mise sous tension des coins était certainement tout à fait analogue à celui qui était en vigueur dans les chantiers romains et modernes, c'est-à-dire à coups de masse (fig. 145). Les dimensions des pierres extraites dans le Bois des Lens durant cette phase étant relativement réduites, un seul carrier par bloc devait suffire tant pour creuser les emboîtures que pour "battre les coins". La faible surface de pierre par laquelle le bloc adhérait au substrat permettait une fracture plus facile et plus régulière que dans le cas des grands éléments romains. Peu de rectifications marquent les sols de carrière de cette période; ceux-ci sont assez plats, confirmant ainsi un arrachement correct des blocs.

L'EXTRACTION DE TRADITION GALLO-GRECQUE

Une franche coupure avec les techniques classiques gréco-romaines

Cette catégorie d'exploitation est connue uniquement dans l'excavation nord du Roquet B9. La surface concernée par ce chantier est d'environ 40 m^2. Sa datation en chronologie absolue semble assez proche du milieu du 1er s. av. n.è. Le fait de qualifier cette activité extractive de "gallo-grecque" résulte d'un choix par défaut pour la distinguer de la précédente; toutefois, l'apport grec éventuel paraît assez réduit. Mais il serait erroné de parler d'une exploitation strictement gauloise ou indigène, car le seul fait d'extraire et d'utiliser des pierres de taille relève d'une certaine influence des constructeurs grecs dans l'arrière-pays.

Si, dans ses grandes lignes, le principe de l'extraction de tradition gallo-grecque semble identique à ceux qui ont été présentés jusqu'ici, l'analyse des traces d'outils permet de reconnaître des différences fondamentales. Le bloc est toujours cerné de tranchées verticales et ensuite séparé du substrat à sa base, mais la nature des outils employés pour obtenir ce résultat change. Les dimensions des empreintes sont supérieures à celles du chantier contigu de tradition hellénistique, en restant toutefois dans le domaine du moyen appareil. Les tranchées sont un peu plus larges et surtout davantage irrégulières et sinueuses. Leur profondeur est limitée aux environs de 40 cm.

---

33 Il présente un méplat de 0,8 à 0,9 cm de haut et sa largeur est de 3,2 cm. La paumelle est constituée d'une petite tôle de fer, épaisse de 0,2 cm, large de 2,5 cm et longue de 6,4 cm, mais incomplète dans ce sens.

34 La première présente 0,15 cm d'épaisseur, 3 cm de large et 9,5 cm de long; considérée dans le même ordre les deux autres mesurent 0,2 x 5,1-5,3 x 8,4 cm et 0,3 x 5,5 x 5,1 cm (cette dernière mesure est incomplète).

Fig. 149 Traces d'extraction du chantier gallo-grec de la carrière du Roquet B9.

Un outil de creusement large et tranchant

Les impacts frontaux de l'outil employé pour creuser les tranchées de ce chantier sont inégalement espacés; cette irrégularité se retrouve également dans les sillons latéraux (fig. **149**). Ces derniers sont discontinus, courts et étroits et révèlent l'usage d'un tranchant à profil beaucoup plus effilé que celui des autres escoudes antiques et modernes. Ces impacts sont disposés transversalement et s'avèrent beaucoup plus larges que ceux qui ont été observés jusqu'ici, quelles que soient les époques étudiées; ils mesurent entre 3,9 et 5,2 cm et ne peuvent donc résulter d'un travail à l'escoude commune. L'usage d'une sorte de polka à un ou deux tranchants perpendiculaires au manche paraît plus vraisemblable.[35] Les points de comparaison avec l'outillage traditionnel du carrier sont très rares; seul l'outil dénommé *picou* en Languedoc (S*** 1756: 354), encore en usage au milieu du XXe s. dans l'affleurement de calcaire tendre de Castries dans l'Hérault,[36] pourrait produire une trace ressemblante. Bien qu'utilisé dans une pierre de dureté faible mais moins tendre que celle de la carrière du Roquet, le *picou* n'a jamais été employé dans les exploitations traditionnelles du Bois des Lens. L'hypothèse d'un tel usage dans une pierre assez tendre reste cependant envisageable, à condition de limiter la profondeur des tranchées à un maximum de 35 cm; c'est le cas du chantier d'extraction de tradition gallo-grecque du Roquet. En raison de la finesse et de la fragilité de son tranchant, un tel outil n'aurait pu être utilisé efficacement sur des roches fermes comme celles des Lens, à l'exclusion des sites du Roquet et de

35 Il ne s'agit là que d'une comparaison avec un outil commun de taille de pierre qui produirait des traces analogues (Bessac 1987c: 52-59; Compagnons du Devoir, Bessac 1991: 107-109).

36 C'est un outil à percussion lancée muni d'un manche long d'environ 1 m. Sa partie métallique comprend, d'un côté, un tranchant perpendiculaire au manche large de 4 à 6 cm et, à l'opposé, une masse trapue et évasée. Sur des petits blocs déjà isolés verticalement, le côté tranchant sert à les détacher du substrat d'un coup sec donné à leur base. Le sol de carrière est rectifié avec ce même tranchant. Le côté masse équilibre l'outil mais il sert aussi de percuteur pour les coins (Bessac 1987b: 135-138 et fig. 2, n° 3).

La Figuière. Sur le rempart grec de Paestum (en cours d'étude) il y a des marques d'un outil analogue.

Les coins de bois: un usage antique exceptionnel

L'extraction de tradition gallo-grecque se distingue de toutes les autres surtout par les traces résultant de la fracture des blocs à leur base. Ce sont des emboîtures approximativement tronconiques et formant une sorte de petit réservoir à leur entrée dans leur partie inférieure, au-dessous du niveau du sol. Emboîture et réservoir forment un tout et présentent une légère pente vers le bloc (fig. 50 e et 149). Vus en section verticale le diamètre moyen de ces trous est de 10 cm à l'entrée et de 7 cm au fond. Leur longueur varie entre 10 et 15 cm, y compris la partie réservoir estimée à 5 cm en moyenne. Leur espacement, assez irrégulier, peut varier de 17 à 42 cm.

Aucune trace de l'outil de creusement de ces trous n'a pu être identifiée avec sûreté; rien ne peut donc être proposé dans ce domaine. En revanche, les caractères morphologiques des emboîtures écartent l'hypothèse de l'emploi de coins de fer et plaident en faveur de l'usage de modèles en bois. La forme tronconique du trou, son inclinaison vers la pierre et son réservoir correspondent bien aux caractéristiques du coin de bois telles qu'elles ont été définies pour l'extraction traditionnelle par A. Dworakowska, apparemment la seule à avoir analysé en détail cette technique (1988: 28): "The wooden wedge had the form of a cylindrical peg or stick." On peut donc imaginer des coins confectionnés à partir de morceaux de branches d'arbre taillés en tronc de cône, à l'image d'un bouchon de bouteille. Quelques lignes plus loin, cette archéologue ajoute:

> The pegs must be very dry (dried in an oven: Viollet le Duc). They are set, or rather hammered in, as they have to be very tightly fixed, each one in a separate hole, rigorously adjusted in shape and dimensions. Therefore, the hole should have a circular plan and vertical walls, that is it should be like a pipe in the rock. Sometimes a groove is previously cut and only then the holes are chiselled in it.

L'auteur décrit là des emboîtures verticales creusées dans de la pierre dure ou ferme tandis qu'au Roquet le calcaire est très tendre et elles sont disposées sur un sol de carrière horizontal à la base d'un front de taille.

L'hypothèse du bois très sec introduit de force dans l'emboîture s'accorde très bien avec les vestiges des spécimens de la carrière du Roquet. Mais là il n'est pas vraiment indispensable d'adapter très précisément le façonnage du trou à la forme exacte de la grosse cheville constituée par le coin de bois. Sur ce site, la pierre est beaucoup plus tendre que la plupart des bois une fois bien sec. Ainsi le coin en s'enfonçant sous les coups d'un percuteur (masse ou maillet) fait exactement sa place, à condition que l'emboîture ait été taillée à peine plus petite. Cet ultime façonnage dû au forçage de l'emboîture par les coins a supprimé toutes les traces d'impacts de l'outil employé pour le creusement initial. La section ronde du trou est bien évidente au Roquet et la position verticale des emboîtures n'est pas vraiment nécessaire pour retenir l'eau; leur réservoir antérieur et leur légère inclinaison suffisent pour cela. E. Viollet-le-Duc (1854-1868: II, 278) parle d'humidification étalée dans le temps, ce qui permet aussi de proposer l'usage d'une sorte de gourde percée, suspendue au-dessus de l'extrémité extérieure du coin et se vidant goutte à goutte. Des tissus gorgés d'eau et disposés en cet endroit au-dessus des coins peuvent aussi jouer un rôle similaire.

Pour ce qui est de la nature du bois utilisé pour la confection des coins, il est indispensable de choisir une essence résistante, absorbant l'eau sans trop se ramollir et, de préférence, de faible teneur en tanin afin d'éviter de tacher le calcaire (Grigoriantz 1981: 204). Plusieurs solutions sont généralement proposées: les témoignages concernant les pays humides citent plutôt du tremble, du tilleul (Czezowski 1946: 133; Weber-Kozinska 1960: 196), du frêne (Viollet-le-Duc 1854-1868: II, 278), du sapin, de l'orme, du peuplier, du noyer (Grigoriantz 1981: 204), de l'acacia (Prigent 1985: 260), voire du chêne (Camerman 1961: 25; Gargi 1984b: 1574; Arrighi 1991: 131). Cette dernière essence convient seulement à des roches insensibles au tanin, comme les granites; les calcaires seraient brunis à son contact. Les contrées à climat sec, comme beaucoup de pays de la bordure méditerranéenne, emploient surtout le sycomore (Maréchal 1969: 391; Züber 1956: 97) et l'olivier (Orlandos 1968: II, 19, note 3). Aucun indice archéologique ne permet de proposer l'un de ces deux derniers bois plutôt qu'un autre pour le chantier gallo-grec du Roquet; ces essences sont étrangères au secteur urgonien du massif des Lens. Au cours de la prospection préliminaire à l'étude des carrières antiques (Bessac 1986b: 159), notre équipe a constaté une particularité botanique qui pourrait éventuellement constituer une piste pour le choix du bois. Contrairement aux collines côtières, notamment dans les environs de Marseille, le Bois des Lens est dénué de genévriers de Phénicie sauf en trois points: sur l'habitat préromain de Prouvessa (Bessac *et al.* 1981: 62-70), sur les remblais de la carrière antique d'Héral-Nègre A6, et sur le comblement de l'excavation nord du Roquet dont il est question ici. Les baies de cet arbre, en raison de leur toxicité, ne peuvent guère être transportées par les animaux; il peut néanmoins s'agir là de coïncidences. Retenons surtout de cette observation que ce bois est dur et sans tanin; il pouvait donc convenir. D'autres variétés d'arbres ou d'arbustes pouvaient aussi remplir cette fonction, notamment (toujours dans cette famille) le genévrier commun et le genévrier cade, tous deux très répandus dans les environs de la carrière et partout ailleurs.

Extraction gallo-grecque: anachronisme ou technique marginale?

L'étude du chantier gallo-grec du Roquet apporte un élément nouveau dans le dossier très controversé touchant à l'usage des coins de bois dans l'Antiquité. Afin de mieux situer cet apport dans le contexte général des carrières, il est important de faire rapidement le point sur ce sujet à partir des données critiques proposées par A. Dworakowska (1988: 25-35). Si l'usage des coins de bois pour l'extraction des pierres dures comme le granit ou, au contraire, très tendre tel le tuffeau a totalement disparu vers le début du XXe s. en France, il existe néanmoins de très nombreux témoignages ethnographiques et historiques très détaillés attestant sûrement cette pratique dans certaines exploitations antérieures à cette date.[37] Il ne s'agit pas d'une utilisation généralisée mais plutôt de quelques particularités (ou survivances) régionales ou locales, le coin métallique restant toujours prédominant. La validité de l'usage de cette technique reste assez imprécise dans le temps; toutes les références sont postérieures au XVIIIe s. Cependant, on peut supposer que cette pratique a été en vigueur en quelques lieux avant la période moderne. En revanche, face à la profusion de preuves concernant l'emploi de coins métalliques dans le monde antique méditerranée, aucun archéologue n'a vraiment proposé de témoignages solides ou d'arguments irréfutables en faveur de l'utilisation des coins de bois dans les carrières grecques ou romaines (Dworakowska 1988: 25-35). Les vestiges de l'extraction gallo-grecque avec leurs emboîtures spécifiques aux coins de bois ne s'opposent pas à cette constatation — bien au contraire. Ce petit chantier se démarque assez franchement des techniques d'extraction classiques hellénistiques et romaines attestées ailleurs, mais aussi dans cette même excavation. Bien que probablement influencé par ces dernières, il s'insère davantage dans la culture technique protohistorique. Dans ce contexte, les techniques adoptées s'expliquent mieux.

Le choix de ce point d'extraction, à l'endroit où la pierre est la plus tendre de l'affleurement, n'est pas un hasard: il découle d'habitudes techniques encore balbutiantes dans le domaine de la pierre de taille. Des professionnels très expérimentés auraient plutôt cherché à éviter cette roche trop friable, surtout en sachant qu'il existe du calcaire ferme et dur tout autour de ce site. C'est d'ailleurs la solution adoptée par les Romains dans cette carrière après avoir testé la roche. D'un autre côté, l'outil de creusement des tranchées est vraiment inadapté à ce travail; sa grande largeur et son profil trop aigu limitent sensiblement la hauteur des blocs et la dureté des matériaux qu'il peut attaquer. Il ne peut être efficace que dans de la terre, de la craie, des tufs et peut-être, dans certaines variétés de bois très tendre en adaptant son affûtage aux matériaux ligneux. Enfin, l'usage des coins de bois pour arracher la pierre, plutôt que de révéler une

37 Je me réfère ici aux seuls exemples qui paraissent sûrs (Poulain 1954: 37, note 1; Martel 1973: 91; Gargi 1984b: 1265; Prigent 1985: 260; Martzluff 1988: 32-33; Arrighi 1991: 131; Rasplus *et al.* 1991: 378-379).

méconnaissance de la technique des coins de fer, me paraît davantage traduire la rareté de ce métal. Rappelons qu'il faut disposer plusieurs coins par bloc. Cette carence pourrait résulter d'une faible maîtrise des procédés de forge, depuis le traitement du minerai jusqu'au façonnage et à l'aciérage des outils. La rareté de la matière première est hors de cause puisque le minerai de fer, présent dans les poches d'argile de l'affleurement, a été utilisé un peu partout dans le Bois des Lens, surtout à partir du dernier tiers du Ier s. av. n.è. (Bessac *et al.* 1979: 79).

Dans un tel contexte, comment expliquer que cette même excavation de la carrière du Roquet ait été exploitée selon la technique de tradition hellénistique, relativement élaborée, sans influencer la technique suivante, plus rudimentaire? D'abord, il existe entre les deux activités un écart chronologique impossible à définir précisément: il peut être inférieur à une décennie aussi bien que supérieur à un siècle. Mais un éventuel écart chronologique importe guère; le caractère autonome, voire itinérant, des équipes de carriers antiques est beaucoup plus important. Ces dernières peuvent avoir des origines culturelles assez diverses et sont susceptibles de louer leurs services à n'importe quel commanditaire, y compris indigène; en outre, il est possible qu'elles soient issues de ce dernier groupe. Les hypothèses proposées au sujet de chevauchements chronologiques de cultures techniques romaines et de tradition hellénistique (voir p.226) sont également applicables à cette dernière. L'écart technologique entre ce chantier, son prédécesseur et son successeur est beaucoup plus sensible. Ainsi, on peut suggérer que la technique de tradition gallo-grecque n'a pu longtemps survivre face à une confrontation avec la précédente et, *a fortiori*, avec les pratiques romaines, si tant est qu'elles puissent s'exercer simultanément. En ce qui concerne l'extraction de tradition hellénistique, on peut donc proposer l'hypothèse d'une survivance marginale, au moins dans la région, d'une technique gallo-grecque, peut-être plus ancienne issue en tout cas d'une culture nettement différente.

11
Les techniques d'extraction tardo-romaines et médiévales

L'EXTRACTION TARDO-ROMAINE

Le chantier antique le plus profond du site de La Figuière, daté du Bas Empire, n'est pas encore suffisamment étudié pour qu'on puisse prendre en compte ici ses traces d'extraction. Le développement des recherches apportera probablement de nouvelles précisions.

Des vestiges peu étendus et difficiles à dater précisément

Cette catégorie d'extraction est essentiellement attestée dans l'excavation méridionale des Pielles C2 et seulement sur quelques mètres carrés. Dans cette exploitation, les vestiges de ce petit chantier s'insèrent entre ceux de la seconde phase d'extraction romaine, datée du début du IIe s., et les structures d'extraction du haut Moyen Age. Sa datation vers la fin du Bas Empire reste encore hypothétique mais ses caractères techniques le distinguent bien de l'extraction romaine classique tout en introduisant certaines pratiques médiévales. Entaillé par la première activité médiévale, ce chantier est certainement amputé d'une grande partie de sa surface. Il faut donc considérer qu'initialement ses vestiges étaient plus étendus que maintenant, même s'ils restent assez modestes.

Grâce à l'étude de la position des vestiges du chantier et à la céramique, on peut déjà affirmer que cette extraction se situe vraisemblablement entre le IIIe s. et le début du haut Moyen Age. Comme cela sera détaillé plus loin (voir p.238), l'analyse de l'extraction mérovingienne de la carrière du Roquet B9 permet des comparaisons techniques qui limitent cet écart chronologique au Ve s. Ces différences sont également confirmées, tant vers le haut que vers le bas, par un changement radical des formes et des modules des blocs extraits: le grand appareil romain est abandonné au profit de blocs de moyen appareil, voire parfois de petit appareil, mais aucune extraction cylindrique n'apparaît, alors que cette catégorie de production va nettement prédominer à partir du Ve s. et jusqu'aux XIVe-XVe s. dans l'ensemble du massif.

Du chantier tardo-romain de La Figuière on peut uniquement dire qu'il est postérieur au Haut Empire et vraisemblablement un peu antérieur à celui du site des Pielles. Aucune céramique datable n'est apparue lors de sa fouille.

L'abandon de l'escoude à double dent pour le pic

Jusqu'ici, les trois catégories d'extraction antique identifiées dans le Bois des Lens ont révélé pour le creusement des tranchées l'usage d'outils à tranchants plus ou moins larges et perpendiculaires au manche, pour les deux plus anciens, et d'une escoude à double dent pour la dernière, couvrant l'époque romaine. Dans l'extraction tardo-romaine, le principe de la double dent est abandonné, les impacts d'outils au fond des tranchées démontrent nettement l'intervention d'un pic à pointe à bonnet. Il est difficile de savoir si ce pic comporte une seule pointe[1] ou s'il était forgé à l'image des spécimens classiques des carriers et tailleurs de pierre (Bessac 1987c: 14-24).

La largeur irrégulière et importante des tranchées, qui varie entre 8 et 16 cm pour une profondeur toujours inférieure à 40 cm, résulte plus de la forme inadaptée du pic que du manque

1 Par exemple, comme les modèles antiques et modernes dont se servaient les mineurs (Ardaillon 1963: 1852; Fatou 1984: 276; Domergue 1993: 337 fig.2) et parfois certains agriculteurs des garrigues pour extraire des pierres superficielles (Marcelin 1941: 81).

d'expérience des carriers. On peut donc suggérer pour ce pic une forme courte et trapue déterminant une épaisseur de 6 à 7 cm au niveau de son emmanchement. Ce caractère est également souligné par le brusque rétrécissement des tranchées imposé par l'outil et non appliqué par économie. Il en résulte un profil de creusement en V très marqué par un angle franchement plus ouvert que dans les extractions antérieures. Si ces carriers avaient souhaité obtenir des blocs plus hauts, il leur aurait fallu élargir considérablement leurs tranchées et perdre ainsi beaucoup de temps et de pierre. Cette solution sera adoptée pour l'extraction médiévale. Mais le passage de l'escoude romaine à double dent au modèle médiéval à pointe unique à chaque extrémité ne s'est probablement pas produit brutalement. Une solution de transition est révélée par le chantier tardo-romain de La Figuière où la roche est marquée par des impacts de tranchants de 2 à 3 cm de large côtoyant des tranchées creusées avec un instrument muni d'une pointe comme l'outil tardo-romain du chantier des Pielles.

Une fracture de technique romaine mais très dégénérée

Vues en plan, les emboîtures tardo-romaines dessinent un V très approximatif et très variable d'une unité à l'autre. En coupe transversale, elles offrent une section lentiforme assez irrégulière. Leur creusement est réalisé à l'aide du même pic servant à la réalisation des tranchées. L'usage d'un outil non spécifique à cette opération explique leur forme très irrégulière. De ce fait, leurs dimensions sont très fluctuantes, même au sein d'une même empreinte: leur largeur varie de 8 à 22 cm et leur profondeur de 8 à 15 cm. Leur épaisseur au fond est nulle car ces emboîtures creusées au pic finissent obligatoirement en pointe. Plusieurs séries d'emboîtures montrent clairement que la technique de la double rainure, appliquée par les Romains, subsiste ici. Les coins étaient donc toujours en fer et utilisés sans paumelles. Les quelques mesures de la trace du coin proprement dite donnent des largeurs variant entre 3 et 5 cm.

Une autre particularité de ce chantier est de recourir à la fracture verticale, parfois même en l'absence de joint de stratification au-dessous du bloc à extraire. Ce mode d'extraction, quasiment inusité dans l'affleurement des Lens, est commun dans les carrières romaines régionales de calcaire dur et surtout froid (voir p.224). En contrepartie, dans certaines carrières il peut être considéré comme une technique grossière destinée à obtenir plus rapidement des blocs, même si pour cela le front de taille doit devenir difficilement exploitable (Bessac 1981a: 63). Ces emboîtures verticales du chantier tardo-romain, bien qu'elles s'apparentent par leur position aux modèles romains cités ci-dessus, ne sont cependant pas reliées entre elles par une saignée continue creusée sur leur partie antérieure.

Dans le domaine de l'utilisation des coins, on notera aussi quelques nuances dans le chantier tardo-romain de La Figuière où le mortaisoir pour creuser les emboîtures est également abandonné mais l'usage des paumelles de fer est repris comme dans le chantier voisin de tradition hellénistique. Faut-il voir là une influence de ce dernier? C'est possible. Cependant, dans l'ensemble, ce chantier tardo-romain amorce une situation de transition entre les techniques romaines et médiévales. Le chantier des Pielles accentue cette évolution, mais il reste encore à mi-chemin entre les deux: des premières, il a conservé le principe des coins de fer employés directement sans paumelles; des secondes, il a adopté le pic, outil simple et polyvalent, mais peu efficace dans l'extraction de blocs de grand appareil.

L'EXTRACTION MÉROVINGIENNE

Faiblement représentée dans le Bois des Lens, cette activité a été identifiée uniquement dans l'excavation nord du Roquet B9 et dans ses abords immédiats en dehors de la zone fouillée. Elle est matérialisée par quelques empreintes de blocs cylindriques de différents diamètres qui ont entaillé les sols et les fronts de carrière des chantiers de tradition hellénistique et gallo-grecs sur quelques mètres carrés. Dans la zone étudiée dans le cadre de la fouille stratigraphique, il ne figure que deux de ces empreintes; les autres ont été observées en marge de ce secteur.

Fig. 150 Carrière du Roquet, empreinte d'un cylindre mérovingien mal extrait dans lequel on a tenté de façonner un petit bloc rectangulaire.

Une datation absolue

Contrairement à beaucoup d'autres structures d'extraction, celles-ci sont difficiles à situer en chronologie relative mais elles sont assez bien datées par le matériel. Des céramiques très caractéristiques de la fin du V/début du VIe s. observées en liaison avec ce chantier permettent de qualifier cette extraction de mérovingienne (voir p.168). Dans le Bois des Lens, cette époque marque le début d'une production très spécialisée de récipients ronds directement extraits sous une forme cylindrique. De telles empreintes d'extraction ont été repérées également en surface en marge de divers sites, notamment ceux du Visseau du Courpatas A7 et de Roquamaillet C1. Malheureusement leur position superficielle les a trop fortement exposées aux mécanismes d'altération naturelle et anthropique pour que l'on puisse tenter des datations en étudiant les traces d'outils.

Une nette prédominance du pic

Sur le sol de carrière du chantier mérovingien du site du Roquet, la fouille a mis au jour des empreintes rondes matérialisées par deux cercles concentriques plus ou moins espacés: le plus petit correspond au cylindre extrait, le plus grand se confond avec les limites externes de la tranchée d'extraction. Vers le haut, cette dernière est très élargie alors qu'au fond elle peut être réduite à la largeur des impacts. Selon l'usage déjà identifié dans l'extraction tardo-romaine, c'est avec un pic qu'est creusée la tranchée verticale périphérique autour du cylindre (fig. **150**). Au lieu d'être regroupés en sillons continus assez espacés, les impacts forment sur les parois de la tranchée et sur le cylindre de courts traits très serrés en contradiction technique avec la tendreté de la roche de ce site. Ils trahissent ainsi à la fois l'inefficacité des outils et surtout le caractère très occasionnel de l'exercice du métier de carrier par leurs utilisateurs. La forme détaillée de la trace indique l'usage de pics à pointe acérée et confirme la trop grande légèreté de ces outils, déjà en partie révélée par la forte densité des impacts. Comme dans l'extraction tardo-romaine, il est impossible de savoir si les pics employés étaient symétriques à deux pointes ou bien s'ils étaient pourvus d'une seule extrémité active.

L'EXTRACTION DU HAUT MOYEN AGE

Une datation très large

Cette catégorie d'extraction est présente essentiellement dans le fond de l'excavation méri-

Fig. 151 Cylindres abandonnés en cours d'extraction sur le chantier du haut Moyen Age dans la carrière des Pielles (ph. L. Damelet).

dionale des Pielles C2 et, de façon beaucoup plus réduite et isolée, dans les excavations centrale et septentrionale du même site. Au vu des quelques identifications réalisées sur les rares fronts à l'air libre, il est probable qu'elle a concerné aussi l'excavation orientale des Pielles, la plus grande de toutes mais non fouillée. La surface étudiée en détail pour cette phase est d'environ 57 m^2.

Cette activité est bien calée chronologiquement entre les structures d'extraction du chantier tardo-romain et des empreintes de blocs et du matériel des XIVe/XVe s. Mais, à partir des moyens archéologiques traditionnels, il est impossible de proposer une datation absolue fiable pour ce chantier. La date de 630 ± 50 ans établie par une mesure du C14 reste donc le seul point de repère qui autorise l'appellation haut Moyen Age pour cette phase d'extraction en dépit des importantes réserves émises sur ce résultat pour ce site (voir p.187). Ainsi, bien qu'encore très imprécise et probablement plus tardive que ne le laissent supposer les chiffres, la datation de ce premier chantier médiéval des Pielles, néanmoins, se situe après la phase mérovingienne du site du Roquet et avant les dernières extractions de la fin du Moyen Age.

Confirmation de la polyvalence médiévale du pic

Déjà perçu comme prédominant au cours de l'analyse des chantiers tardo-romains et mérovingiens, le rôle du pic s'affirme encore plus nettement sur les vestiges du haut Moyen Age. D'abord, le nombre sensiblement plus élevé d'empreintes bien conservées permet d'observer une plus grande variété de cas de figure (fig. 111). Par conséquent, la base statistique des observations devient beaucoup plus fiable que pour les deux phases précédentes. Ensuite, la dureté de la pierre est ici, dans la carrière des Pielles, très nettement supérieure à celle du site du Roquet, d'où une meilleure conservation des traces.

Sur le site des Pielles, deux modes d'extraction sont mis en œuvre durant cette phase: le plus commun consiste à extraire des cylindres à ciel ouvert (fig. **151**) comme dans l'extraction mérovingienne du Roquet. De manière plus exceptionnelle, dans le fond de l'excavation méridionale, il existe aussi un procédé d'extraction semi-souterrain inconnu dans l'affleurement pour les autres périodes (fig. 112). Dans les deux cas, le pic intervient pratiquement pour toutes les opérations d'extraction et d'ébauche. L'étude détaillée de ces empreintes, en particulier dans la partie semi-souterraine, démontre l'usage d'un modèle symétrique à deux pointes. Dans cette dernière pratique d'extraction, le volume de pierre à creuser au pic augmente sensiblement car elle nécessite la confection d'une cavité au-dessus du cylindre, et les tranchées périphériques deviennent de véritables "enjarrots", c'est-à-dire des passages suffisamment larges pour que le carrier puisse s'y introduire entièrement (Noël 1968: 149; Gadille 1968: 31). Quel que soit le mode d'extraction, le pic est employé aussi pour creuser les emboîtures à la base du bloc mais également pour arrondir sur place, aussi bien que possible, la paroi du cylindre par le biais d'un piquetage fin et serré.

Une pratique originale: l'extraction semi-souterraine

Bien qu'assez marginale par rapport à l'extraction à ciel ouvert, l'extraction semi-souterraine de grands cylindres nécessite une description détaillée. Sa mise en œuvre exige la présence d'un front de taille ou de carrière assez haut. A partir de ce plan de travail vertical, le carrier décompose la suite des opérations en six phases essentielles (fig. **152**):

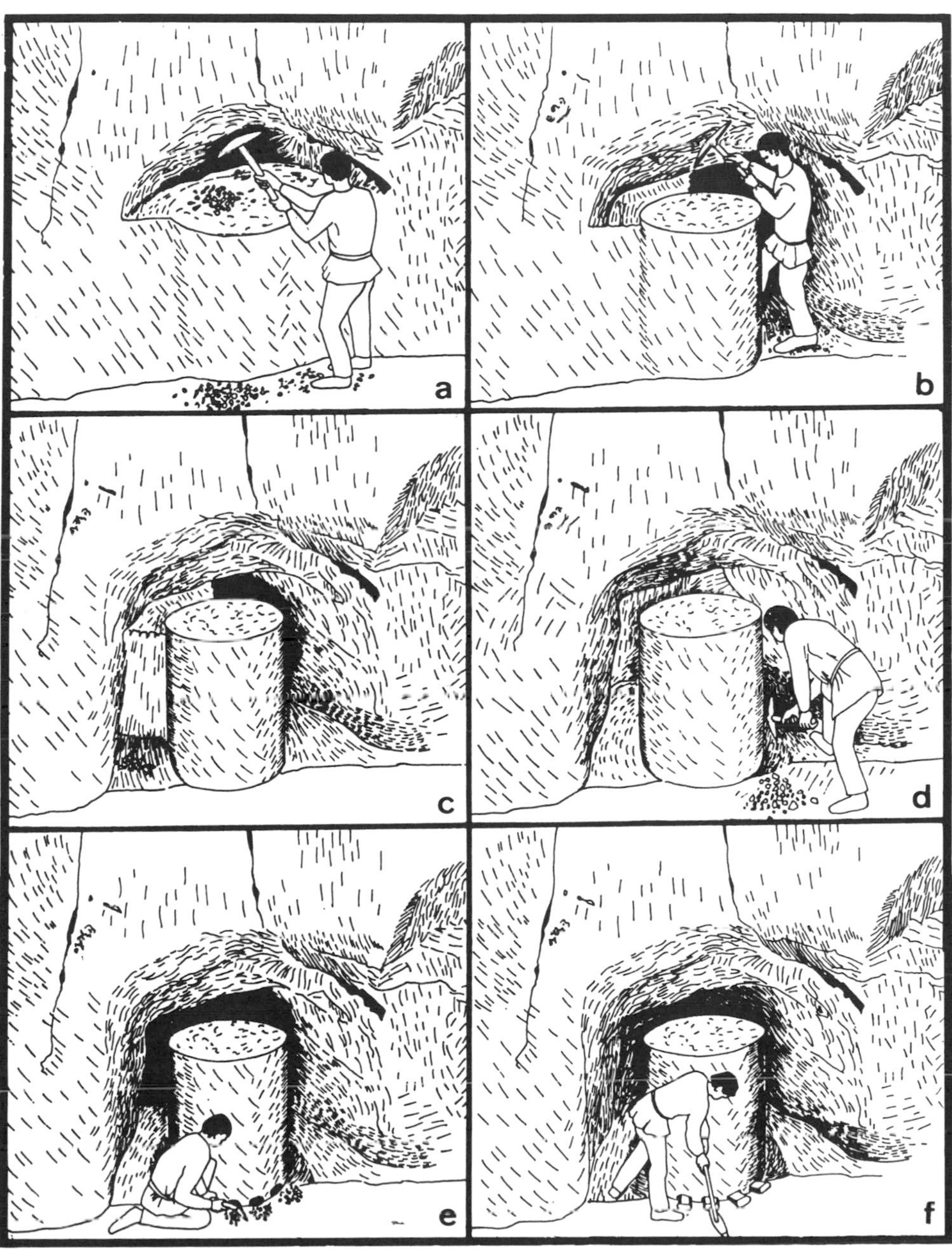

Fig. 152 Schéma de l'extraction semi-souterraine du haut Moyen Age dans l'excavation méridionale des Pielles (dessin M.-R. Aucher).

1. Installé face à un front de taille d'une hauteur minimale de 4 à 5 m, le carrier attaque la paroi rocheuse verticale à coups de pic (fig. 152 a). Tout d'abord, il dégage soigneusement environ un tiers du volume antérieur du cylindre à extraire. Cette forme convexe peut être obtenue uniquement en se guidant avec une cerce de bois, c'est-à-dire un gabarit courbe concave. La paroi dégagée est finement piquetée. Au cours de cette première phase, le carrier détermine également le lit supérieur de la pierre en creusant au-dessus une cavité de 50 à 60 cm de haut dont le rayon dépasse d'environ 40 cm celui de la pièce à extraire. Pour cela, en commençant il actionne son pic un peu au-dessus de sa tête, ensuite il creuse la roche vers les bords de la cavité façonnant ainsi une sorte de petite caverne en cul de four. La base de cette cavité est ensuite soigneusement aplanie en la piquetant finement; elle deviendra plus tard le sommet du cylindre puis le bord supérieur du récipient, une fois celui-ci achevé.

2. Sur la surface plane obtenue, le cercle définitif du cylindre est délimité: Ce tracé est impossible à réaliser au compas faute de dégagement suffisant en hauteur. Il faut donc penser à l'emploi d'une cordelette ou, plus vraisemblablement, à un prolongement du cercle déjà tracé sur un tiers de son pourtour, avec la cerce utilisée durant la première phase. Alors commence le creusement en couronne de l'enjarrot cernant le cylindre (fig. 152 b). Sa largeur minimale est déterminée aux environs de 40 cm, de façon à ce que le carrier puisse se glisser à l'intérieur tout en actionnant son pic. Au cours de ce creusement, l'ouvrier se guide sur deux repères: le premier, très précis, est matérialisé par la paroi convexe du cylindre qu'il essaye de tailler bien ronde et verticale en se guidant toujours sur la courbe de sa cerce; le second correspond à une ligne approximativement perpendiculaire au front de départ. Autant le premier repère présente un caractère obligatoire, autant le second est facultatif et ne constitue qu'une facilité de creusement. Dans ces conditions, la largeur de l'enjarrot peut s'agrandir d'une dizaine de centimètres dans les deux angles intérieurs ainsi formés. Cet élargissement au plus profond de la roche facilite le virage à 90° que doit effectuer le carrier afin de dégager l'arrière du cylindre. Ce creusement postérieur se pratique en deux moitiés, en partant de chaque côté pour se joindre au milieu au cours de la phase suivante.

3. Cette troisième étape du travail consiste à reprendre le dégagement du cylindre côté opposé, tant latéralement qu'à l'arrière, jusqu'à ce que les trois secteurs de l'enjarrot se joignent en un couloir continu (fig.152 c). Ce creusement est conduit sur les 4/5e de la hauteur définitive du cylindre; la base reste donc à dégager un peu plus en profondeur.

4. Au cours de la quatrième phase de l'extraction, la hauteur finale du cylindre est obtenue en approfondissant par une étroite tranchée l'enjarrot primitif sur 20 à 25 cm de plus (fig. 152 d). Afin de réduire le travail inutile, le carrier la creuse uniquement sur une faible largeur, soit 10 à 15 cm et il la profile en V vers le bas. Seul le sol de carrière à l'avant du cylindre, là où seront placés les coins, est dégagé et aplani au pic sur un tiers de la circonférence jusqu'à la profondeur maximale. Selon le nombre de coins prévus, cet aménagement peut être réduit à une simple cuvette oblongue à fond plat. Cet espace libéré doit faciliter ensuite le creusement des emboîtures et aussi le mouvement de la masse destinée à percuter les coins.

5. Sur ce tiers libre sont creusées les emboîtures avec le pic utilisé depuis le début (fig. 152 e). Bien que confectionnées avec le même type d'instrument, celles-ci sont plus régulières que leurs homologues tardo-romaines. Vues en plan, elles dessinent un U approximatif de 10 à 12 cm de profondeur et de 8 à 10 cm de largeur; elles se terminent en pointe au fond. Selon l'importance du diamètre du cylindre, deux à quatre emboîtures espacées de 18 à 24 cm sont ainsi préparées.

6. La dernière opération consiste à placer les coins chacun dans leur emboîture à la base du cylindre et à les forcer à la masse ou à la mailloche, percuteur équivalent en poids mais taillé dans du bois dur (fig. 152 f).

Aucun vestige de coin de cette période n'a été découvert. Les dimensions et la position des emboîtures permettent d'exclure l'usage des modèles en bois car ils sont trop gros, leur forme est tronconique et ils nécessitent généralement une certaine réserve d'eau. L'absence de traces nettes du fer des coins sur la roche peut s'expliquer par l'emploi de paumelles de bois.

L'extraction à ciel ouvert de cylindres

Le dégagement des cylindres à ciel ouvert suit pratiquement le même programme, si ce n'est que la phase du creusement de la cavité supérieure est ici sans objet. A voir les éléments abandonnés en cours d'extraction sur le front, la taille frontale d'un tiers ou plus de la paroi cylindrique, avant de libérer le reste de la roche, demeure un usage quasi généralisé (fig. 111 et 151). Mais la tâche du dégagement périphérique du cylindre se trouve simplifiée dans cette situation, comparée aux positions de travail auxquelles le carrier doit se soumettre dans l'extraction semi-souterraine.

Malgré ce confort relatif dans le travail à l'air libre, les impacts de pic ne s'alignent pas toujours les uns à la suite des autres pour former des sillons continus; ils sont répartis sur les parois comme dans l'extraction semi-souterraine, c'est-à-dire un peu à la manière d'un mineur qui creuse une galerie en piquant la roche n'importe où pour enlever des éclats. Le principe des passes régulièrement espacées dans la tranchée, en fonction de la dureté de la pierre, est nettement abandonné durant cette période. Par conséquent, la tranchée périphérique est confectionnée également en V largement ouvert vers le haut. Mais la qualité de son exécution est très supérieure; ceci apparaît d'autant mieux qu'ici le volume et la hauteur des cylindres sont souvent plus importants et que la pierre est plus dure que sur le site du Roquet B9.

L'EXTRACTION DE LA FIN DU MOYEN AGE

Un exemple médiéval tardif bien daté

Dans le Bois des Lens, un seul chantier illustre cette période. Il est localisé dans la partie inférieure de l'excavation centrale des Pielles. C'est aussi l'activité la plus récente de cette exploitation, bien datée de la fin du XIVe/début XVe s., tant par la céramique que par les traces de taille. Considéré en volume, l'objet essentiel de l'exploitation pour ce nouveau chantier médiéval reste toujours l'extraction et la taille d'auges cylindriques de différents diamètres, mais un tiers de la surface exploitée montre des empreintes quadrangulaires (57% du nombre total) annonçant une certaine diversification de la production (fig. 114 en bas à gauche et en haut à droite et fig. 116).

Redécouverte des techniques antiques de creusement ou innovations?

Les exigences générales de l'isolement vertical du cylindre de pierre par des tranchées, sont les mêmes que précédemment, dans le premier chantier médiéval: il faut creuser une tranchée périphérique cernant exactement le volume à extraire. Dans le nouveau chantier, le procédé techniquement le plus proche du précédent reste celui où le cylindre est entouré d'une tranchée à parois circulaires, à l'intérieur comme à l'extérieur. Le profil vertical de cette tranchée forme également un trapèze rectangle allongé dont la largeur de la petite base doit permettre au moins de poser le pied. En règle générale, les dimensions et l'ouverture de la tranchée vers le haut sont calculées de façon optimale; elles offrent donc au carrier juste le dégagement nécessaire pour manipuler son outil. La régularité générale de cette extraction est quasiment géométrique: côté intérieur, elle est limitée par un cylindre; côté extérieur, elle forme un tronc de cône (fig. **153**). L'achèvement du fond de la tranchée sur les dix ou quinze derniers centimètres se fait en réduisant sa largeur au minimum, de façon à terminer son creusement à la base en une seule passe. Néanmoins, il existe quelques exceptions concernant surtout des cylindres de fort diamètre pour lesquels la tranchée reste assez large jusqu'au fond et se termine sur le sol de carrière par deux passes. Le principe d'extraction consistant à terminer d'abord finement le tiers antérieur du cylindre, avant de dégager l'arrière, est totalement abandonné dans ce nouveau chantier.

Fig. 153 Empreinte d'une extraction cylindrique sur le chantier de la fin du Moyen Age dans l'excavation centrale des Pielles (ph. L. Damelet).

Fig. 154 Empreintes d'extractions de cylindres à parois extérieures quadrangulaires sur le chantier de la fin du Moyen Age dans l'excavation centrale des Pielles (ph. L. Damelet).

Une nouveauté concerne l'adoption de tranchées à parois quadrangulaires à l'extérieur et rondes à l'intérieur (fig. **154**). Ce principe de creusement permet de réduire leur largeur là où elles sont tangentes avec le cercle. En contrepartie, les angles de 90° s'approchant les tranchées doivent être considérablement élargies à endroits en multipliant les passes. Le nombre de ces dernières peut alors atteindre 4 à 5 et leur largeur supérieure s'échelonne de 15 à 39 cm, mais la moyenne reste cantonnée entre 15 et 30 cm. Au fond leur largeur est beaucoup plus variable; elle

Fig. 155 Détail des sillons et des impacts de l'outil d'extraction utilisé dans le dernier chantier médiéval des Pielles (ph. L. Damelet).

se situe entre 5 et 22 cm. Parallèlement aux fronts principaux, les dépassements de tranchée, au-delà du quadrilatère circonscrit, s'avèrent assez fréquents. Cependant, ils n'impliquent pas pour la suite des opérations les mêmes conséquences fâcheuses que dans l'extraction antique, étant donné qu'un large secteur de ce chantier est essentiellement consacré à la production de cylindres.

Ces carriers de la fin du Moyen Age abandonnent le pic, utilisé depuis la fin de l'Empire romain, pour adopter une sorte d'escoude certainement assez proche du modèle hellénistique, c'est-à-dire à tranchant droit disposé perpendiculairement au manche (fig. **155**). La possibilité d'une influence directe de ces dernières techniques à la suite de la découverte d'un outil ancien ou par l'observation des traces sur le chantier de tradition hellénistique adjacent reste envisageable.

Les impacts de la nouvelle escoude médiévale révèlent six largeurs de tranchants. Par ordre de fréquence ils mesurent 1,2 cm, 1 cm, 0,9 cm, 1,5 cm, 0,7 cm et 1,4 cm. Mais, comme une escoude comporte toujours deux tranchants, en considérant les deux extrémités, il semble que l'on puisse regrouper par couple, sur le même outil, les largeurs 1 cm avec 1,2 cm et 1,5 cm avec 1,2 cm; les autres dimensions n'offrent pas de garanties d'association suffisantes pour qu'on puisse proposer des rapprochements. Les blocs les plus hauts, donc les plus anciens dans le cadre de cet ultime chantier, révèlent les spécimens de tranchants les plus étroits (1 cm, 0,9 cm et 0,7 cm). Ces derniers se rapprochent davantage du pic utilisé durant la première phase médiévale. De même, on peut citer un cas particulier dans lequel la tranchée périphérique est creusée au pic puis élargie avec une polka munie d'un tranchant perpendiculaire au manche, large de 3,6 cm. Il pourrait s'agir, là aussi, d'un exemple de transition entre les deux techniques.

Les conditions de creusement des tranchées cernant des blocs quadrangulaires et des cylindres inscrits dans des carrés étant assez similaires, on en restera pour l'instant, en ce qui concerne les hypothèses sur la forme générale de l'outil, aux grandes lignes des modèles d'escoudes antiques. Un fait mérite d'être souligné dans ce chantier de la fin du Moyen Age — l'extrême habileté des carriers qui y ont travaillé. Non seulement les sillons forment des lignes remarquablement continues, quelle que soit la forme des parois (plane, cylindrique convexe ou tronconique) (fig. 153 et

Fig. 156 Emboîtures du dernier chantier médiéval des Pielles sur l'empreinte d'un cylindre (ph. L. Damelet).

154), mais leur espacement important (parfois plus de 6 cm) révèle une efficacité physique des carriers hors pair. De façon exceptionnelle, l'usage du marteau taillant apparaît pour régulariser la planéité des fronts de carrière.

Les emboîtures: la confirmation d'un retour aux procédés classiques

Avec l'extraction de la fin du Moyen Age, on retrouve à peu près les formes d'emboîtures romaines, mais les spécimens médiévaux sont parfois moins ouverts à leur entrée (fig. **156**). Vues en plan, elles présentent des contours en V, en W simple ou multiple, quelquefois proches du trapèze, et assez rarement en U (tabl. 8). Leur largeur est légèrement inférieure aux modèles romains; elle varie entre 7 et 22 cm, leur moyenne reste comprise entre 8 et 20 cm. Leur profondeur est assez importante, de 8 à 20 cm avec une mesure médiane proche de 14 cm au plus profond et de 10 cm dans le haut du chantier. Donc, il faut interpréter cette variation entre le début (haut de l'excavation) et la fin du chantier (fond de l'excavation), en faveur d'une évolution chronologique. L'épaisseur de l'emboîture est rarement mesurable; en dépit de cet handicap, les quelques chiffres obtenus sont comparables à ceux des largeurs d'escoudes contemporaines (1,2 à 1,5 cm). Les sillons latéraux laissés sur les fonds d'emboîture révèlent une extrémité d'outil beaucoup plus aiguë que celle du mortaisoir du Ier ou du IIe s. Tous les sillons observables prouvent l'intervention de carriers droitiers (fig. 156).

Contrairement aux emboîtures romaines, celles-ci présentent des petites parois latérales, correspondant au tranchant du mortaisoir, un peu incliné. En coupe verticale leur profil transversal forme une sorte de rectangle très légèrement renflé vers le milieu. Malgré cette légère courbe, dans l'ensemble elles s'apparentent davantage aux modèles romains qu'à aucun autre. Ces dernières emboîtures médiévales sont généralement disposées côte à côte et leur espacement varie d'axe en axe de 13 à 24 cm (à une exception près).

Emploi des coins: deux méthodes en vigueur

On observe sur la face inférieure des emboîtures subsistant sur le sol de carrière des petites traces de frottement, mais elles sont trop réduites pour laisser supposer un usage direct de coins

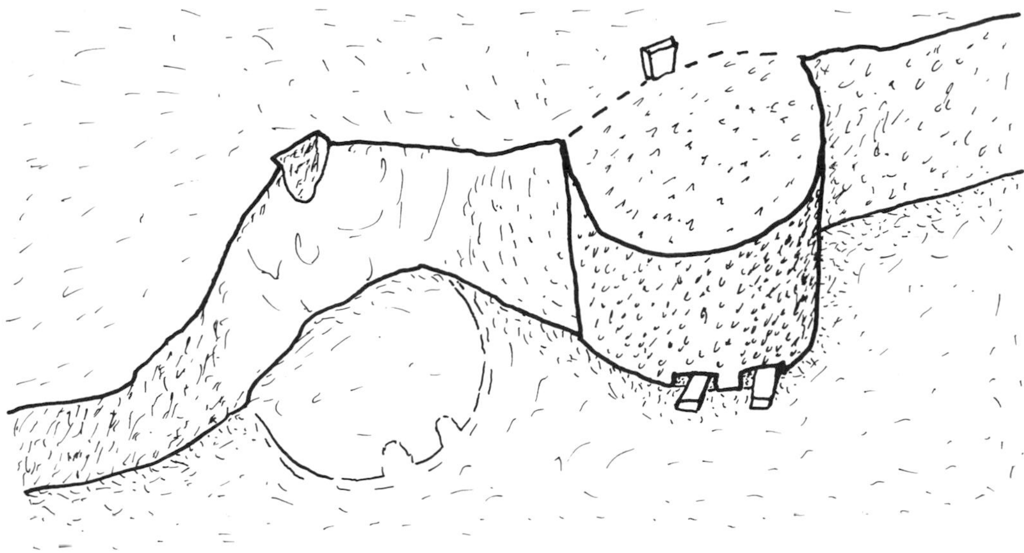

Fig. 157 Schéma de l'extraction de cylindres segmentaires utilisant à la fois des coins verticaux et horizontaux.

de fer, d'autant qu'il n'existe aucune rainure de blocage (fig. 156). En contrepartie, ces légères éraflures pourraient résulter d'un calage des coins avec des paumelles de fer. Pour cette période tardive, il existe ailleurs des témoignages écrits de l'usage des coins de fer, aciérés ou non, pour l'extraction, notamment dans les comptes de construction du Château-Gaillard dans l'Ain (Cattin 1990: 51) et dans ceux de divers chantiers du Forez (Gonon 1973: 23).

Un lot d'une douzaine de cylindres de pierre, abandonnés bruts d'extraction dans les déblais de l'excavation centrale, montre une technique d'arrachage qui n'a laissé aucune trace sur les structures en place de ce chantier. Dans ce procédé, après avoir creusé une tranchée périphérique sur les 4/5e de la circonférence du cylindre, le carrier confectionne horizontalement une ou deux emboîtures à sa base et une dernière verticale au fond d'un large sillon rectiligne amorcé à l'arrière du bloc (fig. **157**). Les cylindres ainsi préparés sont détachés sans trop de difficultés mais la cassure entre les coins forme naturellement plutôt une courbe qu'un angle droit. Le récipient obtenu ensuite ne pouvait donc avoir un fond plat sur la totalité de sa base. Il s'agit là d'une tactique d'extraction visant à obtenir très rapidement des cylindres segmentaires, probablement en fin de chantier, avant son abandon définitif et peut-être imprévu. Ces conditions d'arrêt pourraient également expliquer pourquoi cette série de cylindres a été abandonnée là sans avoir été creusé.

12
Production et façonnage en carrière après l'extraction

Dans ce chapitre sera d'abord présentée, pour chaque période chronologique, la nature de la production définitive, telle qu'on peut la déduire des empreintes et des éléments abandonnés aux différents stades de leur fabrication et surtout au cours de leur ébauche. Ensuite, une analyse technique des opérations de façonnage ou d'ébauche sur place après extraction sera proposée, toujours en restant dans le cadre de chaque chantier.

LES CHANTIERS PROTOHISTORIQUES: UNE PRODUCTION INDÉTERMINÉE

Des trois chantiers de tradition hellénistique installés sur les sites de La Figuière A4, du Roquet B9, des Pielles C3 et de l'unique exploitation de tradition gallo-grecque implantée au Roquet, nous ignorons pratiquement tout au sujet de leur production et d'un éventuel façonnage en carrière. Quelques fragments de dalles sciées de 7 à 11 cm d'épaisseur, découverts dans des déblais accumulés au-dessus du chantier de tradition hellénistique de La Figuière et peut-être aussi dans celui du Roquet, pourraient faire penser à une activité de sciage sur place après extraction. Ces deux catégories de pierre sont suffisamment tendres pour se prêter à ce mode de débit. Par ailleurs, les recherches archéologiques montrent que, durant la phase tardo-hellénistique, notamment en Provence, les dalles sciées étaient fréquemment utilisées pour la couverture des monuments et pour la confection des coffres funéraires.[1] Toutefois, pour ces deux carrières des Lens, la datation des fragments de dalle reste très floue. Le caractère partiellement remanié des couches d'où proviennent ces fragments sciés oblige à la plus grande prudence, étant donné que deux autres chantiers postérieurs ont fonctionné au même endroit sur les deux sites. En dehors de ces indices très fragiles, on ignore si les blocs produits par ces exploitations partaient bruts d'extraction pour les chantiers de construction ou s'ils étaient un tant soit peu ébauchés pour préparer la taille et éventuellement la sculpture.

LES CHANTIERS DU HAUT EMPIRE: LA PRODUCTION MONUMENTALE PRÉPONDÉRANTE

Un aperçu statistique partiel de la production sera proposé grâce à l'analyse des formes et surtout grâce à l'étude des caractéristiques dimensionnelles des empreintes de blocs extraits. Ceux-ci permettent parfois d'identifier la nature de l'élément final. Par prudence, cet essai d'identification se limitera aux éléments de colonnade: base, tambour, fût, chapiteau, et laissera de côté les pièces quadrangulaires moins spécifiques comme les linteaux, architraves, corniches. Elle sera complétée par l'étude des éléments inachevés abandonnés sur place. Parmi les sites fouillés, seule la carrière de Mathieu a fourni plusieurs éléments ébauchés sur place donnant ainsi une vue des techniques employées au-delà de l'extraction proprement dite. Deux autres carrières romaines voisines, non fouillées, ont également fourni des vestiges analogues au cours des prospections; elles permettront de compléter les premières informations.

Une forte proportion d'éléments de colonnade

Sur un total de 403 empreintes antiques relevées dans la carrière de Mathieu, 87 représentent des éléments de colonnade, soit 21,58% du total (tabl. 8). Dans ce dernier chiffre, il faut distinguer 17 fûts de colonnes monolithes, soit 4,21%. Dans ces pourcentages, il faut tenir compte

---

1 Voir les études de A. Olivier (1982: 69-98) et P. Arcelin (1973: 191-195).

du fait que certaines pièces de colonnade, en particulier celles qui appartiennent aux tambours, aux bases et aux chapiteaux engagés, n'ont pu être distinguées du reste des parallélépipèdes. Néanmoins, c'est là une proportion qui rappelle un peu le rapport numérique existant entre la colonnade non engagée du portique de la Maison Carrée et le reste du bâtiment en pierre des Lens. Mais ce rapprochement reste assez fortuit, car cette carrière a connu plusieurs phases d'activité destinées à approvisionner des chantiers probablement assez divers.

Les chantiers romains des Pielles produisant un calcaire de qualité un peu différente donnent des résultats assez éloignés de ceux du site de Mathieu. Dans le secteur exploité au début du Haut Empire, sur les 57 empreintes étudiées, 18 unités, soit 14,03% du total, appartiennent à des éléments de colonnade. Sur 35 unités, le chantier du début du IIe s. a donné 5 empreintes attribuables aux éléments de colonnade, soit 14,28%. Dans ce dernier pourcentage, il faut considérer la présence probable d'un fût de colonne représentant 2,85% du total. Donc, en comptabilisant ensemble ces deux chantiers romains des Pielles, sur un total de 92 unités, on retrouve 13 éléments de colonnade, soit 14,13%, c'est-à-dire pratiquement le même pourcentage que si on les considère à part. C'est certainement là une proportion assez réduite pour cette catégorie d'éléments. Elle résulte de la spécificité du matériau, laquelle induit un type d'exploitation un peu différent, avec des équipes plus restreintes.

Dans la carrière de Mathieu, la proportion importante d'éléments de colonnade se traduit aussi dans les blocs arrondis abandonnés sur place. Parmi ceux-ci figurent des fragments de fûts monolithes (fig. 72) mais aussi des grands tambours de colonnes (fig. 34), divers blocs arrondis et la moitié inférieure d'un très grand chapiteau (fig. 64). Dans les carrières romaines voisines, ces mêmes éléments sont attestés: un fût monolithe et un grand tambour de colonne dans la carrière de Bone A2, et également un grand tambour de colonne dans celle de Ritter A3. Tous ces témoins de la production romaine offrent les mêmes caractéristiques techniques et autorisent à prendre comme exemple type la carrière de Mathieu pour décrire les techniques d'ébauche en carrière.

Débits après extraction dans les chantiers du Haut Empire

En ce qui concerne un éventuel débit de dalles sciées durant le Haut Empire, il faut se reporter aux observations touchant la période de tradition hellénistique. Les incertitudes de datation jouent dans les deux sens. Pour la période romaine, le mode de débit par sciage ne pourrait guère concerner que les deux seuls petits chantiers fournissant de la pierre tendre — La Figuière et le Roquet. Partout ailleurs, la pierre est vraiment trop résistante pour cela.

Les Romains ont fait usage assez fréquemment d'un autre mode de débit, beaucoup plus familier aux carriers, car il fait appel aux coins. A partir d'un grand bloc brut d'extraction, il s'agit de le subdiviser en deux ou plus rarement en plusieurs éléments, en le fracturant. Contrairement à beaucoup d'autres matériaux sédimentaires, les caractères isotropes de cette pierre autorisent cette rupture en tous sens. La manière de procéder est presque identique à la dernière étape de l'extraction, mais le carrier s'arrange alors pour tourner son bloc de manière à disposer verticalement la série d'emboîtures. Ainsi, sa position de travail est plus confortable qu'en les creusant horizontalement. L'étude ethnographique conduite en Syrie prouve que cette opération peut être réalisée très rapidement et correctement sans trop de fatigue (Bessac *et al.* 1995: s.p.).

Pour le débit, les carriers romains des Lens adoptaient la technique de creusement d'une saignée continue sur toute la longueur du bloc. Creusée en V au pic, cette dernière mesure en moyenne de 4 à 8 cm de profondeur et autant de largeur. C'est seulement au fond de la saignée que les emboîtures proprement dites sont façonnées au mortaisoir. Leurs dimensions sont pratiquement analogues à celles de l'extraction, si ce n'est que parfois leur profondeur est légèrement inférieure de 2 à 3 cm. On peut se demander pourquoi les Romains procédaient différemment lors de l'extraction, au lieu de faire précéder leurs emboîtures d'une saignée qui garantit mieux une bonne fracture rectiligne. Le surcroît de temps et de fatigue imposé par un tel creusement en position horizontale, au ras du sol de carrière, peut être invoqué. A ce stade initial de la production, les carriers prévoyaient une forte marge supplémentaire sur la hauteur future du bloc afin de faire face à toute fracture irrégulière. Une fois le bloc extrait, le débit visait un résultat beaucoup plus précis et il était bon que le carrier s'entoure de toutes les garanties nécessaires afin d'éviter de perdre le fruit de son travail antérieur. Parmi ces précautions, il en est une qui reste hypothétique bien qu'elle soit encore en usage dans des chantiers traditionnels syriens et portugais.[2] Une fois les emboîtures creusées et les coins mis en place sur la face supérieure du bloc, ces carriers percutent la pierre linéairement, à la perpendiculaire de son tracé, sur les côtés verticaux du bloc, à l'aide de la panne d'une masse. Ainsi, selon la formule des professionnels, ils "étonnent" la pierre (Noël 1965: 59) et créent une ligne de faiblesse qui aide la fracture à se propager selon la bonne direction.

Fig. 158 Exemples d'éléments romains rejetés dans les déchets de la carrière de Mathieu après des essais de récupération par le biais d'un débit secondaire (ph. L. Damelet).

Le débit après extraction est appliqué sur deux catégories de blocs: les longs monolithes de faible section, comme ceux où l'on taillera des fûts de colonne, et les blocs mal extraits ou cassés en cours d'ébau-che, dont une subdivision peut faciliter la récupération. L'extraction de longs parallélépipèdes de section carrée assez réduite est très délicate, car sur une grande longueur, il suffit qu'un coin force un peu différemment des autres et une cassure se produit. Pour remédier à cela, il faut prévoir l'extraction de ces monolithes en doublant leur section dans le sens de la largeur, de façon à en tirer ensuite deux fûts. Dans la carrière de Mathieu, cette solution a été parfois adoptée, essentiellement pour des colonnes monolithes d'un diamètre inférieur à deux pieds romains.[3] La récupération de blocs ratés par le biais d'un débit secondaire est beaucoup plus improvisée et n'atteint pas toujours ses objectifs. C'est pourquoi cette catégorie d'éléments prédomine souvent dans les déchets de carrière (fig. **158**).

Processus d'ébauche sur le chantier d'extraction romain

Bien que parfois une ou deux dimensions puissent être doublées, en particulier dans le cas de fûts de colonnes accolées, la forme et les mesures générales de l'élément commandé par le chantier de construction sont déjà définies dès l'implantation du canevas d'extraction sur le sol de carrière. Par conséquent, dans la mesure où l'extraction a réussi, c'est un bloc brut, qualifié de "capable" par les professionnels de la pierre,[4] qui est disponible. Toutefois, les pratiques d'extraction romaines qui consistent souvent à rétrécir les tranchées périphériques ainsi que les

2 Pour la Syrie voir les recherches que j'ai effectuées avec l'aide de Jeanine Abdul Massih et Zoé Valat (1995: s.p.); pour le Portugal, il s'agit d'observations personnelles inédites.

3 Aucun site des Lens n'a fourni d'exemple de taille de colonnes en partie taillées avant débit et groupées par 2, 3 ou 4, comme celles qui sont visibles dans certaines carrières de l'Empire (Adam 1984: 227; Waelkens 1990: 66 fig. 25).

4 Les carriers professionnels nomment bloc "capable" toute pierre brute dont les dimensions minimales autorisent la taille d'un élément décrit dans le bordereau de commande. Habituellement ces pierres comportent un "gras de taille" — c'est-à-dire une marge supplémentaire nommée "affranchi" en carrière (Noël 1965: 14 et 192).

aléas de la rupture aux coins, sans oublier les défauts naturels tout aussi imprévus, donnent souvent un bloc brut encore assez grossier. Il faut donc l'équarrir un tant soit peu en supprimant les plus grosses irrégularités de façon à l'alléger au maximum et à présenter au moins deux faces principales planes afin de faciliter le bardage sur rouleaux.

Comme pour le débit primaire, cet équarrissement sommaire est réalisé sur place, à proximité immédiate de l'emplacement d'origine du bloc, une fois dégagé de son empreinte. On a vu précédemment (voir p.226) que parfois un outil d'ébauche et de taille, en l'occurrence le marteau taillant, peut être employé dès le stade de l'extraction par un carrier. Ce même spécialiste, normalement chargé de l'extraction, peut donc intervenir aussi pour cette nouvelle opération qui se déroule dans son espace de travail. Le nom latin *quadratorii*, souvent donné aux carriers romains, évoque cette tâche d'équarrissement.[5] Le carrier se munit d'un modèle de pic commun ou smille assez lourd (Bessac 1987c: 17-24), certainement le même parfois utilisé pour commencer les tranchées ou pour rectifier les sols de carrière et corrige à l'œil les irrégularités du bloc (fig. **159** a).

Lorsque le bloc est prévu pour la taille d'un élément cylindrique, comme les grands tambours de colonne de la carrière de Mathieu (fig. 34), la préparation du parallélépipède initial doit être un peu plus poussée. Après avoir réduit les plus grandes bosses à l'aide d'un pic (fig.159 a), on taille sur l'une des deux grandes faces, celle qui a été obtenue par rupture aux coins et qui est destinée à devenir le lit d'attente ou de pose, quatre ciselures sur les bords, en prenant soin de les disposer dans le même plan en les bornoyant.[6] La surface brute comprise entre ces ciselures est régularisée assez soigneusement grâce à une taille pointée à l'aide d'une broche (fig. 159 b). Après avoir vérifié et éventuellement rectifié au ciseau l'équerrage de la partie médiane des

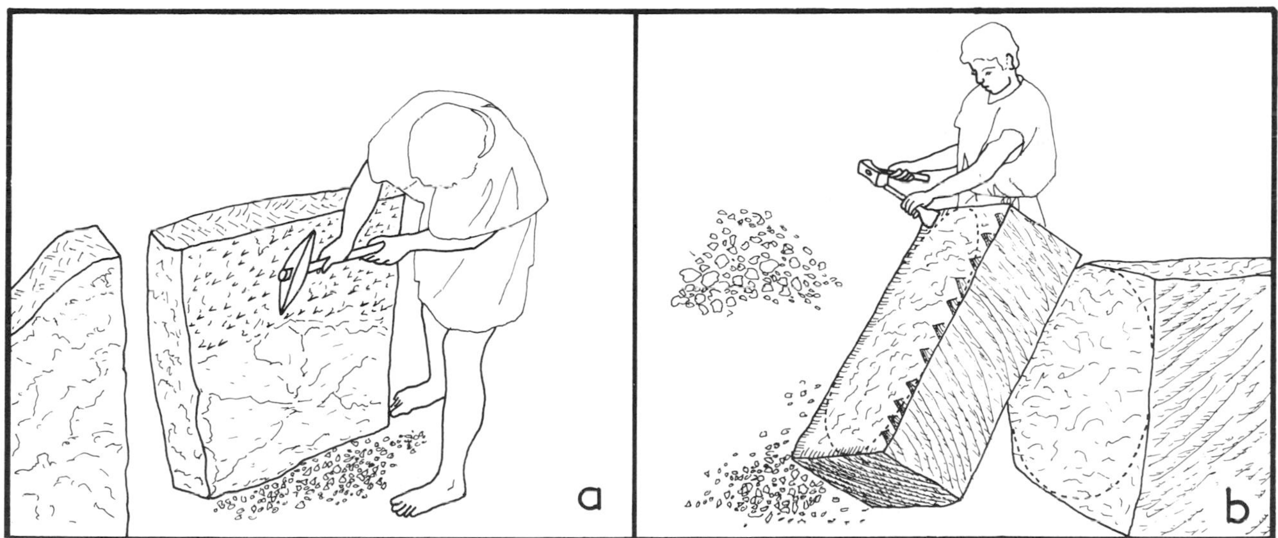

Fig. 159 Equarrissement et ébauche de colonnes en carrière romaine: a) équarrissement sommaire d'un bloc ordinaire; b) équarrissement soigné et confection de ciselures périmétriques sur un bloc quadrangulaire destiné à la taille d'un tambour de colonne.

5 R. Bedon (1984: 149) le présente ainsi et les chantiers du Bois des Lens, assez modestes, sont certainement organisés de cette façon. Dans des grandes exploitations impériales de marbre, il y a eu probablement une division des tâches entre les *exemptores* ou *lapicidinarii* chargés particulièrement de l'extraction et les ouvriers spécialistes de l'équarrissement et de l'ébauche, les *quadratorii* (Dubois 1908: XLVII).

6 Cette phase du travail incontournable appelée aussi dégauchissage (Noël 1965: 127; Aladenise 1982: 86-87) constitue la base du travail traditionnel de la pierre; comme elle a été décrite en détail à maintes reprises, il est superflu d'y revenir ici (Bessac 1980: 143-144, fig. 5, n° 1 et 2; Varène 1982: pl. 40, c et b).

Fig. 159 (suite) Equarrissement et ébauche de colonnes en carrière romaine: c) préparation à la broche d'une surface plane qui servira de lit de pose ou d'attente à un tambour de colonne; d) tracé du cercle et délimitation du cylindre au ciseau près des lits d'attente et de pose; e) suppression des angles du parallélépipède initial et taille de la surface convexe du tambour à l'aide d'un pic; f) affinage d'un petit tambour de colonne à l'aide d'un marteau taillant dont les impacts sont appliqués parallèlement aux génératrices du cylindre (dessins M.-R. Aucher).

petits côtés du bloc initial, le cercle est tracé au compas à pointes sèches. L'observation des trois grands tambours de colonne découverts dans la carrière de Mathieu et dans celle de Bone révèle une extraction parfaitement conduite d'équerre et aux bonnes dimensions sous forme de parallélépipède. Les parties centrales de leurs faces d'origine, tranchées orthogonalement à l'escoude, subsistent encore intactes aux points de tangence avec le cylindre. Sur d'autres tambours, de diamètre plus réduit mais plus épais, ou sur des fûts de colonne apparaissent des plumées,[7] réalisées au marteau taillant ou au ciseau pour matérialiser une ou plusieurs génératrices du cylindre entre les lits d'attente et de pose.

7 Ciselure longue, souvent verticale, servant de surface de repère soit pour le ravalement, soit pour la taille.

Fig. 160 Fût de colonne découvert dans les déblais antiques de la carrière de Bone A2; il est ébauché à la broche.

Les mêmes étapes du travail sont conduites ensuite sur la face opposée des grands tambours mais il n'est plus nécessaire de régler les ciselures par bornoyage; la hauteur d'assise prévue pour l'élément détermine leur position sur les bords. Une fois les deux cercles opposés tracés, leurs contours sont dégagés par une ciselure (fig. 159 d). Aussitôt après, la bordure des deux cercles est précisée par une nouvelle ciselure circulaire. Alors, la taille de dégrossissage du cylindre proprement dit peut commencer (fig. 159 e). Elle est réalisée d'abord au pic, puis elle est affinée à la broche et, plus exceptionnellement, pour des tambours plus petits, au marteau taillant (fig. 159 f). Toutefois, elle reste provisoire; c'est le spécialiste du chantier de taille près du monument, probablement un *lapicida,* voire un *marmorarius,*[8] qui parachève ce travail. Pour l'ébauche des fûts de colonne longs et de diamètre réduit, un processus analogue était appliqué. Leur faible section obligeait cependant les *quadratorii* à utiliser exclusivement le ciseau et la broche (fig. **160**); l'usage d'instruments aussi lourds que le marteau taillant ou le pic aurait entraîné leur cassure. La fragilité de cette catégorie d'éléments est aussi l'un des motifs qui obligent à leur emploi en délit, bien que la raison principale reste l'énorme difficulté posée par l'extraction d'un haut monolithe en position verticale.

Toujours dans le cadre de la fabrication des éléments cylindriques, il faut rappeler la découverte dans les déblais remaniés de la carrière de Mathieu d'un fragment de pierre tournée d'un diamètre de 39 cm, pouvant correspondre à une base de colonne cassée en cours d'élaboration (fig. **161** c). En dehors des bases tournées de Vic-le-Fesq et de Combas (fig. 24), aucun autre indice concernant cette technique n'a été découvert dans le Bois des Lens, et il serait délicat de proposer une reconstitution de ce travail en carrière avec si peu de témoins.[9]

Petits objets en pierre produits dans les carrières romaines

La fouille de l'habitat de la carrière de Mathieu a donné plusieurs objets taillés en pierre locale. Outre deux fragments de mortier (fig. 161 d et e) et l'auge carrée destinée à l'usage de la forge (fig. 77), sont apparus un petit élément rond cassé en état d'ébauche (fig. 161 a) et l'angle d'un autel pratiquement achevé (fig. 161 b).[10] La cassure de l'objet rond est intervenue au cours de la taille de son fût; la base et le sommet

8 Bien que les *marmorarii* soient spécialisés dans la taille et la sculpture des marbres (Bedon 1984: 149), on peut supposer que la qualité de la pierre des Lens et son emploi en tant que succédané du marbre lui valaient aussi d'être travaillée souvent par cette catégorie de spécialistes.

9 Pour ce qui touche la technique antique de taille au tour, en dehors de mes propositions (1987c: 253-261), voir les études de A. K. Orlandos (1968: 65, fig. 60); R. Sansen (1975: 94-95) et S. Veuve (1987: 19-20).

10 Mesures: 17,4 cm de haut, 10,3 cm de diamètre et 15,7 cm à la base; il est taillé avec un ciseau de 2 cm.

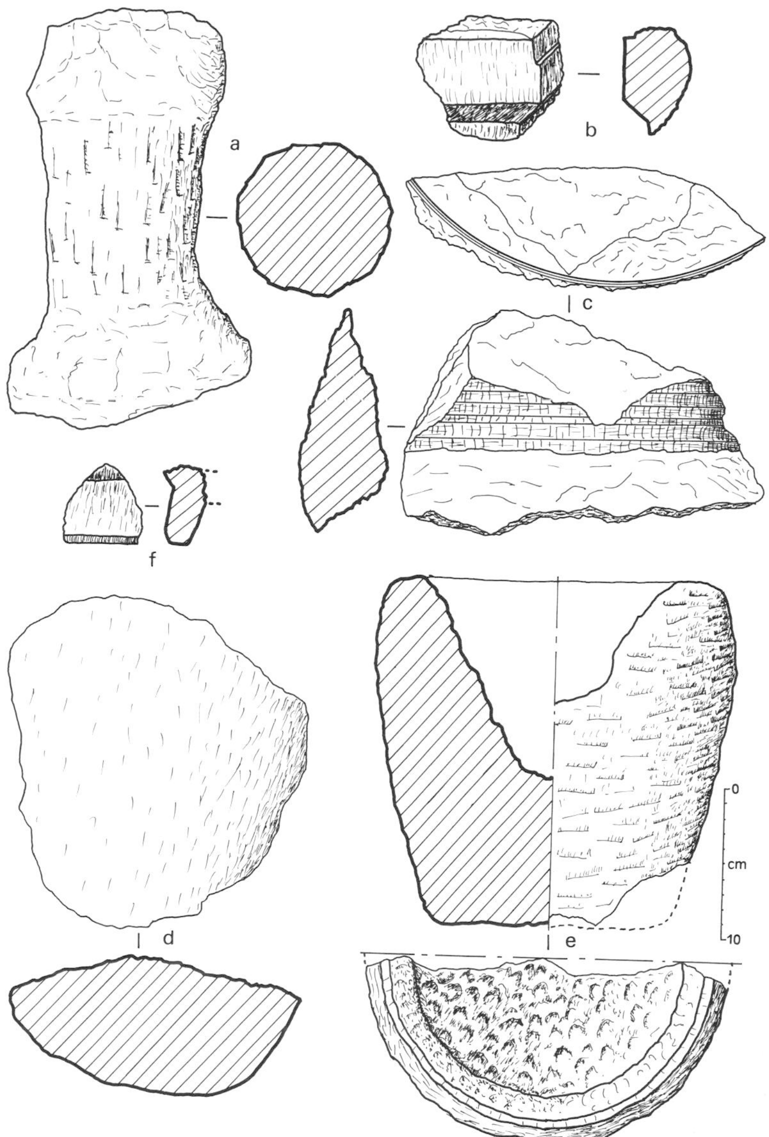

Fig. 161 Petits objets taillés découverts dans les chantiers romains de la carrière de Mathieu et du Roquet: a) autel votif rond cassé à l'état d'ébauche; b) angle supérieur d'un petit autel votif carré cassé au cours de sa finition; c) fragment de pierre abandonné en cours de tournage et retrouvé dans les déblais de la carrière de Mathieu; d) fragment de mortier; e) moitié de mortier cassé; f) fragment de pied annulaire de vase en pierre du site du Roquet.

sont restés à l'état brut. Il s'agit d'un petit autel votif cylindrique analogue à un autre, également en pierre des Lens, découvert à *Ambrussum* à Villetelle dans l'Hérault.[11] C'est là une catégorie d'autels votifs ronds assez peu répandue en Gaule méditerranéenne. En dépit de son état très fragmentaire et inachevé, le second morceau est davantage reconnaissable; il s'inscrit bien dans les séries communes des petits autels votifs de la région (Fiches, Py 1978: 155-188). Un important ensemble de petits autels similaires vient d'être mis au jour sur le site cultuel de

---

11 Voir Bessac, Fiches 1979: 137, fig. 6; un autre autel de ce type a été récemment découvert sur un site gallo-romain inédit à Clairan, 6 km à l'ouest de la carrière de Mathieu (aimable communication de Roland Issarte).

Mabousquet, 3 km à l'ouest de la carrière de Mathieu.[12] Comme Félix Mazauric (1917: 18-20) l'avait supposé en son temps (voir p.32), c'est certainement une production annexe des carriers, vendue ou échangée aux populations locales contre d'autres objets ou de la nourriture. Ces échanges peuvent éventuellement s'appliquer à des objets comme des mortiers.

Dans les couches de l'extraction du début du Haut Empire, comblant l'excavation méridionale du Roquet, se trouvait un fragment de vase à pied annulaire taillé dans la pierre locale (fig. 161 f).[13] Cet objet constitue probablement une production annexe de ces carriers, mais aucun mobilier de ce type n'est connu dans les sites de la région. Sur le même emplacement, toujours dans les couches romaines du Haut Empire, sont apparus quatre fragments d'une dalle sciée de 7,1 cm d'épaisseur en pierre locale signalée précédemment au sujet du débit (voir p.248 et 249). Il est très difficile de savoir si c'est un témoignage de la production normale de la carrière ou si, là aussi, c'est une fabrication annexe des carriers pour les besoins locaux. Dans la proche région, les prospections des sites gallo-romains donnent fréquemment cette catégorie de dalle en pierre des Lens d'environ 7 cm d'épaisseur équivalent certainement à un *quadrans* de 7,3 cm.[14]

PRODUCTION ET FAÇONNAGE MÉDIÉVAL: UN CARACTÈRE RURAL TRÈS MARQUÉ

Une activité mérovingienne axée sur la production de jarres en pierre

Les déchets de l'atelier mérovingien, installé au sommet de l'excavation septentrionale du Roquet, ont fourni 39 fragments de pierre taillée appartenant à 8 jarres ou *piles* différentes (fig. **162, 163** et **164**). Si elles présentent toutes des dimensions voisines, soit un diamètre de 60 à 100 cm pour une hauteur équivalente et des formes communes, ovoïdes ou cylindriques, en revanche elles offrent toutes des traces d'outils diversifiées[15] et des spécificités techniques propres.[16] Dans cette couche de déchets de taille se trouvaient aussi trois fragments de dalle

---

12 En cours d'étude par Marie-Reine Aucher (1991: 45) et Hervé Pomarèdes (Pomarèdes *et al.* 1993: 56).

13 Diamètre du pied estimé à 20 cm; intérieur terminé avec deux ciseaux grain d'orge, l'un de 1,7 cm et muni de 4 grosses dents, et l'autre de 0,9 cm à 4 dents fines; extérieur taillé sommairement au ciseau, puis adouci au grès.

14 Cela correspond approximativement à un 1/4 de pied romain; pour les mesures, voir A. Grenier (1958 III-1: 36). Les informations sur les dalles trouvées en prospection sont dues à Roland Bonnaud.

15 Pour les définitions générales des outils de taille et de leurs traces voir mon étude (1987c).

16 – Jarre brute (1 fragment) cassée lors de son creusement à la broche; bord incomplètement taillé au ciseau.
– Jarre brute (fig. 162a); bord délimité au ciseau; intérieur dégrossi à grands coups de broche; extérieur taillé au pic avec de gros sillons parallèles, longs de 4 à 7 cm et espacés de 2 à 4 cm (3 frag.).
– Jarre (fig. 163), Ø 59/61 cm, H. min. 41 cm, épaisseur bord 5,5 cm, épaisseur fond 8 à 10 cm (8 frag.); bord taillé et chanfreiné avec un ciseau large de 3 cm; extérieur dégrossi avec un petit instrument pointu, à percussion lancée, genre pointerolle, donnant des sillons parallèles, courts, réguliers et serrés; intérieur taillé irrégulièrement avec ce même outil; vers le fond gros impacts ronds de broche; extérieur, fond aplani et régularisé avec un outil à percussion lancée à tranchant large de 6,2 cm, légèrement concave et perpendiculaire au manche à l'image d'une doloire.
– Jarre, (fig. 162b) Ø 65/70 cm, H. min. 41 cm, ép. paroi 5/8 cm, ép. fond 8/8,5 cm (11 frag.); extérieur terminé avec un outil similaire au précédent mais large de 1,3 cm; intérieur dégrossi à petits coups de pointerolle, puis affiné avec un ciseau de 2,5 cm; fond bien terminé avec un ciseau de 4 cm. Ce travail se distingue des autres sans toutefois atteindre le degré technique d'une production de professionnel de la pierre.
– Jarre, (fig. 162c), Ø 55/65 cm, H. min. 38 cm, ép. paroi 5/9 cm (6 frag.); intérieur et extérieur dégrossis avec un petit outil à percussion lancée à tranchant droit perpendiculaire au manche, puis terminés avec un ciseau de 3 à 4 cm.
– Jarre (fig. 162d), ép. paroi 5/6 cm, ép. fond 13/14 cm (1 frag.); extérieur terminé avec ciseau de 3 cm.
– Jarre (fig. 162e), ép. paroi 6/7 cm, H. min. 35 cm (7 frag.); extérieur taillé au ciseau puis égrésé; bord chanfreiné.

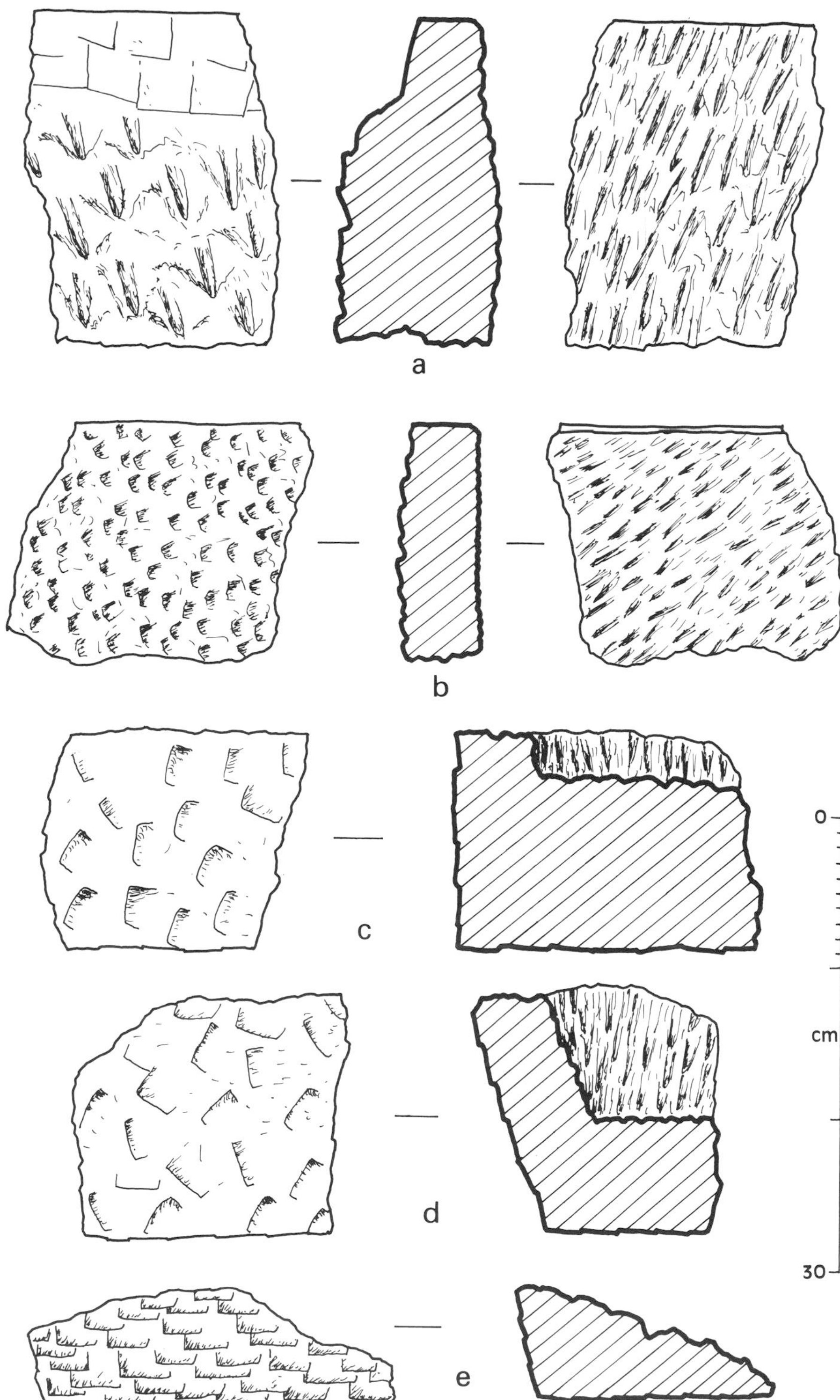

Fig. 162 Fragments de jarres en pierre (*piles*) découvertes dans l'excavation nord du Roquet.

– Jarre (fig. 164a), ép. bord 6 cm (2 frag.); intérieur et extérieur taillés au ciseau puis égrésés; bord chanfreiné. Après sa cassure, ses fragments ont été retaillés et le bord scié de façon à obtenir un segment de couronne de 6,5 cm de haut. C'est certainement un essai de réutilisation mais il est difficile de savoir pour quel usage.

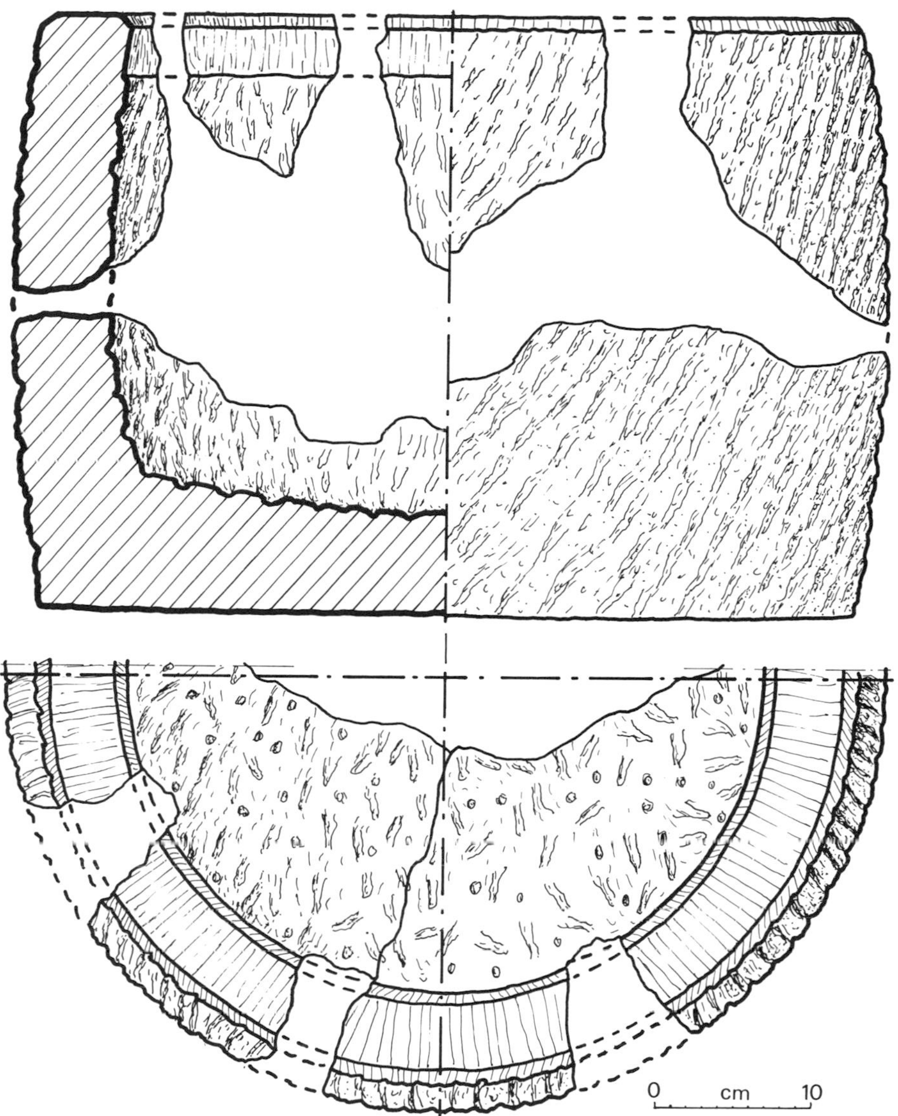

Fig. 163 Jarre en pierre provenant du site du Roquet.

(fig. 164 b).[17] Ils semblent avoir été récupérés dans des déblais plus anciens à des fins de retaille et de remploi. La couche supérieure de cet atelier a fourni un mortier cassé en fin de creusement et entièrement façonné à la broche (fig. 164 c). Son appartenance à cette phase du chantier demeure douteuse. Il en est de même pour deux petits mortiers très frustes (fig. 164 d et e) et deux pierres à aiguiser qui accompagnaient ce matériel (fig. 164 f et g).

De l'analyse de cet ensemble, il ressort que chacune de ces jarres a été réalisée par un individu différent. Le grand nombre d'éléments cassés, à tous les stades de leur fabrication, révèle que les ouvriers devaient manquer d'expérience. Par ailleurs, la variété de l'outillage,

---

17 – Dalle (fig. 164b). ép. 6,7 cm; feuillure, H 4,1 cm, larg. 0,5 cm; dalle et feuillure sont découpées à la scie, rectifiées au ciseau de 4,5 cm, puis sommairement égrésées.
– Dalle, ép. 5,5/6,5 cm; traitement analogue à la précédente mais elle est dépourvue de feuillure.
– Dalle, ép. 6,5 cm; sciée puis directement égrésée sur les deux faces.

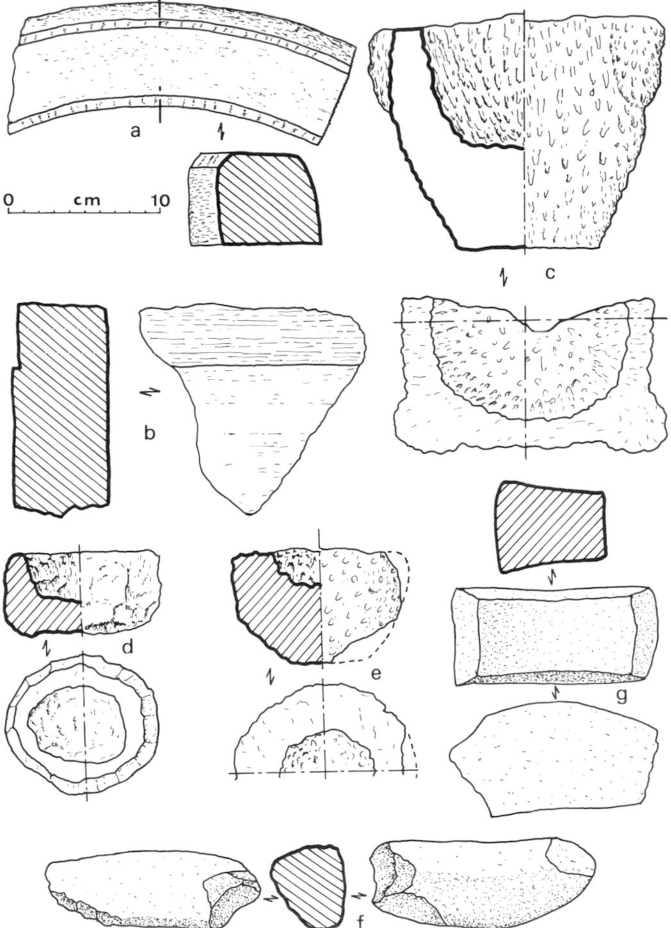

Fig. 164 Autres objets fragmentaires en pierre provenant de l'excavation nord du Roquet: a) bord de jarre cassé puis scié pour récupération, b) dalle sciée, c) mortier à oreilles, d) petit mortier, e) petit mortier, f) pierre à aiguiser, g) pierre à aiguiser.

révélée par les traces, montre un équipement plutôt hétéroclite de non spécialiste de la taille de pierre probablement d'origine rurale et attiré par la faible dureté de cette pierre.

Il est intéressant d'étudier aussi les caractères techniques des vestiges d'outils de taille en fer et des six pierres à aiguiser servant à leur entretien, découverts dans l'abri occidental de l'excavation sud, afin de mieux cerner les conditions de la production (fig. **165**).[18] La présence

---

18 – Ciseau bout rond à douille (fig. 165a), tranchant de 4,5 cm; fabriqué à partir d'une feuille de fer (ép. 0,25 à 0,30 cm), probablement aciérée à son extrémité et percée d'un trou sur la douille pour pouvoir clouer le manche.
– Soie avec l'épaulement du corps de l'outil (nature non identifiable: ciseau, broche, gouge?) (fig. 165b).
– Pointe fine prolongée d'une soie pyramidale (fig. 165c); sa finesse paraît révéler une pointe à tracer cassée.
– Soie de forme pyramidale (fig. 165d).
– Fragment de fer plat (ép. 0,5 cm) pouvant provenir d'un ciseau (fig. 165e).
– Deux galets longs en gneiss (fig. 165g et i).
– Éclat de grès à grain moyen.
– Pierre longue à grain très fin avec des traces d'usure très prononcées sur toutes ses faces (fig. 165h).

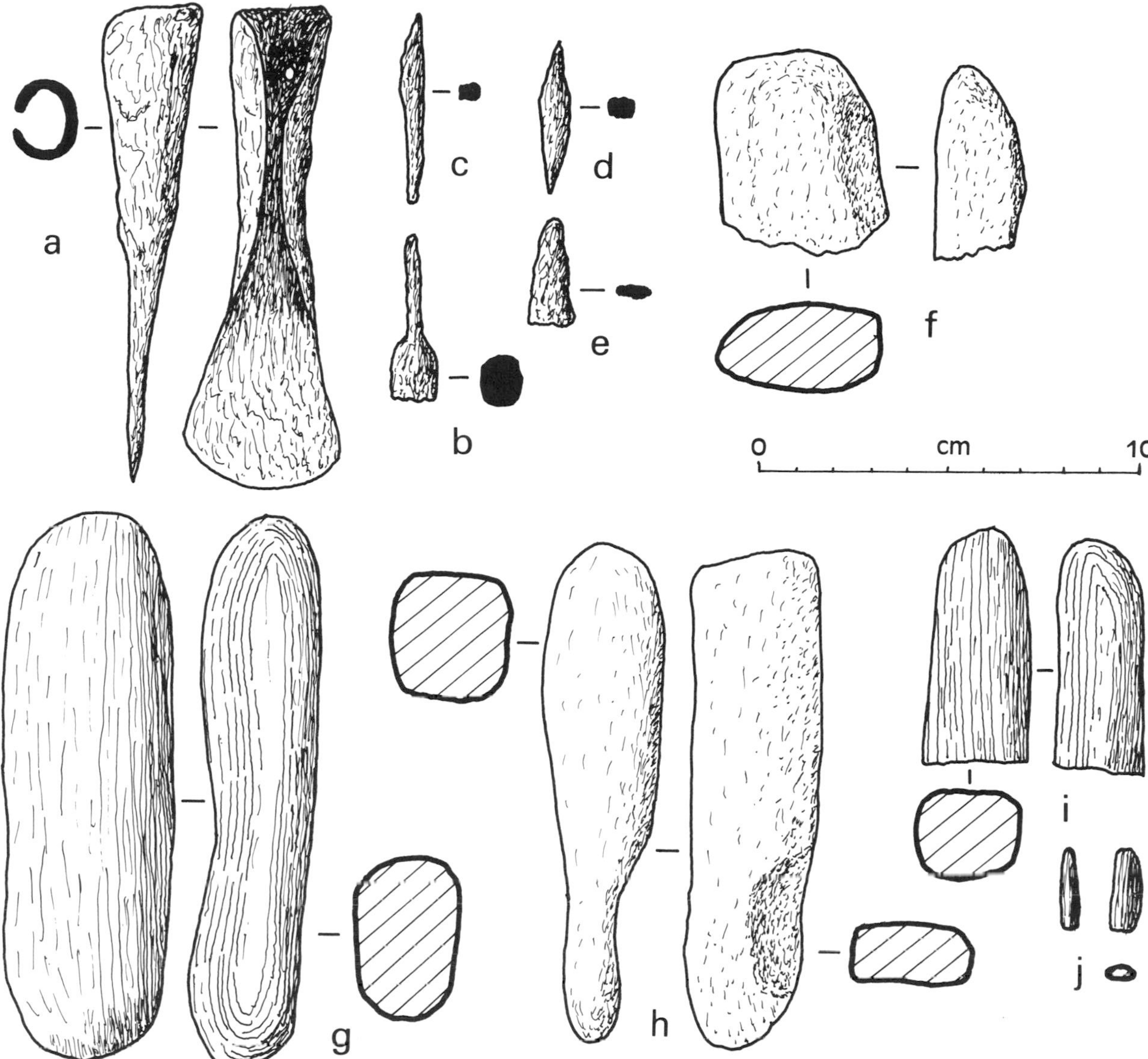

Fig. 165 Outils et pierres à aiguiser servant à leur entretien découverts dans les abris B et C du Roquet: a) ciseau à douille, b) soie à épaulement, c et d) soies pyramidales, e) fragment d'outil, f à j) pierres à aiguiser.

de soies cassées et de nombreuses pierres à aiguiser dans cet abri, où se trouvait aussi un foyer, montre que c'est un lieu où l'outillage était entretenu. Les soies ont dû casser lors du change-ment des manches de bois dont ces outils étaient pourvus. Plus intéressant est le ciseau à bout rond à douille — le seul spécimen entier du lot. C'est une catégorie d'outil de taille très fragile en raison de la faible résistance du fer employé sous cette forme. Il peut servir uniquement sur de la pierre très tendre, comme celle du Roquet, à condition qu'on le percute doucement. Lorsqu'il s'agit de la taille de la pierre, les outils à douille révèlent les périodes de pénurie du fer; ils sont utilisés uniquement quand il est impossible de faire différemment. L'exemplaire de ciseau dit "à bout rond" permet de façonner les surfaces concaves (Bessac 1987c: 129). Etant donné son contexte archéologique, il était certainement utilisé pour la finition des parois intérieures des jarres. Le nombre relativement important de pierres à aiguiser sur un petit chantier utilisant de la pierre

– Demi-galet en grès fin portant des traces d'usure sur ses quatre faces longues (fig. 165f).
– Petit galet de gneiss qui a pu servir pour des aiguisages délicats (fig. 165j).

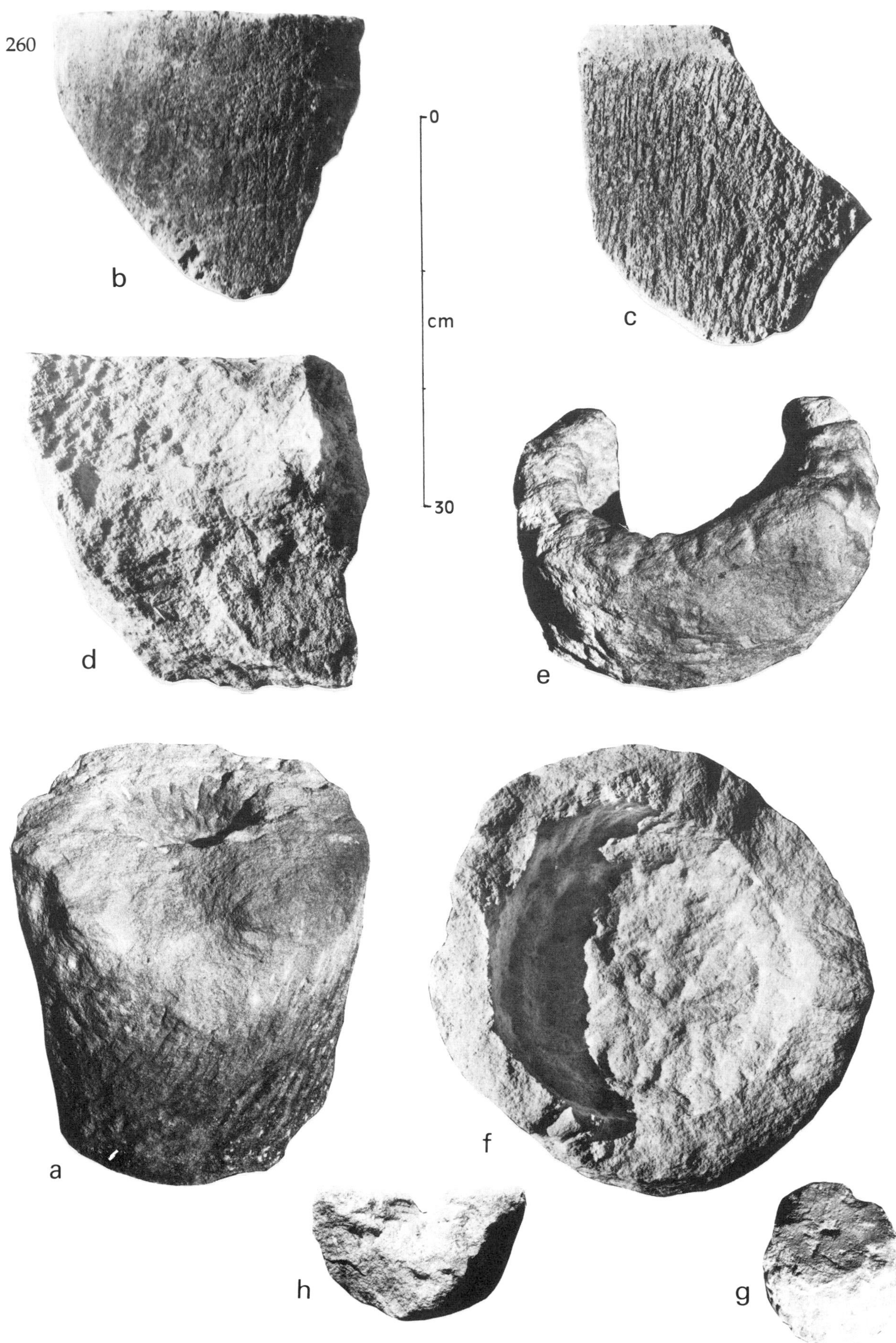

Fig. 166 Production du chantier du haut Moyen Age de l'excavation méridionale des Pielles.

tendre confirme la très mauvaise qualité des aciers employés. Il est possible qu'il s'agisse de fer doux, c'est-à-dire non aciéré ou très faiblement. La pauvreté de cet outillage confirme le caractère très occasionnel de la pratique de la taille de pierre sur ce site durant l'époque mérovingienne.

Une taille de pierre du haut Moyen Age mieux maîtrisée

L'analyse de l'extraction du haut Moyen Age sur le site des Pielles prouve que le façonnage des parois extérieures des cylindres destinés à devenir des jarres ou "*piles*"[19] est déjà largement entamé, sinon définitif, dès ce premier stade de la production. Par conséquent, la taille s'adresse essentiellement au creusement intérieur de ces récipients et à la régularisation de leur fond. Dans l'excavation méridionale des Pielles, on découvre surtout des cylindres non encore creusés ou abandonnés au début de leur creusement à la broche (fig. **166** a) mais peu de *piles* cassées en cours de creusement. Seulement quelques fragments de grands exemplaires d'un diamètre de l'ordre de 40 cm et à parois épaisses d'environ 5 cm ont été identifiés. Leur cassure est intervenue alors qu'ils étaient pratiquement terminés; ils proviennent certainement de l'activité médiévale ancienne (fig. 166 b,c,d). L'un d'eux est parfaitement régularisé extérieurement à l'aide d'un marteau taillant équipé d'un tranchant large de 6 cm; pour sa finition, il a été égrésé (fig. 166 b). Un autre montre des impacts serrés de ciseau sur sa paroi extérieure (fig. 166 c); tous sont creusés intérieurement à la broche (fig. 166 d). C'est d'ailleurs à l'aide de cet instrument qu'est ébauchée une sorte de mortier très fruste (fig. 166 e). Il en est de même pour la petite *pile* de 25 cm de diamètre à parois de 3 cm d'épaisseur, découverte dans l'US 9 à l'entrée de l'abri de l'excavation sud des Pielles (fig. 166 f). Elle a été également cassée, une fois terminée. Dans la même couche notons aussi trois petits objets en pierre plutôt assimilables à une production anecdotique, vu leur très faible volume, et quelques vestiges d'outils.[20] Les caractères très archaïques de la taille de deux petits sphéroïdes en pierre locale font penser à l'œuvre d'une personne, peut-être un enfant, ne disposant pas d'outils métalliques. La fonction de ces objets est impossible à déterminer. En revanche, le reste de la production atteste une plus grande expérience de la taille de pierre, même s'il s'agit d'artisans occasionnels. Les quelques éléments cassés résultent d'erreurs et de maladresses en fin de creusement, mais leur nombre est bien moins élevé que dans l'atelier mérovingien.

Une ultime production dans la continuité médiévale mais plus fonctionnelle

Le chantier de la fin du Moyen Age du site des Pielles produit toujours le même type de récipients, les *piles*, mais cela ne représente plus que 43% du total des empreintes. Les autres résultent de l'extraction de blocs quadrangulaires dont on ignore à quel type d'objet ou d'élément ils étaient destinés. Les seuls témoins de façonnage sur place proviennent des quelques *piles* cassées au cours de leur creusement. Un lot d'une quinzaine de cylindres bruts d'extraction, récupérés dans les déblais de carrière, montre plusieurs éléments auxquels il manque un segment du fait des méthodes d'extraction employées (voir p.247). Cette particularité a forcément influencé la forme définitive de ces récipients. Une fois terminés, ceux-ci comportaient obligatoirement une face plane certainement utilisée pour faciliter leur appui contre un mur. S'agit-il d'un perfectionnement de la "*pile*" cylindrique difficile à caser dans une maison? De tels récipients se trouvent parfois dans les anciennes habitations des villages environnants.

---

19 Il est préférable d'employer ici le nom occitan à l'origine du toponyme Pielle.

20 – Bouchon tronconique (Ø 9 cm); taille face intérieure: ciseau de 2,2 cm, extérieur: broche fine (fig. 166g).
– Petit sphéroïde aplati sur un pôle (H. 7,6 cm, Ø 9 cm); taille par martelage avec une pierre dure (fig. 166h).
– Petit sphéroïde plus réduit que le précédent (H. conservée 4 cm, Ø 6 cm environ).

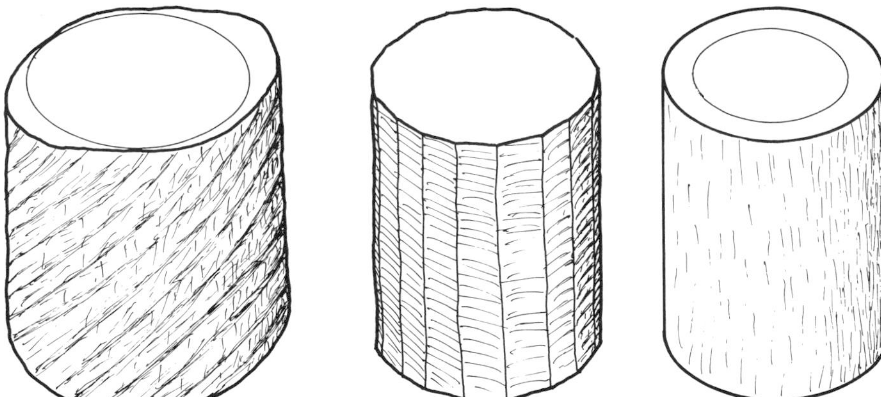

Fig. 167 Schéma des trois principales étapes pour arrondir un cylindre approximatif par épannelage, dans le chantier de la fin du Moyen Age, installé dans l'excavation centrale des Pielles: a) bloc irrégulier brut d'extraction, b) série d'épannelages réalisés au marteau taillant parallèlement aux génératrices du cylindre, c) finition de la paroi extérieure au marteau taillant.

Pour ce qui est de la taille de ces cylindres, il y a manifestement trois artisans distincts, probablement les mêmes que ceux qui sont chargés de l'extraction. Peu d'éléments sont cassés en cours d'élaboration — c'est un signe évident de progrès dans la taille. Parmi les rares fragments retrouvés pendant les fouilles, deux grands choix de fabrication apparaissent. L'un est propre au carrier très adroit qui extrait directement des cylindres presque parfaits. Extérieurement il les laisse en l'état d'extraction, c'est-à-dire avec les sillons de l'outil de creusement des tranchées disposés en hélice tout autour du cylindre. Est-ce que cette disposition, d'origine purement technique, peut être par ailleurs considérée par les acheteurs comme un élément esthétique? C'est possible, mais rien ne le prouve, bien que les tailles ornementales aient été très en vogue dans le second art roman, un ou deux siècles plus tôt.[21]

En ce qui concerne l'évidement de l'intérieur des *piles*, cet artisan particulièrement habile utilise toujours le même outil et le même principe, comme s'il creusait une tranchée pour extraire un nouveau cylindre de plus faible diamètre. Ce procédé très rapide et efficace doit être particulièrement bien maîtrisé pour éviter d'aboutir à la cassure systématique du récipient lorsque les impacts s'approchent du fond. Naturellement, à l'intérieur, les coups ne sont plus aussi réguliers qu'à l'extérieur et l'artisan doit ensuite égaliser cette surface à l'aide d'un ciseau et la terminer avec un grès. Mais aucun témoignage sûr ne nous est parvenu de ces deux dernières étapes.

Une seconde méthode est plus spécifique au carrier qui extrait des cylindres en les entourant de tranchées plus ou moins carrées côté extérieur. En dépit d'efforts évidents pour extraire directement un élément central rond, le résultat obtenu reste un cylindre fortement influencé par le carré extérieur. Une fois le bloc détaché du substrat, la taille commence par la régularisation extérieure du cylindre (fig. **167**). Pour cela, ce carrier emprunte un cheminement tout à fait moderne en appliquant la méthode de taille dite par épannelage. Elle consiste à produire des facettes verticales tangentes au cercle, comme si l'artisan voulait réaliser un prisme régulier polygonal (fig. 167 b). Pour des raisons évidentes d'efficacité, la largeur des facettes de l'épannelage est choisie approximativement en fonction de la largeur du tranchant du marteau taillant employé pour cette tâche — c'est-à-dire 7 à 8 cm (fig. 167 c et **168** d). Ensuite, ces facettes sont multipliées par deux, en réduisant leur largeur de moitié. Il est alors employé un marteau taillant à tranchant étroit, un peu inférieur à 4 cm de largeur. Les coups sont portés plus obliquement (fig. 168 e). Pour finir l'arrondi extérieur, les impacts de cet outil sont distribués selon les génératrices du cylindre — c'est-à-dire verticalement, en considérant le récipient dans

– Pierre à aiguiser plate de nature quartzeuse (L. 16 cm, larg. 13 cm, ép. 2,7 à 3,2 cm).

– Petit coin de fer (H. 2,5 cm, L. 1,8 cm, l. 0,7 cm), vraisemblablement destiné à bloquer un manche d'outil.

21 Notamment sur l'église du village de Combas (Bessac 1992a: 169).

Fig. 168 Production de *piles* du chantier de la fin du Moyen Age dans les carrières des Pielles: a) paroi extérieure brute d'extraction, b) paroi intérieure creusée au pic, c) bord et paroi extérieurs taillés au marteau taillant et abrasés, d) *pile* cassée au cours de son creusement après le premier stade de l'épannelage (facettes), e) paroi extérieure montrant le second stade de l'épannelage.

sa position normale (fig. 168 c). Le creusement intérieur est pratiqué selon la technique du premier artisan, mais de façon beaucoup moins habile et en se servant aussi d'une broche. L'observation des techniques de taille révèle que les parois extérieures n'en étaient qu'au stade de l'épannelage quand l'élément s'est cassé au cours de son creusement (fig. 168 d). Or, une fois le cylindre évidé, la paroi extérieure d'un tel récipient ne pouvait plus être taillée avec de lourds outils sans courir de grands risques de cassure. L'état faceté, brut d'épannelage à l'extérieur, est donc susceptible de constituer aussi une présentation finie de certaines *piles*, comme le montrent quelques exemplaires conservés dans les maisons médiévales du village de Combas (fig. 27).

Du troisième intervenant, on sait seulement qu'il laissait les parois extérieures brutes d'extraction et qu'il creusait l'intérieur avec une broche (fig. 168 a et b). Dans l'ensemble, l'analyse des œuvres de ces trois artisans confirme leur progression vers une conception plus moderne de la taille de pierre, mais ils conservent encore la polyvalence carrier/tailleur de pierre rapidement appelée à disparaître par la suite.

QUATRIÈME PARTIE

La production et l'organisation

13
Organisation générale de l'exploitation antique

Une progression chronologique normale, allant des chantiers les plus anciens aux plus récents, a été choisie car elle a paru mieux adaptée à la présentation de cette catégorie d'analyse.

LES CHANTIERS DE TRADITION HELLÉNISTIQUE: UNE ŒUVRE DE PIONNIERS

Commandes préromaines: des besoins très modestes

La diffusion et la nature des œuvres préromaines en calcaire des Lens montrent une demande artisanale essentiellement centrée sur la sculpture de tradition indigène dans une aire restreinte entre l'affleurement, le Gardon, Nîmes, et la plaine de Vaunage. En dehors des sculptures, il existe aussi certainement une demande architecturale dont le seul exemple connu est la tour hellénistique de Mauressip (voir p.39). Ce sont donc des marchés encore très réduits. Ces œuvres sculptées ou construites restent techniquement très sobres et n'exigent pas la recherche des variétés les plus résistantes de l'affleurement. On observe alors un usage largement prédominant des calcaires et mollasses calcaro-gréseuses tendres (Bessac 1992c: 104). Ces matériaux ont souvent un grain assez grossier (*id.* 1988a: 57-72). Les commanditaires et les artisans sont certainement en mesure d'apprécier les pierres à grain fin mais ils les recherchent surtout lorsqu'elles n'impliquent pas une plus grande difficulté de taille. C'est le cas des sites de La Figuière A4 et du Roquet B9, tous deux exploités durant cette phase initiale.

Les premières prospections des carriers de la Protohistoire

Dans le Bois des Lens, les carriers de tradition hellénistique sont les premiers à ouvrir des exploitations de pierre de taille. Des ramassages de blocs de surface naturellement détachés du substrat sont probablement à l'origine de véritables prospections. La position des trois carrières exploitées durant cette phase initiale est très significative à cet égard. La carrière de La Figuière A4 est implantée très près de la plaine de Fons, à l'extrémité orientale de l'affleurement, juste au-dessus du lit du ruisseau du Teulon qui constitue une voie naturelle de pénétration très aisée. Le site du Roquet B9 est placé vers le centre du bois, mais sur un point topographique très remarquable constitué par une petite proéminence au confluent des deux ruisseaux les plus importants du massif, celui des Lens et celui de l'Aven de Matalas. Les carrières des Pielles C2 sont ouvertes exactement sur le point culminant de l'une des plus hautes collines des Lens, les Ombrens.

Ces trois sites présentent des caractères topographiques qui en font à la fois des points de repère évidents, y compris par des personnes étrangères au Bois des Lens, et des lieux faciles à desservir par les accès naturels. Par ailleurs, tous offrent directement de la roche massive exploitable à fleur du sol — situation assez peu commune dans l'affleurement. Enfin, les deux chantiers les plus anciens, La Figuière et le Roquet, produisent la pierre la plus tendre de l'ensemble des carrières ouvertes dans ce calcaire. Ces variétés sont rares et ne peuvent être exploitées qu'en certains secteurs du bois, à des endroits difficiles à découvrir et peu accessibles.

De très petites équipes prospectant seules

L'ampleur de ces chantiers originaux est fort modeste et révèle l'intervention d'équipes réduites à deux ou trois hommes. Ce très petit nombre de carriers est confirmé par la très faible variété dimensionnelle des impacts d'outils observés dans ces exploitations. Le format des blocs extraits alors est essentiellement composé d'éléments de moyen appareil. Toutefois, dans chacun de ces sites leurs modules accusent des différences nettes, et les techniques d'extraction présentent des nuances mineures résultant de l'intervention de trois équipes indépendantes. Au sein de la phase de tradition hellénistique leur activité propre est probablement assez espacée dans le temps. Ainsi, l'échantillonnage disponible est faible, mais suffisamment diversifié pour qu'on puisse proposer un essai de reconstitution des grandes lignes de leur entreprise.

Comment les professionnels d'alors pouvaient-ils connaître l'existence de cet affleurement qui se trouve franchement à l'écart des grands axes de circulation et de peuplement protohistoriques? L'analyse de la situation géographique et surtout topographique des exploitations retenues plaide en faveur d'une prospection engagée sans guide local. Chacune des trois équipes a vraisemblablement prospecté de façon indépendante, sans connaître le résultat des recherches et des travaux des autres. Un certain nombre d'années peut séparer leurs campagnes respectives d'investigations. Ces premiers carriers n'ont pas ouvert d'emblée un chantier d'extraction dès qu'ils ont trouvé de la roche massive en surface du sol; il leur fallait d'autres garanties avant d'aller plus loin dans l'entreprise. Chaque prospection de carrière s'accompagne obligatoirement d'un minimum de sondages ou d'essais afin de tester les possibilités de la roche. C'est en ce sens-là qu'il faut interpréter les quelques empreintes dispersées autour de la carrière de La Figuière. Il en a été certainement de même dans les deux autres sites contemporains. Ces essais ont été certainement absorbés par l'expansion postérieure de ces carrières.

Des chantiers très modestes mais une exploitation ordonnée, voire rigide

Les quelques empreintes de tradition hellénistique sont étrangères à un système d'exploitation consistant à extraire des blocs en fonction des reliefs offerts par la roche. Ces chantiers sont localisés sur un emplacement unique et respectent une certaine ordonnance dans leur organisation. Leur canevas d'extraction est régi par un système orthogonal appliqué dans les trois dimensions. Un front principal est implanté sur la lithoclase la plus marquée du secteur et les autres sont tracés approximativement à 90°. Parfois, lors de l'apparition d'une lithoclase non identifiée au début du chantier, l'extraction a du mal à se plier à cette nouvelle contrainte. Ainsi, certains blocs chevauchent ces fissures et n'ont pu être récupérés entiers. Il en est de même pour la prise en compte des joints de stratification et du sens du pendage de la roche. Les sols de carrière de cette période constituent des plans bien horizontaux, mises à part quelques légères adaptations.

Plusieurs raisons peuvent être invoquées face à ces réticences à vouloir s'adapter aux contraintes naturelles. La première vient essentiellement de la production de séries de blocs modulaires. Ceux-ci répondent à des normes très approximatives mais elles sont généralement assez bien respectées. Après être partis sur la base d'un canevas normatif, en cours d'exploitation, ces carriers sont obligés de conserver le module initial sous peine de voir leur système de production désorganisé. Par conséquent, ils préfèrent perdre les quelques blocs fracturés verticalement par les lithoclases plutôt que de modifier sensiblement leur organisation modulaire. Cet inconvénient est un peu corrigé par le format assez réduit des blocs, ainsi la perte est limitée. Lorsqu'une lithoclase ne dévie que faiblement des axes de départ, une légère déformation du canevas est adoptée en écartant un peu la tranchée directrice qui lui est contiguë.[1] Sur le site du Roquet, ces adaptations du tracé aux fissures sont assez rapprochées et dépassent quelquefois une dizaine de degrés impliquant l'extraction de blocs en forme de trapèze rectangle (fig. 102). Des problèmes analogues se rencontrent aux Pielles mais là les carriers disposent d'une variété de modules beaucoup plus grande et, par conséquent, ils jouent davantage sur leur assemblage, imitant un peu en cela l'exploitation romaine précoce adjacente.

---

1 De légères modifications d'orientation de moins de 10° sont également observables dans les carrières de la Couronne en des secteurs supposés hellénistiques. Plutôt que d'y voir des défauts de jonction entre différentes équipes, toujours envisageables (Guéry 1985: 27, fig. 5), je serais tenté d'y reconnaître aussi l'influence d'intégration de petites fissures, difficiles à identifier actuellement. Mais les deux hypothèses peuvent être complémentaires, vu l'énormité de ces exploitations: plusieurs équipes autonomes ont pu travailler côte à côte, chacune s'alignant au départ sur des lithoclases différentes.

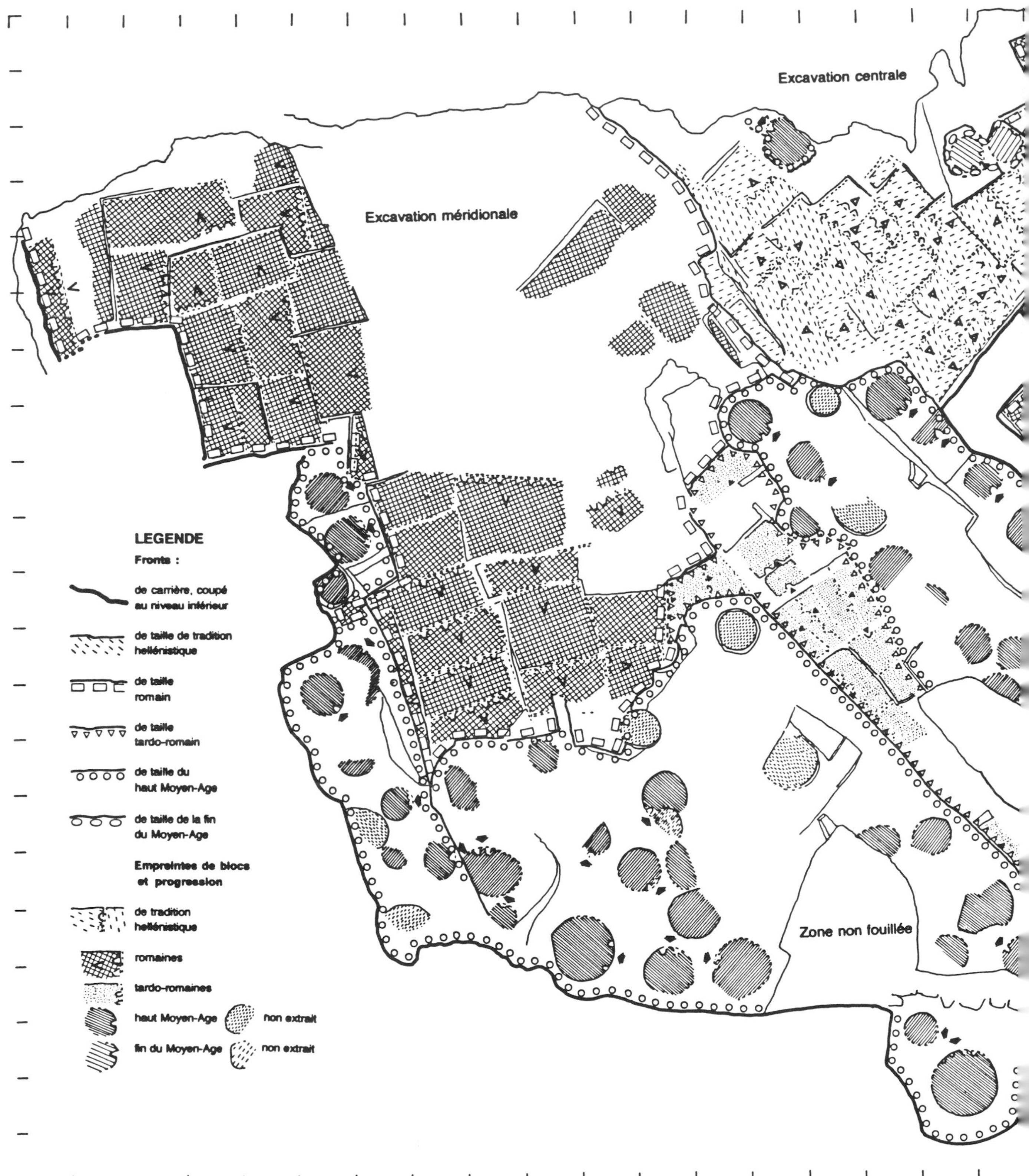

Fig. 169 Plan général des excavations sud, centrale et nord des Pielles montrant les différents types d'extraction selon les chantiers et leur progression.

Excavation septentrionale
Z
ouillée
LES PIELLES
0
m
10

Fig. 170 Vue partielle de la carrière de La Figuière A4. A droite, une partie du chantier romain, à gauche, les vestiges du chantier de tradition hellénistique avec deux blocs abandonnés en cours d'extraction car coupés obliquement par un joint de stratification.

Dans la pierre des Lens, il est délicat de tenter de s'affranchir des coupures obliques des joints de stratification (voir p.105). Sur sa hauteur exploitée, la carrière du Roquet en est dépourvue; ainsi, l'extraction a-t-elle pu être poussée en profondeur par paliers bien horizontaux, sans trop d'inconvénients. Il en est autrement pour les sites des Pielles et de La Figuière où ces joints sont bien marqués dès le départ. Aux Pielles, le chantier de tradition hellénistique a contourné la difficulté en s'installant entre deux émergences des joints de stratification et en pratiquant une extraction extensive superficielle toute en longueur et surtout parallèle aux lignes formées par ces derniers à leur contact avec le sol (fig. **169**). Ces professionnels avaient fini par accumuler avec le temps une certaine expérience de ce calcaire. L'influence du grand chantier romain plus ancien est à prendre en compte. Sur le site de La Figuière, les plans horizontaux formés par les sols de carrière ont rapidement croisé, quelques décimètres sous le niveau de départ, ces coupures obliques des joints de stratification. Cette intersection s'est traduite par la perte de blocs (fig. **170**, au milieu) et finalement par l'abandon de ce chantier mal maîtrisé par les premiers carriers.

La relative rigidité de ces professionnels face aux contraintes naturelles — très courantes dans les faciès urgoniens — vient certainement du fait qu'ils n'avaient pas l'habitude d'extraire dans des formations différentes des mollasses du Tertiaire (Bessac 1988a: 57-59). Ces dernières, les seules mises à contribution assez précocement, en particulier à la Couronne (Lagrand 1959: 195-200), ne posent pas ces problèmes de façon aussi aiguë. Par exemple, sur ce dernier site les lithoclases sont rares et espacées, et l'inclinaison du pendage et des joints de stratification est presque nulle (Guéry 1985: 26). Les premiers carriers venus depuis les zones d'influence hellénistique jusque dans l'arrière-pays ont eu le mérite de rechercher, puis de s'attaquer à un matériau plus difficile, mais qui offrait des avantages certains par rapport aux calcaires coquilliers en usage jusqu'alors. De nombreux aléas ont dû entraver l'exploitation de l'affleurement à ses débuts. Les carriers ont dû se former empiriquement au matériau et rechercher peu à peu des compromis adaptés aux contraintes de la production modulaire, dont ils restent toujours un peu prisonniers dans leur organisation de l'extraction. C'est là l'un des blocages déterminants qui a figé le développement de ces premiers chantiers du Bois des Lens, en dépit des avantages incontestables présentés par les diverses variétés de ce calcaire.

Exploitation et progression: un choix plus topographique que géologique

Les trois chantiers de tradition hellénistique sont assimilables à la catégorie d'exploitations dites en "paliers". Même celui des Pielles, situé au sommet d'une colline, évite de s'enfoncer en fosse. Dans la carrière du Roquet, comme dans celle de La Figuière, le choix est plus facile en raison de la disposition des exploitations à flanc de coteau. Ainsi, l'un des quatre côtés de l'excavation reste toujours libre et la sortie de la production peut être organisée horizontalement.

La règle de la progression dans le sens du pendage, c'est-à-dire ici vers le sud-est, semble *a priori* partiellement respectée dans l'excavation nord du Roquet. Mais, en ce lieu, il est difficile de procéder autrement en raison des impératifs topographiques très contraignants, du moins au début. L'analyse détaillée des traces révèle une stratégie d'extraction complexe qui adopte le cheminement suivant (fig. **171**):

1. Un premier petit palier nord-sud, large de 1,60 m environ, est créé très près du sommet de la proéminence naturelle du Roquet, en prenant soin de rester sur le versant donnant accès au ruisseau des Lens. Cette première ouverture constitue un passage central permettant d'évacuer les pierres vers la pente (fig. 171a). C'est là que se présente la difficulté. Pour commencer, les carriers sont obligés de se placer au-dessus des blocs à extraire, tant pour le creusement des tranchées que pour percuter les coins avec une masse. S'ils se plaçaient côté pente, leur position serait trop basse et malaisée pour travailler efficacement. Seules les emboîtures doivent être creusées tant bien que mal dans cette position. Ces difficultés expliquent aussi la très faible largeur du front de taille côté pente.

2. A l'extrémité de l'excavation ainsi créée, le palier initial est alors élargi à l'est comme à l'ouest, de 1,5 m à 2 m sur une longueur approximative de 1,60 m (fig. 171 b). A ce stade du travail, la largeur définitive du chantier est obtenue et sa longueur maximale est limitée par l'abrupt de la rive du ruisseau (fig. 171 c).

3. La progression vers le bas — autrement dit le changement de palier — se fait en sacrifiant un bloc situé entre le front de carrière sud et l'abrupt naturel au nord pour gagner en profondeur l'épaisseur d'un nouveau front de taille (fig. 171 d). Lors de cette opération, le volume de roche correspondant à un bloc est détruit à grands coups d'escoude. Cette opération est pratiquée de façon à obtenir un petit plan incliné destiné à faciliter les opérations de bardage. Ainsi, l'extraction de l'allée centrale, désormais plus élevée, pourra être ensuite reprise latéralement en évitant le travail côté pente.

La progression de ce chantier se fait donc en trois phases: une avancée vers le sud jusqu'au front de carrière, l'élargissement latéral des fronts de taille à l'est et à l'ouest, selon un plan en T, et le retour vers le nord. De cette manière, le travail en bordure de pente est limité au strict minimum. Au fur et à mesure que la carrière s'approfondit, elle s'allonge en gagnant à chaque changement de niveau de sol un peu de terrain sur la pente. Outre les difficultés ainsi évitées cette stratégie d'extraction permet de progresser davantage en profondeur, de façon à pénétrer au plus vite au cœur de la bonne roche et à y rester. Une exploitation superficielle extensive est toujours à éviter, surtout au Roquet, car à ce niveau supérieur la pierre risque d'être plus altérée qu'ailleurs. Le processus est différent dans l'excavation des Pielles où le terrain est plat et la roche de meilleure résistance dès la surface, malgré de nombreuses fissures. La logique de la progression de ce dernier chantier est beaucoup plus floue en raison de l'absence de contraintes

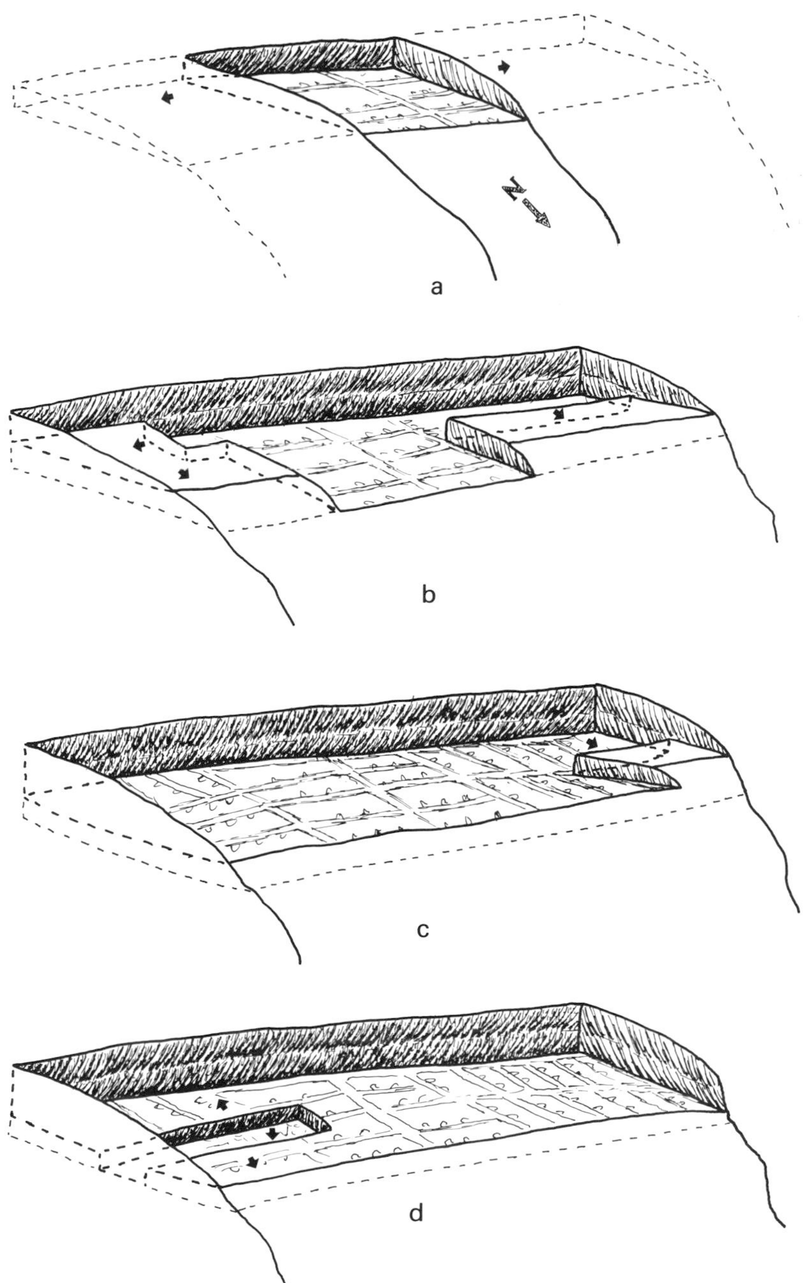

Fig. 171 Schéma de la progression de l'extraction sur le chantier de tradition hellénistique du Roquet.

topographiques et de la forte densité de lithoclases superficielles. Pour ce qui est du chantier de tradition hellénistique de La Figuière, sa surface est trop réduite pour que l'on tente de découvrir son principe de développement.

Evacuation de la production: l'absence d'engin de levage

Au début de ces exploitations primitives, les moyens de levage sont superflus. Dans les chantiers, tous les blocs peuvent être bardés à même le sol de carrière sur des rouleaux de bois, voire en les basculant tour à tour sur chacune de leurs faces. La plupart d'entre eux présente un poids moyen faible qui permet un transport manuel direct à une ou à deux personnes,[2] mais cette

2 Dans certaines carrières de Syrie, des blocs de 120 kg sont portés à dos d'homme (Bessac *et al.* 1995: s.p.).

solution ne s'impose pas. Dans la carrière de La Figuière et dans l'excavation nord du Roquet, il suffit d'improviser sur la pente une glissière sommaire orientée vers le lit des ruisseaux jusqu'à un quai de pierres sèches. A partir de là, le chargement manuel sur un chariot, ou sur un animal de bât pour les plus petits blocs, peut être envisagé. Seule la topographie du chantier des Pielles oblige les carriers à élever un peu les blocs, faute de dénivelé suffisant pour créer un quai. Ainsi à cet endroit il a fallu soit créer un petit plan incliné artificiel d'environ un mètre de haut avec des déblais ou des madriers, soit utiliser un moyen de levage traditionnel comme la chèvre. Le caractère très tardif de cette petite exploitation de tradition hellénistique lui a permis de côtoyer des chantiers romains munis de puissantes machines de levage. Ces carriers ont pu adopter des solutions analogues, mais à échelle plus petite.

Une métrologie difficile à cerner

En carrière, une partie des résultats métrologiques relève souvent de l'interprétation personnelle, quelles que soient les précautions prises. Les empreintes de blocs sont souvent trompeuses car, même en supposant le report au sommet du bloc d'une mesure précise, lorsque le carrier creuse ses tranchées, il s'en écarte d'autant plus qu'il les approfondit. Quant à la justesse des angles droits, elle demeure très approximative. En tenant compte de ces réserves, on peut proposer quelques constantes issues des moyennes obtenues, pourvu qu'on écarte les mesures extrêmes à caractère trop exceptionnel.

Sur le site du Roquet, les mesures prises sur 38 empreintes font apparaître une longueur répétitive d'environ 0,51/0,55 m et plus rarement le double, 1,05/1,10 m. Pour les largeurs c'est un peu moins évident; cependant, 0,27/0,31 m est très fréquent. Les hauteurs sont comprises entre 0,18 et 0,32 m; l'importance de cet écart interdit d'en retirer la moindre règle. En contrepartie, les deux premiers chiffres rappellent beaucoup la coudée de 0,525 m d'origine ionienne utilisée dans les réalisations hellénistiques, sur les monuments et en carrière (Hallier 1986: 261; Trousset, Guéry 1981: 65). Cette même coudée a déjà été remarquée sur les bases tournées en pierre des Lens découvertes à Vic-le-Fesq (fig. 24). La largeur des blocs se rapproche de certains pieds antiques compris entre 0,275 et 0,308 m (Grenier 1958 III-1: 36-40; Hallier 1986: 260). Faut-il voir là une association de deux unités de mesure antiques sur les mêmes blocs? C'est possible; il existe d'autres exemples où celles-ci sont utilisées de façon complémentaire sur un édifice (Hallier 1986: 261) ou en carrière (Guéry *et al.* 1981: 25). Le poids de ces blocs peut être estimé entre 60 et 120 kg.

Le chantier de tradition hellénistique des Pielles présente un ensemble métrologique apparemment plus difficile à définir. Les mesures ont été prises sur un lot de 41 empreintes. Une longueur de 0,72/0,77 m paraît très souvent associée avec une largeur moitié moindre de 0,32/0,39 m. Fréquemment un carré est obtenu avec la première unité; il arrive aussi qu'elle soit utilisée comme largeur associée avec une longueur comprise entre 0,91 et 0,96 m, peut-être trois pieds. Plus exceptionnellement des longueurs de 1,05/1,08 m, soit deux coudées, émergent du lot, mais on observe aussi des mesures quelconques difficiles à regrouper. Ce chantier a, sans doute, posé de gros problèmes d'adaptation aux conditions lithostratigraphiques locales de modules composés de carrés et de demi-carrés dont certains côtés devaient approcher une $^1/_2$ coudée d'environ 0,75 m ou, plus vraisemblablement, $2^1/_2$ pieds, mais ce ne sont là que des hypothèses.[3] Les hauteurs sont comprises entre 0,17 et 0,30 m et la moyenne se situe autour de 0,22 m. Le poids de ces éléments pouvait varier entre 100 et 200 kg; quelques uns, parmi les plus gros, pouvaient atteindre près de 300 kg.

Sur le site de La Figuière, la surface de carrière mise au jour pour cette première phase comprend seulement 12 empreintes, à partir desquelles il est délicat de proposer des valeurs statistiques. En dépit de ces réserves, il semble ressortir de leurs mesures une première unité variant entre 0,52 et 0,56 m, soit encore une coudée de 0,525 m et une seconde dimension proche de

---

3 Les mêmes mesures ont été identifiées au Cap Couronne (Trousset, Guéry 1981: 65; Guéry *et al.* 1985: 28).

0,70 m. Les hauteurs se situent entre 0,45 et 0,50 m. La forme des empreintes au sol est souvent carrée, d'une coudée de côté, et plus rarement rectangulaire. L'estimation des poids varie ici de 200 à 400 kg environ.

Malgré des résultats métrologiques assez approximatifs, il se dégage une première unité — probablement une coudée samienne de 0,525 m — commune aux trois chantiers. Dérivant du pied, une seconde mesure semble proche de 0,70/0,76 m; elle transparaît sur le site des Pielles et de La Figuière. L'usage de cette coudée, utilisée dans la région de Marseille et aussi très loin dans le monde hellénistique, jusqu'à ses extrémités orientales (Von Gerkan 1939: 4), renforce l'idée d'une certaine parenté technique des chantiers de l'affleurement avec cette culture, sans pour autant prouver quoi que ce soit quant à l'origine des carriers.

Toujours avec les réserves d'usage, il est tentant de rechercher s'il existe quelques concordances avec des œuvres hellénistiques ou protohistoriques de la région. Les sculptures protohistoriques taillées dans la pierre des Lens correspondent à d'autres variétés que celles qui ont été fournies par ces trois carrières. Il faut donc regarder plutôt du côté de certains blocs de la tour de Mauressip à Saint-Côme (fig. 23), tout en sachant que ceux-ci ont été employés initialement sur un bâtiment plus ancien avant d'être réutilisés pour cette construction. Deux chantiers d'extraction présentent à la fois des caractères géologiques comparables et des empreintes suffisamment grandes pour avoir pu fournir de tels éléments: La Figuière et le Roquet. Toutefois cela se limite à quelques pierres; beaucoup sont trop petites par rapport au module utilisé dans ce monument, en particulier sur le chantier du Roquet. Ces rapprochements ne constituent donc qu'une hypothèse.

Ces observations métrologiques débouchent indirectement sur la question de l'origine des carriers. Malgré un usage probable de la coudée samienne, on ne peut affirmer que ces professionnels œuvrant dans les chantiers de tradition hellénistique étaient des Grecs. Depuis plusieurs générations, des Grecs travaillaient à Marseille et dans la vallée du Rhône. Ils ont pu également se mêler à la population indigène et former des ouvriers au travail de la pierre (Arcelin *et al.* 1992: 201). Au début du Ier s. av. n.è. et peut-être antérieurement, dans la région de Beaucaire et de Nîmes, se sont probablement installés des artisans de la pierre héritiers et utilisateurs des traditions techniques et métrologiques hellénistiques. Les petits groupes de deux ou trois carriers extrayant de la pierre des Lens et éventuellement capables de prendre en charge la construction d'une tour comme celle de Mauressip n'ont rien de comparable aux grandes équipes ou entreprises chargées de l'édification de fortifications comme celles de Marseille, Saint-Blaise ou *Glanum*. Ces dernières sont certainement itinérantes, au moins à l'échelle régionale. Ce n'est peut-être pas le cas des petits artisans carriers dont on vient d'analyser les méthodes de travail; ils sont vraisemblablement implantés à demeure depuis deux ou trois générations dans les villes de la région proche comme Nîmes.[4]

LE CHANTIER DE TRADITION GALLO-GRECQUE: UN PROBLÈME À RÉSOUDRE

Une reprise protohistorique d'un chantier initial

Ce nouveau chantier protohistorique évite tout travail de prospection en s'installant directement dans les structures d'extraction déjà existantes. Le mode d'extraction par paliers à flanc de

---

4 Par rapport aux remparts de Marseille, Saint-Blaise, *Glanum*, voire Uzès (Bessac 1993: 223, n. 44; Sauvage 1993: 90), une tour comme celle de Mauressip montre dans sa taille, quelques indices de dérivations techniques. Durant cette période dans la région, l'utilisation de lettres grecques pour marquer les pierres (Py 1990: 732) ne garantie rien au sujet de l'origine des ouvriers. C'est peut-être là une œuvre produite par la même catégorie d'artisans que les carriers (à moins que ce ne soient les mêmes), très imprégnés de la technique grecque mais probablement coupés des grands chantiers réalisés par des professionnels grecs.

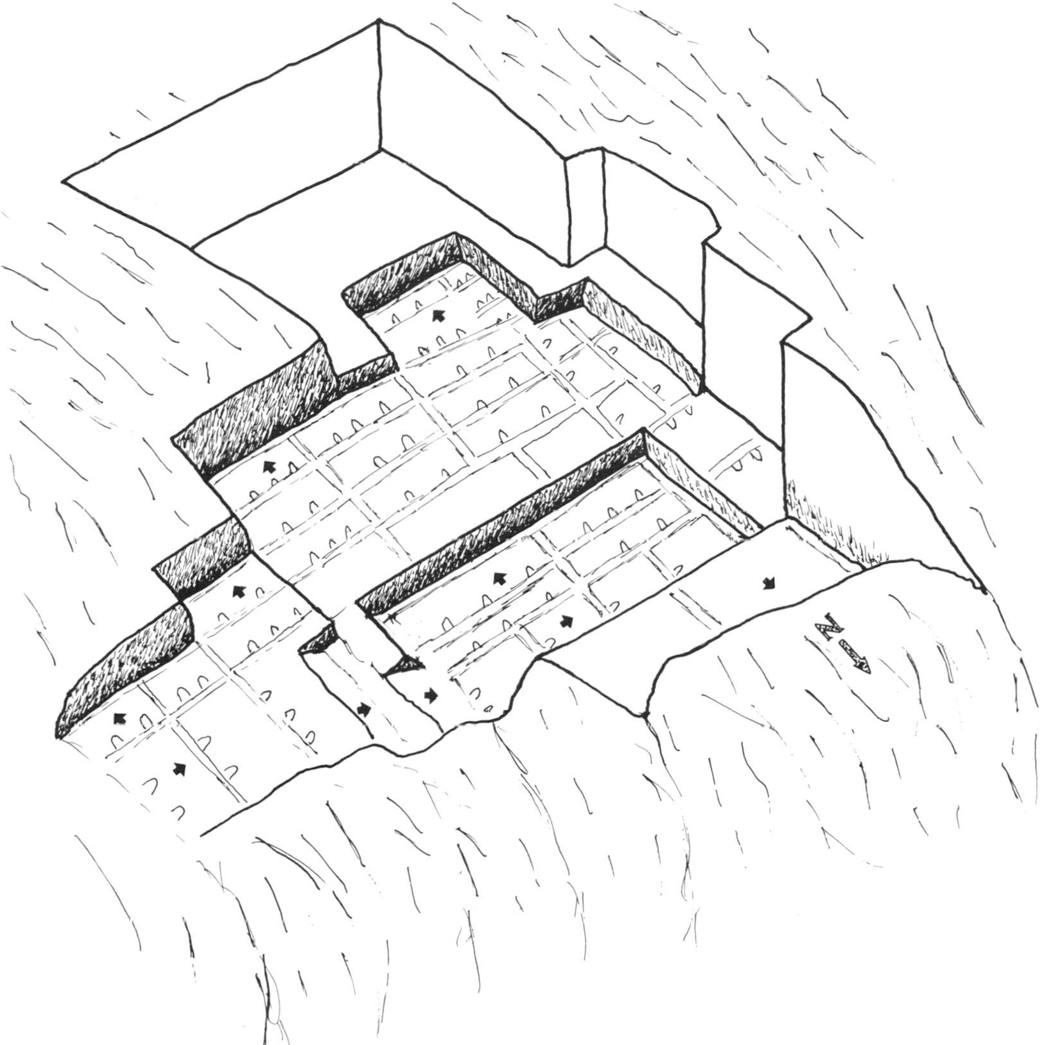

Fig. 172 Schéma de la progression de l'extraction sur le chantier de tradition gallo-grecque du Roquet.

colline, employé par les premiers carriers, est abandonné en faveur d'une amorce d'exploitation en fosse. Toutefois, celle-ci s'est arrêtée avant d'avoir atteint un mètre de profondeur. Les nouveaux exploitants conservent et améliorent le principe d'exploitation sur canevas orthogonal. Mais les parois de leurs tranchées étant beaucoup plus inclinées, les fronts de taille perdent leur caractère vertical. C'est vraisemblablement pour cette raison qu'il leur est impossible de limiter leur chantier par un front de carrière haut et droit. Par conséquent, bien que la disposition de l'excavation soit celle d'une fosse, elle n'offre pas de parois franches mais un étagement en degrés. La très faible variété des impacts montre une équipe d'un ou deux carriers et peut-être un aide.

Une conception originale de la progression

Au lieu de poursuivre le plan de progression précédent, les nouveaux carriers élargissent l'excavation dans son angle nord-est, en bordure de l'escarpement formé par le ruisseau des Lens. Pour cela, ils entament une nouvelle progression, non pas perpendiculaire à la rive mais parallèle (fig. **172**). Au départ, ils extraient de front deux blocs en position alternée: le plus proche de l'abrupt a sa longueur perpendiculaire à la rive, de façon à réserver une aire de travail devant les emboîtures; le second, orienté à 90°, doit être extrait après l'enlèvement du premier qui libère ainsi une nouvelle petite aire en bordure de l'escarpement. La largeur de l'espace ainsi disponible est de l'ordre de 2 m au départ, mais rapidement les carriers l'élargissent en extrayant, côté sud, un nouveau bloc puis, plus loin, quatre autres. De cette manière, ils obtiennent une largeur frontale de 5,20 m. Seule la première série linéaire de pierres est extraite d'est en ouest; l'essentiel de la progression se fait vers le sud. Une petite exception est observable dans l'angle nord-ouest où un rang de pierres est enlevé dans le sens sud-nord, mais une barrière rocheuse est conservée entre cet élargissement septentrional du chantier et l'abrupt du rocher au-dessus du ruisseau.

Une fois arrivé au contact des structures de l'extraction primitive, le nouveau chantier conserve toujours l'orientation de son canevas de départ. Celui-ci forme alors un angle d'environ 30° avec le front principal du chantier précédent. Vers le milieu de l'ancienne excavation, un nouvel élargissement est tenté pour porter la largeur totale à 7,40 m mais c'est un échec partiel; les blocs s'arrachent très mal dans cette direction et sont irrécupérables. La progression est reprise alors selon l'alignement principal, en privilégiant le sens est-ouest sur toute la largeur de l'extrémité occidentale du chantier.

Un bardage sur rouleaux sans trace de levage

Comme précédemment, la progression de ce chantier en profondeur dans les amorces de fosse est pratiquée par l'intermédiaire de plans inclinés correspondant à la destruction volontaire de blocs. Mais ici ces plans inclinés sont placés les uns à la suite des autres. Les pierres extraites sont donc certainement déplacées sur des rouleaux de bois. Aucune trace de fonctionnement et d'implantation d'engin de levage n'a été identifiée dans la fouille. Pourtant, la nouvelle conformation de l'excavation, en bordure de l'abrupt du lit du ruisseau, et surtout le grand module des blocs auraient justifié et facilité l'usage d'une chèvre ordinaire. Durant cette seconde phase préromaine, il faut donc toujours supposer un acheminement des blocs vers le lit du ruisseau à l'aide d'une courte glissière aboutissant sur un quai à portée des chariots. Les grands modules de pierre extraits ici interdisaient l'usage d'animaux de bât, à moins que les blocs n'aient été débités en éléments plus légers, des dalles par exemple.

Métrologie du chantier de tradition gallo-grecque: un module préférentiel

Toutes les empreintes des pierres extraites durant cette phase sont rectangulaires et de grand appareil. Sur un total d'une cinquantaine de blocs, on distingue cinq grands groupes:
1. le plus important offre un rapport largeur/longueur égal à un tiers; la moyenne des longueurs se situe entre 1,45 et 1,54 m et pour les largeurs entre 0,51 et 0,54 m;
2. en second lieu, on observe une série dont le rapport largeur/longueur est d'environ de $^{3}/_{4}$; là, les longueurs sont situées entre 1,04 et 1,11 m et la largeur entre 0,71 et 0,80 m;
3. le troisième correspond à un ensemble de rectangles difficile à situer dans le domaine des proportions et dont la longueur varie de 1,05 à 1,12 m et la largeur de 0,60 à 0,66 m;
4. la quatrième est définie par un rapport d'un sur deux de 1,08/1,12 m de long par 0,51/0,54 m;
5. un cinquième groupe, faiblement représenté et plus disparate, utilise également sur l'un de ses côtés, des unités déjà identifiées dans les quatre précédents, mais la seconde mesure semble échapper à toute règle; ainsi, par exemple, se distinguent quelques longueurs de 1,20/1,30 m, c'est-à-dire 2 x 0,60/0,65 m, mais aussi des blocs plus petits, de 0,74/0,75 m pour 0,59/0,65 m.

Quelle que soit leur appartenance à un groupe ou à un autre, les hauteurs varient entre 0,42 et 0,60 m. A l'exception de cette dernière mesure, dans ces dimensions transparaissent des unités déjà reconnues dans les exploitations précédentes de tradition hellénistique avec, cependant, une très nette prédominance de la coudée identifiée sous la forme de $1^{1}/_{2}$, 2 et 3 fois sa valeur approchée de 0,525 m. Un *dupondius* d'environ 0,60 m paraît également utilisé mais moins souvent. Les poids des blocs varient entre 270 kg pour les plus petits et 600/700 kg pour les plus grands.

Une équipe d'origine inconnue

Lors de l'analyse des techniques d'extraction du chantier de tradition gallo-grecque, il est apparu que les procédés employés étaient fort éloignés de ceux qui étaient en vigueur dans le monde gréco-romain (voir p.232). Il semble aussi que durant la phase tardo-hellénistique, s'opère une certaine intégration des petites équipes régionales de carriers de tradition hellénistique dans le monde indigène, du moins dans les agglomérations les plus importantes (Bessac 1995: 223). Dans ces conditions comment expliquer la présence d'une petite équipe qui, tout en employant des unités en usage dans la région, se distingue à la fois des professionnels grecs proprement dits et des artisans de tradition hellénistique, sans pour autant se rapprocher des Romains?

Ces carriers ouvrent le second chantier de l'excavation nord du Roquet et extraient des blocs de grand appareil, sensiblement plus volumineux et plus lourds que leurs prédécesseurs. Bien que certains débits sur place puissent être envisagés, l'évacuation de la production exige des chariots et une infrastructure adéquate de chemins. Outre la position en chronologie relative de ce chantier, cette situation plaide aussi en faveur d'une date assez tardive, très probablement les environs du milieu du Ier s. av. n.è. Cela correspond à des bouleversements historiques majeurs concrétisés par la Guerre des Gaules. Durant cette période troublée, les marges de la moitié sud du Bois des Lens se peuplent assez soudainement (voir p.48). A la même époque, à l'ouest du Bois des Lens (fig. 4) sur le site de Mabousquet un temple rond est édifié (Aucher 1991: 45; Pomarèdes *et al.* 1992: 56), structure quasiment inconnue en Gaule méditerranéenne. Serait-il trop hasardeux d'imaginer des mouvements, géographiquement assez amples, de populations ou plutôt de tribus liés à une restructuration du pays sous la nouvelle autorité romaine, comme nous l'avons déjà suggéré lors de la publication de nos premières prospections (Bessac *et al.* 1979: 82). Dans le cadre de cette hypothèse de migrations, et sans vouloir lier la présence de ces artisans qui se situent hors des normes régionales à celle du groupe indigène le plus proche, ne pourrait-on admettre la venue et l'activité d'une ou plusieurs petites équipes de professionnels de la pierre originaires de régions moins influencées par les techniques gréco-romaines? Dans l'attente d'un élargissement de nos connaissances dans ce domaine, la question reste posée.

L'ORGANISATION ROMAINE: DES CHANGEMENTS FONDAMENTAUX

Une prospection romaine systématique et précise

Les carriers romains ont certainement profité de la connaissance du terrain et du matériau acquise par leurs prédécesseurs. Au moins deux carrières d'origine plus ancienne, La Figuière et le Roquet, attestent une reprise ponctuelle de ces exploitations primitives. Il en est peut-être de même pour la carrière des Pielles, mais il faudrait étendre la fouille à l'excavation orientale pour s'assurer de l'existence d'un chantier de tradition hellénistique antérieur à celui qui est actuellement mis au jour. D'autres grandes exploitations romaines ont pu s'implanter sur des petits chantiers antérieurs, ensuite totalement absorbés. Toutefois, une telle situation est certainement marginale par rapport au nombre de carrières ouvertes au début du Haut Empire. Contrairement aux précédentes, beaucoup de ces exploitations sont situées en des endroits dépourvus de particularités topographiques susceptibles de faciliter leur repérage.

Mais les carrières romaines se distinguent surtout grâce au fait que la grande majorité d'entre elles, les plus importantes en tête, sont ouvertes dans les microfaciès oolithiques du calcaire urgonien, c'est-à-dire les mieux appréciés. Ces microfaciès sont localisés en des secteurs spécifiques, généralement en bordure occidentale de la moitié nord de l'affleurement (voir p.21). En ces endroits, la pierre exploitable est généralement enfouie sous 1 à 5 m de roche de découverte à éliminer. Par conséquent, même si les carriers romains disposaient de quelques points de repère grâce à l'activité de leurs prédécesseurs, ils ont dû engager des prospections détaillées sur de vastes surfaces. D'un point de vue pratique, on peut supposer qu'elles s'apparentaient aux études préalables de terrain réalisées par les géologues actuels. Comme eux, ces futurs exploitants devaient parcourir le massif à la recherche de la qualité la plus intéressante, en cassant ici et là des fragments de roche pour vérifier leurs caractères spécifiques. Le plus délicat de la tâche consistait à découvrir des zones d'extraction présentant un minimum d'épaisseur de découverte. Les Romains ne pouvaient réaliser un sondage qu'en creusant un puits. Toutefois, à partir du moment où ils avaient identifié la qualité oolithique, ils devaient s'efforcer de rechercher un point d'affleurement du matériau massif, même très limité, en complétant leurs observations préliminaires par une prospection plus affinée du secteur.

Au sujet de ces prospections très techniques, il serait particulièrement intéressant de savoir à quelle catégorie de spécialistes pouvait être confiée une telle recherche. Les sources littéraires antiques demeurent muettes à ce sujet. Pour mener à bien une entreprise semblable, nous employons actuellement des géologues, mais au début du XXe s., voire plus tard, ces recherches étaient naturellement prises en charge par les entrepreneurs carriers ou par leur contremaître. Pour réaliser une telle prospection, qui peut être mieux placé que le professionnel chargé ensuite de l'extraction? Il connaît les exigences du client et il est aussi parfaitement conscient des moyens humains, techniques et financiers à engager face à telle ou telle catégorie de roche, en fonction des conditions naturelles dans lesquelles elle se présente. Je serais fortement tenté de croire que la situation était très proche à l'époque romaine pour des exploitations de matériaux similaires et d'ampleur équivalente. Davantage que ses successeurs actuels, le carrier romain, par ses déplacements dans la province de Narbonnaise, voire dans l'Empire, a une idée plus complète des particularités de chacun des affleurements concurrents.

Travaux de découverte en carrière: une étape primordiale

On a vu que les prédécesseurs des Romains mettaient comme condition *sine qua non* à l'ouverture d'une carrière l'absence de terrain mort au-dessus de la roche massive. Dans l'affleurement, le carrier romain est donc le premier à s'engager dans une entreprise de terrassement avant d'extraire. Préalablement, l'entrepreneur ou son chef d'équipe doit résoudre deux problèmes délicats étroitement liés: la délimitation de la surface de dégagement et l'évacuation des déblais.

Les solutions peuvent être forts différentes selon le type d'affleurement et surtout en fonction de l'éloignement des chantiers de construction qui s'y alimentent. Le volume de la commande intervient aussi. Les Romains envoient une ou plusieurs équipes pour approvisionner un chantier de construction bien déterminé. Il faut donc proportionner ce dégagement préliminaire aux besoins réels. Des carrières comme celles de Roquemaillère, à la périphérie de Nîmes, pourront d'emblée envisager l'enlèvement d'un volume de découverte bien supérieur à celui qui est indispensable pour accéder à la roche massive nécessaire à leurs besoins immédiats en pierre de taille. Les exploitants savent qu'ils pourront écouler très rapidement la quasi-intégralité des divers matériaux qui en résultent.[5] Non seulement tous ces produits et sous-produits sont utilisés dans la construction mais surtout — point essentiel — ils sont enlevés de la carrière au fur et à mesure de leur extraction. Cependant, cette manière d'organiser l'exploitation n'est valable qu'à la condition qu'elle se trouve placée le plus près possible d'une ville grande consommatrice de matériaux. Au-delà d'1 ou 2 h de transport et dans la mesure où le sous-sol s'y prête, il est plus économique d'engager pour le tout-venant une exploitation spécifique près de la ville.

Les carrières des Lens sont trop éloignées des centres antiques pour pouvoir y écouler efficacement leurs sous-produits. En outre, leur couche de découverte produit surtout des fragments de roche informes et quasiment impossibles à transformer rapidement en pierre de petit appareil. L'exploitant doit donc délimiter une surface de découverte juste assez grande afin de subvenir aux besoins de la commande de son chantier du moment. Pour cela, il lui est

---

5 Dans cet exemple, partant du haut, les Romains emploient la pierre de tout-venant informe et fragmentaire pour le fourrage interne des maçonneries et pour la fabrication de la chaux, les pièces des bancs étroits et fissurés pour le petit appareil, les strates un peu plus épaisses pour le moyen appareil et enfin, souvent entre 5 et 12 m de profondeur, les strates épaisses pour le grand appareil (Bessac 1987a: 28-33; *id.* 1988a: 59 et 65).

nécessaire de connaître l'épaisseur moyenne de ces terrains morts. Il doit donc réaliser un sondage jusqu'à la roche massive et au-delà pour s'assurer de sa qualité. Dans les carrières des Lens, deux puits susceptibles d'appartenir à cette catégorie ont été repérés: le premier dans la carrière de Mathieu n'a pu être daté à cause des minages modernes; le second, creusé sur le site de la Peyrière de Martin, a une section rectangulaire de 2,20 x 1,90 m et une profondeur de 8,60 m; il est probablement antérieur aux XIIe/XIIIe s.[6]

Le sondage permet aussi au carrier romain de reconnaître le nombre, la profondeur et le pendage des joints de stratification. A la surface de la roche massive, ces données vont aussi l'informer sur le sens de la progression de l'exploitation afin de choisir le secteur où l'épaisseur de découverte diminue au lieu d'augmenter. Chaque site d'extraction constitue un cas d'espèce en fonction de l'érosion locale du sol et de la topographie des lieux.

Il est curieux que pour les carrières des Lens, qui pourtant s'y prêtent assez bien, les Romains n'aient pas choisi le mode d'exploitation souterrain qui permet d'éviter ces problèmes d'élimination de la découverte.[7] En Gaule méditerranéenne, aucun vestige d'exploitation souterraine dont l'antiquité soit garantie par une datation sûre n'est actuellement connu. Les parties souterraines des carrières de Saint-Rémy-de-Provence (Bessac, Lambert 1989: 12-13), souvent citées à tort comme exemple (Bedon 1984: 90 et tab. 2), à l'instar des chantiers de Bone A2 et Ritter A3, constituent en fait une forme relativement récente de l'évolution de ces exploitations. Pour que les Romains fassent le choix de l'exploitation souterraine, il fallait qu'ils y soient poussés par de très fortes contraintes géologiques. La trop grande épaisseur de découverte inutilisable constitue une raison prépondérante.[8] Il faut donc croire que, dans le Bois des Lens, avec une épaisseur variant de 0,50 à 5 m environ, les Romains se trouvent au-dessous de ce seuil de rentabilité supposé pour l'Antiquité.

Le second problème à résoudre pour ces carriers touchait au dégagement de l'important volume de déchets de découverte; il fallait trouver une solution pour leur stockage en marge du chantier. L'établissement d'un remblai le plus près possible de l'excavation — en contrebas de préférence — s'avérait la meilleure solution. Cette dernière a été partiellement adoptée dans les carrières de Mathieu A1, de Ritter A3, de la Combe de la Pesada B1, et de la carrière basse de Frigoulet B3. Dans ces exploitations ouvertes à flanc de colline, il suffisait de jeter les déblais sur la pente tout en formant un cavalier. Cette solution était souvent inapplicable ailleurs, notamment pour les carrières établies dans le fond des vallons: Bone A2, la Commune nord B4, et la Commune centrale B5. Il en était de même pour les chantiers installés au sommet d'une colline ou sur un méplat de faible pente, comme la totalité des carrières antiques restantes. Dans ce cas, les déblais de découverte étaient entassés sur les bords de la cavité initialement

---

6 Le seul repère chronologique concernant cette exploitation (Bessac 1986a: 180, fig. 12) vient d' une mesure du C 14 (Laboratoire de radiocarbone, L.A. 11 du CNRS, Université Claude Bernard, Lyon 1) des charbons d'un four à chaux daté des XIIe/XIIIe s., obligatoirement postérieur à cette carrière car il emploie ses déchets.

7 Avant l'étude détaillée des exploitations des Lens (Bessac 1986a: 159-182), suivant l'idée de Pierre Noël (1970: 120), j'ai cru un temps que certaines d'entre elles, notamment la carrière de Bone A2, avaient pu être exploitées partiellement en galeries dès l'époque romaine (Bessac 1981a: 64). C'est faux, même si des traces traditionnelles prêtent à confusion; les deux exploitations souterraines (Bone et Ritter) sont modernes.

8 Des raisons climatiques entrent certainement en ligne de compte pour des carrières souterraines de pierres tendres comme celles d'Arras, Asnières-les-Dijon, Belbèze, Franclens, Kruft, Poitiers, Saint-Pierre-Maillé et Savonnières-en-Perthois (Bedon 1984: 90), toutes situées dans des régions souvent froides et pluvieuses. L'épaisseur de découverte n'est que de l'ordre de 2 à 3 m à Kruft en Germanie supérieure par exemple (Röder 1957: 245-246). Il faut donc plutôt voir dans ce choix une protection des pierres contre le gel durant la saison froide alors qu'elles sont encore très imbibées de toute leur eau de carrière. Un autre avantage est la possibilité de travailler en toutes saisons à l'abri.

créée. Lorsqu'ils menaçaient de glisser vers l'intérieur de l'excavation, des murs de soutènement très sommaires édifiés à l'aide des plus gros déchets les retenaient. Malgré ces aménagements, le problème des déblais constituait un souci constant pour les exploitants.

L'extraction en fosse: une technique prédominante à l'époque romaine

Le dégagement actuel de la carrière de Mathieu montre une extraction mixte,[9] en partie en palier, en partie en fosse, mais dans l'ensemble de l'affleurement cette dernière catégorie prédomine nettement: sur 16 exploitations ayant connu une activité romaine, 13 sont certainement en fosse et 3 sont indéterminables (voir p.12). Dans la carrière de Mathieu l'extraction semble avoir commencé à flanc de colline côté sud-ouest, en progressant par paliers vers le nord et vers l'ouest. Les premiers fronts de taille à l'entrée initiale du chantier, côté ouest, ont été rapidement abandonnés et comblés par des déchets d'extraction. Cette partie a alors servi d'habitat tandis que l'extraction se développait en profondeur, vers le sud, selon la formule en fosse.

Les trois autres carrières romaines fouillées montrent également la nette prépondérance de l'extraction en fosse. Dans le petit chantier romain de la carrière de La Figuière, établi à flanc de colline, il aurait été très aisé de pratiquer une extraction en palier ou bien en tranchée. Ainsi, la production aurait pu être évacuée directement sans engin de levage sur une glissière établie sur la pente, comme cela s'est certainement passé pour le chantier précédent de tradition hellénistique. Là il est clair que l'usage de la méthode en fosse correspond à un choix délibéré. C'est un peu différent dans le cas des carrières Héral-Nègre et des Pielles où les chantiers romains se sont installés sur un méplat et sur un sommet; là, il était impossible de faire autrement. La première de ces carrières reste la plus spectaculaire de cette catégorie. Au moment de son abandon par les Romains, elle devait présenter de tous côtés des abrupts d'environ 15 m de hauteur, y compris les 2 à 4 m de découverte. Soulignons qu'au plus profond de cette excavation ont été extraits des blocs de six tonnes. Pas encore fouillés, d'autres sites en fosse laissent cependant deviner des fronts de carrière approchant cet ordre de grandeur; c'est le cas des carrières haute et basse de Frigoulet B2 et B3.

Des choix stratégiques guidés par le fonctionnement des entreprises

Dans la carrière de Mathieu, au fond de la fosse, côté sud, il aurait suffi de découper la roche sur 6 m de longueur, 4 m de profondeur et 2 m de largeur en extrayant des blocs, pour créer une sortie horizontale sur le flanc de la colline. Ainsi, aurait été évité l'usage d'engins de levage ainsi que les inondations périodiques. Mais cette barrière rocheuse étant très fortement diaclasée, cela aurait produit environ 50 m^3 de matériaux inutilisables. La justification de ce choix vient certainement de là: il est plus économique d'installer un engin de levage pour sortir des grands blocs de la fosse plutôt que de passer des semaines à creuser de la roche destinée aux déblais. Par ailleurs, ces engins de levage assemblés avec des bois chevillés sont démontables et récupérables pour d'autres chantiers.

Il est intéressant de chercher à savoir pourquoi les carriers du XIXe et du début du XXe s. ont systématiquement ouvert par une tranchée horizontale ou rampante ces fosses romaines pour établir leurs propres chantiers, alors que les pertes dues à cette opération étaient pratiquement les mêmes pour eux. De telles ouvertures ont été pratiquées à l'escoude, notamment dans la carrière de Ritter A3 et dans la carrière de la Combe de la Pesada B1. Pourquoi n'auraient-ils pas installé un moyen de levage à demeure au sommet de l'excavation, comme les carriers antiques? La réponse est donnée par l'organisation de la profession des derniers carriers traditionnels. Ceux-ci possèdent une ou plusieurs carrières qu'ils exploitent pratiquement toute

---

9 Lors des publications de l'inventaire des carrières des Lens (Bessac 1986a) et de leur approche méthodologique (*id.* 1986b), les travaux de fouille n'en étant qu'à leur début, j'ai interprété prématurément la carrière de Mathieu comme une extraction partiellement en tranchée (*id.* 1986b: 169).

leur vie, de père en fils. Sachant qu'ils doivent exploiter la même excavation durant des décennies, ils ont intérêt à perdre un peu de temps à creuser une tranchée d'accès définitive, même si la pierre s'avère de médiocre qualité à cet emplacement, plutôt que d'installer un moyen de levage condamné à s'abîmer au fil des ans. Par ailleurs, ces carriers modernes travaillent assez rarement pour une commande définie. Par conséquent, ils ont la possibilité de stocker des pierres, y compris celles qui sont hors normes et de qualité médiocre, en attendant un client intéressé par ces éléments de second choix. De cette manière, le volume de pierre extrait dans le passage est partiellement récupérable.

Si les carriers romains s'étaient trouvés à demeure dans ces exploitations, il est probable qu'ils auraient fonctionné de la même façon. Sans être là en permanence, s'ils avaient seulement eu la certitude de revenir régulièrement dans la même carrière, ils auraient certainement choisi cette solution.[10] Donc, l'adoption de l'exploitation en fosse pour les chantiers romains des Lens pourrait découler de la structure des entreprises d'extraction. Celles-ci devaient fonctionner à l'image de nos actuelles sociétés de travaux publics sur les autoroutes, ouvrant des carrières de gravier ou installant des centrales à béton avec une équipe pour la durée de la construction d'un ouvrage, puis déménageant hommes et matériel, dès son achèvement. Cette structure d'entreprise explique aussi pourquoi ces exploitants préféraient approfondir une carrière en fosse plutôt que de l'étendre en surface lors d'une reprise d'activité. Toute extension aurait exigé de nouveaux travaux de découverte longs, coûteux et difficiles à amortir dans le cadre économique d'une commande isolée et sans suite. Ce mode de fonctionnement permet de comprendre pourquoi de très modestes exploitations de quelques centaines de mètres cubes, comme celle des Pielles, voient s'installer en l'espace d'environ un siècle jusqu'à trois petits chantiers sur le même emplacement. Dans ce système antique, seule une commande importante peut justifier l'engagement de travaux extensifs de découverte.

Un problème majeur: l'évacuation des déchets d'extraction

L'extraction de la découverte représente une très lourde charge financière dans l'exploitation d'une carrière romaine. Son évacuation vers les cavaliers est longue et pénible, mais elle peut être pratiquée sans l'aide d'engins de levage. L'épaisseur de la découverte, donc la profondeur de l'excavation à ce niveau, est généralement limitée à 4 m, et il se trouve toujours un côté où elle est plus réduite. Dans ces conditions, il est possible d'aménager un sentier commode, en pente douce, afin de pouvoir déverser ces matériaux à l'extérieur. Les enquêtes ethnographiques conduites en Syrie (Bessac *et al.* 1995: s.p.) montrent que ce travail peut être confié à une main d'œuvre annexe non spécialisée — des femmes en l'occurrence. Les déblais sont chargés dans des couffins d'une contenance d'environ 5 à 8 dm^3 et ensuite transportés à l'extérieur dans le cadre d'une chaîne continue pour assurer leur enlèvement rapide. Un couffin tressé en fibres végétales découvert dans les carrières romaines du *Mons Claudianus* en Egypte (Peacock 1992: 8, fig. 2; *id.* 1993: 53, fig. 2) permet de supposer que des récipients analogues étaient employés dans d'autres régions.

La question de l'évacuation des déchets d'extraction et d'ébauche (environ 30% du volume de pierre de taille utilisable) se complique lorsque l'exploitation atteint la masse rocheuse au-dessous de la découverte. A ce niveau, il faut entailler des fronts de carrière verticalement presque partout. Une suite de paliers peut être laissée provisoirement d'un côté, mais l'extraction du grand appareil implique de hauts degrés, difficiles à gravir avec une charge.[11]

---

10 C'est d'ailleurs ainsi que sont agencées la plupart des carrières romaines de marbre de Phrygie étudiées par J. Röder (1971: 253-312); là, il est sûr qu'elles fonctionnaient quasiment en permanence pour fournir des blocs de marbre quelconques, surtout destinés au sciage de plaques et aux colonnes (Ward-Perkins 1973: 144-146).

11 Les enquêtes ethnographiques montrent qu'environ 8 à 12 kg d'éclats de pierres sont transportés à chaque voyage (Bessac *et al.* 1995: s.p.) et les escaliers des fronts de taille mesurent souvent de 0,50 à

Dans des excavations en fosse très profondes, comme celle d'Héral-Nègre, il est possible qu'une petite chèvre ait été installée spécialement pour cette évacuation. Quelle que soit la formule adoptée, cela représentait beaucoup de peine et les déchets étaient entassés à l'extérieur, au plus près des fronts, de manière à limiter leur transport au minimum.

Dans les carrières romaines des Lens, lorsqu'une commande arrive près de sa fin et que les carriers peuvent réduire la surface du chantier d'extraction, ils entassent leurs déchets au sein de l'excavation, dans la zone inutilisée. Cette pratique diminue très sensiblement le travail d'évacuation des déblais. C'est ainsi que tous les gradins du secteur ouest de la carrière de Mathieu, là où s'est installé ensuite l'habitat, ont été enfouis très précocement sous des déblais (fig. 37). Assez fréquemment, un mur de soutènement est sommairement édifié pour maintenir ces derniers et les entasser assez haut. Dans les derniers jours de travail, les déblais sont laissés sur place. Donc, toute reprise d'une exploitation implique une nouvelle mise au jour des fronts et des sols de carrière. Seule la surface nécessaire à la commande est remise en activité.

Dans la carrière de Mathieu, le dernier grand chantier romain concerne exclusivement le quart sud-est de l'excavation, au plus profond de la fosse (fig. 66, en bas à gauche), tout le reste étant déjà enfoui sous une importante épaisseur de déchets. A ce stade d'envahissement, seules des commandes inférieures à une centaine de blocs peuvent justifier une remise en route de l'exploitation pour quelques semaines. Une situation comparable, mais à une échelle plus réduite est reconnaissable sur le front occidental juste au-dessus de l'angle nord-ouest de la maison. Cet emplacement étant l'un des moins envahis de la carrière, du fait de la présence de l'habitat des carriers, il était le plus favorable à une reprise très restreinte de l'activité. Pour faire face à une commande d'importance, il aurait été nécessaire, soit de déblayer un volume énorme de déchets d'extraction entassés dans l'excavation, soit d'étendre l'exploitation en recommençant une campagne de découverte dans le prolongement des structures existantes. Dans le cas de la carrière de Mathieu, plusieurs obstacles s'opposaient à une extension: côté ouest, là où les facilités étaient apparemment les plus grandes, du fait de la faible épaisseur de la découverte, des déblais étaient déjà entassés sur le front de carrière et surtout, à quelques mètres à peine, se trouve la limite occidentale de l'affleurement et la fin de la bonne pierre de taille (fig. 4 et 7). C'est au nord et à l'est que l'épaisseur de la découverte est la plus forte (fig. 70); le côté sud correspond à la pente de la colline et la roche y est altérée. L'abandon de cette carrière était donc inéluctable après le troisième grand chantier, auquel il faut ajouter une petite activité marginale qui a achevé son comblement. Le schéma d'arrêt est identique pour la plupart des carrières romaines des Lens et d'ailleurs. L'épuisement du substrat rocheux est hors de cause; c'est plutôt l'étouffement des chantiers sous les déchets qui entraîne leur abandon.[12]

Lorsque les exploitants suivants viennent dans l'affleurement, on pourrait se demander pourquoi ne ils se contentent pas d'élargir les excavations en fosse du côté des fronts les moins envahis par les déchets. Cette solution serait d'autant plus envisageable qu'il y a toujours un front ou deux moins chargé en terrain mort de découverte et surtout que l'excavation abandonnée reste là pour témoigner de la quantité et de la qualité de la pierre exploitable. L'étude des chantiers préromains du Roquet démontre que l'escarpement du ruisseau, sans être vraiment vertical, posait déjà beaucoup de problèmes pour la reprise de l'extraction sur sa bordure (voir p.271). Les parois abruptes des fosses romaines interdisent toute opération efficace d'extraction en ces secteurs (fig. 68). Par conséquent, les carriers romains préfèrent engager une prospection et ouvrir une nouvelle carrière ailleurs. Bien souvent, ils se contentent de s'éloigner seulement de quelques mètres de ces fronts pour ouvrir une seconde, voire une troisième ou quatrième excavation, en profitant des garanties de qualité offertes par cette proximité. Quelquefois l'espace laissé

0,90 m de haut.

12 La plupart des carrières anciennes étudiées sont dans ce cas pour l'époque romaine, citons l'exemple de la carrière de Saint-Boil (Saône-et-Loire), étudiée par G. Montel (1989: 34).

entre deux excavations est à peine supérieur à un mètre; c'est le cas entre les deux premières excavations orientales des carrières du Visseau du Courpatas A7, où trois chantiers sont ainsi ouverts côte à côte.

Une bonne adaptation aux conditions naturelles mais une gestion à court terme

La complexité et la succession des chantiers romains dans une même exploitation rendent difficile l'interprétation des modalités de la progression sur un sol de carrière. En l'absence de difficultés particulières, il semble que les règles soient assez proches de celles qui ont été observées sur les chantiers préromains, si ce n'est que ces nouvelles activités extractives se déroulent plus fréquemment au fond d'une fosse que sur des paliers à flanc de coteau.

Au pied des fronts de carrière verticaux les plus élevés, ces carriers effectuent des extractions de bandes larges de 2 à 4 m, selon les blocs commandés. Habituellement, la longueur du bloc est égale à la largeur de la bande de travail. Toutefois, si la progression de l'extraction rencontre une lithoclase, le carrier romain adapte son canevas à ce défaut. Pour cela, il juxtapose au mieux des monolithes longs, destinés à la taille de fûts de colonne, avec des éléments courts rectangulaires (corniches, linteaux) ou carrés (bases, tambours et chapiteaux) (fig. **173** n° 279 à 288). Parfois, il change le sens de sa progression et passe de nord-sud à est-ouest, par exemple, afin de pouvoir travailler transversalement. Il peut aussi dévier temporairement d'une dizaine de degrés les axes principaux (fig. 173 n° 295). Cependant, ceux-ci gardent une orientation dominante, propre au chantier. Elle est essentiellement nord-sud dans la carrière de Mathieu, alors que sur le site des Pielles l'axe est-ouest est privilégié (fig. 169).

Des passages horizontaux et successifs sont ainsi effectués en prenant soin de décaler en escalier les niveaux entre chaque bande d'une hauteur de bloc. Cette précaution est prise, d'une part pour faciliter la sortie de la fosse, d'autre part afin de mieux s'adapter au pendage des joints de stratification. Quelquefois, ces carriers quittent la ligne horizontale pour s'adapter exactement à la pente d'un joint de stratification particulièrement net et vide (fig. **174** au centre). Les changements de niveau ne se pratiquent pas n'importe où, mais plutôt à l'emplacement de diaclases ou de poches karstiques (fig. 173 n° 295). Ainsi, la perte de temps et de matériau est limitée car, de toute manière, le bloc sacrifié aurait été perdu. A partir d'un changement de niveau vers le bas, pratiqué au milieu d'une bande d'extraction, la progression repart en sens opposé jusqu'aux fronts de carrière principaux. A ces extrémités, le carrier doit s'arranger pour arriver toujours de face le long des fronts de carrière. Il n'y a donc là jamais de descente à un niveau inférieur et de démarrage de l'extraction d'une nouvelle série de blocs. Un tel travail doit être entrepris à l'écart des grandes parois, pour des raisons pratiques liées à la place disponible. En l'absence de défauts naturels, un accès à un niveau inférieur peut être creusé dans la roche saine. Dans le premier chantier romain de l'excavation centrale des Pielles, il existe un accès de ce type (fig. 169 au milieu). A partir de cette descente, le carrier est parti dans trois directions différentes pour extraire une dizaine de blocs. Cependant, c'est ici une très petite commande et l'organisation du chantier est beaucoup plus artisanale que dans la carrière de Mathieu, par exemple.

Bien qu'appartenant au groupe des plus grands chantiers de l'affleurement, cette dernière comporte quelques anomalies de progression. Dans les secteurs sud et ouest notamment, des redans dans le front de taille rompent sa régularité et son unité, sans que des lithoclases aient dicté cette découpe (fig. **175** n° 272, 265 et 250 et fig. **176** n° 73 et 41). Dans ces mêmes empreintes, le carrier a préféré continuer tout droit entamant la roche au-delà de ce qu'il fallait, au risque de gêner les extractions futures, plutôt que se retourner pour terminer verticalement la tranchée dans l'angle interne. On distingue aussi un groupe d'empreintes entaillées de tranchées inachevées, en particulier dans le secteur oriental (fig. **177** n° 322, 323 et 325); au milieu de ces dernières, un bloc totalement cerné de tranchées a été abandonné avant la fin de son extraction (fig. 177 n° 321). Une situation comparable existe aussi dans le secteur nord (fig. **178** n° 40 et 133)

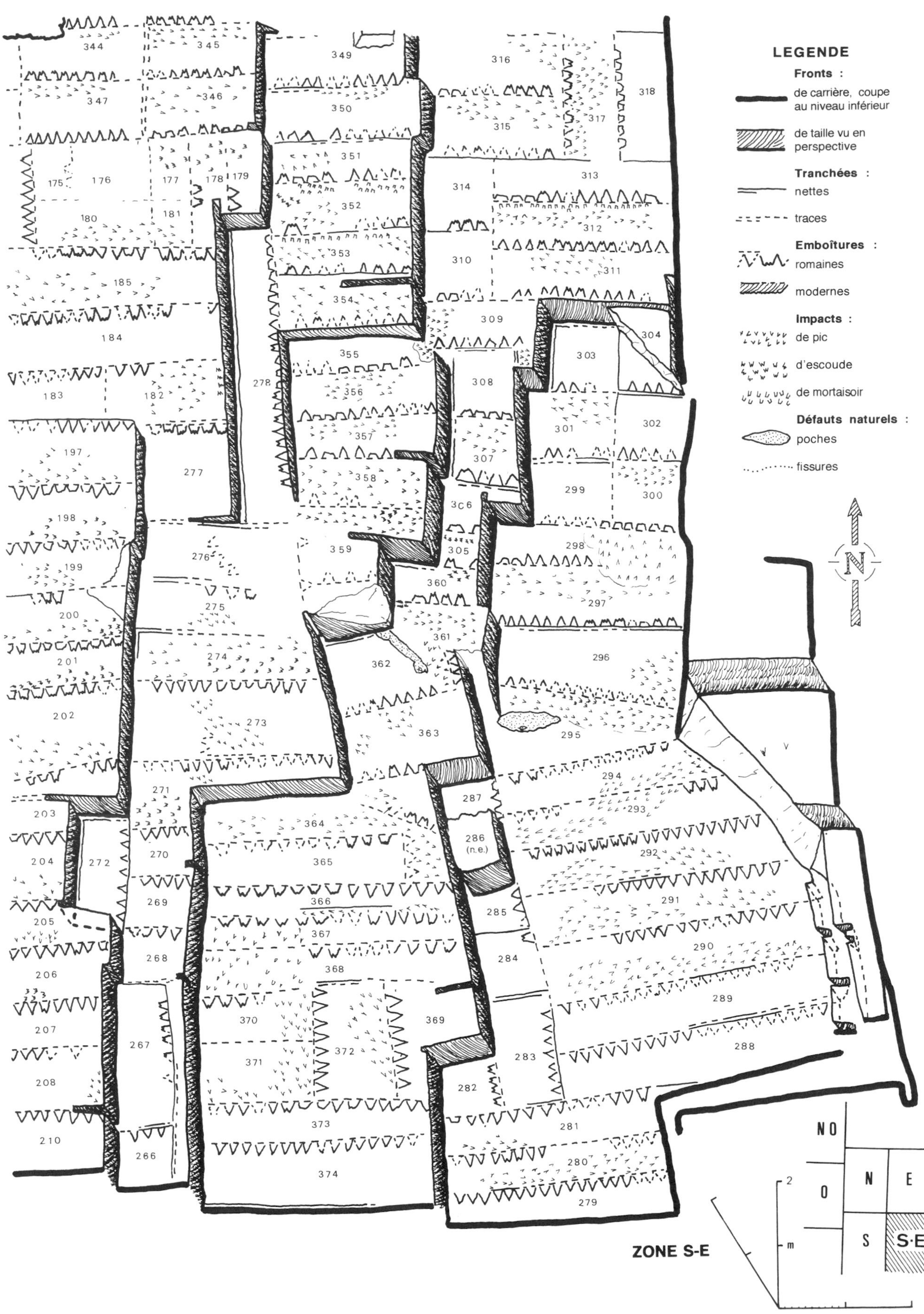

Fig. 173 Vue axonométrique du secteur sud-est de la carrière de Mathieu.

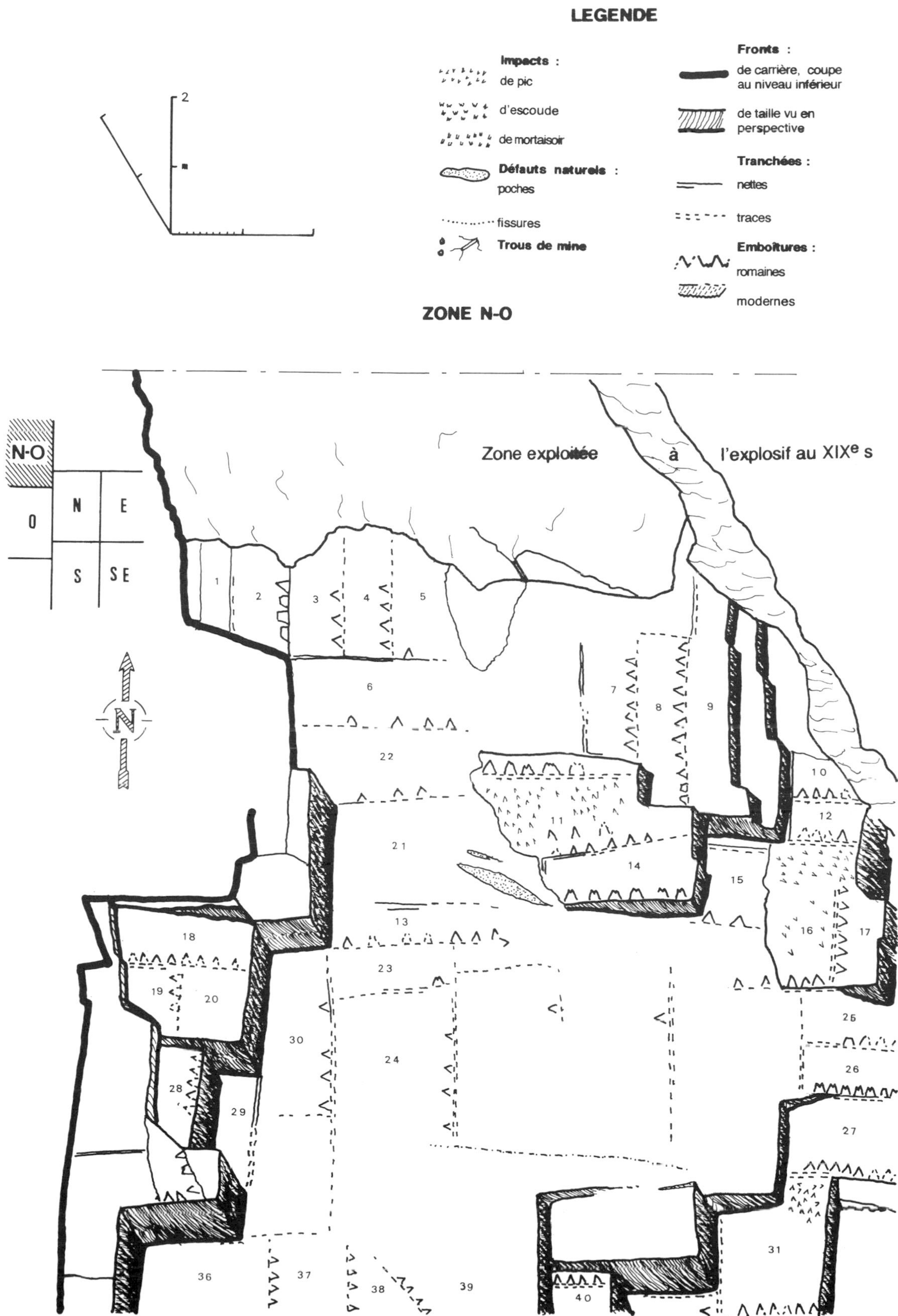

Fig. 174 Vue axonométrique du secteur nord-ouest de la carrière de Mathieu.

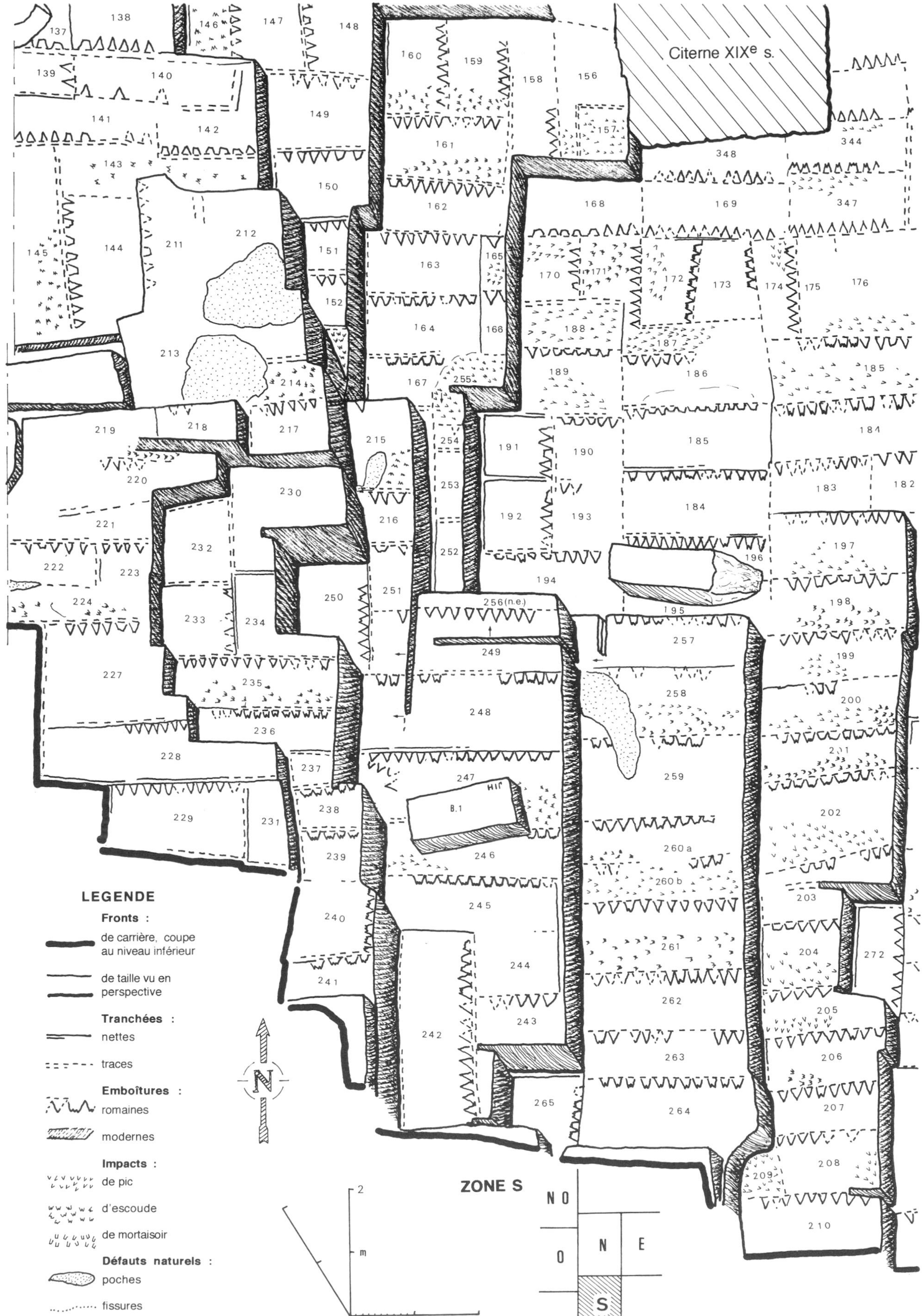

Fig. 175 Vue axonométrique du secteur sud de la carrière de Mathieu.

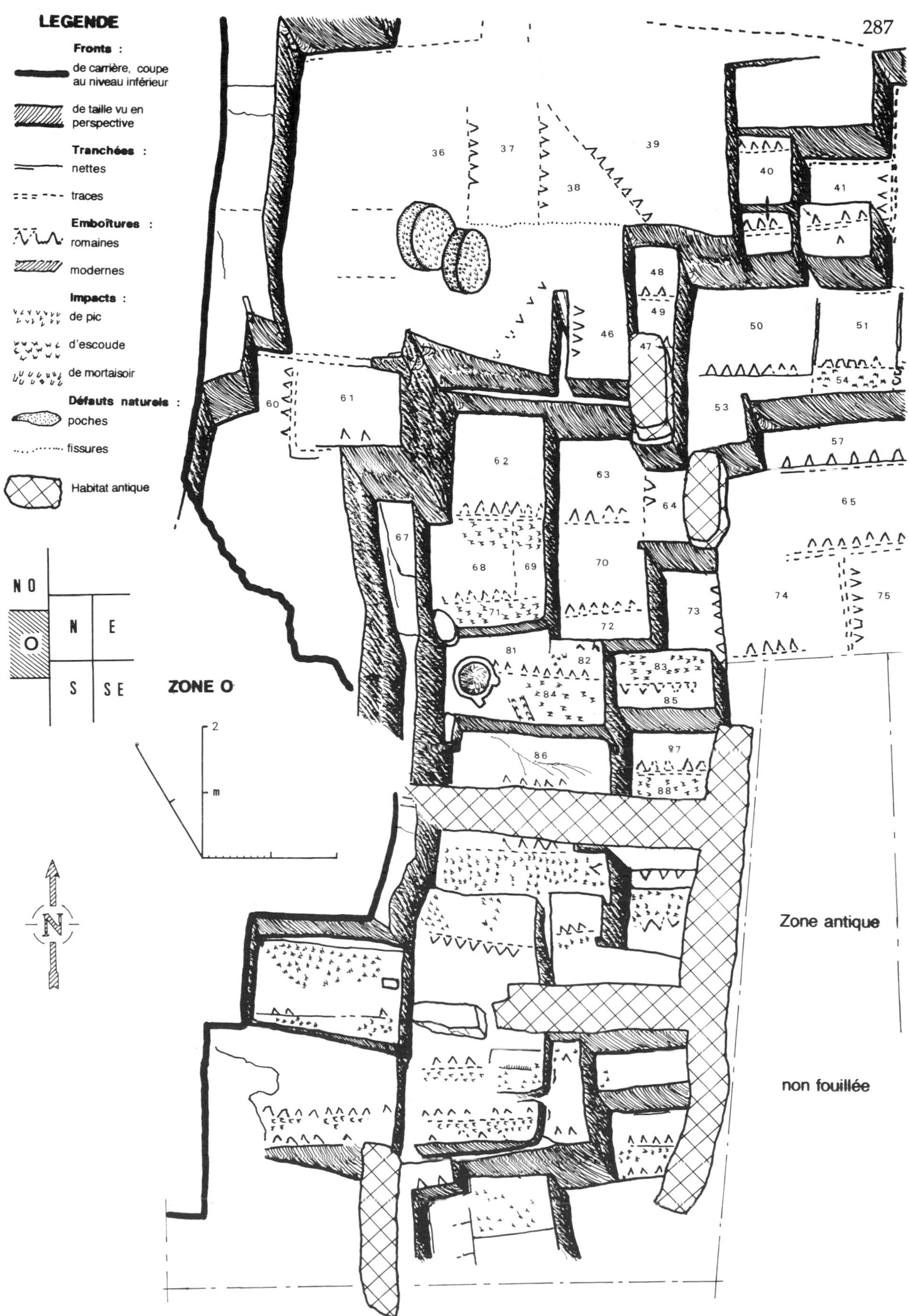

Fig. 176 Vue axonométrique du secteur ouest de la carrière de Mathieu.

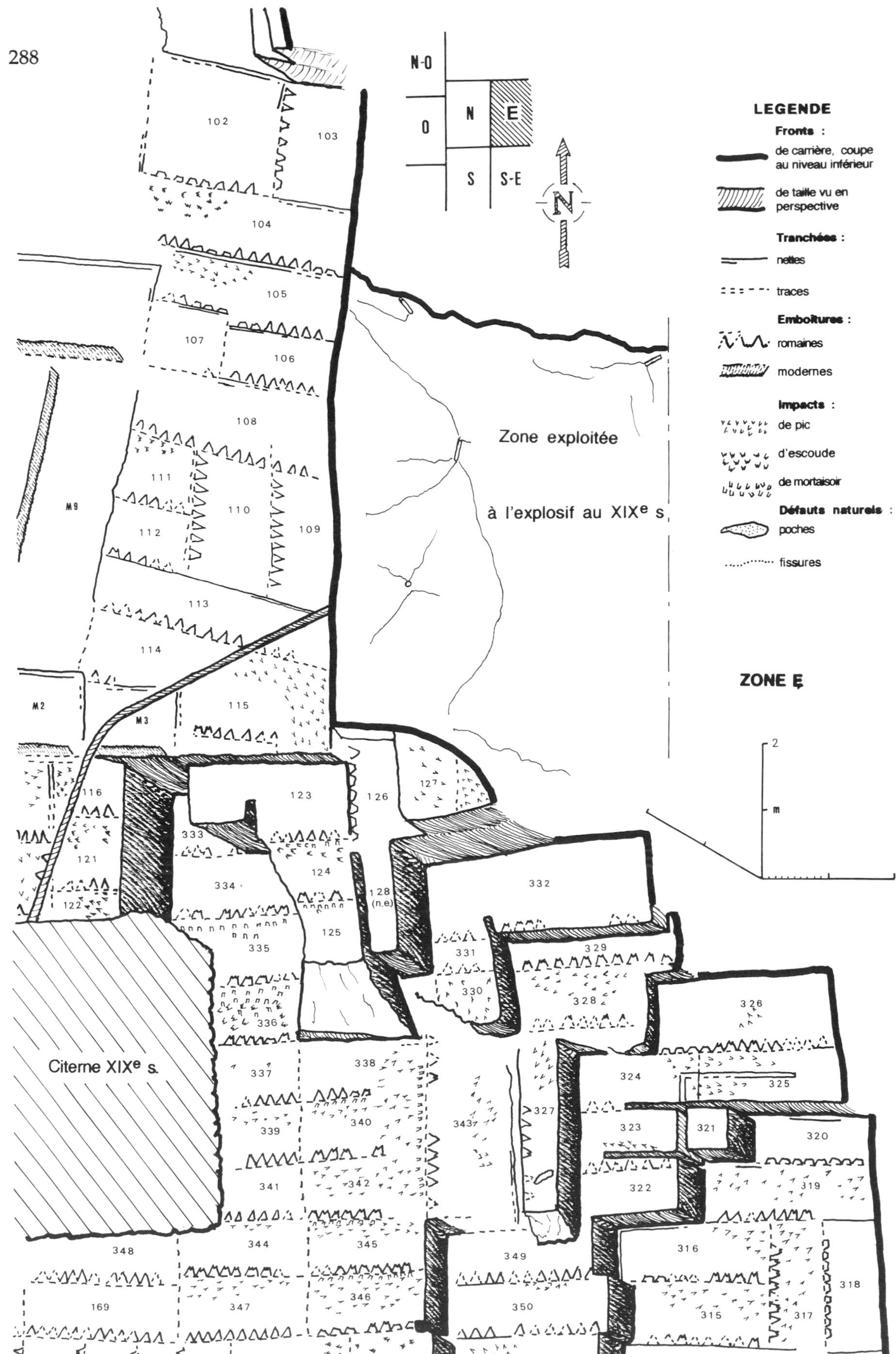

Fig. 177 Vue axonométrique du secteur est de la carrière de Mathieu.

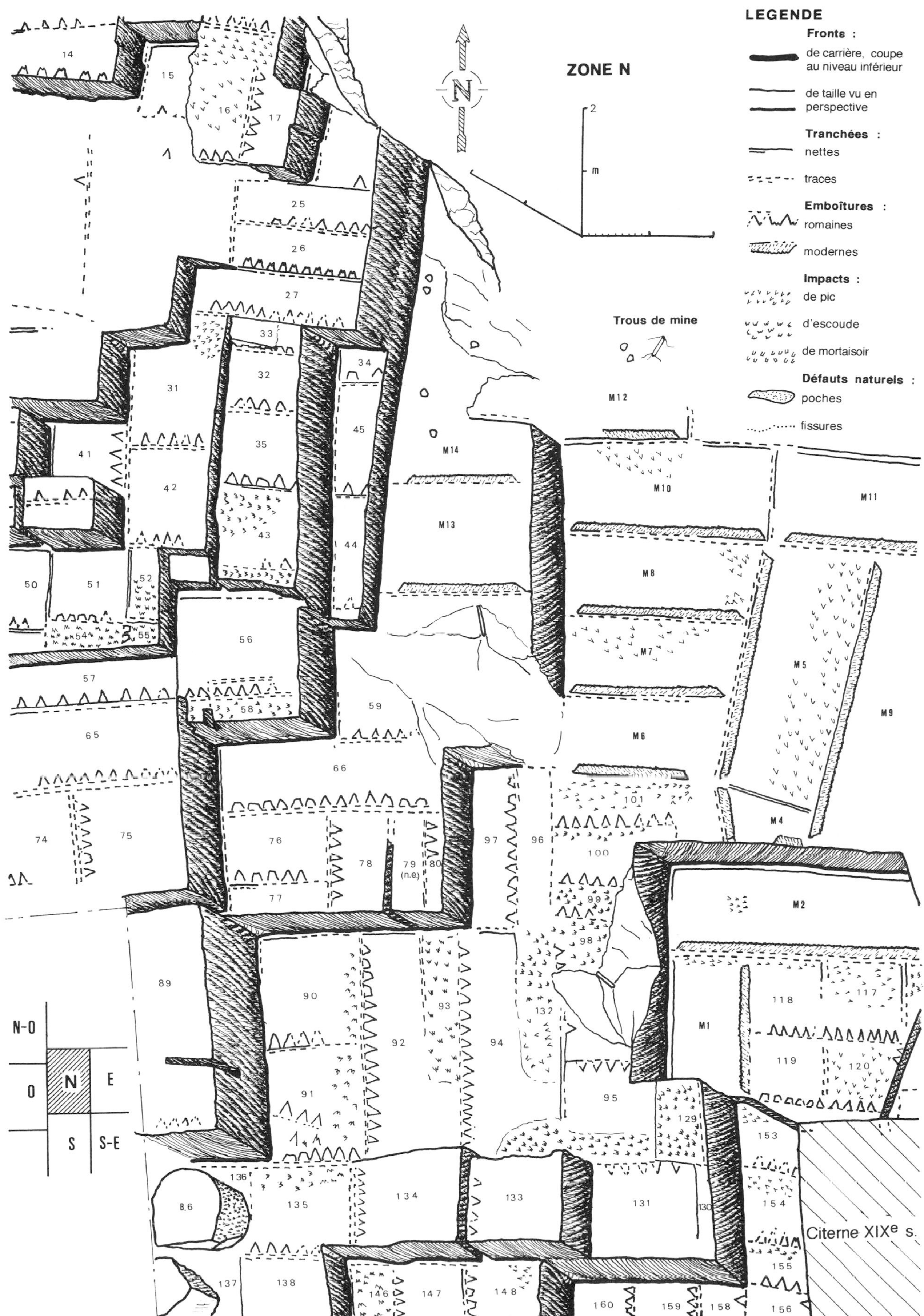

Fig. 178 Vue axonométrique du secteur nord de la carrière de Mathieu.

où, en fin de série, l'extraction d'un petit bloc a échoué (fig. 178 n° 33), car la tranchée postérieure n'a pas été creusée (voir p.224). Dans un redan du front de taille inférieur du secteur sud-est, il en est de même: ici, c'est la tranchée latérale qui n'a pas été creusée (fig. 173 n° 287).

La plupart de ces pratiques aberrantes par rapport à une bonne gestion de la carrière sont caractéristiques d'une situation de fin de chantier. L'extraction de blocs isolés en travers d'un front de taille régulier en formant un redan et en dépassant l'alignement des tranchées a pour avantage de produire un élément déterminé dans le minimum de temps. La contrepartie obligatoire est la désorganisation irrémédiable du front. Dans le cas de l'économie du creusement d'une tranchée, la démarche est analogue: la précipitation du carrier entraîne ensuite des travaux supplémentaires et, circonstance aggravante, il perd son bloc. Pour extraire de cette manière, à la fois hâtive et préjudiciable à la continuité de l'exploitation, il fallait que l'équipe concernée soit sur le point de quitter la carrière, et surtout qu'elle soit convaincue qu'elle avait peu de chance d'y retourner.

L'abandon d'éléments pratiquement prêts à extraire ou de tranchées inachevées révèle plutôt un arrêt momentané du chantier, devenu définitif à la suite d'un imprévu dans l'organisation générale. Cette catégorie de témoignages apparaît dans la plupart des carrières de toutes les époques, dans la mesure où l'activité n'est plus reprise ensuite sur ces mêmes fronts de taille. Pour les exemples récents, sont souvent citées comme causes les déclarations de guerre, comme celle de 1914-1918 ou dans une moindre mesure celle de 1939-1945, mais il n'y a pas que cela: les faillites brutales des exploitants sont encore plus fréquentes. Que proposer pour l'Antiquité? A partir du règne d'Auguste et pour environ trois siècles, les guerres sont à exclure dans la région. Restent les faillites et les cessations de paiement des commanditaires qui entraînent la cessation du travail et un retour immédiat vers la ville. Une hypothèse complémentaire peut être envisagée. Afin de subvenir aux besoins des chantiers de construction de l'ampleur de la Maison Carrée, il faut supposer plusieurs équipes envoyées simultanément dans le massif. Chacune d'elles devait avoir pour ordre d'extraire un peu plus de blocs que prévus dans chaque catégorie architectonique, afin de palier les cassures de blocs en cours de construction. Vers la fin de cette première étape de la production, le moindre contretemps — intempéries, accident — pouvait constituer un prétexte pour arrêter l'extraction du superflu. Le chantier de taille et de construction se déroulant bien, un retour à la carrière s'avérait alors inutile.

A l'inverse des négligences décrites ci-dessus, il faut citer un exemple de conscience professionnelle qui appelle quelques commentaires. Dans l'excavation méridionale des Pielles, sur le chantier du début du IIe s., un coin supplémentaire a été inséré sous quatre blocs successifs à l'aplomb d'une fine lithoclase soudée par de la calcite (voir p.224). Cette précaution, apparemment insignifiante, livre pourtant plusieurs informations sur l'organisation de la carrière, la qualité des produits, voire sur la situation des carriers romains vis-à-vis de la production:

– Dans les pierres de grand appareil, les fissures peu prononcées et en partie soudées par de la calcite ne devaient pas toujours constituer des défauts rédhibitoires. Dans le cas contraire, les carriers ne se seraient pas efforcés d'extraire de tels blocs en un seul morceau en sachant qu'il comportait un défaut. L'observation des faces postérieures des pierres de l'entablement de la Maison Carrée de Nîmes confirme l'emploi de tels blocs.[13]

– Ces carriers disposaient certainement d'un bordereau de commande mentionnant les caractères dimensionnels des pierres à extraire. Le respect de ces dimensions était probablement plus important que la présence d'un défaut considéré alors comme mineur.

– Pour que le carrier ait pris la peine à quatre reprises de creuser une emboîture supplémentaire au-dessous de la fissure afin d'obtenir un bloc entier, il fallait que l'ouvrier ou bien son équipe soit un tant soit peu intéressé à la bonne marche de l'extraction. Dans l'hypothèse où ce travail

13 Observations réalisées en avril 1992 à l'occasion de restaurations.

aurait été confié à des personnes n'ayant aucun intérêt dans la production, à l'image des *damnati ad metalla* contraints à un travail de force sans contrepartie (Dubois 1908: XXXVII), on ne voit pas pourquoi elles auraient fait preuve de conscience professionnelle.

Bardage et levage romains: un changement d'échelle

Les chantiers protohistoriques s'étaient limités à un gabarit de bloc d'un poids maximum de 0,7 t. Au plus profond de la fosse de la carrière de Mathieu, dans son angle sud-est, les longs monolithes destinés à la taille de fûts de colonnes atteignent, bruts, environ 4,2 t. D'autres empreintes attestent des valeurs pondérales équivalentes, mais il est vrai que la moyenne du site est plutôt située entre 1,5 et 2 t. Dans la carrière Héral-Nègre, quelques empreintes de blocs de 6 t. apparaissent; toutefois, là aussi la moyenne générale doit être inférieure. Dans les carrières des Pielles, l'éventail des poids se situe entre 1,5 et 3 t. Les blocs extraits par les Romains sont donc des éléments deux à huit fois plus lourds que les blocs produits précédemment.

Pour ce qui est du bardage, des poids de cet ordre peuvent être déplacés au sol sur des rouleaux de bois, à condition que leur diamètre soit suffisant et que le sol de carrière soit régularisé de façon à obtenir un "chemin de roulage".[14] En revanche, la méthode de déplacement en "donnant quartier", c'est-à-dire en basculant les blocs, ne peut être appliquée commodément qu'aux pièces les moins lourdes et surtout si l'on avance du haut vers le bas et non l'inverse. Une fois ébauchés, des éléments comme les tambours de colonne de la carrière de Mathieu (fig. 34) étaient réduits à un poids d'environ 0,85 t. En raison de leur conformation ronde, ils ne pouvaient être bardés que sur des rouleaux.

L'exploitation en fosse a contraint les carriers romains à utiliser les engins de levage, au maximum de leurs possibilités. Ceux-ci étaient installés certainement au sommet des fronts de carrière les plus proches des accès charretiers. Bien que leur utilisation soit quasi certaine dans la plupart des chantiers romains, c'est seulement dans la carrière de Mathieu que des preuves irréfutables sont apparues.[15] A l'extrémité sud-est de la fosse de cette carrière, trois longs blocs de section carrée et d'un poids de l'ordre de 3 t. ont été extraits dans un redan qui se rétrécit vers l'extérieur (fig. 173 n° 279 à 281). Si le premier aurait pu éventuellement être retiré en le bardant au sol sans trop de problèmes, les deux autres se seraient forcément coincés pendant la manœuvre. Seule la solution du levage pouvait permettre de les sortir de leur emplacement naturel. Pour être efficace, l'appareil de levage devait être implanté juste au-dessus de la plate-forme minée au XIXe s. Une chèvre ordinaire aurait pu suffire pour hisser ces blocs et d'autres jusqu'à ce relais. Ensuite, après les avoir bardés quelques mètres sur le sol, il aurait fallu les reprendre avec un autre engin similaire pour les déposer sur un chariot. C'est une solution peu rationnelle car elle nécessite deux appareils; l'usage d'une sorte de *dikolos* à balancier, à l'image de celui que propose Tony Kozelj, paraît mieux adapté (1988: 77-79; *id.* 1993: 136, fig. 47). Ainsi, une fois soulevée, la pierre peut être redescendue au-dessus du plateau d'un chariot stationné côté chemin; il suffit d'un simple mouvement de balancier. Toutefois, l'encombrement au sol d'un tel engin est très important par rapport à la largeur réduite de la plate-forme; sa mobilité azimutale est nulle. Il est donc nécessaire de le déplacer assez souvent (fig. **179**).

Dans le secteur sud, entre les empreintes n° 256 et 251 (fig. 175), à l'intérieur de la tranchée qui les sépare, apparaît une usure caractéristique d'une grosse corde ayant souvent frotté contre

---

14 Un chemin de roulage est un passage démontable établi en terrain irrégulier en juxtaposant des madriers bout à bout afin de pouvoir barder facilement des gros blocs sur des rouleaux (Aladenise 1982: 104-105).

15 Cette exploitation est l'une des rares qui aurait pu se dispenser d'engins de levage du fait de sa conformation en palier côté ouest. Mais l'usage de cabestans aurait été indispensable pour compléter l'effet des rouleaux et des pinces de bardage sur la forte pente qu'il aurait fallu alors gravir.

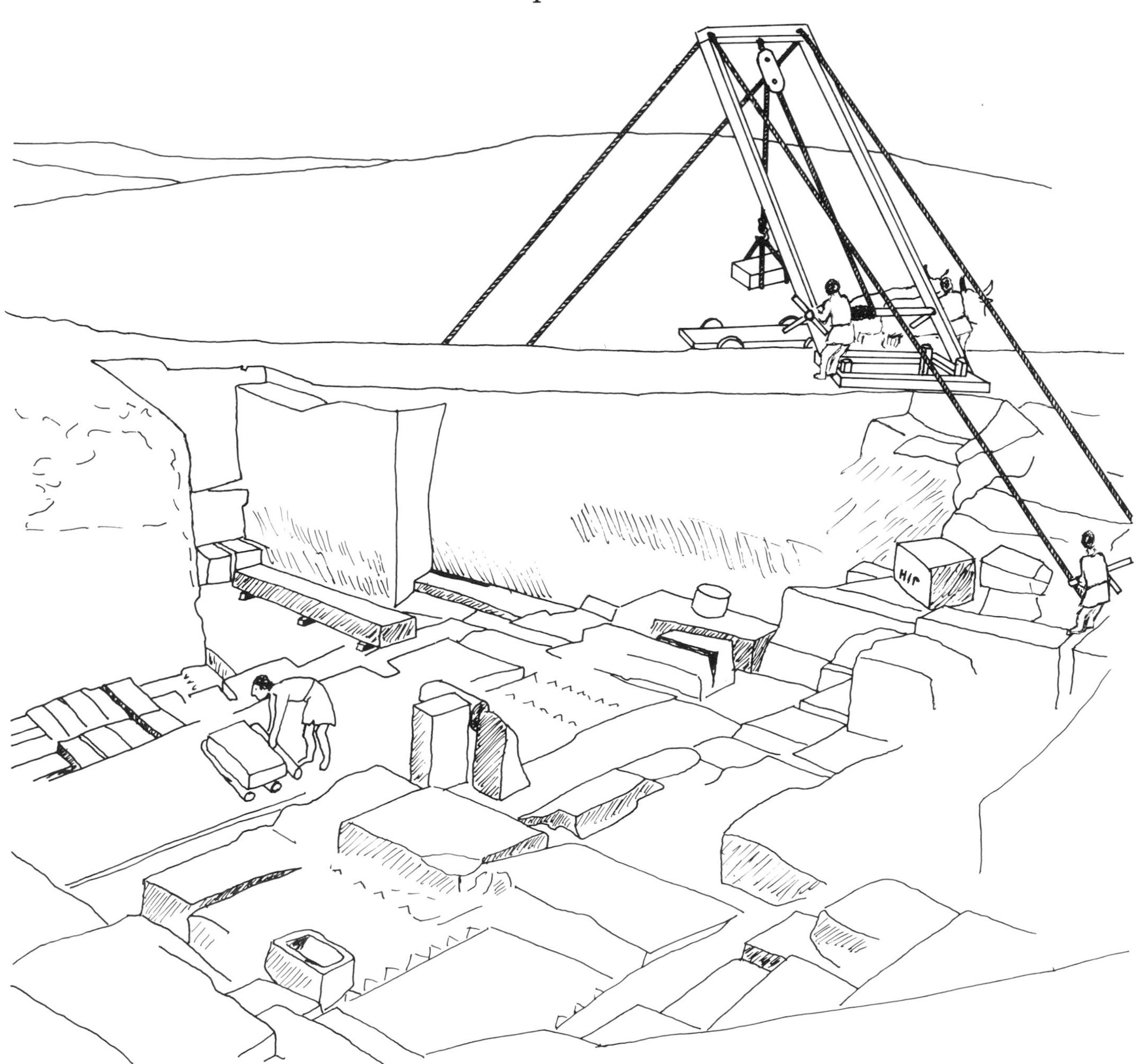

Fig. 179 Hypothèse du fonctionnement de l'engin de levage dans le secteur sud de la carrière de Mathieu.

la roche (fig. **180**). Cette marque se trouve exactement dans l'axe du terre-plein antique dominant le départ du chemin d'accès à la carrière (fig. 67). Entre ces deux points sont stockés plusieurs blocs marqués prêts au départ. L'usage d'un engin de levage est donc incontestable ici. Un système analogue au précédent pourrait également convenir. Tous ces témoins sont situés sur une même ligne et l'espace disponible sur le terre-plein est équivalent. Mais, là aussi, l'appareil est fixe et il faut absolument amener les blocs approximativement à son aplomb dans la carrière. En dépit de l'absence de représentations iconographiques antiques et de traces au sol dans les carrières, on peut envisager l'usage d'une sorte de grue pivotante comparable à celle proposée par C. Perrault, à la fin du XVIIe s., dans sa traduction de Vitruve (1664: 304).[16] Les

16 Des trous d'implantation d'un engin de levage disposés en carré à l'angle sud-est du monument romain de Panissars dans les Pyrénées-Orientales (Castellvi 1987: 491-503), m'incitent à penser à l'existence d'une sorte de grue pivotante analogue à celle proposée par C. Perrault.

Fig. 180 Trace d'usure d'une corde ayant servi pour actionner un engin de levage dans le secteur sud de la carrière de Mathieu.

Fig. 181 Traces de marquage au pic d'une lithoclase sur un front romain de la carrière de Mathieu.

études actuelles sur le fonctionnement et les mécanismes qui permettent de démultiplier la force humaine sur les machines de levage antiques sont suffisamment abondantes pour que je ne m'y attarde pas.[17] Je propose de voir dans la trace d'usure sur le rocher un système de freinage fondé sur les forces de frottement d'une corde enroulée autour d'un pieu ou de l'arbre d'un cabestan fixé dans la tranchée et servant surtout lors de la descente de la charge (fig. 180). Comme nous n'avons découvert aucun trou de louve, il faut penser, pour le mode de préhension, à des élingues en corde entourant le bloc. C'est là, me semble-t-il, une pratique habituelle dans les exploitations antiques.[18]

Les marques dans les carrières romaines: de nouvelles données

En dehors des traces d'outil dans les exploitations antiques des Lens, il existe d'autres catégories de marques ayant chacune une signification bien précise. La plus commune se trouve surtout sur les fronts; elle consiste en un piquetage d'impacts de pic serrés et linéaires, mais rarement rectilignes (fig. **181**). Ces impacts soulignent habituellement une très fine fissure verticale ou horizontale, c'est-à-dire une lithoclase ou un joint de stratification peu apparent. En cours d'extraction, les sols de carrière sont encombrés de déchets de pierre, et il serait totalement inefficace de réaliser un quelconque marquage en cet endroit. Reste donc la solution d'une signalisation de ces informations primordiales pour le développement du chantier.

---

17 Voir notamment les ouvrages de A. K. Orlandos (1968: 36-44), R. Martin (1965: 201-209) et de J.-P. Adam (1984: 46-49) et les articles de T. Kozelj (1987; *id.* 1993).

18 Hors des chantiers souterrains de Kruft en Rhénanie (Röder 1957: 249), aucun indice concret n'a été relevé en carrière concernant l'usage de moyens de préhension autres que les cordages. L'exemple cité par Dubois (1909: 29) et par Bedon (1984: 135), au sujet de la carrière de Boulouric (Var) est pris dans l'ouvrage de A. Léger (1875: 705); ce dernier paraît avoir confondu des emboîtures de coins inutilisées avec des trous de louve.

Fig. 182 Marque romaine en forme de C incisée sur le front oriental de la carrière de Mathieu.

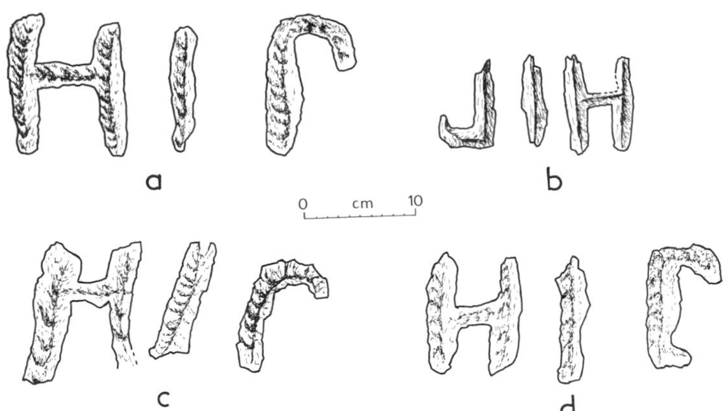

Fig. 183 Marques *éta, iota* et *gamma* incisées sur quatre blocs stockés dans le secteur sud-est de la carrière de Mathieu.

Les marques numérales apparaissent parfois sur des fronts romains. Dans l'affleurement du Bois des Lens, seule la carrière Héral-Nègre a fourni de manière incontestable de tels témoins (fig. 19 et 20): il s'agit des chiffres romains IX et X. Tous deux sont incisés au même niveau de l'excavation mais sur deux fronts contigus: le IX au nord et le X à l'est. Il s'agit, soit d'identification de fronts différents, soit plutôt de repères approximatifs de niveaux. La deuxième solution paraît plus vraisemblable et pourrait marquer une reprise ou un changement de la qualité de la pierre, invisible à présent sous la patine de la roche.

Des lettres isolées ou des marques conventionnelles sans signification pour nous sont également incisées sommairement sur les fronts. Elles se confondent parfois avec des traces purement techniques, et si leur identification peut s'avérer difficile, leur interprétation est toujours très délicate. Dans cette catégorie de signes, le front oriental de la carrière de Mathieu est entaillé de trois coups de tranchant dessinant une sorte de C dont la signification reste à déterminer (fig. **182**). Cette lettre peut correspondre également à la marque cent, mais un signe technique conventionnel reste tout aussi plausible.

La dernière catégorie de marques concerne les quatre blocs stockés au sud de la carrière de Mathieu et comportant chacun les trois mêmes lettres grecques: *iota, êta, gamma* (fig. 65 et 71); toutes ces marques sont incisées à des échelles diverses et produites par des mains différentes (fig. **183**). Leur position sur les faces des blocs est également très variée: une première se trouve dans l'angle de la face horizontale obtenue par rupture aux coins mais déjà en partie ébauchée (fig. 65), une seconde se trouve aussi sur une face analogue restée brute d'extraction, la troisième et la quatrième sont placées au milieu d'une face verticale brute portant les sillons d'escoude. L'outillage employé pour inciser ces marques dans la pierre est peu varié; on trouve indifféremment la broche et le ciseau. La graphie des lettres et le coup de main de l'incision sont fondamentalement différents pour chacune des marques. L'un des rares points communs qui les rassemble techniquement est le caractère très sommaire de leur exécution.

L'usage antique de signes analogues est déjà attesté dans les constructions hellénistiques de la région, à Marseille (Trousset 1985: 34-35), à Saint-Blaise (Rolland 1950: 92-97), et aussi sur la tour de Mauressip à Saint-Côme dans le Gard (Py 1990: 732). Dans les carrières romaines de la région, de telles marques ont été reconnues, notamment à Barutel près de Nîmes (Mazauric 1917: 207-208), et à *Glanum*, mais là elles sont peintes (Rolland 1946: 31-32). Pour la même période, elles ont été parfois identifiées sur des faces brutes d'extraction, une fois les blocs mis en œuvre — par exemple à Nîmes dans l'amphithéâtre, sur les pierres de fondation des piliers de la galerie inférieure côté sud-est,[19] et sur le Pont du Gard.[20] Ces exemples sont des lettres latines, mais il existe aussi trois marques identiques composées de trois lettres grecques dans les cryptoportiques d'Arles: Α Π Ι (Héron de Villefosse, Formigé 1911: 258-259). L. A. Constans (1921: 251) en déduit la participation d'ouvriers grecs à l'extraction de la pierre ou à la construction de la galerie. En principe, toutes ces marques auraient dû disparaître lors de la taille de la face du bloc originel brut de carrière sur laquelle elles étaient incisées. Leur conservation est donc due essentiellement au hasard de leur emploi et au fait que l'aspect brut de carrière a été jugé suffisant dans ces parties du monument relativement sombres et strictement utilitaires.

L'exemple d'Arles est le plus comparable au nôtre: il est aussi composé de trois lettres grecques visibles sur une œuvre du Haut Empire. Toutefois là, aucune preuve n'oblige à croire qu'elles ont été incisées par des carriers, bien que le traitement des faces et leur position plaident en ce sens. Dans la carrière de Mathieu, cette pratique est confirmée sur le chantier d'extraction; de plus, ces marques n'étant ni soignées ni individuelles, on peut écarter d'emblée un rôle de signature ou d'identification de l'ouvrier pour le paiement de sa tâche. Chacun des carriers présents sur le chantier incise sur le bloc la marque collective, dès qu'il l'amène sur le lieu de stockage provisoire. Cette tâche n'est donc confiée ni à des spécialistes de la gravure *(caracterarii)* ni à un contrôleur *(probator)*, bien qu'il soit possible d'envisager un marquage soumis à l'autorisation de ce dernier. Mais cette hypothèse est assez improbable car, sur les quatre blocs marqués, deux montrent une fissure évidente et les deux autres présentent vraisemblablement des défauts dimensionnels. L'hypothèse d'un sigle signifiant le rejet et gravé par les carriers à la demande du *probator* pourrait être envisagée, mais les lettres *êta, iota* et *gamma* semblent étrangères à des vocables grecs signifiant le refus, le rejet, ou un état défectueux; de plus, l'existence d'autres marques comparables sur des pierres en œuvre va à l'encontre de cette éventualité. Dans la carrière de Mathieu, l'étape du contrôle se situe après l'incision des lettres, peu avant le chargement des chariots. De temps à autre, dès qu'il y avait un stock suffisant, un contrôle de qualité devait être assuré au départ de la carrière par un *probator* envoyé par le chantier de construction. Avant le stockage et le marquage, un premier tri devait être effectué par les carriers; une dizaine de blocs rejetés ont été retrouvés sans marque.

A l'instar des marques poinçonnées sur les outils d'extraction (voir p.206), celles-ci se trouvent là à des fins d'identification. Elles concernent soit l'origine des pierres, soit l'équipe qui les a produites, soit encore l'entrepreneur exploitant. Dans un chantier de construction faisant appel à différentes catégories de pierres provenant d'affleurements divers — par exemple: Lens, Beaucaire et Barutel — il est bien évident que les constructeurs se passent aisément de cet artifice pour les différencier. Mais pour reconnaître la production de plusieurs chantiers ouverts dans le microfaciès oolithique des Lens, un repère est indispensable. Ce marquage semble donc correspondre à une différenciation du lieu précis de production. Dans le cas de petites unités d'exploitations, de surface nettement inférieure à un hectare, il est possible que la totalité du chantier soit ainsi identifiée. Faut-il parler ici d'*officina*, c'est-à-dire de chantier, ou de *brachia*,[21] autrement dit de front de taille? Dans une carrière de la dimension de celle de Mathieu, il est assez improbable que plusieurs fronts de taille aient pu être exploités simultanément en raison de l'exiguïté des chantiers en activité durant chacune des phases d'exploitation. Ainsi, le lieu d'extraction, réduit à un front ou très exceptionnellement à deux,

---

19 Aux lettres citées par F. Mazauric (1917: 207-208: MA (liées), il faut ajouter maintenant un P et un R, hauts respectivement de 0,145 m et de 0,080 m que j'ai identifié avec l'aide de Marc Célié.

20 Identification réalisée avec l'aide de José Gonzalvès; il s'agit d'un P incisé sur une pierre de l'écoinçon aval et d'un M et E liés situés à la base d'un corbeau, tous deux entre les 2e et 3e arches, comptées depuis la rive droite.

21 Selon les traductions proposées R. Bedon (1984: 148-149).

peut être momentanément assimilé avec l'équipe. A travers l'identification du front, le travail de l'équipe pourrait être reconnu, contrôlé et sans doute rémunéré.

Un premier contrôle des pierres avant le départ de la carrière est indispensable, afin d'éviter des transports inutiles, mais c'est insuffisant. Sur le chantier de construction, une fissure non repérée ou jugée bien cimentée par la calcite au cours des premiers contrôles peut se révéler comme un défaut majeur plus tard, lors de la taille, et rendre le bloc inutilisable. Dans cette éventualité, la réclamation et la fourniture d'un bloc de pierre de remplacement concernent l'équipe de carriers; il faut donc pouvoir l'identifier. Si une seule équipe fournit de la pierre des Lens pour un monument, cette identification se fait par le matériau; il est alors inutile de graver des marques. Dans le cadre de cette hypothèse, il faut donc supposer aussi que plusieurs petites équipes fonctionnent simultanément dans diverses carrières de l'affleurement, et que chacune dispose d'une marque propre d'identification. Des pratiques similaires ont été reconnues, notamment dans le monde hellénistique (Bessac 1989: 49-51). L'hypothèse d'une marque d'entrepreneur *(redemptor)* est moins probable; elle reste néanmoins envisageable dans l'éventualité où l'entreprise comprendrait une seule équipe de carriers. Dans ce cas, les lettres désigneraient autant l'une que l'autre, mais d'une manière générale; il serait imprudent d'employer l'appellation "marque d'entrepreneur"; le terme "marque d'équipe" convient mieux dans cette situation. Même si l'équipe est appelée à changer de carrière, voire d'affleurement, et à modifier sa composition au cours du temps, il est possible qu'elle conserve sa marque propre au sein de l'entreprise. Dans ce cas, le chef du chantier d'extraction, l'*officinator*, pourrait en être le dépositaire. Une autre solution, apparemment plus pratique, consisterait en une attribution des marques à chaque équipe au début du chantier de construction par l'*architector* ou par le *redemptor*, responsable général des travaux.

L'emploi de lettres grecques plutôt que de lettres latines peut résulter de situations différentes. Dans la région l'usage de l'écriture grecque est déjà ancien par rapport à l'époque de fonctionnement de ces chantiers;[22] il pourrait s'agir d'une équipe locale de tradition hellénistique reconvertie aux nouvelles techniques introduites par les Romains. Cependant, l'existence tardive du chantier de tradition hellénistique de la carrière des Pielles montre que ces équipes anciennes, certainement bien introduites dans le milieu indigène, fonctionnent dans d'autres circuits professionnels, voire économiques, et restent encore pour quelques décennies distinctes des chantiers romains.[23] Par ailleurs, une autre différence importante existe entre ces équipes: l'étude des traces d'outils sur les sols de toutes les carrières fouillées montre très nettement une prédominance des gauchers dans les chantiers romains,[24] alors que leurs prédécesseurs et leurs successeurs sont essentiellement droitiers. Ces équipes de carriers des chantiers romains sont donc incontestablement des étrangers à la région et pourraient venir de contrées de l'Empire où l'usage du grec prédomine. Félix Mazauric (1917: 18-20), à l'occasion de la découverte d'une statuette du dieu Télesphore (fig. 18), suggère une origine orientale pour ceux-ci (voir p.32). Un autre indice, de nature ethnographique, pourrait aller dans le même sens: avant l'influence de la culture occidentale, introduite au cours des mandats britanniques et français au Moyen-Orient, il semblerait que la majorité des indigènes de ces pays travaillaient de la main gauche.[25] Dans l'attente d'une recherche plus approfondie sur ce thème, notamment à partir de

---

22 A ce sujet, voir en général P.-Y. Lambert (1992: 289-294) et, pour Nîmes, M. Lejeune (1992: 90-92).

23 On constate la même chose pour certains artisans tailleurs de pierre locaux (Bessac 1993: 223; Bessac, Fiches 1979: 150).

24 Cette particularité est relevée sur la face inférieure des emboîtures; J. Röder (1957: 260-264) constate la même chose en Germanie supérieure dans le creusement des galeries souterraines des carrières de Kruft.

25 Je dois ces renseignements à l'amabilité de G. R. H. Wright, archéologue qui a exercé son métier essentiellement dans ces pays. Une analyse attentive des anciennes photographies des missions de l'Université de Yale, prises entre 1931 et 1935 à Doura-Europos en Syrie, m'a convaincu du bien fondé de ces observations.

l'iconographie antique, il faut considérer cette piste comme provisoire. L'hypothèse de l'usage de caractères grecs imposés par les hauts responsables du chantier, *architector* ou *redemptor*, éventuellement originaires des contrées orientales de l'Empire, peut être également envisagée. La Maison Carrée de Nîmes, essentiellement construite en pierre des Lens, comporte un décor en partie d'influence orientale et plus particulièrement pergaménienne (Amy, Gros 1979: 176). Mais les recherches sur la question de l'origine des ouvriers demandent à être élargies avant qu'on puisse proposer des solutions définitives.

Composition des équipes de carriers romains

L'analyse des marques de la carrière de Mathieu montre l'intervention de quatre mains différentes pour inciser les lettres sur les blocs. Or, ces pierres appartiennent à une seule phase de l'activité antique de la carrière, probablement la dernière, si l'on ne retient que les trois plus importantes. Ainsi, un nombre minimal de quatre carriers peut être proposé. La distribution de l'espace disponible dans l'habitat ne peut également se concevoir que dans le cadre de chaque chantier. Pour le premier, c'est exclu; les carriers habitaient forcément ailleurs. Le second chantier, pour lequel a été édifiée la cabane, disposait environ de 36 m^2 couverts. Mais il faut déduire de ce chiffre 16 m^2 pour les aménagements divers et les passages.[26] Il reste ainsi une surface disponible d'une vingtaine de mètres carrés, ce qui est suffisant pour loger une dizaine de personnes au repos en comptant 2 m^2 pour chacune. La phase suivante voit la surface habitable se réduire encore de 7 m^2;[27] ainsi, seulement sept personnes peuvent loger dans la maison. Ce sont là des approximations mais l'ordre de grandeur reste valable. Ces occupants ne sont pas tous carriers: le personnel auxiliaire d'une exploitation romaine, à l'instar d'un chantier traditionnel, représente 30 à 50% de l'effectif global. Il y a au moins un forgeron *(faber)* et deux manœuvres *(operarii)* pour enlever les déchets, aider au bardage des blocs, actionner l'engin de levage, etc.

L'examen statistique des traces de la carrière de Mathieu permet d'identifier approximativement une douzaine de mains différentes sur la totalité de l'exploitation. Sachant qu'il y a eu trois grandes phases d'activité, on peut déduire une moyenne de quatre carriers par chantier. L'espace de travail disponible pour l'extraction, durant une phase, est assez réduit et limite sensiblement la surface de front de taille. En prenant l'exemple de l'un des derniers grands chantiers installé au fond de l'excavation, le long du front oriental à partir de l'accession au niveau inférieur dans l'empreinte n° 295 (fig. 173), on distingue nettement deux carriers remontant vers le nord et deux autres progressant vers le sud. Outre les traces d'escoude légèrement différentes, le groupement de deux travailleurs sur chaque bloc est matérialisé dans les empreintes par la grande différence de morphologie entre les emboîtures: d'un côté, elles forment un V, de l'autre, elles dessinent un W (voir p.222). Cela représente quatre carriers et deux manœuvres pour évacuer les déchets. Il serait difficile d'imaginer d'autres carriers extrayant simultanément sur le palier juste au-dessus à l'ouest, car les empreintes en cet endroit sont tronquées par celles qui ont été décrites ci-dessus (fig. 173 n° 369 et 305 à 308).

Ainsi, pour la carrière de Mathieu, quelles que soient les phases considérées, le nombre de carriers se situe entre 4 et 6 et les ouvriers auxiliaires entre 2 et 4. Pour une surface équivalente, c'est là un nombre moyen d'ouvriers que l'on trouve dans les carrières traditionnelles de Syrie à l'heure actuelle (Bessac *et al.* 1995: s.p., fig. 9). Pour ce qui est des autres exploitations romaines des Lens, leur faible surface les contraint à un fonctionnement avec des équipes équivalentes ou très légèrement réduites, qui correspondraient davantage aux moyennes notées par E. Dumas au XIXe s. dans l'affleurement (voir p.28). Le cas de la carrière de La Figuière paraît un peu

---

26 Les deux foyers totalisent 4 m^2, l'ensemble banc, petit silo et siège représente 5 m^2; à cela, il faut joindre un espace de circulation de 2 m^2 près de la porte et un passage général d'au moins 5 m^2, soit 16 m^2 à déduire.

27 Il faut compter en moins 3 m^2 pour le mur entre les deux cases et surtout 4 m2 pour la forge.

marginal; l'excavation romaine est si étroite que 2 carriers ont eu certainement des difficultés pour y travailler simultanément. Sur le chantier romain initial des Pielles, on peut évaluer à un maximum de 2 ou 3 les carriers travaillant simultanément: 1 dans l'excavation centrale et 2 dans l'excavation septentrionale. Mais le chantier voisin du IIe s., dans l'excavation méridionale, n'a probablement pas compté plus de 2 carriers extrayant simultanément, faute de place.

Si l'on passe en revue l'ensemble des grandes carrières romaines de l'affleurement de surface à peu près équivalente à celle de Mathieu et pouvant, par conséquent, occuper de 4 à 6 carriers simultanément plus leurs aides, il faut retenir les sites suivants: Bone A2, Ritter A3, Héral-Nègre A6, Visseau du Courpatas A7, Combe de la Pesada B1, Carrière haute de Frigoulet B2, Carrière basse de Frigoulet B3, Carrières septentrionale et centrale de la Commune B4 et B5. Avec la carrière de Mathieu, cela représente une dizaine d'exploitations. En supposant qu'elles aient travaillé simultanément pour un grand monument à l'image de la Maison Carrée de Nîmes, c'est environ 50 carriers qu'il faudrait compter. A ce chiffre, il faudrait ajouter 20 à 30 manœuvres et 10 forgerons. Cette activité aurait alors occupé environ 100 personnes dans le massif. Toutefois, ce n'est là qu'un comptage théorique et bien que beaucoup de ces carrières soient datées du début du Haut Empire, aucun argument archéologique n'autorise à proposer une telle hypothèse. Seules les évaluations par chantier isolé seront utilisées pour appuyer quelques propositions théoriques touchant au rendement des exploitations (voir p.312).

Une métrologie romaine variée

Dans la carrière de Mathieu, le pied romain semble présent sous la forme du *dupondius* de 0,591 m dans les largeurs et certaines hauteurs de blocs, comprises entre 0,60 et 0,68 m. Le pied se trouve aussi dans ces dimensions sous la forme de l'unité de base de 0,296 m dans les séries comprises entre 0,30 et 0,35 m. Cependant, c'est probablement le *pes sesterticus* ($2^1/_2$ pieds) de 0,739 m qui prédomine, si cette unité peut être située entre 0,73 et 0,82 m. Elle apparaîtrait alors surtout dans les largeurs, quelquefois dans les longueurs, et plus rarement dans les hauteurs. Beaucoup de longueurs, de largeurs et de côtés de blocs carrés semblent être prévus pour des éléments finis de 3 pieds soit des mesures proches du mètre, y compris le "gras de taille".[28] Quelques longueurs s'apparentent au *passus* simple (5 pieds) ou double (10 pieds), dans les séries situées autour de 1,48/1,61 m et de 3,01/3,34 m. Il faut cependant reconnaître qu'il existe un grand nombre de dimensions quelconques, impossibles à situer dans le système romain sans recourir aux sous-multiples du pied.

Les plus longs monolithes, généralement de section carrée de deux pieds et destinés à la taille de fûts de colonne, atteignent 4,15/4,34 m, soit environ 14 pieds, et sont prévus pour des diamètres définitifs de 2 pieds. Parmi les nombreux éléments carrés destinés à la taille de bases, de chapiteaux ou de tambours de colonne, on observe plusieurs séries de dimensions homogènes et concordantes avec l'unité 2 pieds soit 0,64/0,65 m, 3 pieds soit 0,92/1,02 m — série la mieux représentée — enfin des éléments d'un *passus* de 1,48/1,72 m. Quelques petits fûts de colonne, déjà sommairement arrondis mais cassés, mesurent un peu plus d'un pied de diamètre afin de réserver un gras de taille. En contrepartie, les deux grands tambours de colonne découverts au-dessus de l'habitat (fig. 34) devaient être prévus pour une taille définitive de 3 pieds car ils mesurent 0,93 m de diamètre et leur hauteur est de 0,36 m. Le bloc le plus volumineux identifié dans la carrière de Mathieu (fig.175, n° 248) mesure 3,05 de long, 1,04 de large et 0,62 m de haut, soit environ 10 x 3 x 2 pieds romains; son poids est évalué à 4,5 t.

Dans d'autres carrières romaines, le mauvais état et le faible nombre d'empreintes de blocs mises au jour interdisent l'étude métrologique. En revanche, la carrière des Pielles, avec 92 empreintes, a fourni des séries comparables à celles de Mathieu, si ce n'est que

28 Le gras de taille est l'excédent de pierre, d'environ 2 à 4 cm en tous sens, laissé par le carrier afin que le tailleur de pierre puisse tailler facilement son bloc malgré les risques d'ébréchures durant le transport.

proportionnellement; l'utilisation de 3 et 5 pieds prédomine dans les longueurs comprises, d'une part dans la première tranche, de 0,89/1,11 m et, d'autre part, dans une seconde tranche, de 1,48/1,72 m; quelques exemplaires montent jusqu'à 6 et 8 pieds. Les largeurs se cantonnent surtout entre 1 pied et $2^1/_2$ pieds et plus rarement 3 et 4 pieds. Les hauteurs se situent essentiellement entre $1^1/_2$ pied et $2^1/_2$ pieds. La différence entre les deux chantiers romains des Pielles, celui du commencement du Haut Empire et celui du début du IIe s. se traduit essentiellement par un volume moyen des blocs supérieur pour le plus ancien. L'empreinte la plus volumineuse de ce groupe résulte d'un bloc de 3,36 x 0,95 x 0,51 m, soit 1,627 m^3 équivalant à un poids de 3,75 t, tandis qu'au début du IIe s., le volume maximal est de 2,34 x 0,98 x 0,42 m, soit 0,96 m^3 et un poids de 2,21 t. En raison de sa grande longueur, c'est là un bloc assez exceptionnel dans ce groupe, la moyenne étant plus proche de 3 et 4 pieds.

Quelle que soit la phase romaine des Pielles prise en compte, la grande rareté des empreintes ayant pu fournir des éléments de colonne est particulièrement évidente. Dans le chantier du début du Haut Empire, on compte seulement 4 tambours potentiels et aucun fût de colonne. Le second chantier romain est proportionnellement à peine mieux fourni: 4 tambours et 1 fût de colonne. Cette particularité résulte davantage des caractères lithostratigraphiques de la carrière que de la nature du marché. C'est donc là une carrière plus limitée que celles de la moitié nord de l'affleurement, dans ses possibilités dimensionnelles. Rappelons à ce sujet qu'une exploitation très profonde et située au meilleur du massif, comme la carrière Héral-Nègre, peut fournir des blocs de 3,52 x 1,24 x 0,60 m, soit 2,620 m^3, correspondant à un poids de 6 t. D'une manière générale, dans le Bois des Lens, l'exploitation romaine de la pierre de taille est surtout caractérisée par l'abandon de l'extraction modulaire en vogue dans les chantiers précédents.

L'EXTRACTION TARDO-ROMAINE: UNE ORGANISATION EN DÉCLIN RAPIDE

Une phase intermédiaire encore mal connue: le début du Bas Empire

Les dernières fouilles réalisées dans le chantier le plus récent de la carrière de La Figuière A4 permettent de soupçonner plusieurs degrés dans l'altération de l'organisation extractive romaine. Si une nette amorce de décadence se ressent par le biais des techniques d'extraction, il est encore impossible de définir concrètement les changements dans l'organisation générale du chantier. Certes, il s'agit d'un très petit chantier qui, mis à part son volume très réduit, semble encore perpétuer le modèle romain près de son apogée: l'extraction en fosse, l'emploi du grand appareil, la métrologie romaine avec l'usage approximatif du pied et de ses multiples. Mais la majorité des empreintes dégagées sont assez longues pour faire penser à l'extraction de sarcophages; elles mesurent respectivement 2,40 x 0,80 m, 2,20 x 0,85 m et 2,20 x 0,70 m et leur hauteur varie entre 0,43 et 0,47 m. L'impression d'un début d'altération du rationalisme romain vient surtout de l'exiguïté du chantier par rapport à ces énormes blocs dont le poids, avant leur creusement intérieur pour la fabrication de sarcophages, dépasserait 1,5 t. L'étude de ce chantier, dont on ne sait pas vraiment s'il faut le situer dans le IIIe ou le IVe s., sera à reprendre dans un contexte d'analyse spécifique de cette période qui concerne aussi une grande exploitation, la carrière basse de Frigoulet B3.

Le chantier tardo-romain: une régression sensible

Comme le précédent, le chantier tardo-romain des Pielles est mal daté et sa très petite surface réduit sensiblement la portée de l'analyse de son organisation. Sa technique accuse un très net recul; il en est de même dans le domaine de l'organisation de l'exploitation, pour autant que l'on puisse en juger à partir des vestiges qui subsistent. La progression de son extraction est totalement soumise aux conditions lithostratigraphiques locales. Le très petit format des blocs permet de les agencer de façon à ce qu'ils coïncident autant avec les lithoclases qu'avec le joint de stratification. Le choix de la technique utilisée est directement conditionné par la présence de ce dernier: lorsqu'il apparaît nettement, les coins ne sont plus utilisés horizontalement mais verticalement. Le sens de progression est tout à fait quelconque; il s'adapte aussi bien aux conditions naturelles qu'aux fronts de taille précédents.

L'exploitation organisée, apparue avec les chantiers de tradition hellénistique et améliorée avec les carriers romains, est ici abandonnée au profit d'une stratégie strictement opportuniste. Compte tenu de ces choix, il serait vain de chercher parmi les 17 empreintes identifiées sur ce chantier une quelconque concordance avec un système métrologique, bien que dans les hauteurs semble émerger une série de six exemplaires compris entre 0,28 et 0,39 m. Mais, contrairement aux autres dimensions, la hauteur est étroitement liée au système de mesures utilisé précédemment pour le chantier romain du IIe s. Le format des blocs correspond surtout à du moyen appareil dont les plus petits éléments forment des parallélépipèdes de 0,53 x 0,43 x 0,36 m, soit 0,080 m^3, correspondant à 180 kg, et les plus grands de 1,32 x 0,36 x 0,48 m, soit 0,140 m^3 représentant 320 kg. Comme dans l'extraction hellénistique du Roquet, cette limitation de volume paraît liée aux facilités de manutention et surtout de transport. Celui-ci doit être assuré plutôt par des animaux de bât que par chariot, d'autant que le façonnage des pierres a été probablement pratiqué en partie dans la carrière et les a allégées considérablement. L'homogénéité et la rusticité des techniques d'extraction visibles sur ce chantier révèlent l'intervention d'un seul carrier, certainement occasionnel. Pour le bardage et le chargement des pierres, il a dû toutefois être aidé ponctuellement par une seconde personne.

14
Organisation générale des exploitations médiévales

Les chantiers médiévaux du Bois des Lens étant à la fois plus rares et plus modestes que les précédents, il est impossible de proposer une vue fiable de leur organisation. Par ailleurs, les références à d'autres études archéologiques seront nettement plus réduites, faute d'écrits suffisamment documentés sur ce sujet.

UNE EXPLOITATION MÉROVINGIENNE HÉTÉROCLITE

L'absence de toute stratégie générale d'extraction

L'extraction tardo-romaine s'était déjà éloignée du rationalisme antique pour s'engager vers des systèmes plus souples, mais totalement asservis aux conditions existantes, qu'elles soient naturelles ou artificielles. L'exploitation mérovingienne poursuit ce mouvement mais elle s'en distingue par la perte totale de l'expérience acquise dans le domaine de la pierre durant les siècles précédents. D'opportuniste, l'exploitation passe dans un système totalement parasitaire et anarchique visant exclusivement la production immédiate d'un objet utile, les jarres ou *piles* en pierre. Le site du Roquet ne présente, dans les structures antiques de la carrière, que quelques empreintes mérovingiennes isolées; le reste est dispersé au hasard des émergences rocheuses. Il n'existe plus aucune stratégie d'extraction; la progression est discontinue, unité par unité et totalement à l'avenant. Toutes les empreintes étudiées trahissent la diversité des mains. Il n'y a pas d'équipe de carriers, ni même d'artisans spécialistes, mais seulement des individus étrangers aux métiers de la pierre ayant eu besoin à un moment donné d'un grand récipient.

Des travaux individuels disparates

La dispersion des empreintes d'extraction pourrait amener à comparer cette exploitation avec celle du chantier de tradition hellénistique du site de La Figuière A4. Mais là il s'agit d'une petite équipe de carriers qui essaient d'extraire quelques blocs bien définis dans la roche, à fleur de terre, avant de choisir un secteur favorable à la production d'une série groupée, tandis que sur le site mérovingien du Roquet, à chaque fois un nouvel individu s'installe n'importe où. Lorsque sa recherche le conduit sur un front de carrière antique, il extrait un ou deux cylindres; son successeur ne reprend pas forcément le même secteur bien qu'il soit apparent. Parfois, il en est autrement, selon les besoins du nouvel arrivant. Par exemple, à l'extrémité nord de l'excavation méridionale, un petit parallélépipède de 22 cm de long, de 14 cm de large et de 12 cm de haut a été extrait dans une protubérance résiduelle d'une mauvaise extraction de cylindre (fig. 150). Dans la zone médiane de l'excavation nord, côté est, un cylindre de 120 cm de diamètre et de 63 cm de hauteur a été dégagé jusqu'à sa base, mais un peu avant sa fracture aux coins est apparue une fissure verticale et le carrier improvisé a complètement refaçonné l'arrondi de manière à obtenir un nouveau cylindre réduit à 70 cm de diamètre. Cette façon de procéder prouve des carences graves, tant dans les capacités professionnelles du carrier que dans l'organisation de son travail: d'une part il est insuffisamment compétent pour déceler les fissures dès le début de son travail; d'autre part, il aurait été plus commode d'extraire d'abord le cylindre, même fissuré, et de réduire son diamètre une fois la pierre extraite et disposée dans une position plus accessible; enfin, aucune mesure du cylindre n'est définie à l'avance — le carrier improvise les dimensions et se contente d'un diamètre inférieur à celui qui était prévu initialement.

La disparition d'une extraction professionnelle

L'étude des déchets de taille de ces jarres en pierre du Roquet confirme l'impression d'une production individuelle par des carriers/tailleurs de pierre occasionnels. Beaucoup de ces récipients sont cassés à différents stades de leur fabrication. Les traces d'outils révèlent des mains diverses, un outillage peu efficace et généralement non spécifique de la taille de pierre. Parler de carriers ou de tailleurs de pierre serait très exagéré; il s'agit de ruraux des environs qui essaient de pallier la pénurie de *dolia* en s'efforçant de confectionner des récipients en pierre avec leurs moyens modestes et sans vraiment maîtriser cette technique.[1]

---

1 L'usage des grands *dolia* romains nécessite un artisanat bien organisé pour leur fabrication et une bonne infrastructure routière pour leur transport; tous deux font défaut aux Ve/VIe s.

Peut-on prendre cet exemple du site du Roquet comme représentatif de l'utilisation et du fonctionnement des carrières de la région à l'époque mérovingienne? Dans la région de Nîmes, on ne connaît guère de vestiges en pierre du pays qui puisse démontrer une persistance des techniques et de l'organisation des carriers romains durant cette période. Cependant, dans les grands centres carriers de pierre tendre, comme la région autour d'Arles, la production d'importantes séries de sarcophages a peut-être préservé une partie des structures du travail et des techniques antérieures.

L'EXTRACTION DU HAUT MOYEN AGE: L'ANTIPODE DU RATIONALISME ANTIQUE

Extraction mérovingienne et médiévale: points communs et nuances

La datation du premier chantier médiéval d'extraction de cylindres sur le site des Pielles restant imprécise, il est difficile de savoir s'il est ou non chronologiquement proche de l'activité extractive mérovingienne du Roquet. Ce chantier médiéval n'en reste pas moins dans cette lignée, tant par la nature de sa production que par son organisation. Certes, il y a une évolution assez nette et bien que le caractère individualiste de la production s'estompe, la progression parasitaire et dispersée de l'extraction subsiste. Hors des quatre grandes excavations ouvertes à l'époque romaine, la prospection a permis d'identifier de nombreuses empreintes rondes dispersées ça et là dans les environs immédiats des chantiers médiévaux. A l'intérieur de ces excavations, apparaissent aussi quelques traces isolées d'extraction de cylindres dans les secteurs exploités auparavant. Cependant, au fond de l'excavation méridionale se trouve un chantier où est regroupé un ensemble continu d'une cinquantaine d'empreintes cylindriques. Ainsi, avec la dizaine d'exemplaires isolés, notamment dans les excavations centrale et septentrionale, un total de 62 unités, y compris les éléments non extraits, sont disponibles pour l'étude. Ce grand nombre de vestiges permet d'approfondir la réflexion comparative entamée au sujet de l'exemple précédent.

Stratégies antiques et médiévales face à l'extraction de cylindres

Le changement essentiel entre l'extraction antique et l'extraction médiévale vient de la nature de la production de cette dernière période, consacrée uniquement aux cylindres, mais aussi et surtout de la façon d'extraire ceux-ci directement sous une forme circulaire. La plupart des chantiers d'extraction romains de la région ont produit des éléments cylindriques, destinés à tailler des bases, des tambours ou des fûts de colonnes; tous ces cylindres ont été extraits sous la forme de parallélépipèdes à section carrée. On fait les mêmes constatations dans tout le domaine d'influence romaine, y compris à plusieurs milliers de kilomètres d'ici, à Palmyre en Syrie par exemple (Schmidt-Colinet 1990: 90, fig. 2 à 11). Les rares exemples antiques de procédés comparables à cette extraction médiévale se trouvent dans l'extraction d'énormes colonnes en Sicile au Ve s. av. n.è. (Peschlow-Bindokat 1990). Mais le caractère colossal de ces exemples l'intègre dans d'autres stratégies d'extraction qui peuvent trouver leur justification face à la logique antique.[2] Ainsi, en règle générale, le mode d'extraction des cylindres médiévaux est étranger au monde classique comme au nôtre. Toute une série d'arguments techniques expliquent cette exclusion:

— Arrondir directement un volume de pierre faisant corps avec le substrat rocheux est beaucoup plus malaisé et plus long que de le faire une fois le bloc libre. Dans la première situation, le carrier joue aussi un rôle de tailleur de pierre; il ne choisit pas sa position de travail, elle lui est imposée. L'espace dont il dispose dans sa tranchée périphérique est réduit au minimum pour des raisons d'économie de travail. Malgré cela, la tranchée nécessaire pour le double arrondi, concave à l'extérieur et convexe à l'intérieur, doit être trois à quatre fois supérieure en largeur à un creusement rectiligne et orthogonal.

— Comme on l'a vu dans l'extraction mérovingienne du Roquet, en cas d'apparition d'un défaut majeur dans la pierre du cylindre en cours d'extraction, la perte de travail se révèle beaucoup plus importante et les possibilités de récupération d'une partie du bloc restant sont très réduites.

— L'arrêt des fronts de taille sous la forme d'alvéoles interdit ensuite toute reprise rationnelle de l'extraction de blocs quadrangulaires. Ce mode d'extraction contraint le chantier à se cantonner à une production spécialisée de cylindres. L'organisation d'un chantier mixte, produisant aussi bien des cylindres que des parallélépipèdes, implique des adaptations complexes qui seront développées plus loin à l'occasion de l'analyse du chantier de la fin du Moyen Age.

---

2 D'autres exemples sont cités par M. Waelkens à Agrileza et à Milet (1990: 65), mais ni leur date ni leurs dimensions ne sont précisées.

— Il est plus commode de conduire une telle production de manière parasitaire et extensive en s'attaquant aux angles des redans et des ressauts orthogonaux, laissés en bordure d'une carrière classique, plutôt que d'implanter un nouveau chantier sur un terrain rocheux vierge et de faire progresser l'extraction de front. Les nouveaux cylindres à extraire s'inscrivent plus aisément dans un volume quadrangulaire régulier que dans des alvéoles disparates.
— Enfin, du fait de l'élargissement important des tranchées nécessité par la découpe en arrondi sur place, le volume de déchets a tendance à augmenter plus vite, encombrant d'autant les excavations.

La lente progression d'un artisanat médiéval occasionnel et rural

L'argumentation technique développée ci-dessus renforce l'idée d'une exploitation aléatoire et, à ses débuts au moins, encore assez largement tributaire des structures générales d'anciens chantiers gérés dans le cadre de canevas orthogonaux. Ce principe d'exploitation, déjà amorcé sur le chantier mérovingien du Roquet, a néanmoins évolué et cherche ses propres règles, même si elles sont parfois étrangères à notre logique professionnelle moderne. La plus évidente est révélée par le regroupement de l'activité en quelques lieux bien définis. L'extraction dispersée et individuelle se réduit sensiblement au profit d'une concentration dans les excavations méridionale et probablement orientale des Pielles.

Ce regroupement résulte d'une certaine spécialisation des exploitants qui, sans exercer le métier à plein temps, deviennent néanmoins des artisans carriers occasionnels. Comme dans l'atelier mérovingien du Roquet, les jarres ou *"piles"* en pierre sont creusées sur place, mais la proportion des exemplaires cassés se raréfie nettement, attestant la montée d'un professionnalisme. L'analyse des traces montre encore une certaine diversité des mains dans les empreintes situées en bordure de l'excavation, alors que l'essentiel de l'extraction, regroupée au plus profond de la carrière, ne révèle qu'un maximum de trois intervenants. S'agit-il de trois carriers contemporains ou successifs? Il est difficile de le dire avec certitude; toutefois, l'exiguïté du chantier plaide en faveur de la seconde solution.

De nombreux archaïsmes et de rares innovations

Dans la carrière des Pielles, cette lente progression de l'homme de métier se traduit essentiellement par l'amélioration de la qualité du cylindre extrait et du récipient final. L'organisation générale du travail reste encore très floue. Malgré l'illusion procurée par quelques fronts rectilignes, résultant de l'existence de lithoclases, la véritable découpe du chantier demeure alvéolaire et aucun axe d'implantation ni de progression organisée de l'extraction n'a pu être identifié. Les sols de carrière seraient aussi mal définis que les fronts si ce n'était la présence de deux joints de stratification assez francs qui ont déterminé deux plans inclinés parallèles relativement commodes. Hors de ces joints, les extractions constituent une multitude de ressauts qui ont dû entraver considérablement tous les développements éventuels de la carrière au haut Moyen Age.

La progression de l'extraction se pratique dans tous les azimuts, parfois selon une ligne droite, si un accident géologique la guide, ou bien, dans le cas contraire, en quinconce. Ce caractère aléatoire de la progression est accentué par le mélange de différents diamètres de cylindres, y compris en des endroits où l'homogénéité de la roche autorisait une extraction en séries modulaires. Entre les cylindres, il subsiste des prismes triangulaires aux côtés concaves qu'il faut ensuite éliminer (beaucoup ont été retrouvés dans les déblais). Des anomalies apparaissent, notamment sur le front sud où un étroit et haut éperon rocheux a été laissé en place entre deux points de travail, ce qui a dû considérablement gêner l'extraction des cylindres qui se trouvaient enclavés à l'arrière (fig. 151). Pourtant, sa suppression pouvait être réalisée facilement et dans un minimum de temps.

La stratégie d'extraction semi-souterraine, mise en œuvre au fond de l'excavation méridionale (voir p.241), constitue une innovation à souligner. En dépit de l'imprécision de sa chronologie, elle s'insère dans les dernières extractions pratiquées dans cette phase d'exploitation du haut Moyen Age. La seule pratique similaire connue vient d'une gravure italienne du XVIe s.[3] représentant une carrière ouverte dans une falaise en bord de mer; sur l'un de ses fronts, une grande colonne monolithe de plusieurs mètres de haut est en cours d'extraction verticalement. Mais peut-on comparer des techniques appliquées à plusieurs siècles d'intervalle et surtout à des échelles si différentes? C'est plutôt l'idée de s'enfoncer horizontalement dans la roche pour

3 Conservée à la Bibliothèque Marciana, Venise, I t. Z; [=4817] Ms., it. cart. sec. XVI, 88cc, Copia del Palatino 767.

extraire un élément volumineux qui doit être considérée comme originale dans le contexte du massif des Lens. Faut-il rechercher la genèse de ce principe dans le creusement des abris mérovingiens de l'excavation méridionale du Roquet? L'extraction de sarcophages monolithes durant l'époque mérovingienne et le haut Moyen Age en diverses régions de France[4] atteste cette tendance, laquelle a probablement donné naissance plus tard aux grandes exploitations souterraines médiévales de pierres tendres.

L'extraction commune à l'air libre offre également des solutions surprenantes. Hors de la grande largeur des tranchées d'extraction et de leur forme souvent irrégulière, le processus d'intégration des défauts naturels, au fur et à mesure de la progression du travail, reste étranger aux schémas d'organisation actuels aussi bien qu'antiques. Au cours du creusement de la tranchée, si, au départ, une petite fissure non apparente se révèle, les carriers l'intègrent en supprimant un segment de cylindre. Si une lithoclase est inclinée et crée ainsi une diminution vers le haut de la pièce extraite, le cylindre est alors transformé en tronc de cône. Comme nous ne pouvons pas étudier le récipient terminé, il est impossible de savoir si celui-ci est façonné ensuite selon la forme géométrique courante, ou, si l'on adopte un volume hybride, en partie cylindre, en partie tronc de cône.

Tant dans l'extraction semi-souterraine qu'à l'air libre, avant le creusement de la tranchée périmétrique, environ un tiers du volume du cylindre est complètement dégagé sur toute sa hauteur et taillé soigneusement de façon définitive (fig. 111, 112 et 151). C'est certainement l'une des pratiques les plus étonnantes qui soit. Ces carriers prennent ainsi le risque — totalement inutile — de perdre tout ce travail de finition en cas de cassure au cours de la suite du creusement, ou, si la qualité de la pierre à l'arrière devait se révéler mauvaise. Les mêmes réflexions émises au sujet des risques induits par la méthode générale de l'extraction directe sous forme de cylindre viennent à l'esprit. Mais n'est-ce pas là une façon de procéder typiquement médiévale? Les historiens de l'art n'observent-ils pas un processus de réalisation similaire, notamment sur des chapiteaux inachevés? Sur ces derniers, à partir d'une pierre brute, les sculpteurs taillent et terminent souvent une face après l'autre (Travis 1992: 12) au lieu d'engager une approche progressive globale comme les artistes romains (Asgari 1988: 122-125; *id.* 1990: 118-122). C'est là un caractère médiéval qui concorde avec la faiblesse générale de l'organisation de cette exploitation et d'autres qui lui sont contemporaines.[5]

Des unités de mesure indéfinies mais un calibrage préférentiel

La métrologie des empreintes du haut Moyen Age ne peut être appréciée qu'à partir du diamètre des cylindres, en sachant bien qu'au niveau inférieur, sur le sol de carrière, il a tendance à augmenter de quelques centimètres par rapport à son sommet. Sur un total de 62 empreintes, plus d'un tiers possède un diamètre compris entre 0,68 et 0,76 m. Le reste est assez diversifié et ne permet pas de cerner précisément un groupe homogène. Le diamètre le plus petit mesure 0,41 m et le plus important 1,40 m. Ce dernier avait une hauteur minimale de 1,25 m. Le volume global de ce dernier est d'environ 1,9 m^3 et son poids avoisine 4,4 t. Mais si on le considère évidé avec des parois de 0,07 m d'épaisseur moyenne et un fond de 0,10 m, sa contenance est de 1 450 l et son poids se réduit à environ 1 t. La hauteur du module le mieux représenté s'élève en moyenne à 0,52 m; son poids, avant évidement, est approximativement de 0,5 t; sa contenance, une fois qu'il est creusé, en réservant des parois de 0,05 m et un fond du double, soit 0,10 m, représente 130 litres, et son poids n'est plus que de 0,2 t. Si l'on essaie de trouver une correspondance avec une mesure régionale de l'Ancien Régime, les plus proches sont utilisées pour le grain: un double septier de 70 l ou, pour le vin, un double barral de 63 l (Durant 1816: 180 et 196). Ce n'est là qu'une comparaison destinée à donner un ordre de grandeur (il est évident que la capacité de ces récipients n'était pas calculée précisément).

Une marque de carrier ou un signe cultuel?

Près du sommet de l'un des cylindres abandonnés en cours d'extraction, à l'extrémité nord-ouest du chan-

---

4 Il existe des exemples de ce type d'extraction souterraine de sarcophages dans l'ouest (Piboule 1985: 184; Cousin, Margerel 1991: 355-358; Cousin 1992: 51-52), dans le nord (Poulain 1954: 36), dans le centre (Barthèlemy 1984) et dans le sud où j'ai identifié en 1984 une carrière de ce type sur le plateau dominant Saint-Restitut dans la Drôme (découverte inédite).

5 Toutes les recherches sur les carrières médiévales s'accordent sur ce thème: voir en particulier les nombreux travaux publiés dans les Actes du 115e et 117e Congrès national des Sociétés Savantes à Avignon, 9-12 avril 1990 et à Clermond-Ferrand, 26-30 octobre 1992, parus sous le tire "Carrières et constructions en France et dans les pays limitrophes" (Paris 1991 et 1993).

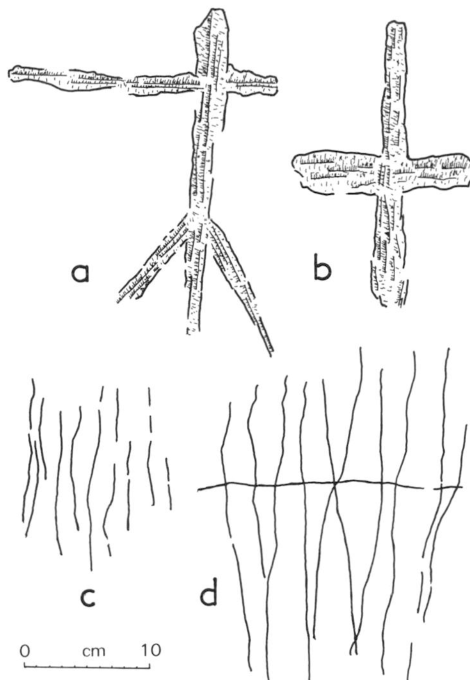

Fig. 184 Dessin des marques médiévales relevées dans la carrière des Pielles: a) signe incisé sur le front ouest du chantier de la fin du Moyen Age dans l'excavation centrale, b) croix incisée sur un cylindre abandonné en cours d'extraction sur le chantier du haut Moyen Age dans l'excavation méridionale, c) et d) comptages gravés avec une pointe sur le front sud de l'excavation centrale dans le chantier de la fin du Moyen Age.

tier du haut Moyen Age, est sommairement incisée, à coups de ciseau donnés longitudinalement, une croix latine inversée (fig. **184** b). S'agit-il de la marque personnelle d'un carrier de cette exploitation ou est-ce un marquage purement cultuel à un emplacement bien visible? On ne saurait le dire avec certitude. Cependant, considérée isolément et en position verticale, la croix latine s'avère assez rare dans les répertoires des marques lapidaires (Van Belle 1984); en revanche, elle est fréquente comme marque cultuelle sur les murs d'église en particulier (Cinquabre 1983: 417; Lefebvre 1985: 239-243). Ce signe peut être également interprété comme une marque de dévotion, bien qu'il ne soit pas dans un contexte cultuel.

Bardage et transport: l'absence d'indices

Même une fois creusés sous la forme de récipients, les plus grands cylindres de pierre constituaient une très lourde charge, tant pour la manutention en carrière que pour le transport. Le plus lourd élément provient du fond de la carrière et devait peser encore 1 t après évidement. En renforçant intérieurement le récipient par des étais de bois et en confectionnant un axe, on peut imaginer de le rouler sur un plan incliné de déchets de pierre à l'intérieur de la carrière, à la manière du procédé antique proposé par Vitruve (Perrault 1684: 307, fig. 1). La traction peut être assurée par des animaux de trait, mais les irrégularités des chemins de garrigue interdisent un long transport jusqu'aux villages voisins. Il a donc fallu le hisser sur un chariot et bien le caler pour pouvoir le véhiculer en toute sécurité, mais c'est là seulement une hypothèse sans indice pour la conforter. Les petits récipients posent beaucoup moins de problèmes et leur transport n'exige qu'un équipement minimum.

LE CHANTIER DE LA FIN DU MOYEN AGE: LES PRÉMICES D'UNE CONCEPTION MODERNE

Retour à une organisation et à une diversification de la production

Avec l'exploitation médiévale de la fin du XIVe/début du XVe s., un système de front de carrière orthogonal redevient de règle (fig. 116 et 169). Cependant, à l'intérieur de ces découpes régulières persiste l'extraction directe de cylindres. Ces derniers exploitants s'installent sur les structures d'extraction du chantier romain initial et adoptent, de façon générale, les grands axes sud-ouest/nord-est en les infléchissant très légèrement, d'une dizaine de degrés, vers les points cardinaux au fond de l'excavation centrale. Dans l'excavation septentrionale (la moins profonde) ont été extraits, côte à côte, à la fois des blocs quadrangulaires, de moyen appareil, et des cylindres, en utilisant au mieux les ressauts romains du front ouest et surtout la limite sud de ce premier chantier. Dans l'ensemble, la progression de l'extraction suit deux grandes divisions: le sud-est et, vers le fond, le sud-ouest. Mais il subsiste quelques empreintes orientées différemment.

La partie la plus profonde de ce chantier, localisée dans la moitié est de l'excavation centrale, forme une unité autonome par rapport à l'extraction romaine dont elle s'est totalement affranchie à partir d'un certain niveau (fig. 114). En plan, elle dessine un rectangle d'environ 8 x 4 m. Elle regroupe essentiellement des empreintes cylindriques sauf dans son angle nord-est où deux blocs quadrangulaires ont été extraits. Aucune lithoclase n'intervient dans l'organisation de sa découpe générale. L'extraction a commencé dans l'angle nord-ouest en se développant surtout selon la pente naturelle d'un joint de stratification qui occupe les trois quarts de sa surface.

Au contraire du premier chantier médiéval, où pourtant les cylindres prédominent, il ressort ici une volonté délibérée de les inscrire partout à la périphérie de cette partie du chantier dans le système orthogonal de découpe du rocher. Pour arriver à cette fin, plusieurs principes d'extraction sont mis en œuvre:

1. Le plus simple consiste à dessiner des cylindres auxquels les carriers tranchent un segment plus ou moins important afin d'obtenir une surface plane à l'arrière qui s'intègre ainsi dans un front linéaire (fig. 154, à l'arrière plan). Cette façon de procéder est déjà connue dans le premier chantier médiéval où les carriers l'ont utilisée afin d'intégrer de petites surfaces planes, résultant de la présence de lithoclases. En dehors du front de carrière, ce système permet aussi de réserver des emplacements pour l'extraction de parallélépipèdes (fig. 154, à gauche). La présence d'une face plane sur une partie cylindrique ne gêne en rien la fabrication de récipients ou de cuves rondes. Seul un éventuel calcul de contenance pouvait être compliqué par ce choix; mais était-ce vraiment alors une préoccupation?

2. Le second procédé consiste à dessiner et à creuser les parois extérieures de la tranchée sur un plan carré, tout en conservant, côté intérieur, la forme cylindrique du bloc (fig. 116, à droite). C'est un choix assez commun, y compris en bordure d'empreintes non accolées au front de carrière. Il semble que les exploitants aient voulu préserver la possibilité d'extraire des parallélépipèdes entre le front principal et les cylindres trop exigus ou trop divisés par des lithoclases pour obtenir une nouvelle pierre ronde. L'exécution de parois extérieures orthogonales dans les tranchées périphériques autour des cylindres ne pose aucun problème majeur; au contraire, c'est certainement plus facile que de les façonner rondes. La difficulté réside uniquement dans la combinaison, au cours de la même opération de creusement, d'un niveau plan, côté extérieur, avec une surface courbe régulière, côté intérieur. Ce choix exige une bonne maîtrise des volumes géométriques considérés dans l'espace. Le carrier doit les visualiser simultanément dans leurs trois dimensions.

3. Le troisième et dernier système d'extraction est adapté à un encadrement orthogonal de l'excavation; il est issu un peu des deux précédents car les parois extérieures des tranchées se joignent presque à angle droit, tandis que le bloc interne dessine en plan une sorte de carré aux parois plus ou moins convexes et aux angles bien arrondis (fig. 154, au milieu). Cette pratique apparaît de façon très évidente à l'extrémité nord-est de l'excavation centrale; elle est identifiable aussi en dehors de cet espace, notamment sur le front ouest de l'excavation nord.

Avec ce dernier principe d'extraction, ces carriers médiévaux se rapprochent singulièrement de l'esprit d'exploitation gréco-romain, mais aussi moderne, car ceux-ci extraient un bloc quadrangulaire lorsqu'ils désirent obtenir un cylindre. Quant aux deux autres procédés, ils témoignent aussi en faveur d'une recherche et d'efforts considérables réalisés dans le but de rationaliser de plus en plus l'exploitation de la pierre. Ceci est d'autant plus évident que le principe et la technique d'obtention d'éléments parfaitement cylindriques étaient tout à fait au point et avaient alors atteint des sommets de perfection comme en témoigne l'empreinte n° 17 (fig. 153). Celle-ci est parfaitement ronde, tant côté des cercles interne qu'externe de la tranchée, et elle correspond à l'un des derniers cylindres extraits dans le fond de l'excavation centrale.

Cette transition entre les deux grands systèmes d'extraction médiéval et moderne est certainement très progressive. Dans notre exemple, il est certain qu'il y a trois carriers travaillant à peu près simultanément. Ce nombre semble assez commun à cette époque là dans des chantiers d'extraction, y compris lorsqu'ils produisent uniquement des pierres pour la construction (Cattin 1990). Au premier carrier de cet ultime chantier des Pielles, on peut attribuer l'extraction de cylindres, segmentaires ou non, inscrits dans une tranchée quadrangulaire — c'est-à-dire les deux premiers procédés. Le second carrier réalise des volumes mixtes, mi-cylindre, mi-parallélépipède, toujours délimités extérieurement par un carré très approximatif. Le dernier, plus conservateur, reste dans la tradition médiévale, mais il maîtrise sa technique au plus haut degré et réalise des cylindres parfaits, inscrits dans des tranchées circulaires tant à l'extérieur qu'à l'intérieur.

Deux sortes de marques lapidaires

Le dernier chantier des Pielles a laissé deux sortes de marques bien distinctes. Côté sud, le front de carrière comporte deux graffiti analogues mais apparemment gravés par des mains différentes (fig.184 c et d). Le premier, comme le second, comporte neuf traits approximativement verticaux; un dixième trait les barre en travers. Il s'agit de marques de comptage correspondant à des lots de dix blocs, certainement des cylindres. Si l'hypothèse est juste, cela correspondrait à une large partie de la production globale de ce chantier.

La seconde catégorie de marque lapidaire est représentée seulement par un exemplaire sur le front de taille occidental limitant la fosse inférieure du dernier chantier médiéval dans l'excavation centrale. Il se trouve près du sommet et est surmonté d'une petite alvéole naturelle formant comme un point au-dessus du signe. Celui-ci est incisé très sommairement à coups de ciseau donnés longitudinalement dans le sens des lignes de la marque. Il est composé d'un trait vertical complété dans le bas par une sorte de V inversé et, dans le haut, par une barre transversale de longueur inégale (fig. 184 a). Ce type de marque existe aussi sur les parements intérieurs du rempart d'Avignon où j'ai pu l'observer. Mais des signes de forme très proche sont également apparentés à des symboles votifs d'origine ancienne pouvant remonter au temps des Croisades (Cinquabre 1983: 414-425, fig. 1, 4 et 14). Bien que l'exemple d'Avignon plaide en faveur d'une marque attachée à un professionnel de la pierre de la région, une fonction de signe votif reste envisageable.

Métrologie: quelques approximations de capacité mais rien de sûr

Les empreintes du dernier chantier médiéval comprennent 85 éléments divisés en deux groupes, l'un composé de 35 cylindres et l'autre de 50 blocs quadrangulaires. Ces derniers sont de moyen et de grand appareil. On observe des mesures diverses avec une légère prédominance entre 0,95 et 1,10 m pour les longueurs. Les largeurs s'échelonnent entre 0,33 et 0,58 m; quant aux hauteurs, à quelques exceptions près, elles restent cantonnées entre 0,19 et 0,45 m. Rares sont les blocs à peu près carrés; en revanche, plusieurs présentent un rapport longueur/largeur proche de un sur deux. Les volumes varient de 1/10 à 1/3 de m^3 et les poids de 0,23 à 0,69 t; la moyenne est d'environ 0,32 t.

En ce qui concerne les diamètres des cylindres, il est assez difficile de déterminer des séries cohérentes. Trois catégories de mesures semblent néanmoins revenir fréquemment: 0,59/0,64 m, 1,15/1,25 m et 0,82/0,90 m. Le volume des cylindres obtenus varie de 0,080 à 0,890 m^3 soit, en poids brut, de 0,18 t à 2 t, mais leur moyenne s'établit à 0,5 m^3 et 1,15 t. Si l'on se fonde sur les mêmes données que précédemment, leur contenance moyenne est de 340 l et leur poids à vide de 0,37 t. La recherche d'équivalence avec les mesures de l'Ancien Régime donne environ deux salmées de grains ou un demi muid de vin (Durant 1816: 182 et 209). Ainsi, les dimensions extrêmes sont moins fortes que précédemment, mais la capacité moyenne des récipients produits est plus élevée. Les questions de transport peuvent être résolues de la même façon.

REPÈRES COMPARATIFS SUR LA STRATÉGIE DES CHANTIERS TRADITIONNELS MODERNES

Les derniers chantiers traditionnels à avoir fonctionné dans l'affleurement[6] avaient adopté une stratégie de production assez proche de celle qui était en usage dans les exploitations de roches ornementales. Pour l'essentiel, le patron carrier produit et stocke des blocs les plus volumineux possibles, dans la mesure de ses capacités techniques d'extraction, de levage et de transport. Les clients de la carrière sont des professionnels régionaux du bâtiment ou de la sculpture et assez souvent des grossistes nationaux et internationaux de la pierre, lesquels exportent ensuite ces blocs vers leurs dépôts situés dans des grands centres urbains.[7] Il est donc assez exceptionnel que le carrier connaisse le devenir exact de son bloc. Cette situation dicte donc une stratégie d'exploitation totalement différente de ses prédécesseurs antiques et médiévaux.

Outre la production en série de grands blocs, l'une des préoccupations essentielles du carrier moderne est fondée sur la pérennité de son entreprise. Cela se traduit tant dans la gestion des déblais que dans l'organisation de l'extraction. Il entrepose donc ses déchets de découverte et d'extraction en des endroits où il est sûr que l'exploitation ne se développera pas: cavalier à flanc de colline et vallons sans intérêt pour l'accès. La carrière comporte toujours une sortie carrossable avec une rampe d'accès ou, pour le moins, une tranchée de dégagement et d'évacuation de l'eau.

Même si cela pourrait satisfaire un intérêt immédiat, jamais n'est engagée une extraction susceptible de désorganiser les fronts de taille laissés en attente pour le développement du futur chantier. Une commande spéciale, hors normes, est souvent retardée jusqu'à ce qu'elle puisse être insérée entre deux lithoclases qui, de toute façon, auraient plus ou moins perturbé la marche ordinaire du chantier. Mais, contrairement aux Romains, qui profitaient d'un défaut karstique pour sacrifier la pierre et s'enfoncer dans la masse en changeant de niveau, les carriers modernes reprennent toujours l'exploitation à partir d'un point bas déjà ouvert sur une aire de dégagement. Cela peut être la base de paliers préexistants ou l'entrée d'une tranchée en carrière. Toutefois, ces règles d'exploitation présentent aussi leurs contreparties. Le carrier moderne est obligé de fuir les zones où se trouvent de nombreuses lithoclases, il aurait trop de pertes ou des blocs de dimensions trop variées par rapport aux demandes des grossistes. Le carrier romain n'a pas ce souci puisqu'il intègre chaque unité de sa commande en calculant leur disposition dans le réseau des fissures. Des

---

6 Je me réfère ici à l'exploitation de la pierre de taille par des carriers professionnels avant 1950 et non aux maçons isolés du XIXe s. qui extrayaient la pierre à la poudre noire de façon tout à fait parasitaire.

7 C'était le cas des grandes sociétés installées à Paris ou Bruxelles qui revendaient ensuite soit les blocs complets, soit des tranches ou des éléments débités à la demande pour fournir des petites entreprises et des artisans, tailleurs de pierre ou sculpteurs, travaillant à la demande pour leurs clients.

chantiers modernes comme celui de la partie nord de la carrière de Mathieu (fig. 96) ont été certainement abandonnés pour cette raison: il y a encore de la pierre, mais ses caractères lithostratigraphiques conviennent mal à la stratégie moderne d'exploitation.

Les enquêtes réalisées auprès des carriers traditionnels du massif, mais aussi d'ailleurs, montrent également un aspect de la conduite de carrière totalement étranger aux chantiers antiques et médiévaux. Sur ces derniers, à l'exception peut-être de celui des XIV/XVe s. sur le site des Pielles, on n'a pas l'impression que les exploitants se soucient de l'idée que pourrait se faire un visiteur de l'état des fronts, de leur rectitude, de leur régularité et de leur articulation orthogonale. Ce n'est pas le cas des carriers modernes chez qui cette préoccupation de l'opinion des professionnels est parfois obsédante. Combien de fronts ont été creusés à l'escoude bien verticalement et rectilignes alors qu'il suffisait parfois de les décaler de quelques décimètres pour économiser un long travail en profitant d'une diaclase ou d'une lithoclase, certes inclinée et ondulante, mais nette. Qu'en auraient pensé les confrères? Souvent, commentant le travail de leurs contemporains ou de leurs prédécesseurs, les anciens de la profession émettent des remarques désobligeantes, ou au contraire flatteuses, sur les caractères des fronts ou des sols, qui finalement relèvent davantage de l'esthétique que de l'économie de la carrière. Cette fierté professionnelle semble être apparue vers la fin du Moyen Age, mais elle est spécifiquement moderne et son apogée se situe entre le milieu du XIXe et le milieu du XXe s. Le développement et le renforcement des idéaux compagnonniques lui doivent certainement beaucoup.[8]

---

8 La baisse des effectifs du Compagnonnage au début du XXe s. (Benoist 1966: 95) n'a pas affecté les règles en vigueur dans le travail; bien au contraire, dans cette période difficile, leur respect semble avoir constitué le fondement même de cette société et lui a permis de survivre puis de renaître ensuite. Mais c'est surtout face à la mécanisation envahissante que le monde manuel, dans son ensemble, et les professionnels de la pierre, en particulier, ont voulu prouver qu'ils pouvaient faire à la main aussi bien, sinon mieux qu'avec les machines. C'est l'impression donnée, notamment par le front ouest de la carrière de Bone où, pour des raisons techniques, la taille a été reprise à l'escoude, entre deux sciages au fil, par un carrier qui manifestement a donné le meilleur de lui-même.

15
Production et productivité

LES MODES D'ÉVALUATION POUR LES CARRIÈRES TRADITIONNELLES

Evaluation de la productivité

La productivité individuelle d'un carrier traditionnel est habituellement estimée en volume de pierre de taille produit par jour. Les journées de travail effectif en été sont d'une durée de 12/13 h, alors qu'en hiver elles peuvent être raccourcies jusqu'à 7/8 h. Par conséquent, on retient habituellement une moyenne annuelle de 10 h par jour. La variation des modules de pierre selon les époques fait qu'il est impossible d'appliquer un mode de calcul unique, par exemple, pour le moyen appareil du chantier de tradition hellénistique du site du Roquet et pour le grand appareil: la dureté de la pierre n'est pas la même partout et le volume de tranchée à creuser diffère aussi un peu selon les techniques en usage. Plutôt que d'essayer d'estimer d'emblée le volume produit par homme et par jour, il est préférable de passer par l'intermédiaire du volume de pierre creusé individuellement pour tel ou tel type de pierre, tant pour les tranchées que pour les emboîtures ou les encoignures. Ainsi il est possible d'utiliser des bases communes de calcul pour les différentes techniques d'extraction, la principale variable restant les microfaciès de la roche.

Reste un problème essentiel à résoudre, c'est l'obtention des données de base, autrement dit, la mesure du volume de pierre creusé par un carrier durant un temps déterminé.[1] Lors des enquêtes ethnographiques auprès des anciens carriers de la région, ceux-ci reconnaissaient qu'en raison de leur âge et après plusieurs décennies sans pratique traditionnelle, ils auraient des difficultés à réaliser, ne serait-ce que le tiers de leur rendement normal. Ils m'ont donc conseillé de faire davantage confiance à leur mémoire qu'à leur force. C'est donc à partir de leurs témoignages concernant diverses catégories de pierre que je proposerai quelques chiffres. Dans un pays comme la France, où l'extraction traditionnelle a disparu depuis environ un demi-siècle, ces données de base se révèlent insuffisantes. Il est indispensable de les compléter et de les confirmer éventuellement en les confrontant aux résultats d'une enquête ethnographique conduite récemment en Syrie sur l'un des derniers chantiers d'extraction traditionnels du bassin méditerranéen (Bessac *et al.* 1995: s.p.). Une combinaison des moyennes obtenues au cours de ces diverses investigations sera utilisée ici. En dépit de ces précautions, il est prudent de considérer ces chiffres seulement comme des approximations, et leur transposition sur des matériaux différents est fortement déconseillée sans analyse technique préalable.

La force de production d'un carrier peut varier quasiment du simple au double, selon les individus; il faut donc retenir uniquement des valeurs moyennes. Selon les modèles de pic ou d'escoude utilisés, les variations se traduisent plus dans la régularité, la forme et la largeur des tranchées et des emboîtures, que dans le volume de roche creusée en considérant celui-ci au sens

---

1 N'ayant jamais exercé le métier de carrier, sauf de façon ponctuelle, je me refuse à prendre comme base de référence ma propre productivité dans ce domaine, assez différent de la taille de pierre. A ce sujet et malgré toute la considération que j'ai pour les travaux de Tony Kozelj, j'émets une réserve tout à fait amicale sur le type d'archéologie expérimentale qu'il pratique dans le marbre de Thasos (1988a: 31-39). Outre les importantes variations entre l'outillage et les méthodes qu'il emploie et celles de l'Antiquité dont il faudrait discuter plus longuement, il reste la question des rendements, tout à fait disproportionnés entre l'exercice très occasionnel d'un métier difficile et la production routinière d'un professionnel expérimenté.

PERIODE ET SITE	MODE EXPLOIT.	OUVERTURE DECOUVERTE	ESTIM. VOL. EXTR. HORS DECOUVERTE	EST. VOL. PRODUIT BRUT DE CARRIERE	H. PAR M3 CREUSE SELON CAT. ROCHE	DM3 CREUSE PAR H SELON CAT. ROCHE	VOL. TRAN.-EMB./M3 EXTR. SELON TECHN.	N. CARRIERS PAR CHANT.	DUREE EXPL. PAR PHASE
TR. HELLENISTIQUE A4, B9, C2	palier	ouv. sans déc. reprise (C2)	20m3(A4),100m3(B9) 15m3(C2)	14m3(A4),66m3(B9) 10 m3 (C2)	30 h (A4), 20 h (B9) 100 h (C2)	33dm3(A4), 50dm3(B9 10 dm3 (C2)	312 dm3 (A4-B9-C2)	2(A4-B9-C2)	7j(A4),20j(B9) 16 j (C2)
TR. GALLO-GRECQUE B9	fosse	reprise sans découverte	50 m3	37 m3	20 h (B9)	50 dm3 (B9)	262 dm3 (B9)	2 (B9)	10 j (B9)
HAUT-EMPIRE A1, A4, A6, B9, C2	fosse parfois palier	reprise (A4-B9) ouv.(A4-A6-C2)	2200 m3 (A1) 50m3(A4),13500(A6) 150 m3 (C2)	1760 m3 (A1) 40m3(A4),10800(A6) 120 m3 (C2)	20 h (B9), 30 h (A4) 90 h (A1-A6), 100 h (C2)	50dm3(B9),33dm3(A4) 11 dm3 (A1-A6) 10 dm3 (C2)	208 dm3 (A1-A4-A6-B9-C2)	5 (A1-A6) 2 (A4-B9-C2)	668+70 (A1) 4104+432(A6) 131+12j(C2)
DEBUT II e SIECLE C2	fosse	reprise avec découverte	140 m3	112 m3	100 h (C2)	10 dm3 (C2)	218 dm3 (C2)	2 (C2)	non calc.(A4-C9) 122+11j(C2)
TARDO-ROMAIN C2	parasitaire en fosse	reprise sans découverte	15 m3	moins de 10 m3 ?	100 h (C2)	10 dm3 (C2)	supér. à 312 dm3 (C2)	1 (C2)	non calculable
MEROVINGIEN B9	parasitaire en palier	reprise sans découverte	?	?	20 h (B9)	50 dm3 (B9)	supér. à 400 dm3 (B9)	?	non calculable
HAUT MOYEN-AGE C2	parasit./fosse semi-souterr.	reprise sans découverte	150 m3	?	100 h (C2)	10 dm3 (C2)	supér. à 400 dm3 (C2)	2 ou 3 (C2)	non calculable
FIN MOYEN-AGE C2	parasit./fosse parfois palier	reprise sans découverte	100 m3	?	100 h (C2)	10 dm3 (C2)	supér. à 400 dm3 pour cyl., ±300dm3 reste pr.	3 (C2)	non calculable
MODERNE A1	palier	reprise avec découverte	2500 m3	1650 m3	90 h (A1)	11 dm3 (A1)	323 dm3 (A1)	3 ou 4 (A1)	3750 j (A1)

TABLEAU 9: PRODUCTIVITÉS COMPARÉES DES DIFFÉRENTS CHANTIERS D'EXTRACTION DU BOIS DES LENS.

strict du mot.[2] Par conséquent, la référence de base retenue sera le volume de roche creusée par un carrier durant une heure pour chacune des variétés envisagées. Dans les carrières des Lens, seul le temps de creusement de la variété oolithique ferme, la plus commune, est directement défini par l'enquête ethnographique locale (témoignages J. Bénézet et G. Griotto — il est de 90 h par mètre cube creusé dans des conditions ordinaires. Il faut donc une heure pour creuser 0,011 m^3 dans une tranchée. Par assimilation à d'autres roches de duretés analogues pour lesquelles ces chiffres sont connus,[3] le temps de creusement des autres microfaciès de l'affleurement peut être estimé de la manière suivante:

- la pierre du Roquet, c'est-à-dire la plus tendre, à 20 h/m^3 (ou 0,050 m^3/h);
- la pierre de La Figuière un peu plus résistante, à 30 h/m^3 (ou 0,033 m^3/h);
- la pierre des Pielles légèrement plus ferme que la variété oolithique, à 100 h/m^3 (ou 0,010 m^3/h).

Il suffit donc d'appliquer ces rendements à chaque cas de figure. Pour ce qui est des emboîtures, l'étude ethnographique démontre qu'il faut quadrupler le temps de base de chaque variété de pierre par rapport à celui des tranchées. Plutôt que de calculer à chaque fois le cubage des emboîtures, je proposerai un temps moyen par bloc pour cette opération en tenant compte de leur volume et du nombre d'emboîtures creusées en fonction des techniques propres à chaque période (tabl. **9**).

Principes d'évaluation de la production collective et de la durée des chantiers

Lors de la présentation des exploitations, il a été proposé des estimations de volume de roche brute extraite, indépendamment de la masse de découverte; la production est donc considérée, une fois la carrière commencée ou réouverte. De ces quantités doit être déduit le volume de pierre disparu au cours du creusement des tranchées. Pour ce calcul, il faut prendre la largeur maximale de la tranchée, car la pierre laissée lors d'un rétrécissement à la base devra de toute façon être enlevée au moment de l'équarrissement et, par conséquent, elle sera perdue. C'est donc un gain sur le temps de travail et non sur le volume de matériau. D'autres pertes interviennent après l'extraction, étant donné que le travail d'équarrissement doit s'aligner sur la hauteur minimale pour la taille du lit de pose et du lit d'attente et non sur une hauteur médiane. Dans ce domaine, les chiffres montrent des écarts assez faibles entre les différentes époques d'extraction; la marge de perte varie de 7 à 11%. Pour simplifier les évaluations de la production, le chiffre rond de 10% peut être retenu. Mais il ne faut pas en tenir compte pour les calculs de temps de travail; cette pierre appelée à être supprimée lors de l'ébauche doit être extraite quoi qu'il en soit.

Les blocs abandonnés dans les déchets de carrières donnent aussi une idée du volume des pierres extraites mais non utilisables. Toutefois, il serait délicat de s'écarter de l'exemple de la carrière de Mathieu; c'est le seul qui offre quelques garanties statistiques, les autres exploitations ayant connu des réutilisations médiévales. Mais même dans la carrière de Mathieu, au sein de la période romaine, des remplois de blocs abandonnés par les premiers chantiers sont envisageables; seul un chiffre hypothétique global peut être proposé. Si l'on additionne

---

2 L'idée que l'efficacité d'un outil est directement proportionnelle à son poids, par exemple l'escoude romaine de 6,3 kg par rapport à son homologue moderne de 3 kg, se révèle peu réaliste, une fois confrontée à la pratique. Elle peut sembler valable dans le cadre d'une expérimentation très courte, de l'ordre d'1/4 h maximum, mais les temps d'arrêt nécessaires, au cours d'une heure ou d'une journée, pour un homme maniant l'un ou l'autre outil sont en rapport avec le poids de l'instrument. L'énergie humaine disponible est identique dans les deux cas et la durée de la récupération reste proportionnée à la dépense. Toutefois, pour ce qui concerne les outils d'extraction, il existe des limites maximales et minimales à ne pas dépasser sous peine d'être totalement inefficace. Pour un outil à percussion lancée, ces extrêmes sont de 2 kg au minimum et 6,5 kg au maximum.

3 Voir les diverses publications où j'ai abordé ce sujet (1987b: 135-140; *id.* 1991b: 303; Bessac *et al.* 1995: s.p.).

l'ensemble des blocs retrouvés, on obtient moins d'une dizaine de mètres cubes. Si ce chiffre est doublé pour tenir compte des éléments trop fragmentés pour être identifiés comme blocs refusés, il correspond encore à une quantité négligeable, proche de 1% du volume total extrait.

Dans le chantier romain de Mathieu, le nombre de blocs détruits pour accéder à un niveau inférieur sur le sol de carrière s'élève à 21 pour 403 empreintes; cela représente donc 5% de perte. Il faut cependant tenir compte du fait qu'il s'agit généralement de destructions de blocs moins volumineux que la moyenne dimensionnelle des éléments extraits: 2 à 3% serait plus proche de la vérité. Avec les blocs rejetés aux déblais, environ 4% de perte sont atteints à ce niveau des opérations. L'état actuel de la recherche permet d'appliquer ces pourcentages aux extractions préromaines, mais il est exclu de s'en servir pour les extractions médiévales. Toutes ces pertes, quelle que soit l'époque, doivent être écartées des calculs de productivité en amont de la démarche, car il faut aussi consacrer du temps à l'extraction de ces blocs, y compris lorsqu'ils finissent aux déchets.[4]

Le caractère non gélif de la pierre des Lens et le climat méditerranéen autorisent un travail continu de l'extraction en toutes saisons. Seules les fortes pluies d'automne ou de printemps peuvent occasionner quelques jours d'arrêt pour cause d'intempéries. Toutefois, de forts orages, même limités dans le temps, pouvaient aussi créer des perturbations étant donné qu'il fallait ensuite vider le fond des carrières romaines, du fait de leur creusement en fosse. Néanmoins, globalement les temps d'arrêt annuels étaient certainement très inférieurs à trois mois.[5]

ESSAIS D'ÉVALUATION COMPARATIVE DE LA PRODUCTIVITÉ DES CHANTIERS

Productivité des chantiers de tradition hellénistique

Etant donné les petits modules des blocs extraits dans les chantiers hellénistiques avec 0,08 ou 0,09 m de largeur, les tranchées d'extraction représentent un tiers environ du volume récupéré comme pierre de taille soit, pour 1 m^3 extrait, 0,300 m^3 creusé. Le nombre d'emboîtures par mètre cube de pierre extraite peut varier de 18 à 24 en fonction de la dimension des blocs; pour faciliter les calculs, on en retiendra une vingtaine. Chaque emboîture représente un volume moyen de 0,000 150 m^3; sachant qu'il faut quatre fois plus de temps pour les creuser que pour creuser les tranchées, cela correspond environ à un volume de creusement ordinaire de l'ordre de 0,000 600m^3 et de 0,012 m^3 pour une série d'une vingtaine d'unités. Tranchées et emboîtures réunies, on obtient ainsi l'équivalent d'un volume de creusement total de 0,312 m^3 par mètre cube de pierre extraite. Transformé en temps de travail,[6] cela donne approximativement par mètre cube:
— dans la carrière du Roquet: 6 h 15 min;
— dans la carrière de La Figuière: 9 h 30 min;
— dans les carrières communes comme celles de Mathieu: 28 h 20 min;
— dans la carrière des Pielles: 31 h 10 min.

Ce sont là des ordres de grandeur, mais on peut essayer de voir à quelle durée ils correspondent pour chacune des carrières où l'extraction hellénistique est attestée. Dans la carrière de La Figuière, le volume de roche enlevé est évalué à 20 m^3 brut, ce qui correspond approximativement à 14 m^3 de pierre extraite, soit 133 h pour un homme seul ou la moitié à

---

4 Les carriers contemporains, connaissant déjà l'impact financier d'une journée de travail de leur équipe et du matériel utilisé sur le chantier, s'intéressent surtout au rendement des exploitations, c'est-à-dire au rapport existant entre le volume extrait et le volume utilisable (Dumon, Dubois 1976: 111). Ces chiffres intéressent peu les archéologues pour qui les temps de production et les moyens humains engagés sont primordiaux.

5 Trois mois sont proposés par R. Bedon (1984: 164) pour tenir compte d'un arrêt hivernal mais ces références concernent des contrées à climat plus dur que la zone méditerranéenne.

6 Le temps de percussion des coins étant dérisoire, il n'est pas comptabilisé ici.

deux. Ainsi, une équipe de deux hommes travaillant pendant un peu plus d'une semaine a pu produire l'excavation du chantier de tradition hellénistique de ce site. Pour ce qui est de la carrière du Roquet, ou plutôt son excavation nord, le volume brut extrait durant cette phase est estimé à environ 100 m^3, correspondant approximativement à 66 m^3 réellement utilisable. Un calcul similaire appliqué à ce chantier donne 412 h pour un carrier seul ou 206 h à deux, soit presque 1 mois de travail.

A la carrière des Pielles la production brute du chantier de cette phase a été estimée à un minimum de 15 m^3 qu'il faut transformer en 10 m^3 de pierre utilisable. On peut donc compter un total de presque 312 h de travail pour un ouvrier seul ou de 156 h à deux carriers, soit environ $2^1/_2$ semaines. Ainsi, les chantiers de cette période semblent tous d'une durée inférieure à 1 mois si l'on considére des équipes de deux carriers, éventuellement aidés par un manœuvre.

Le chantier de tradition gallo-grecque: une comparaison délicate

En règle générale, les tranchées de ce chantier, assez larges à leur sommet (environ 0,14 à 0,16 m), se rétrécissent progressivement ensuite pour atteindre la largeur du tranchant de l'outil de creusement, soit 0,04 à 0,05 m. C'est donc une largeur moyenne de 10 cm qu'il faut compter. Mais le grand module des blocs réduit considérablement le volume de tranchée à creuser, si bien qu'il représente approximativement un quart de celui des pierres produites.

Le nombre des emboîtures étant limité au maximum, les carriers en creusent 10 par m^3 de pierre de taille extraite. Leur volume individuel moyen est de l'ordre de 0,000 300 m^3, équivalant à 0,001 200 m^3 de creusement de tranchée, ce qui, pour une dizaine d'unités, représente 0,012 m^3. Ajouté au volume de tranchée, cela représente 0,262 m^3 à creuser pour obtenir 1 m^3 de pierre utilisable. Traduit en temps de travail dans la pierre tendre du Roquet, cela totalise 5 h 15 min de labeur par mètre cube. Il est vrai que l'utilisation des coins de bois doit modifier sensiblement les temps de fracture des pierres, mais cette opération se réalise seule durant le temps de repos, certainement la nuit.[7] C'est donc 1 h de moins qu'il faut compter dans ce chantier par rapport à celui de tradition hellénistique. Mais ce gain est étranger à la technique employée; il résulte uniquement de l'augmentation du module des blocs. Il faut aussi tempérer ce gain par ailleurs, car les blocs produits ont des faces beaucoup plus irrégulières qui exigent ensuite une longue retaille pour leur équarrissement. En outre, contrairement à la technique de tradition hellénistique, celle-ci reste limitée aux matériaux extrêmement tendres. Le volume global extrait durant cette période peut être évalué à 50 m^3, soit environ 37 m^3 de roche massive. Il faut donc compter 193 h de travail, pour un carrier ou une centaine d'heures pour une équipe de deux, soit environ 2 petites semaines de travail et pour trois, $1^1/_2$ semaine environ. En l'absence d'indice sur l'équarrissement éventuel de ces blocs sur place, il vaut mieux ne pas proposer de temps supplémentaire.

Les chantiers du Haut Empire: un rendement optimal

Le module moyen des blocs extraits durant le Haut Empire est encore plus important que celui du chantier précédent et il permet de réaliser un volume de tranchées souvent rétrécies au fond, correspondant à environ 20% de celui des blocs extraits, soit 0,200 m^3. Le calcul du volume moyen d'une emboîture de cette période donne 0,000 170 m^3 équivalant à 0,000 680 m^3 de tranchée. Hors des joints de stratification, selon la forme de l'élément, il faut compter entre 6 et 17 emboîtures, soit une moyenne de 12 unités, totalisant 0,008 160 m^3. C'est donc sur un volume d'environ 0,208 m^3 qu'il faut se fonder pour calculer le temps de travail pour obtenir un bloc de 1 m^3 utilisable.

---

7 Les carriers traditionnels qui utilisaient les paumelles de bois pratiquaient ainsi: ils mettaient leurs coins sous tension le soir avant de partir, l'humidité naturelle de la pierre agissait sur le bois et s'ajoutait aux effets du choc thermique nocturne sur la roche, si bien que celle-ci était détachée le lendemain (Bessac 1987b: 136).

L'activité extractive du Haut Empire s'est très peu exercée dans la pierre tendre du Roquet et de La Figuière; néanmoins, il est intéressant de proposer des calculs pour ces sites, ne serait-ce qu'à des fins de comparaison. Sur le premier chantier, le carrier a dû extraire un 1 m^3 en 4 h 10 min environ. C'est une heure de gagné sur le temps nécessaire aux carriers du chantier de tradition gallo-grecque, du moins en théorie, car il faut aussi prendre en compte la qualité de l'extraction romaine qui réduit très sensiblement les tâches d'équarrissement. Rappelons aussi que la technique d'extraction gallo-grecque est exclusivement limitée aux roches tendres.

Pour extraire 1 m^3 de pierre de taille, la technique romaine représente 6 h 20 min dans la carrière de La Figuière, 19 h dans les carrières communes, et 20 h 45 min dans celle des Pielles. Nous manquons d'indices archéologiques pour évaluer les temps de séjour des carriers romains du Haut Empire dans les deux petites exploitations de La Figuière et surtout du Roquet; il doit être de l'ordre de quelques semaines tout au plus. En revanche, il peut être intéressant de proposer des estimations de durée de chantier dans les grandes carrières, comme celles de Mathieu, d'Héral-Nègre et, dans une moindre mesure, des Pielles.

Dans la carrière de Mathieu, hors de l'enlèvement de la découverte, le volume de roche saine extrait durant cette période est de l'ordre de 2 200 m^3, soit 1 760 m^3 réels, compte tenu des pertes annexes dues aux creusements d'extraction. Cela représente 33 440 h de travail pour un seul ouvrier ou cinq fois moins pour une équipe correspondant en moyenne à cinq ouvriers aidés par deux ou trois manœuvres, soit 6 688 h ou 668 journées de 10 h de travail, soit presque 2 années de 365 jours ou $2^1/_4$ ans à raison de 300 jours de travail par an (ce qui est plus réaliste). Les temps d'ébauche en carrière représentent en moyenne 2 h par mètre cube, sachant qu'une demi-heure suffit pour les blocs quadrangulaires alors que les cylindres peuvent exiger jusqu'à 8 h de travail par mètre cube extrait (mais ils sont nettement moins nombreux). Ils peuvent être évalué, à environ un trimestre sur la base d'un cubage similaire de pierre. Il faut ajouter une année supplémentaire pour la suppression de la découverte de la carrière. Chacun des trois grands chantiers romains de la carrière de Mathieu n'aurait donc fonctionné qu'un an en moyenne, y compris les temps d'ouverture de la carrière et en tenant compte du ou des très petits chantiers qui ont clôturé l'activité antique de cette exploitation.

La plus grande carrière romaine actuellement connue, celle d'Héral-Nègre, donne des chiffres sensiblement supérieurs car le volume de base de roche homogène disponible est déjà de 13 500 m^3, ce qui représente environ 10 800 m^3 de blocs bruts extraits, soit 205 200 h d'extraction, soit 20 520 jours pour un carrier. Une équipe de cinq carriers aurait extrait durant 4 104 jours, soit $11^1/_4$ ans à raison de 365 jours de travail par an, ou un peu plus de $13^1/_2$ ans en comptant seulement 300 jours de travail effectif. En considérant un travail d'ébauche comparable à celui de la carrière de Mathieu, il faut compter un peu plus d'une année (14 mois). Il faut ajouter aussi le temps de découverte qui peut être évalué à environ 1 an avec une équipe de sept à huit manœuvres dirigée par un carrier.

Les chantiers romains des Pielles sont relativement dérisoires comparés à ceux des carrières précédentes. Le plus ancien, du début du Haut Empire, représente 2 616 h d'extraction ou 1 308 h pour une équipe de deux carriers accompagnés d'un manœuvre, soit 131 journées ou $4^1/_3$ mois. Le chantier du début du IIe s. donne des résultats proches avec 2 441 h pour un homme seul ou 1 220 h pour deux, soit 122 journées pour 2 personnes ou un peu plus de 4 mois pour un même personnel.

Le chantier tardo-romain: une vue trop lacunaire

Il serait délicat de s'engager dans des calculs de productivité et de durée de chantier avec le peu de données disponibles pour ce chantier. Il est plus prudent de proposer une impression d'ensemble en déclarant que sa productivité devait être inférieure à celle du chantier de tradition hellénistique, situé à proximité immédiate dans l'excavation sud des Pielles. Sa durée a dû être assez courte, de l'ordre d'un mois, même en estimant qu'un seul carrier travaillait là.

Les chantiers médiévaux: l'absence de références

Toutes les extractions cylindriques qui constituent l'essentiel de la production entre l'époque mérovingienne et la fin du Moyen Age posent un double problème de calcul: d'une part, l'absence de références ethnographiques, d'autre part le fait que les carriers extraient une ébauche très poussée, voire définitive dans certains cas. Il est donc plus prudent d'éviter de donner des chiffres dans ce domaine, faute de maîtrise suffisante du sujet. Comme pour l'extraction tardo-romaine, on en est réduit à proposer quelques impressions générales.

Indépendamment du fait que le façonnage commence dès l'extraction, le volume global de pierre à creuser en tranchée est supérieur à celui qui est nécessaire pour isoler un cube ou un parallélépipède. Même pour une faible hauteur de bloc, inférieure à 1 m, il faut compter des ouvertures de tranchée de 0,30 à 0,40 m de large en haut, soit une largeur moyenne de 0,15 à 0,20 m. Par ailleurs il faut aussi supprimer les prismes triangulaires qui subsistent entre les cylindres. Estimer le double de travail pour cette extraction semble tout à fait réaliste par rapport au système antique. Dans l'état actuel de la recherche, il est difficile de préciser davantage ces volumes et les temps qui en découlent.

Les chantiers traditionnels modernes

Il peut être intéressant de comparer la productivité de l'extraction traditionnelle récente avec celle de l'époque romaine. Les tranchées modernes mesurent en moyenne 0,17 m de large (voir p.200) et elles restent égales sur toute la hauteur du bloc. Cette forte largeur est compensée par le très grand format des blocs qui atteint souvent 2 à 3 m^3 et approche ou dépasse parfois 10 m^3. Dans ce dernier cas, ils sont débités ensuite en éléments plus petits. Je prendrai comme exemple des blocs de 3 m^3 avant débit. En moyenne, le volume de ces tranchées représente 0,289 m^3 pour un bloc extrait de 1 m^3. Dans cette extraction, les emboîtures sont remplacées par de longues encoignures qui représentent toujours pour 1 m^3 produit 0,008 711 m^3 creusé, équivalant en temps à la réalisation de 0,034 m^3 de tranchée. C'est donc un total de 0,323 m^3 qu'il faut retenir, ce qui correspond à 29 h 20 min. Pour des blocs plus petits, ce temps augmente obligatoirement, à moins de réduire la largeur de la tranchée en proportion.

La comparaison du temps de travail moderne pour obtenir 1 m^3 à celui qui était nécessaire au Haut Empire pour extraire un volume analogue donne 9 h de moins en faveur de la productivité romaine. Certes ce chiffre doit être un peu réduit pour tenir compte du temps gagné par les carriers modernes sur les phases d'équarrissement un peu moins longues, du fait de la bonne planéité de leur tranchée. Mais ce gain ne peut être supérieur à 2 h/m^3; reste donc encore 7 h de différence. Cette perte de temps est essentiellement due à la forte largeur de la tranchée moderne, soit 0,17 m au lieu de 0,10 m, et aussi à l'impossibilité de la réduire à une seule passe dans son tiers inférieur. Seule une escoude assez large à ses extrémités et munie de deux dents permet d'adopter des pratiques aussi économiques (voir p.212) et de réduire les passes de quatre à deux.

Sachant cela, il est nécessaire de se poser une question: pourquoi l'outil romain a-t-il été abandonné, ou pourquoi n'a-t-il pas été copié plus tard à l'occasion de découvertes fortuites? La réponse vient sans doute de la fragilité des doubles pointes qui subissent d'énormes contraintes au moment de l'impact sur la roche. Il fallait donc que la technique de la trempe soit parvenue à un très haut niveau et que les aciers romains soient excellents. C'est vraisemblablement la perte de ces connaissances et surtout l'arrêt de la production de bons aciers, peut-être à partir des grandes invasions, qui ont abouti à l'abandon de l'escoude romaine.[8]

Pour être juste avec les calculs de productivité, il faut préciser que les Romains n'ont pas cherché à dépasser leurs possibilités techniques et ont limité la hauteur de leurs blocs sur lit de

---

8 Je pense surtout à la métallurgie de la péninsule ibérique et aussi à celle de la Montagne Noire, dont les importations ont dû considérablement se ralentir et cesser au moment des invasions.

carrière à 0,90 m, tandis que les carriers modernes, surtout à partir de la fin du XIXe s., augmentent cette dimension jusqu'à 1,45 m, de façon à obtenir des "blocs marchands" aussi volumineux que possible. Afin de pouvoir creuser aussi profondément leurs tranchées verticales, il faut les élargir sensiblement. Par exemple, pour atteindre des profondeurs de 1,45 m il est indispensable de passer à plus de 0,20 m de large. Ne pouvant se permettre de courir le risque de perdre d'aussi grands blocs, ces derniers carriers sont aussi obligés de creuser de longues encoignures qui garantissent mieux une bonne fracture.

Cette exigence de très gros blocs, hauts sur lit de carrière, résulte surtout de l'apparition de machines de sciage utilisées par les grossistes en pierre. Ces scies, composées de châssis à lames, sont d'autant plus rentables que les spécialistes du débit utilisent le maximum de leur capacité en hauteur. Il semble donc que les petites entreprises de carriers modernes aient sacrifié une partie de leur productivité au profit des grandes sociétés jouant le rôle d'intermédiaire entre eux et les utilisateurs. Cette situation a cessé vers 1960 car, peu à peu, ces grandes sociétés nationales ont absorbé les exploitations locales ou régionales.

16
Conclusion

Au-delà de la publication d'une monographie de fouilles réalisées sur un ensemble géographique homogène, j'ai souhaité donner au présent ouvrage un caractère d'essai méthodologique qui, je l'espère, trouvera d'autres applications. Il en est de même pour les jalons proposés en vue de l'établissement d'une typologie chronologique des techniques d'extraction dont plusieurs points peuvent être utilisés de manière assez large, hors de la région, voire au-delà de la Gaule méditerranéenne, en particulier pour ce qui touche aux procédés romains.

Cependant, ce sont surtout les aspects techniques, économiques et humains qui l'emportent ici, tout particulièrement pour la période antique, laquelle reste au centre de mes préoccupations. La présence d'exploitations préromaines, jusqu'ici totalement méconnues à l'ouest de Nîmes, est maintenant prouvée. Cependant, cette activité reste très marginale et réduite à quelques petits chantiers installés en des points de l'affleurement faciles d'accès et surtout dans les microfaciès les plus tendres de la roche. Ces premiers carriers utilisent des techniques d'extraction de tradition hellénistique mais il ne semble pas qu'il s'agisse d'équipes venues spécialement depuis la région de Marseille. Leur implantation sur la rive droite du Rhône, à Nîmes en particulier, paraît plus que probable. Après l'installation des carriers romains dans le massif des Lens, ces toutes petites équipes, composées de deux à trois personnes, poursuivent leurs activités de manière autonome, au moins jusqu'aux environs du début de notre ère. Si l'on en juge par la dispersion des œuvres préromaines en pierre des Lens, les marchés approvisionnés par ces équipes sont consacrés à de petites constructions et surtout à la sculpture statuaire protohistorique dans une petite région s'étendant entre le Bois des Lens et Nîmes.

Les recherches ont révélé aussi la présence, vers le milieu du Ier s. av. n.è., d'une petite équipe, à la fois étrangère à la tradition hellénistique et aux techniques romaines. Elle se distingue de ces deux groupes de professionnels par l'usage de coins de bois et d'un outil d'extraction uniquement efficace sur la pierre très tendre. Ces pratiques étant inconnues du monde classique méditerranéen, il est tentant de rechercher pour cette équipe des influences, voire des origines techniques plus continentales, c'est-à-dire gauloises. C'est là une question qui reste à approfondir.

L'analyse des carrières des Lens révèle également certains aspects de l'organisation des entreprises romaines d'extraction et laisse entrevoir leurs relations complexes avec les chantiers de construction de Nîmes, mais aussi avec ceux de la côte de la Gaule méditerranéenne. Il est maintenant certain que les constructeurs romains envoient spécialement une ou plusieurs équipes dans le Bois des Lens pour passer une commande précise dans ses dimensions et ses formes — la Maison Carrée, par exemple. Contrairement à leurs prédécesseurs, ces derniers recherchent essentiellement la qualité oolithique, de loin la meilleure de l'affleurement.

Les équipes de carriers romains viennent sur l'affleurement pour quelques mois, parfois une année, rarement plus. Leur habitat tient plus de la "cabane de chantier" que d'une maison. Même s'ils commercent un peu avec les indigènes vivant sur les marges du Bois des Lens, l'essentiel de leurs contacts professionnels les rattache au monde romain. Divers indices plaident en faveur d'une origine orientale de ces équipes qui se différencient nettement de leurs prédécesseurs, héritiers des techniques hellénistiques répandues dans la région. Contrairement à ce que l'on imagine communément, le nombre des ouvriers qui les compose est assez réduit et reste toujours inférieur à dix pour un chantier. Mais plusieurs carrières peuvent fonctionner simultanément, soit pour différentes constructions, soit pour un seul monument.

Dans cette relation permanente – chantier de construction/chantier d'extraction – apparemment très étroite, Nîmes romaine s'insère sans difficultés. Cette ville n'est éloignée que de 25 km

Fig. 185 Reconstitution des principales activités des chantiers romains de la carrière de Mathieu, à partir des vestiges en place (dessin M.-R. Aucher).

et des liaisons quasiment journalières sont envisageables, si nécessaire. Il en est tout autrement pour les chantiers narbonnais ou niçois, éloignés de plusieurs jours de navigation et de cheminement terrestre. Il est difficile d'imaginer un *probator* du chantier de construction se déplaçant fréquemment en des points aussi éloignés. Il faut donc supposer une organisation différente pour ces commandes lointaines. Une sorte de "bureau d'ingénieurs ou d'architectes" installé à Nîmes pour assurer le relais technique reste envisageable, mais cette hypothèse de s'appuie sur aucun indice épigraphique ou archéologique. De l'étude de la diffusion des sculptures en pierre des Lens, on peut déduire cependant l'existence d'un ou de plusieurs ateliers installés à Nîmes et, de façon plus hypothétique, à Arles. Ces officines pouvaient-elles avoir un rôle plus large et se charger aussi de produire et de gérer la taille ornementale de certains éléments architectoniques? Il ne semble pas. En raison de sa renommée, la pierre des Lens dépasse très largement la problématique commune des exploitations de pierre de taille pour entrer en partie dans celle du marbre, dont elle constitue un succédané. C'est donc dans cette optique spécifique qu'il faudra reprendre ces questions d'organisation, qui ne sont que soulevées ici.

Sur les sites d'extraction du Bois des Lens, l'étude des empreintes dévoile l'attitude responsable, voire intéressée des carriers face aux choix individuels à faire devant les dispositions naturelles de la roche. Elle écarte l'hypothèse d'une main-d'œuvre carcérale ou servile surexploitée. S'agit-il d'esclaves? C'est possible, sinon probable, mais tout permet de penser qu'ils vivent dans d'assez bonnes conditions, sans aucun rapport avec celles que supportent les mineurs auxquels les carriers sont trop souvent assimilés.

Ces carriers romains du Bois des Lens se distinguent bien, à la fois de leurs prédécesseurs et de leurs successeurs, par une organisation du travail très pragmatique. Ils adoptent toutes les solutions techniques leur permettant d'économiser du travail à court terme. L'organisation de l'exploitation s'avère tout à fait au point, mais elle n'est prévue que pour une commande.

Afin de synthétiser toutes les activités techniques propres à une carrière romaine comme celle de Mathieu, l'archéologue ne peut qu'être tenté par une reconstitution graphique menée à partir des vestiges et rassemblant la quasi-totalité des opérations sur une seule vue, à l'exception du levage (fig. **185**). En dépit des avantages présentés par cette solution, il faut savoir qu'il s'agit là d'une image théorique; jamais le chantier antique n'a pu offrir simultanément une telle scène. C'est donc ici un condensé regroupant les trois chantiers romains qui se sont succédé sur ce site et présentant à la fois des creusements de tranchées et d'emboîtures, des rectifications de sol, le forçage des coins, l'ébauche d'un tambour, d'un fût de colonne et d'un chapiteau, le bardage d'un bloc et le transport des déchets. En réalité, les Romains ont rarement travaillé sur une aussi grande surface à cause des déblais qu'ils entassaient au fur et à mesure sur les fronts de taille voisins. Après une campagne d'extraction d'une durée moyenne d'une année, sachant qu'elle doit s'en aller, l'équipe ne prévoit pas de retour. C'est à ses successeurs à prendre les mesures qui s'imposent, notamment avec les déblais entassés au sein des excavations.

Cette attitude pose le problème de la propriété de ces carrières. Appartiennent-elles aux entrepreneurs? A des propriétaires terriens? A l'État? Ou à la ville? Aucun indice sûr ne permet de répondre si ce n'est qu'il est difficile d'admettre qu'elles puissent appartenir aux deux premiers, en raison de l'absence de gestion à long terme.

Vue d'une manière globale et diachronique, l'extraction romaine dans le Bois des Lens se situe au tout premier plan et dépasse en volume toutes les autres phases, y compris celles qui correspondent à l'exploitation moderne de pierre de taille. Sa position géographique étant assez défavorable par rapport aux transports fluvial et maritime, ce sont uniquement ses qualités propres et la très forte demande du Haut Empire en matériaux de choix pour l'ornementation architecturale qui lui ont donné un tel développement.

En dépit de prospections générales très détaillées dans le massif des Lens et de fouilles conduites dans plusieurs exploitations, il n'est apparu aucun indice d'une activité extractive médiévale à destination architecturale. Les deux carrières ayant fonctionné durant cette période sont modestes et concernent essentiellement des productions à caractère domestique ou agricole. Bien que ces chantiers soient implantés, souvent de manière parasitaire, sur les fronts antiques, les techniques utilisées alors rompent totalement avec la tradition antique. Celle-ci renaît très progressivement à partir de la fin du Moyen Age et atteint son apogée à la fin du XIXe/début du XXe s.

Malgré une volonté d'exhaustivité, cette étude n'a pu exploiter pleinement la totalité des documents recueillis au cours d'une quinzaine d'années de recherches sur ce massif. C'est particulièrement vrai pour tout ce qui touche à la période médiévale, abordée ici surtout afin de mieux situer l'organisation et les techniques antiques. Par conséquent, d'autres publications sont prévues pour compléter ces lacunes. Au sujet des carrières antiques, il reste encore beaucoup de questions en suspens, notamment pour les phases postérieures au Haut Empire, mais aussi en deçà, pour la période préromaine. Il faudra donc probablement poursuivre les recherches sur le terrain pour éclaircir ces zones d'ombre. De même, les questions de diffusion de la pierre des Lens n'ont été qu'effleurées. Il serait souhaitable de développer cet axe de recherche en collaboration avec des spécialistes de la stylistique, de façon à affiner les connaissances sur les ateliers et sur leur renommée.

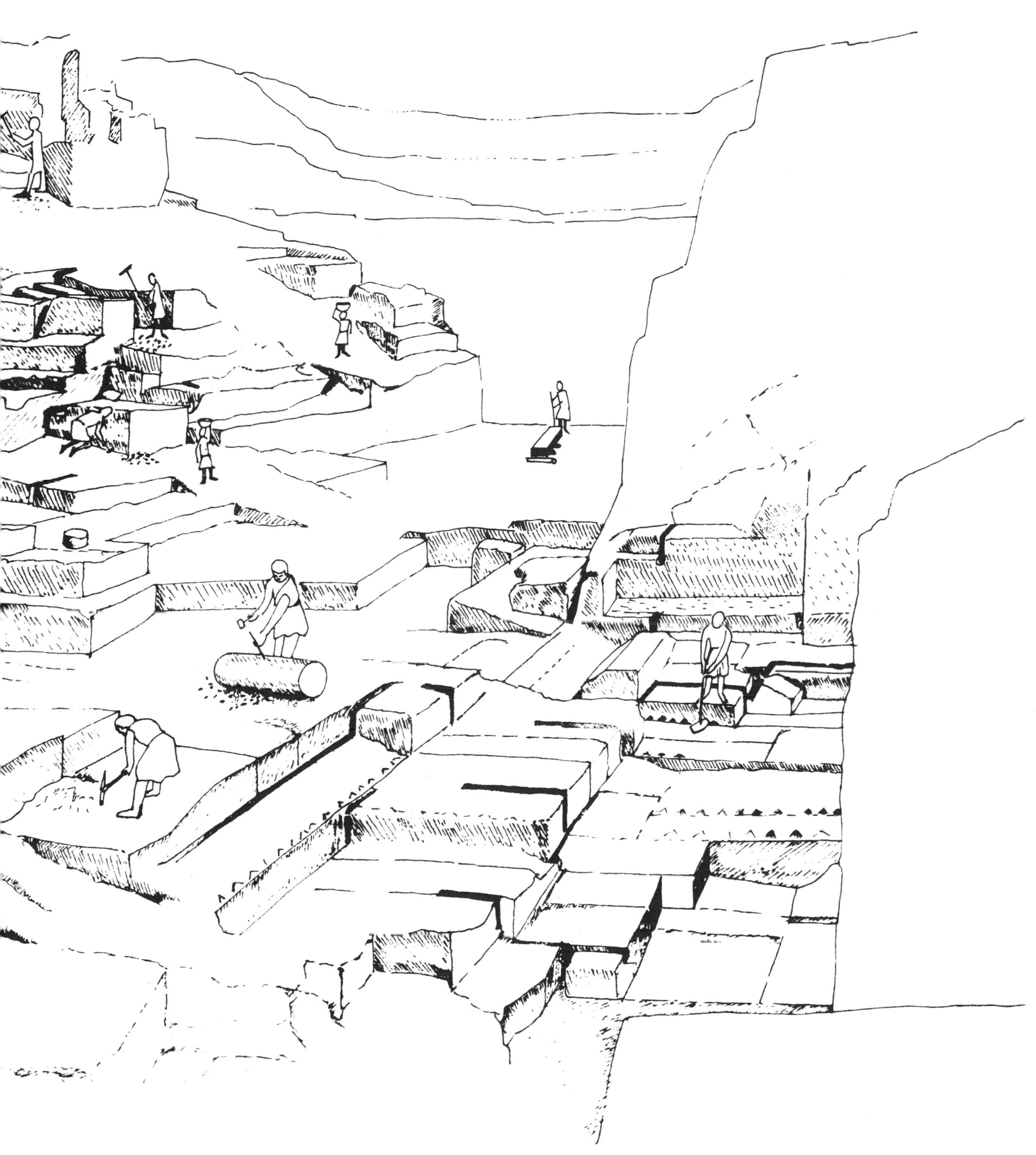

BIBLIOGRAPHIE

ABREVIATIONS

AMM: Archéologie du Midi Médiéval
ARALO: Association pour la Recherche Archéologique en Languedoc-Oriental
BAR: British Archaeological Reports
***BCH:** Bulletin de Correspondance Hellénique*
***BSNAF:** Bulletin de la Société nationale des antiquaires de France*
***BullEcAntNîmes:** Bulletin de l'Ecole Antique de Nîmes*
***CahLig:** Cahiers Ligures de Préhistoire et d'Archéologie*
CATED: Centre d'Assistance Technique et de Documentation
CATHMA: Céramique de l'Antiquité tardive et du haut Moyen Age
CSRA: Conseil Supérieur de la Recherche Archéologique
CNSS: Congrès National des Sociétés Savantes
DAF: Documents d'Archéologie Française
***JRA:** Journal of Roman Archaeology*
***MAN:** Mémoires de l'Académie de Nîmes*
***RA:** Revue Archéologique*
***RevArchCentre:** Revue Archéologique du Centre de la France*
***RAEst:** Revue Archéologique de l'Est*
***RANarb:** Revue Archéologique de Narbonnaise*
***RevEtLig:** Revue d'Etudes Ligures*
SRA: Service Régional de l'Archéologie

Abet, A. 1969, "Une carrière romaine à la frontière du Roussillon: Lapalme," *CahLig* 18 (1969) 61-62

Adam, J.-P. 1984, *La construction romaine: matériaux et techniques* (Paris 1984)

Aladenise, V. 1982, *Technologie de la taille de pierre* (Paris 1982)

Aligier, M. 1990, *Saint-Mamert-du-Gard: des origines à la Révolution* (Nîmes 1990)

Ambard, R. *et al.* 1972, Bertucchi, C., Gassend, J.-M., "Fouilles d'urgence et découverte du decumanus à Aix-en-Provence," *RANarb* 5 (1972) 31-41

Amy, R. 1962, "Observations sur la structure et la construction," *in* Amy, R. *et al.*, *L'arc d'Orange* (Paris 1962) 63-73

Amy, R. *et al.* 1962, Duval, P.-M., Formigé, J., Hatt, J.-J., Piganiol, A., Picard, Ch., Picard, G.-Ch., *L'arc d'Orange* (Paris 1962)

Amy, R., Gros P. 1979, *La Maison Carrée de Nîmes* (Paris 1979)

André, J. *et al.* 1981, André, J., Bloc, R., Rouveret, A., *Pline l'Ancien, Histoire naturelle: Livre XXXVI* (Paris 1981)

Arcelin, P. et C. 1973, "La nécropole protohistorique de la Catalane aux Baux-de-Provence," *RANarb* 6 (1973) 91-193

Arcelin, P. *et al.* 1992, Dedet, B., Schwaller, M. "Espaces publics, espaces religieux protohistoriques en Gaule méridionale," *DocArchMérid* 15 (1992) 181-242

Ardaillon, E. 1963, s. v. "Metalla," *in Dar. Sag.* (Graz 1963) 3.2, 1840-1873

Aris, R. 1974, "Le site préromain d'Embonne: une antique fabrique de meules sous la nouvelle ville du Cap d'Agde," *Etudes sur Pézenas* (1974) 3-18

Aris, R., Claustre, G. 1939, "Le problème d'Agde," *Bulletin de la Société archéologique de Béziers* 5 (1939) 90

Arnaud, H. 1979, "Caractères sédimentologiques et paléographiques du haut-fond du Vercors méridional (Sud-est de la France): le problème des corrélations séquentielles haut-fond-bassin, L'Urgonien des pays méditerranéens," *Colloque de Grenoble* (*Géobios* 3, Paris 1979) 103-119

Arnaud-Vanneau, A. 1979, "Répartition de la micro-faune dans les différents paléo-milieux urgoniens," *Colloque de Grenoble* (*Géobios* 3, Paris 1979) 255-275

Arnaud-Vanneau, A. *et al.* 1979, Arnaud, H., Charollais, J., Conrad, M.-A., Cotillon, P., Ferry, S., Masse, J.-P., Peybernès, B. "Paléogéographie des calcaires urgoniens du Sud de la France," *Colloque de Grenoble* (*Géobios* 3, Paris 1979) 363-383

Arrighi, J. 1991, *Les roches ornementales de Corse* (Ajaccio 1991)

Asgari, N. 1988, "The stages of workmanship of the Corinthian capital in Proconnesus and its export form" *in* Herz, N., Waelkens, M. (éd.), *Classical marbles: geochemistry, technology, trade* (Dordrecht/Boston/Londres 1988) 115-125

Asgari, N. 1990, "Objets de marbre finis, semi-finis et inachevés du Proconnèse," *in Pierre éternelle du Nil au Rhin carrières et préfabrication* (Bruxelles 1990) 107-126

Astre, G. 1951, "Les Romains apportèrent-ils la pierre d'Arles dans la Toulouse antique?" *Annales du Midi* 63 (1951) 71-74

Aucher, M.-R. 1992, "Montmirat: Mabousquet," *in Bilan scientifique 1991, SRA Languedoc-Roussillon* (Montpellier 1992) 45

Audin, A, Burnand, Y 1975, "Le Marché lyonnais de la pierre," *in Actes du 98e CNSS, Saint-Etienne, 1973* (Paris 1975) 157-179

Audoin-Rouzeau, F. 1991, "La taille du bœuf domestique en Europe de l'Antiquité aux Temps Modernes," *in Fiches d'ostéologie pour l'archéologie,* série B, 2 (Juan-les-Pins 1991)

Avril, J. T. s.d., *Dictionnaire provençal-français suivi d'un vocabulaire français-provençal* (Nîmes 1991, rééd.)

Bachman, B. 1985, *Carrières et tailleurs de pierre du bassin de Montalieu (Isère): Approche ethno-technologique* (Thèse de 3e cycle, Paris 1985)

Balazuc, M. H. 1985, "Carriers de Labeaume," *Lithique* 2 (1985) 51-56

Balty, J.-C. 1960, *Etude sur la Maison Carrée de Nîmes* (*Latomus* 47, Bruxelles/Berchem 1960)

Barthèlemy, A, 1984, "Aux carrières de la Lie," *Bulletin du Groupement Archéologique du Mâconnais* 4 (1984)

Bazin, H. 1891, *Nîmes gallo-romain Guide du touriste archéologue* (Nîmes 1891)

Beauquier, H. 1952, "Le monument de la place de la Calade," *Le Vieux Nîmes* 26 (1952) 3-6

Bedon, R. 1984, *Les carrières et les carriers de la Gaule romaine* (Paris 1984)

Bémont, C., Jacob, J.-P. 1986 (dir.), *La terre sigillée gallo-romaine. Lieux de production du Haut Empire: implantations, produits, relations* (DAF 6, Paris 1986)

Benoit, F. 1947, *Histoire de l'outillage rural et artisanal* (Marseille 1947)

Benoit, F. 1948, "Des chevaux de Mouriès aux chevaux de Roquepertuse," *Préhistoire* 10 (1948) 137-210

Benoit, F. 1952a, "Fouilles aux Aliscants," *Provence historique* 10 (1952) 115-132

Benoit, F. 1952b, "L'exploration des côtes de Provence," *Provence Historique* 2 (1952) 160

Benoit, F. 1954, *Sarcophages paléochrétiens d'Arles et de Marseille* (Paris 1954)

Benoit, F. 1955, *L'art primitif méditerranéen de la vallée du Rhône* (Gap 1969)

Benoit, F. 1961, *L'épave du Grand Congloué à Marseille* (Paris 1961)

Benoit, J. 1981, "Nîmes: études sur l'urbanisme antique: problèmes de méthode et résultats," *BullEcAntNîmes* 16 (1981) 69-90

Berger, G.M. 1974, *Carte géologique au 1/50 000, Sommières* (Orléans 1974)

Bernat i Roca, M. 1988, "El oficio de cantero en Mallorca: primeras notas para su estudio," *in Actas del V Colloquio internacional de gliptografia, Pontevedra, juillet 1986* (Pontevedra 1988) 11-32

Berton, Y., Le Berre, P. 1983, *Guide de prospection des matériaux de carrière* (Orléans 1983)

Besnoist, L. 1970, *Le compagnonnage et les métiers* (Paris 1970)

Bessac, J.-C. 1978, "Trois dépôts d'objets votifs du Ier siècle de notre ère dans la région nîmoise: II, Analyse technique des autels votifs en pierre," *DocArchMérid* 1 (1978) 183-188

Bessac, J.-C. 1980, "Le rempart hellénistique de Saint-Blaise (Saint-Mitre-les-Remparts, B.-du-Rh.): Techniques de construction," *DocArchMérid* 3 (1980) 137-157

Bessac, J.-C. 1981a, "Les carrières de Nîmes: la pierre, matériau de base dans l'expression monumentale antique de Nîmes," *Histoire et Archéologie* 55 (1981) 58-67

Bessac, J.-C. 1981b, "Sculptures préromaines: étude technique sur la taille et la provenance des matériaux," *in* Py, M. *Recherches sur Nîmes préromaine (Gallia* suppl. 41, Paris 1981) 230-233

Bessac, J.-C. 1982, "Analyse technique," *in* Barruol, G. et Gascou, J., "Nouvelles inscriptions exhumées d'une enceinte du Bas-Empire à Nîmes," *RANarb* 15 (1982) 310-318

Bessac, J.-C. 1986a, "Carrières antiques du Bois des Lens (Gard): inventaire préliminaire," *RANarb* 19 (1986) 159-182

Bessac, J.-C. 1986b, "La prospection archéologique des carrières de pierre de taille: approche méthodologique," *Aquitania* 4 (1986) 151-171

Bessac, J.-C. 1986c, "Étude des éléments en pierre taillée des IIème et Ier s. av. n.è. retrouvés dans le chantier central," *in* Py, M., Lebeaupin, D., "Stratigraphie du Marduel (Saint-Bonnet-du-Gard): III, Les niveaux du IIème et Ier s. av. n.è. sur le chantier central," *DocArchMérid* 9 (1986) 67-71

Bessac, J.-C. 1986d, "L'analyse des procédés de construction des remparts de pierre de Doura-Europos: questions de méthodologie," *Syria* 65 (1988) 298-313
Bessac, J.-C. 1987a, "Matériaux et construction de l'enceinte augustéenne de Nîmes," *in Les Enceintes augustéennes dans l'Occident romain (EcAntNîmes* 18 n.s., Nîmes 1987) 25-38
Bessac, J.-C. 1987b, "Notes et réflexions sur le travail traditionnel de la pierre tendre dans la région de Castries," *Etudes sur l'Hérault* 2-3 (1986-1987) 135-140
Bessac, J.-C. 1987c, *L'outillage traditionnel du tailleur de pierre de l'Antiquité à nos jours (RANarb* suppl. 14, Paris 1987)
Bessac, J.-C. 1987d, "Catalogue des milliaires trouvés entre Beaucaire et Nîmes," *in* Bessac, J.-C. *et al.*, *Ugernum: Beaucaire et le Beaucairois à l'époque romaine,* 1 (Cahier de l'ARALO 15, Caveirac 1987) 79-84
Bessac, J.-C. 1987e, "L'apogée antique de la pierre taillée," *Pour la Science* 117 (1987) 36-47
Bessac, J.-C. 1988a, "Influences de la conquête romaine sur le travail de la pierre en Gaule méditerranéenne," *JRA* 1 (1988) 57-72
Bessac, J.-C. 1988b, "Problems of identification and interpretation of tool marks on ancient marbles and decorative stones," *in* Herz, N., Waelkens, M. (éd.), *Classical marble: geochemistry, technology, trade* (Dordrecht/Boston/Londres 1988) 41-54
Bessac, J.-C. 1988c, "Approche des problèmes posés par la construction des remparts grecs en pierre," *in* Leriche, P., Tréziny, H., *La fortification dans l'histoire du monde grec* (Paris 1986) 273-282
Bessac, J.-C. 1989, "Observations et hypothèses sur certaines marques lapidaires antiques," *in Actes du VIe Colloque international de Glyptographie* (Braine-le-Château, Belgique 1989) 37-62
Bessac, J.-C. 1991a, "Etude d'un outil d'extraction: l'escoude," *in Carrières et constructions en France et dans les pays limitrophes, 115e CNSS* (Paris 1991) 93-105
Bessac, J.-C. 1991b, "Le chantier antique du creusement des galeries du vallon des Escaunes à Sernhac," *in* Fabre, G., Fiches, J.-L., Paillet, J.-L. (dir.), *L'aqueduc de Nîmes et le Pont du Gard: archéologie, géosystème et histoire* (Nîmes 1991) 289-316
Bessac, J.-C. 1991c, "Les pierres ornementales utilisées à Narbonne antique," *in Peintures romaines à Narbonne: décorations murales de l'antique province de Narbonnaise* (Narbonne 1991) 31-38
Bessac, J.-C. 1992a, "Traces d'outils sur la pierre: problématique, méthode d'étude et interprétation," *in* Francovich, R. (dir.), *Archeologia delle attività estrattive e metallurgiche* (Florence 1993) 143-176
Bessac, J.-C. 1992b, "Données et hypothèses sur les chantiers des carrières de l'Estel près du Pont du Gard," *RANarb* 25 (1992) 397-430
Bessac, J.-C. 1992c, "Pierres et techniques utilisées pour les sculptures et inscriptions tardo-hellénistiques de "Villa Roma" à Nîmes," *DocArchMérid* 15 (1992) 103-111
Bessac, J.-C. 1993, "Etat des recherches sur les carrières antiques du Bois des Lens près de Nîmes (Gard)," *JRA* 6 (1993) 205-224
Bessac, J.-C. 1995, "Questions esthétiques, économiques et techniques dans les constructions hellénistiques de Gaule méditerranéenne," *in Sur les pas des Grecs en Occident, Hommages à André Nickels* (Paris 1995) 393-401
Bessac, J.-C., Bouloumié, B. 1985, "Les stèles de Glanum et de Saint-Blaise et les sanctuaires préromains du Midi de la Gaule," *RANarb* 18 (1985) 127-187
Bessac, J.-C., Congès, G. 1987, "Le travail de la pierre à Glanum," *in Pierres en Provence* (Aix-en-Provence/Sénanque 1987) 79-91
Bessac, J.-C. *et al.* 1979, Bonnaud, R., Py, M., "Prospections et sondages archéologiques dans la partie sud-est du Bois des Lens (Gard)," *BullEcAntNîmes* 14 (1979) 41-83
Bessac, J.-C. *et al.* 1984a, Blétry-Sebé, S., Bonnaud, R., Maebe, J., Thouzellier, J.-P., "Découverte de deux puits antiques à Combas (Gard): contribution à l'étude comparative des puits antiques dans la cité de Nîmes," *RANarb* 17 (1984) 187-222
Bessac, J.-C. *et al.* 1984b, Fincker, M., Garmy, P., Pey, J., "Recherches sur les fondations de l'amphithéâtre de Nîmes (Gard-France)," *RANarb* 17 (1984) 223-237
Bessac, J.-C. *et al.* 1986, Gasco, Y., Michelozzi, A., Lejeune, M., "Un nouveau monument funéraire gallo-grec à Beaucaire (Ugernum)," *Gallia* 44-1 (1986) 55-64
Bessac, J.-C. *et al.* 1987, Cristol, M., Janon, M., Terrer, D., "Un secteur privilégié d'expression monumentale: la façade rhodanienne," *in* Bessac, J.-C., Cristol, M., Fiches, J.-L., Gasco, Y., Janon, M., Michelozzi, A., Raynaud, C., Roth-Congès, A., Terrer, D., *Ugernum: Beaucaire et le Beaucairois à l'époque romaine* 2 (Cahier de l'ARALO 16, Caveirac 1987) 3-26
Bessac, J.-C. *et al.* 1991, Blanc, A. et P., "La pierre des Lens," *in Carrières et construction en France et dans les pays limitrophes, 115e CNSS* (Paris 1991) 399-410

Bessac, J.-C. *et al.* 1995, Abdul Massih, J., Valat, Z., "Enquête ethno-archéologique dans les carrières traditionnelles de Syrie," *in Doura-Europos, Etudes 1992* (1995) s.p.
Bessac, J.-C., Feugère, M. 1986, "Une fibule augustéenne en argent trouvée au Bois des Lens (Montagnac, Gard)," *Archéologie en Languedoc* (1986-2) 27-30
Bessac, J.-C., Fiches, J.-L. 1979, "Etude des matériaux en pierre découverts à Ambrussum (Villetelle, Hérault)," *Archéologie en Languedoc* 2 (1979) 127-154
Bessac, J.-C., Lambert, N. 1989, "La pierre à Glanum," *Les Dossiers d'Archéologie* 140 (1989) 8-13
Bessac, J.-C., Lassalle, V. 1991, *Les sculptures gothiques du Musée Archéologique de Nîmes* (Cahiers des Musées et Monuments de Nîmes 9, Nîmes 1991)
Bessac, J.-C., Leriche, P. 1992, "L'analyse des techniques de construction en pierre et en brique crue," *Les Dossiers d'Archéologie* 172 (1992) 70-81
Blanchet, A. 1907, *Les enceintes romaines de la Gaule romaine: études sur l'origine d'un grand nombre de villes françaises* (Paris 1907)
Blanc, A. 1980, "Les sarcophages ornés de Die et de Valence," *Gallia* 38-1 (1980) 216-238
Blanc, A. 1986, "Les carrières romaines de la Cléry-en-Vercors et de Valsenestre en Oisans," *in Les ressources minérales et l'histoire de leur exploitation, 108e CNSS* (Paris 1986) 333-342
Blanc, A. 1988, "Le portail de l'église de Saint-Gilles (Gard): essai de détermination de la nature et de l'origine des pierres de construction et de sculpture," *G.P. News Letter* (Group Petrography of the ICOMOS stone committee) 1 (1988) 6-8
Blanc, A., Desaye, H. 1964, "Inscriptions nouvelles de la Drôme, de l'Ardèche et des Hautes-Alpes," *Gallia* 22 (1964) 271
Bocquet, A. Valat, Z. 1995, *Les carrières de pierre de Crazannes: approches archéologiques et ethnographiques*, s. p.
Boessneck, J. *et al.* 1971, "Die Tierknochenfunde aus dem Oppidum von Manching," *in Die Ausgrabungen in Manching* (Deutschen Archäologischen Instituts zu Frankfurt am Main 6, Wiesbaden 1971)
Bondurand, E. 1921, "Le tracé de la voie domitienne dans Nîmes," *MAN* 40 (1920-1921) 11-37
Bonnet, A., Larmat, J. 1990, *Introduction à la géologie du Gard* (Nîmes 1990)
Bosc, E. 1884, *Dictionnaire raisonné d'architecture et des sciences et des arts qui s'y rattachent* (Paris 1884)
Bosc, E. 1885, *Dictionnaire général de l'archéologie et des antiquités chez les divers peuples* (Paris 1881)
Both, J., Seguy, I. 1991, "Les carrières souterraines de pierre de taille à Saint-Emilion (Gironde), XVe-XXe siècles," *in Carrières et constructions en France et dans les pays limitrophes, 115e CNSS* (Paris 1991) 161-174
Bouchet *et al.* 1983, Bouchet, Y., Claveau, J., Cremades, R., Delorière, A., Gaudin, É., Méré, M., Pironnet, R., Pothet, R., Robichon, C., Sandillon, A., Servant, G., *Racontez-moi la pierre: 100 ans d'histoire des carrières de Chauvigny, Jardres, Lavoux Tercé* (Poitiers 1983)
Bougrain-Dubourg, R. 1992, "La restauration du portail de l'église Saint-Trophime d'Arles," *in* Philippon, J., Jeanette, D., Lefèvre, R.-A. (dir.), *La conservation de la pierre monumentale en France* (Paris 1992) 181-188
Braemer, F. 1986, "Répertoire des gisements de pierre ayant exporté leur production à l'époque romaine," *in Les ressources minérales et l'histoire de leur exploitation, 108e CNSS* (Paris 1986) 287-328
Bruzza, L. 1870, "Iscrizioni dei marmi grezzi," *Bulletin de Correspondance Archéologique* (1870) 106-204
Bulliot, J.-G. 1888, "Les carrières et les carriers gallo-romains du plateau de Saint-Emilion," *Mémoires de la Société éduenne* 16 (1888) 214-227
Burnand, Y. 1962, "A propos des carrières en pays Atrebate sous le Haut-Empire," *Revue du Nord* 69 (1962) 409-412
Cairou, R. 1977, "Narbonne: vingt siècles de fortifications," *Bulletin de la Commission Archéologique de Narbonne* 38-39 (1976-1977) 1-63 et 28-96
Calvi, M. 1969, "La pierre des Lens," *Le Mausolée* 389 (1969) (extrait sans pagination)
Carra de Vaux, B. 1988, *Héron d'Alexandrie, les mécaniques où l'élévateur des corps lourds* (Paris 1988)
Carulli, B., Consiglio, A. 1974, "Le mot marbre," *Le Mausolée* 458 (1974) 1968-1971
Casella, L. 1963, *I cavatori delle Alpi Apuane* (Carrara 1963)
Castelvi, G. 1987, "Localisation du trophée de Pompée: essai d'historiographie, XIVe-XXe siècles," *in Etudes roussillonnaises offertes à Pierre Ponsich* (Perpignan 1987) 491-503
CATED 1980, *Les pierres de France: pierres calcaires, roches marbrières, granit-grès* (Paris 1980)
CATED 1983, *L'extraction et le façonnage de la pierre: les matériels français* (Paris 1983)
CATHMA 1993, Leenhardt, M., Raynaud, C., Schneider, L. (dir.), "Céramiques languedociennes du haut Moyen Age (VII-XIe s.). Etudes micro-régionales et essai de synthèse," *AMM* 11 (1993) 111-228

Cattin, P. 1990, *Les comptes de construction du château de Remens ou Château-Gaillard (Ain) 1343-1354* (*Cahiers René de Lucinge* 26, Ambérieu 1990)

Célié, M. *et al.* 1994, Garmy, P., Monteil M., "Enceinte et développement urbain Nîmes antique des origines au Ier s. ap. J.-C.," *JRA* 7 (1994) 383-396

Champion, B. 1916, "Outils en fer du Musée de Saint Germain," *RA* 3 (1916) 211-246

Chardon 1985, "Carrière sur Seine," *Lithiques* 2 (1985) 37-50

Charmasson, J. 1993, *L'oppidum de Gaujac (Gard): guide historique et archéologique* (*Rhodania* hors série 7, Bagnols-sur-Cèze 1993)

Charvet, G. 1873, "Les voies vicinales gallo-romaines chez les Volques Arécomiques," *Société scientifique et littéraire d'Alais* (1873) 81-239

Chauris, L. 1991, "Carrières au bord de la mer, Ile Grande et ilots voisins (Côtes-du-Nord)," *in Carrières et constructions en France et dans les pays limitrophes, 115e CNSS* (Paris 1991) 305-321

Chevallier, R. 1972, *Les voies romaines* (Paris 1972)

Cinquabre, P. 1983, "Graffiti des églises de Normandie: interprétations et hypothèses relatives à divers signes présumés votifs," *in Actes du Colloque international de glyptographie de Saragosse* (Braine-le-Château 1983) 415-425

Cisneros-Cunchillos, M. 1988, *Marmoles hispanos: su empleo en la Espana romana* (Monografias arqueologicas 29, Saragosse 1988)

Claveau, J. 1984, *Géologie du pays chauvinois* (Poitiers 1984)

Clavel, M. 1970, *Béziers et son territoire dans l'Antiquité* (Paris 1970)

Clément, P.-A. 1985, "Un itinéraire méconnu: l'ancien chemin de Nîmes au Puy," *in Les routes du Sud de la France de l'Antiquité à l'époque contemporaine* (Paris 1985) 175-199

Clément, P.-A. 1989a, *Eglises romanes oubliées du bas Languedoc* (Montpellier 1989)

Clément, P.-A. 1989b, *Les chemins à travers les âges en Cévennes et en Bas-Languedoc* (Montpellier 1989)

Clément, P.-A., Peyre, A. 1991, *La voie domitienne: de la Via Domitia aux routes de l'an 2000* (Montpellier 1991)

Columeau, P. 1991, *L'animal pour l'homme. Recherches sur l'alimentation carnée dans le sud de la France du Néolithique au Moyen Age d'après les vestiges osseux* (Travaux du Centre Camille Jullian 9, Aix-en-Provence 1991)

Compagnons du Devoir, Bessac, J.-C. 1991, "Les outils: 1 à 5, les outils traditionnels," *in Encyclopédie des métiers: la maçonnerie et la taille de pierre* (Paris 1991) 17-236

Compagnons du Devoir *et al.* 1993, Bessac, J.-C., Allard, J., Minor, M., Lauer, J.-P., Dubeau, J.-L., "Les outils: 6 à 8, le matériel de carrière et de chantier," *in Encyclopédie des métiers: la maçonnerie et la taille de pierre* (Paris 1993)

Consiglio, A. 1972, *Guide technique pour l'emploi rationnel du marbre* (Milan 1972)

Constans, L. A. 1921, *Arles antique* (Paris 1921)

Cossalter, N. 1991, *Les matériaux de construction des édifices publics et domestiques à Alba (du Ier av. au Vème siècles ap. J.-C.)* (Maîtrise d'histoire ancienne, Grenoble 1991)

Cotillon, P. *et al.* 1979, Ferry, S., Busnardo, R., Lafarge, D., Renaud, B., "Synthèse stratigraphique et paléogéographique sur les faciès urgoniens du Sud de l'Ardèche et du Nord du Gard (France S-E)," *Colloque de Grenoble (Géobios* 3, Paris 1979) 121-139

Coupry, J. 1986, "Les fortifications d'Olbia de Ligurie: propositions, questions," *in* Leriche, P., Tréziny, H., *La fortification dans l'histoire du monde grec* (Paris 1986) 389-399

Cousin, M. 1993, "Doué-la-Fontaine: la Seigneurie," *in Bilan scientifique 1992, SRA Pays de la Loire* (Nantes 1993) 51-52

Cousin, M., Margerel, J.-P. 1991, "L'exploitation des faluns miocènes dans les carrières souterraines de la commune de Doué-la-Fontaine (Maine-et-Loire)," *in Carrières et constructions en France et dans les pays limitrophes, 115e CNSS* (Paris 1991) 351-356

Creuzé de Lesser, H. 1824, *Statistique du département de l'Hérault* (Montpellier 1824)

CSRA 1981, *Programmation de la recherche archéologique de terrain en France* (Paris 1981)

CSRA 1984, *Programmation de la recherche archéologique de terrain en France* (Paris 1984)

CSRA 1990, *La recherche archéologique en France, 1985-1989* (Paris 1990)

Czezowski 1946, *Kamieniolomy* (Varsovie 1946) *(réf. citée par Dworakowska (1988: 28 note 17)*

D'Archimbaud, G. *et al.* 1980, Vallauri, L., Thiriot, J., *Céramique d'Avignon, les fouilles de l'hôtel de Brion et leur matériel* (Avignon 1980)

Dallaire, P. 1983, "Carrières romaines au cœur des hauts plateaux du Vercors," *Le Mausolée* 565 (1983) 1540-1546

Dallaire, P. 1993, "Le transport maritime du marbre au Ier siècle après J.C.," *Le Mausolée* 686 (1993) 24-26

Dalmas, A. 1967, *Vitruve, les dix livres d'architecture* (Paris 1967)

Daux, G., Hansen, E. 1987, *Le trésor de Siphnos* (Fouilles de Delphes 2, Paris 1987)

Dedet, B. *et al.* 1981, Garmy, P., Pey, J., "Découverte d'une enceinte de l'Antiquité tardive ou du haut Moyen Age à Nîmes (Gard)," *BullEcAntNîmes* 16 (1981) 147-163

Dedet, B., Py, M. 1976, *Introduction à l'étude de la Protohistoire en Languedoc Oriental* (Cahier de l'ARALO 5, Caveirac 1976)

Denizot, G. 1958, "La voie domitienne entre Narbonne et le Rhône," *in Actes du 81e CNSS, section archéologie* (Paris 1958) 91-102

Desaye, H. 1971, "Les carrières romaines de La Queyrie," *Courrier du Parc naturel du Vercors* 1 (1971) 8-12

Desbat, A., Savay-Guerraz, H. 1986, "Les productions céramiques à vernis argileux de Saint-Romain-en-Gal," *Figlina* 7 (1986) 91-104

Désirat, G. 1981, "Les cabanes et les tailleries de meules de Bagnols-en-Forêt," *Histoire et Archéologie, Les Dossiers* 57 (1981) 19-20

Desjardins, E. 1881, "La date de la basilique de Nîmes," *RA* 42 (1881) 65-73

Dolci, E. 1980, *Carrara cave antiche: materiali archeologici* (Carrare 1980)

Domergue, C. 1993, "Regard sur les techniques minières à l'époque romaine," *in* Francovich, R. (dir.), *Archeologia delle attività estrattive e metallurgiche* (Florence 1993) 329-339

Drouot, E. 1977, "La carrière romaine de Barutel," *MAN* 59 (1977) 106-119

Dubois, C. 1908, *Etudes sur l'administration et l'exploitation des carrières (marbre, porphyre, granit, etc.) dans le monde romain* (Paris 1908)

Ducastelle, J.-P. 1991, "Extraction et débitage de la pierre bleue: le cas des carrières de Maffle (Belgique)," *in Carrières et construction en France et dans les pays limitrophes, 115e CNSS* (Paris 1991) 41-55

Dumas, E. 1877, *Statistique géologique, minéralogique et paléontologique du département du Gard* (Paris 1876-1877)

Dumas, U. 1907, "L'exploitation des carrières de pierre de taille de Barjac à l'époque romaine," *Bulletin Archéologique du Comité des travaux historiques et scientifiques* (1907) 171-172

Dumont, P. 1973, "Le mot marbre," *Le Mausolée* 443 (1973) 1524-1526

Dumont, P. 1976, *Les matériaux naturels de décoration en Italie depuis un siècle* (Givors, Rhône 1976)

Dumont, P., Dubois, M. 1976, "Examen d'échantillons de roches décoratives (marbres etc...) retrouvés dans les fouilles d'Alet," *Dossiers du Centre Régional Archéologique d'Alet* 4 (1976) 101-112

Durand, F. 1925, *Les monuments antiques de Nîmes* (Nîmes 1925)

Durant, S. 1816, *Tables de comparaison entre les anciens poids et mesures de toutes les communes du département du Gard et les poids et mesures métriques* (Nîmes 1816)

Durant, S. *et al.* 1853, Durand, C., Laval, E., *Album archéologique et description des monuments historiques du Gard* (Nîmes 1853)

Durfournet, P. 1976, "Pierre blanche et carrières antiques de Seyssel," *in Actes du 96e CNSS* (Paris 1976) 245-272

Dworakowska, A. 1974, "Greek quarrying hammers as shown in ancient texts," *Archeologia (Warszawa)* 25 (1974) 21-25

Dworakowska, A. 1975, *Quarries in ancient Greece* (Bibliotheca Antiqua 14, Wratislaviae 1975)

Dworakowska, A. 1983, *Quarries in Roman provinces* (Bibliotheca Antiqua 16, Wratislaviae 1983)

Dworakowska, A. 1988, "Wooden wedge in ancient quarrying practice: critical examination of the state of research," *Archeologia (Warszawa)* 38 (1988) 25-35

Echallier, J.-C., Py, M. 1983, "La provenance des vases non tournés dits de "L'atelier A" de Nages (Gard)," *DocArchMérid* 6 (1983) 145-148

Espérandieu, E. 1910, *Recueil général des bas-reliefs, statues et bustes de la Gaule romaine* (Paris 1910)

Espérandieu, E. 1922, *La Maison Carrée: notice sommaire* (Nîmes 1922)

Espérandieu, E. 1929, *Inscriptions latines de Gaule Narbonnaise* (Paris 1929)

Espérandieu, E. 1929, *La Maison Carrée à Nîmes* (Paris 1929)

Espérandieu, E. 1934, *Répertoire archéologique du département du Gard: période gallo-romaine* (Montpellier 1934)

Fabre, G. *et al.* 1992, Fiches, J.-L., Leveau, P., Paillet, J.-L., *Le Pont du Gard: l'eau dans la ville antique* (Paris 1992)

Fant, J.-C. 1989, *Cavum Antrum Phrygiae, The organization and operations of the Roman imperial marble quarries in Phrygia (BAR* International Series 482, Oxford 1989)

Fatou, F. 1984, "Les souterrains du canal du Verdon (1865-1875): procédés historiques de creusement des galeries," *in Tunnels et ouvrages souterrains* (Aix-en-Provence 1984) 275-282
Feugère, M. 1985, *Les fibules en Gaule méridionale de la conquête à la fin du Ve s. ap. J.-C.* (*RANarb* suppl. 12, Paris 1985) 509
Février, P.-A. 1956, "Les appareils des murs romains de Fréjus," *RevEtLig* 22 (1956) 153-184
Février, P.-A. 1979, "Sarcophages d'Arles," *in Congrès archéologique de France 134, Pays d'Arles* (Paris 1979) 317-359
Fiches, J.-L. 1972, "La diffusion des sigillées italiques en Languedoc méditerranéen à travers les timbres de potiers," *RACF* 43-44 (1972) 253-281
Fiches, J.-L. 1973, "Un ouvrage d'art sur la voie domitienne: le pont d'Ambrussum," *in Hommage à F. Benoit, IV* (*RevEtLig* 36, Bordighera 1973) 142-157
Fiches, J.-L. 1980, "Ambrussum et la voie domitienne," *RevEtLig* 46 (1980) 132-157
Fiches, J.-L. 1985, "Remarques sur le réseau antique dans la région de Nîmes," *in Les routes du Sud de la France de l'Antiquité à l'époque contemporaine* (Paris 1985) 135-148
Fiches, J.-L. 1986, *Les maisons gallo-romaines d'Ambrussum (Villetelle-Hérault): la fouille du secteur IV, 1976-1980* (*DAF* 5, Paris 1985)
Fiches, J.-L. 1989a, "Evolution de l'économie et du mode de vie: les mobiliers," *in* Fiches, J.-L. (dir.), *L'oppidum d'Ambrussum et son territoire* (Paris 1989) 95-133
Fiches, J.-L. 1989b (dir.), *L'oppidum d'Ambrussum et son territoire: Fouilles au quartier du Sablas (Villetelle, Hérault): 1979-1985* (Paris 1989)
Fiches, J.-L. *et al.* 1987, Gasco, Y., Michelozzi, A., "Le territoire: limites et réseaux," *in* Bessac J.-C., Christol, M., Fiches, J.-L., Gasco, Y., Janon, M., Michelozzi, A., Raynaud, C., Roth-Congès, A., Terrer, D., *Ugernum: Beaucaire et le Beaucairois à l'époque romaine, 1* (Cahier de l'ARALO 15, Caveirac 1985) 59-78
Fiches, J.-L., Garmy, P. 1982, "Nîmes gallo-romaine," *in Histoire de Nîmes* (Aix-en-Provence 1982) 44-105
Fiches, J.-L., Py, M. 1978, "Trois dépôts d'objets votifs du Ier siècle de notre ère dans la région nîmoise," *DocArchMérid* 1 (1978) 155-182
Fiches, J.-L., Py, M. 1981, "Les fouilles de la place des Arènes aux abords de l'enceinte romaine de Nîmes," *BullEcAntNîmes* 16 (1981) 117-140
Fonquerle, D. 1971, "Les instruments d'ancrage en pierre au Musée d'Agde," *RANarb* 4 (1971) 207-215
Formigé, J. 1949, *Le trophée des Alpes (La Turbie)* (*Gallia* suppl. 2, Paris 1949)
Foucault, A., Raoult, J.-P. 1980, *Dictionnaire de géologie* (Paris 1980)
Fourvières, X (de) 1973, *Lou pichot trésor: dictionnaire provençal-français et français-provençal* (Avignon 1973)
Frondeville M. (de) 1956, "Rapport du Club d'Etudes sous-marines de Tunisie sur la campagne faite à Madhia en 1955," *Bulletin archéologique* (1955-1956) 129-141
Frossard, E. 1846, *Tableau pittoresque, scientifique et moral de Nîmes et de ses environs à vingt lieues à la ronde* (Paris 1846)
Fustier, P. 1968, *La route: voies antiques, chemins anciens, chaussées modernes* (Paris 1968)
Gadille, R. 1968, *L'industrie française de la pierre marbrière* (Paris 1968)
Gaffiot, F. 1934, *Dictionnaire illustré latin-français* (Paris 1934)
Gagnière, S. 1966, "Les pierres utilisées dans la construction du Palais des Papes," *Bulletin de la Société d'étude des sciences naturelles de Vaucluse* (1963-1966) 5-25
Gaidan, C.-A. 1991, *Les gentilshommes verriers du Gard du XVe au XVIIIe siècle* (Montpellier 1991)
Gallet de Santerre, G. 1959, "Informations archéologiques," *Gallia* 17-2 (1959) 449-475
Gallet de Santerre, H. 1962, "Informations archéologiques," *Gallia* 20-1 (1962) 612-640
Garcia, D. 1992, "Les stèles de la Ramasse à Clermont l'Hérault (Hérault)," *DocArchMérid* 15 (1992) 158-165
Gargi, R. 1984a, "La maison du granit du Tiercent," *Le Mausolée* 576 (1984) 1232-1265
Gargi, R. 1984b, "Un nouvel équipement de carrière," *Le Mausolée* 578 (1984) 1574-1578
Gaudin, P., Reverchon, C. 1985, "Carrières et carriers de Provence," *Lithiques* 2 (1985) 63-78
Gautier, H. 1724, *L'histoire de la ville de Nismes et de ses antiquitez* (Paris 1724)
Gayraud, M. 1981, *Narbonne antique des origines à la fin du IIIe siècle* (*RANarb* suppl. 8, Paris 1981)
Genty, P.-Y. 1981, "Une fossse augustéenne à comblement homogène rue Saint-Laurent à Nîmes," *BullEcAntNîmes* 16 (1981) 101-113
Genty, P.-Y., Roux, J.-C. 1982, "Rempart, voie et habitat de la clinique Saint-Joseph," *RANarb* 5 (1982) 187-221
Gérards, E. 1909, *Paris souterrain* (Paris 1909)

Gérin-Ricard, H. (de) 1929, "Étude sur l'art gaulois avant les temps classiques," *in Le sanctuaire préromain de Roquepertuse* (fouilles de 1927) (Marseille 1929) 11-15
Germer-Durand, M. E. 1868, *Dictionnaire topographique du département du Gard* (Paris 1868)
Gilly, J.-C. 1981, *Atlas hydrogéologique du Languedoc-Roussillon: feuille de Sommières au 1/50 000* (Montpellier 1981)
Girault, M. 1986, *Le chemin de Regordane* (Nîmes 1986)
Girault, M. 1990, *Les chemins de Saint-Gilles: itinéraires de pèlerinage* (Nîmes 1990)
Girault, M. 1992, *Attelages et charrois au Moyen-Age* (Nîmes 1992)
Gnoli, R. 1971, *Marmora romana* (Rome 1971)
Goiffon, A. 1881, *Dictionnaire topographique, statistique et historique du diocèse de Nîmes* (Nîmes 1881)
Gonon, M. 1973, "Comptes de construction en Forez au XIVe siècle," *in La construction au Moyen Age: histoire et archéologie* (Paris 1973) 15-37
Gottis, M. *et al.* 1992, Mouline, M., Alabouvette, B., Blanc, A., "Languedoc," *in* Pomerol, C. (dir.), *Terroirs et monuments de France: Itinéraire de découvertes* (Orléans 1992) 139-156
Goudineau, C. 1968, *La céramique arétine lisse (Mélanges de l'École française de Rome*, suppl. 6, Paris 1968)
Goudineau, C. 1979, *Les fouilles de la Maison au Dauphin recherches sur la romanisation de Vaison-la-Romaine* (*Gallia* suppl. 27, Paris 1979)
Gouron, M. 1957, "Temple romain découvert à Nîmes en 1951," *in Journées archéologiques d'Avignon* (Avignon 1957) 90-95
Grenier, A. 1934, *Manuel d'archéologie gallo-romaine: III-II* (Paris 1934)
Grenier, A. 1958, *Manuel d'archéologie gallo-romaine: III-1* (Paris 1958)
Grigoriantz, A. 1981, *Jean Martin tailleur de pierre* (Monaco 1981)
Gros, P. 1973, "Traditions hellénistiques d'Orient dans le décor architectonique des temples romains de Gaule Narbonnaise," *in La Gallia romana (Accademia Nazionale dei Lincei* 158, Rome 1973) 167-181
Gros, P. 1984, "L'Augusteum de Nîmes," *RANarb* 17 (1984) 123-134
Guéry, R. *et al.* 1981, Pirazzoli, P., Trousset, P., "Les carrières littorales de la Couronne: indices de variation du niveau marin," *Histoire et archéologie, les dossiers* 50 (1981) 18-27
Guéry, R. *et al.* 1985, Trousset, P., Hallier, G., "Des carrières de la Couronne aux vestiges de la Bourse: techniques d'extraction et de construction," *in Histoire des techniques et sources documentaires* (Aix-en-Provence 1985) 25-52
Guey, G., Audin, A. 1964, "L'amphithéâtre des Trois-Gaules à Lyon: rapport préliminaire aux fouilles," *Gallia* 22-1 (1964) 38-61
Guillet, E. *et al.* 1992, Lelièvre, V., Paillet, J.-L., Piskorz, M., Recolin, A., Souq F., "Un monument à portique tardo-hellénistique près de la source de la Fontaine à Nîmes (Gard)," *DocArchMérid* 15 (1992) 57-89
Guy, M. 1955, "Les ports antiques de Narbonne," *RevEtLig* 21.3-4 (1955) 213-240
Hallier, G. 1986, "Pierre de taille et mesures normalisées: les enceintes hellénistiques d'Apollonia de Cyrénaïque et de Massalia," *in* Leriche, P., Tréziny, H. (éd.), *La fortification dans l'histoire du monde grec* (Paris 1986) 251-271
Hamlin, F. R. 1988, *Les noms de lieux du département de l'Hérault: nouveau dictionnaire topographique et éthymologique* (Nîmes 1988) (sans pagination).
Helmer, D. 1987, "Fiches descriptives pour relevés d'ensembles osseux animaux," *in Fiches d'ostéologie pour l'archéologie*, série B, 1 (Juan-les-Pins 1987)
Héron de Villefosse, A., Formigé, J. 1911, "Inscription latine découverte par J. Formigé dans l'amphithéâtre d'Arles," *BSNAF* (1911) 258-259
Herrmann, J.-J., Sodini, J.-P. 1977, "Exportations de marbre thasien à l'époque paléochrétienne: le cas de chapiteaux ioniques," *BCH* 101 (1977) 471-511
Herz, N., Waelkens, M. 1988, (éd.), *Classical marble: geochemistry, technology, trade* (Dordrecht/Boston/Londres 1988) 41-54
Hill, D. R. 1988, "Préface," *in* Carra de Veaux, *Héron d'Alexandrie. Les mécaniques ou l'élévation des corps lourds* (commenté par A. G. Drachmann) (Paris 1988) 9-30
Hofmann, B. 1965, *La quincaillerie antique:* 2e partie (Paris 1959)
Igolen, J. 1938, "La voie domitienne à Nîmes," *MAN* 51 (1936-1938) XL-LX
Janon, M. 1986, *Le décor architectonique de Narbonne: les rinceaux* (*RANarb* suppl. 13, Paris 1986)
Janon, M., Roth-Congès, A. 1993, "Gaujac, oppidum Saint-Vincent," *in Bilan scientifique 1992, SRA Languedoc-Roussillon* (Montpellier 1993) 53
Janse, H., Vries D. J. (de) 1991, *Werk en merk van de steenhouwer: het steenhouwersambacht in de Nederlanden voor 1800* (Zwolle 1991)

Long, L. 1985, "L'épave de pierres de taille de Carry-le-Rouet," *Bulletin de l'Institut Océanographique de Monaco* 4 (1985) 143-147
Louis, M. 1941, *Forma Orbis Romani, Carte archéologique de la Gaule romaine, VIII, Département du Gard* (Paris 1941)
Mamillan, M. 1973, "Connaissances actuelles pour mesurer le degré d'altération des pierres et l'efficacité des méthodes de traitement," *in 1er Colloque international sur la détérioration des pierres en œuvre, La Rochelle* (Chambéry 1973) 47-56
Mannoni, L. et T. 1978, *Il marmo: materia e cultura* (Gènes 1978)
Mannoni , L. et T. 1984, *Le marbre: matière et culture* (Gènes 1984) (nouvelle éd. mise à jour, traduction J. Spitcheff)
Mannoni, T. 1986, "Materia prima e scarti di produzione dei recipienti in pietra ollare," *RevEtLig* 52 (1986) 155-164
Marcelin, P. 1941, "Les bâtisseurs à pierres sèches et leurs œuvres dans la garrigue nîmoise," *BullEcAntNîmes* 22 (1941) 73-103
Maréchal, J.-R. 1969, "Utilisation des matières pierreuses à l'époque préhistorique et dans l'Antiquité," *in Actes du 94e CNSS, Pau,* section archéologie (Pau 1969) 377-401
Martel, P. 1973, "Les tailleries de meules de Ganagobie," *Le Monde alpin et rhodanien* 1 (1973) 27-32
Martin, R. 1965, *Manuel d'architecture grecque, matériaux et techniques* (Paris 1965)
Martin, F. 1981, *Els picapedrers i la industria de la pedra a la Floresta* (Barcelona 1981)
Martzluff, M. 1988, "Les hommes du granite dans les Pyrénées nord-catalanes," *Terra Nostra* 63 (1988) 6-128
Mausolée 1952, (Illustrations et publicités hors articles) *Le Mausolée* 160 (1952-6), sans pagination.
Mausolée 1976a, *Essai de nomenclature des carrières françaises de roches de construction et de décoration* (Givors, Rhône 1976)
Mausolée 1976b, "Ancienneté du fil hélicoïdal," *Le Mausolée* 481 (1976) 1904
Mayet, F. 1975, *Les céramiques à parois fines dans la péninsule ibérique* (Paris 1975)
Mazauric, F. 1912, *Nîmes et le Gard, Nîmes, I: Sciences, Histoire, Beaux-Arts* (Nîmes 1912)
Mazauric, F. 1916-1917, "Les musées archéologiques de Nîmes, recherches et acquisitions, année 1909, Fouilles à Barutel," *MAN* (1916-1917) 206-209
Mazauric, F. 1917, *Recherches et acquisitions* (registre manuscrit du Musée archéologique de Nîmes) (Nîmes 1917, 19 janvier)
Mazeran, R. 1992, "Les matériaux de construction et de décoration des thermes de Cimiez. Suite de l'inventaire pétrographique," *Mémoires de l'Institut de Préhistoire et d'Archéologie des Alpes Maritimes* 34 (1992) 61-68
Mazeran, R. 1993, "Les matériaux de construction et de décoration des thermes gallo-romains de Cimiez (Alpes Maritimes)," *in* Lorenz, J. (éd.), *Carrières et constructions en France,* II, 117e CNSS (Paris 1993) 289-298
Ménard, L. 1750, *Histoire civile, éclésiastique et littéraire de la ville de Nîmes*, 7 (Nîmes 1750, rééd. de 1875)
Michelozzi, A. 1982, *L'habitation protohistorique en Languedoc oriental* (Cahier de l'ARALO 10, Caveirac 1982)
Ministère des Travaux Publics 1890, *Répertoire des carrières de pierre de taille exploitées en 1890* (Paris 1890)
Mistral, F. 1886, *Lou trésor dòu felibrige: Dictionnaire provençal-français* (Aix 1886)
Mollo-Mezzena, R. 1992, "La strada romana in Valle d'Aosta: procedimenti tecnici e costruttivi," *in* Quilici, L., Quilici-Gigli, S. (dir.), *Tecnica stradale romana* (Rome 1992) 57-72
Monguilan, L. 1985, "Contribution de recherche aérienne à la connaissance des voies antiques dans le Sud-Est," *in Les routes du sud de la France de l'Antiquité à l'époque contemporaine* (Paris 1985) 26-46
Monteil, M. 1992, "Nîmes: c) résidence Lasserre," *in* "Languedoc-Roussillon," *Gallia informations* 1(1992) 114
Monteil, M. 1993, *Les fouilles de la Z.A.C. des Halles à Nîmes (Gard)* (*BullEcAntNîmes* suppl. 1, Nîmes 1993)
Monthel, G. 1989, "La carrière gallo-romaine de Saint-Boil," *Lithiques* 6 (1989) 33-36
Monthel, G. 1993, "La carrière gallo-romaine de Saint-Boil, Saône-et-Loire," *in* Richard, A. (dir.), *Matières à faire* (Besançon 1993) 44-48
Monthel, G., Pinette, M. 1977, "La carrière gallo-romaine de Saint-Boil," *RAEst* 28 (1977) 37-62
Moreau, M. 1992, *Le Vidourle: ses villes, ses moulins et ses ponts* (Montpellier 1992)
Motinot, R. 1973, "Apprenons à mieux connaître nos marbres," *Le Mausolée* 446 (1973) 2263-2266
Nickels, A., Barruol, G. 1983, "Informations," *Gallia* 41-2 (1983) 505-528

Nickels, A. *et al.* 1988, Gutherz, X., Colin, M.-G., "Languedoc-Roussillon," *Gallia informations. Préhistoire et Histoire* (1987-1988.1) 213-278

Nickels, A., Marchand, G. 1976, "Recherches stratigraphiques ponctuelles à proximité des remparts antiques d'Agde," *RANarb* (1976) 45-62

Nikolaev, I. S. 1967, "La technique antique dans la construction du Pont du Gard" (en russe), *Sovetskaja Arheologija* (1967) 38-54 (traduction en français de J. Gaudrey, Sophia-Antipolis, CRA)

Noël, P. 1968, *Technologie de la pierre de taille* (Paris 1968)

Noël, P. 1970, *Les carrières françaises de pierre de taille* (Paris 1970)

Nylander, C. 1990, "Considérations sur le travail de la pierre dans la culture perse," *in Pierre éternelle du Nil au Rhin carrières et préfabrication* (Bruxelles 1990) 73-86

Olivier, A. 1982, "Dalle de toiture en pierre sciée à Glanum "*opus pavonaceum*"?" *RANarb* 15 (1982) 69-101

Orlandos, A. K. 1968, *Les matériaux de construction et la technique architecturale des anciens Grecs* II (Ecole Française d'Athènes, Travaux et mémoires 16 bis, Paris 1968)

Orme, P. (de l') 1648, *Architecture* (Paris 1648)

Paillet, J.-L. 1992, "La dédicace nîmoise de Nertomaros d'Anduze, analyse des blocs inscrits," *DocArchMérid* 15 (1992) 92-95

Pareto, R. 1880, *Enciclopedia delle Arti e Industrie* (Turin 1880)

Parodi, A. *et al.* 1987, Raynaud, C., Roger, J.-M., "La Vaunage du IIIe siècle au milieu du XIIe siècle, habitat et occupation des sols," *AMM* 5 (1987) 3-59

Peacock, D. P. S. 1988, "The Roman quarries of Mons Claudianus, Egypt: an interim report," *in* Herz, N., Waelkens, M. (éd.), *Classical marble: geochemistry, technology, trade* (Dordrecht/Boston/Londres 1988) 97-102

Peacock, D. P. S. 1993, "Mons Claudianus and the problem of the "Granito del Foro," *in* Francovich, R. (dir.), *Archeologia delle attività estrattive e metallurgiche* (Florence 1993) 49-69

Perrault, C. 1684, *Les dix livres d'architecture de Vitruve* (Paris 1684)

Perrier, R. 1990, "Panorama géotechnique de la Grèce marbrière," *Le Mausolée* 642 (1990) 67-85

Perrot, J. F. A. 1846, *Histoire des Antiquités de la Ville de Nismes et de ses environs* (Nîmes 1846)

Peschlow-Bindokat, A. 1990, *Die Steinbrüche von Selinunt: die Cave di Cusa und die Cave di Barone* (Mainz am Rhein 1990)

Philippe, M. 1979, "La pierre du Midi et son utilisation à travers les âges dans le Vaucluse," *in Ressources minérales du Vaucluse: des matériaux et des hommes* (Avignon 1979) 61-94

Philippe, M. 1985, "Le Miocène, la pierre du Midi et l'homme," *Lithiques* 1 (1985) 17-38

Philippe, M., Savay-Guerraz, H. 1989, "La "pierre du Midi" à Lyon et à Vienne à l'époque gallo-romaine: utilisation, chronologie et provenance," *Bulletin Mensuel de la Société Linéenne de Lyon* 58-5 (1989) 141-172

Philippon, J. 1992, "Les méthodes d'analyse," *in* Philippon, J., Jeannette, D., Lefevre, R.-A. (dir), *La conservation de la pierre monumentale en France* (Paris 1992) 103-106

Piboule, P. 1985, "Les carrières du Nord de l'Aquitaine au Moyen-Age," *Aquitania* 3 (1985) 173-186

Picard, T. 1882, "Etude technologique sur les matériaux de construction du département du Gard," *Mémoires et comptes-rendus de la Société scientifique et littéraire d'Alais* 13 (1881) 113-141; 14 (1882) 18-62, 129-194 et 133-192

Picard, T. 1903, "Nos anciennes carrières romaines," *Revue du Midi* 33 (1903) 63-82 et 291-306

Picon, M. 1974, *Introduction à l'étude technique des céramiques sigillées de Lezoux* (Dijon 1974)

Pieri, M. 1966, *Marmologia: dizionario di marmi e graniti italiani ed esteri* (Milan 1966) 693

Planat, P. 1888, *L'art de bâtir: cours de constructions civiles* 1 (Paris 1888)

Pomarèdes *et al.* 1993, Aucher, M.-R., Bessac, J.-C., Bonnaud, R., "Montmirat: Crêtes de Mabousquet," *in Bilan scientifique 1992, SRA Languedoc-Roussillon* (Montpellier 1992)

Pomerol, C. 1992, (dir.), *Terroirs et monuments de France: itinéraire de découvertes* (Orléans 1992)

Popovic, I. 1988, *Les outils antiques en fer de Serbie* (Musée national monographie 5, Belgrade 1988)

Pottier, R. 1885, *Fréjus et les carrières antiques des porphyres de l'Estérel* (Draguignan 1885)

Pottier, R. 1885, "Notes sur les porphyres de l'Estérel et leurs carrières antiques," *Bulletin de la Société d'Etude de Draguignan* 16 (1886) 15-19

Poulain, P. 1954, "L'extraction et la taille des sarcophages dans la carrière de "la Roche taillée" à Arcy-sur-Cure (Yonne)," *RAEst* 5-1 (1954) 29-45

Prigent, D. 1985, "Les techniques d'exploitation du tuffeau en Anjou," *in* Chapelot, O., Benoit, P. (éd.), *Pierre et métal dans le bâtiment au Moyen-Age* (Paris 1985) 255-270

Py, M. 1971, "Les oppida de Vaunage: Recherches sur la Protohistoire de la région nîmoise," *Archéologia* 43 (1971) 32-43

Py, M. 1978, *L'oppidum des Castels à Nages* (Gard) (*Gallia* suppl. 35, 1978)

Py, M. 1981, "Sondage au pied de la Tour Magne (Nîmes, Gard): note sur un lot de céramiques des environs de 16-15 av. J.-C.," *BullEcAntNîmes* 16 (1981) 91-100

Py, M. 1990, *Culture, économie et société protohistoriques dans la région Nîmoise* (Collection de l'Ecole française de Rome 131, 1990)

Py, M. 1993, *in* Py *et al.*, *Dicocer: Dictionnaire des céramiques antiques (VIIème s. av. n.è. - VIIème s. de n.è.) en Méditerranée nord occidentale (Provence, Languedoc, Ampurdan)* (Lattara 6, Lattes 1993), *s. v. Dolium.*

Py, M. *et al.* 1993, Adroher Auroux, A. M., Raynaud, C., *Dicocer: Dictionnaire des céramiques antiques (VIIème s. av. n.è. - VIIème s. de n.è.) en Méditerranée nord-occidentale (Provence, Languedoc, Ampurdan)* (Lattara 6, Lattes 1993)

Raepsaet, G. 1984, "Transport de tambours de colonnes du Pentélique à Eleusis au IVe siècle avant notre ère," *L'Antiquité classique* 53 (1984) 101-136

Rasplus, L. *et al.* 1991, Gay, F., Corcita, C., Gehin, C., Macaire, J.-J., Martinet, G., "La carrière de tuffeau turonien de l'Ecorcheveau de Saint-Avertin près de Tours (Indre et Loire)," *in* Benoit, P., Lorenz J. (éd.), *Carrières et constructions en France et dans les pays limitrophes*, 115e CNSS (Paris 1991) 367-382

Raynaud, C. 1990a (dir.), *Le village gallo-romain et médiéval de Lunel Viel (Hérault). La fouille du quartier ouest (1981-1983)* (Paris 1990)

Raynaud, C. 1990b, *Le village gallo-romain et médiéval de Lunel Viel (Hérault)* (Centre de Recherches d'Histoire Ancienne 97, Besançon 1990)

Raynaud, C. 1993, "Céramique commune à pisolithes du Languedoc oriental," *in* Py *et al.*, *Dicocer: Dictionnaire des céramiques antiques (VIIème s. av. n.è.-VIIème s. de n.è.) en Méditerranée nord occidentale (Provence, Languedoc, Ampurdan)* (Lattara 6, Lattes 1993), *s. v. Dolium*

Reinach, S. 1901, *in Revue des Etudes grecques* (1901) 343

Rivoire, H. 1842, *Statistique du département du Gard* (Nîmes 1842)

Robelin, C., Giot, D. 1987, "Différenciation des ciments carbonatés par cathodoluminescence. Cas des réservoirs géothermiques du Dogger d'Aulnay-sous-Bois (Seine-Saint-Denis, France)," *Bulletin de la Société Géologique de France* 3-6 (1987) 1023-1032

Röder, J. 1957, "Zur Steinbruchgeschichte des Pellenz- und Brohltaltufs," *Bonner Jahrbücher* 157 (1957) 213-271

Röder, J. 1965, "Zur Steinbruchgeschichte des Rosengranits von Assuan," *Archäologischer Anzeiger* 3 (1965) 467-552

Rolland, H. 1946, *Fouilles de Glanum (Saint-Rémy-de-Provence) (Gallia* suppl. 1, 1946)

Rolland, H. 1951, *Fouilles de Saint-Blaise (Bouches-du-Rhône) (Gallia* suppl. 3, 1951)

Rolland, H. 1958, *Fouilles de Glanum, 1947-1956* (Paris 1958)

Rolland, H. 1975, *Glanum: notice archéologique* (Saint-Rémy-de-Provence 1975)

Roth-Congès, A. 1982:, *Le pont flavien de Saint-Chamas* (Marseille 1982)

Roth-Congès, A. 1987, "Le mausolée de l'île du Comte," *in* Bessac, J.-C., Cristol, M., Fiches, J.-L., Gasco, Y., Janon M., Michelozzi, A., Raynaud, C., Roth-Congès, A., Terrer, D., *Ugernum: Beaucaire et le Beaucairois à l'époque romaine,* 2 (Cahier de l'ARALO 16, Caveirac 1987) 47-116

Roth-Congès, A. 1992, "Le centre monumental de *Glanon,* ou les derniers feux de la civilisation salyenne," *in Marseille grecque et la Gaule* (Etudes Massaliètes 3, Lattes 1992) 351-367

Roth-Congès, A. 1992b, "Monuments publics d'époque tardo-hellénistique à *Glanum* (B.-du-Rh.)," *DocArchMérid* 15 (1992) 50-56

Roth-Congès, A., Gros, P. 1983, "Le sanctuaire des eaux à Nîmes," *RevArchCentre* 22 (1983) 131-146

Rouquette, J. M., Sintès, C. 1990, *Arles antique* (Paris 1990)

Roux, A. *et al.* 1762-1764, Goulin, J., Aubert de la Chesnaye-des-Bois, F. A., *Dictionnaire domestique portatif* (Paris 1762-1765)

Rozès, B. 1982, "Extraction du marbre: différentes techniques plus complémentaires que concurrentes," *in La filière pierre française - The French stone industry* (suppl. à l'*Industrie Minérale*, Saint-Etienne juin 1982) 90-97

S*, (abbé de) 1756**, *Dictionnaire languedocien-français, français-languedocien* (Nîmes 1756)

Saint-Jean, R. 1975a, "L'art roman en Languedoc méditerranéen," *in* Lugand, J., Nougaret, J., Saint-Jean, R., Burgos, A., *Languedoc roman: le Languedoc méditerranéen* (La nuit des temps 43, La-Pierre-Qui-Vire 1975) 13-23

Saint-Jean, R. 1975b, "La sculpture à Saint-Gilles-du-Gard," *in* Lugand, J., Nougaret, J., Saint-Jean, R., Burgos, A., *Languedoc roman: le Languedoc méditerranéen* (La nuit des temps 43, La-Pierre-Qui-Vire 1975) 298-303

Saint-Jean, R. 1975c, "Maguelone," *in* Lugand, J., Nougaret, J., Saint-Jean, R., Burgos, A., *Languedoc roman: le Languedoc méditerranéen* (La nuit des temps 43, La-Pierre-Qui-Vire 1975) 227-244

Salviat, F. 1989, "Sculptures de pierre dans le Midi," *in De Lascaux au Grand Louvre* (Paris 1989) 498-503

Sanahuja Yll, E. 1971, "Instrumental de hierro agricola e industrial de la epoca ibero-romana en Cataluna," *Pyrenae* 7 (1971) 61-110

Sancholle-Henraux, B. 1928, *Marbres, pierres, grès, granits de France: essai de nomenclature* (Cambrai 1928)

Sansen, R. 1975, *Lointains messages de la pierre* (Braîne-le-Château, Belgique 1975)

Sapène, B. 1946, "Autels votifs, atelier de marbriers et sanctuaire gallo-romains découverts à Saint-Béat (Haute-Garonne) en 1946," *Revue de Comminges* (1946) 283-325

Sauron, G. 1983, "Les cippes funéraires gallo-romains à décor de rinceaux de Nîmes et de sa région," *Gallia* 41 (1983) 59-111

Sauvage, L. 1994, "Uzès, 6, rue Saint-Théodorit," *in Bilan scientifique 1993, SRA Languedoc-Roussillon* (Montpellier 1994) 91

Sauveplane, A. 1991, *Le château de Pondres et les Montlaur* (Nîmes 1991)

Savay-Guerraz, H. 1985, Recherches sur les matériaux de construction de Lyon et Vienne antiques (thèse de 3e cycle en archéologie, Lyon 1985)

Schmidt-Collinet, A. 1990, "Considérations sur les carrières de Palmyre en Syrie," *in Pierre éternelle du Nil au Rhin carrières et préfabrication* (Bruxelles 1990) 87-92

Schneider, L. 1990, *Beaucaire, le château, fouilles de sauvetage* (rapport au SRA du Languedoc-Roussillon, Montpellier 1990)

Schneider, L. s.p., "Aux origines de la maison castrale, une commande seigneuriale à Cabrières," *in* Colin, M.-G., Darnas, I., Pousthoumis, N., Schneider, L. (dir.), *La Maison castrale du rebord méridional du massif central (XI-XVIe s.) (AMM* suppl. 1, à paraître)

Sganzin-Reibell s.d., *Programme ou résumé d'un cours de construction: première,* I (Paris, sans date, vers 1875)

Shadmon, A. 1977, "Une étude des Nations Unies sur le développement possible de l'emploi de la pierre," *Le Mausolée* 485 (1977) 135-138

Sodini, J.-P. *et al.* 1980, Tate, G., Bavant, B. et S., Biscop, J.-L., Orssaud, D., Morrisson, C., Poplin, F., "Déhès (Syrie du Nord) campagnes I-III (1976-1978): Recherches sur l'habitat rural," *Syria* 57 (1980) 1-307

Souq, F. 1989, "Un poids romain inscrit découvert à Brignon (Gard)," *RANarb* 22 (1989) 375-380

Souq, F. 1991, "Brignon (Gard), oppidum du Serre de Brienne," *in Peintures romaines à Narbonne* (Narbonne 1991) 69-70

Souq, F. 1993, "Brignon: Serre de Brienne," *in Bilan scientifique 1992, SRA Languedoc-Roussillon* (Montpellier 1993) 49-50

Teisseyre-Sallmann, L. 1982, "De la ville traditionnelle à la ville industrielle: Economie, société, culture XVIe-XVIIIe siècles," *in* Huard, R. (dir.), *Histoire de Nîmes* (Aix-en-Provence 1982) 173-214

Texier, C. 1849, "La ville et le port de Fréjus," *in Mémoires présentés par divers savants à l'Académie des Inscriptions et Belles Lettres,* 2e série, Antiquités de la France 2 (Paris 1849) 169-272

Thiriot, J. 1985, "Les ateliers de potiers post-médiévaux de Saint-Quentin-la-Poterie (Gard): état de la recherche," *AMM* 3 (1985) 123-150

Travessac, V. (de) 1760, *Abrégé de l'histoire de la ville de Nismes avec la description de ses antiquités et de la Fontaine* (Avignon 1760)

Travis, W. 1992, "Unfinished Romanesque sculpture," *Athanor* 11 (1992) 12-21

Trousset, P., Guéry, R. 1981, Les carrières antiques de la Couronne," *in Quatrième centenaire de l'union des trois quartiers de Martigues,"* (Martigues 1981) 55-71

Vanhove, D 1987, "A propos d'un chariot servant à transporter le marbre," *L'Antiquité classique* 56 (1987) 284-289

Van Belle, J.-L. 1983, "Les signes lapidaires: essai de terminologie," *in Actes du Colloque international de Glyptographie de Saragosse* (Saragosse 1983) 29-43

Van Belle, J.-L. 1984, *Dictionnaire des signes lapidaires* (Braine-le-Château 1984)

Varène, P. 1982, *Sur la taille de la pierre antique, médiévale et moderne* (Dijon 1982)

Varène, P. 1987, "L'enceinte augustéenne de Nîmes," *in Les enceintes augustéennes dans l'Occident romain (BullEcAntNîmes* 18, n. s., Nîmes 1987) 17-23

Varène, P. 1992, *L'enceinte gallo-romaine de Nîmes. Les murs et les tours (Gallia* suppl. 53, 1992)

Veuve, S. 1987, *Fouilles d'Aï Khanoum, VI, Le Gymnase: architecture, céramique, sculpture* (Mémoires de la Délégation Archéologique Française en Afghanistan 30, Paris 1987)

Vignet, P. (de) 1913, "Monographie de Montpezat," *Revue du Midi* (1913) 1-50

Viollet-le-Duc, V. 1854-1868, *Dictionnaire raisonné de l'architecture française du XIe au XVIe siècle* (Paris 1854-1868)

Von Gerkan, A. 1939, "The fortifications," *in Doura-Europos, Preliminary Reports on the VIth-VIIth seasons* (Yale 1939) 4-61

Von Hesberg, H. 1982, "Elemente der frühkaiserzeitlichen Aedikulaarchitektur," *Jahrbuch des Österreich Archäologischen Instituts* 53 (1981-1982) 67-82

Waelkens, M. 1990, "Technique de carrière, préfaçonnage et ateliers dans les civilisations classiques (mondes grec et romain)," *in Pierre éternelle du Nil au Rhin carrières et préfabrication* (Bruxelles 1990) 54-72

Ward-Perkins, J. B. 1971, "Quarrying in antiquity, technology, tradition and social change," *Proceedings of the British Academy* 57 (1971) 57-137

Weber-Kozinska, M. 1960, "Gornictwo kamienne," *in Zarys dziejow gornictwa na ziemiach polskich* (Katowice 1960) 196

Xavier, D. 1938, *Notice sur l'usage des pierres et marbres de Provence* (Marseille 1938)

Zuber, A. 1956, "Techniques de travail des pierres dures dans l'ancienne Egypte," *Techniques et civilisations* 5 (1956).

ADDENDUM

This page of bibliography was inadvertently omitted. It correctly belongs five pages back, directly preceding the page beginning "**Long, L. 1985**". The editor apologises to the authors and readers for this error.

Jeannette, D. 1992, "Morphologie et nomenclature des altérations," *in* Philippon, J., Jeannette, D., Lefevre, R.-A. (dir.), *La conservation de la pierre monumentale en France* (Paris 1992) 51-72

Joncheray, J.-P. 1971, *Classification des amphores découvertes lors de fouilles sous-marines* (Gap 1971)

Jourdan, L. 1976, *La faune du site gallo-romain et paléo-chrétien de la Bourse (Marseille)* (Paris 1976)

Jullian, C. 1920, *Histoire de la Gaule* V (Paris 1920)

Klapisch-Zuber, C. 1969, *Les maîtres du marbre: Carrare 1300-1600* (Paris 1969)

Kozelj, T. 1987, "Les carrières de marbre dans l'Antiquité: techniques et organisation," *in Marbres helléniques: de la carrière au chef-d'œuvre* (Grand 1987) 20-33

Kozelj, T. 1988a, "Extraction of blocks in antiquity: special methods of analysis," *in* Herz, N., Waelkens, M. (éd.), *Classical marble: geochemistry, technology, trade* (Dordrecht/Londres/Boston 1988) 31-40

Kozelj, T. 1988b, "Les carrières des époques romaine et byzantine: techniques et organisation," *in Ancient marble quarrying and trade* (BAR International series 453, Oxford 1988) 3-80

Kozelj, T. 1993, "Les transports dans l'Antiquité," *in* Francovich, R. (dir.), *Archeologia delle attività estrattive e metallurgiche* (Florence 1993) 97-142

Kozelj, J. *et al.* 1988, Muller, A., Sodini, J.-P., "Carrières de marbre de la région de Saliari," *BCH* 105 (1981) 961-963

Lagrand, C. 1959, "Un habitat côtier de l'Age du Fer à l'Arquet, à la Couronne," *Gallia* 17-1 (1959) 179-201

Lambert, P.-V. 1992, "Diffusion de l'écriture grecque en milieu indigène," *in Marseille grecque et la Gaule* (Etudes Massaliètes 3, Lattes 1992) 289-294

Lambraki, A. 1980, "Le cipolin de la Karystie. Contribution à l'étude des marbres de la Grèce exploités aux époques romaine et paléochrétienne," *RA* (1980) 31-62

Larderet, P. 1957, "L'oppidum préromain de la Roque, commune de Fabrègues," *Gallia* 15-1 (1957) 1-39

Larousse, P. 1870, *Grand dictionnaire universel du XIXe siècle* 7 (Paris 1870) *s. v.* Escoude.

Lassalle, V. 1958, "Musée archéologique de Nîmes: un groupe de sculptures antiques," *La Revue des Arts, Musées de France* 6 (1958) 288-290

Lassalle, V. 1970, *L'influence antique dans l'art roman provençal (RANarb* suppl. 2, Paris 1970)

Lassalle, V. 1975, "Note sur la façade romane de la cathédrale de Nîmes," *BullEcAntNîmes* 10 (1975) 21-37

Lassalle, V. 1981, "Les sculptures préromaines," *in* Py, M., *Recherches sur Nîmes préromaine (Gallia* suppl. 41, Paris 1981) 223-230

Lassalle, V. 1989, *Les sculptures romanes du Musée archéologique de Nîmes* (Cahiers des musées et monuments de Nîmes 6, Nîmes 1989)

Lassalle, V. 1990, "La sculpture gallo-romaine," *in* Darde, D. (dir.), *Archéologie à Nîmes: 1950-1990, bilan de 40 années de recherches* (Nîmes 1990) 170-174

Lasserre, N. 1939, *Aigues-Vives et ses hommes célèbres* (Nîmes 1939)

Laubenheimer, F. 1985, *La production des amphores en Gaule Narbonnaise* (Paris 1985)

Laubenheimer, F. 1989, "Les amphores," *in* Fiches, J.-L. (dir.), *L'oppidum d'Ambrussum et son territoire* (Monographie du CRA 2, Paris 1989) 121-128

Launoy, L. 1911, *Cours pratique de coupe des pierres* (Charleroi 1911)

Lausanne, S. 1985, "Gestion et exploitation des carrières, XIIe-XVe siècles: le laconisme des cartulaires," *in* Chapelot, O., Benoit, P. (éd.), *Pierre et métal dans le bâtiment au Moyen-Age* (Paris 1985) 17-26

Laville, L. 1963, "Découverte d'une carrière gallo-romaine spécialisée dans la fabrication de meules à grain domestiques à Saint-Cristophe-le-Chaudry (Cher)," *RACF* 6 (1963) 146-151

Lebel, P. 1953, "Carrières exploitées en Gaule," *RAEst* 4 (1953) 360-365

Lefebvre, G. 1985, "Les auteurs présumés des signes gravés sur les murs des églises," *in Actes du Colloque international de glyptographie de Cambrai* (Braine-le-Château, Belgique 1985) 239-243

Léger, A. 1875, *Les travaux publics, les mines et la métallurgie au temps des Romains* (Paris 1875)

Leguilloux, M. 1991, "Note sur la découpe de boucherie en Provence romaine," *RANarb* 24 (1985) 279-288

Lejeune, M. 1985, *Recueil des inscriptions gauloises: I, Textes gallo-grecs (Gallia* suppl. 65, Paris 1985)

Lejeune, M. 1992, "La dédicace nîmoise de Nertomaros d'Anduze," *DocArchMérid* 15 (1992) 90-92

Lens-Industrie, "La pierre de Lens," *in* Espérandieu, E., *La Maison Carrée: notice sommaire* (Nîmes 1922) 43-56

Leroi-Gourhan, A. 1971, *L'homme et la matière: évolution et techniques* (Paris 1971)

Levèque, R. 1979, *Le "Rouge" de Rance* (Collection du Musée du Marbre 1, Rance, Belgique, 1979)

Linschenheld, E. 1935, *in* Pauly-Wissowa, *Real-Encyclopädie* (Paris 1941) *s.v. Nemausus.*

Lioult, C. 1977, "La répartition des meules préromaines en roche volcanique entre Rhône et Var: contribution à l'étude des peuples préromains du sud-est de la Gaule," *Caesarodunum* 12 (1977) 227-246